# ଛୋଟ ଗାଁର ବଡ଼ ମଣିଷ

(ଜିତେନ୍ଦ୍ର କୁମାର କରଙ୍କ ଜୀବନୀ)

# ଛୋଟ ଗାଁର ବଡ଼ ମଣିଷ
### (ଜିତେନ୍ଦ୍ର କୁମାର କରଙ୍କ ଜୀବନୀ)

## ହରେକୃଷ୍ଣ ସାହୁ

BLACK EAGLE BOOKS
2020

BLACK EAGLE BOOKS

USA address:
7464 Wisdom Lane
Dublin, OH 43016

India address:
E/312, Trident Galaxy, Kalinga Nagar,
Bhubaneswar-751003, Odisha, India

E-mail: info@blackeaglebooks.org
Website: www.blackeaglebooks.org

First International Edition Published by
BLACK EAGLE BOOKS, 2020

CHHOTA GAANRA BADA MANISHA
(Biography of Jitendra Kumar Kar)
by **Harekrushna Sahu**

Copyright © **Harekrushna Sahu**

All rights reserved. No part of this publication may be reproduced, stored in a retrieval system, or transmitted, in any form or by any means, electronic, mechanical, photocopying, recording or otherwise without the prior permission of the publisher.

Cover & Interior Design: Ezy's Publication

ISBN- 978-1-64560-106-7 (Paperback)

Printed in United States of America

ଶତ୍ରୁଘ୍ନ ବେହେରା, ସିଦ୍ଧାର୍ଥ ଶଙ୍କର
ଦିଲ୍ଲୀପ ପଣ୍ଡା ଓ ପ୍ରଶାନ୍ତ ଭୂୟାଁଙ୍କ
ନିକଟରେ ଚିରକୃତଜ୍ଞ ।

ହରେକୃଷ୍ଣ

ମୋର ପ୍ରିୟ ଛାତ୍ର ହରେକୃଷ୍ଣର ଶ୍ରଦ୍ଧା ଓ ଭକ୍ତିରେ
ଲେଖା ହୋଇଥିବା ଏହି ପୁସ୍ତକ
'ଛୋଟ ଗାଁର ବଡ଼ ମଣିଷ'କୁ
ଆଜିର ଏହି ପବିତ୍ର ଗୁରୁଦିବସରେ
ମୋର ପୂଜ୍ୟ କଳାକର ସାର୍‌ଙ୍କ
ଚରଣ କମଳରେ ଅର୍ପଣ କରୁଛି ।

ତସ୍ମୈ ଶ୍ରୀଗୁରବେ ନମଃ

**- ଜିତେନ୍ଦ୍ର (ଉତ୍ତମ) କର**

# ତସ୍ମୈ ଶ୍ରୀ ଗୁରବେ ନମଃ

"Lives of great men all remind us,
We can make our lives sublime,
And, departing, leave behind us
Footprints on the sands of time."

**– Longfellow**

ଶିକ୍ଷକ ହେଉଛନ୍ତି ଗୋଟିଏ ଜାତିର ଭବିଷ୍ୟତ ନାଗରିକଙ୍କ ପୂର୍ଣ୍ଣାଙ୍ଗ ବ୍ୟକ୍ତିତ୍ୱ ବିକାଶର ନିପୁଣ ବିନ୍ଧାଣି, ତେଣୁ ପ୍ରତ୍ୟେକ ଜାତିର ଭବିଷ୍ୟତ ଗଢ଼ାହୁଏ ଶିକ୍ଷକଙ୍କ ହାତରେ। ସମସ୍ତଙ୍କୁ ବିଦିତ ଯେ, 'Parents are first teachers and teachers are second parents'. ଅର୍ଥାତ୍ 'ପିତାମାତା ହେଉଛନ୍ତି ଶିଶୁର ପ୍ରଥମ ଶିକ୍ଷକ ଏବଂ ଶିକ୍ଷକ ହେଉଛନ୍ତି ଦ୍ୱିତୀୟ ପିତାମାତା।' ମୁଁ ଜଣେ ଶିକ୍ଷକର ଝିଅ। ତେଣୁ ମୋର ସ୍ୱର୍ଗୀୟ ପିତା ପରଶୁରାମ ଦାସ ଥିଲେ ମୋର ପ୍ରଥମ ଶିକ୍ଷକ ଏବଂ ଦ୍ୱିତୀୟ ପିତାମାତା। ତେଣୁ ଆମେରିକା ନିବାସୀ ଧୀରେନ୍ଦ୍ର କରଙ୍କ ପିତା ଆଦର୍ଶ ଶିକ୍ଷକ ଶ୍ରୀ ଜିତେନ୍ଦ୍ର କରଙ୍କୁ ଦେଖିଲେ ମତେ 'ବାପା ବାପା' ଲାଗନ୍ତି, ଯଦିଓ ସେ ମୋ ବାପା ବୟସର ନୁହନ୍ତି। ତାଙ୍କ ଜୀବନାଦର୍ଶ ସଂପର୍କରେ ମୁଁ ପୂର୍ବରୁ ଅବଗତ ଥିଲି, ପୁଣିଥରେ ପଢ଼ିଲି ତାଙ୍କ ଜୀବନୀ 'ଛୋଟ ଗାଁ'ର ବଡ଼ ମଣିଷ' ପୁସ୍ତକରୁ। ଜୀବନୀ ଲେଖିଛନ୍ତି ତାଙ୍କର ଜଣେ ଆଦର୍ଶ ଛାତ୍ର ହରେକୃଷ୍ଣ ସାହୁ। ଜଣେ ଶିକ୍ଷକଙ୍କ ଜୀବନର ବାସ୍ତବ ରୂପାୟନ କରିପାରେ କେବଳ ତାଙ୍କ ହାତଗଢ଼ା ଜଣେ ଛାତ୍ର। ତେଣୁ ଏହି ପୁସ୍ତକଟି ଅତ୍ୟନ୍ତ ହୃଦ୍ୟ ହୋଇପାରିଛି। ମୋ ବାପାଙ୍କର ଜୀବନୀ ମୁଁ ଲେଖିପାରିଲି ନାହିଁ ବା ଲେଖାଇପାରି ନାହିଁ। ତାଙ୍କୁ ଉପନ୍ୟାସ 'ଉତ୍ତରମାର୍ଗ'ରେ ରୂପ ଦେଇଛି। ମାତ୍ର ଆଦର୍ଶ ପୁତ୍ର ଶ୍ରଦ୍ଧେୟ ଧୀରେନ୍ଦ୍ର ତାଙ୍କ ବାପାଙ୍କ ହାତରେ ତାଙ୍କ ଜୀବନୀଟି ଅର୍ପଣ କରୁଥିବା ମତେ ଅଭିଭୂତ କରିଛି। ମୋ ବାପାଙ୍କର ସ୍ମରଣିକା ଏବଂ ତାଙ୍କ ରଚନାବଳୀର ସଂକଳନ ମୁଁ ତାଙ୍କ

ଜୀବଦ୍ଦଶାରେ କରିପାରି ନଥିଲି। କଲି, ତାଙ୍କ ଦେହାନ୍ତର ଦଶବର୍ଷ ପରେ। ତେଣୁ ଧୀରେନ୍ଦ୍ର କେତେ ଭାଗ୍ୟବାନ ମୁଁ ତାହା ହିଁ ଭାବୁଛି।

ଭାରତୀୟ ସଂସ୍କୃତିରେ ଜଣେ ଆଦର୍ଶ ଶିକ୍ଷକ ହେଉଛନ୍ତି ବ୍ରହ୍ମା ବିଷ୍ଣୁ ମହେଶ୍ୱରଙ୍କ ସଦୃଶ। ଆମ ପିଢ଼ିର ସମସ୍ତେ ଶିକ୍ଷକଙ୍କୁ ଏହି ସ୍ଥାନରେ ଆମେ ରଖିଛୁ। ସମୟର ପରିବର୍ତ୍ତନ ସହ ସ୍କୁଲ୍ ପରିବେଶ ଓ ଶିକ୍ଷକଙ୍କ ବ୍ୟକ୍ତିତ୍ୱର ବିବର୍ତ୍ତନ ହେଉଛି। ତାହା ସମୟର ଧର୍ମ। କିନ୍ତୁ ଶିକ୍ଷକ ଯେମିତି ବି ହୁଅନ୍ତୁ, ଛାତ୍ରର ଧର୍ମ ହେଉଛି ତାଙ୍କୁ ଈଶ୍ୱର ମଣି ଉଚିତ୍ ସମ୍ମାନ ଦେବା। ସମସ୍ତଙ୍କ ଭିତରେ ବାଲ୍ୟକାଳଟି ଚିରସବୁଜ ହୋଇ ରହିଥାଏ। ସେହି ସବୁଜିମା ଭିତରେ ସର୍ବାଗ୍ରେ ଥାଏ ସ୍କୁଲ ଜୀବନର ଅଭୁଲା ସ୍ମୃତି। ସେହି ସ୍ମୃତି ଭିତରେ ଅଲିଭା ଦୀପଟିଏ ହୋଇ ଜଳୁଥାନ୍ତି ଜଣେ ଜଣେ ଶିକ୍ଷକ। ଶିକ୍ଷକ ଏକ ଦୀପଶିଖା, ଯାହା ଗୋଟିଏ ଶିଖାରୁ ଅଜସ୍ର ଦୀପଶିଖା ଜଳାଇଦିଅନ୍ତି। ତେଣୁ ଜଣେ ଶିକ୍ଷକ ଅଗଣିତ ମଣିଷର ବ୍ୟକ୍ତିତ୍ୱ ଗଢ଼ି ଭବିଷ୍ୟତକୁ ଆଲୋକିତ କରନ୍ତି। ଆଜି ଯେଉଁମାନେ ଦେଶ ବିଦେଶରେ ନିଜକୁ ପ୍ରତିଷ୍ଠିତ କରିଛନ୍ତି ଓ ନିଜର ଗାଁ, ଜାତି, ଦେଶ ଓ ସଂସ୍କୃତିକୁ ପରିଚିତ ଓ ଗୌରବାନ୍ୱିତ କରାଇଛନ୍ତି ସେମାନେ ବିଦ୍ୟାରମ୍ଭ କରିଛନ୍ତି ଜଣେ ଜଣେ ଶିକ୍ଷକଙ୍କ ସ୍ନେହ ସ୍ପର୍ଶରେ। ଜ୍ୟୋତିର୍ମୟ ହେଉଛନ୍ତି ଶିକ୍ଷକଙ୍କ ଜ୍ଞାନାଲୋକରେ। ବୈଜ୍ଞାନିକ, ସାହିତ୍ୟିକ, ଦାର୍ଶନିକ, କଳାକାର, ସାଧୁସନ୍ଥ ସମସ୍ତେ ଦୀକ୍ଷିତ ହୋଇଥାନ୍ତି ଜଣେ ଜଣେ ଶିକ୍ଷକଙ୍କ ଦ୍ୱାରା। ପ୍ରତ୍ୟେକ ଦେଶରେ ଶିକ୍ଷକର ଧର୍ମ ଏକ୍ - ଛାତ୍ରର ଲୁକ୍କାୟିତ ପ୍ରତିଭାକୁ ପ୍ରକାଶିତ କରିବା। ଛାତ୍ରର ଦୁର୍ବଳତାକୁ ସଜାଡ଼ିଦେବା। ଛାତ୍ରକୁ ସଂଗ୍ରାମୀ କରି ଗଢ଼ିବା। ସେଇଥି ପାଇଁ ଏ ପୃଥିବୀ ତିଷ୍ଠି ରହିଛି ଆଜିଯାଏଁ। ଶିକ୍ଷକଙ୍କ ପାଖରେ ଜାତି, ଧର୍ମ, ଉଚ୍ଚନୀଚ, ପୁତ୍ରକନ୍ୟା ବା ଆଉ କାହାର ପୁତ୍ରକନ୍ୟାଙ୍କ ବିଭେଦ ନଥାଏ। ଜଣେ ଆଦର୍ଶ ଶିକ୍ଷକଙ୍କର ଅବସର ନାହିଁ। କାରଣ ସେ ହେଉଛନ୍ତି ଜଣେ ଅନିର୍ବାଚିତ ସ୍ଥାନୀୟ ନେତା ଓ ସ୍ୱତଃପ୍ରବୃତ୍ତ ଲୋକଶିକ୍ଷକ। ଶିକ୍ଷକ ବୃତ୍ତି ହେଉଛି ସବୁଠାରୁ ଆଦର୍ଶ ବୃତ୍ତି, ଯାହାକୁ ଆଜି ଆମ ଦେଶରେ ବାସ୍ତବବାଦୀ ଆଧୁନିକ ଶିକ୍ଷିତ ଯୁବଗୋଷ୍ଠୀ ଆପଣେଇବାକୁ ଚାହୁଁନାହାନ୍ତି, କାରଣ ହେଉଛି ଏ ଜାତି ଶିକ୍ଷକଙ୍କୁ ଯେତିକି ସମ୍ମାନ ଦେବା କଥା ସେତିକି ସମ୍ମାନ ଦେଉନାହିଁ। ତଥାପି ମଧ୍ୟ ଗାଁ ଗାଁରେ ଆଦର୍ଶ ଶିକ୍ଷକ ଅଛନ୍ତି। ଶିକ୍ଷକଙ୍କ ବିନା ସଂସ୍କୃତିର ସମୃଦ୍ଧି ଓ ସଭ୍ୟତାର ଅଗ୍ରଗତି ଅସମ୍ଭବ।

ଶ୍ରୀଯୁକ୍ତ ଜିତେନ୍ଦ୍ର କରଙ୍କ ଭଳି ଜଣେ ଆଦର୍ଶ ଶିକ୍ଷକଙ୍କର ଅଗଣିତ ଛାତ୍ରଛାତ୍ରୀ ଦେଶ ବିଦେଶରେ ଅଛନ୍ତି।

କିଏ ଆଦର୍ଶ ଶିକ୍ଷକ? ତା'ର ମାନଦଣ୍ଡ ଛାତ୍ରମାନଙ୍କ ଠାରୁ ଅଧିକ କେହି

ଧାର୍ଯ୍ୟ କରିପାରିବେ ନାହିଁ। ପ୍ରଶିକ୍ଷଣ ହେଉଛି ଏକ ଦ୍ୱିମୁଖୀ ପ୍ରକ୍ରିୟା। ଏଠି କେବଳ ଛାତ୍ର ନୁହେଁ, ଶିକ୍ଷକ ବି ଜଣେ ପରୀକ୍ଷାର୍ଥୀ। ଛାତ୍ର ନିଜ ଜ୍ଞାତସାରରେ ପରୀକ୍ଷା ଦିଏ, କିନ୍ତୁ ଶିକ୍ଷକ ଅଜ୍ଞାତସାରରେ ଛାତ୍ରମାନଙ୍କ ଦ୍ୱାରା ପରୀକ୍ଷିତ ହୋଇଥାନ୍ତି। ପୁସ୍ତକଲବ୍ଧ ଜ୍ଞାନର ସୀମିତ ପ୍ରଶ୍ନର ଉତ୍ତର ମାଧ୍ୟମରେ ଜଣେ ଶିକ୍ଷକ ଛାତ୍ର ଉପରେ ପାସ୍ ଫେଲ୍‌ର ମୋହର ଲଗାଇ ଦେଇଥାନ୍ତି। ମାତ୍ର ଜଣେ ଶିକ୍ଷକ, ଶିକ୍ଷାଲିପ୍ସୁ ଛାତ୍ରର କ୍ରମବର୍ଦ୍ଧିଷ୍ଣୁ ବୟସର ବିବିଧ ପ୍ରଶ୍ନର ସନ୍ତୋଷଜନକ ଉତ୍ତର ଭିତ୍ତିରେ ହିଁ ପରୀକ୍ଷାରେ ଉତ୍ତୀର୍ଣ୍ଣ ହୁଅନ୍ତି ଓ ଆଦର୍ଶ ଶିକ୍ଷକର ମୋହର ତାଙ୍କ ଉପରେ ଲାଗେ। ବର୍ଷ ବର୍ଷ ଧରି ଏହି ଜଟିଳ ପରୀକ୍ଷାରୁ କ୍ରମାଗତ ଭାବରେ ଉତ୍ତୀର୍ଣ୍ଣ ହୋଇଛନ୍ତି ଆଦର୍ଶ ଶିକ୍ଷକ ଜିତେନ୍ଦ୍ର କୁମାର କର। ଆଜି ଏହି ପୁସ୍ତକର ପ୍ରକାଶ ଅବସରରେ ମୁଁ ଶ୍ରୀଯୁକ୍ତ କରଙ୍କୁ ପ୍ରଣାମ କରୁଛି।

ମୋ ମତରେ ପ୍ରତ୍ୟେକ ଆଦର୍ଶ ଶିକ୍ଷକଙ୍କ ଜୀବନୀ ଲେଖାଯିବା ଉଚିତ୍, ଯାହା ସ୍ୱତଃ ଉତ୍ତରପିଢ଼ିର ଶିକ୍ଷକ ଓ ଛାତ୍ର ଉଭୟଙ୍କର ପାଠ୍ୟପୁସ୍ତକ ହୋଇଯିବ। ଏହି ଅବସରରେ ଏହି ମହାନ ଶିକ୍ଷକଙ୍କ ସୁପୁତ୍ର ଧୀରେନ୍ଦ୍ର, ତାଙ୍କର ଛାତ୍ର ହରେକୃଷ୍ଣ ଏବଂ ଏହାକୁ ପୁସ୍ତକ ରୂପ ଦେବାରେ ଯେଉଁମାନଙ୍କର ଅବଦାନ ଅଛି ସମସ୍ତଙ୍କ ଉଦ୍ୟମ ପ୍ରଶଂସନୀୟ। ମାତ୍ର ଏପରି ପୁସ୍ତକକୁ ସାଧାରଣତଃ ପ୍ରକାଶକମାନେ ପ୍ରକାଶ କରିବା ପାଇଁ ଆଗ୍ରହୀ ହୋଇନଥାନ୍ତି। ଏପରିସ୍ଥଳେ ଏହି ପୁସ୍ତକକୁ ପ୍ରକାଶ କରୁଥିବା ଆମେରିକାର ନିଷ୍ଠାପର ପ୍ରକାଶନ ସଂସ୍ଥା 'ବ୍ଲାକ୍ ଇଗଲ୍ ବୁକ୍ସ'(BEB)ର ପ୍ରକାଶକ ଶ୍ରୀ ସତ୍ୟ ପଟ୍ଟନାୟକଙ୍କୁ ସାଧୁବାଦ୍ ଜଣାଇବା ସହ ଅଭିନନ୍ଦନ ଜଣାଉଛି।

ଏହି ପୁସ୍ତକଟି ଓଡ଼ିଶାର ସବୁ ସ୍କୁଲ୍‌ରେ ଉପଲବ୍ଧ ହେବା ଉଚିତ୍।


**ପ୍ରତିଭା ରାୟ**

**ଆଖ୍ୟାୟିକା, ୨୭-ଗଜପତି ନଗର**

**ଭୁବନେଶ୍ୱର-୭୫୧୦୦୫ (ଓଡ଼ିଶା)**

**ଫୋନ୍ - ୯୯୩୭୦୫୨୨୫୧**

# ଛୋଟ ଗାଁର ବଡ଼ ମଣିଷ...

ଗାଁରେ ଜନ୍ମ ହୋଇଛି; ସେଇ ମାଟି ପାଣି ପବନରେ ଗଢ଼ା ହୋଇଛି ପଞ୍ଚଭୂତର ଶରୀର ମୋର। ସେଇ ଗାଁର ଛୋଟବଡ଼ଙ୍କ ଠାରୁ ଅନେକ କଥା ଦେଖିଶିଖି ବଡ଼ ହୋଇଛି। ସେ କଥା ଆଜି ବି ମନରେ ଅଛି। ସବୁ ବିଷୟର ଗୁରୁତ୍ୱ ବୁଝିବାକୁ ଚେଷ୍ଟା କରୁଛି। କେତେ ଦେଖି ଶିଖୁଛି ତ କେତେ ବୁଝି ଶିଖୁଛି। କେବେ ପଢ଼ି ଶିଖୁଛି ତ କେବେ ପଢ଼ାଇ ଶିଖୁଛି। ଏବେ ଏତକ ବୁଝି ପାରିଛି ଯେ ବିଶ୍ୱ ବ୍ରହ୍ମାଣ୍ଡର ସବୁ ଅଣୁତତ୍ତ୍ୱର ବି ମହତ୍ତ୍ୱ ରହିଛି। ପ୍ରତ୍ୟେକ ମୁହୂର୍ତ୍ତ କେତେ ଅମୂଲ୍ୟ ଏହା ହୃଦୟଙ୍ଗମ କରିଛି।

ଜୀବନର ପ୍ରତ୍ୟେକ ମୁହୂର୍ତ୍ତ ଗୋଟିଏ ଗୋଟିଏ ଶିକ୍ଷକ। ଆମର ଅଜାଣତରେ କେତେ କଥା ଶିଖାଇ ଦିଅନ୍ତି ଆମକୁ। କିଏ ଏହାକୁ ଅନୁଭବ କହେତ କିଏ ଅଭିଜ୍ଞତା। ହେଲେ, ପ୍ରତିକ୍ଷଣ କେତେ ଆଖି ପିଛୁଳାକେ ଆରଘଡ଼ି ହୋଇଯାଏ।

ନିଉଟନ୍‌ଙ୍କ ପାଇଁ ଆତ ପଡ଼ିବାର ମୁହୂର୍ତ୍ତ, ମାଡ଼ାମ୍ କ୍ୟୁରୀଙ୍କ ପାଇଁ ରଶ୍ମୀ ବିକୀରଣର ମୁହୂର୍ତ୍ତ, ଜେମ୍‌ସ୍ ୱାଟ୍‌ଙ୍କ ପାଇଁ ଚା କେଟେଲ୍‌ର ବାମ୍ଫ ଆସିବାର ମୁହୂର୍ତ୍ତ, ଆର୍କିମିଡ଼ିସ୍‌ଙ୍କ ପାଇଁ ଇଉରେକା ମୁହୂର୍ତ୍ତ ଆଉ ଏଇ ଦୁନିଆର ଏଇଭଳି ଚଉପିଠିଆଙ୍କ ପାଇଁ ଏଇ ମୁହୂର୍ତ୍ତ ହିଁ ତ ଆଣିଦେଇଥିଲା ଜ୍ଞାନବିଜ୍ଞାନର ଏକ ଆନ୍ଦୋଳନ।

ଏଇ ମୁହୂର୍ତ୍ତରେ ହିଁ ବିଶ୍ୱବ୍ରହ୍ମାଣ୍ଡ ଆତଯାତ ହେଉଛି ଆଉ ଆମ ସମସ୍ତଙ୍କୁ କିଛି ଇସାରା ଦେଉଛି କାଲିପାଇଁ। ଏଇ ମୁହୂର୍ତ୍ତରେ ହିଁ ସବୁକିଛି ଅଛି। ଆମର ବୋଧଶକ୍ତି ଦ୍ୱାରା ଏହି ମୁହୂର୍ତ୍ତରୁ ହିଁ ଜୀବନଶକ୍ତି ଆହରଣ କରି ଆମର ଅନ୍ତଃକରଣକୁ ଶୁଦ୍ଧ କରିବା ସହ ସଂସାରର ହିତ ପାଇଁ କିଛି କରିଯିବାଟା ହିଁ କଲ୍ୟାଣକାରକ। ସେଇ ଭଳି ପ୍ରାଣଟିଏ ହରେକୃଷ୍ଣ ଭାଇ ମୋର। ୬୦ରୁ ଉର୍ଦ୍ଧ୍ୱ ବର୍ଷା-ବସନ୍ତ-ବୈଶାଖ ତା' କାନ୍ଧରୁ କେତେବେଳେ ଚଢ଼ି ଓହ୍ଲାଇ ଯାଇଛନ୍ତି ଜାଣିପାରିନି ସେ; ତା' ପେଟପାଟଣାର

ଜଞ୍ଜାଳରେ। ଋତୁଚକ୍ରର ଏଇ ସର୍ପିଳ ଚଲାପଥରେ ସେ ଏକ ନିଃସଙ୍ଗ ପଦାତିକ। ହେଲେ ଛାତ୍ରସୁଲଭ ସେଇ ଗୁରୁଭକ୍ତି ରହି ଯାଇଛି ତା ପ୍ରାଣପିଣ୍ଡରେ; ତା ମନ-ହୃଦୟ-ଆତ୍ମାର କେଉଁ ଏକ ନିଭୃତ କୋଣରେ। ସେଇ ଗୁରୁଭକ୍ତିର ଗୀତା ଏଇ "ଛୋଟ ଗାଁର ବଡ଼ ମଣିଷ"। ସନ୍ଥ କବୀରଙ୍କ ବାଣୀବୀଣାର ତାରରେ ତା' ମନ ଝଙ୍କୃତ। ସେ ହୃଦୟଙ୍ଗମ କରିଛି ଏଇ କଥା ପଦିକ।

गुरु गोविंद दोऊ खड़े, काके लागूँ पाँय
बलिहारी गुरु आपने, गोविंद दियो बताय

ସେ ବୁଝିଛି ତା ଶିକ୍ଷକ, ତା ସାରଙ୍କର ମହନୀୟତା। ସେ ଅବବୋଧ କରି ପାରିଛି ଯେ; କେବଳ ଶ୍ରେଣୀଗୃହରେ ପାଠ୍ୟ ନିର୍ଘଣ୍ଟକୁ ସମୟାନୁସାରେ ଶେଷ କରିଦେବା ଶିକ୍ଷକତା ନୁହେଁ। ଶିକ୍ଷକତା ଏହାଠାରୁ ଆହୁରି ଊର୍ଦ୍ଧ୍ୱରେ। ଶିକ୍ଷା, ଶିକ୍ଷାର୍ଥୀ, ଶିକ୍ଷଣୀୟ, ଶିକ୍ଷାଳୟ, ପ୍ରଭୃତିର ଚଉହଦୀରେ ଜଣେ ଆଦର୍ଶ ଶିକ୍ଷକ ଅକଳ୍ପଣା।

ଭବିଷ୍ୟତର ଅଦୃଷ୍ଟ ତତ୍ତ୍ୱକୁ କେତେଜଣ ହିଁ ଦେଖି ଦେଖାଇ ପାରନ୍ତି ନିଜର ଚିନ୍ତା ଓ ଚେତନା ବଳରେ। ଶିକ୍ଷକ ହିଁ ବର୍ତ୍ତମାନରେ, ଅତୀତର ଛାଇ ଆଗରେ ଠିଆ ହୋଇ ଛାତ୍ରକୁ ଭବିଷ୍ୟତର ଗର୍ଭରେ ଲୁଚି ରହିଥିବା ସମୃଦ୍ଧିର ମାର୍ଗ ଦେଖାଇଥାଏ। ଏଣୁ ବର୍ତ୍ତମାନରେ ଠିଆ ହୋଇ ଭବିଷ୍ୟତର ବିଶାଳତାକୁ ନିଜ ହୃଦୟରେ ସ୍ଥାପନ କରି ତାକୁ ଜୀବନ୍ତ କରି ତୋଳିବାର ସ୍ପର୍ଦ୍ଧା କେବଳ ଜଣେ ଶିକ୍ଷକ ହିଁ କରିପାରେ।

ସୁଧୀ ପାଠକେ; ଆଜି ଏଇ ଦୁଇ ପଦ ଲେଖିଲା ବେଳକୁ ସବୁ ଜଳଛବି ଭଳି ଆଖି ଆଗରେ ନାଚି ଉଠୁଛି। "ଛୋଟ ଗାଁର ବଡ଼ ମଣିଷ"ର ପାଣ୍ଡୁଲିପିକୁ ପଢ଼ିଲା ପରେ ଏଇ ମନ କହୁଛି; କର୍ତ୍ତବ୍ୟବୋଧ ଆଉ ପ୍ରେରଣାର ପରିଚୟ ହେଲା ଶିକ୍ଷା ଓ ଶିକ୍ଷକର ଗୁରୁଦାୟିତ୍ୱ। ଏଇଭଳି ଗୁରୁ ଆଉ ଗୁରୁଜନଙ୍କ ସାନିଧ୍ୟ ଥିଲେ ସବୁ ଶିଷ୍ୟ ଆଉ କନିଷ୍ଠଗଣ ଏକ ସୁନ୍ଦର ସଂସାର ଗଢ଼ିବାର ପ୍ରେରଣା ପାଇବେ। ଗଠନମୂଳକ ଚିନ୍ତାଧାରା, ସୃଜନବୋଧ ଆଉ ବିଶାଳ ଚେତନାର ଅଧିକାରୀ ହେବେ ସେମାନେ।

ଏଣୁ ସମାଜର ବିଭିନ୍ନ ପରିବେଶ ଆଉ ପରିସ୍ଥିତିରେ ନିଜକୁ ଅବବୋଧ କରାଇ ଚାଲନ୍ତୁ ଆମର ଆଗାମୀ ପିଢ଼ୀଙ୍କୁ ଦେବା ପ୍ରେରଣା ଆଉ ଏଇଭଳି ବୋଧଜ୍ଞାନର ପରିଚୟ। ଦେଖିବେ ଆମ ପିଲାମାନେ କିଛି ଶିଖିବେ, କିଛି ଜାଣିବେ, କିଛି ବୁଝିବେ ଆଉ ନିଶ୍ଚୟ କିଛି କରି ଦେଖାଇବେ। ସେଇମାନେ ହେଲେ ଶିକ୍ଷାର୍ଥୀ ଆଉ ଆମେ ହେଲେ ଶିକ୍ଷକ।

ଏଣୁ ଚାଲନ୍ତୁ ଶିକ୍ଷଣୀୟ କିଛି ସେଇ କନିଷ୍ଠମାନଙ୍କ ମନ-ପ୍ରାଣ-ଆତ୍ମାରେ ଭରିଦେବା । ତେବେ ଯାଇ ସେମାନେ ବର୍ତ୍ତମାନର ମଞ୍ଜିଟିଏ ଭିତରେ ଭବିଷ୍ୟତର ଅରଣ୍ୟ ଦେଖି ପାରିବେ ନିଶ୍ଚୟ ।

ଗୁରୁର୍ବ୍ରହ୍ମା ଗୁରୁର୍ବିଷ୍ଣୁ ଗୁରୁର୍ଦେବୋ ମହେଶ୍ୱରଃ ।
ଗୁରୁରେବ ପରଂବ୍ରହ୍ମ ତସ୍ମୈ ଶ୍ରୀଗୁରବେ ନମଃ ।।

ମୁଁ ଜଣେ ଶିକ୍ଷକ । ନିଃସ୍ୱାର୍ଥ ହୋଇ ମୁଁ ଏହି ପେଶାକୁ ଆପଣେଇ ନେଇଛି ଅନ୍ୟ ସବୁ ଲୋଭନୀୟ ବୃଭିକୁ ଏଡ଼ାଇ ଯାଇ । ଏହି ବୃଭି ନିମନ୍ତେ ଅନେକ ବିଳାସ ଓ ବ୍ୟସନର ବଳିଦାନ ମୋତେ ଦେବାକୁ ପଡ଼ିଛି । ସେଥିରେ ମୋର କୌଣସି ଗ୍ଲାନିବୋଧ ନାହିଁ । ମୋ ଶିକ୍ଷାୟତନର ଯେ କୌଣସି ଛାତ୍ରକୁ ପ୍ରତିଷ୍ଠା କ୍ଷେତ୍ରରେ ଅତ୍ୟୁଚ୍ଚକୁ ଗଲେ ମୋର ଆତ୍ମତୃପ୍ତିର ସୀମା ରହେ ନାହିଁ ।

ଆଜି ହରେକୃଷ୍ଣ ଭାଇର ଏଇ ଲେଖା ପଢ଼ିବା ପରେ ଅନୁଭବି ପାରୁଛି ଛାତ୍ର ମନର ସରଳତା ଆଉ ନିଷ୍କପଟତା । ଗର୍ବ ଅନୁଭବ କରୁଛି ଜଣେ ଶିକ୍ଷକଙ୍କ ପ୍ରେରଣାର ଉପରେ ପ୍ଲାବିତ ତା ହୃଦର ସବୁଜ ଉର୍ବର ଅଭିଳାଷକୁ । ଆଜି ଗର୍ବର ସହ ମୁଁ ବି କହି ପାରିବି ଯେ; ଏକ ଭବ୍ୟ ରାଷ୍ଟ୍ର ତଥା ବିଶ୍ୱଭାତୃତ୍ୱର ଏକ ଅମରାବତୀ ନିର୍ମାଣର ସ୍ୱପ୍ନକୁ ସାକାର କରିବାକୁ, ମୁଁ ଏହି ପେଶାକୁ ଆପଣେଇ ନେଇଛି ।

ପିଲାଟି ଦିନରୁ ସ୍ୱପ୍ନ ଥିଲା ଯେ ମୁଁ ଜଣେ ଶିକ୍ଷକ ହେବି ଆଉ ଅବୋଧ ଛାତ୍ରମାନଙ୍କ ନିମନ୍ତେ ଜ୍ଞାନର ପ୍ରଦୀପ ଜଳାଇ ସେମାନଙ୍କୁ ଅଜ୍ଞାନ ଅନ୍ଧକାରରୁ ବାହାରକୁ ଆଣିବି । ଏହି ପେଶାକୁ ଆପଣେଇ ନନେବାକୁ ମୋତେ ମୋର ସମସ୍ତ ବନ୍ଧୁ ଓ ବାନ୍ଧବ ବହୁତ ମନା କରିଛନ୍ତି । ଶିକ୍ଷକ ହେଲେ ଯେ ସରକାରଙ୍କ ଔଦାସୀନ୍ୟତାର ସମ୍ମୁଖୀନ ହେବାକୁ ହେବ, ନିୟମିତ ଦରମା ପାଇବାର ହେଲା ହେବ ଆଉ ବହୁ ପୂର୍ବେ ସମ୍ମାନିତ ଏଇ ପେଶାରେ ଯେ ଏବେ ଆଉ ସେଇ ପୂର୍ବ ସମ୍ମାନ ନାହିଁ ଏହା ସେମାନେ ମୋତେ ବାରମ୍ବାର ବୁଝାଇ ଗଲେ, ହେଲେ ମୋର ପିତାଙ୍କର ପଥକୁ ମୁଁ ସ୍ୱେଚ୍ଛାକୃତ ରୂପେ ଆପଣେଇ ନେଇଛି ।

ମୋର ଶିକ୍ଷକତାର ଚଲାପଥରେ ମୁଁ ଅନେକ ଦୁଃଖ, କଷ୍ଟ, ଅପମାନର କଣ୍ଟା ସହ ଆଦର, ଭକ୍ତି ତଥା ସମାଦରର କୁସୁମାଞ୍ଜଳି ସବୁ ପ୍ରାପ୍ତ ହୋଇଚାଲିଛି । ଏଇ ଅଙ୍ଗେ ନିଭେଇଛି ଶିକ୍ଷକ ଅଭିଜ୍ଞତାର ସେଇ କୋରଡ଼ା । ୩୦ବର୍ଷରୁ ଉର୍ଦ୍ଧ୍ୱ ହେଲାଣି ହେଲେ ସବୁ ସମସ୍ୟାର ସମାଧାନ କରୁଥିବା ଶିକ୍ଷା ; ତା ନିଜ ସମାଧାନରେ ଲାଗିଛି

ଜିତେନ୍ଦ୍ର କୁମାର କରଙ୍କ ଜୀବନୀ

ଆବହମାନ କାଳରୁ। କେବେ ଛାତ୍ର, କେବେ ଅଭିଭାବକ, କେବେ ଶାସନକଳ ତ କେବେ ନିଜେ ଏଇ ଶିକ୍ଷକ ସମାଜ ହିଁ ଏଇ ବୁଢ଼ିଆଣୀ ଖିଅରେ ଗୁଡେଇ ତୁଡେଇ ହେବାରେ ଲାଗିଛନ୍ତି। କେବେ ବହି ନାହିଁ, କେବେ ଶିକ୍ଷାୟତନ ନାହିଁ, କେବେ ଶିକ୍ଷକ ନାହାଁନ୍ତି ତ କେବେ ଶିକ୍ଷାର୍ଥୀ ନାହାନ୍ତି। କିଛି ନା କିଛି ନାହିଁରେ ଏଇ ହଁ'ର ଉପସ୍ଥିତି ହିଁ ନଗଣ୍ୟ।

ହେଲେ ଆଜି ଜଣେ ଶିକ୍ଷକଙ୍କ ଜୀବନୀ ପଢ଼ିଲା ପରେ, ହରେକୃଷ୍ଣଙ୍କ ଭଳି ଜଣେ ଛାତ୍ରଙ୍କ ଗୁରୁଭକ୍ତିଙ୍କୁ ପ୍ରଣିପାତ କରୁଛି। ତାଙ୍କର ଏହି ଉଦ୍ୟମ ଆଉ ପ୍ରଗାଢ଼ ନିଷ୍ଠାରେ ସହଯୋଗ କରିଥିବା ସମସ୍ତ ସୁହୃଦ, ଯଥା ଶତ୍ରୁଘ୍ନ, ସିଦ୍ଧାର୍ଥ,ଦିଲ୍ଲୀପ ତଥା ଏହାକୁ ଲୋକାର୍ପଣ କରିବାକୁ ଆଗେଇ ଆସିଥିବା 'ବ୍ଲାକ୍ ଇଗଲ୍ ବୁକ୍ସ' ପ୍ରକାଶନ ସଂସ୍ଥାଙ୍କୁ ଧନ୍ୟବାଦ ଜଣାଉଛି।

ହରେକୃଷ୍ଣ ଭାଇଙ୍କୁ ମୋର ଶ୍ରଦ୍ଧା ସୁମନାସ
ତଥା
ଛୋଟ ଗାଁର ବଡ଼ ମଣିଷଙ୍କୁ ମୋର ଶତନମନ।

-ପ୍ରଭୂ

# ଆମ ସାର୍

ସୁଧୀ ପାଠକବୃନ୍ଦ,

ଆସନ୍ତୁ ଆପଣଙ୍କୁ ନେଇ ଯିବି ଗୋଟିଏ ଆମ ଓଡ଼ିଶାର ଗୋଟିଏ ଛୋଟ ଗାଁକୁ। ଆଉ କହିବି ମୋ ଅନ୍ତରରେ ସାଇତି ରଖିଥିବା କିଛି କଥା। ମୋ ସାର୍‌ଙ୍କ କଥା; ଆମ ସାର୍‌ଙ୍କ କଥା। ଏମିତି ଜଣେ ସ୍ୱତନ୍ତ୍ର ମଣିଷ ହେଲେ ଆମ ଛୋଟ ଗାଆଁର ବଡ଼ ମଣିଷ- ଜିତେନ୍ଦ୍ର ସାର୍। ଶ୍ରୀଯୁକ୍ତ ଜିତେନ୍ଦ୍ର କୁମାର କର।

ଆମ ସାର୍ ଦୀର୍ଘ ପଚସ୍ତରୀ ବର୍ଷ ଧରି ଆମ ଅଞ୍ଚଳର ସାମଗ୍ରିକ ବିବର୍ତ୍ତନ ସହିତ ନିବିଡ଼ ଭାବରେ ଜଡ଼ିତ ରହି ଜୀବନ ବିତାଇ ଆସିଛନ୍ତି। ସାଂସ୍କୃତିକ, ସାମାଜିକ, ପ୍ରାକୃତିକ ଓ ଐତିହାସିକ ପରିବର୍ତ୍ତନ ଗୁଡ଼ିକୁ ଅଙ୍ଗେ ନିଭାଇଛନ୍ତି। କୈଶୋର ଓ ବାଲ୍ୟରେ ସେ ପ୍ରଭାବିତ ହୋଇଛନ୍ତି। ଯୌବନରେ ସାମିଲ ହୋଇଛନ୍ତି। ପରବର୍ତ୍ତୀ ସମୟରେ ସେ ଏହି କ୍ଷେତ୍ରଗୁଡ଼ିକୁ ପ୍ରଭାବିତ କରିଛନ୍ତି।

୧୯୪୦ ମସିହା ଜୁନ୍ ମାସ ୧୪ ତାରିଖ ଶୁକ୍ରବାର ଆଷାଢ଼ କୃଷ୍ଣ ନବମୀ ତିଥିରେ ଜନ୍ମଗ୍ରହଣ କରିଥିବା ଶିଶୁଟି ବାଲ୍ୟରେ ଚପଳତା ପ୍ରଦର୍ଶନ କରିବା ପରେ ସମୟକ୍ରମେ ୨୦୧୮ ମସିହା ମଧ୍ୟରେ ପରିଣତ ହୋଇଯାଇଛନ୍ତି ଜଣେ ଆଦର୍ଶ ଚରିତ୍ରରେ। ଜଣେ ସ୍ୱୟଂ ସମ୍ପୂର୍ଣ୍ଣ ମଣିଷରେ। ସୁଜନପୁରରୁ ମଧୁବନ ପର୍ଯ୍ୟନ୍ତ ଦୀର୍ଘ କୋଡ଼ିଏ କିଲୋମିଟର ଓ ଆଡ଼ରେ ଘୋଳପୁରରୁ ଧର୍ମଶାଳା ବାର କିଲୋମିଟର ବ୍ୟାପି ଅଞ୍ଚଳ ମଧ୍ୟରେ ନିଜର ଅନନ୍ୟ ବ୍ୟକ୍ତିତ୍ୱର ବିକାଶ ବଳରେ ସମ୍ମାନନୀୟ ଓ ପୂଜ୍ୟ ମୂର୍ତ୍ତିଟିଏ ହୋଇଯାଇଛନ୍ତି।

ଜଣେ ବ୍ୟକ୍ତିର ଜୀବନକୁ କାଗଜ କଲମରେ ଉତାରିବା ସମ୍ପୂର୍ଣ୍ଣ ଭାବରେ ଅସମ୍ଭବ। ସୁଖ, ଦୁଃଖ, ଭାବପ୍ରବଣତା କେତେ ଆସିଛି କେତେ ଚାଲିଯାଇଛି ତା'ର ହିସାବ ପାଇବା କେବେ ବି ସହଜ ନୁହେଁ। ତେବେ ବି ଆମେ ଚେଷ୍ଟା କରିଛୁ ଅଧିକରୁ ଅଧିକ ଘଟଣା ଗୁଡ଼ିକୁ ସଂଗ୍ରହ କରି ଲିପିବଦ୍ଧ କରି ରଖିବା ପାଇଁ।

ସାର୍‌ଙ୍କର ସମସାମୟିକ କେତେକ ବନ୍ଧୁ ପ୍ରସ୍ତାବ ଦେଇଥିଲେ ତାଙ୍କର ଆତ୍ମଜୀବନୀ ଲେଖିବା ପାଇଁ। କିନ୍ତୁ ଆମେ ଜାଣୁ ଆତ୍ମଜୀବନୀ ଲେଖିବା ବେଳେ ଲେଖକ ଯଥେଷ୍ଟ ସଚେତନ ହୋଇପଡ଼ନ୍ତି। ସଙ୍କୋଚ ବଶତଃ ନିଜର ବଡ଼ିମା, ବଡ଼ପଣ ଓ ବଡ଼କାମକୁ ସମ୍ପୂର୍ଣ୍ଣ ଭାବରେ ପ୍ରକାଶ କରିପାରନ୍ତି ନାହିଁ। ଯଥାର୍ଥ ହୋଇଥିଲେ ମଧ୍ୟ ନିଜକୁ ପ୍ରଶଂସା କରିପାରନ୍ତି ନାହିଁ।

ତେଣୁ ସାରଙ୍କ ନିଜ ହାତରେ ଆତ୍ମଜୀବନୀ ଲେଖାଇବା ପରିବର୍ତ୍ତେ ଆମେ ତାଙ୍କର ଜୀବନୀ ଲେଖିବାକୁ ସ୍ଥିର କଲୁ। ସେ ଜଣେ ସଫଳ, ପବିତ୍ର ଓ ପ୍ରସିଦ୍ଧ ଶିକ୍ଷକ। ଜଣେ ଏପରି ଶିକ୍ଷକ ଯାହାଙ୍କୁ ତାଙ୍କର ଛାତ୍ରମାନେ ଆଜି ମଧ୍ୟ ଭଗବାନ ମନେକରି ସମ୍ମାନ ପ୍ରଦର୍ଶନ କରନ୍ତି। ଆଧୁନିକତା ନାମରେ ଧ୍ୱଂସାଭିମୁଖୀ ସମାଜରେ ଗୁରୁଶିଷ୍ୟ ସମ୍ପର୍କ ଧ୍ୱସ୍ତବିଧ୍ୱସ୍ତ ହୋଇ ସାରିଥିବା ବେଳେ ଆମ ସାର୍ ଓ ତାଙ୍କ ଛାତ୍ରମାନଙ୍କର ସମ୍ପର୍କ ପ୍ରାଚୀନ ସମୟ ଭଳି ଅଦ୍ଭୁତ ଭାବରେ ଅପରିବର୍ତ୍ତନୀୟ ହୋଇ ରହିଥିବା ଆଶ୍ଚର୍ଯ୍ୟର କଥା। ଆଜି ବି ତାଙ୍କର ପାଦସ୍ପର୍ଶ କରି ଛାତ୍ରମାନେ ସମ୍ମାନ ଜଣାନ୍ତି। ପ୍ରକୃତରେ ଆମ ସାର ଆମ ପାଇଁ ଗୁରୁ ବ୍ରହ୍ମା, ଗୁରୁ ବିଷ୍ଣୁ ଗୁରୁଦେବୋ ମହେଶ୍ୱର ହିଁ ଅଟନ୍ତି। ତାଙ୍କରି ଆଶୀର୍ବାଦ ନେଇ ତାଙ୍କ ବିଷୟରେ ଲେଖିବା ପାଇଁ ଆମେ ଉଦ୍ୟମଟିଏ ଆରମ୍ଭ କରିଛୁ।

ଏଇ ଜୀବନୀ ପଢ଼ିବା ପୂର୍ବରୁ ଆପଣଙ୍କୁ ଏହି ବହି ପ୍ରସଙ୍ଗରେ କିଛି କହିଦିଏ। କପୋଳକଳ୍ପିତ ନୁହେଁ; ଅତି ଶ୍ରଦ୍ଧା ଓ ସତ୍ୟର ସମ୍ବେଦନର ଲେଖା ଇଏ।

'ଛୋଟ ଗାଆଁର ବଡ଼ ମଣିଷ' ବହିଟି ଆଜିରୁ ପ୍ରାୟ ପନ୍ଦର ବର୍ଷ ତଳେ ଲେଖା ଆରମ୍ଭ ହୋଇଥିଲା। ମୁଁ ଗାଁ ଗହଳିରେ ବନ୍ଧୁମାନଙ୍କ ସହିତ ବହୁତ ସମୟ ବିତାଏ। ପିଲାଦିନର ସ୍ମୃତିକୁ ମନେ ପକାଏ। ସାଙ୍ଗ ହୋଇ ହୋଟେଲରେ ଖାଉ। ଗାଁ ଛକରେ ଏକାଧିକ ଥର ଭୋଜି କରୁ। ସେଇଠି ବିଭିନ୍ନ କଥା ବିଷୟରେ ଆଲୋଚନା ହୁଏ। ଏମିତି ଗୋଟେ ଆଲୋଚନା ଚାଲିଥିବା ବେଳେ ମୁଁ କହିଲି, ଆମ ଗହଣରେ ଥିବା ମହାନ ବ୍ୟକ୍ତିମାନଙ୍କୁ ସଠିକ୍ ଭାବରେ ସମ୍ମାନ ମିଳୁନାହିଁ। ତାଙ୍କୁ କେହି ଚିହ୍ନୁ ନାହାଁନ୍ତି। ସେମାନେ ତାଙ୍କର ମହତ କାର୍ଯ୍ୟ ଗୁଡ଼ିକୁ ବିନା ପ୍ରଶଂସାରେ ସମ୍ପାଦନ କରି ସମୟ ସହିତ ହଜି ଯାଉଛନ୍ତି। ସେହିଭଳି ଜଣେ ବ୍ୟକ୍ତି ହେଲେ ଆମ ସାର୍, ମୋର ପିତୃତୁଲ୍ୟ ପ୍ରିୟ ଜିତେନ୍ଦ୍ର ସାର୍।

ଜଣେ ରାଜ୍ୟ ସ୍ତରୀୟ ବା ଦେଶ ସ୍ତରୀୟ ଲୋକପ୍ରିୟ ଚରିତ୍ରଠାରୁ ଆମ ସାର୍ ଆଦୌ କମ୍ ନୁହଁନ୍ତି। ଜଣେ ପ୍ରସିଦ୍ଧ ବ୍ୟକ୍ତିଦ୍ୱାରା ସାଧାରଣ ମଣିଷ ବ୍ୟକ୍ତିଗତ ଭାବରେ କେବେବି ଉପକୃତ ହୋଇ ନଥିଲେ ମଧ୍ୟ କେବଳ ତାଙ୍କ ବିଷୟରେ ବହିମାନଙ୍କରୁ

ପଢ଼ି ଅନୁପ୍ରାଣିତ ହୋଇଥାଏ। ଏହି ଅନୁପ୍ରାଣିତ ହେବା ପଛରେ ଶ୍ରଦ୍ଧା ନଥାଏ। ଆପଣାର ଭାବ ନଥାଏ। କେବଳ ଥାଏ କିଛି ଜ୍ଞାନ।

କିନ୍ତୁ ଗାଁ ଗହଳିରେ ଥିବା ଅପରିଚିତ ମହାନ ଲୋକଟି ଏପରି ପ୍ରସିଦ୍ଧ ଲୋକଙ୍କଠାରୁ ଅନେକ ଉର୍ଦ୍ଧ୍ୱରେ। ଏହି ଲୋକଙ୍କ ଦ୍ୱାରା ସାଧାରଣ ଗ୍ରାମାଞ୍ଚଳ ଲୋକେ ସିଧାସଳଖ ଭାବରେ ଉପକୃତ ହୋଇଥାନ୍ତି। ସେମାନଙ୍କ ମନରେ ବସା ବାନ୍ଧି ଯାଇଥାନ୍ତି। ସେହି ସମ୍ପର୍କରେ ଆବିଳତା ନଥାଏ। ଥାଏ ଗୋଟେ ଅତି ଆପଣାର ଭାବ।

ଦେଶ ବା ରାଜ୍ୟର ପ୍ରସିଦ୍ଧ ଲୋକଙ୍କ ଠାରୁ ଏହି ଅଳ୍ପ ପରିଚିତ ଲୋକ ଜଣଙ୍କ ବହୁ ସଂଖ୍ୟକ ଅନ୍ତରଙ୍ଗ ମଣିଷଙ୍କ ଭିତରେ ଚଳପ୍ରଚଳ ହେଉଥାନ୍ତି। ପ୍ରସିଦ୍ଧ ଲୋକଙ୍କ ପାଖରେ ପରିଚୟ ଓ ପ୍ରସିଦ୍ଧି ଥିଲାବେଳେ ଗ୍ରାମାଞ୍ଚଳ ଲୋକଟିକୁ ମିଳେ ପ୍ରଚୁର ଶ୍ରଦ୍ଧା, ସମ୍ମାନ ଓ ପ୍ରେମ। ସେତିକି ପରିମାଣର ଶ୍ରଦ୍ଧା ଓ ଅନ୍ତରଙ୍ଗତା ପ୍ରସିଦ୍ଧ ଲୋକଙ୍କୁ ଆଦୌ ମିଳି ନଥାଏ।

ତେଣୁ ମୋ ଦୃଷ୍ଟିରେ ଦେଶ ବା ରାଜ୍ୟର କୌଣସି ପ୍ରସିଦ୍ଧି ପ୍ରାପ୍ତ ମଣିଷଠାରୁ ଆମ ସାର୍ ଅନେକ ଉର୍ଦ୍ଧ୍ୱରେ। ଅନେକ ପ୍ରିୟ, ପବିତ୍ର ଓ ଆତ୍ମୀୟ।

ଏହିପରି ଭାବନାଟିଏ ମୋ ମନରେ ଉଦ୍ରେକ ହେଲାପରେ ମୁଁ ସାରଙ୍କ ବିଷୟରେ ଲେଖିବାକୁ ଆଗ୍ରହୀ ହେଲି। ସେଥିପାଇଁ ଅନୁମତି ମାଗିଲି ସାରଙ୍କ ପୁଅ, ମୋର ଶ୍ରଦ୍ଧେୟ ସାନଭାଇ ଧୀରକୁ। ସେ ତ ହଁ କହିଦେଲା କିନ୍ତୁ ସାରଙ୍କୁ ବୁଝାଇବ କିଏ। ବିଲେଇ ବେକରେ ଘଣ୍ଟି ବାନ୍ଧିବ କିଏ। ସାର୍ ହେଲେ ଏକ ମନୁଆ ଲୋକ। ଯାହା ବୁଝିଥିବେ ସେୟା। ସାର୍ କହିଲେ, ମୁଁ ଗୋଟେ କୋଉ ମଣିଷରେ ଗଣା ଯାଏ ଯେ ତୁ ମୋ ଜୀବନୀ ଲେଖିବୁ। ଥାଉ ଏକଥା ଭୁଲି ଯା'।

ସାରଙ୍କୁ ମନେଇବା ପାଇଁ ମତେ ଅନେକ ଥର ତାଙ୍କ ପାଖକୁ ଯିବାପାଇଁ ପଡ଼ିଲା। ସାର୍ ଆଦୌ ଧରାଛୁଆଁ ଦେଉ ନଥାନ୍ତି। କିନ୍ତୁ ଆମେ ସାଙ୍ଗହୋଇ ବହୁତ ଗପୁ। ସେହି ଗପରୁ କଥା ସଂଗ୍ରହ କଲି ଓ ତାଙ୍କ ବିଷୟରେ ଆଗରୁ କିଛି ଜାଣିଥିଲି। ଏହାକୁ ମିଶାଇ କେଇ ପୃଷ୍ଠାର ଆଲେଖ୍ୟଟିଏ ଲେଖିଲି। ସାହସ କରି ସାରଙ୍କ ହାତରେ ଦେଲି। ସାର୍ ପଢ଼ିଦେଇ ହସିଲେ। କହିଲେ, ତତେ ପାରି ହେବନି। ଜିଦ୍ କରିଛୁ ମାନେ ଯାହାତାହା ଲେଖି ପକେଇବୁ। ହେଉ ଏବେ ମୋ କଥା ଗୁଡ଼ିକ ଶୁଣ। ଯାହା ଭଲ ଲାଗିବ, ଯାହା ଆବଶ୍ୟକ ହେବ ଲେଖିବୁ।

ସେଇଠୁ ମୋ ଲେଖା ଆରମ୍ଭ ହେଲା। ସାର୍ ଅସୁସ୍ଥ ଲୋକ। ବେଳେବେଳେ ଡାକ୍ତରଖାନାରେ କେଇଦିନ ପାଇଁ ପଡ଼ନ୍ତି। ବେଳେବେଳେ ଘରୁ ଯାଇ ଭୁବନେଶ୍ୱରରେ

ରୁହନ୍ତି । ଲେଖା ସ୍ଥଗିତ ରହେ । ଏସବୁ ପ୍ରତିବନ୍ଧକ ସତ୍ତ୍ୱେ ଆମର ଗପ ଚାଲିଥାଏ, ଲେଖା ଚାଲିଥାଏ । ଲେଖା ସରିବାକୁ ଲାଗିଲା ଦଶ ମାସରୁ ଊର୍ଦ୍ଧ୍ୱ ସମୟ । ତେବେବି ଆହୁରି କିଛି କଥା ବାକି ରହିଗଲା । ଜୀବନର ଦ୍ୱିତୀୟ ଅଧ୍ୟାୟ ହିସାବରେ ଲେଖିବା ପାଇଁ ମନସ୍ଥ କରି ଆଉ ସାରଙ୍କୁ କଷ୍ଟ ଦେଲିନାହିଁ ।

ଲେଖକମାନେ ଅଳସୁଆ । ସେଥିପାଇଁ କାଳେ ଗୋଟେ ମୁଡ୍ ଦରକାର ହୁଏ । ମୁଁ ବା ସେଥିରୁ ବାଦ୍ ଯିବି କେମିତି । ମୁଁ ବି ବେଳେବେଳେ ଭୁବନେଶ୍ୱର ଯାଇ କିଛିଦିନ ପାଇଁ ରହିଯାଏ । ଗାଁରେ ଥିଲାବେଳେ ବି ଆଳସ୍ୟ ଯୋଗୁଁ ମୁଁ ସାରଙ୍କ ପାଖକୁ ଯାଏ ନାହିଁ । ଲେଖା ଅଟକି ଯାଏ । ତା'ପରେ ଚାବୁକ ଧରି ପହଞ୍ଚିଯାଏ ଶତ୍ରୁରା, ପ୍ରିୟ ସାନଭାଇ ଶତୃଘ୍ନ ବେହେରା । କହେ, ବେଙ୍ଗଭାଇ, ବହିଟା ଶୀଘ୍ର ଶୀଘ୍ର ଲେଖ । ତୁମେ ଯେତେଶୀଘ୍ର ଶେଷ କରିବ ସେତେ ଶୀଘ୍ର ବହି ଛପାଇବା । ବୋଧହୁଏ ଲେଖା ଆରମ୍ଭ ହେବାରୁ ଶେଷ ହେବାଯାଏ ଶତ୍ରୁରା ମୋ ପଛରେ ଲାଗିଥାଏ ।

ସାରଙ୍କ ଜୀବନୀ ସହିତ ଆଉଗୋଟେ ସ୍ମରଣିକା କାମ ଚାଲିଥାଏ । ମୋ ବୃତ୍ତି ପଡ଼ିଥାଏ ଖତରେ । ମୁଁ ଖୁବ୍ ଅଳସୁଆ । ଲେଖାଲେଖି ଏମିତି ବୋଝ ହୋଇ ଯାଇଥାଏ ଯେ ମୋର ଏକାଉଣ୍ଟ କାମ ଛାଡ଼ି ଦେଇଥାଏ । ପାଖରେ ପଇସା ପତ୍ର ନଥାଏ । ମୁଁ ଥରେ ଲେଖାଲେଖିରେ ବୁଡ଼ି ଗଲେ ସବୁ ଭୁଲିଯାଏ । ଶତ୍ରୁରା ଆସି ଘରେ ପହଞ୍ଚିଯାଏ । କହେ, ତୁମେ କେବଳ ଲେଖାଲେଖିରେ ମନ ଦିଅ । ସାରଙ୍କ ଜୀବନୀ ହେଉ, ସ୍ମରଣିକା ହେଉ କି ଗଳ୍ପ ପ୍ରବନ୍ଧ ହେଉ ତୁମେ ଲେଖିଚାଲ । ତୁମକଥା ବୁଝିବା ପାଇଁ ମୁଁ ଅଛି ।

ଶତ୍ରୁରା ଆସେ । ଆମ ଘରକଥା ବୁଝିଦେଇ ଚାଲିଯାଏ । ଶତ୍ରୁରାକୁ କ'ଣ କହିବି । କେବଳ ସାନଭାଇ କହିଲେ ଚଳିବ ନାହିଁ । ଗୋଟେ ଅନ୍ୟମନସ୍କ ବଡ଼ଭାଇର ଘର ପରିବାର ପ୍ରତି ସଯତ୍ନ ଦୃଷ୍ଟି ରଖିଥିବା କନିଷ୍ଠ ମୁରବୀ କହିଲେ ଠିକ୍ ହେବ ।

କୁନିଆ ବା ସିଦ୍ଧାର୍ଥ ରଥ ଏ ଦୁହିଁଙ୍କର ତୃତୀୟ ସାଙ୍ଗ । ଏହି ଯୋଜନା ଆରମ୍ଭ ହେବା ଦିନରୁ ସେ ସାଙ୍ଗରେ ଅଛି । ଆମ ଗାଁ କଲେଜର ଇତିହାସ ଅଧ୍ୟାପକ । ତା'ର ବ୍ୟସ୍ତ ଜୀବନ ଭିତରୁ ସମୟ ବାହାର କରି ଲେଖାଲେଖି ବିଷୟରେ ସବୁବେଳେ ଖବର ନେଇଥାଏ । ସେ ମଧ୍ୟ ଶୀଘ୍ର ଲେଖିବା ପାଇଁ ଉତ୍ସାହିତ କରେ । ଲେଖା ସରିଲା ପରେ ପାଣ୍ଡୁଲିପି ଡି ଟି ପି କରାଗଲା । ଡି ଟି ପି ପାଣ୍ଡୁଲିପିଟି ସିଦ୍ଧାର୍ଥକୁ ଦିଆଗଲା । ଶତ୍ରୁରା କହିଲା ବେଙ୍ଗଭାଇ ତ ଲେଖିଦେଲା । ତୁ ଏବେ ଟିକେ ସଂଶୋଧନ କରିଦେ । ସିଦ୍ଧାର୍ଥ ମୂଳରୁ ଶେଷଯାଏ ପଢ଼ିଲା ପରେ କହିଲା, ସଂଶୋଧନ କିଛି ଆବଶ୍ୟକ ନାହିଁ । ସାରଙ୍କ ଜୀବନର କୌଣସି କଥାକୁ ଏଥିରୁ ବାଦ୍ କରି ହେବନାହିଁ । ସବୁ ଯଥାର୍ଥ, ସବୁ ସୁନ୍ଦର । ପାଣ୍ଡୁଲିପି ଆପ୍ରୁଭ୍ ହୋଇଗଲା ।

ଲେଖିବା କାମ ସରିଗଲା ପରେ ଡି ଟି ପି ହେଲା ଭୁବନେଶ୍ୱରରେ। ତା'ପରେ ସଂଶୋଧନ କଲି। ସିଦ୍ଧାର୍ଥ ପଢ଼ିଲା। ଏଇଭଳି କିଛିଦିନ ବିତିଗଲା। ତା'ପରେ କମ୍ପ୍ୟୁଟରରେ ସଂଶୋଧନ କରିବା ପାଇଁ ଭୁବନେଶ୍ୱର ପଠାଇଲା ବେଳକୁ ସେମାନେ ଲେଖା ଗୁଡ଼ିକୁ କମ୍ପ୍ୟୁଟରରୁ ଡିଲିଟ୍ କରି ଦେଇଥିଲେ। ତେଣୁ ପୁଣି ଥରେ ଆମ ଘରଠାରୁ ବାର କିଲୋମିଟର ଦୂରରେ ଥିବା ଜାରକା ବଜାରର ସମ୍ପୂର୍ଣ୍ଣାଙ୍କୁ ଡି ଟି ପି କରିବା ପାଇଁ ଦେଲୁ। ପୁନଶ୍ଚ ମୂଳରୁ କାମ ଆରମ୍ଭ ହେଲା। ମୁଁ ଦିନସାରା ସେଇ କମ୍ପ୍ୟୁଟର ପାଖରେ ବସି ସଂଶୋଧନ କରେ। ସକାଳୁ ଯାଏ,ରାତିରେ ଫେରେ। ଦିନେ ଦିନେ ରାତି ଅଧ ହୋଇଯାଏ। ଶତ୍ରୁରା ମଟରସାଇକେଲ୍ ରେ ବସାଇ ମୋତେ ନେଇଯାଏ ଓ ପୁଣି ରାତିରେ ଯାଇ ମୋତେ ନେଇ ଆସେ। ସାରଙ୍କ କୌଣସି ଛାତ୍ର ବା ପରିଚିତ ବ୍ୟକ୍ତିଙ୍କଠାରୁ ତଥ୍ୟ ସଂଗ୍ରହ ପାଇଁ ଯିବା ଆବଶ୍ୟକ ହେଲେ ଶତ୍ରୁରା ହାଜର ହୋଇଯାଏ। ତା'ର ଡାଇରି ଫାର୍ମ କାମ ପଛକୁ ରଖି ମତେ ସବୁଆଡ଼େ ନେବା ଆଣିବା କରେ।

ଏହି ବହିର ପ୍ରସ୍ତୁତି ପଛରେ ଓଡ଼ିଆଣୀର ଦୀଲ୍ଲିପ ପଣ୍ଡାଙ୍କ ଅବଦାନ ଓ ପ୍ରୋତ୍ସାହନ ମଧ୍ୟ ଅଛି। ସେ ଏହି ପୁସ୍ତକଟି କିପରି ଜନସାଧାରଣଙ୍କ ନିକଟରେ ପହଞ୍ଚିବ; ଏହାର ପ୍ରକାଶନ ଓ ଅଳଙ୍କରଣ କିପରି ହେବ; ସେହି ସମ୍ବନ୍ଧରେ ମୋତେ ଅନେକ କିଛି ବୁଝାଇ କହିଛନ୍ତି।

ଏଣୁ ସତକଥା ହେଲା ଯେ ଆମ ଚାରିଜଣଙ୍କ ସନ୍ତୁଷ୍ଟି ପରେ ବହିଟି ଜୀବନ୍ୟାସ ପାଇଲା। ଲେଖକ ହିସାବରେ ମୁଁ ସମସ୍ତଙ୍କ ପାଖରେ କୃତଜ୍ଞ। ସମସ୍ତଙ୍କୁ ଧନ୍ୟବାଦ ଜଣାଉଛି। ସାରଙ୍କ ଅନେକ ବରିଷ୍ଠ ଛାତ୍ର ଯେଉଁମାନେ ମୋର ଗୁରୁଜନ ସେମାନେ ମଧ୍ୟ ମୋତେ ନିରନ୍ତର ଉତ୍ସାହିତ କରିଛନ୍ତି। ସେମାନଙ୍କୁ କୃତଜ୍ଞତା ଜଣାଉଛି।

ପରିଶେଷରେ ଜଣେ ଓଡ଼ିଶା ଓ ଓଡ଼ିଆ ସାହିତ୍ୟପ୍ରେମୀଙ୍କ କଥା ନକହିଲେ ଦୋଷୀ ହୋଇଯିବି। ସିଏ ହେଲେ ଆମ ସଭିଙ୍କ ପ୍ରିୟ ଓଡ଼ିଆପ୍ରାଣ ପ୍ରଭୂ(ପ୍ରଶାନ୍ତ ଭୂୟାଁ)। ଏହି ଜୀବନୀଟି କିପରି ସମସ୍ତ ପାଠକଙ୍କ ନିମନ୍ତେ ସହଜଲଭ୍ୟ ହେବ ଆଉ ପ୍ରକୃଷ୍ଟ ସମୟରେ ଲୋକାର୍ପଣ ହେବ ସେଥିପାଇଁ ଅହର୍ନିଶୀ ଅକ୍ଲାନ୍ତ ଶ୍ରମ ଓ ସମୟ ଦେଇ ଆଜି ଏହି ପୁସ୍ତକଟିର ଲୋକାର୍ପଣରେ ମୁଖ୍ୟପୁରୋଧା ହୋଇଛନ୍ତି। ପ୍ରଭୂ ପାଇଁ ଶ୍ରଦ୍ଧା ଓ ସରାଗ।

ଦେଖନ୍ତୁ ତ; ଲେଖକ ମନ ତ। ଏଣୁ ଲେଖିବାରେ ଲାଗିଗଲି।

ଏବେ ଆସନ୍ତୁ ପଢ଼ିବା ଆମ ସାରଙ୍କ କଥା।

"ଛୋଟ ଗାଁର ବଡ଼ ମଣିଷ"

**ହରେକୃଷ୍ଣ ସାହୁ**

# ଜନ୍ମବୃତ୍ତାନ୍ତ ଓ ହୃତ ଜମିଦାରୀ କଥା

ଓଡ଼ିଶାର ରାଜଧାନୀ ଭୁବନେଶ୍ୱରରୁ ବାଲେଶ୍ୱର ଅଭିମୁଖେ ଯିବା ବାଟରେ ୮୦ କିଲୋମିଟର ପରେ ପଡ଼େ ଯାଜପୁର ଜିଲ୍ଲାର କୁଆଖିଆ ନାମରେ ଛୋଟ ବଜାରଟିଏ। ସେଠୁ ପୂର୍ବ ଦିଗକୁ ତିନି କିଲୋମିଟର ଦୂରରେ ଛୋଟିଆ ଗାଆଁଟିଏ ଘୋଳପୁର। ଅନ୍ୟମନସ୍କ, ଅମାନିଆ ଖରସ୍ରୋତା ନଦୀର ଦକ୍ଷିଣ କୂଳରେ ପ୍ରକୃତି ପରିବେଷ୍ଟିତ ଏହି ଛୋଟିଆ ଗାଆଁରେ ଆମ ସାର୍‌ଙ୍କର ଜନ୍ମ। ଜନ୍ମପରେ ତାଙ୍କ ନାମ ଦିଆଯାଇଥିଲା ଉତ୍ତମ। ଉତ୍ତମ କୁମାର କର। କିନ୍ତୁ ସମୟକ୍ରମେ ନାଆଁଟି ବଦଳିଗଲା। ଅନେକଙ୍କ ମୁହଁରେ ଡାକନାମ ହିସାବରେ ଉତ୍ତମ ଶବ୍ଦଟି ରହି ଯାଇଥିଲେ ବି କାଗଜପତ୍ରରେ ହୋଇଗଲା ଜିତେନ୍ଦ୍ର। ଆମ ଗାଆଁର ଚେତନଶୀଳ ବ୍ୟକ୍ତି ନଗେନ୍ଦ୍ର କରଙ୍କ କକା ଥିଲେ ଶତ୍ରୁଘ୍ନ କର। ଆମ ସାର୍‌ଙ୍କ ବାପା ଗଜେନ୍ଦ୍ର କରଙ୍କର ସେ ଥିଲେ ଅନ୍ତରଙ୍ଗ ବନ୍ଧୁ। ସେହି ଶତ୍ରୁଘ୍ନ କର ଜିତେନ୍ଦ୍ର ନାମଟି ଦେଇଥିଲେ। ସାର୍ ବଡ଼ ହେଲା ବେଳକୁ ଶତ୍ରୁଘ୍ନ କକା ବିଷ୍ଣୁ ପଣ୍ଡିତଙ୍କ ଅନୁଗାମୀ ହୋଇ ସନ୍ନ୍ୟାସ ଗ୍ରହଣ କରି ଘରଦ୍ୱାର ଛାଡ଼ି ଚାଲିଯାଇଥିଲେ। କିନ୍ତୁ ତାଙ୍କ ପ୍ରଦତ୍ତ ନାମଟି ରହିଗଲା ଚିରଦିନ ପାଇଁ। ସମୟକ୍ରମେ ସେହି ଜିତେନ୍ଦ୍ର ଶବ୍ଦର ସାର୍ଥକତା ପ୍ରତିପାଦନ କଲେ ଆମ ସାର୍।

ସାର୍‌ଙ୍କର ଶୈଶବ, ବାଲ୍ୟ, କୈଶୋର, ଯୌବନ, ସବୁ ବିତିଛି ଏଇ ଘୋଳପୁର ଗାଆଁରେ। ଶିକ୍ଷକ ଜୀବନରୁ ଅବସର ଗ୍ରହଣ ପରେ ମଧ୍ୟ ସେ ତାଙ୍କର ପ୍ରିୟତମ ଗାଆଁକୁ ଛାଡ଼ି ଚାଲିଯାଇ ପାରିନାହାନ୍ତି। ଦେଶ ବିଦେଶର ଅନେକ ସ୍ଥାନ ଭ୍ରମଣ କରିଛନ୍ତି। ତାଙ୍କର ଦୁଇ ପୁଅ ଆମେରିକାରେ ଅବସ୍ଥାନ କରୁଛନ୍ତି। ତେଣୁ ସାର୍ ମଧ୍ୟ ସେଠାକୁ ଯାଇଛନ୍ତି। ପୁଅମାନଙ୍କର ଆମେରିକାବାସୀ ହେବାର ଅନୁରୋଧକୁ ଏଡ଼ାଇ ଫେରି ଆସିଛନ୍ତି ନିଜର ମାଆ ପରି ଗାଆଁର କୋଳକୁ। ଏହାହିଁ ତାଙ୍କର ବିଶେଷତ୍ୱ। ନିଜ ଗାଆଁ, ନିଜ ଅଞ୍ଚଳର ଲୋକ, ନିଜର ପରିବେଶ, ପରିଜନ, ପ୍ରଥା, ପରମ୍ପରାକୁ ଛାଡ଼ି ସେ ଅନ୍ୟତ୍ର କେଉଁଠାରେ ରହିବାକୁ ଭଲପାଇ ପାରିନାହାଁନ୍ତି।

ଆମ ସାର୍ କର ଜମିଦାର ବଂଶର ଉତ୍ତର ପୁରୁଷ। ତାଙ୍କ ଜେଜେବାପା ଆଦିକନ୍ଦ କର ଘୋଡ଼ା ଚଢୁଥିଲେ। ସେତେବେଳେ ଘୋଡ଼ା ଚଢୁଥିବା ଲୋକେ ସାଧାରଣ ଲୋକଙ୍କ ଦୃଷ୍ଟିରେ ଅସାଧାରଣ ଥିଲେ। ସମ୍ମାନନୀୟ ଥିଲେ। ସମାଜର ଉଚ୍ଚସ୍ତରୀୟ ଲୋକେ ସେତେବେଳେ ଘୋଡ଼ା ଚଢୁଥିଲେ। ରାଜକର୍ମଚାରୀ, ସୈନ୍ୟସାମନ୍ତ, ବ୍ରିଟିଶ କର୍ମଚାରୀ ଓ ଜମିଦାର ଇତ୍ୟାଦିଙ୍କ ବ୍ୟତୀତ ଘୋଡ଼ାଚଢ଼ାର ବିଳାସ ଅନ୍ୟମାନଙ୍କ ପାଇଁ ସ୍ୱପ୍ନ ଥିଲା।

କର ଜମିଦାର ବଂଶ ଅଧିନରେ ବହୁ ପରିମାଣର ଭୂସମ୍ପତ୍ତି ଥିଲା। ପ୍ରଚୁର ଚାଷଜମି ଥିଲା। ଚାଷକାର୍ଯ୍ୟ ପାଇଁ ଅନେକ ଲୋକ ନିୟୋଜିତ ଥିଲେ। ଅନେକ ପରିବାର ନିର୍ଭରଶୀଳ ଥିଲେ ଜମିଦାର ଘର ଉପରେ। ଏମିତି ଏକ ଶାସକ ପରିବାରରେ ଜନ୍ମଗ୍ରହଣ କରିଥିଲେ ଆମ ସାର୍। ବିଳାସ ଓ ପ୍ରାଚୁର୍ଯ୍ୟ ଭିତରେ ଜୀବନ ବିତିବାର ସମ୍ଭାବନା ଥିଲା। କିନ୍ତୁ ସବୁକିଛି ଓଲଟପାଲଟ ହୋଇଗଲା। ଦ୍ୱିତୀୟ ବିଶ୍ୱଯୁଦ୍ଧର ଘନଘଟା ସହିତ ପରାଧୀନ ଭାରତର ଶେଷ ସମୟ ଉପନୀତ ହୋଇଯାଇଥିଲା। ସ୍ୱାଧୀନତା ପାଖେଇ ଆସୁଥିଲା। ଦେଶର ଉନ୍ନତି ପାଇଁ ଜମିଦାରୀ ଉଚ୍ଛେଦ ହୋଇଯିବା ଯୋଗୁଁ ପରିବେଶ ବଦଳିଗଲା। ବିଶାଳ କରବଂଶ ସମୟକ୍ରମେ ଭାଗ ଭାଗ ହୋଇଗଲା। ସେତେବେଳେ ଟଙ୍କାକ ଷୋଳପଣ ଥିଲା। ତେଣୁ ଜମିଦାରୀ ବା ସମଗ୍ର ସମ୍ପତ୍ତି ନଅପଣ ଓ ସାତପଣ ହିସାବରେ ଦୁଇଭାଗ ହୋଇଗଲା। ସାର୍‌ଙ୍କ ସହିତ ପଦ୍ମଲୋଚନ କର, ଦୀନବନ୍ଧୁ କର, ପରୀକ୍ଷିତ କର, ଗୋପୀନାଥ କର, ପଣ୍ଡିତ ଘର, ଧନେଶ୍ୱର କର, ଘନଶ୍ୟାମ କର, ବାବାଜି ଚରଣ କର ଓ ଦୁଃଶାସନ କର ଇତ୍ୟାଦି ବଡ଼ ଅଂଶ ଥିବାରୁ ତାଙ୍କର ଭାଗ ହେଲା ନଅପଣ। ସାତପଣିଆରେ ରହିଲେ ନବୀନ କକା, ନଗେନ୍ଦ୍ର କର, ଦିଗା କକା ଓ କାଠିଆ ନନା ଇତ୍ୟାଦି।

ନଅପଣରେ ଥିବା ବିଶାଳ କର ବଂଶ ପୁନଃ ଭାଗ ଭାଗ ହୋଇଯିବାରୁ ଅଂଶର ଆକାର କ୍ଷୀଣ ହୋଇଗଲା। ସାର୍‌ଙ୍କ ପିତା ଶ୍ରୀଯୁକ୍ତ ଗଜେନ୍ଦ୍ର କରଙ୍କ ଭାଗକୁ ପୈତୃକ ସମ୍ପତ୍ତି ଆସିଲା ମାତ୍ର ଦଶମାଣ ଜମି। ସେଥିରୁ ଅମଳ ହେଉଥିବା ବିଭିନ୍ନ ଫସଲକୁ ନେଇ ସନ୍ତୁଷ୍ଟ ହେବାକୁ ପଡ଼ିଲା। ତେବେ ବି ଜୀବନରେ ବିଳାସ ନଥିଲେ ମଧ୍ୟ ଆର୍ଥିକ ସ୍ୱଚ୍ଛଳତା ହାତଛଡ଼ା ହୋଇନଥିଲା।

ଧିରେ ଧିରେ ପରିବାର ପରିବାର ମଧ୍ୟରେ ଥିବା ସମ୍ପର୍କରେ ମଧ୍ୟ ଦୂରତ୍ୱ ଆସିଗଲା। ଭାୟା କଟିଗଲା। ଛୁତିକା, ମୃତିକା ବେଳେ କେବଳ ପଣ୍ଡିତ ଘର ଓ ଅନ୍ୟ ଚାରି ପାଞ୍ଚଟି ପରିବାର ସହିତ ଅଶୁଦ୍ଧି ପାଳନ କରାଗଲା। ସାର୍‌ଙ୍କ ବାପାଙ୍କ ନାଁ ଗଜେନ୍ଦ୍ର କର। ଗଜେନ୍ଦ୍ର କରଙ୍କ ବାପା ଆଦିକନ୍ଦ କର ଜଣେ ସୌଖୀନ ବାଦ୍ୟ ଓ ସଙ୍ଗୀତ

ଓସ୍ତାଦ ଥିଲେ। ଜମିଦାରୀ ଥିବାରୁ ବିଳାସୀ ଜୀବନଯାପନ କରୁଥିଲେ। ତାଙ୍କର ତିନି ପୁଅ ଓ ଗୋଟିଏ ଝିଅ ଥିଲେ। ପୁଅମାନେ କୁଞ୍ଜବିହାରୀ କର, ଭୁଜ କର ଓ ଗଜେନ୍ଦ୍ର କର। ଏକମାତ୍ର ଝିଅର ନାଁ କନକ କର। ଡାକ ନାମ ସୁବନ। କୁଞ୍ଜବିହାରୀପୁରର ବାସୁଦେବ ମିଶ୍ରଙ୍କୁ ସେ ବିବାହ କରିଛନ୍ତି। ସାର୍‌ଙ୍କର ମାତୃତୁଲ୍ୟା ସ୍ନେହୀ ପିଉସୀ ଜଣକ ତାଙ୍କ ସ୍ନେହ ଶ୍ରଦ୍ଧାର ପସରା ଶେଷ କରି ଅବଶେଷରେ ୨୦୧୪ ମସିହାରେ ଦେହତ୍ୟାଗ କରିଛନ୍ତି।

ଗଜେନ୍ଦ୍ର କରଙ୍କର ପ୍ରଥମ ପୁତ୍ର ହେଲେ ଆମ ସାର୍। ତାଙ୍କ ଜନ୍ମ ପରେ ବଡ଼ବାପା କୁଞ୍ଜବିହାରୀ କର ତାଙ୍କୁ ପୋଷ୍ୟ ସନ୍ତାନ ହିସାବରେ ଗ୍ରହଣ କରିଥିଲେ। କିନ୍ତୁ ତାହା ଥିଲା ନାମକୁ ମାତ୍ର। ପ୍ରକୃତରେ ସାର୍ ତାଙ୍କ ନିଜ ପିତାମାତାଙ୍କ ପାଖରେ ହିଁ ରହୁଥିଲେ। ମଝିଆ ଭାଇ ଭୁଜ କର ଜଳୋଦରୀ ବ୍ୟାଧିଗ୍ରସ୍ତ ହୋଇ ଆର ପାରିକୁ ଚାଲିଗଲେ। ସେ ମଧ୍ୟ ଅବିବାହିତ ଥିଲେ। ଦୁଇ ଭାଇଙ୍କର ମୃତ୍ୟୁ ସହିତ ତାଙ୍କର ବଂଶଲତା ମଧ୍ୟ ସେଇଠୁ ଶେଷ ହୋଇଯାଇଥିଲା।

ଗଜେନ୍ଦ୍ର କରଙ୍କର ଥିଲେ ଦଶଟି ସନ୍ତାନ। ଛଅ ଝିଅ ଓ ଚାରିପୁଅ। ସାର୍ ହେଲେ ଜ୍ୟେଷ୍ଠପୁତ୍ର। ଏ ପର୍ଯ୍ୟନ୍ତ ଭାଇଭଉଣୀ ମଧ୍ୟରୁ ନଅଜଣ ଯାକ ଜୀବିତ ଅଛନ୍ତି। ବିଭିନ୍ନ ପର୍ବପର୍ବାଣି ଓ ଘରୋଇ ଉତ୍ସବରେ ସମସ୍ତେ ଘୋଳପୁର ଘରେ ଏକଜୁଟ ହୁଅନ୍ତି। ଚାରିଭାଇଙ୍କ ପରିବାର ଏବେ ବି ଏକାଠି ଅଛନ୍ତି। ସମସ୍ତଙ୍କର ବୃତ୍ତି ଅଲଗା ହୋଇଥିଲେ ବି ଏ ପର୍ଯ୍ୟନ୍ତ ଭିନ୍ନେ ହୋଇ ନାହାଁନ୍ତି। ବଡ଼ଭାଇ ଜିତେନ୍ଦ୍ରଙ୍କୁ ସମସ୍ତେ ମାନନ୍ତି। ସମ୍ମାନ ଦିଅନ୍ତି। ଅନ୍ତତଃ ଏଇ ଜନ୍ମରେ ସେମାନେ ଅଲଗା ହେବେ ନାହିଁ ବୋଲି ସ୍ଥିର କରି ସାରିଛନ୍ତି। କାରଣ ଘରର ମୁରବୀ ଆମ ସାର୍ ଭିନ୍ନେ ହେବାକୁ ପସନ୍ଦ କରନ୍ତି ନାହିଁ। ଗାଆଁ ବୁଲି ଭଙ୍ଗା ଘରକୁ ଯୋଡ଼ିବା ପାଇଁ ନ୍ୟାୟ ନିଶାପ କରୁଥିବା ଆମ ସାର୍ ମାଇନସ୍ ନୁହେଁ କେବଳ ପ୍ଲସ୍‌କୁ ହିଁ ଭଲ ପାଆନ୍ତି।

■

# ଗାଁ ସ୍କୁଲରେ ପାଠପଢ଼ା

ଘୋଲପୁର ଓ କଣ୍ଟାବଣିଆ ଦୁଇ ଗାଆଁର ମଧ୍ୟବର୍ତ୍ତି ସ୍ଥାନରେ ୧୯୩୬ ମସିହାରେ ସ୍ଥାପିତ ହୋଇଥିଲା କଣ୍ଟାବଣିଆ ନିମ୍ନ ପ୍ରାଥମିକ ବିଦ୍ୟାଳୟ। ସେତେବେଳ କଣ୍ଟାବଣିଆ ଗାଆଁର ପ୍ରଥମ ମ୍ୟାଟ୍ରିକ୍ ପଢୁଆ ବ୍ୟକ୍ତି ଥିଲେ ସହଦେବ ଶତପଥୀ। ସେ ଏଠାରୁ ବାଇଶି କିଲୋମିଟର ଦୂର ବ୍ରହ୍ମବରଦା ଅଞ୍ଚଳରେ ମାଇନର୍ ସ୍କୁଲ୍‌ଟିଏ ତିଆରି କରି ସେଠି ଶିକ୍ଷକତା କରୁଥିଲେ। ତାଙ୍କରି ଉଦ୍ୟମରେ ଓ ଆମ ଗାଆଁର ପଦ୍ମଲୋଚନ କର, ନଗେନ୍ଦ୍ର କର, ଶତ୍ରୁଘ୍ନ କର, ଅନନ୍ତ କର, ଗଜେନ୍ଦ୍ର କର, ଦୀନବନ୍ଧୁ କର, ନବିନ କିଶୋର କର, ବଂଶୀଧର ବିଶ୍ୱାଳ, ଧନେଶ୍ୱର କର, ଦିବାକର କର, ଆଦିକନ୍ଦ ବିଶ୍ୱାଳ ପ୍ରଭୃତି ଦୁଇ ଗାଆଁର ଗ୍ରାମବାସୀଙ୍କ ସହଯୋଗରେ ଓ ଶ୍ରୀଧର ବିଶ୍ୱାଳଙ୍କ ପିତା ବଂଶୀଧର ବିଶ୍ୱାଳଙ୍କ ଦ୍ୱାରା ଦାନ କରାଯାଇଥିବା ଜମି ଉପରେ ସ୍କୁଲ ଘର ତିଆରି କରାଯାଇଥିଲା। ଘରର ଲମ୍ବ ଥିଲା ୫୦ ଫୁଟ ଓ ଚଉଡ଼ା ଥିଲା ୨୦ ଫୁଟ। ଝାଟିମାଟିର ଚାଳ ଛପର ଓ ମୋଟା ମୋଟା କାଠଖୁଣ୍ଟ ସହିତ ସୁନ୍ଦର ଘରଟିଏ। ଏଥିରେ ଥିଲା ପାଞ୍ଚଟା ଝରକା ଆଉ ଦୁଇଟା କବାଟ। ପଶ୍ଚିମ ଦିଗ ସାମନା ପଟେ ଏ ମୁଣ୍ଡରୁ ସେ ମୁଣ୍ଡ ଯାଏଁ ଥିଲା ଗୋଟିଏ ଲମ୍ବା ବାରଣ୍ଡା। ସ୍କୁଲ ଚାରିକଡ଼କୁ ଘେରି ଏକ ସ୍ୱତନ୍ତ୍ର ହତାବାଡ଼ି। ଏସବୁ ମିଶି ସ୍କୁଲର ପରିବେଶ ଥିଲା ଖୁବ୍ ମନୋମୁଗ୍ଧକର। ଠିକ୍ ଡ୍ରଇଂ ଖାତାର ଗୋଟେ ହାତ ଅଙ୍କା ସିନେରୀ ସଦୃଶ।

ଏବେକାର ପ୍ରି-ସ୍କୁଲ ଓ ପ୍ଲେ-ସ୍କୁଲ ପରି ସେ ସମୟରେ ଶିଶୁଶ୍ରେଣୀ ପ୍ରଚଳିତ ଥିଲା। ପ୍ରଥମ ଶ୍ରେଣୀରେ ନାମଲେଖା ପୂର୍ବରୁ ଶିଶୁଟିଏ ସ୍କୁଲ ଯାଇ ସ୍କୁଲର ପରିବେଶ ସହିତ ପରିଚିତ ହେଉଥିଲା। ଆମ ସାର୍ ୧୯୪୬ ମସିହାରେ କଣ୍ଟାବଣିଆ ନିମ୍ନ ପ୍ରାଥମିକ ବିଦ୍ୟାଳୟର ଶିଶୁ ଶ୍ରେଣୀରେ ପ୍ରବେଶ କଲେ। ଘର ଭିତରେ ଯାଗା ନଥିବାରୁ ପିଣ୍ଡାରେ ବସିଲେ। ଶିଶୁ ଶ୍ରେଣୀରେ ପିଲାର ନାମ ଲେଖା ହୁଏ ନାହିଁ। କିନ୍ତୁ ନିୟମିତ ସ୍କୁଲ ଯାଏ। ଏକ ପ୍ରକାରର ସ୍କୁଲ ଯିବା ନିମନ୍ତେ ମଣ ହୁଏ। ବସିବା ଶିଖେ। ଅ, ଆ

ମଡ଼ାଏ। ବର୍ଣ୍ଣ ପରିଚୟ ହୁଏ। ପିଲାଙ୍କ ସହିତ ମିଳିମିଶି ନାଚିକୁଦି ଖେଳରେ ସମୟ ବିତାଏ। ବଡ଼ କଥା ହେଲା ପାଠ ପଢ଼ିବା ପାଇଁ ଶିଶୁଟିର ମନରେ ଆଗ୍ରହ ଉଦ୍ରେକ ହେବା ସହିତ ସ୍କୁଲ ପ୍ରତି ଡର ଭାଙ୍ଗେ। ପ୍ରତିଦିନ ସ୍କୁଲ ଯିବାର ଅଭ୍ୟାସ ସୃଷ୍ଟି ହୁଏ। ସ୍କୁଲ ସାର୍‌ଙ୍କ ପ୍ରତି ଭୟ ଓ ଭକ୍ତି ଜାଗ୍ରତ ହୁଏ। ଏହିପରି ଭାବରେ ବର୍ଷଟିଏ ବିତିଲା ପରେ ୧୯୪୭ ମସିହାରେ ସାର୍‌ଙ୍କ ନାମ ପ୍ରଥମ ଶ୍ରେଣୀରେ ଲେଖାଗଲା। ସେତେବେଳକୁ ସାର୍‌ଙ୍କୁ ବୟସ ଛଅ ବର୍ଷ କେଇ ମାସ ହୋଇଥାଏ। ପ୍ରଥମ ଶ୍ରେଣୀରେ କାର୍ଡବୋଡ ଚାର୍ଟ ମାଧ୍ୟମରେ ଅକ୍ଷର ଶିକ୍ଷା ଦିଆଯାଉଥିଲା। ଗୋଟିଏ କାର୍ଡବୋର୍ଡରେ ଗୋଟିଏ ଅକ୍ଷର ଲେଖାଯାଏ। ନୂଆ ଅକ୍ଷରଟି ନାଲି କାଳି ଓ ପୁରୁଣା ଅକ୍ଷରଟି କଳା କାଳିରେ ଲେଖାଯାଏ। ଏଗୁଡ଼ିକ କାନ୍ଥରେ ଟଙ୍ଗା ଯାଇଥାଏ ଓ ପିଲାମାନଙ୍କୁ ପଢ଼ିବାକୁ କୁହାଯାଏ। ସାର୍ କଳାପଟାରେ ଚକ୍ ଖଡ଼ିରେ ଲେଖନ୍ତି। ପିଲାମାନେ ମାଟି ସ୍ଲେଟ୍ ଉପରେ ଫୁଲଖଡ଼ିରେ ପାଠ ଲେଖନ୍ତି।

■

# ପିଲାଦିନ ଓ ବିଦ୍ୟାଳୟର ଦୃଶ୍ୟ

ଏଇ ସ୍କୁଲ୍‌ରେ ସାର୍ ପ୍ରଥମରୁ ତୃତୀୟ ଶ୍ରେଣୀ ପର୍ଯ୍ୟନ୍ତ ପାଠ ପଢ଼ିଥିଲେ। ତୃତୀୟ ଶ୍ରେଣୀରେ ପଢ଼ିଲା ବେଳେ ଦିନେ ଜେଜେମାଆଙ୍କ ଦେହ ଖରାପ ଥିବାରୁ ସାର୍ ସ୍କୁଲ୍ ଯାଇନଥିଲେ। ତେଣୁ ସ୍କୁଲ୍‌ର ସାର୍ ଡାକିବା ପାଇଁ ଘରେ ପହଞ୍ଚିଗଲେ। ତାଙ୍କୁ ଦେଖି ସାର୍‌ଙ୍କ ବାପା କହିଲେ, ଆଜି ତ ଡେରି ହୋଇଗଲାଣି ସେ କାଲି ସ୍କୁଲକୁ ଯିବ। ତା' ପରଦିନ ସାର୍ ସ୍କୁଲକୁ ଗଲେ। ସ୍କୁଲ ପହଞ୍ଚିବାର କିଛି ସମୟ ପରେ ଧୋବଣୀ ଖବର ନେଇ ସ୍କୁଲରେ ପହଞ୍ଚିଲା। ଜେଜେମା' ଚାଲିଗଲେ। ବଡ଼ ନାତି ହିସାବରେ ଆମ ସାର୍‌ଙ୍କୁ ଖୁବ୍ ଭଲ ପାଉଥିବା ଜେଜେମାଆ ସଂସାରରୁ ବିଦାୟ ନେଲେ। ପ୍ରଥମ ଶ୍ରେଣୀରେ ପଢୁଥିବା ବେଳେ ଆମ ଦେଶ ସ୍ୱାଧିନ ହେଲା। ସ୍ୱାଧିନତା ପର ଗାନ୍ଧୀ ଜୟନ୍ତୀ, ସ୍ୱାଧିନତା ଦିବସ ଓ ସାଧାରଣତନ୍ତ୍ର ଦିବସ ମାନଙ୍କରେ ସ୍କୁଲ୍‌ସାର୍‌ଙ୍କ ନେତୃତ୍ୱରେ ସ୍କୁଲର ଅନ୍ୟ ପିଲାଙ୍କ ସହିତ ଆମ ସାର୍ କାଗଜର ଜାତୀୟ ପତାକା ଧରି ଗାଆଁ ବୁଲନ୍ତି। ଡୋର ଲଗା ଢ଼ିଲା ହାଫ୍ ପ୍ୟାଣ୍ଟ, ଢ଼ିଲା ସାର୍ଟ୍ ପିନ୍ଧନ୍ତି ଯାହା ଏତେ ସଫାସୁତୁରା କରାଯାଇ ପାରୁନଥିଲା। ସାବୁନ୍ କିମ୍ବା ଡିଟରଜେଣ୍ଟ୍ ପାଉଡରର ପ୍ରଚଳନ ନଥିଲା। ଲୁଗାପଟା ଖାଲି ପାଣିରେ ଧୁଆ ଯାଉଥିଲା। କିଛିଦିନ ଅନ୍ତରରେ ଥରେ ଥରେ ଧୋବଣୀ ସୋଢ଼ା ପକାଇ ଲୁଗାଗୁଡ଼ିକୁ କାଚି ଦେଉଥିଲା।

ସ୍କୁଲ ଘର ଦୈନିକ ସଫାସୁତୁରା କରାଯାଉଥିଲା। ଛାତ୍ରଛାତ୍ରୀମାନେ ପାଳି କରି ଘର ଝାଡୁ କରୁଥିଲେ। ପ୍ରତି ଶନିବାର ଦିନ ଘର ଓ ପିଣ୍ଡା ମାଟି ଗୋବରରେ ଝିଅମାନେ ଲିପାପୋଛା କରୁଥିଲେ । ପୁଅମାନେ ମାଟି ଗୋବର ଓ ପାଣି ଯୋଗାଇ ଦେଉଥିଲେ। ସ୍କୁଲର ହତାବାଡ଼ି ମଧ୍ୟ ସେଇଦିନ ସଫା କରାଯାଉଥିଲା। ନଡ଼ିଆ ଗଛ ମାନଙ୍କରେ ପାଣି ଦିଆଯାଉଥିଲା। ଏଥିପାଇଁ ପୁଅପିଲାମାନେ ନଈରୁ ପାଣି ବୋହି ଆଣୁଥିଲେ। ଗୋଟିଏ ବଡ଼ ବାଡ଼ିରେ ପାଣିଭର୍ତ୍ତି ବାଲ୍‌ଟି ଝୁଲାଇ ଦୁଇମୁଣ୍ଡକୁ ଦୁଇଜଣ ପିଲା କାନ୍ଧେଇ ପାଣି ଆଣୁଥିଲେ। ସରସ୍ୱତୀ ପୂଜା ଗଣେଶ ପୂଜାରେ ଘର ଝଡ଼ାଝଡ଼ି

ସହିତ ମେଜିଆ ଓ କାନ୍ଥ ଲିପା ଯାଉଥିଲା। ଆମ୍ବଡାଳ, ଦେବଦାରୁ ଡାଳ ଓ ଫୁଲରେ ସଜା ଯାଉଥିଲା। ସରସ୍ୱତୀ ପୂଜା ପରେ ଆଠଦିନ ଧରି ଗୋଟିଏ ଥାଳିରେ ସରସ୍ୱତୀ ଠାକୁରାଣୀଙ୍କୁ ଧରି ଛାତ୍ରଛାତ୍ରୀମାନେ ଗାଆଁ ବୁଲୁଥିଲେ। ସାର୍ ଶିଖାଇଥିବା ଛାନ୍ଦ ରତ୍ନାକରର ପଦମାନ ଓ ସରସ୍ୱତୀ ବନ୍ଦନା ଗାଆଁର ଘରେ ଘରେ ସୁମଧୁର ସ୍ୱର ସହିତ ଗାନ କରୁଥିଲେ। ସେ ଘରର ଲୋକମାନେ ନଡ଼ିଆ, ଅଣେ, ଦିଅଣା, ଚାରଣା, ଆଠଣା ଇତ୍ୟାଦି ପଇସା ସେହି ଠାକୁର ଥାଳିରେ ଦିଅନ୍ତି। ପିଲାମାନେ ସେ ସବୁ ସଂଗ୍ରହ କରି ସାର୍‌ଙ୍କୁ ଭେଟି ଦେଉଥିଲେ। ସେ ପଇସାରେ ସାର୍‌ଙ୍କ ପାଇଁ ନୂଆ ଲୁଗା କିଣାଯାଏ। କଣ୍ଟାବଣିଆ, ବରହମପୁର, ସହରସାହି, ଘୋଳପୁର ଓ ବାଙ୍କ ଗାଆଁର ପିଲାମାନେ ଏଠି ପଢ଼ନ୍ତି। ପିଲାମାନେ ସେଇସବୁ ଗାଆଁକୁ ମାଗଣ ପାଇଁ ଯାଆନ୍ତି। ସରସ୍ୱତୀଙ୍କୁ ବୁଲାଇ ନିଅନ୍ତି।

ସ୍କୁଲରେ ପ୍ରଥମ, ଦ୍ୱିତୀୟ ଓ ତୃତୀୟ ମାତ୍ର ତିନିଟି ଶ୍ରେଣୀ ଥିଲା। ଶିକ୍ଷକ ଥିଲେ ଜଣେ। ତିନି ଶ୍ରେଣୀର ପିଲାଏ ତିନି ଭାଗ ହୋଇ ସେଇ ଗୋଟିଏ କୋଠରୀରେ ବସୁଥିଲେ। ସାର୍ ଘରର ଏ ମୁଣ୍ଡରୁ ସେ ମୁଣ୍ଡକୁ ଯା ଆସ କରି ପାଠ ପଢ଼ାନ୍ତି। ଗୋଟିଏ ଶ୍ରେଣୀର ପିଲାଙ୍କୁ ପାଠପଢ଼ା ଦେଇ ଅନ୍ୟ ଶ୍ରେଣୀପିଲାଙ୍କ ପାଖକୁ ଯାଆନ୍ତି। ତାଙ୍କୁ ପଢ଼ାଇ ଓ ପାଠ ଦେଇ ପରବର୍ତ୍ତୀ ଶ୍ରେଣୀର ପିଲାଙ୍କ ପାଖକୁ ଯାଆନ୍ତି। ଅନବରତ ବ୍ୟସ୍ତ ରହି ପାଠ ପଢ଼ାଇବାକୁ ହୁଏ। ପାଖାପାଖି ହୋଇ ତିନିଟି ଶ୍ରେଣୀର ପିଲା ବସିଥିଲେ ମଧ୍ୟ ବିଶୃଙ୍ଖଳାର ପ୍ରଶ୍ନ ନଥାଏ। ସାର୍‌ଙ୍କ ଭୟରେ ସମସ୍ତେ ଶୃଙ୍ଖଳିତ ଭାବରେ ବସି ପାଠ ପଢ଼ୁଥାନ୍ତି।

ଲୋକାଲ୍ ବୋର୍ଡ ଦ୍ୱାରା ସ୍କୁଲ୍ ପରିଚାଳିତ ହେଉଥିଲା। ସେହି ବୋର୍ଡ ହିଁ ଶିକ୍ଷକଙ୍କର ଦରମା କଥା ବୁଝୁଥିଲେ। ବୋଧହୁଏ ସେତେବେଳେ ମାସିକ ଦରମା ମାତ୍ର ପାଞ୍ଚଟଙ୍କା କିମ୍ବା ସାତ ଟଙ୍କା ଥିଲା। ଜଣେ ମଣିଷ ଚଳିବା ପାଇଁ ଏତକ ଯଥେଷ୍ଟ ହେଉନଥିଲା। ତେଣୁ ଛାତ୍ରଛାତ୍ରୀମାନଙ୍କ ପରିବାର ତରଫରୁ ମାସକୁ ସେରେ ଚାଉଳ ଆଉ ଆଠଣା ପଇସା ଦେବାକୁ ପଡୁଥିଲା। ସାର୍‌ଙ୍କ ଚଳିବାରେ ସୁବିଧା କରିବା ପାଇଁ ଗାଆଁର ପ୍ରତି ଘରୁ ଦୈନିକ ମୁଠେ ହିସାବରେ ଚାଉଳ ଆଦାୟ କରାଯାଉଥିଲା। ଏହାକୁ ମୁଠି ଚାଉଳ କୁହାଯାଏ। ଏହି ମୁଠି ଚାଉଳ ସାର୍‌ଙ୍କୁ ଦିଆଯାଉଥିଲା।

ସାର୍‌ଙ୍କ ପେଟମରା ରୋଗ ଥିଲା। ଯାହାକୁ ଏବେ ଗ୍ୟାଷ୍ଟ୍ରିକ୍ ବୋଲି କୁହାଯାଉଛି। ସାର୍ ଏ ରୋଗ ପାଇଁ ବେଳେ ବେଳେ ଭାରି କଷ୍ଟ ପାଆନ୍ତି। ତେଣୁ ଗାଆଁର ଲୋକେ ତାଙ୍କ ପାଇଁ ଖଇ ଓ ଗାଈ ଦୁଧ ଯୋଗାଇ ଦିଅନ୍ତି। କାରଣ ଖଇ ଓ ଗାଈ ଦୁଧ ଗ୍ୟାଷ୍ଟ୍ରିକ୍ ରୋଗୀର ପେଟମରା ପାଇଁ ପଥ୍ୟ ଭଳି କାମ କରିଥାଏ।

■

# ପ୍ରିୟଗୁରୁ କଳାକର ସାର୍

ସେତେବେଳେ ସ୍କୁଲ୍‌ରେ ମୋଟ ପଚାଶ ମଧ୍ୟରେ ପିଲା ପଢୁଥିଲେ। ଝିଅପିଲା ସଂଖ୍ୟା ଥିଲା ଖୁବ୍ କମ୍। ସାରା ସ୍କୁଲରେ ଝିଅଙ୍କ ସଂଖ୍ୟା ଥିଲା ମାତ୍ର ଦୁଇଜଣ। ସେ ଦୁଇଜଣ ପଢୁଥିଲେ ଆମ ସାର୍‌ଙ୍କ ଶ୍ରେଣୀରେ। ଜଣେ ଥିଲେ ମନ୍ଦୋଦରୀ କର। ଏବେ ସିଏ ଅର୍ଜୁନ ନନ୍ଦଙ୍କ ମାଆ। ଅନ୍ୟ ଜଣେ ହେଲେ ସରସ୍ୱତୀ ବିଶ୍ୱାଳ। ସରସ୍ୱତୀ ହେଲେ ଶ୍ରୀଧର ବିଶ୍ୱାଳଙ୍କର ବଡ଼ ଭଉଣୀ। ଆମ ସାର୍ ଝାଟିମାଟିର ଛୋଟିଆ ଚାଳ ଛପର ସ୍କୁଲଟିକୁ ଖୁବ୍ ଭଲ ପାଉଥିଲେ। ଆହୁରି ଅଧିକ ଭଲ ପାଉଥିଲେ ସେ ସ୍କୁଲ୍‌ର ଶିକ୍ଷକ କଳାକର ସାର୍‌ଙ୍କୁ। କଳାକର ସାର୍ ବା କଳାକର ମହାନ୍ତିଙ୍କ ଘର ଥିଲା ନିକଟସ୍ଥ ବାହାଦଲାପୁର ଗାଆଁରେ। କିନ୍ତୁ ସେ ରହୁଥିଲେ ଏଇ ସ୍କୁଲ୍‌ରେ। ଏଇଠି ସେ ରୋଷେଇବାସ କରି ଖାଉଥିଲେ। ଘୋଳପୁର ଓ କଣ୍ଟାବଣିଆ ଗାଆଁର ଘରେ ଘରେ ପରିଚିତ ଥିଲେ କଳାକର ସାର୍। ସତ କହିବାକୁ ଗଲେ ସେ ପ୍ରତି ପରିବାରର ଜଣେ ସଦସ୍ୟ ରୂପେ ପରିଗଣିତ ହେଉଥିଲେ।

ସେ ଥିଲେ ଜଣେ ବିଦ୍ୱାନ, ଆଦର୍ଶ, ଚରିତ୍ରବାନ୍, ନୀତିବାନ ଶିକ୍ଷକ। ସର୍ବଗୁଣ ସମ୍ପନ୍ନ ଭିଲେଜ୍ ସ୍କୁଲ୍ ମାଷ୍ଟର। କଳାକର ସାର୍, ଏଇ ସ୍କୁଲ୍, ଏ ଗାଆଁ ଓ ଏଠିକାର ଲୋକମାନଙ୍କୁ ଖୁବ୍ ଭଲ ପାଉଥିଲେ। ମଧୁବନ ମାଇନର୍ ସ୍କୁଲ୍‌ରେ ଶିକ୍ଷକତା କରିବା ପାଇଁ ତାଙ୍କୁ ନିଯୁକ୍ତି ମିଳିଥିଲା। କିନ୍ତୁ ଏ ସ୍କୁଲ ଓ ଏ ଗାଆଁର ଭଲ ପାଇବାକୁ ଛାଡ଼ି ନପାରି ମାଇନର ସ୍କୁଲର ଚାକିରୀକୁ ଛାଡ଼ିଦେଲେ। କଣ୍ଟାବଣିଆ ନିମ୍ନ ପ୍ରାଥମିକ ବିଦ୍ୟାଳୟରେ ରହିଗଲେ ଚିରଦିନ ପାଇଁ। ଚାକିରୀ ଜୀବନର ଆରମ୍ଭ ଓ ଶେଷ ହେଲା ଏଇ ଗାଆଁରେ।

କଳାକର ସାର୍ ସାଦାସିଧା ସରଳ ଜୀବନ ଯାପନ କରୁଥିଲେ। ନିତିଦିନର ପରିଧାନ ଥିଲା ଧଳା ଖଦୀ ଓ ହ୍ୱାଓ୍ୱାଇନ୍ ସାର୍ଟ। ବେଳେବେଳେ ଖଦୀ, ଗଞ୍ଜି ଓ ଚଦର। ପାଦରେ ହଳେ ରବର ଚପଲ। ପାନ, ବିଡ଼ି, ଗୁଣ୍ଡି ଆଦି କିଛି ବଦଭ୍ୟାସ

ତାଙ୍କର ନଥିଲା। ସ୍କୁଲରୁ ଅଳ୍ପ ଦୂରରେ ତାଙ୍କ ଘର ଥିଲେ ବି ସାର୍ ଘରକୁ କ୍ୱଚିତ୍ ଯାଉଥିଲେ। ଏଇ ସ୍କୁଲ୍ ଥିଲା ତାଙ୍କର ଘର। ପାଠ ପଢ଼ାଇବା ଓ ପିଲାମାନଙ୍କୁ ଭଲ ମଣିଷ କରିବା ବ୍ୟତୀତ ତାଙ୍କ ଜୀବନର ଅନ୍ୟ କିଛି ଲକ୍ଷ୍ୟ ନଥିଲା। ଏଭଳି ଜଣେ ମହାନ୍ ଗୁରୁଙ୍କର ପ୍ରଭାବ ଆମ ସାର୍‌ଙ୍କ ଉପରେ ସମ୍ପୂର୍ଣ୍ଣ ଭାବରେ ପଡ଼ିଥିଲା।

ଆର୍ତ୍ତବନ୍ଧୁ ଷଡଙ୍ଗୀଙ୍କ ସାନ ଭାଇ ଭରତ ଓ ଜଗବନ୍ଧୁ ବିଶ୍ୱାଳ କଳାକର ସାର୍‌ଙ୍କର ଦୁଇଜଣ ପ୍ରିୟ ଛାତ୍ର ଥିଲେ। ପରବର୍ତ୍ତୀ ସମୟରେ ଭରତ ଓଡ଼ିଶା ପ୍ରଶାସନିକ ସେବାରେ ଯୋଗଦେଇ ବିଡ଼ିଓ ହୋଇଥିଲେ। ଏହି ଛାତ୍ର ଦୁଇଜଣଙ୍କ ଠାରୁ ବହି ଆଣି କଳାକର ସାର୍ ମ୍ୟାଟ୍ରିକ୍ ପରୀକ୍ଷା ଦେଇଥିଲେ ଓ ପାସ୍ କରିଥିଲେ। ସେତେବେଳେ ମ୍ୟାଟ୍ରିକ୍ ପାସ୍ କରିଥିବା ପ୍ରାଥମିକ ବିଦ୍ୟାଳୟ ଶିକ୍ଷକ ବିରଳ ଥିଲେ। କାରଣ ମାଇନର୍ (୭ମ ଶ୍ରେଣୀ) ପାସ୍ କଲେ ପ୍ରାଥମିକ ବିଦ୍ୟାଳୟର ଶିକ୍ଷକ ଚାକିରୀ ସହଜରେ ମିଳି ଯାଉଥିଲା। ତେଣୁ ଆମ ଅଞ୍ଚଳରେ କଳାକର ସାର୍ ଏକମାତ୍ର ମ୍ୟାଟ୍ରିକ୍ ପାସ୍ କରିଥିବା ଶିକ୍ଷକ ଥିଲେ। ସ୍ୱାଧିନତା ପରବର୍ତ୍ତୀ ସମୟରେ ଅର୍ଥାତ୍ କଳାକର ସାର୍‌ଙ୍କ ସମୟରେ ମ୍ୟାଟ୍ରିକ୍ ପାଶ୍ କରିଥିବା ଲୋକେ ପ୍ରମୋଶନ ପାଇ କଲେକ୍ଟର ପଦବୀ ପର୍ଯ୍ୟନ୍ତ ପହଞ୍ଚିଯାଇ ପାରୁଥିଲେ। କିନ୍ତୁ ସାର୍ ଉଚ୍ଚ ପଦବୀ ଓ ଉଚ୍ଚ ଦରମା ବଦଳରେ ଶିକ୍ଷକତାକୁ ଅଧିକ ପସନ୍ଦ କରୁଥିଲେ। ସ୍କୁଲ୍ ହିଁ ଥିଲା ତାଙ୍କର ସର୍ବସ୍ୱ- ଜୀବନ।

ସ୍କୁଲର ଘଣ୍ଟି ବାଜେ। ପ୍ରାର୍ଥନା ଶେଷ ହୁଏ। ସାର୍ ଯଦି ଦେଖନ୍ତି କୌଣସି ଗୋଟିଏ ପିଲା ଆସିନାହିଁ ତାହେଲେ ବେତଟିଏ ଧରି ସେ ପିଲାର ଘରକୁ ଯାଇ ତାକୁ ଡାକି ଆଣୁଥିଲେ। ପାଠ ପଢ଼ାଇବା ଦୃଷ୍ଟିରୁ ସାର୍ ଖୁବ୍ କଡ଼ା ମିଜାଜ୍‌ର ଥିଲେ। ତାଙ୍କ କଡ଼ା ଶାସନରେ ସମସ୍ତେ ରୀତିମତ ସ୍କୁଲକୁ ଆସନ୍ତି।

ଆମ ସାର୍ ଭଲ ପଢୁଥିଲେ। ବୃତ୍ତି ପରୀକ୍ଷା ଦେବା ପାଇଁ ପ୍ରସ୍ତୁତ ହେଉଥିଲେ। ଗାଆଁର ଝିଅ ସରସ୍ୱତୀ ବିଶ୍ୱାଳ ମଧ୍ୟ ବୃତ୍ତି ପରୀକ୍ଷା ଦେବା ପାଇଁ ପ୍ରସ୍ତୁତ ହେଉଥାଏ। ସରସ୍ୱତୀ ଭଲ ପଢ଼େ। ଶ୍ରେଣୀରେ ପ୍ରଥମ ହୁଏ। ଆମ ସାର୍ ଦ୍ୱିତୀୟ ହୁଅନ୍ତି। ଦୁହେଁ ତୃତୀୟ ଶ୍ରେଣୀରେ ବୃତ୍ତି ପରୀକ୍ଷା ଦେଇଥିଲେ। ସେଥିରେ ସରସ୍ୱତୀ ବୃତ୍ତି ପାଇଥିଲା। ବୃତ୍ତି ପରୀକ୍ଷା ଦେବା ପାଇଁ ଯାଜପୁରରେ ଥିବା ଜିଲ୍ଲା ହାଇସ୍କୁଲକୁ ଯିବାକୁ ପଡୁଥିଲା। ଆମ ସାର୍‌ଙ୍କ ଶ୍ରେଣୀରେ ଭଲ ପିଲା ହିସାବରେ ପର୍ଶୁରାମ, ସମ୍ବରିଆ, କେଳା, ପ୍ରଭୃତି ସେତେବେଳେ ପଢୁଥିଲେ। ଯେଉଁମାନେ ଭଲ ପଢୁଥିଲେ ସେମାନଙ୍କୁ କଳାକର ସାର୍ ରାତିରେ ପାଠ ପଢ଼ାଉଥିଲେ। ସେଥିପାଇଁ ଆଜିକାଲି ପରି ସାର୍‌ଙ୍କୁ ଟିଉସନ୍ ଫି ଦେବାକୁ ପଡୁନଥିଲା। ସମ୍ପୂର୍ଣ୍ଣ ମାଗଣାରେ ପାଠ ପଢ଼ାଉଥିଲେ। ଏଇଥିପାଇଁ ଯେ, ପିଲାଏ ବୃତ୍ତି ପାଇଲେ ସ୍କୁଲ୍‌ର ନାଁ ହେବ ଓ ସାର୍‌ଙ୍କର ସମ୍ମାନ ବଢ଼ିବ।

କଳାକର ସାର୍‌ଙ୍କ ପରି ଜଣେ ଉତ୍ତମ ଶିକ୍ଷକଙ୍କ ପ୍ରଭାବ ଆମ ସାର୍‌ଙ୍କ ଉପରେ ସବୁଦିନ ପାଇଁ ରହିଯାଇଛି। ସେ ଥିଲେ ତାଙ୍କ ପାଇଁ ବ୍ରହ୍ମା। ସାର୍ ଏ କଥା ମୁକ୍ତ କଣ୍ଠରେ ବାରମ୍ବାର ପ୍ରକାଶ କରିଛନ୍ତି। ସେତେବେଳେ ଗାଆଁ ମାନଙ୍କରେ ଲେଖାପଢ଼ା ଜାଣିଥିବା ଲୋକଙ୍କର ଖୁବ୍ ଅଭାବ ଥାଏ। ତେଣୁ କଳାକର ସାର୍ ଗାଆଁ ଲୋକଙ୍କର ମନିଅର୍ଡର ଫର୍ମ ପୂରଣ କରିଦେଉଥିଲେ। ଚିଠି ଓ ଟେଲିଗ୍ରାମ ପଢ଼ି ଦେଉଥିଲେ। ଲୋକଙ୍କ ପାଇଁ ଚିଠି ଲେଖିଦେଉଥିଲେ। ପର୍ବପର୍ବାଣିରେ ପ୍ରତି ଘରୁ ସେ ନିମନ୍ତ୍ରଣ ପାଉଥିଲେ। ସେ ଥିଲେ ପ୍ରତ୍ୟେକ ଲୋକର ସୁଖଦୁଃଖର ସାଥୀ।

ପାଠ ପଢ଼ାଇବାରେ ସାର୍ ଖୁବ୍ ପାରଙ୍ଗମ ଥିଲେ। ଗଣିତ, ସାହିତ୍ୟ, ମାନସାଙ୍କ ସବୁ ପଢ଼ାଉଥିଲେ ଖୁବ୍ ପ୍ରଭାବଶାଳୀ ଢ଼ଙ୍ଗରେ। ସେଥିପାଇଁ ତ ତାଙ୍କର ଅନେକ ଛାତ୍ର ଆଜି ବହୁତ ଉଚ୍ଚକୁ ଉଠି ପ୍ରତିଷ୍ଠିତ ହୋଇ ପାରିଛନ୍ତି। ସେତେବେଳେ ମାନସାଙ୍କ ଥିଲା, ବିନା କାଗଜ କଲମରେ ପଢ଼ା ଯାଉଥିବା ବୈଦିକ ଗଣିତ। ମୁହଁରେ ହିସାବ କରି ଉତ୍ତର ଦେବାକୁ ପଡୁଥିଲା। ଖୁବ୍ ସୁନ୍ଦର ଥିଲା ଏହି ପାଠ। ଏବେ ଏସବୁ ପାଠ୍ୟକ୍ରମରୁ ଉଠିଗଲାଣି।

ସେତେବେଳେ ବଲ୍‌ପେନ୍ ଆଉ ଫାଉଣ୍ଟେନ୍ ପେନ୍ ନଥିଲା। ପ୍ରଥମ ଥିଲା ପରକଲମ। ତା' ପରେ ଆସିଲା ହାଣ୍ଡେଲ କଲମ। ଛାତ୍ରମାନେ କାଚ ଦୁଆତରେ କାଳି ନେଇ ସ୍କୁଲ ଯାଉଥିଲେ। ଦୁଆତର ଗଳାରେ ସୁତୁଲି ବାନ୍ଧି ଝୁଲେଇ ଧରୁଥିଲେ। କାନ୍ଧରେ ଥିଲା ବହିଖାତା, ସ୍ଲେଟ୍ ଭରା କପଡ଼ା ବ୍ୟାଗ୍। ଆଉ ଗୋଟିଏ ହାତରେ ତାଳ ବରଡ଼ାର ଚଟେଇ।

ପରକଲମ ବୋଇଲେ ଚିଲର ପର। ଛାତ୍ରମାନେ ଚାରଣା ଆଠଣା ଦେଇ ଚିଲର ପର କିଣୁଥିଲେ। କଳାକର ସାର୍ ତାକୁ ପାଣିରେ ଭେଦେଇ ନରମ କଲାପରେ ତା'ର ମୂଳପଟକୁ ବ୍ଲେଡ୍‌ରେ ମୁନିଆଁ କରି ଦେଉଥିଲେ। ସେଇ ମୁନକୁ ଦୁଆତର କାଳିରେ ବୁଡ଼େଇ ଲେଖିବାକୁ ପଡୁଥିଲା। ପରକଲମ ମୁନରେ ସବୁବେଳେ ସମାନ ପରିମାଣର କାଳିନଯାଇ ବେଳେ ବେଳେ ଅଧିକ କାଳି ଯାଉଥିବାରୁ ଅକ୍ଷର ଉପରେ କାଳି ଠିଆ ହୋଇଯାଏ। ସେ କାଳିକୁ ଶୋଷିବା ପାଇଁ ବ୍ଲଟିଂ ପେପର ବ୍ୟବହାର କରିବାକୁ ପଡ଼େ। ମ୍ୟାଟ୍ରିକ୍ ଶେଷ ପର୍ଯ୍ୟନ୍ତ ଏହିପରି କାଳିକଲମ ଓ ବ୍ଲଟିଂ ପେପର ବ୍ୟବହାର କରାଯାଉଥିଲା।

କଳାକର ସାର୍ କଲମ ତିଆରି କରିଦିଅନ୍ତି। ହାତ ଧରି ଲେଖା ଶିଖାନ୍ତି। ହସ୍ତାକ୍ଷର ଖାତାରେ ସ୍କେଲପଟା ବା ରୁଲ୍‌ବାଡ଼ିରେ ଗାର ପକାଇ ଦିଅନ୍ତି। ହସ୍ତାକ୍ଷର ଉପରେ ବିଶେଷ ନଜର ଦିଅନ୍ତି। ପରକଲମରେ ହସ୍ତାକ୍ଷର ଲେଖିଲେ ଅକ୍ଷର ଗୋଲ୍

ହୁଏ । ପିଲାମାନଙ୍କର ବାଳକଟା, ନଖକଟା ଓ ପ୍ୟାଣ୍ଟସାର୍ଟ ସଫାସୁତୁରା ଉପରେ ମଧ୍ୟ ସାର୍ ନଜର ଦିଅନ୍ତି ।

କାଠି ଓ ମାଟି ଗୋଲି ସାହାଯ୍ୟରେ ଗଣିବା ଶିଖାଯାଏ । ବାଉଁଶ କାଠିକୁ ସରୁ ସରୁ କରି ଚାଞ୍ଚି ଦିଆଯାଏ । ଆଠ ଦଶ ଆଙ୍ଗୁଳି ଲମ୍ବ କରି କାଟିଲା ପରେ ବିଡ଼ା ବନ୍ଧାଯାଏ । ଗୋଟିଏ ବିଡ଼ାରେ ଦଶଟି ହିସାବରେ ଦଶବିଡ଼ା କରାଯାଏ । ମାଟିର ଗୁଲି କରି ଶୁଖାଇ ଦିଆଯାଏ । ଶହେଟି ଗୁଲିକୁ ଦଶଟି ମାଳ କରାଯାଏ । ଗୁଲି ଓ କାଠିକୁ ଡାଲାରେ ପୁରାଇ ପିଲାମାନେ ସ୍କୁଲକୁ ନିଅନ୍ତି । କାଠି ଓ ଗୁଲି ମାଧ୍ୟମରେ ଗଣିବା ଶିଖାଯାଏ ।

ନୂଆ ବହି ଆସିବା ଦିନ, କାଠି ଗୋଲି ତିଆରି ହେବା ଦିନ ଓ ନୂଆ ସାର୍ଟପ୍ୟାଣ୍ଟ କିଣାହେବା ଦିନର ଆନନ୍ଦ କହିଲେ ନସରେ । ସତେ ଯେମିତି ପିଲାଟିକୁ ଆକାଶର ଚାନ୍ଦ ମିଳିଯାଇଛି । ସ୍କୁଲ୍‌ରେ ପିଲାମାନେ ବରଡ଼ା ଚଟେଇ ପକାଇ ତଳେ ବସନ୍ତି । ତୃତୀୟ ଶ୍ରେଣୀ ହେଲେ ଛାତ୍ରଛାତ୍ରୀ ମାନଙ୍କୁ ଅଳ୍ପ ଉଚ୍ଚର ଡେସ୍କ (Low Desk) ଟିଏ ମିଳେ । ଯାହା ଉପରେ ଖାତାବହି ରଖି ପଢ଼ାପଢ଼ି କରିବାକୁ ସୁବିଧା ହୁଏ ।

ସେତେବେଳେ ପରିବାର ମାନଙ୍କରେ ପାଠପଢୁଆ ବାପା, ମା, ଭାଇ ଭଉଣୀମାନେ ନଥାନ୍ତି । ତେଣୁ ଯାହା କିଛି ପଢ଼ିବା, ଶିଖିବା ଓ ଜାଣିବାକୁ ହୁଏ- ସବୁ ସେଇ ସାର୍‌ଙ୍କ ଠାରୁ । ସ୍ନେହ, ଶ୍ରଦ୍ଧା ଓ ଦଣ୍ଡ ଦେଇ କଳାକର ସାର୍ ପିଲାମାନଙ୍କୁ ତିଆରି କରୁଥିଲେ । ଦଣ୍ଡ ବୋଇଲେ କାନ ଧରି ଠିଆ କରାଇବା, କାନଧରି ବସ୍‌ଉଠ୍ ହେବା ଓ ବେଳେବେଳେ ବେତମାଡ଼ ହିଁ ଥିଲା । ଆଜିକାଲି ପରି **Punishment Free Zone** ସ୍କୁଲ୍ ନଥିଲା । ଆମ ଗାଆଁ ସ୍କୁଲ୍ ଛଡ଼ା ଆହୁରି ଅନେକ ସ୍କୁଲ୍ ଥିଲା, ଯେଉଁଠି ଦଣ୍ଡ ଆହୁରି କଡ଼ା ଥିଲା । ଖରାରେ ଆଣ୍ଠେଇବା, ଆଣ୍ଠୁତଳେ ଗୋଡ଼ି ରଖି ଆଣ୍ଠେଇବା, ଆଣ୍ଠୁକୁ ୯୦ ଡିଗ୍ରୀ ଭାଙ୍ଗି ଚେୟାର ବସିବା ଇତ୍ୟାଦି । ଏଇ ମାଡ଼ ଭୟରେ ପିଲାମାନେ ସେତେବେଳେ ମନ ଦେଇ ପାଠ ପଢୁଥିଲେ ।

ଆମ ସ୍କୁଲର ଦଣ୍ଡ ଟିକେ କୋହଳ ଥିଲା । ବୋଧହୁଏ କଳାକର ସାର୍ ଟିକେ ସ୍ନେହୀ ହୋଇଥିବାରୁ ତାଙ୍କ ପଢ଼ାଇବା ଶୈଳୀ ଭିନ୍ନ ଥିଲା । ସାର୍ ପିଲାଙ୍କୁ ସହଜ କରିବା ପାଇଁ ଗପ କହୁଥିଲେ । ପିଲାମାନେ ମଧ୍ୟ ଠିଆ ହୋଇ ଗପ କହୁଥିଲେ । ବିଭିନ୍ନ ଉପାୟରେ ପଢ଼ିବା ଲେଖିବା ଶିଖିବା ଉପରେ ଯଥେଷ୍ଟ ଦୃଷ୍ଟି ଦେଉଥିଲେ । ଖବର କାଗଜ ମଗାଇ ପିଲାମାନଙ୍କୁ ପଢ଼ି ଶୁଣାଉଥିଲେ ।

ଆମ ସାର୍‌ଙ୍କ ପାଇଁ ତାଙ୍କ ସ୍କୁଲ ଓ ତାଙ୍କର ପ୍ରିୟ ଶିକ୍ଷକ କଳାକର ସାର୍ ଥିଲେ ସବୁକିଛି । ପିଲାଟି ଦିନରୁ ତାଙ୍କ ଉପରେ ସେଇ ସାର୍‌ଙ୍କ ଛାପ ପଡ଼ିଛି ଓ ତାଙ୍କରି

ଆଦର୍ଶରେ ନିଜକୁ ତିଆରି କରିଛନ୍ତି । ତେଣୁ ଆଜି ପର୍ଯ୍ୟନ୍ତ ସେ ସ୍କୁଲ ଓ ସାର୍‌ଙ୍କୁ କେବେ ବି ପାଶୋରି ଯାଇ ନାହାଁନ୍ତି । ଆମ ସାର୍‌ଙ୍କ ପାଇଁ କଣ୍ଟାବଣିଆ ନିମ୍ନ ପ୍ରାଥମିକ ବିଦ୍ୟାଳୟ ହୋଇଯାଇଛି ତୀର୍ଥସ୍ଥଳୀ ଓ କଳାକର ସାର୍ ହୋଇଯାଇଛନ୍ତି ଦେବତା ।

■

# ସ୍କୁଲ ସମୟର ସ୍ମୃତି

ସ୍କୁଲ୍ ସମୟର ସ୍ମୃତି ସବୁ ଆଜି ବି ସେଦିନ ପରି ସଜୀବ ଅଛି । ଖେଳଛୁଟି ହେଲେ ପିଲାମାନେ ସ୍କୁଲ ଆଗ ପଡ଼ିଆରେ ଦଉଡ଼ା ଦଉଡ଼ି, ବୋହୂଚୋରି ଖେଳନ୍ତି । ବରଗଛ ଡାଳରେ ଚଢ଼ି ଡାଳମାଙ୍କୁଡ଼ି ଖେଳନ୍ତି । ପୁଅ ପିଲାମାନେ ଡୋରଲଗା ପ୍ୟାଣ୍ଟ୍ ଓ ସାର୍ଟ୍ ପିନ୍ଧନ୍ତି । ଝିଅମାନେ ଫ୍ରକ୍ ପିନ୍ଧନ୍ତି । ସେତେବେଳେ ପିଲାମାନଙ୍କର ମାଆମାନେ ଲୁଗାପଟା ସଫା କରିବା ଶିଖିନଥିଲେ । ପ୍ରକୃତ କଥା ହେଲା ଖାଲି ଧୋଇ ଦେଲେ ଚଳିଯାଉଥିଲା । ତେଣୁ ଯେତେ ବଡ଼ଘର ପିଲା ହେଲେ ବି ଗାଆଁ ମାନଙ୍କରେ ପ୍ରାୟ ସମସ୍ତେ ଏହି ପ୍ରକାରର ମଇଳା ପୋଷାକ ପିନ୍ଧୁଥିଲେ । ସଫାଲୁଗା ଦରକାର ହେଲେ ଧୋବା ଧୋବଣୀ ଉପରେ ନିର୍ଭର କରିବାକୁ ପଡୁଥିଲା । ସ୍କୁଲ୍ ବାବୁ (Sub-Inspector of Schools) ଆସିବା ଦିନ ସମସ୍ତେ ସଫା ପୋଷାକ ପିନ୍ଧି ଆସୁଥିଲେ । ସ୍କୁଲ୍ ବାବୁ ଛାତ୍ରଛାତ୍ରୀ ମାନଙ୍କୁ ବିଭିନ୍ନ ପ୍ରଶ୍ନ ପଚାରନ୍ତି । ଠିଆ କରାଇ ପଢ଼ିବାକୁ କୁହନ୍ତି । ପରୀକ୍ଷା କରନ୍ତି । ସ୍କୁଲ ବହିରେ ମନ୍ତବ୍ୟ ଲେଖନ୍ତି । କିନ୍ତୁ ସ୍କୁଲର ହାନିଲାଭ ଓ ଉନ୍ନତି ବିଷୟ ସ୍କୁଲ ଚେୟାରମ୍ୟାନ ଓ ଗ୍ରାମ କମିଟି ବୁଝନ୍ତି ।

ସେତେବେଳେ ନାରୀଶିକ୍ଷା ଖୁବ୍ ପଛରେ ଥିଲା । ଝିଅପିଲା ମାନଙ୍କୁ ମା' ମାନେ ପାଠ ପଢ଼ିବାକୁ ଛାଡ଼ନ୍ତି ନାହିଁ । ଝିଅମାନେ ଘରେ ରହି ରୋଷେଇବାସ କାମରେ ସାହାଯ୍ୟ କରନ୍ତି । ଆମ ସାର୍‌ଙ୍କ ତଳ ଭଉଣୀ ସୀତା ପ୍ରଥମ କିମ୍ବା ଦ୍ୱିତୀୟରୁ ପାଠ ପଢ଼ା ଛାଡ଼ି ଘରେ ରହିଲେ । ସାନ ଭାଇଭଉଣୀମାନଙ୍କ ଯତ୍ନ ନେବା ଓ ରୋଷେଇ ଶିଖିଲେ । ପିଲାକନ୍ୟା ହିସାବରେ ଏଗାର ବାର ବର୍ଷ ବୟସରେ ତାଙ୍କର ବାହାଘର ହୋଇଗଲା ।

ପରୀକ୍ଷା ବେଳେ ସ୍କୁଲ ତରଫରୁ କାଳି ଯୋଗାଇ ଦିଆଯାଉଥିଲା । ସାର୍ ବାଲ୍‌ଟିରେ କାଳି ତିଆରି କରୁଥିଲେ । ସେଥିରୁ ଛାତ୍ରଛାତ୍ରୀମାନଙ୍କ ଦୁଆତରେ ଢ଼ାଳି ଦେଉଥିଲେ । ସେତେବେଳର ଛାପା ଏତେ ଉନ୍ନତି କରି ନଥିବାରୁ ବର୍ତ୍ତମାନ ପରି

ପାଠ୍ୟପୁସ୍ତକ ଗୁଡ଼ିକ ଏତେ ଉନ୍ନତ ଧରଣର ନଥିଲା। ଛବିଯୁକ୍ତ ବହି ମିଳୁ ନଥିଲା। କିନ୍ତୁ ମଧୁସୂଦନଙ୍କ ବର୍ଣ୍ଣବୋଧ ସେତେବେଳେ ଚଳୁଥିଲା।

ପାଠପଢ଼ା ଭିତରେ ପ୍ରକୃତି ପର୍ଯ୍ୟବେକ୍ଷଣ ଥିଲା। ବିଭିନ୍ନ ଗଛ ଓ ପତ୍ରକୁ ଚିହ୍ନିବା ପାଇଁ ଶିକ୍ଷା ଦିଆଯାଉଥିଲା। ଗଛର ଉପକାରିତା ବିଷୟରେ ସାର୍ କହୁଥିଲେ। ପତ୍ରଟିଏ ଦଳି ଦେଇ ତାକୁ ଶୁଙ୍ଘାଇ, ତାହା କେଉଁ ଗଛର ପତ୍ର ବୋଲି ଗନ୍ଧରୁ ଜାଣିବା ପାଇଁ ପ୍ରଶ୍ନ କରାଯାଉଥିଲା।

ସେତେବେଳେ ଛୁଆଁଛୁତି ବହୁତ ଥିଲା। ହରିଜନ ଛାତ୍ରମାନେ ପିଣ୍ଡାରେ ଅଲଗା ହୋଇ ବସୁଥିଲେ। ଆମ ସାର୍ ସ୍କୁଲରୁ ଘରକୁ ଫେରିଲେ ତାଙ୍କ ବୁଢ଼ୀମା ଘରୁ ବାହାରି ଆସି ପ୍ୟାଣ୍ଟ୍ ସାର୍ଟ ଓହ୍ଲାଇବାକୁ କହୁଥିଲେ। ଆମ ସାର୍ ପ୍ୟାଣ୍ଟସାର୍ଟ ଓହ୍ଲାଇ ଲଙ୍ଗଳା ହୋଇ ଘର ଭିତରକୁ ପଶୁଥିଲେ। ସେ ଅସ୍ପୃଶ୍ୟ ପ୍ୟାଣ୍ଟସାର୍ଟ ଧୁଆ ହେଲା ପରେ ଘର ଭିତରେ ପଶୁଥିଲା। ହରିଜନ ଛୁଅନ୍ତା ସ୍କୁଲ୍ ବ୍ୟାଗ୍ ଘର ଭିତରେ ନ ପଶି ବାହାରେ ଟଙ୍ଗା ଯାଉଥିଲା। ଏହା ପ୍ରଥମେ କରାଯାଉଥିଲା। କ୍ରମଶଃ ଏ ଧାରା ବଦଳି ଗଲା। ଛୁଆଁଛୁତି ବାରଣ ଉଠିଗଲା। କିନ୍ତୁ କଳାକର ସାର୍‌ଙ୍କ ଦୃଷ୍ଟିରେ ସମସ୍ତେ ଥିଲେ ସମାନ। ସ୍ପୃଶ୍ୟ ଅସ୍ପୃଶ୍ୟରୁ ଅନେକ ଉର୍ଦ୍ଧ୍ୱରେ। କେବଳ ଛାତ୍ର ବା ଛାତ୍ରୀ।

ଏମିତି ଥିଲା ଆମ ସାର୍‌ଙ୍କର ପ୍ରାଥମିକ ବିଦ୍ୟାଳୟ ଓ କୈଶୋରର କାହାଣୀ। କଳାକର ସାର୍ ଥିଲେ ଜଣେ ଋଷିପ୍ରତିମ ଶିକ୍ଷକ। ଛାତ୍ର ଓ ଅଭିଭାବକଙ୍କର ସେ ସମାନ ଭାବରେ ପ୍ରିୟ ଥିଲେ। ସତ କହିବାକୁ ଗଲେ ସେ ଥିଲେ ଚାରି ପାଞ୍ଚ ଗାଆଁର ଗୁରୁ ଓ ପରାମର୍ଶଦାତା। ତାଙ୍କର ପ୍ରତ୍ୟେକଟି କାର୍ଯ୍ୟ ଥିଲା ଆବଶ୍ୟକୀୟ। ସୁନ୍ଦର ଓ ପବିତ୍ର। ଏପରି ଜଣେ ଶିକ୍ଷକ ମିଳିଥିଲେ ଆମ ସାର୍‌ଙ୍କୁ। ଏପରି ଜଣେ ଅପୂର୍ବ ଶିକ୍ଷକ ତାଙ୍କ ଜୀବନର ପରିଧିକୁ ଆସିବେ ବୋଲି ବିଧି ନିର୍ଦ୍ଦେଶ ଥିଲା। ସମୃଦ୍ଧ ପ୍ରାରବ୍ଧ ଓ ଉତ୍ତମ ସଂସ୍କାର ସହିତ ଜନ୍ମ ହୋଇଥିଲେ ଆମ ସାର୍। ତେଣୁ ତ ସେ ଆଜି ଜଣେ ବିରଳ ମଣିଷରେ ପରିଣତ ହୋଇ ଯାଇଛନ୍ତି।

ଆମ ସାର୍‌ଙ୍କର ପ୍ରିୟ କଣ୍ଟାବଣିଆ ନିମ୍ନ ପ୍ରାଥମିକ ବିଦ୍ୟାଳୟ ଆଜି ଆଉ ନାହିଁ ନଦୀ ଗ୍ରାସରେ ତାହା ଲୀନ ହୋଇଯାଇଛି। କଳାକର ସାର୍ ମଧ୍ୟ ଆଉ ନାହାଁନ୍ତି। ବହୁ ବର୍ଷ ପୂର୍ବରୁ ମୃତ୍ୟୁ ତାଙ୍କୁ ଆର ପାରିକୁ ନେଇଯାଇଛି। କିନ୍ତୁ; ଆମ ସାର୍ ଆଜି ପର୍ଯ୍ୟନ୍ତ ଭୁଲିପାରି ନାହାଁନ୍ତି ତାଙ୍କର ପ୍ରିୟ ଗୁରୁ ଓ ବିଦ୍ୟାଳୟକୁ। ସେ ସ୍ମୃତିକୁ ଆପଣାର କରି ରଖିଛନ୍ତି। ତେଣୁ ଭାବପ୍ରବଣ ହୋଇ କହନ୍ତି- ସେ ମୋର। ମୁଁ ତାଙ୍କର ହାତଗଢ଼ା ଛାତ୍ର। ତାଙ୍କ ଭଳି ସାର୍ ମତେ ଜନ୍ମେ ଜନ୍ମେ ମିଳୁଥାଆନ୍ତୁ।

■

# ଗାଁ ଗୋଟେ ସ୍ୱର୍ଗ

ସେତେବେଳେ ଖରାଦିନିଆ ସ୍କୁଲ ଦୁଇଓଳି ହେଉଥିଲା। ଥରେ ସକାଳୁ ଆଉ ଥରେ ଚାରିଟା ବେଳେ। ସକାଳ ଓଳିର ସ୍କୁଲରୁ ଫେରି ବହିବସ୍ତାନି ଦୁଆରେ ଫୋପାଡ଼ି ଦେଇ ସାର୍ ନଈକୁ ଦୌଡୁଥିଲେ। ଗ୍ରୀଷ୍ମଛୁଟିର ଖରାଦିନ ଗୁଡ଼ିକ ଆହୁରି ମଜାଦାର ଲାଗେ। ଦିନର ଅସହ୍ୟ ଗରମରୁ ରକ୍ଷା ପାଇବା ପାଇଁ ନଈପାଣି ହାତ ଠାରି ଡାକୁଥାଏ। ଦ୍ୱିପ୍ରହରରେ ବାପାଙ୍କ ଶୋଇବାକୁ ଅପେକ୍ଷା କରିଥାନ୍ତି ଜିତେନ୍ଦ୍ର। ଛୁଆଙ୍କ ଆଖିକୁ ସହଜରେ ନିଦ ଆସେ ନାହିଁ। ମିଛଟାରେ ଖାଲି ବିଛଣାରେ ପଡ଼ିଥାନ୍ତି। ବାପାଙ୍କୁ ନିଦ ହେବା ମାତ୍ରେ ଚୁପ୍ କରି ଖସି ଯାଆନ୍ତି ନଈବନ୍ଧ ଆମ୍ବ ତୋଟାକୁ। ସେଠି ଅପେକ୍ଷା କରିଥାନ୍ତି ଆହୁରି କେତେ ସମବୟସ୍କ ସାଙ୍ଗ। ନଈରେ ଡେଇଁବା, ପହଁରିବା, ନଈକୂଳ ତୋଟାରେ ବାଗୁଡ଼ି, ଡାଳମାଙ୍କୁଡ଼ି ଖେଳିବା। ଆମ୍ବଗଛରୁ ଆମ୍ବ ବିଛେଇବାରେ ବିତିଯାଏ ଖରାବେଳ। ଓପରଓଳି ଘରକୁ ଫେରିଲେ ବଡ଼ିଚୁରା, ମାଛଭଜା, ବାଇଗଣ ପୋଡ଼ା ସହିତ ମିଳେ ଆମ୍ବକଷି ମିଶା ସୁଗନ୍ଧିତ ପଖାଳ। ସେ ଦିନର ସ୍ମୃତି ସବୁ ଆଜିବି ସାର୍‌ଙ୍କ ହୃଦୟରେ ସେମିତି ସୁଗନ୍ଧିତ ହୋଇ ରହିଯାଇଛି।

■

# ଆମ ନଈ

ଖରସ୍ରୋତା ନଈଟା ଏବେ ଯେଉଁଠି ଅଛି ଆଗରୁ ସେଠି ନଥିଲା। ଥିଲା ଖୁବ୍ ସେକଡ଼କୁ। ଉତ୍ତର ପଟକୁ। ଖୁବ୍ ଅଣଚଉଡ଼ା ଧାରଟିଏ। ପ୍ରାୟତିରିଶ ମିଟର ହେବ। ଗାଉଁଲି ଭାଷାରେ କୁହାଯାଉଥିଲା ବାହୁଙ୍ଗି ଭଳି ଧାରଟିଏ। ବାପାଙ୍କ ସମୟର ନଈ। ଆଉ ନଈକୁ ଲାଗି ଦକ୍ଷିଣ କୂଳରେ ଥିଲା ଆମ ଗାଁ ଘୋଳପୁର। ସମୟକ୍ରମେ ନଈ ସ୍ଫିତ ହେବାକୁ ଲାଗିଲା। ଗାଁ ଆଡ଼କୁ କୂଳ ଅତଡ଼ା ଖାଇ ମାଡ଼ି ମାଡ଼ି ଆସିଲା। ବାରମ୍ବାର ଗାଆଁ ଉପରେ ମାଡ଼ି ଯିବାକୁ ଲାଗିଲା। ଗାଆଁକୁ ଗ୍ରାସ କରିଗଲା। ତେଣୁ ୧୯୬୫ ମସିହା ବେଳକୁ ପୁରୁଣା ଗାଆଁ ହଜିଗଲା ନଈତଳେ। ନୂତନ ବସତି ବସିଲା ଆହୁରି ଦକ୍ଷିଣକୁ। ନିଜ ସ୍ଥାନରୁ ପ୍ରାୟ ଏକ କିଲୋମିଟର ଦୂରରେ। ଗାଆଁର ସ୍ଥାନକୁ ମାଡ଼ିବସିଲା ନଈ। କିନ୍ତୁ, ଗାଆଁ ଓ ନଈ ମଧ୍ୟରେ ସମ୍ପର୍କ ସେମିତି ଅତୁଟ ରହିଲା।

ନଈ ଥିଲା ସାର୍‌ଙ୍କର ସାଥୀ। ଦେହରେ ରକ୍ତର ସ୍ରୋତପରି ନଈର ପ୍ରବାହ ଥିଲା ଅତି ଆପଣାର। ନଈ ପାଣିରେ ବିତିଛି ଅନେକ ସକାଳ ଓ ଦ୍ୱିପ୍ରହର। ଅପରାହ୍ଣ, ସନ୍ଧ୍ୟା ଓ ରାତି ବିତିଛି ନଈ କୂଳର ବାଲୁକା ପ୍ରାନ୍ତରରେ। ଦିବସରେ ନଦୀର ଜଳରାଶି ପୃଥିବୀ ମାତାର ମୁକୁଳା କେଶ ପରି ସୁନ୍ଦର ଦିଶୁଥିବା ବେଳେ ଜହ୍ନରାତିରେ ମେଞ୍ଚାଏ ମୁକ୍ତା ବିଞ୍ଚି ହୋଇଥିବା ପରି ଚିକ୍‌ମିକ୍ କରୁଥାଏ। ଚନ୍ଦ୍ରାଲୋକରେ ବାଲୁକା ପ୍ରାନ୍ତର ଦିଶେ ଗୋଟିଏ ସୀମାହୀନ ଶ୍ୱେତ ଓ ନରମ ଗାଲିଚା ପରି। ପୃଥିବୀର ପ୍ରତିଟି କିଶୋର ପାଇଁ ପାଣି ଓ ବାଲି ଖୁବ୍ ଆକର୍ଷଣୀୟ। ଏହି ଆକର୍ଷଣରୁ କେହି କେବେ ବି ମୁକ୍ତି ପାଇ ପାରିନାହିଁ।

କୁଆଁରୀ କନ୍ୟାମାନେ ଆଶ୍ୱିନ ମାସରେ ବାଉଁଶପତ୍ରର ବିଡ଼ା ବାନ୍ଧି ପ୍ରତ୍ୟୁଷରୁ ନଈକୂଳରେ ସୁହାଗ ସ୍ନାନ ଓ ଦେବୀବ୍ରତ ପାଳନ କରନ୍ତି। ନଈକୂଳର ଓଦା ବାଲିରେ ବାଲୁଙ୍କା ତିଆରି କରି ସଧବା ଓ ବିଧବା ରମଣୀ ମାନେ ରାଇ ଦାମୋଦର ପୂଜା କରନ୍ତି। ଓଡ଼ିଆ ରମଣୀର ପ୍ରାଚୀନ ବାଲୁଙ୍କା କଳା ଆଜିର ବିଶ୍ୱ ପ୍ରସିଦ୍ଧ ସ୍ୟାଣ୍ଡ ଆର୍ଟର ପ୍ରକୃତ ଜନନୀ ଅଟେ।

ଖରସ୍ରୋତା ଆନନ୍ଦ ଦିଏ। ମାଛ ଦିଏ। ପାଣି ଦିଏ। ଜୀବନ ଓ ଜୀବିକା ଦିଏ। ବେଳେବେଳେ ନିଜର ରୂପ ବଦଳାଇ ଭୟଙ୍କର ହୋଇଯାଏ। କାଚକେନ୍ଦୁ ପରି ନିର୍ମଳ ଜଳ ମାଟିଆ ହୋଇଯାଏ। କୂଳ ଲଙ୍ଘନ କରି ମାଡ଼ିଯାଏ ଚାରିଆଡ଼େ ଗାଆଁ ଗଣ୍ଡା, ଘରଦ୍ୱାର, ଜୀବଜନ୍ତୁ, ମଣିଷ ଓ ଗଛ ସବୁ କିଛିକୁ ଗ୍ରାସ କରିଯାଏ। ନଦୀ ମା' ପାଲଟି ଯାଏ ରାକ୍ଷସୀ। ବିଶ୍ୱରୂପ ପ୍ରଦର୍ଶନ ପରେ ପୁଣି ଫେରି ଆସେ ନିଜ ରୂପକୁ। ଜୀବନ ବାଣ୍ଟେ, ଶ୍ରଦ୍ଧା କରେ, ଭଲ ପାଏ ସମସ୍ତଙ୍କୁ। ତା' ପାଖକୁ ଫେରିଯିବା ପାଇଁ ଆହ୍ୱାନ ଦିଏ।

ସେତେବେଳେ ସବୁକାମ ପାଇଁ ନଈର ପାଣି ବ୍ୟବହାର କରାଯାଉଥିଲା। ଗାଆଁରେ ମାତ୍ର ଦୁଇଟି କୂଅ ଥିଲା। ଗୋଟିଏ ବୀର କରଙ୍କ ଘର ପାଖରେ। ଆଉ ଗୋଟିଏ ଶ୍ରୀଧର ବିଶ୍ୱାଳଙ୍କ ଠାକୁର ଘର ପାଖରେ। କୂଅକୁ ସେତେବେଳେ ପଚାରେ କିଏ? ନଈ ତ ଥିଲା ଅତି ଆପଣାର। ସିଏ ସବୁ ଦେଉଥିଲା। ତେଣୁ ଗାଁ ମହିଳାଙ୍କର ସହଜ ଅଭ୍ୟାସ ଥିଲା କାଖରେ ଗଗରା ଧରି ନଈରୁ ପାଣି ଆଣିବା। ସେଇ ପାଣି ପିଇବା। ସେଇଥିରେ ରୋଷେଇ କରିବା ଥିଲା ନିତିଦିନିଆ କଥା। ନଈ ବଢ଼ିଲେ ଗୋଳିଆ ପାଣିକୁ ଆଣି କିଛି ସମୟ ପାଇଁ ସ୍ଥିର କରି ରଖାଯାଉଥିଲା। ପାଣିକୁ ଗୋଳିଆ କରିଥିବା ଧୂଳିମଳି ତଳେ ବସିଗଲେ ଉପରେ ଦେଖାଯାଏ ନିର୍ମଳ ଜଳ। ସେଇ ପରିଷ୍କାର ପାଣି ସଂଗ୍ରହ କରି ରନ୍ଧାବଢ଼ା, ପିଇବା କାର୍ଯ୍ୟରେ ବ୍ୟବହାର କରାଯାଉଥିଲା। କିନ୍ତୁ ଏବେ ନଈପାଣି ଯେତେ ନିର୍ମଳ ଥିଲେ ବି ଫ୍ୟାକ୍‌ଟ୍ରିମଳ ଯୋଗୁଁ ଆଉ ବ୍ୟବହାର ଉପଯୋଗୀ ହୋଇ ରହିନାହିଁ। ବିଷରେ ପରିଣତ ହୋଇଯାଇଛି। ନଈବଢ଼ିର ଅବଦାନ ବହୁତ ଥିଲା। ନଈ ତା'ର ଆସିବା ବାଟରେ କେତେ ବାଟ, ଅବାଟ, ଗାଁ ଗଣ୍ଡା, ଜଙ୍ଗଲ ଦେଇ ଆସିଥାଏ। ପେଟରେ ପୁରାଇ ଅନେକ ଜିନିଷ ଆଣିଥାଏ। ଜଙ୍ଗଲ ବାଟରେ ଆସିବାବେଳେ ବଡ଼ ବଡ଼ କାଠଗଣ୍ଡି ଏମିତିକି ଗୋଟା ଗୋଟା ଗଛ ଉପାଡ଼ି ସାଙ୍ଗରେ ନେଇ ଆସେ। ସେ କାଠ ଓ ଗଛକୁ ସଂଗ୍ରହ କରି ଆମ ଲୋକେ ସାଇତି ରଖନ୍ତି। ଜାଳେଣି ହିସାବରେ ବ୍ୟବହାର କରି ଛଅ ମାସରୁ ବର୍ଷେ ପର୍ଯ୍ୟନ୍ତ ଚଳି ଯାଆନ୍ତି।

ନଈ ମାଡ଼ି ଗଲେ ବିଲବାଡ଼ିରୁ ପରସ୍ତେ ମାଟି ଧୋଇ ହୋଇଯାଏ। ଆଉ ନୂଆ ପରସ୍ତେ ପଟୁମାଟି ମାଡ଼ିଯାଏ। ପୁଣି ବର୍ଷେ ଦୁଇବର୍ଷ ପାଇଁ ଆମ ଅଞ୍ଚଳର ଜମିକୁ ଉର୍ବର କରିଦେଇଯାଏ। ବର୍ଷକୁ ବର୍ଷ ଗାଆଁ ଗଣ୍ଡାରେ ସାପ, ଗୋଧି ପରି ସରୀସୃପ ମାନେ ବଢ଼ିଯାଆନ୍ତି। ନଈ ପାଣିରେ ଆମ ଅଞ୍ଚଳ ଦିନେ ଦୁଇଦିନ ବୁଡ଼ି ରହିଲେ ସରୀସୃପମାନଙ୍କର ଗାତରେ ପାଣି ପଶିଯାଏ। ତେଣୁ ସରୀସୃପ ମାନେ

ମରିଯାଆନ୍ତି । ଯେଉଁମାନେ ଗାତରୁ ବାହାରି ଆସନ୍ତି ସେମାନେ ପାଣିର ସ୍ରୋତରେ ଦୂରକୁ ଚାଲିଯାଆନ୍ତି ।

    ଖରସ୍ରୋତା ନଈରେ ବନ୍ଧ ନଥିଲା । ତେଣୁ ବନ୍ୟା ସମୟରେ ନଈରୁ ପାଣି ବାହାରି ଚାରିଆଡ଼େ ମାଡ଼ିଯାଏ । ଘୋଲପୁର ବାଟେ ଯେଉଁ ପାଣି ବାହାରେ ତାହା ହରିପୁର, ବରୁଆଁ, ନରସିଂହପୁର, ବରୀ, ସୁଜନପୁର ସମେତ କୋରେଇ ନିର୍ବାଚନ ମଣ୍ଡଳୀର ବିସ୍ତୀର୍ଣ୍ଣ ଅଞ୍ଚଳକୁ ଜଳମଗ୍ନ କରିଦିଏ । ବର୍ଷା ଚାରିମାସ ସାରା ଏ ଅଞ୍ଚଳର ଲୋକେ ଅକଥନୀୟ ଅସୁବିଧା ଭୋଗ କରନ୍ତି । ତେଣୁ ନଈରେ ବନ୍ଧ ହେଲେ ଏହି ଅଞ୍ଚଳର ଲୋକେ ବନ୍ୟା ଅତ୍ୟାଚାରରୁ ମୁକ୍ତି ପାଇପାରିବେ ବୋଲି ବିଚାର କରାଗଲା ।

# ନଈବନ୍ଧ ଓ ତତ୍କାଳୀନ ବିଧାୟକ ଶ୍ରୀଯୁକ୍ତ ପ୍ରଫୁଲ୍ଲ ଚନ୍ଦ୍ର ଘଡ଼ାଇ

ଇଏ ହେଲା ୧୯୬୬-୬୭ ମସିହା କଥା। ଶ୍ରୀଯୁକ୍ତ ପ୍ରଫୁଲ୍ଲ ଚନ୍ଦ୍ର ଘଡ଼ାଇ ସେତେବେଳେ କୋରେଇ ବିଧାୟକ ଥାଆନ୍ତି। ନଈବଢ଼ି ପାଇଁ ତାଙ୍କରି ନିର୍ବାଚନ ମଣ୍ଡଳୀର ଲୋକେ ସବୁଠାରୁ ବେଶୀ ହଇରାଣ ହୁଅନ୍ତି। ତେଣୁ ଏ ବିଷୟରେ ଶ୍ରୀଯୁକ୍ତ ଘଡ଼ାଇ ପ୍ରଥମେ ଚିନ୍ତା କଲେ। ତାଙ୍କର ପ୍ରସ୍ତାବ ଓ ଉଦ୍ୟମ କ୍ରମେ ନଦୀବନ୍ଧ ନିର୍ମାଣ ପାଇଁ ସରକାରୀ ସ୍ତରରେ ଯୋଜନା କରାଗଲା। ବନ୍ଧ ଯେଉଁ ସ୍ଥାନ ମାନଙ୍କରେ ତିଆରି ହେବା କଥା ତାହା ଥିଲା ଘୋଲପୁର ଗ୍ରାମବାସୀଙ୍କର ଜମି। ସରକାର ନିଜର ବ୍ୟବହାର ପାଇଁ ଘରୋଇ ଜମି ଅଧିଗ୍ରହଣ କଲେ କ୍ଷତିପୂରଣ ଦେବା କଥା। କିନ୍ତୁ ସେତେବେଳେ ସରକାରଙ୍କ ପାଖରେ ଅର୍ଥର ଅଭାବ ଥାଏ।

ତେଣୁ ଶ୍ରୀଯୁକ୍ତ ଘଡ଼ାଇ ପ୍ରସ୍ତାବ ଦେଲେ, ଆପଣମାନେ ଯଦି ମାଗଣାରେ ଜମି ଦେବେ, ଆମେ (ସରକାର) ଏବର୍ଷ ଖରସୁଆଁର ଦକ୍ଷିଣପଟ କୁଲାଟବନ୍ଧ ନିର୍ମାଣ କରିଦେବୁ। ଲୋକେ ମଧ୍ୟ ଅନୁଭବ କରିପାରିଥିଲେ ଯେ ଏପରି ବନ୍ଧଟିଏ ଆମମାନଙ୍କର ସୁରକ୍ଷା ପାଇଁ ଏକାନ୍ତ ପ୍ରୟୋଜନ। ଗ୍ରାମବାସୀମାନେ ବିଧାୟକଙ୍କ କଥାରେ ରାଜି ହେଲେ। ତେଣୁ ଆଗ୍ରହରେ ଓ ବିନାମୂଲ୍ୟରେ ସରକାରଙ୍କୁ ଜମି ଦେଲେ। ସରକାର ସମ୍ପନ୍ନ ଓ ସ୍ୱଚ୍ଛଳ ହେଲାପରେ ମଧ୍ୟ ଗ୍ରାମବାସୀମାନେ ଏଯାବତ୍ କ୍ଷତିପୂରଣ ପାଇପାରିଲେ ନାହିଁ। ଅବଶ୍ୟ ଆଜିର କଥା ହେଲା, ଲୋକେ ଜମି ଦାନ କରିଥିବା କଥା ପୁରା ଭୁଲିଗଲେଣି। ନଦୀ କଡ଼େ କଡ଼େ ବନ୍ଧ ନିର୍ମାଣ କରାଗଲା। ନଈର ବୁଲାଣିରେ ୪ଟି ଛୁଞ୍ଚିଆ (Spurr) ତିଆରି ହେବାରୁ ଗାଆଁଟି ସୁରକ୍ଷା ପାଇଲା।

■

# ପାଠପଢ଼ା ପାଇଁ ଗାଁରୁ ଦୂରରେ

ତୃତୀୟ ଶ୍ରେଣୀରେ ବୃତ୍ତି ପରୀକ୍ଷା ଦେବା ପରେ ଗାଆଁ ସ୍କୁଲରେ ପାଠପଢ଼ା ସରିଗଲା। ଚତୁର୍ଥ ଓ ପଞ୍ଚମ ଶ୍ରେଣୀରେ ପଢ଼ିବା ପାଇଁ ଗାଆଁରୁ ପନ୍ଦର କିଲୋମିଟର ଦୂର କୁଜାହାଲା ଉଚ୍ଚ ପ୍ରାଥମିକ ବିଦ୍ୟାଳୟରେ ନାଁ ଲେଖାହେଲା। ସେଠି ଶ୍ରୀଯୁକ୍ତ ଗଣନାଥ ପାଢ଼ୀ ନାମରେ ଜଣେ ଆଦର୍ଶ ଶିକ୍ଷକ ଥିଲେ। ସେ ରାଜ୍ୟପାଳ ପୁରସ୍କାର ପାଇଥିଲେ। ଗଣନାଥ ସାର୍ ବିଭିନ୍ନ ଅଞ୍ଚଳ ବୁଲି ଭଲ ଛାତ୍ରମାନଙ୍କୁ ଚିହ୍ନଟ କରୁଥିଲେ। ଛାତ୍ରମାନଙ୍କ ଅଭିଭାବକଙ୍କ ସହିତ କଥାବାର୍ତ୍ତା କରୁଥିଲେ। ପୁନଶ୍ଚ ଟେଷ୍ଟ କଲାପରେ ସେ ପିଲାକୁ କୁଜାହାଲା ସ୍କୁଲକୁ ପାଠ ପଢ଼ାଇବା ପାଇଁ ନେଇ ଯାଉଥିଲେ।

କଳାକର ସାର୍‌ଙ୍କ ଭଉଣୀ କୁଜାହାଲାରେ ବାହା ହୋଇଥିଲେ। ତାଙ୍କ ଭିଣୋଇ ଜଣେ ପ୍ରାଥମିକ ବିଦ୍ୟାଳୟ ଶିକ୍ଷକ ଥିଲେ। ଏହି ଭାବରେ ପରିଚୟ ହେତୁ କଳାକର ସାର୍‌ଙ୍କ ସହିତ ଗଣନାଥ ସାର୍‌ଙ୍କର ସୁସମ୍ପର୍କ ଥିଲା। ତେଣୁ ଗଣନାଥ ସାର୍ ପୂର୍ବରୁ ଏଠାକୁ ଆସୁଥିଲେ ଓ ଆମ ଗାଆଁର ଭରତ ଷଢ଼ଙ୍ଗୀ ତଥା ବରହମପୁରର ଜଗବନ୍ଧୁ ବିଶ୍ୱାଳଙ୍କୁ କୁଜାହାଲା ସ୍କୁଲକୁ ନେଇଥିଲେ।

ଗଣନାଥ ସାର୍ ଆସିଲେ। ଆମ ସାର୍ ଓ ତାଙ୍କ ଶ୍ରେଣୀରେ ପଢୁଥିବା ଶ୍ରୀଧର ବିଶ୍ୱାଳଙ୍କ ଭଉଣୀ ସରସ୍ୱତୀଙ୍କୁ ସାଙ୍ଗରେ ନେଇଗଲେ। ଏ ଦୁହେଁ ସେ ବର୍ଷର ବୃତ୍ତି ପରୀକ୍ଷା ଦେଇଥିଲେ। ଘରଠାରୁ ପନ୍ଦର କିଲୋମିଟର ଦୂରରେ ରହି ପାଠ ପଢ଼ିବା ପାଇଁ ବାପା ନଥିବା ଝିଅଟିଏ ଏକୁଟିଆ ଯିବା ସାଧାରଣ କଥା ନଥିଲା। ଇଏ ହେଲା ୧୯୫୦ ମସିହାର କଥା। ସେତେବେଳେ ଝିଅପିଲାଙ୍କ ପାଠପଢ଼ା କ୍ଷେତ୍ରରେ ନୂଆ ନୂଆ ଆଗ୍ରହ ସୃଷ୍ଟି କରାଯାଉଥାଏ। ପଛୁଆ ନାରୀ ଶିକ୍ଷା କ୍ଷେତ୍ରରେ ଇଏ ଥିଲା ଏକ ଶୁଭ ଲକ୍ଷଣ ତଥା ଏକ ଉତ୍କୃଷ୍ଟ ଉଦାହରଣ। ସରସ୍ୱତୀ ତୃତୀୟରେ ବୃତ୍ତି ପାଇଥିଲା। ଆମ ସାର୍ ବୃତ୍ତିପାଇବା ଯୋଗ୍ୟ ଛାତ୍ର ଥିଲେ। ପରୀକ୍ଷା ଦେଇଥିଲେ। ସବୁଥର ବୃତ୍ତି ପରୀକ୍ଷାରେ ବସିଛନ୍ତି। କିନ୍ତୁ ବୃତ୍ତି ପାଇ ପାରି ନାହାଁନ୍ତି। ■

# ଦୂର ଗାଁର ନୂଆ ଜୀବନ

ସାର୍‌ଙ୍କ ବାପା ଚତୁର୍ଥ ପଞ୍ଚମ ଯାଏଁ ପାଠ ପଢ଼ିଥିଲେ। ତାଙ୍କ ସମୟରେ ଗାଆଁ ପାଖରେ ସ୍କୁଲ ନଥିଲା। ଏଠୁ ପନ୍ଦର କିଲୋମିଟର ଦୂର ଯାଜପୁର ନରହରିପୁରରେ ପିଉସୀ ଘରେ ରହି ସ୍କୁଲ୍‌ରେ ପାଠ ପଢୁଥିଲେ। ସାର୍‌ଙ୍କ ବାପା ଓ ଧନିଆ କକାଙ୍କୁ ସେଠି ପଢ଼ିବା ପାଇଁ ଛଡ଼ା ଯାଇଥିଲା। କିନ୍ତୁ ସେମାନେ ପାଠପଢ଼ାରେ ମନ ନ ଦେଇ ଅଳ୍ପଦିନ ପରେ ବ୍ୟାଗପତ୍ର ଧରି ଗାଁକୁ ପଳେଇ ଆସିଲେ। ସେତିକିରେ ତାଙ୍କର ପାଠପଢ଼ା ସରିଗଲା। ଚତୁର୍ଥ ପଞ୍ଚମ ପାଠର ବି ସେତେବେଳେ ଖୁବ୍ ମହତ୍ତ୍ୱ ଥିଲା। ସେତିକି ପାଠରେ ଲୋକଙ୍କୁ ଚାକିରୀ ମିଳି ଯାଉଥିଲା। ସାର୍‌ଙ୍କ ବାପା ନିଜେ ବେଶି ପଢ଼ି ନଥିଲେ ବି ପାଠର ମହତ୍ତ୍ୱ ଉପଲବ୍ଧି କରି ପାରିଥିଲେ। ନବୀନ କକା ଓ ପଦିଆ ଦଦେଇଙ୍କ ପୁଅ ଜନାର୍ଦ୍ଦନ କର (ଦନେଇ ନନା) ରେଭେନ୍‌ସାରେ ପଢ଼ି ବି.ଏ. ପାସ୍ କରିଥିଲେ। ଅବଶ୍ୟ ପଦିଆ ଦଦେଇଙ୍କ ପୁଅଟି ସେ ସମୟର ଦୁରାରୋଗ୍ୟ ବ୍ୟାଧି ଯକ୍ଷ୍ମାର ଶିକାର ହୋଇ ମୃତ୍ୟୁବରଣ କରିଥିଲେ। ସେତେବେଳେ ପାଠ ପଢୁଆଙ୍କୁ ସମସ୍ତେ ସମ୍ମାନ ଦେଉଥିଲେ। ତେଣୁ ସାର୍‌ଙ୍କ ବାପା ଆମ ସାର୍‌ଙ୍କୁ ବହୁତ ପାଠ ପଢ଼ାଇବା ପାଇଁ ଆଗ୍ରହୀ ହେବା ସହିତ ନଅବର୍ଷର ଛୋଟ ପୁଅଟିକୁ ଘରଠାରୁ ଦୂରକୁ ପଠାଇବାକୁ ପ୍ରସ୍ତୁତ ହୋଇଯାଇଥିଲେ।

କୁଜାହାଲା ସ୍କୁଲର ସେତେବେଳେ ଭାରି ନାଆଁ ଥିଲା। ସେଠାରେ ଖୁବ୍ ଭଲ ଓ ନାମକରା ଶିକ୍ଷକମାନେ ଥିଲେ। ରାଜ୍ୟପାଳ ପୁରସ୍କାର ପ୍ରାପ୍ତ ଶିକ୍ଷକ ଶ୍ରୀଯୁକ୍ତ ଗଣନାଥ ପାଢ଼ୀ, ସୁଜନପୁର। ଶ୍ରୀଯୁକ୍ତ କସ୍ତୁରୀ ଚରଣ ମହାନ୍ତି, ଝଙ୍କଡ଼। ଶ୍ରୀଯୁକ୍ତ ସୁଦାମ ଦାସ, କୁଜାହାଲା। ଶ୍ରୀଯୁକ୍ତ ରାହାସ ବିହାରୀ ମହାନ୍ତି, ହସନପୁର। ଶ୍ରୀଯୁକ୍ତ ଧ୍ରୁବସାର୍ ପ୍ରଭୃତି ଦୁର୍ଲଭ ଶିକ୍ଷକମାନେ ଥିଲେ। ସମସ୍ତେ ଚରିତ୍ରବାନ, ଆଦର୍ଶ, ବିଦ୍ୱାନ ଓ ଉତ୍ତମ ଗୁରୁ ଥିଲେ। ସେମାନଙ୍କର ପାଠ ପଢ଼ାଇବା ପ୍ରତି ଯେତିକି ଶ୍ରଦ୍ଧା ଥିଲା, ପିଲାମାନଙ୍କୁ ଆଦରଯତ୍ନ ଦେଇ ମଣିଷ କରିବା ପାଇଁ ମଧ୍ୟ ସେତିକି ଆଗ୍ରହ ଥିଲା।

ଆମ ସାର୍ ସୁଜନପୁରରେ ଗଣନାଥ ସାର୍‌ଙ୍କ ଘରେ ରହିଲେ। ଗଣନାଥ ସାର୍‌ଙ୍କ ଘର କୁଜାହାଲା ସ୍କୁଲ ଠାରୁ ଦୁଇ କିଲୋମିଟର ଦୂରରେ ଥିଲା। ସରସ୍ୱତୀ ରହିଲା ସ୍କୁଲ ପାଖରେ, କୁଜାହାଲାର ସୁଦାମ ସାର୍‌ଙ୍କ ଘରେ। ଆମ ସାର୍ ମଧ୍ୟ ସ୍କୁଲ ପାଖରେ ସୁଦାମ ସାର୍‌ଙ୍କ ଘରେ ରହିପାରିଥାନ୍ତେ, କିନ୍ତୁ ଆମ ସାର୍ ଜାତିରେ ବ୍ରାହ୍ମଣ ଥିବାବେଳେ ସୁଦାମ ସାର୍ ଥିଲେ କରଣ। ସେତେବେଳେ ବ୍ରାହ୍ମଣମାନେ ଅନ୍ୟ ଜାତିର ଲୋକଙ୍କ ହାତରନ୍ଧା ଖାଉନଥିଲେ। କିମ୍ବା ତାଙ୍କ ଛୁଆଁ ପାଣି ପିଉ ନଥିଲେ। ତେଣୁ ଜିତେନ୍ଦ୍ର ସାର୍ ରହିଲେ ଗଣନାଥ ସାର୍‌ଙ୍କ ଘରେ। ଗଣନାଥ ସାର୍ ବ୍ରାହ୍ମଣ ଥିଲେ। ଅବଶ୍ୟ ଏକଥା ଆଲୋଚନା ଦ୍ୱାରା ସ୍ଥିର କରାଯାଇନଥିଲା। କିନ୍ତୁ ଏହି ରହିବା ଖାଇବା କଥା ଅପ୍ରକାଶ୍ୟ ଭାବରେ ମନ ମଧ୍ୟରେ ସ୍ଥିର କରାଯାଇଥିଲା। ପ୍ରକାଶ୍ୟରେ ବ୍ୟବସ୍ଥା କରାଯାଇଥିଲା। ସେତେବେଳେ ପନ୍ଦର ସେର ଚାଉଳ ଓ ପାଞ୍ଚଟଙ୍କା ମାସିକ ଖର୍ଚ୍ଚ ହିସାବରେ ସାର୍‌ଙ୍କୁ ଦେବାକୁ ପଡୁଥିଲା। ଗଣନାଥ ସାର୍‌ଙ୍କ ପୁଅ ଶ୍ୟାମ ତଳ ଶ୍ରେଣୀରେ ପଢୁଥିଲା। ତାକୁ ଉପର ଶ୍ରେଣୀକୁ ଉଠାଇ ଆମ ସାର୍‌ଙ୍କ ସହିତ ଚତୁର୍ଥ ଶ୍ରେଣୀରେ ପଢ଼ାଇଲେ। ତେଣୁ ସେ ସାଙ୍ଗ ହୋଇଗଲେ। ଦୁହେଁ ସାଙ୍ଗ ହୋଇ ଖେଳିଲେ, ବୁଲିଲେ, ସ୍କୁଲକୁ ଗଲେ। ଖୁବ୍ ସକାଳୁ ଉଠି ଭବ ସାଗର ତାରଣ କାରଣ ହେ... ଇତ୍ୟାଦି ପ୍ରାର୍ଥନା ଗାଇ ଦିନଚର୍ଯ୍ୟା ଆରମ୍ଭ କରୁଥିଲେ। ସାଙ୍ଗ ହୋଇ ପାଠ ପଢୁଥିଲେ। ଆମ ସାର୍ ସେ ପରିବାରର ଜଣେ ସଦସ୍ୟ ହୋଇଯାଇଥିଲେ। ଗଣନାଥ ସାର୍‌ଙ୍କ ବାପା ନାଗର ପାଢ଼ୀ, ମା' ଓ ଆଉ ଜଣେ ବିଧବା ଭଉଣୀ ଥାଆନ୍ତି। ତାଙ୍କ ନାଁ ଲଳିତା ନାନୀ। ସେ ପିଲାମାନଙ୍କର ଖାଇବା ପିଇବା ଇତ୍ୟାଦି ସବୁ ଖବର ବୁଝୁଥିଲେ। ଖୁବ୍ ଯତ୍ନ ନେଉଥିଲେ। ଘରଠାରୁ ଦୂରରେ ସେ ମାଆ ପରି ଜଣେ ମହିଳା ଥିଲେ। ଆଜିବି ତାଙ୍କର ସ୍ନେହମୟୀ ରୂପ ଓ ଶ୍ରଦ୍ଧା ସହିତ ତାଙ୍କ ହାତ ତିଆରି ପଖାଳ ସାଙ୍ଗକୁ କଞ୍ଚନଫୁଲ ଓ ନଡ଼ିଆ କୋରା ଦିଆ ସଜନାଶାଗ ଭଜା ମନେ ପଡ଼ିଯାଏ।

ଗଣନାଥ ସାର୍‌ଙ୍କ ବାପା ମଧ୍ୟ ଖୁବ୍ ସ୍ନେହୀ ମଣିଷ ଥିଲେ। ତାଙ୍କ ସହିତ ଆମ ସାର୍ ଦାଣ୍ଡ ଘରେ ଶୋଉଥିଲେ। ସାର୍ ବିଛଣା ପକାଇ ତଳେ ଶୋଉଥିଲେ। ରାତିରେ ପରିସ୍ରା ଲାଗିଲେ ଗଣନାଥ ସାର୍‌ଙ୍କ ବାପା ସାଙ୍ଗରେ ବାହାରକୁ ଆସି ଠିଆ ହେଉଥିଲେ। ନିଜ ଘର ପରି ସେଠି ସମ ପରିମାଣର ସ୍ନେହ ଶ୍ରଦ୍ଧା ମିଳୁଥିଲା। ତେଣୁ ଆମ ସାର୍ ବାରମ୍ବାର ଘୋଳପୁରକୁ ଆସିବା ପାଇଁ ମନ ବଳାନ୍ତି ନାହିଁ। କିନ୍ତୁ ଦୁର୍ଗାପୂଜା, ଦୋଳ, ଶୀତଦିନିଆ ଛୁଟି ଓ ମଝିରେ ମଝିରେ କେବେ କେମିତି ଘରକୁ ଆସନ୍ତି।

ପ୍ରତି ରବିବାର ଦିନ ଗଣନାଥ ସାର୍ ମୌନ ବ୍ରତ ପାଳନ କରୁଥିଲେ।

ତା'ର ସୁଫଳ ସେ ପାଉଥିଲେ। ସେ ଜାଣିଥିଲେ ତା'ର ମହତ୍ତ୍ୱ। ଏବେ ଅନେକ ଦିନ ପରେ ସେ ବ୍ରତର ଅର୍ଥ ବୁଝି ହେଉଛି। ସେତେବେଳେ ବୁଝି ହେଉନଥିଲେ ମଧ୍ୟ, ଯେହେତୁ ଜଣେ ପ୍ରିୟତମ, ଭଲ ଓ ଆଦର୍ଶ ଶିକ୍ଷକ ମୌନବ୍ରତ ପାଳନ କରୁଛନ୍ତି ତେଣୁ ମୌନବ୍ରତ ଗୋଟିଏ ମହତ୍ କାମ ବୋଲି ଅନୁଭବ ହେଉଥିଲା।

ସରସ୍ୱତୀ କୁଜାହାଲାରେ ରହି ଚତୁର୍ଥ ଶ୍ରେଣୀ ପାସ୍ କଲା ପରେ ତା'ର ପାଠପଢ଼ା ବନ୍ଦ ହୋଇଗଲା। ତେଣୁ ଘରକୁ ଫେରି ଆସିଲା। ତା'ର ବାପା ଅନେକ ଦିନରୁ ଦେହତ୍ୟାଗ କରିଥିଲେ। କେବଳ ଥିଲେ ମାଆ। ସେତେବେଳେ ନାରୀଶିକ୍ଷା ଆଦୌ ନଥିଲା ବୋଲି କହିଲେ ଚଳେ। ସେଭଳି ସମୟରେ ସରସ୍ୱତୀର ମାଆ ଜଣେ ନାରୀ ହୋଇ ମଧ୍ୟ ଝିଅକୁ ପାଠ ପଢ଼ିବା ପାଇଁ ବାହାରକୁ ପଠାଇବା ପରି ସାହସିକ କାମ କରି ସମସ୍ତଙ୍କ ଦୃଷ୍ଟି ଆକର୍ଷଣ କରିଥିଲେ। କିନ୍ତୁ ଘରଠାରୁ ଦୂରରେ କେବଳ ପୁଅମାନଙ୍କ ଗହଣରେ ପର ଘରେ ରହି ପଢ଼ିବା ସେତେବେଳେ ଟିକେ ଅସ୍ୱାଭାବିକ ମନେ ହେଉଥିଲା। ତେଣୁ ତା'ର ପାଠପଢ଼ା ସେଇଠୁ ବନ୍ଦ ହେଲା।

ଆମ ସାର୍ ଚତୁର୍ଥରେ ପଢୁଥିବାବେଳେ ସହଦେବ ସାହୁ ପଞ୍ଚମରେ ପଢୁଥିଲେ। ପଞ୍ଚମ ଶ୍ରେଣୀରେ ବୃତ୍ତି ପାଇଥିଲେ। ତୁଳସୀ ଦୁଇପତ୍ରରୁ ବାସିବା ପରି ତାଙ୍କ ପିଲାଦିନ ଉନ୍ନତ ଭବିଷ୍ୟତର ସୂଚନା ଦେଉଥିଲା।

କୁଜାହାଲା ସ୍କୁଲର ସେହି ଆଦର୍ଶ ଶିକ୍ଷକମାନଙ୍କର ଛାତ୍ର ଥିଲେ ଆମ ସାର୍। ଚତୁର୍ଥ ପଞ୍ଚମ ଦୁଇବର୍ଷ ସେଠି ବିତିଗଲା। ପଞ୍ଚମ ଶ୍ରେଣୀରେ ପ୍ରଥମ ହୋଇଥିଲେ। ସେଠିକାର ଅନେକ ପିଲା ତାଙ୍କର ସାଙ୍ଗ ଥିଲେ। ସେମାନଙ୍କ ମଧ୍ୟରୁ ଅନେକଙ୍କ ନାଆଁ ଓ ସେଦିନର ଚେହେରା ଆଜିଯାଏ ମନେଅଛି। ବସନ୍ତ ମିଶ୍ର, ବିପିନ୍, ଗଗନ, ବିଷ୍ଣୁ ନାୟକ, ଗଣେଶ୍ୱର ମଳିକ, ସୁଦାମ ସାର୍‌ଙ୍କ ଭଣଜା, ନୀଳକଣ୍ଠପୁରର ନିତ୍ୟାନନ୍ଦ, ହାଉଡ଼ା ଶ୍ୟାମ, ସରସ୍ୱତୀ, ନୃସିଂହ (ଛୋଟା) ଇତ୍ୟାଦି।

ଉପର ଶ୍ରେଣୀରେ ସହଦେବ ସାହୁଙ୍କ ସହିତ ପଢୁଥିଲେ ବନବିହାରୀ ମହାନ୍ତି, ସୁଢ଼ଳ, ବିମଳ (ବଣି) ଓ ଅନିରୁଦ୍ଧ ଦାଶ, ତଳ ଶ୍ରେଣୀରେ ପଢୁଥିଲେ ରବି, ବିଦ୍ୟାଧର ମିଶ୍ର, ଘନ ପଟ୍ଟନାୟକଙ୍କ ଭାଇ ଦାଶରଥି (ହାଉଳିଆ) ପଟ୍ଟନାୟକ ଇତ୍ୟାଦି ଭଲ ପିଲାମାନେ।

ପଢ଼ିବା ସମୟରୁ ସେ ଗାଆଁର ବିଶିଷ୍ଟ ବ୍ୟକ୍ତି ଗୋବିନ୍ଦବାବୁ, ଅକ୍ଷୟ ସାର୍, ଉପେନ୍ଦ୍ର ସାର୍, ରଘୁ ସାର୍, ନନ୍ଦ ସାର୍, ଶଶିବାବୁ, ଶ୍ୟାମବାବୁ, ଉପବାବୁ ପ୍ରଭୃତିଙ୍କୁ ନିକଟରୁ ଚିହ୍ନିବାର ଓ ଜାଣିବାର ସୁଯୋଗ ପାଇଥିଲେ। ଶଶିବାବୁଙ୍କ ରଚିତ 'ମୋ ଦେଶ ପିଲା' କବିତା ବହିଟି ପଢ଼ିବାର ସୁଯୋଗ ମିଳିଥିଲା। ସାର୍ ସେ ଗାଆଁର ଘରେ

ଘରେ ପରିଚିତ ଥିଲେ। ନିଜ ଗାଆଁ ଘୋଳପୁର ପରେ କୁଜାହାଲା ତାଙ୍କ ପାଇଁ ଥିଲା ଦ୍ୱିତୀୟ ନିଜ ଗାଆଁ। ଅତି ଆପଣାର। ଅତି ପ୍ରିୟ।

ସାର୍‌ଙ୍କର ପିଲାଦିନରୁ ଆଜି ପର୍ଯ୍ୟନ୍ତ ଗୋଟିଏ ଭଲଗୁଣ ଖୁବ୍ ପରିଲକ୍ଷିତ ହୁଏ। ସେ ଖୁବ୍ ବନ୍ଧୁବତ୍ସଳ। ସମସ୍ତଙ୍କ ସହିତ ସହଜରେ ମିଶି ଯାଇପାରନ୍ତି। କୁଜାହାଲା ସ୍କୁଲରୁ ଯିବା ବାଟରେ ପଡ଼େ କବୀରପୁର ହାଇସ୍କୁଲ। ଯିବାଆସିବା ବେଳେ ଦେଖାସାକ୍ଷାତ ହେଉଥିବାରୁ କବୀରପୁର ସ୍କୁଲର ଅନେକ ଛାତ୍ରଙ୍କ ସହିତ ପରିଚୟ ହୋଇଯାଇଥିଲା। ସେମାନେ ବନ୍ଧୁ ହୋଇଯାଇଥିଲେ। ତାଙ୍କୁ ଛାଡ଼ି ଦେଲେ ଅନ୍ୟମାନେ ଭାବୁଥିଲେ ଜିତେନ୍ଦ୍ର ସାର୍ କବୀରପୁର ସ୍କୁଲର ଛାତ୍ର ବୋଲି।

ଆମ ସାର ସୁଜନପୁରରେ ରହୁଥିଲେ। ସେଠୁ ସ୍କୁଲ୍ ଥିଲା ଦୁଇ କିଲୋମିଟର ଦୂରରେ। ତେଣୁ ଦୈନିକ ଯିବା ଆସିବା ପାଇଁ ଚାରି କିଲୋମିଟର ବାଟ ଚାଲିବାକୁ ପଡୁଥିଲା। ସାଙ୍ଗରେ ଗଣନାଥ ସାର୍ ମଧ୍ୟ ଚାଲି ଚାଲି ଓ କେବେ କେବେ ସାଇକେଲ୍‌ରେ ସ୍କୁଲକୁ ଯାଆନ୍ତି। ବାଟରେ ପଡ଼େ ସୁଜନପୁର ହାଟ, କାଶୀପୁର ଓ ହସନପୁର। କାଶୀପୁର ଓ ହସନପୁର ମଝି ନାଳ ଉପରେ ଏବେ ପୋଲ ହୋଇଛି। କିନ୍ତୁ ସେତେବେଳେ ପୋଲ ନଥିଲା। ଯେଉଁଠି ପୋଲ ଅଛି ସେଠି ବହୁତ ପାଣି ହୁଏ। ତେଣୁ ସେ ଯାଗାରୁ ଟିକେ ତଳ ଆଡ଼କୁ ଯାଇ ଅଳ୍ପ ପାଣି ଥିବା ଯାଗା ଅଣ୍ଡାଳି ଆମ ସାର୍ ଓ ଶ୍ୟାମ ପାଣି ଭିତରେ ପଶି ନାଳ ପାର ହୁଅନ୍ତି। ପାଣି ଭିତରେ ଥିବା ବିଲର ହିଡ଼ ଠଉରାଇ ଯିବାକୁ ହୁଏ। ବେଳେବେଳେ ଗୋଡ଼ ଖସିଗଲେ ପ୍ୟାଣ୍ଟସାର୍ଟ ଓଦା ହୋଇଯାଏ। ଦିନେ ଦିନେ ସ୍କୁଲ ପହଞ୍ଚିଲା ପରେ ବର୍ଷା ହୋଇଯାଏ। ତେଣୁ ନାଳରେ ପାଣି ବଢ଼ିଯାଏ। ଉପର ଓଳି ଫେରିଲା ବେଳକୁ ବଢ଼ନ୍ତା ପାଣିରେ ପଶି ନାଳ ପାର ହେଲେ ନିଶ୍ଚୟ ପ୍ୟାଣ୍ଟ ଭିଜିଯାଏ।

ସେ ସମୟରେ ସ୍କୁଲ ମାନଙ୍କରେ ଖେଳପଡ଼ିଆ ନଥିଲା। ଖେଳକୁଦ ଉପରେ ସେତେ ଜୋର୍ ଦିଆ ଯାଉନଥିଲା। କିନ୍ତୁ ଥରେ କେନ୍ଦ୍ର ସ୍ତରୀୟ ଖେଳକୁଦ ଓ ନାଚଗୀତ ପ୍ରତିଯୋଗିତା ହୋଇଥିଲା। ସ୍କୁଲରେ ସୂତାକଟା ଶିଖା ଯାଉଥିଲା। ତକଲି ସାହାଯ୍ୟରେ ସୂତା କାଟି ନଟେଇରେ ଗୁଡ଼ାଇ ରଖୁଥିଲେ।

ସାର୍ ସୁଜନପୁରରେ ରହୁଥିଲେ। ଦୁଇବର୍ଷ ଭିତରେ ସେଇ ଗାଆଁର ପିଲାମାନଙ୍କ ସହିତ ମିଶି ଗାଆଁ ପିଲାଟିଏ ହୋଇ ଯାଇଥିଲେ। ଗାଆଁ ପୋଖରୀ ଓ ଦୁଧେଇ ନଈରେ ଗାଧୋଉଥିଲେ। ନଈକୂଳିଆ ଛୁଆ ହୋଇଥିବାରୁ ନଈ ଆଉ ପୋଖରୀରେ ଖୁବ୍ ପହଁରୁଥିଲେ। ସ୍କୁଲ ଜୀବନ ଥିଲା ଆନନ୍ଦଦାୟକ। ଜଣେ ଶିକ୍ଷକଙ୍କ ଘରେ ରହୁଥିବାରୁ ଭୟ ହେତୁ ଦୁଷ୍ଟାମୀ କରିବାର ସୁଯୋଗ ନଥିଲା। ଜୀବନ ଥିଲା ଖୁବ୍ ଶୃଙ୍ଖଳିତ।

କୁଜାହାଲା ସ୍କୁଲ୍ ଓ ଶିକ୍ଷକମାନେ ଆମ ସାର୍‌ଙ୍କ ସ୍ମୃତିରେ ଆଜିଯାଏ ଅଭୁଲା ହୋଇ ରହିଯାଇଛନ୍ତି। ସେଇ ସ୍କୁଲର ଶିକ୍ଷକ ଶଶି ସାର୍‌ଙ୍କ ଲିଖିତ 'ମୋ ଦେଶ ପିଲା' କବିତା ପୁସ୍ତକ ପଢ଼ିବାର ସୁଯୋଗ ମିଳିଛି। ଖୁବ୍ ସୁନ୍ଦର ଓ ସରଳ ଭାବରେ ଲେଖା ଯାଇଥିବା କବିତା ଯାହା ଏଗାର ବର୍ଷର ବାଳକଟିର ମନକୁ ଛୁଇଁ ପାରିଥିଲା। ତାହାକୁ କେବେ କ'ଣ ଭୁଲି ଯାଇହେବ ?

■

# ପ୍ରଥମ ଓ ଶେଷ ଭୁଲ

କୁଜାହାଲାରେ ପଢୁଥିବା ବେଳେ ସ୍କୁଲ ଜୀବନର ଆଉ ଗୋଟିଏ ସୁନ୍ଦର କଥା ସାର୍‌ଙ୍କ ଠାରୁ ଶୁଣିବାକୁ ମିଳିଥିଲା। କିଶୋର ବୟସର ଚପଳତାକୁ ନେଇ ଏ ଘଟଣାଟି। ଛାତ୍ରଛାତ୍ରୀ ମାନଙ୍କ ଜ୍ଞାନର ପରିସର ବୃଦ୍ଧି ପାଇଁ ଦେଶବିଦେଶର ଖବର ଉପଯୋଗୀ ହେବ ବୋଲି ବିଚାର କରି ଖବର କାଗଜଟିଏ କିଣାଯିବା ପାଇଁ ସ୍ଥିର କରାଗଲା। ପିଲାମାନଙ୍କ ଠାରୁ ଚାନ୍ଦା ଆଦାୟ କରାଗଲା। ଆଦାୟ ପଇସା ଶିକ୍ଷକମାନେ ଜିତେନ୍ଦ୍ର ସାର୍‌ଙ୍କ ଦାୟିତ୍ୱରେ ଦେଲେ। ସଚ୍ଚୋଟ, ସଚ୍ଚରିତ୍ର ବୋଲି ଅନୁଧ୍ୟାନ କରି ପଇସା ରଖାଗଲା ସାର୍‌ଙ୍କ ପାଖରେ। ପ୍ରାୟ ସାତଟଙ୍କା ସଂଗ୍ରହ ହୋଇଗଲା।

ଗଣନାଥ ସାର୍‌ଙ୍କ ପୁଅ ଶ୍ୟାମ ସହିତ ଆମ ସାର୍ ଦୈନିକ ସ୍କୁଲ ଯିବାଆସିବା କରନ୍ତି। ସୁଜନପୁର ହାଟ କଡ଼ ଦେଇ ପୋଖରୀ ହୁଡ଼ା ଉପରେ ଗଲା ବାଟରେ ଥାଏ ଦୁଇ ତିନିଟା ଦୋକାନ। ସେଠି ମାଛ, କମଳା, କାଠି ଲଜେନ୍ସ ବିକ୍ରୀ ହୁଏ। ଇଏ ଦୁହେଁ ତ ଥିଲେ ପିଲା। ପକେଟରେ ପଇସା ଥିଲା। ମନରେ ଥିଲା ଲୋଭ। ତେଣୁ ଖବର କାଗଜ ପାଇଁ ସଂଗୃହୀତ ସେହି ପଇସାରୁ ଦୁହେଁ ଲଜେନ୍ସ କିଣି ଖାଇବାକୁ ଲାଗିଲେ। ଖାଉ ଖାଉ କେଇ ଦିନରେ ପଇସା ସରିଗଲା। ଯେତେବେଳେ ଖବର କାଗଜ ପାଇଁ ପଇସା ଦରକାର ହେଲା, ସାର୍ ଘରକୁ ଆସିଲେ। ଘରୁ ପଇସା ନେଇ ସ୍କୁଲ୍‌ରେ ଦେବା ପାଇଁ। ଘରକୁ ଆସିଲେ ସିନା ଘରେ କାହାକୁ ପଇସା ମାଗି ପାରିଲେ ନାହିଁ। କାରଣ ସେତେବେଳେ ସାତ ଟଙ୍କାର ମୂଲ୍ୟ ବହୁତ ଅଧିକ ଥିଲା। ସାର୍‌ଙ୍କ ବାପା ମଧ୍ୟ ଖୁବ୍ କଡ଼ା ମିଜାଜ୍‌ର ଲୋକ ଥିଲେ। କୌଣସି ପ୍ରକାରର ଦୁର୍ଗୁଣକୁ ସେ ସହ୍ୟ କରୁନଥିଲେ। ଅଯଥାରେ ସାତ ଟଙ୍କା ପର ପଇସା ଖର୍ଚ୍ଚ କରିଦେବା ତାଙ୍କ ଦୃଷ୍ଟିରେ ଥିଲା ଗୋଟିଏ ବଡ଼ ଅପରାଧ। ତେଣୁ ସାର୍ ଚିନ୍ତା କଲେ ପଇସା ପାଇଁ କ'ଣ କରାଯିବ। ଏକମାତ୍ର ଉପାୟ ହେଲା

ଘରୁ ଚୋରି କରିବା। ବୋଉର ସିନ୍ଦୁକ କିମ୍ବା ସେଇଭଳି କୌଣସି ଯାଗାରୁ ସାତଟଙ୍କା ପାଇଗଲେ ଦୁଃଶ୍ଚିନ୍ତା ଯିବ। ତେଣୁ ସୁଯୋଗ ଅପେକ୍ଷାରେ ରହିଲେ। ଦିନେ କୌଣସିମତେ ଗୋଟିଏ ଟଙ୍କା ମିଳିଗଲା। ତାକୁ ଆଣି ଗୋଟିଏ ପିତ୍ତଳ ଦୀପ ଘୋଡ଼େଇ ଲୁଚାଇ ରଖିଲେ। ସେତେବେଳେ ଏକଟଙ୍କାର ମୂଲ୍ୟ ମଧ୍ୟ କମ୍ ନଥିଲା। ଜଣାପଡ଼ିଲେ ନିଶ୍ଚୟ ଘରେ ଖୋଜାଖୋଜି ହେବ। ସେ ଯାହାହେଉ ଏକ ଟଙ୍କା ଯୋଗାଡ଼ ହେଲା ପରେ ସାର୍ ଆଉ ଛଅ ଟଙ୍କାର ସନ୍ଧାନରେ ରହିଲେ। କିନ୍ତୁ ଆଉ ଯୋଗାଡ଼ ହୋଇପାରିଲା ନାହିଁ। ଘରେ ଅଦରକାରୀ ଭାବରେ ଛଅଟଙ୍କା କେଉଁଠି ବା ମିଳିବ ? ଟଙ୍କା ଯୋଗାଡ଼ ହୋଇପାରୁନଥିବାରୁ ସାର୍ ସ୍କୁଲକୁ ଯାଇପାରୁ ନଥାନ୍ତି। ଅନ୍ୟଦିନ ମାନଙ୍କରେ ସ୍କୁଲରୁ ଘରକୁ ଆସିଲେ ଦିନଟିଏ ରହି ତା' ପରଦିନ ସ୍କୁଲକୁ ଚାଲିଯାଆନ୍ତି। ଏଥର କେଇଦିନ ଧରି ସ୍କୁଲକୁ ନଯିବା ଦେଖି ବାପା ପଚାରିଲେ, କିରେ, ସ୍କୁଲକୁ କାହିଁକି ଯାଉନୁ ? ସାର୍ କହନ୍ତି- ହଁ କାଲି ଯିବି।

ବାପା ନିଜ ବ୍ୟବସାୟ କାମରେ ବାହାରକୁ ଚାଲିଯାଆନ୍ତି। ଘରକୁ ଫେରିଲେ ଦେଖନ୍ତି ପୁଅ ସ୍କୁଲକୁ ନଯାଇ ଘରେ ଅଛି। ତେଣୁ ସେ ପୁଣି ପଚାରନ୍ତି- ସ୍କୁଲ୍ କାହିଁକି ଯାଇନୁ ? ପୁନଶ୍ଚ ସାର୍ ସେଇ ଏକା ଉତ୍ତର ଦିଅନ୍ତି- କାଲି ଯିବି।

ଦିନେ ବାଧ୍ୟ ହୋଇ ବାପାଙ୍କ ଡ଼ରରେ ସ୍କୁଲକୁ ଗଲେ। କିନ୍ତୁ ଗାଆଁ ମୁଣ୍ଡ ପାର ହେଲା ପରେ ଆଉ ପାଦ ବଢ଼ିଲା ନାହିଁ। ଖବରକାଗଜ ପଇସା ନ ନେଇ ସ୍କୁଲକୁ ଯିବା ପାଇଁ ସାହସ ହେଲା ନାହିଁ। ସେଇଠି ଲୁଚି ଲୁଚି ଦିନ ବିତେଇ ଦେଲେ। ଅନ୍ୟ ସ୍କୁଲରୁ ଗାଆଁ ପିଲାମାନେ ଫେରିବା ପରେ ତାଙ୍କ ପଛେ ପଛେ ଘରକୁ ଆସିଲେ। ଗାଆଁ ପିଲାମାନେ ଆମ ସାରଙ୍କ ସ୍କୁଲ୍ ନ ଯିବା କଥା ତାଙ୍କ ଘରେ କହିଦେଲେ। ସାର୍‌ଙ୍କ ବାପା ଏକଥା ଶୁଣି ଅନୁମାନ କଲେ ନିଶ୍ଚୟ କିଛି ଗୋଟାଏ ଘଟଣା ଘଟିଛି। ବାପା ବିରକ୍ତ ହେଲେ। କହିଲେ, ଏଇଟାର ଆଉ ପାଠ ହେବ ନାହିଁ। ତାକୁ ଗୋଟେ ପାଛିଆ ଦେଇଦିଅ। ସିଏ ଯାଉ ନରସିଂହ କର ଘରେ ଗୁହାଳ ସଫା କରୁ। ପାଠ ତ ପଢ଼ିଲା ନାହିଁ। ଆଉ କୋଉ କାମ ସିଏ କରିପାରିବ।

ତା' ପରଦିନ ବାପା ଆମ ସାର୍‌ଙ୍କୁ ସାଙ୍ଗରେ ନେଇ ସ୍କୁଲକୁ ଛାଡ଼ିବା ପାଇଁ ଗଲେ। ଯାଉ ଯାଉ ବରୁଆଁ ପହଞ୍ଚିଗଲେ। ଘରୁ ସାତ କିଲୋମିଟର ପାର ହୋଇଗଲେଣି। ପଇସା ନ ନେଇ ସ୍କୁଲକୁ ଯିବାକୁ ମନହେଉନି ଭୟ ଲାଗୁଛି। ମନରେ ଗ୍ଲାନି ଅଛି। ଯେଉଁ ବିଶ୍ୱାସରେ ସାର୍‌ମାନେ ଜିତେନ୍ଦ୍ରଙ୍କୁ ପଇସା ରଖିବାକୁ ନିର୍ବାଚିତ କରିଥିଲେ ସେ ବିଶ୍ୱାସ ତୁଟି ଯାଇଛି। ଆଉ ଧୈର୍ଯ୍ୟ ଧରିପାରିଲେ ନାହିଁ। ସତକଥାଟା ବାପାଙ୍କୁ କହିଦେଲେ। କ୍ରୋଧିବାପା କିନ୍ତୁ ମାଡ଼ ଦେଇ ନାହାଁନ୍ତି। ହୁଏତ

ଶାସନ କରିବା ପାଇଁ କିଛି କଡ଼ା ଉପଦେଶ ଦେଇଛନ୍ତି ମାତ୍ର। ଯାହା ଆଜି ଆଉ ମନେ ନାହିଁ। ବାପା ସାର୍‌ଙ୍କୁ ସ୍କୁଲରେ ଛାଡ଼ିଲେ। ସ୍କୁଲ୍‌ରେ ଦେବା ପାଇଁ ସାତ ଟଙ୍କା ଦେଲେ। ପଇସା ଫେରସ୍ତ ଦେବା ପରେ ସାର୍‌ଙ୍କର ପିଣ୍ଡରେ ପ୍ରାଣ ପଶିଲା। ସମ୍ମାନ ରହିଲା ଅସମ୍ମାନିତ ହେବାରୁ ନିଜେ ଓ ବାପା ରକ୍ଷା ପାଇଲେ। ଏ ଘଟଣାଟି ଠିକ୍ ଭାବେ ବୁଝି ବାପା ଯଦି ସମାଧାନ କରି ନଥାନ୍ତେ ହୁଏତ ଆମ ସାର୍‌ଙ୍କ ପାଠପଢ଼ା ସେଇଠୁ ଶେଷ ହୋଇଯାଇଥାନ୍ତା।

■

## ଚପଲାମି

ପଇସା ଉପାଖ୍ୟାନ କହୁ କହୁ ଆଉ ଗୋଟିଏ ପଇସା କଥା ସାର୍‌ଙ୍କର ମନେ ପଡ଼ିଗଲା। ପିଲାଦିନେ ଜେଜେବାପା ହାଟ ଖର୍ଚ୍ଚ କରିବା ପାଇଁ ଅଧୁଲିଟିଏ ରଖିଥିଲେ। ସାର୍ ତାକୁ ପାଟିରେ ପୁରାଇ ଖେଳୁ ଖେଳୁ ଗିଳି ଦେଇଥିଲେ। ଅଧୁଲିଟିର ଆକାର ଜଣେ ବୟସ୍କ ଲୋକର ବୁଢ଼ା ଆଙ୍ଗୁଳି ଗୋଲେଇ ଠାରୁ ଆହୁରି ବଡ଼ ଥିଲା। ଏତେ ବଡ଼ ପଇସାଟିଏକୁ ଛୁଆଟା ଗିଳି ଦେବାରୁ ଘରେ ହୁରିହେମାଳ ପଡ଼ିଗଲା। ଛୁଆଟା ପଇସା ଗିଳି ଦେଇଛି। କ'ଣ ହେବ କ'ଣ ନାହିଁ ବୋଲି ସମସ୍ତେ ଚିନ୍ତିତ ହୋଇପଡ଼ିଲେ। କିନ୍ତୁ ସୌଭାଗ୍ୟବଶତଃ କିଛି ହେଲା ନାହିଁ। ସମସ୍ତଙ୍କ ଅଜାଣତରେ ସେ ଦୁର୍ବୃତ୍ତ ପଇସାଟି ମଳରେ ବାହାରି ଚାଲିଗଲା।

# ମେଳଣ ବୁଲା

ପିଲାଦିନେ ଆମ ସାର୍ ଖୁବ୍ ଚଳଚଞ୍ଚଳ ଥିଲେ। ଗାଆଁ, ଗଣ୍ଡା, ପ୍ରକୃତି, ନଈ ଓ ପାଖ ଅଞ୍ଚଳରେ ହେଉଥିବା ପର୍ବପର୍ବାଣୀ ତାଙ୍କର ଖୁବ୍ ପ୍ରିୟ ଥିଲା। କେଇ ଶହ ବର୍ଷ ତଳର  ବରୁଆଁ ମେଳଣ ସେତେବେଳେ ଥିଲା ଆଜିବି ଅଛି। ଆମ ଜିଲ୍ଲାର ସବୁଠାରୁ ପୁରୁଣା ମେଳଣ। ମିଳନ ଶବ୍ଦଟି ଅପଭ୍ରଂଶ ହୋଇ ଲୋକମୁଖରେ ମେଳଣ ବୋଲି ଉଚ୍ଚାରିତ ହେଉଛି। ବରୁଆଁ ଅଞ୍ଚଳର ଚତୁର୍ଦ୍ଦିଗରେ ଥିବା ଗ୍ରାମର ରାଧାକୃଷ୍ଣ ମନ୍ଦିରରୁ ବିଗ୍ରହମାନେ ଏକ ସୁସଜ୍ଜିତ କାଠ ଓ ଭେଲ୍‌ଭେଟ୍ କପଡ଼ାର ବିମାନରେ ବସି ଏହି ମେଳଣ ନାମକ ମିଳନ ସ୍ଥଳକୁ ଆସନ୍ତି। ବାଜା, ବାଣ, ବତୀ ସହିତ ପ୍ରୋସେସନ୍ ସାଙ୍ଗରେ ଆସନ୍ତି ସଂକୀର୍ତ୍ତନ ଦଳ ଓ ଘଣ୍ଟା ବଜାଇବା ଦଳ। ମେଳଣ ପଡ଼ିଆରେ ଦୋକାନ ବଜାର ବସିଥାଏ। ସେଠାକୁ ହଜାର ହଜାର ସଂଖ୍ୟାର ଲୋକ ଆସନ୍ତି ଏକାଥରେ ବିଭିନ୍ନ ଗ୍ରାମର ଠାକୁରଙ୍କୁ ଦର୍ଶନ କରିବା ପାଇଁ ଓ ଦୋକାନମାନଙ୍କରୁ କିଣାକିଣି କରିବା ପାଇଁ।

ଥରେ ଆମ ସାର୍‌ଙ୍କୁ କଳାକର ସାର୍ ମେଳଣ ବୁଲାଇବାକୁ ନେଇଥିଲେ। ଦୁହେଁ ଖୁବ୍ ବୁଲାବୁଲି କଲେ। ବଡ଼ ବଡ଼ ବିମାନ ଗୁଡ଼ିକୁ ଲୋକମାନେ କାନ୍ଧରେ ବୋହି ବୋହି ନିଅନ୍ତି। କର ଘର ଠାକୁର ବିମାନ ମେଳଣକୁ ଆସେ। ସାର୍‌ଙ୍କ ବାପା ଠାକୁରଙ୍କ ସାଙ୍ଗରେ ଯାଆନ୍ତି। ବିମାନର ତଳ ସ୍ଥାନଟିରେ ସୁନ୍ଦର ଛାଇ ହୋଇଥାଏ। ସେଇ ଛାଇରେ ଚାଲିବାକୁ ସାର୍‌ଙ୍କୁ ଖୁବ୍ ଭଲ ଲାଗେ। ସେ ଯାଗାଟା କେବଳ ଛାଇ ନୁହେଁ। ଭଗବାନ ଶ୍ରୀକୃଷ୍ଣ ଓ ମା' ରାଧାଙ୍କର ପାଦତଳ ମଧ୍ୟ।

ମେଳଣରେ ବୁଲାବୁଲି ସାରି ଫେରିଲାବେଳକୁ ବିଭିନ୍ନ ଘର ଉପଯୋଗୀ ଜିନିଷ କିଣି କରି ଆଣନ୍ତି। ସଉପ, ଶିଳ ଶିଳପୁଆଠାରୁ ଆରମ୍ଭ କରି ପରିବାପତ୍ର ମଧ୍ୟ ସେଠି ମିଳିଥାଏ। ସାର୍‌ଙ୍କର ମନେଅଛି, ସେଥର ଫେରିବା ବେଳେ

ଆଠଣାର ପରିବା ଆଣିଥିଲେ। ନାଲିପାଟିଣି ଆଳୁ, ପିଆଜ ଆଉ ସଜନା ଛୁଇଁ। ଆଠଣାର ପରିବା ସେତେବେଳେ ବହୁତ ବେଶୀ ହେଉଥିଲା। ଏବେ ସମୟ ବଦଳି ଯାଇଛି। ଆଠଣାରେ ବଜାରରୁ କିଛି ବି ମିଳୁନାହିଁ। ସମୟକ୍ରମେ ଆଜି ଆଠଣି ଅଚଳ ହୋଇଗଲାଣି।

# ପୁଣି ଗୋଟେ ଦୁଷ୍ଟାମି

ପିଲାଦିନର ଘଟଣାବଳୀ ମଧ୍ୟରୁ ଦୀପାବଳି କଥା କହୁଥିଲେ। ଦୀପାବଳି ଛୁଟିରେ ବାପାଙ୍କ ସହିତ ସୁଜନପୁର ସ୍କୁଲ୍‌ରୁ ଘରକୁ ଫେରିଲା ବେଳେ ବାଣ କିଣିକରି ଆଣିଥାନ୍ତି। ଭଲ ପାଠ ପଢୁଥିବାରୁ ବାପାଙ୍କର ଶ୍ରଦ୍ଧା ଥାଏ। ପୁଅକୁ ଟିକେ ଖୁସି ଦେବାପାଇଁ ମଧ୍ୟ ଆଗ୍ରହ ଥାଏ। ତେଣୁ ମେଞ୍ଚାଏ ବାଣ କିଣି ଦେଇଥାନ୍ତି। ବାଣକୁ ଟାଣ କରିବା ପାଇଁ ଗୋଟେ ବେତ ପେଡ଼ିର ଢ଼ାଙ୍କୁଣି ଭିତରେ ତାକୁ ସବୁ ରଖି ସାର୍ ଖରାରେ ଶୁଖାଇଥାନ୍ତି। ବାଣଭିତରେ ପିଲାଙ୍କ ପାଇଁ ଗୋଟେ ପ୍ରିୟ ଜିନିଷ ଥିଲା ରଙ୍ଗ ଦିଆସିଲି। ତା'ର ଆଲୋକ ନାଲି, ନେଳି, ଧଳା, ନୀଳ ବିଭିନ୍ନ ରଙ୍ଗର ବାହାରେ। ସାର୍ ସେଇ ଦିଆସିଲିରୁ ଗୋଟେ ଧରି ଜଳାଉଥିଲେ। ପାଖରେ ବାଣ ଶୁଖା ଯାଇଛି ବୋଲି ମନେ ନଥିଲା। ରଙ୍ଗ ଦିଆସିଲି ଜଳାଉ ଜଳାଉ ସେଥିରୁ ନିଆଁ ଛିଟିକି ପଡ଼ିଲା ଶୁଖା ଯାଇଥିବା ବାଣ ଉପରକୁ। ସେଥିରେ ହୋଇ, ସୁନ୍‌ଫୁଟୁକା, ଝରାବତୀ ଇତ୍ୟାଦି ଅନେକ ପ୍ରକାରର ବାଣ ଶୁଖି ଯାଇ ପ୍ରସ୍ତୁତ ହୋଇସାରିଥିଲା ଫୁଟିବା ପାଇଁ ଆଉ ଜଳିବା ପାଇଁ। ତା' ଉପରେ ଯେମିତି ନିଆଁ ପଡ଼ିଛି ସିଏ ହଠାତ୍ ଜଳି ଉଠିଲା। ବାରୁଦ ଗଦାରେ ନିଆଁ ଲାଗିଛି। ତାକୁ ଆଉ ସମ୍ଭାଳେ କିଏ ? ଆଠ ନଅ ଫୁଟ ଉଚ୍ଚକୁ ନିଆଁ ଉଠିଗଲା। ଘରର ଆବଶ୍ୟକତା ପାଇଁ ଉପରେ ସାଇତା ହୋଇ ରଖାଯାଇଥିଲା ଝୋଟ। ଯାହାକି ନିଆଁ ପାଇଁ ଘିଅ ସଦୃଶ। ଝୋଟକୁ ନିଆଁ ସ୍ପର୍ଶ କରିବାକୁ ଯାଉଥିଲା। କିଛି ବିପର୍ଯ୍ୟୟ ଘଟିବା ଆଗରୁ ଘରଦ୍ୱାର ଚତୁର୍ଦ୍ଦିଗକୁ ନିଆଁ ବ୍ୟାପିଯିବା ଆଗରୁ ବାରୁଦ ଗନ୍ଧ ବାରି ବାପା ଦୌଡ଼ି ଆସି ଝୋଟ ସବୁକୁ ଟାଣି ତଳେ ଗଦା କରି ପକେଇଲେ। ବାଣ ପେଡ଼ିକି ଲେଉଟାଇ ନିଆଁ ଲିଭାଇ ଦେଲେ। ନଚେତ୍ ସେଦିନ ନିଆଁକୁ ଆଉ ସମ୍ଭାଳି ହୋଇନଥାନ୍ତା। ଘରକୁ ଘର ଲାଗି ଅନେକ ଚାଳଘର ଥିଲା। ଜଳିଥିଲେ ଗାଆଁର ଅର୍ଦ୍ଧେକ ଘର ପାଉଁଶରେ ପରିଣତ ହୋଇଯାଇଥାନ୍ତା। ସେହି ଅସାବଧାନତାରୁ ଏକ ଶିକ୍ଷା ମିଳିଲା। କଥାରେ କହନ୍ତି ଠିକିଲେ ଶିଖନ୍ତି। ସେ ଶିକ୍ଷା ଓ ଅନୁଭୂତି ସ୍ଥାୟୀ ହୁଏ। ■

# ଭାଇଭଉଣୀ କହକାହାଣୀ

ଦୀପାବଳିର ଆଉ ଗୋଟିଏ ଅଭୁଲା ସ୍ମୃତି। ସାର୍ ସେତେବେଳେ ମଧୁବନ ହାଇସ୍କୁଲରେ ଶିକ୍ଷକତା କରୁଥାନ୍ତି। ଦୀପାବଳି ଦିନ ସ୍କୁଲରୁ ଫେରିବା ଡେରି ହୋଇଯାଇଥାଏ। ସାନ ଭଉଣୀ ମାଳତୀ ଅପେକ୍ଷା କରିଥାଏ ନନା ବାଣ ଆଣିଲେ ଫୁଟାଇବ ବୋଲି। ଗାଆଁର ଅନ୍ୟ ପିଲାମାନେ ବାଣ ଫୁଟାଇବା ଆରମ୍ଭ କରି ଦେଇଥାନ୍ତି। ସେ ଶବ୍ଦ ଶୁଣି ଝିଅଟି ଅଥୟ ହୋଇ ଯାଉଥାଏ। ବ୍ୟାକୁଳ ହୋଇ ଉଠୁଥାଏ। ଝିଅଟି କହୁଥାଏ, କେତେବେଳେ ଏ ନିଆଁଲଗା, ପୋଡ଼ାମୁହାଁ ନନା ଆସିବ। ବାଣ ଆଣିବ ମୁଁ ଫୁଟେଇବି। ନିଆଁଲଗା, ପୋଡ଼ାମୁହାଁ ନନା ବାଣ ନେଇ ଘରକୁ ଫେରିଲେ। ଭଉଣୀ ଖୁସିରେ ବାଣ ଫୁଟେଇଲା। ଭାଇ ପାଇଁ ଅପେକ୍ଷା କରିଥିବା ଭଉଣୀର ଉତ୍କଣ୍ଠା ଚରମ ସୀମାରେ ପହଞ୍ଚିବାର ପ୍ରତୀକ ଥିଲା ସେ ଶବ୍ଦ ଦୁଇଟି। ନିଆଁଲଗା ଓ ପୋଡ଼ାମୁହାଁ। ଆଜି ଆଉ ଆମ ସାର୍‌ଙ୍କ ପାଇଁ ସେମିତି ଉତ୍କଣ୍ଠିତ ହୋଇ କେହି ଅପେକ୍ଷା କରୁନାହିଁ। ପ୍ରାଚୁର୍ଯ୍ୟରେ ଏବେ ସବୁ ଭରପୁର। କିନ୍ତୁ ସେଦିନର ଅଭାବରେ କ'ଣ ଥିଲା କେଜାଣି ଆଜିବି ସେଦିନର ଛୋଟିଆ କଥାଟି ଓ ସେ ଛୋଟ ଛୋଟ ଭାଇଭଉଣୀଙ୍କ ରୂପ ସ୍ମୃତି ହୋଇ ରହିଯାଇଛି ମନ ଭିତରେ।

■

# ବୁଢ଼ାବାପା

୧୯୫୩ ମସିହାରେ ଆମ ସାର୍‌ଙ୍କ ପଞ୍ଚମ ଶ୍ରେଣୀ ବର୍ଷ ଶୀତଦିନରେ ତାଙ୍କ ବୁଢ଼ାବାପାଙ୍କର ଦେହାନ୍ତ ହୁଏ । ସାର୍ ଘରେ ଥିଲେ କିନ୍ତୁ ଠିକ୍ ସେହିଦିନ ଘୋଳପୁରରୁ ସୁଜନପୁରକୁ ଆସିଥିଲେ । ବଂଶୀକକା ତାଙ୍କ ଘରର ଚାଷବାସ କାମ କରନ୍ତି । ଦଶ ଗୌଣି ଚାଉଳ, ବାଇଗଣ ଓ ଶିମ୍ବ (ସାର୍‌ଙ୍କ ବାଡ଼ିରେ ଫଳିଥିଲା) ଧରି ସାର୍‌ଙ୍କୁ ସାଙ୍ଗରେ ନେଇ ଛାଡ଼ିବାକୁ ଆସିଥିଲେ । ଏମାନେ ଘରୁ ବାହାରି ଆସିବା ପରେ ସାର୍‌ଙ୍କ ବାପା ତାଙ୍କ ବାପାଙ୍କ ଦେହର ଅବସ୍ଥା ଦେଖି ଶେଷ ସମୟ ଆସିଯାଇଛି ବୋଲି ଅନୁମାନ କରି ପାରିଥିଲେ । କିନ୍ତୁ ବଂଶୀକକା ଓ ସାର୍‌ଙ୍କୁ ଫେରାଇ ଆଣି ପାରିଲେନି । ସେଇଦିନ ରାତିରେ ବୁଢ଼ାବାପା ଚାଲିଗଲେ । ମୃତ୍ୟୁବେଳେ ତାଙ୍କ ପାଖରେ ରହିବାର ସୁଯୋଗ ମିଳିଲାନି । ତା' ପରଦିନ ବଡ଼ି ଭୋର୍‌ରୁ ଉଠି ସାର୍ ମୁହଁ ଧୋଇ ପ୍ରାର୍ଥନା ସାରି ଦାନ୍ତଘଷି ପଢ଼ିବା ପାଇଁ ବସିଗଲେ । ସକାଳ ଜଳଖିଆ ପାଇଁ ସରୁ ଚକୁଳି ଖଣ୍ଡେ ଖାଉଥାନ୍ତି । ଅଧା ଖାଇଛନ୍ତି । ଏତିକିବେଳେ ଗାଆଁରୁ ଖବର ନେଇ ଘନ ମଳିକ ଯାଇ ପହଞ୍ଚିଲେ । ବାପା ପଠାଇଥିଲେ ପୁଅକୁ ଡାକି ଆଣିବା ପାଇଁ । କାରଣ ସେଇ ଏକା ସୁଜନପୁରକୁ ଯିବା ଆସିବା ବାଟ ଜାଣିଥିଲେ । ସାର୍ ଶୁଣିବା ମାତ୍ରେ ଘନ ମଳିକ ସାଙ୍ଗରେ ଘରକୁ ଆସିଲେ । ଅଧା ଖାଇଥିବା ପିଠା ଖଣ୍ଡକ ସେମିତି ପକେଟ୍‌ରେ ରହିଯାଇଥିଲା । ସାର୍ ଘରେ ପହଞ୍ଚିଲେ । ସେତେବେଳକୁ ବୁଢ଼ାବାପା ଚଣ୍ଡି ପଡ଼ିଆ ମଶାଣୀ ଜୁଇ ଉପରେ ଜଳୁଥାନ୍ତି । ସାର୍ ଶେଷଥର ପାଇଁ କାଠି ଖଣ୍ଡିଏ ଦେଲେ । ସବୁଦିନ ପାଇଁ ବୁଢ଼ାବାପାଙ୍କ ସହିତ ସମସ୍ତ ସମ୍ପର୍କ ଜଳି ପୋଡ଼ି ପାଉଁଶ ହୋଇଗଲା ।

■

# ଦୂରରୁ ଆହୁରି ଦୂରକୁ ସୁଜନପୁର ମାଇନର୍ ସ୍କୁଲ ଓ ରାଜ୍ୟର ମୁଖ୍ୟ ଶାସନ ସଚିବ ଶ୍ରୀଯୁକ୍ତ ସହଦେବ ସାହୁଙ୍କ ପିଲାଦିନ

କୁଜାହାଲା ସ୍କୁଲରୁ ପଞ୍ଚମ ଶ୍ରେଣୀ ପାଶ୍ କଲା ପରେ ସାର୍ ଗଲେ ସୁଜନପୁରକୁ । ସୁଜନପୁର ଅଞ୍ଚଳର ଜମିଦାର ଆଇନଜୀବି ରୁଦ୍ର ମହାନ୍ତିଙ୍କ ଉଦ୍ୟମରେ ଗଣନାଥ ସାର୍, କିଶୋରବାବୁ ଓ ହସନପୁର, ସୁଜନପୁର, କୁଜାହାଲା ଗ୍ରାମବାସୀଙ୍କ ସହଯୋଗରେ ଏକ ନୂତନ ମାଇନର୍ ସ୍କୁଲ୍ ଗଢ଼ା ହୋଇଥାଏ । ଗାନ୍ଧିଜୀଙ୍କ ସମ୍ମାନାର୍ଥେ ସ୍କୁଲର ନାମ ରଖାଯାଏ ଗାନ୍ଧୀ ମଧ୍ୟ ବିଦ୍ୟାପୀଠ । ମାତ୍ର ଦୁଇବର୍ଷର ସ୍କୁଲ । ପ୍ରଥମ ବ୍ୟାଚ୍‌ରେ ସେଠି ନାମ ଲେଖାଇଲେ ଶ୍ରୀଯୁକ୍ତ ସହଦେବ ସାହୁ । ପରବର୍ତ୍ତୀ ସମୟରେ ସେ ଆଇ.ଏ.ଏସ୍. ପାଇଥିଲେ । ଓଡ଼ିଶାର ମୁଖ୍ୟ ଶାସନ ସଚିବ ହୋଇଥିଲେ । ପ୍ରଥମ ଶ୍ରେଣୀରୁ ସେ ଚମତ୍କାର ଛାତ୍ର ଥିଲେ । ପଞ୍ଚମ ଶ୍ରେଣୀରେ ଅବିଭକ୍ତ କଟକ ଜିଲ୍ଲାର ଶ୍ରେଷ୍ଠ ଛାତ୍ର ହୋଇଥିଲେ । ସେ ସର୍ବକାଳୀନ ଭଲଛାତ୍ର ଥିଲେ ।

ସହଦେବ ସାହୁଙ୍କର ପାରିବାରିକ ସଂସ୍କାର ସେପରି ଉନ୍ନତ ଥିଲା । ସେ ସମୟର କଥା, ତାଙ୍କ ଘରେ ନିଜର ଗୋଟିଏ ପାଠାଗାର ଥିଲା । ଗଣନାଥ ପାଠାଗାର । ତାଙ୍କ ନିଜର ଓ ବାସୁ ଭାଇଙ୍କର ଉଦ୍ୟମରେ ପ୍ରତିଷ୍ଠିତ ହୋଇଥିଲା । ତାଙ୍କ ବାପା ମାଆ ସେତେ ଶିକ୍ଷିତ ନଥିଲେ । ନିଜ ଘର ପାଖରେ ଚୁଡ଼ା ଉଖୁଡ଼ା ଦୋକାନଟିଏ ଥିଲା । ଗୁଡ଼ିଆ ଜାତିର କୌଳିକ ବୃତ୍ତି ହିସାବରେ ଏତକ ଥିଲା ତାଙ୍କର ବ୍ୟବସାୟ । ଏହାର ଅନେକ ବର୍ଷ ପରେ ତାଙ୍କ ବଡ଼ଭାଇ ବାସୁଦେବ ସାହୁ ହରିପୁର ହାଟରେ ସାଇକେଲ ବିକ୍ରୟ ଓ ମରାମତି ଦୋକାନଟିଏ କରିଥିଲେ । ଏ ଅଞ୍ଚଳର ବହୁ ଲୋକ ଦିନକୁ ଆଠଣା ଭଡ଼ାରେ ତାଙ୍କ ଦୋକାନରୁ ସାଇକେଲ ନେଇ ଶିଖିଛନ୍ତି । ଏଭଳି ପଙ୍କଭିତରୁ ସହଦେବ ସାହୁ ପଦ୍ମଭଳି ଫୁଟି ଉଠିଥିଲେ ।

ଆମ ସାର୍‌ଙ୍କ ଉପର ଶ୍ରେଣୀରେ ଶ୍ରୀଯୁକ୍ତ ସାହୁ ପଢୁଥିବାରୁ ସାର୍ ତାଙ୍କ ବିଷୟରେ ଅନେକ କଥା ଜାଣିବାର ସୁଯୋଗ ପାଇଥିଲେ। ତାଙ୍କ ହସ୍ତାକ୍ଷର ଖୁବ୍ ସୁନ୍ଦର ଥିଲା। ଖୁବ୍ ସୁନ୍ଦର ଡ୍ରଇଁ କରୁଥିଲେ। ତାଙ୍କ ତିଆରି ଲଣ୍ଠନ ଓ ବାଇଗଣ ଚିତ୍ର ଅସଲ ଜିନିଷକୁ ବଳି ଯାଉଥିଲା। ପୋଥି ବାଇଗଣ ବାଡ଼ି ବାଇଗଣର କାନ କାଟି ଦେଉଥିଲା। ତାଙ୍କର ପ୍ରତିଭା ଈଶ୍ୱରଦତ୍ତ ଥିଲା। ୧୯୫୭ ମସିହାରେ ସେ ପୁରୁଷୋତ୍ତମପୁର ଉଚ୍ଚ ବିଦ୍ୟାଳୟରୁ ମ୍ୟାଟ୍ରିକ୍ ପରୀକ୍ଷା ଦେଇଥିଲେ। ସେତେବେଳେ ସମଗ୍ର ଓଡ଼ିଶାରେ ସେ ପ୍ରଥମ ହୋଇଥିଲେ। ପ୍ରଥମ ଶ୍ରେଣୀରେ ପ୍ରଥମ ତା'ପରେ ରେଭେନ୍‌ସା ମହାବିଦ୍ୟାଳୟରୁ ୧୯୫୯ ମସିହାରେ ଇଣ୍ଟରମିଡିଏଟ୍ ଅଫ୍ ସାଇନ୍ସ ପରୀକ୍ଷାରେ ସମଗ୍ର ଓଡ଼ିଶାରେ ପ୍ରଥମ ହୋଇଥିଲେ। ସେହିପରି ବି.ଏ. ଓ ଜବାହରଲାଲ ନେହେରୁ ବିଶ୍ୱବିଦ୍ୟାଳୟରୁ ଏମ୍.ଏ.ରେ ପ୍ରଥମ ସ୍ଥାନ ଅଧିକାର କରି ପ୍ରଥମ ଶ୍ରେଣୀରେ ପ୍ରଥମ ହୋଇଥିଲେ। ତା' ପରେ ଆଇ.ଏ.ଏସ୍. ପାଇଲେ। ଶେଷରେ ରାଜ୍ୟର ମୁଖ୍ୟ ଶାସନ ସଚିବ ହେଲେ। ପ୍ରତି କ୍ଷେତ୍ରରେ ସେ ଶ୍ରେଷ୍ଠ ସ୍ଥାନ ଅଧିକାର କରି ପାରୁଥିଲେ। ଏହାହିଁ ଥିଲା ତାଙ୍କର ବିଶେଷତ୍ୱ। ଏଭଳି କୃତି ଛାତ୍ର ପାଇ ସୁଜନପୁର ଗାନ୍ଧୀ ମଧ୍ୟ ବିଦ୍ୟାପୀଠ ଆମ ସବ୍‌ଡିଭିଜନ୍ ଓ ଜିଲ୍ଲାରେ ଖୁବ୍ ସୁନାମ ଅର୍ଜନ କରିପାରିଥିଲା।

■

# ସୁଜନପୁରର ଜମିଦାର ଘର କଥା

ଏହିପରି ଯିବାଆସିବା ହେତୁ ଜମିଦାର ରୁଦ୍ରବାବୁଙ୍କ ପରିବାର ସହିତ ସାର୍‌ଙ୍କର ପରିଚୟ ଓ ସମ୍ପର୍କ ହୋଇଯାଇଥିଲା। ରୁଦ୍ରବାବୁଙ୍କ ଦୁଇ ପୁତୁରା ଥିଲେ। ବଡ଼ ଗୋଲକବାବୁ ଓ ସାନ ତ୍ରିଲୋଚନ ବାବୁ। ମନା ଓ ବନା ଦୁଇଜଣ ତ୍ରିଲୋଚନ ବାବୁଙ୍କ ଝିଅ। ସେମାନେ ସାର୍‌ଙ୍କ ତଳ ଶ୍ରେଣୀରେ ପଢୁଥିଲେ। ରୁଦ୍ରବାବୁଙ୍କର ବିଶାଳ ଜମିଦାରୀ ଥିଲା। ବାବୁଘର ବୋଲି ଚାରିଆଡ଼େ ଖ୍ୟାତି ଥିଲା। ଶହଶହ ମାଣ ଜମି ଥିଲା। ଶତାଧିକ ମୂଲିଆ ଚାକର ଦିନରାତି ଖଟୁଥିଲେ। ଚାରିହଳ ହାତୀ ପରି ବଳଦ ଥିଲେ। ଅଣ୍ଟାଏ ଲେଖା ଉଚ୍ଚ କୁଣ୍ଡରେ ସେମାନେ କୁଣ୍ଡାପାଣି ଖାଆନ୍ତି। ତାଙ୍କ ଘରେ ଗୋଟିଏ ଖୁରୁଣ୍ଟି ଓ ଗୋଟିଏ ମୟୁର ଥିଲା। ମୟୁରଟି ଚାରିଆଡ଼େ ବୁଲି ବୁଲି ଶୋଭାବର୍ଦ୍ଧନ କରିବା ସହିତ ପରିବାରର ପରିଚୟ ବହୁଗୁଣିତ କରୁଥିଲା। କେଇ ମାଣର ବିରାଟ ହତାବାଡ଼ି ସହିତ ବିରାଟ ମହଲ ସଦୃଶ ଘର ଥିଲା ତାଙ୍କର। ଆଗ ପଟେ ଦୋତାଲା କୋଠା ଓ ଭିତରପଟେ ପକ୍‌କା ଖଞ୍ଜା। ଘର ଆଗରେ ସୁନ୍ଦର ରାଧାଗୋବିନ୍ଦ ଜୀଉଙ୍କ ମନ୍ଦିର।

ଘର ଭିତରେ ସାଆନ୍ତାଣୀ ସାନମା' ହେଲେ ମୁଖ୍ୟ। ଚାକରାଣୀଙ୍କ ମଧ୍ୟରେ ଦୁଃଖାମା ହେଲେ ସମସ୍ତଙ୍କ ଆଗରେ। ଭିତରଟା କୌଣସି ରାଜକୀୟ ଅନ୍ତଃପୁର ସହିତ ନିଶ୍ଚିତ ଭାବରେ ସମାନ। କେଉଁ ଗୁଣରେ କମ୍ ନୁହେଁ। ଘରର ଭିତର ବାହାର, ଚାଲିଚଳଣ ଓ ଆଟବାଟ ଦେଖିଲେ ଗୋଟିଏ ରାଜାଘରର ଭ୍ରମ ସୃଷ୍ଟି ହେବ

ସକାଳ ଓ ସନ୍ଧ୍ୟାରେ ରାଧାଗୋବିନ୍ଦ ଜୀଉଙ୍କ ପାଖରେ ଆଳତୀ ହୁଏ। ସେଥିରେ ହାତେ ଉଚ୍ଚର ଘିଅବତୀ ଜଳୁଥାଏ। ଶଙ୍ଖ, ଘଣ୍ଟା ଓ ସଂକୀର୍ତ୍ତନରେ ମନ୍ଦିର ଉଚ୍ଛୁଳି ଉଠେ। ପ୍ରତିବର୍ଷ ଠାକୁର ବିମାନରେ ବସି ବିଭିନ୍ନ ମେଳଣକୁ ଯାଆନ୍ତି। ମେଳଣ ମାନଙ୍କୁ ତ ଅନେକ ବିମାନ ଆସନ୍ତି କିନ୍ତୁ ରୁଦ୍ରବାବୁଙ୍କ ବିମାନ ଥାଏ ସବୁଥିରେ ଆଗରେ। ସାଜସଜ୍ଜା ଯେମିତି ସୁନ୍ଦର ରୋଷଣୀ ସେମିତି ଅପୂର୍ବ। ବିମାନ ଆଗରେ

ଦଶବାର ଫୁଟ ଉଚ୍ଚର ସିଂହ ମୂର୍ତ୍ତିମାନ ରଖା ଯାଇଥାଏ। ସେମିତି ବଡ଼ ବଡ଼ ଘୋଡ଼ା ଓ ଷଣ୍ଢ ମୂର୍ତ୍ତି କରାଯାଇଥାଏ। ଯାହା ଭିତରେ ମଣିଷ ପଶି ନଚାଉଥାନ୍ତି। କାର୍‌ବାଇଟ୍‌ର ଗ୍ୟାସବତୀ ଓ ପେଟ୍ରୋମାକ୍‌ସ ଲାଇଟ୍ ଇତ୍ୟାଦି ବିଭିନ୍ନ ପ୍ରକାରର ଆଲୋକ ଜଳୁଥାଏ, ବାଜା ବାଜୁଥାଏ ଓ ବାଣ ଫୁଟୁଥାଏ। ରୁଦ୍ରବାବୁଙ୍କ ବିମାନ ଆସିଲେ ମେଲଣର ମାନ ବଢ଼ିଯାଏ।

ଏହାଛଡ଼ା ସବୁଠାରେ ଅଷ୍ଟପ୍ରହର ନାମଯଜ୍ଞ ହେଉଥିବା ବେଳେ ବାବୁ ଘର ଚବିଶ ପ୍ରହର ନାମଯଜ୍ଞ କରନ୍ତି। ତାଙ୍କର ସବୁକିଛିରେ ଥାଏ ସ୍ୱତନ୍ତ୍ରତା। ରୁଦ୍ରବାବୁ ସେ ଘରର ଦୀପ। କେବଳ ତାଙ୍କ ନିଜ ଘର ନୁହେଁ ସେ ଅଞ୍ଚଳର ସେ ଥିଲେ ସର୍ବଶ୍ରେଷ୍ଠ ବ୍ୟକ୍ତିତ୍ୱ। ରାସ୍ତାଘାଟ, ହାଟ, ପେଣ୍ଠ ସ୍କୁଲ୍ ଓ କଲେଜ ସବୁରି ମୂଳରେ ତାଙ୍କର ହାତ, ତାଙ୍କର ଅବଦାନ। ସେ ଥିଲେ ସୁଜନପୁର ମାଟିର ଗୌରବ। ତାଙ୍କୁ ଅଭିନବ ସୁଜନପୁରର ନିର୍ମାତା କହିଲେ ଠିକ୍ ହେବ। ଦିନ ଥିଲା ରୁଦ୍ରବାବୁ କହିଲେ ସୁଜନପୁର ଓ ସୁଜନପୁର କହିଲେ ରୁଦ୍ରବାବୁଙ୍କୁ ବୁଝାଉଥିଲା। ସେ ଥିଲେ ସବୁକିଛି। ତାଙ୍କୁ ଛାଡ଼ି ସୁଜନପୁରର ସ୍ୱତନ୍ତ୍ର ପରିଚୟ ନଥିଲା। କଟକ ଚିନ୍ତା ବାଇମୁଣ୍ଡିକି ପରି ସୁଜନପୁର ଚିନ୍ତା ଓ ସ୍ୱପ୍ନ ଥିଲା ରୁଦ୍ରବାବୁଙ୍କର। ତାଙ୍କରି ଉଦ୍ୟମରେ ବରୁହାଁ ସୁଜନପୁର ପାଦଚଲା ମାଟି ରାସ୍ତାଟି ପ୍ରଥମ କରି ନାଲି ମୋରମ୍ ସଡ଼କରେ ପରିଣତ ହେଲା। ସରକାରୀ ବସ୍ ଚଳାଚଳ ଆରମ୍ଭ ହେଲା। ବାବୁଘର ଖାନ୍‌ଦାନ୍ ଓ ପିଆଦା ପାନିଆ ସେତେବେଳେ ଯିଏ ଦେଖିଛି ସେ ଅନୁଭବ କରିଛି ବାବୁଘର କ'ଣ। ସମସ୍ତ ପ୍ରଜା ଓ ଅଞ୍ଚଳବାସୀଙ୍କର ବାବୁଘର ପ୍ରତି ଥାଏ ଯଥେଷ୍ଟ ସମ୍ମାନ ଓ ଭୟ। ସୁଜନପୁର ହାଟ ପାଖରେ ଥିବା ଖଳାରେ ଧାନ ଗଦା ଦେଖିଲେ ଅନୁମାନ କରିହୁଏ ତାଙ୍କର ପ୍ରାଚୁର୍ଯ୍ୟ ବିଷୟରେ। ସତେ ଯେପରି ମା' ଲକ୍ଷ୍ମୀ ବିଜେକରି ଆଶିଷ ଢ଼ାଳୁଛନ୍ତି ତାଙ୍କର ଘରଦ୍ୱାର ବିଲବାଡ଼ିରେ ଓ ବସିଛନ୍ତି ରୁଦ୍ରବାବୁଙ୍କ କାନ୍ଧରେ।

ସେତେବେଳକୁ ଗୋଲୋକବାବୁ ଓ ତ୍ରିଲୋଚନ ବାବୁ ଥାଆନ୍ତି ଯୁବକ। ତାଙ୍କ ମୁହଁରେ କଥା କହିବା ଦୂରର କଥା ତାଙ୍କ ଆଗରେ ଠିଆ ହେବାକୁ ଲୋକେ ଡରୁଥାନ୍ତି। ସମୟକ୍ରମେ ତ୍ରିଲୋଚନବାବୁ କୁଷ୍ଠ ବ୍ୟାଧିଗ୍ରସ୍ତ ହୋଇଗଲେ। ଯେତେପ୍ରକାରର ଚିକିତ୍ସା କରାଗଲେ ମଧ୍ୟ କିଛି ଫଳ ମିଳିଲା ନାହିଁ। ତେଣୁ ସୁଦୂର ସମ୍ବଲପୁରରୁ ପଦ୍ମଶ୍ରୀ ଆଇ.ଜେ.କେ. ସାମନ୍ତରାୟ ଗାଡ଼ି ଧରି ସୁଜନପୁର ଆସିଲେ ସ୍ୱତନ୍ତ୍ର ଭାବରେ ଚିକିତ୍ସା କରିବା ପାଇଁ। ସୁଜନପୁର ଗାଆଁରୁ ବଳଦଗାଡ଼ିରେ ବସି ଆମ ଗାଆଁ ଘୋଳପୁର କଡ଼ଦେଇ ଖରସୁଆ ଆରପଟ ଅଫସର୍‌ପୁର ରାହାସ ବାବୁଙ୍କ ଘର ପାଖରେ ରହିଲେ। ତ୍ରିଲୋଚନ ବାବୁ ସେଠାକୁ ଯାଇ ଚିକିତ୍ସିତ ହେଲେ। କିନ୍ତୁ ଏ

ଚିକିତ୍ସା ମଧ୍ୟ ଫଳପ୍ରଦ ହେଲା ନାହିଁ । ଅଳ୍ପ ବୟସରେ ତ୍ରିଲୋଚନ ବାବୁ ମରିଗଲେ । ତାଙ୍କ ପରେ ପରେ ଗୋଲୋକ ବାବୁ ଚାଲିଗଲେ । ବାବୁ ଘରର କ୍ରମଶଃ କ୍ଷୟ ଆରମ୍ଭ ହେଲା । ବର୍ତ୍ତମାନ ରୁଦ୍ରବାବୁଙ୍କ ଠାରେ ସେ ସମୟର ଖାତିର ଓ ଅଟୋପ ନାହିଁ । ଅବଶ୍ୟ ତାଙ୍କର ନାତୁଣୀ ଜ୍ୱାଇଁ ଶ୍ରୀଯୁକ୍ତ ମଣ୍ଟୁବାବୁ ରାଜନୀତି କ୍ଷେତ୍ରରେ ଏବେ ସୁଜନପୁର ଅଞ୍ଚଳର କେନ୍ଦ୍ରବିନ୍ଦୁ ପାଲଟି ଯାଇପାରିଛନ୍ତି ।

■

# ସୁଜନପୁରରେ ନଈବଢ଼ି

ନଈବଢ଼ି ହେଲେ ସୁଜନପୁର ଅଞ୍ଚଳର ଚାରିଆଡ଼ ପାଣିରେ ବୁଡ଼ିଯାଏ। ଗାଆଁ ଭିତରେ ପାଣିର ସୁଅ ଚାଲେ। ଜଣାଯାଏ ଯେମିତି ଢ଼ିଅଗୁଡ଼ିକ ଜଳର ସମୁଦ୍ର ମଝିରେ ଦୀପଟିଏ ପରି ରଖାଯାଇଛି। ସ୍କୁଲ୍‌କୁ ଯିବା ବନ୍ଦ ହୋଇଯାଏ। ଯାତାୟତରେ ବ୍ୟାଘାତ ହେତୁ ସବୁ ପ୍ରକାରର ଅସୁବିଧା ଦେଖାଯାଏ। ସଉଦାପତ୍ର ପାଇଁ ହାଟକୁ ଯିବା କଷ୍ଟକର ହେଇଯାଏ। ଅବଶ୍ୟ କିଛି ଲୋକ ଡଙ୍ଗା ନତୁବା ଭେଳାରେ ଯାତାୟତ କରନ୍ତି। କିନ୍ତୁ ସମସ୍ତଙ୍କ ପାଇଁ ଓ ସବୁକାମ ପାଇଁ ଏ ସୁବିଧା ନଥାଏ। ବିଲବାଡ଼ିରୁ ଜାଳକୁଟା ମିଳେ ନାହିଁ। ସେତେବେଳେ ଲୋକଙ୍କର ଶୌଚକାର୍ଯ୍ୟ ପାଇଁ ପାଇଖାନା ନଥାଏ। ସେଥିପାଇଁ ଲୋକେ ପଡ଼ିଆକୁ ଯାଆନ୍ତି। ଚାରିଆଡ଼ ପାଣି ମାଡ଼ି ଯାଇଥିବାରୁ ଲୋକେ ନିଜ ଢିଅ ଉପରେ ମଳତ୍ୟାଗ କରି ପାଣିରେ ଭସେଇ ଦିଅନ୍ତି।

■

# ସାର୍‌ଙ୍କ କଲମରେ ସୁଜନପୁର

ଆମ ସାର୍ ନିଜେ ଜଣେ ଲେଖକ। ତାଙ୍କର ସୁନ୍ଦର ଓ ମୂଲ୍ୟବୋଧ ଭିତ୍ତିକ ଅନେକ ପ୍ରବନ୍ଧ ବିଭିନ୍ନ ପତ୍ରପତ୍ରିକାରେ ପ୍ରକାଶ ପାଇଛି। ସୁଜନପୁରରୁ ମଧୁବନ ଓ ଘୋଲପୁରରୁ ଧର୍ମଶାଳା ଅଞ୍ଚଳ ମଧ୍ୟରେ ପ୍ରକାଶ ପାଉଥିବା ପ୍ରତ୍ରିକା ଓ ସ୍ମରଣିକା ମାନଙ୍କରେ ସାର୍‌ଙ୍କର ଲେଖା ପ୍ରକାଶ ପାଏ। ସୁଜନପୁର ରୁଦ୍ରଚରଣ ହାଇସ୍କୁଲ୍‌ର ସୁବର୍ଣ୍ଣ ଜୟନ୍ତୀ ସ୍ମରଣିକାରେ ସାର୍‌ଙ୍କର ଲେଖାଟିଏ ପାଇଲୁ। "ହଜିଲା ଦିନର ଅଭୁଲା କଥା" ନାମରେ ସୁଜନପୁର ଅନୁଭୂତିକୁ ନେଇ ସୁନ୍ଦର ନିବନ୍ଧଟିଏ ଲେଖିଛନ୍ତି। ତାକୁ ଏଠି ଅବିକଳ ଉଦ୍ଧାର କରୁଛୁ।

"୧୯୫୨ ମସିହାରେ ମୁଁ ପଞ୍ଚମ ଶ୍ରେଣୀ ପରୀକ୍ଷାରେ ପାସ୍ କଲି। ଭଲ ପଢୁଥିବାରୁ ମୋ ସାର୍ ଗଣନାଥ ପାଢ଼ୀ ମୋତେ ଅନ୍ୟତ୍ର ନ ଛାଡ଼ି ଅଟକାଇ ଦେଲେ। ତାଙ୍କରି ପରାମର୍ଶ ମାନି ମୁଁ ସୁଜନପୁର ନୂଆ ମାଇନର ସ୍କୁଲ ଗାନ୍ଧୀ ମଧ୍ୟ ବିଦ୍ୟାପୀଠରେ ୧୯୫୨-୫୩ ଓ ୧୯୫୩-୫୪ ଦୁଇବର୍ଷ ଷଷ୍ଠ ଓ ସପ୍ତମ ଶ୍ରେଣୀରେ ପଢ଼ିବାର ସୁଯୋଗ ଲାଭ କଲି।

ଦୂରଦୂରାନ୍ତ ପିଲାଙ୍କ ପାଇଁ ଛାତ୍ରାବାସର ବନ୍ଦୋବସ୍ତ ଥିଲା। ସ୍କୁଲର ସାମନା ପଟେ ଉତ୍ତର ଦିଗରେ ଏକ ଇଟାକାନ୍ଥ କର୍କଟ ଛାଆଣୀ ଘରେ ଆମେ କୋଡ଼ିଏ ପଚିଶ ଜଣ ଛାତ୍ର ରହୁଥିଲୁ। ହଷ୍ଟେଲ ଘରକୁ ଲାଗି ରୋଷେଇଘର ଓ ପକ୍କା କୂଅଟିଏ ଥିଲା। ଆଜି ସେ ସବୁ କିଛି ନାହିଁ। ସେ ସ୍ଥାନରେ ହାଇସ୍କୁଲର ଅଫିସ୍ ଘର ଠିଆ ହୋଇଛି। ଆମର ସାହିତ୍ୟ ଶିକ୍ଷକ କଇଁଚି ଶାସନ ମଧୁବନର ଶ୍ରୀଯୁକ୍ତ ଶତ୍ରୁଘ୍ନ ମିଶ୍ର ହଷ୍ଟେଲର ପରିଚାଳକ ଥାଆନ୍ତି। ପ୍ରତି ପିଲାକୁ ମାସିକ ପନ୍ଦର ସେର ଚାଉଳ ଓ ପାଞ୍ଚଟଙ୍କା ଦେବାକୁ ହୁଏ। ଗରିବ ପିଲାଙ୍କୁ ଓଳିକର ଗୋଟିଏ ଲେଖାଏଁ ମିଲ୍ ଛାଡ଼ କରିବାର ବ୍ୟବସ୍ଥା ଥାଏ। ମୋ ସହିତ ଚିତାହଟାର ଭୀମସେନ ରାଉତ, ସୁଦର୍ଶନ ରାଉତ, କଳସପୁରର ହରି ବିଶ୍ୱାଳ, ବାଲିଆପାଳର ସୂର୍ଯ୍ୟମଣି, କାହ୍ନୁ ଓ ବିଲିପଡ଼ାର ବ୍ରଜ ଦାଶ ପ୍ରଭୃତି ଛାତ୍ରାବାସରେ ରହୁଥିଲେ।

ଆମ ସମୟର ପୂଜ୍ୟ ଗୁରୁ ହିସାବରେ ନୌପଡ଼ାର ଶରତ ସାର୍, କୁଜାହାଲାର ରଘୁ ସାର୍, ଉପେନ୍ଦ୍ର ସାର୍, କଇଁଚି ଶାସନର ଶତ୍ରୁଘ୍ନ ସାର୍ ଓ ପ୍ରଧାନଶିକ୍ଷକ ମଇଦିପୁରର ଶ୍ରୀଯୁକ୍ତ କୃପାସିନ୍ଧୁ ନାୟକ ଆମକୁ ପାଠ ପଢ଼ାଇଥାନ୍ତି। ସେ ସମସ୍ତଙ୍କୁ ମୋର କୋଟି କୋଟି ନମସ୍କାର। ସାର୍‌ମାନଙ୍କର ଆମ ପ୍ରତି ଶ୍ରଦ୍ଧା, ପାଠ ପଢ଼ାଇବାର ଆଗ୍ରହ ଓ ଯତ୍ନ କେବେ ଭୁଲି ହେବ ନାହିଁ। ମୋର ଶିକ୍ଷକ ମାନଙ୍କ ମଧ୍ୟରୁ କେବଳ ଉପେନ୍ଦ୍ର ସାର୍‌ଙ୍କୁ ଛାଡ଼ି ପ୍ରାୟ ଅଧିକାଂଶ ସଂସାରରୁ ବିଦାୟ ନେଲେଣି। ସେଦିନର ହାତଗଢ଼ା ପିଲା ହିସାବରେ ମୁଁ ସେ ସମସ୍ତଙ୍କୁ ସ୍ମରଣ କରି ମୋର ଭକ୍ତି ଶ୍ରଦ୍ଧାଞ୍ଜଳି ଓ କୃତଜ୍ଞତା ଏ ଲେଖା ମାଧ୍ୟମରେ ନିବେଦନ କରୁଛି।

ଦିନେ ଗାନ୍ଧୀ ମଧ୍ୟ ବିଦ୍ୟାପୀଠ ଥିଲା-ଏକଥା ଆଜିକାଲିର ବହୁପିଲାଙ୍କୁ ଜଣାନଥିବ। କାରଣ ଆଜି ସେ ସ୍କୁଲ ନାହିଁ କି ମୋର ସାର୍‌ମାନେ ନାହାଁନ୍ତି। ମହାକାଳର ସ୍ରୋତରେ ସ୍କୁଲ ତା'ର ସତ୍ତା ହରାଇ ରୁଦ୍ରଚରଣ ହାଇସ୍କୁଲର ବିରାଟ ସତ୍ତା ସହିତ ମିଶି ଏକାକାର ହୋଇଯାଇଛି।

ରୁଦ୍ରବାବୁଙ୍କର ମାନସ ସନ୍ତାନ- ସୁଜନପୁର ହାଇସ୍କୁଲ। ମୋ ବିଚାରରେ ଏହା ସୁଜନପୁରବାସୀଙ୍କ ପ୍ରତି ତାଙ୍କର ଶ୍ରେଷ୍ଠତମ ଉପହାର। ରୁଦ୍ରବାବୁଙ୍କର ଏ ଅଞ୍ଚଳ ପ୍ରତି ସାମଗ୍ରିକ ଅବଦାନକୁ ସ୍ମରଣ କରି ଉଦ୍ୟୋକ୍ତାମାନେ ତାଙ୍କ ପ୍ରତି ଗଭୀର ଶ୍ରଦ୍ଧା ଓ ସମ୍ମାନ ସ୍ୱରୂପ ସ୍କୁଲର ନାମ ରଖିଛନ୍ତି- ରୁଦ୍ରଚରଣ ହାଇସ୍କୁଲ। ପ୍ରାଥମିକ ଅବସ୍ଥାରେ ସ୍କୁଲ ଗଠନର ସମସ୍ତ ଦାୟିତ୍ୱ ଓ ତା'ର ଭବିଷ୍ୟତ ସୁର ସାର୍‌ଙ୍କ ହାତରେ ଦିଆଯାଏ। ରୁଦ୍ରବାବୁଙ୍କର ତାଙ୍କ ଉପରେ ଗଭୀର ଆସ୍ଥା। ସେ ସ୍କୁଲଟିକୁ ଆପଣା ସନ୍ତାନର ମମତା ଦେଇ ଗଢ଼ିଛନ୍ତି। ପରବର୍ତ୍ତୀ ସମୟରେ ସେ ସୁଜନପୁରର ପ୍ରତି ଘରର ଗୁରୁ ତଥା ସର୍ବକାଳୀନ ପ୍ରଧାନଶିକ୍ଷକ ରୂପେ ପ୍ରତିଷ୍ଠା ପାଇପାରିଛନ୍ତି।

ପ୍ରଧାନଶିକ୍ଷକ ସୁର ସାର୍ (ଯେଉଁ ନାମରେ ସେ ସମସ୍ତଙ୍କ ମଧ୍ୟରେ ପରିଚିତ) ଓ ତାଙ୍କର ସୁଯୋଗ୍ୟ ସହକର୍ମୀ ସର୍ବଶ୍ରୀ ଗୋପିନାଥ ମହାନ୍ତି, ଆର୍ତ୍ତବନ୍ଧୁ ମିଶ୍ର, ବୈଦ୍ୟନାଥ ମହାନ୍ତି, ସ୍ୱର୍ଗତଃ ବାବାଜୀ ଚରଣ ପଣ୍ଡା, କିରାଣୀ ଶ୍ରଦ୍ଧେୟ ପହଲି ପ୍ରମୁଖଙ୍କର ଆପ୍ରାଣ ଉଦ୍ୟମ ଓ ପରିଶ୍ରମ ଫଳରେ ରୁଦ୍ରଚରଣ ହାଇସ୍କୁଲ, ସୁଜନପୁର, ଯାଜପୁର ଜିଲ୍ଲାର ଅନ୍ୟତମ ଅଗ୍ରଣୀ ଆଦର୍ଶ ଯଶସ୍ୱୀ ହାଇସ୍କୁଲର ମାନ୍ୟତା ଲାଭ କରିଛି। ଏ ବିଦ୍ୟାଳୟରେ ଛାତ୍ର ଭାବେ ପାଠ ପଢ଼ିବା ଓ ଶିକ୍ଷକ ହିସାବରେ ପାଠ ପଢ଼ାଇବାରେ ମନରେ ଗର୍ବ ଆସେ।

ମୁଁ ଅବଶ୍ୟ ସୁଜନପୁର ହାଇସ୍କୁଲର ସିଧାସଳଖ ଛାତ୍ର କିମ୍ବା ଶିକ୍ଷକ ନୁହେଁ। ହେଲେ ସ୍କୁଲର ସ୍ୱାର୍ଥ ସହିତ ବିଭିନ୍ନ ଦିଗରୁ ବହୁମାତ୍ରାରେ ସଂଶ୍ଲିଷ୍ଟ। ସୁର ସାର୍‌ଙ୍କ

ଅବ୍ୟାହତି ପରେ ମୋତେ ସୁଜନପୁରର ପ୍ରଧାନଶିକ୍ଷକ ରୂପେ ପାଇବାର ଅଭିଳାଷଟି ଅପୂରଣ ହୋଇ ଏକ ଅବଶୋଷର ରହିଗଲା। ବଦଳି ଆଇନ ଲାଗୁ ହୋଇ ନଥିବାରୁ ପ୍ରତିବନ୍ଧକ ହେଲା। ଗୋପିନାଥ ସାର୍‌ଙ୍କ ଅବ୍ୟାହତି ପରେ ପ୍ରମୋଶନ ପାଇ ମୋ ହାଇସ୍କୁଲ ଜୀବନର ବାଲ୍ୟସାଥୀ ଧୋଇଧର ସାହୁ ଜେନାପୁର ହାଇସ୍କୁଲରୁ ଆସି ଅଳ୍ପ ଦିନ ପ୍ରଧାନଶିକ୍ଷକ ହୋଇ ଏ ଅଞ୍ଚଳର ପ୍ରିୟପାତ୍ର ହୋଇପାରିଥିଲେ। ମୋର ପୁରାତନ ଛାତ୍ର ଓ ଆମ ସ୍କୁଲର କିରାଣୀ ଶ୍ରୀମାନ୍ ଭାସ୍କର, ପହଲି ସ୍ଥାନରେ ସୁଜନପୁରକୁ ବଦଳି ହୁଏ। ମୋର ପରାମର୍ଶ କ୍ରମେ ସେ ନିର୍ଭୟରେ ସୁଜନପୁରରେ ଯୋଗଦିଏ ଓ ସ୍କୁଲ ତା'ର ନିୟତ ସେବା ଦ୍ୱାରା ଉପକୃତ ହୁଏ। ଏ ସମସ୍ତ ଦୃଷ୍ଟିକୋଣରୁ ବିଚାର କଲେ ମୁଁ ଭାବେ ସୁଜନପୁର ମୋର ଓ ମୁଁ ସୁଜନପୁରର।"

■

# ଗାନ୍ଧୀ ବିଦ୍ୟାପୀଠରେ ହଷ୍ଟେଲ ଦିନ ଓ ସୁଜନପୁର ଗାଁ ଓ ସଂସ୍କୃତି

ଆମ ସାର୍ ଗାନ୍ଧୀ ମଧ୍ୟ ବିଦ୍ୟାପୀଠରେ ନାମ ଲେଖାଇବା ବେଳେ ଯେଉଁ ପ୍ରଧାନ ଶିକ୍ଷକ ଥିଲେ ତାଙ୍କୁ କେଇଦିନ ପରେ ବହିଷ୍କାର କରାଯାଇଥିଲା। ତାଙ୍କ ପରେ ଶ୍ରୀଯୁକ୍ତ କୃପାସିନ୍ଧୁ ନାୟକ ପ୍ରଧାନଶିକ୍ଷକ ରୂପେ ଯୋଗଦେଲେ।

ଷଷ୍ଠ ଶ୍ରେଣୀରୁ ଇଂରାଜୀ ଓ ହିନ୍ଦୀ ପଢ଼ା ଆରମ୍ଭ ହୁଏ। ଇଂରାଜୀ ବହିର ନାମ Himalayan Reader Primer ଓ ହିନ୍ଦୀ ବହି 'ପହଲି କିତାବ୍'। ରହେମତ ଅଲିଙ୍କ ଗଣିତ ସୋପାନ, ସାହିତ୍ୟ ପ୍ରସୁନ ପଢ଼ାଯାଉଥିଲା। ଶରତ ସାର୍ ଓ ଉପେନ୍ଦ୍ର ସାର୍ ଇଂରାଜୀ ପଢ଼ାନ୍ତି। ଶତୃଘ୍ନ ସାର୍ ସାହିତ୍ୟ ଓ ରଘୁସାର୍ ଇତିହାସ ପଢ଼ାନ୍ତି। ସ୍କୁଲରେ ସୁନ୍ଦର ପାଠାଗାରଟିଏ ଥିଲା।

ହଷ୍ଟେଲ୍‌ରେ ଥିଲାବେଳେ ମଝିରେ ମଝିରେ ମାଛ ମାଂସ ହୁଏ। ଥରେ ଆମ ସାର୍‌ଙ୍କ ବାପା ଖରସ୍ରୋତା ଗଣ୍ଡରୁ ମାଛ ଧରାଇ ହଷ୍ଟେଲ ପିଲାଙ୍କ ପାଇଁ ନେଇ ଯାଇଥିଲେ। ସେଥିରୁ କିଛି ମାଛ ଗଣନାଥ ସାର୍‌ଙ୍କ ଘରକୁ ଦେଇଥିଲେ। ଆମ ଗାଁର ବନ୍ଧୁ ହିସାବରେ ଶତୃଘ୍ନ ସାର୍ ବାପାଙ୍କର ଜଣାଶୁଣା। ତେଣୁ ଆମ ସାର୍‌ଙ୍କୁ ତାଙ୍କ ବାପା ଶତୃଘ୍ନ ସାର୍‌ଙ୍କ ଜିମା ଦେଇଥିଲେ। ସୁଜନପୁରରେ ଷଷ୍ଠ ସପ୍ତମ ଦୁଇବର୍ଷ ସାରା ଆମ ସାର୍ ଶ୍ରେଣୀରେ ପ୍ରଥମ ହୁଅନ୍ତି। ବୃତ୍ତି ପରୀକ୍ଷା ଦିଅନ୍ତି। ଆମ ସାର୍ ଥିଲେ ଜଣେ ଆଦର୍ଶ ଛାତ୍ର। ସେତେବେଳେ Intelligently ପଢ଼ିବା ପାଇଁ ସାର୍ ମାନେ ସୁଯୋଗ ଦେଉନଥିଲେ। ବାରମ୍ବାର ପଢ଼ି ମୁଖସ୍ତ କରିବା ପାଇଁ କହୁଥିଲେ। ଏମିତିକି Young Essay ବହିରୁ The cow ରଚନାକୁ ମୁଖସ୍ତ କରିଥିବା କଥା ସାର୍‌ଙ୍କର ମନେ ଅଛି ବୋଲି କୁହନ୍ତି।

ସୁଜନପୁରରେ ସ୍କୁଲ ଜୀବନ ଥିଲା ଖୁବ୍ ମଧୁର। ସେଦିନର ସ୍ମୃତି ସବୁ ଏବେବି ସଜୀବ ଅଛି। ସୁଜନପୁରର ହାଟ ପଡ଼ିଆ ଥିଲା ଖୁବ୍ ବିଶାଳ। ପ୍ରାୟ ଏକ

କିଲୋମିଟର ଲମ୍ବ। ଚୈତ୍ର ମାସରେ କୈବର୍ତ୍ତ ମାନଙ୍କର ଘୋଡ଼ାନାଚ ସେଇଠି ହେଉଥିଲା। ତାକୁ ଘୋଡ଼ାନାଚ ମେଲଣ କୁହାଯାଏ। ବହୁ ଦୂରଦୂରାନ୍ତରୁ ନାଚ କରିବା ପାଇଁ ନିଜ ନିଜର ବାଉଁଶ ଓ କାଠରେ ତିଆରି ଘୋଡ଼ା ଧରି ଲୋକେ ଏଠିକୁ ଆସନ୍ତି। ପରସ୍ପରକୁ ଛଳେଇ ଅପମାନିତ କରିବା ଉଦ୍ଦେଶ୍ୟରେ ଖୁବ୍ ଶ୍ଳୀଳ ଭାଷାରେ ଗୀତ ବୋଲନ୍ତି। ତା'ର ସ୍ୱର ଓ ଭାଷା ଖୁବ୍ ମଧୁର ଲାଗେ। ବେଳେବେଳେ ଏଇ ନାଚ ବିଳମ୍ବ ରାତିରୁ ଆରମ୍ଭ ହୋଇ ସକାଳ ପର୍ଯ୍ୟନ୍ତ ଚାଲିଥାଏ। ଶହ ଶହ ଦେଖଣାହାରୀ ରାତି ଅନିଦ୍ରା ରହି ଏଇ ମେଲଣକୁ ଉପଭୋଗ କରନ୍ତି। ନଈ ସେପାରିର ଗରିବ ଗୋସେଇଁ ମେଳା ମକର ସଂକ୍ରାନ୍ତିରେ ହୁଏ। ସାଙ୍ଗ ମେଳରେ ସେଠିକୁ ଯାଆନ୍ତି। ଭାରି ଆକର୍ଷଣୀୟ ଥିଲା ସେ ସମୟ। ପିଲାଦିନର ସ୍ମୃତି ସବୁ ଏମିତି ଅଭୁଲା ହୋଇ ରହିଯାଇଛି।

ହାଟବାରି ମାନଙ୍କରେ ହାଟ ପଡ଼ିଆରେ ଦୋକାନ ବଜାର ବସେ। ଗୋରୁ ହାଟ ହୁଏ। ବଳଦ, ଗାଈ, ବାଛୁରୀ ବିକ୍ରୀ କରାଯାଏ। ସେତେବେଳର ଗାଈଗୋରୁ ସୁସ୍ଥସବଳ, ବଡ଼ବଡ଼, ଡଉଲଡାଉଲ ଓ ଏମିତି ଚିକ୍କଣ ଥିଲେ ଯେ ଦେଖିଲେ ମଣିଷ ଖୁସି ହୋଇଯିବ। ସେତେବେଳେ ଆମ ଗାଆଁ ଗଣ୍ଡାର ବିଶେଷ କରି ବରୀ ଅଞ୍ଚଳର ଦେଶୀ ଗାଈ ଆଜିର ଜର୍ସି ଓ ହରିଆଣା ଗାଈ ଠାରୁ ସୁସ୍ଥ ସବଳ ଥିଲେ।

ସେ ଅଞ୍ଚଳରେ ବାଇଗଣ, କୋବି, ଲଙ୍କା, ଆଳୁଚାଷ ପ୍ରଚୁର ହୁଏ। ବାଇଗଣ ଗାର ବିଶାକାଠିରେ ମାପ ହୋଇ ଦଶପଇସାରେ ବିକ୍ରୀ ହୁଏ। ହଷ୍ଟେଲ୍‌ର ପିଲାମାନେ ଶସ୍ତାରେ ବାଇଗଣ ଆଣନ୍ତି। ହଷ୍ଟେଲ୍‌ର ରୋଷେଇ ଛଡ଼ା ଛାତ୍ରମାନେ ବାଇଗଣ ପୋଡ଼ା ଓ ବଡ଼ିଚୁରା Extra Item ଭାବରେ ଖାଆନ୍ତି। ସେତେବେଳେ ଖାଇବାରେ ପ୍ରାଚୁର୍ଯ୍ୟ ନଥିଲା। ଲୋକେ ବଞ୍ଚିବା ପାଇଁ ଖାଉଥିଲେ। ପଖାଳ ସାଙ୍ଗରେ ସଜନାଶାଗ, କଞ୍ଚନ ଶାଗ, ନଡ଼ିଆକୋରାର ଖରଡ଼ା ଓ ପୋଡ଼ାପୋଡ଼ି ଖାଇ ପିଲାମାନେ ସ୍କୁଲ ଆସୁଥିଲେ।

ସୁଜନପୁର ହାଟକୁ ଆସୁଥିଲା ପ୍ରଚୁର ପନିପରିବା। ହାଟରେ ସବୁ ବିକ୍ରୀ ହୋଇନପାରି ବଳକା ରହିଲେ ଗୋରୁ ହାଟରେ ଗୋରୁଙ୍କ ଆଗରେ ଚାଷୀମାନେ ଅଜାଡ଼ି ଦିଅନ୍ତି। ସେତେବେଳେ ପ୍ରକୃତି ଭିତରେ ଓ ମଣିଷ ଭିତରେ ଏଇଭଳି ପ୍ରାଚୁର୍ଯ୍ୟ ଥିଲା। ଗତ କୋଡ଼ିଏ ବର୍ଷ ତଳେ ମଧ୍ୟ ସୁଜନପୁର ଅଞ୍ଚଳରୁ କୋବି ଇତ୍ୟାଦି ଓଦର ଭର୍ତ୍ତି ଶଗଡ଼ ଶଗଡ଼ ପରିବା ବାହାରକୁ ପଠାଯାଏ। ଆମ ସାର୍ ମଧୁବନ ହାଇସ୍କୁଲ୍‌ରେ ଶିକ୍ଷକ ଥିବାବେଳେ ସରସ୍ୱତୀ ପୂଜାର ଭୋଜି ପାଇଁ ଏଇ ସୁଜନପୁର ଅଞ୍ଚଳର ବନ୍ଧାକୋବି ଓ ପନିପରିବା ମଧୁବନ ହାଟରୁ ଖରିଦ କରୁଥିଲେ।

■

# ଆଦର୍ଶ ଶିକ୍ଷକ ଓ ଆଦର୍ଶ ସ୍କୁଲ

ଗାନ୍ଧୀ ମଧ୍ୟ ବିଦ୍ୟାପୀଠଟି ଗୋଟିଏ ଆଦର୍ଶ ସ୍କୁଲ ଥିଲା। ଶିକ୍ଷକମାନେ ଖୁବ୍ ଭଲ ଥିଲେ। ତାଙ୍କ ପ୍ରଭାବରେ ଛାତ୍ରମାନେ ମଧ୍ୟ ସୁଗୁଣ ପ୍ରକାଶ କରୁଥିଲେ। ଭଲ ଶିକ୍ଷକମାନଙ୍କ ସାନ୍ନିଧ୍ୟରେ ଆସିଥିବାରୁ ଆମ ସାରଙ୍କର କୌଣସି ପ୍ରକାରର ଦୁର୍ଗୁଣ ଓ କୁ-ଅଭ୍ୟାସ ନଥିଲା। ସାରା ଜୀବନ ପାଇଁ ସେ କେବେ ଗୁଣ୍ଡି, ଗୁଡ଼ାଖୁ, ପାନ, ସିଗାରେଟ୍‌ର ପାଖ ମାଡ଼ିନଥିଲେ। ସ୍କୁଲ ପରିସରରେ ବଗିଚାଟିଏ ଥିଲା। ପନିପରିବା ଚାଷ କରାଯାଉଥିଲା। ଆଳୁଚାଷ ମଧ୍ୟ ହେଉଥିଲା। ସର୍କଲ ସ୍ତରର ସ୍କୁଲ ସ୍ପୋର୍ଟସ୍ ଆୟୋଜନ କରାଯାଉଥିଲା। ଜମିଦାର ରୁଦ୍ର ମହାନ୍ତିଙ୍କ ପରିବାରର ଶ୍ୟାମବାବୁଙ୍କ ଝିଅମାନେ ଏଠି ପଢୁଥିଲେ। ଶ୍ୟାମବାବୁ କବୀରପୁର ହାଇସ୍କୁଲର କ୍ଲର୍କ ହୋଇଥିଲେ। ଏଭଳି ଶିକ୍ଷିତ ଓ ସୁସଂସ୍କୃତ ପରିବାରରୁ ଝିଅମାନେ ଆସିଥିଲେ। ଜମିଦାର ଘର ଝିଅ ସୁନ୍ଦର ଗୀତ ବୋଲି ସ୍କୁଲର ମାନ ବଢ଼ାନ୍ତି।

ସାର୍ ମାନଙ୍କ ଆଦର୍ଶ ଚରିତ୍ରବତ୍ତା ଓ ସାଙ୍ଗମାନଙ୍କ ଗୋଷ୍ଠୀ ଜୀବନର ଅଗଣାରେ ଆମ ସାରଙ୍କ ସମୟ ବିତିଛି। ଏ ସବୁର ପ୍ରଭାବରେ ସେ ହୋଇ ଯାଇଛନ୍ତି ଭିନ୍ନ ମଣିଷଟିଏ। ହଷ୍ଟେଲ୍‌ରେ ପିଲାମାନଙ୍କ ସହିତ ରହୁଥିଲେ ଶତ୍ରୁଘ୍ନ ସାର୍। ସେ ଥିଲେ ଖୁବ୍ ଅମାୟିକ ଲୋକ। ଛାତ୍ରବତ୍ସଳ ଶିକ୍ଷକ। କବି, ଲେଖକ ସମ୍ପୂର୍ଣ୍ଣ ଭାବପ୍ରବଣ ମଣିଷ। ସବୁବେଳେ ଭାବନାରେ ମଜ୍ଜି ରହିଥାନ୍ତି। ନିଜେ ଖୁବ୍ ପଢ଼ାପଢ଼ି କରନ୍ତି। ଆମ ସାରଙ୍କର ସାହିତ୍ୟ ଭଲ ହେଉଥିଲା। ତାଙ୍କ ଠାରେ ସ୍ୱତନ୍ତ୍ରତା ଥିଲା। ଯାହାକୁ କଥାବାର୍ତ୍ତା ଛଳରେ ଶତ୍ରୁଘ୍ନ ସାର୍ ଅନୁଭବ କରିପାରିଥିଲେ। ସାହିତ୍ୟିକଟିଏ ହେବାର ସମ୍ଭାବନା ଦେଖି ପାରିଥିଲେ। ତେଣୁ ଛାତ୍ରମାନଙ୍କ ମଧ୍ୟରୁ ଆମ ସାରଙ୍କୁ ଅଧିକ ଶ୍ରଦ୍ଧା କରୁଥିଲେ। ଗୋପବନ୍ଧୁ ଦାଶଙ୍କ ଧର୍ମପଦ, ଶଶିଭୂଷଣ ରାୟଙ୍କ ପ୍ରକୃତିଗାଥା ଓ ରାଧାନାଥ ରାୟଙ୍କ ଲେଖାସବୁ ପଢ଼ିବା ପାଇଁ ଦେଇ ତାଙ୍କ ମନରେ ଅନୁରାଗ ସୃଷ୍ଟି କରାଇଥିଲେ। ଶତ୍ରୁଘ୍ନ ସାରଙ୍କ କବି ପ୍ରତିଭା ଲୁକ୍‌କାୟିତ ହୋଇ ରହିଗଲା। ଦାରିଦ୍ର୍ୟ ହେତୁ ତାଙ୍କର ଜୀମୁତବାହନ ବ୍ୟତୀତ ଅନେକ କାବ୍ୟକୃତି ଓ ରଚନା ପାଣ୍ଡୁଲିପି ଆକାରରେ ଅପ୍ରକାଶିତ ଭାବରେ ରହିଗଲା।

■

# କୁକୁଡ଼ା ମାଂସ

ସାର୍‌ଙ୍କର ନୈଷ୍ଠିକ ବ୍ରାହ୍ମଣ ପରିବାର। କୁକୁଡ଼ାମାଂସ ଘରକୁ ପ୍ରବେଶ ନିଷେଧ ଥିଲା। ଆଜି ବି ମାଂସ ମଧ୍ୟରେ ସବୁଠାରୁ ନିକୃଷ୍ଟ ହିସାବରେ କୁକୁଡ଼ା ମାଂସକୁ ଗ୍ରହଣ କରାଯାଏ। ଆଧ୍ୟାତ୍ମିକତା ଦୃଷ୍ଟିରୁ ମଧ୍ୟ ଅନେକ କ୍ଷେତ୍ରରେ ଏହାକୁ ବାରଣ କରାଯାଇଛି। ସୁଜନପୁର ସ୍କୁଲ ଛାତ୍ରାବାସରେ ପ୍ରଥମେ କୁକୁଡ଼ାମାଂସ ତରକାରୀ କରାଯାଇଥିଲା। ସେଇଠି ସାର୍ କୁକୁଡ଼ା ଖିଆ ଶିଖିଲେ। ତା'ର ସ୍ୱାଦ ପାଇଲେ। ତା' ପରେ ଗାଆଁକୁ ଆସିଲେ କୁକୁଡ଼ା ଯୋଗାଡ଼ କରି ଘରକୁ ଆଣନ୍ତି। ସେତେବେଳେ କୁକୁଡ଼ା ଗୋଟିକର ଦାମ ଦୁଇଟଙ୍କା ଥିଲା। ହରିଜନ ସାହିର ରଙ୍କିଆ କକା ଆଠଣା ନେଇ କୁକୁଡ଼ା ମାଂସ କରିଦିଅନ୍ତି। ଅଣ୍ଡି, ମୁଣ୍ଡ, ଗୋଡ଼, ନାଡ଼ ଇତ୍ୟାଦି ସେ ନେଲା ପରେ ଯାହା ବଳକା ରହେ ସାର୍ ଘରକୁ ଆଣନ୍ତି। ଭାଇଭଉଣୀ ମିଶି ଜାଳକୁଟା ଯୋଗାଡ଼ କରି ଘରଠୁ ବାହାରେ ନିଜେ ନିଜେ ରୋଷେଇ କରନ୍ତି। ଭାଇ ଭଉଣୀ ସାଙ୍ଗ ହୋଇ ଆନନ୍ଦରେ ଖାଆନ୍ତି। ସେହିଦିନ ଠାରୁ କୁକୁଡ଼ା ଖିଆ ଆରମ୍ଭ ହେଲା ଓ ସମୟକ୍ରମେ ଘର ଭିତରେ ବି ପଶିଲା। ଆଉ ଆଜି ମାଂସ ଖାଇବା ଗୋଟିଏ ସାଧାରଣ କଥାରେ ପରିଣତ ହୋଇଯାଇଛି।

■

# ଆହୁରି ଦୂର ଧର୍ମଶାଳା ବାଣୀପୀଠ

ସପ୍ତମ ଶ୍ରେଣୀରେ ବୃତ୍ତି ପରୀକ୍ଷା ଦେଲା ପରେ ସାର୍‌ଙ୍କର ଇଚ୍ଛା ଥିଲା କବୀରପୁର ହାଇସ୍କୁଲ୍‌ରେ ପଢ଼ିବା ପାଇଁ। ଷଷ୍ଠରୁ ଏକାଦଶ ଶ୍ରେଣୀ ପର୍ଯ୍ୟନ୍ତ ପଢ଼ିବାର ସୁବିଧା କବୀରପୁରରେ ଥିଲା। ସାର୍‌ଙ୍କ ଘର ପାଖରୁ ସ୍କୁଲର ଦୂରତ୍ୱ ଥିଲା ମାତ୍ର ତିନି କିଲୋମିଟର। ତେଣୁ ଦୈନିକ ଘରୁ ସ୍କୁଲକୁ ଓ ସ୍କୁଲରୁ ଘରକୁ ଯାତାୟାତ କରି ହୋଇଥାନ୍ତା। କିନ୍ତୁ ସାର୍‌ଙ୍କ ବାପା ସେଠି ପଢ଼ାଇଲେ ନାହିଁ। କାରଣ ପାଖ ସ୍କୁଲ ହେତୁ ଦୈନିକ ଯିବାଆସିବା କଲେ ଗାଆଁର ପିଲାମାନଙ୍କ ସହିତ ମିଶିବାର ସୁଯୋଗ ମିଳିବ। ପୁଅ ଦୁଷ୍ଟ ହୋଇଯିବ। ଗାଆଁ ପିଲାମାନେ ଦୈନିକ ଯିବାଆସିବା କରି କବୀରପୁର ହାଇସ୍କୁଲରେ ପଢୁଥିଲେ। ସେହି ଦୃଷ୍ଟିରୁ ୧୯୫୦ ମସିହାରେ କୁଜାହାଲା ସ୍କୁଲରୁ ପଞ୍ଚମ ପାସ୍ କଲା ପରେ ସାର୍ କବୀରପୁର ହାଇସ୍କୁଲ୍‌ରେ ପଢ଼ିପାରିଥାନ୍ତେ। କିନ୍ତୁ, ତାଙ୍କ ବାପା ପୁଅର ଭବିଷ୍ୟତକୁ ଦୃଷ୍ଟିରେ ରଖି ପାଖକୁ ଆଣିବା ବଦଳରେ ଓଲଟା ଦୂରକୁ ଅର୍ଥାତ୍ ସୁଜନପୁରକୁ ପଠାଇ ଦେଇଥିଲେ। ତାପରେ ମାଇନର ପାସ୍ ପରେ ଅଷ୍ଟମରୁ ଏକାଦଶ ଶ୍ରେଣୀ ପର୍ଯ୍ୟନ୍ତ ପଢ଼ିବା ପାଇଁ ନିକଟସ୍ଥ ପୁରୁଷୋତ୍ତମପୁର ବଦଳରେ ଧର୍ମଶାଳା ଗଲେ। ସାର୍‌ଙ୍କ ଘର ଠାରୁ ଧର୍ମଶାଳା ଦକ୍ଷିଣ ଦିଗକୁ ଦଶ କିଲୋମିଟର ଦୂରରେ ଅବସ୍ଥିତ। ସେଠାକୁ ଯାଇ ଚାରିବର୍ଷ ପାଇଁ ହଷ୍ଟେଲରେ ରହିଲେ।

ଧର୍ମଶାଳା ହାଇସ୍କୁଲର ନାଁ ଧର୍ମଶାଳା ବାଣୀପୀଠ। ସ୍କୁଲ ପ୍ରତିଷ୍ଠା ହୋଇଥିଲା ୧୯୪୭ ମସିହାରେ। ସେତେବେଳକୁ ମାତ୍ର ସାତବର୍ଷର ସ୍କୁଲ୍। ସାର୍ ୧୯୫୪-୫୫ ମସିହା ଶିକ୍ଷାବର୍ଷରେ ବାଣୀପୀଠରେ ନାଆଁ ଲେଖାଇଲେ। ସମଗ୍ର ଧର୍ମଶାଳା ଥାନା ଓ ଧର୍ମଶାଳା ନିର୍ବାଚନ ମଣ୍ଡଳୀରେ ତାହା ଥିଲା ପ୍ରଥମ ଓ ଏକମାତ୍ର ହାଇସ୍କୁଲ। ବ୍ରହ୍ମବରଦା, ଜନକଠାରୁ, ଯେନାପୁର, ହରିଦାସପୁର, କଲଣ, ମଧୁବନ, ମୁଗପାଳ, ଖଣ୍ଡିତର, ବାହାଦଲାପୁର ପର୍ଯ୍ୟନ୍ତ ବିସ୍ତୀର୍ଣ୍ଣ ଅଞ୍ଚଳର ପିଲାମାନେ ପଢୁଥିଲେ। ସେତେବେଳେ ଧର୍ମଶାଳା ଅଂଚଳ ଶିକ୍ଷା କ୍ଷେତ୍ରରେ ପଛୁଆ ଥିଲା। କିନ୍ତୁ ଅଳ୍ପଦିନ

ମଧ୍ୟରେ ପାଠପଢ଼ା ଓ ଶୃଙ୍ଖଳା ଦୃଷ୍ଟିରୁ ବାଣୀପୀଠ ବେଶ୍ ନାଆଁ କରି ଗଲା। ବିଶେଷ କରି ସ୍କୁଲର ପ୍ରଧାନଶିକ୍ଷକ ଶ୍ରୀଯୁକ୍ତ କଳ୍ପତରୁ ମିଶ୍ର ଓ ତାଙ୍କ ସହକର୍ମୀ ମାନଙ୍କର ସମାଜରେ ଖୁବ୍ ଖାତିର ଓ ସୁନାମ ଥିଲା, ଅବିଭାବକ ମାନଙ୍କର ବିଶ୍ୱାସ ଥିଲା। ପାଠ ପଢ଼ାଇବା ତ କଳ୍ପତରୁ ମିଶ୍ରଙ୍କ ପାଖରେ ଛାଡ଼ିବା। ପିଲାଟି ସତକୁ ସତ ମଣିଷଟିଏ ହୋଇପାରିବ।

ଆମ ସାର୍ ହାଇସ୍କୁଲରେ ପଢ଼ିବା ବେଳକୁ ତାଙ୍କ ପରିବାର ଟିକେ ଅଭାବଗ୍ରସ୍ତ ଅବସ୍ଥାକୁ ଆସିଯାଇଥିଲେ। ଗୋଟିଏ ସାନ ଭଉଣୀର ବିବାହ ପାଇଁ ବରପାତ୍ର ଖୋଜା ଚାଲିଥାଏ। କିନ୍ତୁ ରୋଜଗାର ପ୍ରସାରିତ ହେଉନଥାଏ। ତଥାପି ସାର୍‌ଙ୍କ ବାପା ପୁଅକୁ ମଣିଷ କରିବା ଆଶାରେ ସବୁ ପ୍ରକାରର କଷ୍ଟ ସହିବାକୁ ପ୍ରସ୍ତୁତ ହୋଇଯାଇଥାନ୍ତି। ସେହିବର୍ଷ ସାର୍‌ଙ୍କ ଭଉଣୀର ବାହାଘର ହେଲା। ଅନେକ ଖର୍ଚ୍ଚ କରିବାକୁ ପଡ଼ିଲା। ଏତେ ଅସୁବିଧା ସତ୍ତ୍ୱେ ବି ବାଣୀପୀଠରେ ସାର୍‌ଙ୍କ ପାଠପଢ଼ା ଆରମ୍ଭ ହେଲା। କଳ୍ପତରୁ ସାର୍‌ଙ୍କ ଖୁଡ଼ିର ବାପଘର ଆମ ଗାଆଁରେ। ଏ ଦୃଷ୍ଟିରୁ କଳ୍ପତରୁ ସାର୍ ଏ ଗାଆଁର ଭଣଜା। ଆମ ସାର୍‌ଙ୍କ ବାପାଙ୍କ ସହିତ ତାଙ୍କର ଭଲ ପରିଚୟ ଥିଲା। ତା' ପରେ ନବୀନ କକା (ସହକାରୀ ପ୍ରଧାନ ଶିକ୍ଷକ) ହେଲେ ଆମ ସାର୍‌ଙ୍କ ବଂଶର ଲୋକ। ବାପାଙ୍କ ସାନଭାଇ। ଆର୍ଥିକ ଅସୁବିଧା ସତ୍ତ୍ୱେ ପୁଅକୁ ଭଲ ମଣିଷ କରିବା ପାଇଁ ଏତେ ଗୁଡ଼ାଏ ସୁବିଧା ଥିଲା। ତେଣୁ ସାର୍ ଧର୍ମଶାଳା ବାଣୀପୀଠରେ ପାଠ ପଢ଼ିଲେ। ରହିଲେ ଛାତ୍ରାବାସରେ। ସେଠିକାର ଖାଇବା ଖର୍ଚ୍ଚ ଥିଲା ମାସକୁ ପନ୍ଦର ସେର ଚାଉଳ ଆଉ ସାତ ଆଠ ଟଙ୍କା।

୧୯୫୪-୫୫ରେ ଅଷ୍ଟମ ଶ୍ରେଣୀ। ୧୯୫୫-୫୬ରେ ନବମ ଶ୍ରେଣୀ। ୧୯୫୬-୫୭ରେ ଦଶମ ଓ ୧୯୫୭-୫୮ରେ ଏକାଦଶ ଶ୍ରେଣୀ ଯାଏଁ ସେଠି ପାଠ ପଢ଼ିଥିଲେ। ସେତେବେଳେ ମ୍ୟାଟ୍ରିକ୍ ଏଗାର ବର୍ଷିଆ ପାଠ୍ୟକ୍ରମ ଥିଲା। ୧୯୫୮ ମସିହାରେ ଏକାଦଶ ଶ୍ରେଣୀର ବାର୍ଷିକ ବୋର୍ଡ ପରୀକ୍ଷା ହେଲା। ସେତେବେଳେ କଟକ ଆମର ଜିଲ୍ଲା ଥିଲା। ଯାଜପୁର ଥିଲା ସବ୍‌ଡିଭିଜନ୍। ଯାଜପୁର ସବ୍‌ଡିଭିଜନ୍ ସାରା ସ୍କୁଲର ଛାତ୍ରମାନେ ଯାଜପୁର ହାଇସ୍କୁଲ୍‌ରେ ପରୀକ୍ଷା ଦେଉଥିଲେ। ତାକୁ ଜିଲ୍ଲାସ୍କୁଲର ମାନ୍ୟତା ମିଳିଥିଲା। ସବ୍‌ଡିଭିଜନ୍‌ର ଏଗାରଟା ସ୍କୁଲ ପାଇଁ ଗୋଟିଏ ପରୀକ୍ଷାକେନ୍ଦ୍ର ହେଉଥିଲା। ସ୍କୁଲଗୁଡ଼ିକ ହେଲା :- ୧) ଯାଜପୁର ହାଇସ୍କୁଲ ୨) ବିରଜା ହାଇସ୍କୁଲ ୩) ଦଶରଥପୁର ହାଇସ୍କୁଲ ୪) ମଙ୍ଗଳପୁର ହାଇସ୍କୁଲ ୫) ରାମବାଗ୍ ହାଇସ୍କୁଲ ୬) ଏନ୍.ସି. ହାଇସ୍କୁଲ ୭) ଶଙ୍ଖଚିଲା ହାଇସ୍କୁଲ ୮) ପୁରୁଷୋତ୍ତମପୁର ହାଇସ୍କୁଲ ୯) ଧର୍ମଶାଳା ବାଣୀପୀଠ ୧୦) ବଡ଼ଚଣା ହାଇସ୍କୁଲ ୧୧) ସୁକିନ୍ଦା ହାଇସ୍କୁଲ।

ଆଜିର ଅବସ୍ଥା ବଦଳି ଯାଇଛି। ସ୍କୁଲ ବଢ଼ିଛି କିନ୍ତୁ ସେ ତୁଳନାରେ ଆଉ ସବୁକିଛି କମିଯାଇଛି। ପାଠପଢ଼ାର ମାନ, ଶିକ୍ଷକର ମର୍ଯ୍ୟଦା, ଛାତ୍ରଙ୍କ ଠାରେ ଶୃଙ୍ଖଳା ଆଦୌ ନାହିଁ କହିଲେ ଚଳେ। ସେତେବେଳେ ସ୍କୁଲରେ ବାଳିକାଙ୍କ ସଂଖ୍ୟା ଖୁବ୍ କମ୍ ଥିଲା। ଅନେକ ସ୍ଥାନରେ ଆଦୌ ନଥିଲେ ବୋଲି କହିଲେ ଠିକ୍ ହେବ। ସାରଙ୍କ ବ୍ୟାଚ୍‌ରେ ମ୍ୟାଟ୍ରିକ୍ ପରୀକ୍ଷା ଦେବାପାଇଁ ଆଦୌ ଝିଅପିଲା ନଥିଲେ।

# ବାଣୀପୀଠରେ ପାଢ଼ପଢ଼ା

ସେତେବେଳେ ଜାତୀୟ ରାଜପଥ ତିଆରି ହୋଇନଥିଲା। ନଦୀମାନଙ୍କ ଉପରେ ପୋଲ ତିଆରି ହୋଇନଥିଲା। ନଦୀ ପାର ହେବାର ମାଧ୍ୟମ ଥିଲା ଡଙ୍ଗା। ଧର୍ମଶାଳାର ରବି ଷଢ଼ଙ୍ଗୀ ଥିଲେ ଗୋଟିଏ ବସର ମାଲିକ। ବ୍ରାହ୍ମଣୀରେ ତିଆରି ଖରାଦିନିଆ ରାସ୍ତା (Fareweather Road) ରେ ସେଇ ରବି ଷଢ଼ଙ୍ଗୀଙ୍କ ବସ୍‌ରେ ବସି ବାଣୀପୀଠର ମ୍ୟାଟ୍ରିକ୍ ପରୀକ୍ଷାର୍ଥୀ ମାନେ ଖରସୁଆଁ ଘାଟ ପର୍ଯ୍ୟନ୍ତ ଗଲେ। ନଈପାର ହୋଇ ସେପଟରେ ପହଞ୍ଚିଲା ପରେ ଛାତ୍ରମାନଙ୍କର ଆସବାବପତ୍ର ତିନିଖଣ୍ଡ ଶଗଡ଼ ଗାଡ଼ିରେ ଲଦା ହୋଇ ଚାଲିଲା। ସାର୍ ଓ ଛାତ୍ରମାନେ ଗାଡ଼ି ସାଙ୍ଗରେ ଚାଲି ଚାଲି ଯାଇ ଯାଜପୁରରେ ପହଞ୍ଚିଲେ। ପରୀକ୍ଷା ପାଇଁ କେନ୍ଦ୍ରର ନିକଟବର୍ତ୍ତୀ ଅଞ୍ଚଳରେ ସାର୍‌ଙ୍କ ସହିତ ମେସ୍ କରି ଚାରିଦିନ ପାଇଁ ରହିବାକୁ ହୁଏ। ଆଠଶହ ମାର୍କର ଆଠଟି ପେପର ପାଇଁ ପରୀକ୍ଷା । ଦିନକୁ ଦୁଇଟି ସିଟିଙ୍ଗ୍‌ରେ ଦୁଇଟି ପେପର୍ ପରୀକ୍ଷା ହୋଇ ଚାରିଦିନରେ ସରିଯାଏ।

ମ୍ୟାଟ୍ରିକ୍ ପରୀକ୍ଷାର ଫଳ ବାହାରିଲା। ଆମ ସାର୍‌ଙ୍କ ଅନ୍ତରଙ୍ଗ ସାଙ୍ଗ ରମେଶ ମହାନ୍ତି ପ୍ରଥମ ଦଶଜଣଙ୍କ ମଧ୍ୟରେ ତୃତୀୟ ସ୍ଥାନ ଅଧିକାର କରି ବାଣୀପୀଠର ଗୌରବ ବୃଦ୍ଧି କରିଥିଲେ। ଏହାଙ୍କ ବ୍ୟତୀତ ଅନ୍ୟ ଦୁଇଜଣ ଅନ୍ତରଙ୍ଗ ସାଙ୍ଗ ରଘୁନାଥ ରଥ ଓ ଧୋଇଧର ସାହୁ ପ୍ରଥମ ଶ୍ରେଣୀରେ ପାସ୍ କରିଥିଲେ। ଆମ ସାର୍ ୫୬% ମାର୍କ ରଖିଥିଲେ। ଅର୍ଥାତ୍ ଖୁବ୍ କମ୍ ମାର୍କ ପାଇଁ ଦ୍ୱିତୀୟ ଶ୍ରେଣୀରେ ପାସ୍ କଲେ।

ଆଜିକାଲି ପରୀକ୍ଷା ଦଶବାର ଦିନ ଧରି ଚାଲୁଛି। ଦୈନିକ ଗୋଟିଏ ବିଷୟରେ ପରୀକ୍ଷା ହେଉଛି। ପ୍ରବଳ କପି ହେଉଛି। ସବୁଠି କପି ହେଉଛି। ଶହେରୁ ଅନେଶତ ସ୍କୁଲର ପିଲାମାନେ କପି କରୁଥିବା ବେଳେ ଧରା ପଡୁଛନ୍ତି। ସ୍କ୍ୱାର୍ଡଦଳମାନେ ଚତୁର୍ଦ୍ଦିଗ ବୁଲୁଛନ୍ତି। ଏହା ସତ୍ତ୍ୱେ ବି ଏ ବିଶୃଙ୍ଖଳା ଦୂର ହୋଇପାରୁନାହିଁ। ଶିକ୍ଷାବ୍ୟବସ୍ଥା ସମ୍ପୂର୍ଣ୍ଣ ନିମ୍ନଗାମୀ ହୋଇଗଲାଣି। ଅର୍ଥ ବିନିମୟରେ ସ୍କୁଲର ଷ୍ଟାଫ୍‌ମାନେ କପି ଯୋଗାଣରେ

ସମ୍ପୃକ୍ତ ରହୁଛନ୍ତି। ପରୀକ୍ଷା ଖାତା ମୂଲ୍ୟାୟନ ପାଇଁ ଯୁଆଡ଼େ ଯାଉଛି ଅବିଭାବକମାନେ ଖାତା ପଛରେ ଗୋଡ଼ାଇ ଗୋଡ଼ାଇ ଯାଉଛନ୍ତି। ଖାତା ଦେଖୁଥିବା ଶିକ୍ଷକମାନଙ୍କୁ ଅସତ୍ ଉପାୟରେ ପ୍ରଭାବିତ କରି ମାର୍କ ବଢ଼ାଇବାର ବନ୍ଦୋବସ୍ତ କରୁଛନ୍ତି। ସେଦିନ ପରି ପରୀକ୍ଷା କରାଇବାଟା ଏବେ ସମ୍ପୂର୍ଣ୍ଣ ଅସମ୍ଭବ ହୋଇଗଲାଣି। ସେତେବେଳେ କପିର ପ୍ରଶ୍ନ ହିଁ ନଥିଲା। ଏମିତିକି ପିଲାଏ ବିଧିବଦ୍ଧ ଭାବରେ ଟିଉସନ୍ ହେଉନଥିଲେ। ଶ୍ରେଣୀରେ ପଢ଼ାଯାଉଥିବା ପାଠ ଯଥେଷ୍ଟ ଥିଲା। କେବେ କେମିତି ଅନ୍ୟ ସମୟରେ ପିଲାମାନେ ସାର୍‌ଙ୍କ ପାଖରୁ ପାଠ ବୁଝି ନେଉଥିଲେ।

■

# ପୂଜ୍ୟ ଶିକ୍ଷକମାନେ

ପ୍ରଧାନଶିକ୍ଷକ ଶ୍ରୀଯୁକ୍ତ କଳ୍ପତରୁ ମିଶ୍ରଙ୍କ ଘର ଥିଲା ଏକତଳାରେ। ସେ ଅଧିକାଂଶ ଦିନ ସ୍କୁଲରେ ତାଙ୍କ ପାଇଁ ଉଦ୍ଦିଷ୍ଟ ରୁମ୍‌ରେ ରହିଯାଉଥିଲେ। ବେଳେବେଳେ ଆମ ସାର୍ ଓ ଅନ୍ୟ ଛାତ୍ରମାନେ ରାତିରେ ପ୍ରଧାନଶିକ୍ଷକଙ୍କ ଗୋଡ଼ ଘସିଦେବା ପାଇଁ ଯାଉଥିଲେ। ଗୋଡ଼ଘସା ସମୟତକ ଖାଲିଗୋଡ଼ ଘସାରେ ବିତୁନଥିଲା କଳ୍ପତରୁ ସାର୍ ପିଲାମାନଙ୍କୁ ପାଠ ବିଷୟରେ ବିଭିନ୍ନ ପ୍ରଶ୍ନ ପଚାରୁଥିଲେ ଓ ପିଲାମାନଙ୍କ ପ୍ରଶ୍ନର ଉତ୍ତର ଦେଉଥିଲେ। ପ୍ରାଚୀନ ଋଷି ଆଶ୍ରମ ଭଳି ବାଣୀପୀଠରେ ଶିକ୍ଷକ ଓ ଛାତ୍ରମାନଙ୍କ ମଧ୍ୟରେ ସୁସମ୍ପର୍କ ଥିଲା। ଶିକ୍ଷକମାନଙ୍କର ଆଜ୍ଞା ପାଳନ ପାଇଁ ଛାତ୍ରମାନେ ଆଗ୍ରହ ସହକାରେ ଆଗେଇ ଆସୁଥିଲେ। ଗୁରୁ ଗୁରୁଜନମାନଙ୍କ ସେବା ଶୁଶ୍ରୂଷା କରିବା ବାଳୁତ ମନରେ ଛାପ ପକାଇଥିଲା। ଦୁର୍ଲଭ ଶିକ୍ଷକ ଓ ଅନ୍ୟାନ୍ୟ କର୍ମଚାରୀମାନଙ୍କ ପାଇଁ ସ୍କୁଲଟି ସୁନାମ ଅର୍ଜନ କରିବା ସହିତ ଭଲ ଛାତ୍ରମାନଙ୍କୁ ଜନ୍ମ ଦେଇ ପାରିଥିଲା।

ପ୍ରଧାନଶିକ୍ଷକ ଥିଲେ ଶ୍ରୀଯୁକ୍ତ କଳ୍ପତରୁ ମିଶ୍ର, ବି.ଏ. ବିଇଡି. MCA ତାଲିମପ୍ରାପ୍ତ। ସହକାରୀ ପ୍ରଧାନଶିକ୍ଷକ ଥିଲେ ନବୀନ କିଶୋର କର, ବି.ଏ., ବିଇଡ଼ି., ସାହିତ୍ୟ ଓ ଇଂରାଜୀ ପଢ଼ାଉଥିଲେ। ଶ୍ରୀଯୁକ୍ତ ମହମ୍ମଦ ଜୋବେର, ବି.ଏ., ବିଇଡ଼ି., ଇଂରାଜୀ ଶିକ୍ଷକ, ଶ୍ରୀଯୁକ୍ତ ନୃସିଂହ ମିଶ୍ର, ବି.ଏସ୍‌ସି., ବିଜ୍ଞାନ ଓ ଗଣିତ ଶିକ୍ଷକ। ନୃସିଂହ ସାର୍ ଭଲ ଶିକ୍ଷକ ସହିତ ମେଧାବୀ ଛାତ୍ର ମଧ୍ୟ ଥିଲେ। ସବୁବେଳେ ପଢ଼ାପଢ଼ିରେ ଲାଗି ରହୁଥିଲେ। ପୁରୀ ଜିଲ୍ଲାର ପାରିକୁଦ ମାଲୁଦରୁ ଆସିଥିଲେ। ପରବର୍ତ୍ତୀ ସମୟରେ ଇଣ୍ଟରଭ୍ୟୁ ଦେଇ ସେକ୍ରେଟାରୀଏଟ୍ ଚାକିରୀରେ ଯୋଗଦେଲେ। ଶ୍ରୀଯୁକ୍ତ ନାରାୟଣ ମିଶ୍ର, ସାହିତ୍ୟାଚାର୍ଯ୍ୟ, ସଂସ୍କୃତଶିକ୍ଷକ। ପରବର୍ତ୍ତୀ ସମୟରେ ପଢ଼ାପଢ଼ି କରି ବି.ଏ. ଓ ଏମ୍.ଏ ଡିଗ୍ରୀ ହାସଲ କରିଥିଲେ। ଶ୍ରୀଯୁକ୍ତ ପୂର୍ଣ୍ଣଚନ୍ଦ୍ର ମିଶ୍ର (ହୃଷି ସାର୍) ଆଇ. ଏସ୍.ସି. ବିଜ୍ଞାନ ଶିକ୍ଷକ। ହୃଷି ସାର୍‌ଙ୍କ ଘର କୁଜାହାଲାରେ। ସେତେବେଳେ ସ୍କୁଲମାନଙ୍କ ପାଇଁ ବିଜ୍ଞାନ ଶିକ୍ଷକ ଖୁବ୍ ଅଭାବ ଥିଲେ। ନୃସିଂହ ସାର୍ ବିଦାୟ ନେଇଯିବାରୁ

ସାର୍‌ଙ୍କର ଦଶମ 2nd Half ଠାରୁ ପ୍ରିଟେଷ୍ଟ ପର୍ଯ୍ୟନ୍ତ ବିଜ୍ଞାନ ଶିକ୍ଷକ ନଥିଲେ । ବାଣୀପୀଠ ପାଇଁ ଜଣେ ବିଜ୍ଞାନ ଶିକ୍ଷକ ଆବଶ୍ୟକ ଥାଆନ୍ତି । ଆମ ସାର୍ ଚତୁର୍ଥ ପଞ୍ଚମ ପଢ଼ିଲାବେଳେ କୁଜାହାଲାର ଅନେକ ଲୋକଙ୍କୁ ଚିହ୍ନିଥିଲେ । ସେହି ପ୍ରକାରେ ହୃଷି ସାର୍‌ଙ୍କୁ ଚିହ୍ନିଥିଲେ । ବାଣୀପୀଠରେ ବିଜ୍ଞାନ ଶିକ୍ଷକର ଆବଶ୍ୟକତା ପୂରଣ ପାଇଁ ସାର୍ ଶ୍ରୀଯୁକ୍ତ ପୂର୍ଣ୍ଣଚନ୍ଦ୍ର ମିଶ୍ରଙ୍କ ନାମ ପ୍ରସ୍ତାବ ଦେଲେ ଓ ସର୍ବସମ୍ମତିକ୍ରମେ ତାଙ୍କୁ କୁଜାହାଲାରୁ ନେଇ ଧର୍ମଶାଳା ସ୍କୁଲରେ ପହଞ୍ଚାଇଥିଲେ ।

ବାଣୀପୀଠ ସହିତ ସଂଯୁକ୍ତ ଥିବା ମାଇନର ସ୍କୁଲର ପ୍ରଧାନଶିକ୍ଷକ ଥିଲେ ଶ୍ରୀଯୁକ୍ତ ରମାନାଥ ମହାନ୍ତି । ଅନ୍ୟ ଶିକ୍ଷକମାନେ ହେଲେ ଶ୍ରୀଯୁକ୍ତ କେଶବ ଦାଶ, ଶ୍ରୀଯୁକ୍ତ ଲକ୍ଷ୍ମୀଧର ଦାଶ ଓ ଶ୍ରୀଯୁକ୍ତ ବ୍ରଜବନ୍ଧୁ ବେହେରା । ବ୍ରଜ ସାର୍ ମାଇନର ସ୍କୁଲର ଶିକ୍ଷକ ହେଲେ ବି ଅଷ୍ଟମରୁ ଏକାଦଶ ଶ୍ରେଣୀ ପର୍ଯ୍ୟନ୍ତ ପିଲାଙ୍କୁ ଗଣିତ, ବୀଜଗଣିତ ପଢ଼ାନ୍ତି । ମ୍ୟାଟ୍ରିକ୍ ପରୀକ୍ଷା ଦେବାକୁ ଯାଉଥିବା ପିଲାମାନଙ୍କ ସାଙ୍ଗରେ ପରୀକ୍ଷା କେନ୍ଦ୍ରକୁ ଯାଆନ୍ତି । ସାଙ୍ଗରେ ଯାଆନ୍ତି ରୋଷେଇ କରିବା ପାଇଁ ହଷ୍ଟେଲ୍‌ର ପୂଜାରୀ ବାସୁନନା । ଟହଲିଆ ମଣି ଆଉ ସ୍କୁଲ ପିଅନ ନଟ । ସମସ୍ତେ ଭଲ ମଣିଷ । ଖୁବ୍ ଭଲ ମଣିଷ । ଯେଉଁଥିପାଇଁ ଧର୍ମଶାଳା ବାଣୀପୀଠ ଅଳ୍ପ ଦିନରେ ଏତେ ସୁନାମ ଅର୍ଜନ କରି ପାରିଥିଲା ।

ସ୍କୁଲ ଘର । ଚାଳ ଛପର ସହିତ କାନ୍ଥ, ମେଜିଆ ଓ ପିଣ୍ଡା ଇଟା ସିମେଣ୍ଟର ଥିଲା । ଗୋଟିଏ ମୁଣ୍ଡ ଘରେ ପ୍ରଧାନଶିକ୍ଷକ ରୁହନ୍ତି । ପାଖ ରୁମ୍‌ରେ ରୁହନ୍ତି କିଛି ପିଲା । ତା'ପର ରୁମ୍‌ଟି ହେଲା ଅଫିସ୍ । ଅଫିସ୍ ରୁମ୍‌କୁ ପଶିଗଲେ ଡାହାଣ ପଟ କାନ୍ଥରେ ଝୁଲୁଥାଏ ନର କଙ୍କାଳଟିଏ । ବିଜ୍ଞାନ ଓ ଫିଜିଓଲୋଜି ହାଇଜିନ୍ ଛାତ୍ରଙ୍କୁ ପଢ଼ାଇବା ବେଳେ ଦରକାର ହୁଏ । ସାର୍ ପ୍ରଥମେ ସେଇଠି Skeleton ଦେଖିଲେ । ମଣିଷ ଭିତରର ଛାଞ୍ଚଟା ଏଇ କେଇ ଖଣ୍ଡି କାଠି ଭଳି ହାଡ଼ । ବଳକା ରୁମ୍ ଗୁଡ଼ିକରେ ଷଷ୍ଠରୁ ଏକାଦଶ ପର୍ଯ୍ୟନ୍ତ ଶ୍ରେଣୀ ବସେ । ସ୍କୁଲ ସମ୍ମୁଖ ପୂର୍ବ ଦିଗରେ ଉତ୍ତରରୁ ଦକ୍ଷିଣକୁ ଲମ୍ବିଯାଇଛି ପ୍ରସିଦ୍ଧ ଓ ପ୍ରାଚୀନ ଜଗନ୍ନାଥ ସଡ଼କ । ସ୍କୁଲର ଦକ୍ଷିଣ ପଟରେ ଛଅବଖରା ବିଶିଷ୍ଟ ଛାଳଛପର ପକ୍‌କା ଘରଟିଏ ଥାଏ । ହଷ୍ଟେଲ । ଗୋଟିଏ ବଖରାରେ ସୁପରିଟେଣ୍ଡେଣ୍ଟ୍ ଓ କେତେଜଣ ଶିକ୍ଷକ, ବାକି ପାଞ୍ଚ ବଖରାରେ ପ୍ରାୟ ୭୦/୮୦ଜଣ ପିଲା ରୁହନ୍ତି । ନବୀନ କକା ସୁପରିଟେଣ୍ଡେ ଓ କେଶବ ସାର୍ ସହଯୋଗୀ ସୁପରିଟେଣ୍ଡେଣ୍ଟ୍ ହିସାବରେ ହଷ୍ଟେଲ୍‌ଟିକୁ ସୁଚାରୁ ରୂପେ ପରିଚାଳନା କରନ୍ତି । ହଷ୍ଟେଲର ପ୍ରତ୍ୟେକ ପିଲା ନିଜର ଦୈନନ୍ଦିନ ବ୍ୟବହାର ପାଇଁ ଥାଳି, ଡାଟିଆ, ଥାଳିଆ, ଗ୍ଲାସ ଓ ଲୋଟାର ଗୋଟିଏ ସେଟ୍ ନିଜର ବ୍ୟବହାର ପାଇଁ ଘରୁ ଆଣିଥାଆନ୍ତି ।

ନିଜ ନିଜର କାର୍ଯ୍ୟ କରିବା ଓ ଶୃଙ୍ଖଳିତ ଭାବରେ ଚଳିବା ଉପରେ

ଶିକ୍ଷକମାନେ ତୀକ୍ଷ୍ଣ ନଜର ରଖିଥାନ୍ତି । ପ୍ରଧାନଶିକ୍ଷକ ଭାରି କଡ଼ା । ତାଙ୍କୁ ଡରି ପିଲାମାନେ ପାନ, ବିଡ଼ି, ସିଗାରେଟ୍, ଗୁଣ୍ଡି ଗୁଡାଖୁ ଠାରୁ ଦୂରେଇ ରହିଥାନ୍ତି । ତଥାପି ବି କେତେକ ଉଶୃଙ୍ଖଳ ପିଲା ଖୁବ୍ ଗୁପ୍ତ ଭାବରେ ଗୋଟିଏ ଗୋଟିଏ ଖରାପ ଅଭ୍ୟାସ ରଖିଥାନ୍ତି । ଡାକ୍ତର କୁଳମଣି ପରିଡ଼ାଙ୍କ ଭାଇ ଇନ୍ଦ୍ରମଣି ପରିଡ଼ା ସାରଙ୍କ ଶ୍ରେଣୀରେ ପଢ଼ନ୍ତି ଓ ହଷ୍ଟେଲରେ ରହନ୍ତି । ସେ ଖୁବ୍ ବିଡ଼ି ଟାଣନ୍ତି । ବିଡ଼ିକୁ ଲୁଚାଇବା ପାଇଁ ଆମ ସାରଙ୍କ ଭଳି ଭଲ ପିଲାଙ୍କ ବାକ୍ସକୁ ବାଛୁଥିଲେ । ତାଙ୍କରି ବାକ୍ସରେ ବିଡ଼ି ସବୁ ଲୁଚାଇ ରଖୁଥିଲେ । କାରଣ ଭଲ ପିଲାମାନଙ୍କ ଉପରେ ଥିବା ବିଶ୍ୱାସ ହେତୁ ସୁପରିଟେଣ୍ଡେଣ୍ଟ୍ ତାଙ୍କର ତଲାସୀ କରନ୍ତି ନାହିଁ ।

■

# ପାନଖିଆ

ଆମ ସାର୍ ବି ଥରେ ପାନ ଖାଇଥିଲେ । ସ୍କୁଲ ଗେଟ୍ ସାମନାରେ ରାସ୍ତା ଆରପଟେ ଉତ୍ସବ ପାନଦୋକାନ ଥିଲା । ଅଣାଏ ପଇସା ଦେଇ ଦିଖଣ୍ଡ ସାଦା ପାନ ଆଣିଥିଲେ । ପାନରେ ବିଭିନ୍ନ ପ୍ରକାରର ରଙ୍ଗୀନ ମିଠା ମସଲା ଦିଆଯାଇଥିଲା । ପାନ ଗୋଟାକ ହାତ ମୁଠାରେ ମୁଠାଏ ହେବ । ହଷ୍ଟେଲ୍‌ରେ ମାଂସ ଭୋଜିଦିନ ଚଞ୍ଚଳ ଖାଇ ସାରି ସାର୍ ବାହାରକୁ ପଳେଇ ଆସିଲେ । ଖୁଣ୍ଟ ଆଡୁଆଳରେ ଲୁଚି ପାନଟିଏ ପାଟିରେ ପୁରାଇଲେ । ଦି ତିନି ଥର ଚୋବେଇଲା ପରେ ମିଠା ସ୍ୱାଦ ସହିତ ପାନରୁ ଆଇଁଶିଆ ବାସ୍ନା ବାହାରିଲା । ସାର୍ ଘୃଣାରେ ପାନର ରସ ନ ଢୋକି ଥୁ ଥୁ କରି ପାଟିରୁ କାଢ଼ି ପକାଇଲେ । କାହାର ଦୃଷ୍ଟିରେ ପଡ଼ିବା ପୂର୍ବରୁ ପାନ ଖାଇବା ଆପେ ଆପେ ବନ୍ଦ ହୋଇଗଲା । ସେଇଦିନ ଠାରୁ ପାନ ଖାଇବା ପ୍ରତି ତାଙ୍କର ବିତୃଷ୍ଣା ଆସି ଯାଇଥିଲା । ତେଣୁ ତାଙ୍କର ପାନ ଅଭ୍ୟାସ ନଥିଲା । ଏମିତିକି ବାହାଘର ସମୟରେ ଶ୍ୱଶୁରଘରେ କିମ୍ବା ରଜପର୍ବରେ ବି ସେ ପାନଟିଏ ଖାଇ ନାହାନ୍ତି । ରଜକଥା ଲେଖିବାର କାରଣ ହେଲା:- ରଜପର୍ବ ତଥା ଓଡ଼ିଶାର ବିଭିନ୍ନ ପର୍ବପର୍ବାଣୀରେ ପିଲାମାନେ ବି ପାନଟିଏ ପାଟିରେ ପୁରାଇ ଓଠ ଲାଲ୍ କରି ଆନନ୍ଦ ନିଅନ୍ତି । ଅବଶ୍ୟ ବଡ଼ ହେଲା ପରେ ସାର୍ କେବେ କେମିତି ସାଦାପାନ ଖଣ୍ଡିଏ ଖାଇଦିଅନ୍ତି କିନ୍ତୁ ତାକୁ ଅଭ୍ୟାସ କରି ନାହାଁନ୍ତି । ପିଲାଦିନେ ପାନ ଭଳି ନିଶା ପ୍ରତି ଆକୃଷ୍ଟ ହେବାର ଭୁଲଟି ଆପେ ଆପେ ତାଙ୍କର ସଂଶୋଧିତ ହୋଇଯାଇଥିଲା । ବୋଧହୁଏ ଭଗବାନ ଭଲ ମଣିଷଙ୍କୁ ଖରାପ ବାଟରେ ପାଦ ଦେବା ମାତ୍ରେ ଖୁବ୍ ଶୀଘ୍ର ଟାଣି ଆଣି ଭଲ ବାଟ ଦେଖାଇ ଦିଅନ୍ତି । ସାର୍‌ଙ୍କ ପ୍ରଭାବରେ ତାଙ୍କର ଅନ୍ୟ ତିନି ଭାଇ ମଧ୍ୟ ପାନ ଖାଆନ୍ତି ନାହିଁ । ତେଣୁ ବାପା ମା' ଗଲାପରେ ବନ୍ଧୁ ବାନ୍ଧବ ଆସିଲେ ସାର୍‌ଙ୍କ ଘରେ ପାନ ଯୋଗାଇବା ଅସୁବିଧା ହୁଏ ।

# ବାଣୀପୀଠର ପ୍ରସିଦ୍ଧ ଛାତ୍ରମାନେ

ଧର୍ମଶାଳା ବାଣୀପୀଠରର ପାଠପଢ଼ା ଥିଲା ଖୁବ୍ ଉନ୍ନତମାନର। ସେଥିପାଇଁ ଏ ସ୍କୁଲର ଛାତ୍ରମାନେ ତିନି ତିନି ଥର ପ୍ରଥମ ଦଶଜଣଙ୍କ ମଧ୍ୟରେ ସ୍ଥାନ ପାଇ ପାରିଥିଲେ। ପ୍ରଥମ ଶ୍ରେଣୀରେ ତୃତୀୟ ସ୍ଥାନ ଅଧିକାର କରିଥିବା ସାର୍‌ଙ୍କ ସାଙ୍ଗ ରମେଶ ମହାନ୍ତି ଆଇ.ପି.ଏସ୍. ପାଇଥିଲେ ଓ ଓଡ଼ିଶା ପବ୍ଲିକ୍ ସର୍ଭିସ କମିଶନର ସଭ୍ୟ ହୋଇ ଅବସର ଗ୍ରହଣ କରିଥିଲେ। ସେହି ତୃତୀୟ ସ୍ଥାନ ଅଧିକାର କରିଥିବା ଶ୍ରୀ ଅଜିତ୍ କୁମାର ପଟ୍ଟନାୟକ ଦିଲ୍ଲୀ ରେଳବାଇର ପ୍ରଶାସନିକ ଅଧିକାରୀ ଥିଲେ। ତୃତୀୟ ଜଣକ ହେଲେ ଶ୍ରୀ ଇନ୍ଦ୍ରମଣି ସାମଲ। ସେ ରାଉରକେଲା ଇସ୍ପାତ କାରଖାନାର ଆସିଷ୍ଟାଣ୍ଟ ଜେନେରାଲ ମ୍ୟାନେଜର ହୋଇଥିଲେ।

ଏମାନଙ୍କ ବ୍ୟତୀତ ଅନ୍ୟ ବିଶିଷ୍ଟ ଛାତ୍ରମାନଙ୍କ ମଧ୍ୟରୁ ଡକ୍ଟର ପ୍ରଦୀପ କୁମାର ତ୍ରିପାଠୀ, ଅବସରପ୍ରାପ୍ତ କୁଳପତି, ସମ୍ବଲପୁର ବିଶ୍ୱବିଦ୍ୟାଳୟ। ଡକ୍ଟର ଉଦୟନାଥ ରାଉତ, ଅବସରପ୍ରାପ୍ତ ପ୍ରଫେସର, ପରିସଂଖ୍ୟାନ, ରେଭେନ୍‌ସା କଲେଜ। ଡକ୍ଟର ମାୟାଧର ସାହୁ, ଅବସରପ୍ରାପ୍ତ ପ୍ରଫେସର, ଭୂତତ୍ତ୍ୱ, ଗଙ୍ଗାଧର ମେହେର କଲେଜ। ଡକ୍ଟର ଦିବାକର ସାହୁ, ଅବସରପ୍ରାପ୍ତ ପ୍ରଫେସର ଓ ଡିନ୍, କୃଷି ମହାବିଦ୍ୟାଳୟ। ଡକ୍ଟର ସଦାନନ୍ଦ ବାରିକ, ପ୍ରଫେସର, ଆମେରିକା। ଶ୍ରୀଯୁକ୍ତ ଚୈତନ୍ୟ ଚରଣ ପୃଷ୍ଟି, ଅବସରପ୍ରାପ୍ତ ଆଇ.ଏ.ଏସ୍.। ଶ୍ରୀ ଦେବେନ୍ଦ୍ରନାଥ ଶତପଥୀ, ଅବସରପ୍ରାପ୍ତ ଆଇ.ପି.ଏସ୍.। ଶ୍ରୀ କୃଷ୍ଣଚନ୍ଦ୍ର ମହାନ୍ତି, ଅବସରପ୍ରାପ୍ତ ଓ.ପି.ଏସ୍.। ଶ୍ରୀ ବିଷ୍ଣୁ ଚରଣ ପଣ୍ଡା, ଆଇ.ଏ.ଏସ୍.। ଶ୍ରୀ ଗୟାଧର ପଣ୍ଡା, ଜିଲ୍ଲା ଜଜ୍। ଶିକ୍ଷାକ୍ଷେତ୍ରରେ ଅଛନ୍ତି ରାଷ୍ଟ୍ରପତି ଓ ରାଜ୍ୟପାଳ ପୁରସ୍କାର ପ୍ରାପ୍ତ ଶିକ୍ଷକ।

ଶିକ୍ଷା, ସାହିତ୍ୟ, ପ୍ରଶାସନ, ଆଇନ୍, ସ୍ୱାସ୍ଥ୍ୟସେବା, ଚାଟାର୍ଡ ଏକାଉଣ୍ଟାଣ୍ଟ, ଇଞ୍ଜିନିୟରିଂ, ବ୍ୟାଙ୍କ, ଜଙ୍ଗଲ, ଭାରତୀୟ ଅଏଲ କର୍ପୋରେସନ୍, କ୍ରିଡ଼ା, ସମାଜସେବା, ପାରାଦ୍ୱୀପ ପୋର୍ଟ ଇତ୍ୟାଦିରେ ସମ୍ମାନୀୟ ଓ ଉଚ୍ଚପଦସ୍ଥ ଅଧିକାରୀ ହିସାବରେ ଶତାଧିକ

ଛାତ୍ର କାର୍ଯ୍ୟରତ ଅଛନ୍ତି । ଅଳ୍ପଦିନ ଭିତରେ କଳ୍ପତରୁ ସାର୍‌ଙ୍କ ଅବିଭାବକତ୍ୱରେ ସ୍କୁଲ ଖୁବ୍ ସୁନାମ ଅର୍ଜନ କରି ପାରିଥିଲା । ଶିକ୍ଷକମାନେ ଖୁବ୍ ଯତ୍ନ ସହକାରେ ପାଠ ପଢ଼ାଉଥିଲେ । ଏ ବିଷୟରେ ସାର୍‌ଙ୍କର ବକ୍ତବ୍ୟକୁ ଏଠାରେ ଆମେ ଅବିକଳ ଉଦ୍ଧାର କରୁଛୁ:-

" ଆମ ସମୟରେ ଇଂରାଜୀ ୧ମ ପତ୍ର ଓ ୨ୟ ପତ୍ର ହିସାବରେ ଦୁଇଶହ ମାର୍କର ପରୀକ୍ଷା ହେଉଥିଲା । ପରୀକ୍ଷାରେ ପାସ୍ କରିବା ପାଇଁ ୬୦ ନମ୍ବର ରଖିବାକୁ ପଡୁଥିଲା । ଏବେ କୋଡ଼ିଏ ନମ୍ବର ରଖିଲେ ପିଲା ପାସ୍ କରିଯାଉଛନ୍ତି । ଅଧିକ ସଂଖ୍ୟକ ପିଲା କମ୍ ନମ୍ବର ରଖିଲେ ଗ୍ରେସ୍ ମାର୍କ ଦେଇ ତାଙ୍କୁ ପାସ୍ କରାଇ ଦିଆଯାଉଛି । ଆମ ପ୍ରଧାନ ଶିକ୍ଷକ ଦଶମ ଓ ଏକାଦଶରେ ଇଂରାଜୀ ପଢ଼ାନ୍ତି । ଇଂରାଜୀ ପାଠକୁ ଇଂରାଜୀ ମାଧ୍ୟମରେ ପଢ଼ାଯାଏ । ମୋଟେ ଓଡ଼ିଆରେ କୁହାଯାଏ ନାହିଁ । No question of mother tongue. ସାର୍ ପ୍ରଶ୍ନ କରନ୍ତି ଇଂରାଜୀରେ ଏବଂ ଆମେ ଉତ୍ତର ଦେଉ ସେଇ ଇଂରାଜୀ ଭାଷାରେ । ଏବେ ଆଉ ସେମିତିକା ପାଠପଢ଼ା ନାହିଁ । ଇଂରାଜୀ, ଓଡ଼ିଆ ମାଧ୍ୟମରେ ପଢ଼ାଯାଉଛି । ତେଣୁ ପ୍ରାୟ ନବେ ଭାଗ ପିଲା ଆଜି ଇଂରାଜୀରେ ଦୁର୍ବଳ । ପ୍ରତି ପିଲାର ଉତ୍ତର ଖାତାକୁ ସଠିକ୍ ଭାବରେ ସଂଶୋଧନ କରାଯାଏ । ପିଲାମାନଙ୍କୁ ଶ୍ରେଣୀରେ ବହିଧରି ପଢ଼ିବାକୁ କୁହାଯାଏ । ଏହା ଫଳରେ ଆମେମାନେ ସଠିକ୍ ଉଚ୍ଚାରଣ ଶିଖୁ । ଭୁଲ୍ ଭାବରେ ପଢ଼ିଲେ ସାର୍ ସଂଶୋଧନ କରିଦିଅନ୍ତି । ଟ୍ରାନ୍ସଲେସନ୍ ଓ ରଚନା ରୀତିମତ ଲେଖାଯାଏ । ଇଂରାଜୀ ବ୍ୟାକରଣ ଖୁବ୍ ପ୍ରାଞ୍ଜଳ ଭାବରେ ପଢ଼ାଯାଏ । ପିଲାର ବ୍ୟାକରଣ ଜ୍ଞାନ ସ୍ୱଚ୍ଛ ହୋଇଗଲେ ଇଂରାଜୀ ଭାଷା ଜ୍ଞାନ ଖୁବ୍ ସହଜ ହୋଇଯାଏ । ଆମ ସ୍କୁଲରେ ଏତେ ସୁନ୍ଦର ଭାବରେ ପଢ଼ାଯାଉଥିବାରୁ ମୂଳରୁ ଆମର ଇଂରାଜୀ ପ୍ରତି ଭୟ ଛାଡ଼ିଯାଏ ।

■

# ଇଂରାଜୀ ପଢ଼ା

ଆମ ସମୟରେ ସାଥୀବହି କିମ୍ବା ଟେଷ୍ଟପେପର ନଥିଲା । ସବୁପାଠ ପାଇଁ ସାର୍‌ଙ୍କ ଉପରେ ନିର୍ଭର କରିବାକୁ ପଡ଼େ । ସେତେବେଳେ ଟିଉସନ୍ ବି ନଥିଲା । ଏଣୁ ପ୍ରଥମରୁ ଆମେ ମନଯୋଗ ସହକାରେ ପଢ଼ିବାକୁ ବାଧ୍ୟ ହେଉଥିଲୁ । ଥରକୁ ପାଞ୍ଚଥର ପଚାରିଲେ ବି ସାର୍‌ମାନେ ବିରକ୍ତ ନହୋଇ ବୁଝାଇ ଦେଉଥିଲେ । ମୁଁ ଟିକେ ଭଲ ପଢୁଥିଲି । ନବୀନ ସାର୍ ମୋର କକା । ସିଏ ସହ ପ୍ରଧାନଶିକ୍ଷକ ସହିତ ହଷ୍ଟେଲ୍‌ର ସୁପରିଟେଣ୍ଡେଣ୍ଟ ମଧ୍ୟ ଥିଲେ । ତେଣୁ ତାଙ୍କ ପୁତୁରା ହିସାବରେ ଶିକ୍ଷକମାନେ ଓ ଉପର ଶ୍ରେଣୀ ପିଲାମାନେ ମତେ ଭଲ ପାଉଥିଲେ । ଆଦର ମଧ୍ୟ କରୁଥିଲେ । ମୁଁ ଉପରଶ୍ରେଣୀର ବଡ଼ଭାଇମାନଙ୍କ ଠାରୁ ଜ୍ୟାମିତି, ଉପପାଦ୍ୟ, ଅଙ୍କନ ଶିଖୁଥିଲି ଓ ଆସୁନଥିବା ପାଠ ପଚାରି ବୁଝୁଥିଲି । କେବଳ ବିଜ୍ଞାନକୁ ଛାଡ଼ି କଷ୍ଟତରୁ ସାର୍ ଗଣିତ, ଇଂରାଜୀ, ଭୂଗୋଳ ପ୍ରଭୃତି ସମସ୍ତ ବିଷୟରେ ଖୁବ୍ ଦକ୍ଷ ଥିଲେ । ତାଙ୍କର ଜ୍ଞାନ ଓ ପାଠପଢ଼ା ଶୈଳୀ ନିମନ୍ତେ ସେ ସବୁଠାରେ ପୂଜା ପାଉଥିଲେ । ପିଲା ତ ପିଲା, ଆମ ସ୍କୁଲର ଶିକ୍ଷକମାନେ ମଧ୍ୟ ତାଙ୍କୁ ପ୍ରାଣରେ ଭୟ କରୁଥିଲେ । ପ୍ରସ୍ତୁତ ନହୋଇ କୌଣସି ସାର୍ କ୍ଲାସ୍‌କୁ ଆସନ୍ତି ନାହିଁ । କ୍ଲାସ୍‌ରେ ପାଠପଢ଼ା ଚାଲିଥିବା ବେଳେ କଷ୍ଟତରୁ ସାର୍ ତନଖି କରିବାକୁ ଆସନ୍ତି । କେବଳ ବାରଣ୍ଡା ଦେଇ ଚାଲି ଯାଆନ୍ତି । ସେତିକିରେ ଦୁଷ୍ଟାମୀ କରୁଥିବା ପିଲାମାନେ ଧୀର ସ୍ଥିର ହୋଇଯାଆନ୍ତି । ପଢ଼ାଉଥିବା ସାର୍ ସଚେତନ ହୋଇଯାଆନ୍ତି ।

ବିଜ୍ଞାନ ଶିକ୍ଷକ ନୃସିଂହ ସାର୍‌ଙ୍କୁ ଆମର ଗୋଟିଏ କ୍ଲାସ୍‌ରେ ଇଂରାଜୀ ରଚନା ପଢ଼ାଇବା ପାଇଁ ଦିଆଯାଇଥିଲା । ସେ ଗୋଟିଏ ପ୍ରବନ୍ଧ An outing ଲେଖିବାକୁ କହିଥିଲେ । ଆମେ ପ୍ରଥମେ ବିଷୟଟିକୁ ବୁଝି ପାରିନଥିଲୁ । ସାର୍ outline ଦେଲା ପରେ ବୁଝିଲୁ ଯେ ଏହାର ଅର୍ଥ Excursion ବା ପରିଭ୍ରମଣ ଅଟେ । ଏଥିରୁ ଆମ ସାର୍‌ମାନଙ୍କର ମୌଳିକ ଜ୍ଞାନ ବିଷୟରେ ଜଣାଯାଏ । ସାର୍‌ମାନେ ସମସ୍ତେ ଖୁବ୍ ସଚେତନ । ତେଣୁ କୌଣସି କ୍ଲାସ୍ ଫାଙ୍କା ଯାଏ ନାହିଁ । ଭୟଙ୍କର ଶୃଙ୍ଖଳା ।

■

# ଅନନ୍ୟ ପ୍ରଧାନ ଶିକ୍ଷକ

ଥରେ ସଂସ୍କୃତ ଶିକ୍ଷକ ଛୁଟିରେ ଥାଆନ୍ତି। ପ୍ରଧାନଶିକ୍ଷକ ଆମ ଶ୍ରେଣୀକୁ ପଶି ଆସିଲେ। ସେଦିନ ସଂସ୍କୃତ ବ୍ୟାକରଣ ପଢ଼ାହେବାର ଥାଏ। ଆମେ ଭାବିଲୁ ସାର୍ ଇଂରାଜୀ କି ଅନ୍ୟ କିଛି ପଢ଼ାଇବେ। ତାଙ୍କର ସଂସ୍କୃତ ପଢ଼ାଇବା ଆମେ କେବେ ଦେଖିନଥିଲୁ। କିନ୍ତୁ ସେ କାରକ ବିଭକ୍ତିରୁ ଆମକୁ ଗୋଟେ ପ୍ରଶ୍ନ ପଚାରିଲେ। 'ଯେନାଙ୍ଗ ବିକାରେ ତୃତୀୟା'। ଆମକୁ ବୁଝାଇବାକୁ କହିଲେ। ସେତେବେଳକୁ ଆମ ଶ୍ରେଣୀରେ କାରକ ବିଭକ୍ତି ପଢ଼ା ସରିଥାଏ। ଆମେ କେହି ସନ୍ତୋଷଜନକ ଉତ୍ତର ଦେଇପାରିଲୁ ନାହିଁ। ତେଣୁ ସାର୍ ଖୁବ୍ ସରଳ ଭାବରେ ଉଦାହରଣ ଦେଇ ସଂସ୍କୃତ ସୂତ୍ରଟି ବୁଝାଇ ଦେଲେ। ଅର୍ଥାତ୍ ଯେଉଁ ଅଙ୍ଗରେ ବିକୃତି ଥାଏ ତାହାଠାରେ ତୃତୀୟା ବିଭକ୍ତି କରଣ କାରକ ହୁଏ। ଯଥା: ଚକ୍ଷୁସା କାଣାଃ। ପାଦେନ ଖଞ୍ଜ। ପୃଷ୍ଠାଭ୍ୟାଂ କୁବ୍ଜ ଇତ୍ୟାଦି। ପାଦରେ ଛୋଟା-ଏଣୁ ପାଦଶବ୍ଦର ତୃତୀୟା ବିଭକ୍ତି ରୂପ ପାଦେନ ଖଂଜ ହେଲା। ଚକ୍ଷୁ ଶବ୍ଦରୁ ଚକ୍ଷୁଷା ଇତ୍ୟାଦି। ଆଜି ପର୍ଯ୍ୟନ୍ତ ସେଦିନର ପାଠପଢ଼ା ମୁଁ ଭୁଲି ପାରିନାହିଁ। ସତକଥା ହେଲା ମୋ ମନରେ ଭେଦିଯାଇଛି। ତେଣୁ ଭୁଲିବାର ପ୍ରଶ୍ନ କାହିଁ? ମୋର ସଂସ୍କୃତ ଭଲ ହେଉଥିଲା। ମୁଁ ବୋର୍ଡ ପରୀକ୍ଷାରେ ୭୨ ନମ୍ବର ରଖିଥିଲି। ଦୁର୍ବଳ ପିଲାମାନେ ଦେବନାଗରୀ ଲିପିରେ ଲେଖା ଯାଇଥିବା ସଂସ୍କୃତ ପାଠ ପଢ଼ି ପାରନ୍ତି ନାହିଁ। ତେଣୁ ସେମାନେ ମୋ ପାଖକୁ ଆସନ୍ତି। ମୁଁ ସେମାନଙ୍କୁ ପଢ଼ିବା ଶିଖାଏ। ସନ୍ଧିବିଚ୍ଛେଦ କରି ଅର୍ଥ ବୁଝାଏ। ସାଙ୍ଗମାନଙ୍କୁ ପଢ଼ାଇ ପାରୁଥିବାରୁ ମୋର ଆତ୍ମବିଶ୍ୱାସ ଧୀରେ ଧୀରେ ବଢୁଥିଲା। ମୋ ଭିତରେ କୁନି ଶିକ୍ଷକଟିଏ ସଂଚାର ହେଉଥିବାର ମୁଁ ଅନୁଭବ କରିବାକୁ ଲାଗିଲି।

■

# ଡି.ପି.ଆଇ. ସାର୍‌ଙ୍କ ଅଚାନକ ଗସ୍ତ

ଥରେ ଦଶମ ଶ୍ରେଣୀରେ ମହମ୍ମଦ ଜୋବେର୍ ସାର୍ ଇଂରାଜୀ 2nd Paper Prose Text ପଢ଼ାଉଥାନ୍ତି। ବିଷୟଟି ରବିନ୍ଦ୍ରନାଥ ଟାଗୋରଙ୍କର Trust Property ଥିଲା। ପ୍ରଧାନଶିକ୍ଷକ ସେଦିନ ଅଫିସ୍ କାମରେ କଟକ ଯାଇଥାନ୍ତି। ନବୀନ ସାର୍ ଟ୍ରେନିଂରେ ଥାଆନ୍ତି। ତେଣୁ ଜୋବେର୍ ସାର୍ ଥାଆନ୍ତି ପ୍ରଧାନଶିକ୍ଷକ ଦାୟିତ୍ୱରେ। ଆମ କ୍ଲାସ ଶେଷମୁଣ୍ଡ ଘରେ ଚାଲିଥାଏ। ଚତୁର୍ଥ ପିରିଅଡ୍‌ର ସମୟ। ହଠାତ୍ ସ୍କୁଲ ଫାଟକ ପାଖ ବରଗଛ ମୂଳେ ମଟରକାର୍‌ଟିଏ ଅଟକିଲା। ଜଣେ ଅପରିଚିତ ବ୍ୟକ୍ତି ସେଥିରୁ ଓହ୍ଲାଇ ସ୍କୁଲ ଭିତରକୁ ପଶି ଆସିଲେ। ଆମ କ୍ଲାସ ପ୍ରଥମରେ ପଡ଼ିବାରୁ ସେ ଶ୍ରେଣୀ ଭିତରକୁ ପଶିଆସିଲେ। ଆମେ ଠିଆ ହୋଇ ସମ୍ମାନ ଜଣାଇଲୁ। ଜୋବେର୍ ସାର୍ ଠିଆ ହୋଇଥାନ୍ତି। ସେ ମହାଶୟ ସାର୍‌ଙ୍କ ଠାରୁ କଣ ପଢ଼ା ହେଉଛି ଜାଣି ଆମକୁ Trust Property ବିଷୟଟିକୁ ପଢ଼ିବାକୁ କହିଲେ। ପଢ଼ିବା ପାଇଁ ମୋ ସାଙ୍ଗ ଜଗବନ୍ଧୁ ବିଶ୍ୱାଳ ଠିଆ ହେଲା। ଚାରିଟି ଧାଡ଼ି ପରେ ଗୋଟିଏ ନୂଆ ଶବ୍ଦ ଆସିବାରୁ ସେ ଭୁଲ୍ ଉଚ୍ଚାରଣ କଲା। ଶବ୍ଦଟି VAGUE। ସେ ପଢ଼ିଲା ଭେଗୁ। ଆଗନ୍ତୁକ ମହାଶୟ ସିଧାସଳଖ ସଠିକ୍ ଉଚ୍ଚାରଣ ନକହି ଆମକୁ ପଚାରିଲେ, ପିଲେ- T-O-N-G-U-E କ'ଣ ହେବ? ଜଗବନ୍ଧୁ ଓ ଆମେ ସମସ୍ତେ କହିଲୁ ଟଙ୍ଗ୍। ସେ ପୁଣି ପଚାରିଲେ ତେବେ VAGUE କ'ଣ ଉଚ୍ଚାରଣ ହେବ? ଆମେ କହିଲୁ ଭେଗ୍। ସେ ଖୁସି ହୋଇଗଲେ। ଆମେ କହିଲୁ ସାର୍, ଆମର ସେତେବାଟ Reading ହୋଇନାହିଁ। ସେ କହିଲେ- ଆଚ୍ଛା। ଜୋବେର୍ ସାର୍ କିଛି କହୁନଥାନ୍ତି। ସେ ପର୍ଯ୍ୟନ୍ତ ନୀରବରେ ଠିଆ ହୋଇଥାନ୍ତି। ମନରେ ଥାଏ ଭୟ। ଇଏ କିଏ? କୁଆଡୁ ଆସିଲେ। କ'ଣ ହେବ କ'ଣ ନାହିଁ। ଆଗନ୍ତୁକ ମହାଶୟ ତାଙ୍କ ଛୋଟ ଟିପାଖାତାରେ କ'ଣ ସବୁ ଲେଖିଲେ। ଆମକୁ ସାବାସି ଦେଇ କେତୋଟି ଭଲ ପରାମର୍ଶ ଦେଲେ ଓ କ୍ଲାସ୍ ଛାଡ଼ି ଚାଲିଗଲେ। ଅଫିସ୍ ଆଡ଼େ ଗଲେ ନାହିଁ। ପରେ ଆମେ ତାଙ୍କର ପରିଚୟ ପାଇଲୁ। ସେ ମହାଶୟ

ହେଉଛନ୍ତି ଶିକ୍ଷା ବିଭାଗର D.P.I. ଶ୍ରୀଯୁକ୍ତ ବଳଭଦ୍ର ପ୍ରସାଦ। ଯାଜପୁରରେ ଏନ୍.ସି. କଲେଜ କୁ ଗୋଟିଏ ତଦନ୍ତ କାର୍ଯ୍ୟରେ ଗଲାବେଳେ ବାଟରେ ସ୍କୁଲଟିଏ ପଡ଼ିବାରୁ ପଶି ଆସିଲେ। ସେତେବେଳେ ଖରାଦିନେ ବ୍ରାହ୍ମଣୀ ଉପରେ ଧର୍ମଶାଳା ଠାରେ fare weather road ତିଆରି ହୁଏ। ସେଇବାଟ ଓ ଖରସୁଆଁ, ବୁଢ଼ା ନଈର କାଠ ପୋଲ ଉପର ଦେଇ ଲୋକେ ଯାଜପୁର ଯାଆନ୍ତି। ସେ ସମୟ ଭଳି ଆଜିର ଅଫିସର୍ ମାନଙ୍କ ଠାରେ ଶିକ୍ଷାନୁରାଗ କାହିଁ ?

ସେ ମଧୁମୟ ଦିନ ସବୁ ଅନେକ ବର୍ଷ ତଳୁ କୁଆଡ଼େ ହଜିଗଲାଣି। ସେ ଦିନର କଥା କିଛି ମନେ ଅଛି ଅନେକ ଭୁଲି ହୋଇଗଲାଣି। ମନେ ପଡୁଥିବା କଥାକୁ କିଛି ରୁଣ୍ଡେଇ ସାଉଁଟି ସାର୍ କହୁଥିଲେ। ପ୍ରଧାନଶିକ୍ଷକ ଭୂଗୋଳ ପଢ଼ାଇବା ପାଇଁ କ୍ଲାସ୍‌କୁ ଆସି ମ୍ୟାପ୍‌ଟିକୁ ଟେବୁଲ୍ ଉପରେ ରଖିଲେ। ମ୍ୟାପ୍ ଟଙ୍ଗାଯିବା ପାଇଁ କାନ୍ଥର ଗୋଟିଏ ନିର୍ଦ୍ଦିଷ୍ଟ ଉଚ୍ଚତାରେ କଣ୍ଟା ବାଡ଼ା ଯାଇଥାଏ। ଆମ ସାର୍‌ଙ୍କୁ ନିର୍ଦ୍ଦେଶ ଦେଲେ ମ୍ୟାପ୍‌ଟିକୁ ଟାଙ୍ଗିବା ପାଇଁ। ମ୍ୟାପ୍‌ଟିକୁ ଖୋଲି ଟାଙ୍ଗିବା ପାଇଁ ହାତ ବଢ଼ାଇବାରୁ ତାଙ୍କ ହାତ ପାଇଲା ନାହିଁ। ତେଣୁ ପ୍ରଧାନଶିକ୍ଷକ କହିଲେ, ଜିତେନ୍ଦ୍ର ତୁମେ ପ୍ରତିଦିନ ସକାଳୁ ସ୍କୁଲ ବାରନ୍ଦାରେ ଥିବା କାଠ ଓରାରେ ଝୁଲ। ଝୁଲିବା ଅଭ୍ୟାସ କଲେ ତୁମେ ଡେଙ୍ଗା ହୋଇପାରିବ। ଅବଶ୍ୟ ଆମ ସାର୍ କିଛି ଦିନ ପାଇଁ ଝୁଲିବା ବ୍ୟାୟାମ କରିଥିଲେ।

■

# କଳ୍ପତରୁ ସାର୍‌ଙ୍କ ଦୃଷ୍ଟି

ଛାତ୍ରମାନଙ୍କୁ ପାଳି କରି କ୍ଲାସ୍‌ରୁମ୍ ଝାଡୁ କରିବାକୁ ପଡ଼େ। ସେଦିନ ଥିଲା ଶନିବାର। ମନିଟର ଆସିନଥାଏ। ମନିଟର ଆସିଥିଲେ ସେଦିନ ଝାଡୁ ମାରିବାର ପାଳି କାହାର ଥିଲା ଜଣା ପଡ଼ିଥାନ୍ତା। ତେଣୁ କ୍ଲାସ ରୁମ୍‌ଟି ଓଳା ହୋଇନଥାଏ। ସମୟ ହେବାରୁ ପ୍ରଧାନଶିକ୍ଷକ ଶ୍ରେଣୀ ଭିତରକୁ ପଶି ଆସିଲେ। ଘର ଖରକା ନ ହୋଇଥିବା ଦେଖି ଝଡ଼ ବେଗରେ ପଳାଇ ଗଲେ। ପରେ ପିଅନ ଦ୍ୱାରା ଶ୍ରେଣୀର ସବୁ ପିଲାଙ୍କୁ ଡାକି ନେଇ ଅଫିସ୍ ଆଗରେ ଠିଆ କରିଦେଲେ। ସ୍କୁଲ ଛୁଟି ହେବା ପର୍ଯ୍ୟନ୍ତ ସମସ୍ତେ ଠିଆ ହୋଇ ରହିଲେ। ଏଭଳି ଉଦାହରଣ ମୂଳକ ଦଣ୍ଡ ସେହି ଶ୍ରେଣୀ ତଥା ସ୍କୁଲର ସମସ୍ତ ପିଲାଙ୍କ ପାଇଁ ଏକ ଉଚିତ୍ ଶିକ୍ଷା ଓ ଉଦାହରଣ ହୋଇ ରହିଗଲା।"

ବୋଧହୁଏ ଆମ ସାର୍ ତାଙ୍କ ଛାତ୍ର ଜୀବନରେ ଥରେ ମାତ୍ର ପ୍ରଧାନଶିକ୍ଷକ କଳ୍ପତରୁ ସାର୍‌ଙ୍କ ଠାରୁ ହାତମାଡ଼ ଖାଇଛନ୍ତି। ତାହା ପାଠ ଭୁଲ୍ ପାଇଁ ନୁହେଁ- ଖରାପ ଅକ୍ଷର ପାଇଁ। କଳ୍ପତରୁ ସାର୍ ଇଂରାଜୀ ପରୀକ୍ଷା ଖାତା ମୂଲ୍ୟାୟନ ବେଳେ କଦର୍ଯ୍ୟ ଅକ୍ଷର ପାଇଁ ମୋଟ ରଖିଥିବା ୩୨ ନମ୍ବରରୁ ୫ ନମ୍ବର କାଟି ୨୭ ନମ୍ବର କରିଦେଲେ ଓ ଗାଲରେ ଗୋଟିଏ ଚାପୁଡ଼ା ଦେଲେ। ଆମ ସାର୍ କହନ୍ତି, ସେ ମାଡ଼ଟି ଆଜିଯାଏ ମନରେ ରହିଯାଇଛି। ଅନୁଭବ କଲି ସାର୍‌ଙ୍କ ବେତମାଡ଼ ହାତମାଡ଼ ଠାରୁ ବରଂ ଭଲ। ବେଶ୍ ହାଲୁକା।

■

# ହଷ୍ଟେଲ ଅଭିଜ୍ଞତା ଓ ନଇବଢ଼ି

ବିରାଶାଳ, ଢ଼େଙ୍କାନାଳର ଅକ୍ଷୟ ମିଶ୍ର କଳ୍ପତରୁ ସାର୍‌ଙ୍କ ଶଳା। ହଷ୍ଟେଲ୍‌ରେ ରହୁଥିଲେ। ଥରେ ନିଜ ଗାଆଁକୁ ଯାଇ ଫେରିବାବେଳକୁ ସାଙ୍ଗରେ ଦୁଇଟି ଲୁଙ୍ଗି କିଣି ଆଣିଥିଲେ। ଗାଆଁକୁ ଯାଇ ଫେରିଥିବାରୁ କଳ୍ପତରୁ ସାର୍ ପଚାରିଲେ, କିରେ ଗାଆଁକୁ ଯାଇଥିଲୁ କ'ଣ ଆଣିଛୁ ମତେ ଦେଖେଇଲୁ ନାହିଁ। ଅକ୍ଷୟ ଖୁସି ହୋଇ କହିଲେ, ଦିଟା ଲୁଙ୍ଗି ଆଣିଛି। ଲୁଙ୍ଗି ଦିଟା ଆଣି ସାର୍‌ଙ୍କୁ ଦେଖେଇଲେ। ସାର୍ ସେଥିରୁ ଗୋଟିଏ ନିଜ ପାଇଁ ରଖି ଅନ୍ୟଟି ଫେରେଇ ଦେଲେ। ଅକ୍ଷୟ ତାଙ୍କ ଲୁଙ୍ଗିଟି ନେଇ ମୁହଁ ସିଲାଇ କରି ଆଣିଲେ। ସେତେବେଳେ ସ୍କୁଲ ଛୁଟି ହେଲା ପରେ ହଷ୍ଟେଲର କିଛି ପିଲା ଲୁଙ୍ଗି ପିନ୍ଧି ବୁଲୁଥିଲେ। କିନ୍ତୁ ଏତେ ସାନ ପିଲା ଲୁଙ୍ଗି ପିନ୍ଧି ବୁଲିବା ଅଶୋଭନୀୟ ଥିଲା। କଳ୍ପତରୁ ସାର୍ ଏ କଥା ଚିନ୍ତା କରି ହଷ୍ଟେଲରେ ଲୁଙ୍ଗିପିନ୍ଧା ନିଷିଦ୍ଧ କରିଦେଲେ। ତା' ପରଦିନ ଏ ବାବଦରେ ନୋଟିସ୍ ବାହାରିଲା। ହଷ୍ଟେଲ ପିଲାମାନଙ୍କର ଲୁଙ୍ଗିପିନ୍ଧା ବନ୍ଦ ହୋଇଗଲା। ଯାହା ପାଖରେ ଲୁଙ୍ଗି ଥିଲା ସେ କଛା ମାରି ପିନ୍ଧିଲା। କେନାଲକୁ ନିତ୍ୟକର୍ମ କରିବା ପାଇଁ ଯିବାବେଳେ ପିଲାଏ ସଡ଼କ ପାର ହେବା ପରେ କଛା ଖୋଲି ଲୁଙ୍ଗି ଛାଡ଼ି ଯାଉଥିଲେ। ପୁଣି ଫେରିଲା ବେଳେ ସଡ଼କରେ ପହଞ୍ଚିବା ମାତ୍ରେ କଛା ମାରୁଥିଲେ। ପିଲାଙ୍କର ଲୁଙ୍ଗିପିନ୍ଧା ସଡକ ଏତିକିରେ ସୀମିତ ଥିଲା। ହଷ୍ଟେଲର କଟକଣା ହେତୁ ପିଲାମାନେ ଧୀରେ ଧୀରେ ଲୁଙ୍ଗି ଛାଡ଼ି ଚାରିହାତିଆ ଗାମୁଛା କିଣିଲେ ଓ ସବୁବେଳେ କଛା ମାରିଲେ।

୧୯୫୪ ରୁ ୧୯୫୮ ଅଷ୍ଟମରୁ ଏକାଦଶ ଚାରିବର୍ଷ। ଏହି ଚାରିବର୍ଷର ଦିନଲିପି ଲେଖିଲେ ଗ୍ରନ୍ଥଟିଏ ହୋଇଯିବ। ବିଗତ ଦିନର ସ୍ମୃତି ସବୁରୁ କିଛି ଦିଶୁଛନ୍ତି ଖୁବ୍ ଝାପ୍‌ସା ଭାବରେ।

ଉଣେଇଶ ଶହ ପଞ୍ଚାବନ ମସିହା ନଈ ବଢ଼ି ସମୟର କଥା। ସେପ୍ଟେମ୍ବର ପାଞ୍ଚ ତାରିଖ ଦିନସାରା ପ୍ରବଳ ବର୍ଷା ହେବା ପରେ ସନ୍ଧ୍ୟାବେଳକୁ ପାଗ ବଦଳି

ଗଲା । ରାତିର ଆକାଶ ପରିଷ୍କାର ହୋଇ ତାରା ଦେଖାଗଲା । ଜହ୍ନ ଆଲୁଅରେ ଚାରିଆଡ଼ ତୋଫା ଦେଖାଗଲା । ଶୁଣିବାକୁ ମିଳିଲା ନଦୀ ଖୁବ୍‌ବେଗରେ ବଢୁଛି । ଡାକବଙ୍ଗଳା ଛକ ଅଶ୍ୱତ୍ଥ ଗଛ ଚାରିକଡ଼ରେ ପାଣି ମାଡ଼ିଗଲାଣି । ଲୋକମାନେ ନଈପାଣି ଦେଖିବା ପାଇଁ ସେଠାକୁ ଯାଉଛନ୍ତି । ଆମ ସାର୍ ସାଙ୍ଗମାନଙ୍କ ସହିତ ଦୌଡ଼ିଲେ । ଇଏ ଏକ ଆତଙ୍କ । ନଈବଢ଼ି ଆସିଲେ ନଈ ଓ ଘାଇକୁ ନେଇ ବିଭିନ୍ନ କଥା ଓ ଗୁଜବ ଶୁଣିବାକୁ ମିଳେ । ଖବର ବ୍ୟାପିଗଲା କୁଞ୍ଜାତାରା ଘାଇ ଓ କାଏମା ଘାଇ ବାଟେ ପାଣି ବାହାରି ଚାରିଆଡ଼େ ମାଡ଼ିଗଲା । ଚହଟା, ମଙ୍ଗଳପୁର ଗାଆଁର ଲୋକେ ସୁରକ୍ଷା ପାଇଁ ଧର୍ମଶାଳା ବଜାର ରାସ୍ତା ଉପରକୁ ଚାଲି ଆସିଲେ । ଯେଉଁ ଲୋକ ମାନଙ୍କର ଘର ଭାଙ୍ଗିଗଲା ବନ୍ୟା ପରବର୍ତ୍ତୀ ସମୟରେ ସେମାନେ ସ୍କୁଲ୍ ଘରେ ଆଶ୍ରୟ ନେଲେ । ନଈବଢ଼ି ସବୁକିଛିକୁ ସୀମିତ କରିଦିଏ । ବାଟଘାଟ ବନ୍ଦ ହୋଇଯାଏ । ଦୈନନ୍ଦିନ କାର୍ଯ୍ୟକ୍ରମରେ ବାଧା ସୃଷ୍ଟି ହୁଏ । ଅନେକ ଲୋକଙ୍କ କ୍ଷେତ୍ରରେ ଜଳେଣୀ ଇତ୍ୟାଦି ଅଭାବ ଦୃଷ୍ଟିରୁ ଖାଇବାରେ ମଧ୍ୟ ଅସୁବିଧା ଦେଖାଯାଏ । କୂଅ, ନଳକୂଅ ବୁଡ଼ି ଯାଉଥିବାରୁ ବିଶୁଦ୍ଧ ପିଇବା ପାଣି ମିଳେ ନାହିଁ । ଆଜି ୨୦୨୦ ମସିହାରେ ମଧ୍ୟ ନଈବଢ଼ି ହେଲେ ଆମ ଭାରତୀୟ ରାଜ୍ୟମାନଙ୍କରେ ଖାଦ୍ୟ ଓ ପାନୀୟର ଅଭାବ ଦେଖାଯାଏ । ଏତେଗୁଡ଼ିଏ ଅସ୍ୱାଭାବିକତା ଦ୍ୱାରା ମଣିଷର ମନ ମଧ୍ୟ ପ୍ରଭାବିତ ହୁଏ । ମଣିଷ ସ୍ୱତଃ ଦୁଃଖି ଓ ଉଦାସ ହୋଇଯାଏ ।

ଆମ ସାର୍‌ଙ୍କ ବୟସ ସେତେବେଳେ ଥିଲା ମାତ୍ର ଚଉଦ ବର୍ଷ । ନବମ ଶ୍ରେଣୀରେ ପଢୁଥାନ୍ତି । ଚଉଦ ବର୍ଷର ପିଲାଟିଏ ଘରଠାରୁ ବାପା, ମାଆ ଓ ପରିବାରଠାରୁ ଦୂରରେ ସମୁଦ୍ର ତୁଲ୍ୟ ଅଞ୍ଚଳରେ ଜଳବନ୍ଦୀ ହୋଇ ରହିବାଟା କେତେ ଦୁଃଖଦାୟକ ତାହା ସହଜରେ ଅନୁମେୟ । ତିନିଦିନ ଧରି ବ୍ୟାକୁଳ ହୋଇ ଅପେକ୍ଷା କରିଥାନ୍ତି ଗାଆଁକୁ ଫେରିବା ପାଇଁ । ଦୁଇକୂଳ ଡେଇଁ ଚାରିଆଡ଼େ ବ୍ୟାପି ଯାଇଥିବା ଭୟଙ୍କର ନଦୀରେ କିଏ ବା ଡଙ୍ଗା ନେଇଯିବ । ତେଣୁ ବାଧ୍ୟ ହୋଇ ରହିଥାଆନ୍ତି ଓ ଛଟପଟ ହେଉଥାଆନ୍ତି । ଗାଆଁକୁ ଫେରିବା ପାଇଁ ସାଙ୍ଗରେ ଥାଆନ୍ତି ତାଙ୍କର କକା ନବୀନ କର ଓ ଗୋସାପା ଦିବାକର କର । ଦଶମରେ ପଢୁଥିବା ଚକ୍ରଧର ବିଶ୍ୱାଳ ଓ ଆହୁରି ଦୁଇ ତିନିଜଣ । ଆମ ସାର୍ ସମସ୍ତଙ୍କ ସହିତ ନଈକୂଳକୁ ଆସନ୍ତି ପୁଣି ମନଦୁଃଖରେ ଫେରିଯାଆନ୍ତି ହଷ୍ଟେଲକୁ ।

ସେତେବେଳେ ଧର୍ମଶାଳା ନିର୍ବାଚନ ମଣ୍ଡଳୀର ବିଧାୟକ ଥାଆନ୍ତି ଶ୍ରୀଯୁକ୍ତ ପରମାନନ୍ଦ ମହାନ୍ତି । ତାଙ୍କ ଘର ଘୋଳପୁରନିକଟସ୍ଥ ବାହାଦଲାପୁରରେ । ନଈବଢ଼ି ଟିକେ କମିବା ମାତ୍ରେ ତୃତୀୟ ଦିନ ସେ ଆସିଲେ ଗୋପାଳପୁର ଘାଇ ଓ ବନ୍ୟା ଜଳ

ପରିଦର୍ଶନ ପାଇଁ। ତାଙ୍କ ପାଇଁ ଘାଟଡଙ୍ଗା ଫିଟିଲା। ସେଇ ଡଙ୍ଗାରେ ଆମ ସାର୍, ନବୀନ କକା, ଦିବାକର କର ଓ କିଛି ମୁଗପାଳର କଲିକତିଆ ଲୋକ ନଈପାର ହୋଇ କର୍ଜଙ୍ଗାରେ ପହଞ୍ଚିଲେ। ଏମ୍.ଏଲ୍.ଏ. ଏମାନଙ୍କୁ ଛାଡ଼ି ଦେଇ ଡଙ୍ଗାରେ ଗଲେ ଗୋପାଳପୁର ଘାଇ ପରିଦର୍ଶନ କରିବା ପାଇଁ।

ଏମାନେ ସମସ୍ତେ ଚାଲି ଚାଲି ଆସି ମୁଗପାଳ ଗାଆଁର ଦକ୍ଷିଣ ଦିଗ ଦନେଇପୁର ତୋଟା ପାଖରେ ପହଞ୍ଚିଲେ। ତୋଟା ପାଖ ନାଳଟାରେ ନଈପାଣି ମିଶିଯାଇ ଥିବାରୁ ପୁରା ଉଛୁଳୁ ଥାଏ। କଲିକତାରେ ରହୁଥିବା ଲୋକେ ନଈବଢ଼ି ଖବର ଶୁଣି ଗାଆଁକୁ ଫେରୁଥାଆନ୍ତି। ଘର ପାଇଁ କିଛି ଜିନିଷପତ୍ର ଆଣିଥାନ୍ତି। ତେଣୁ ହାତରେ ଥାଏ ବଡ଼ ବଡ଼ ବ୍ୟାଗ୍। ସାର୍ ଥାଆନ୍ତି ସେମାନଙ୍କ ମଧ୍ୟରେ ସବୁଠାରୁ କନିଷ୍ଠ। ନାଳ ପାର ହେବା କଥା ପଡ଼ିଲାରୁ ସମସ୍ତଙ୍କ ନଜର ଆମ ସାର୍‌ଙ୍କ ଉପରକୁ ଗଲା। ଏ ପିଲାଟି ସେପଟକୁ କେମିତି ଯିବ? କିନ୍ତୁ ସାର୍ ଥିଲେ ନଈକୂଳିଆ ଛୁଆ। ପହଁର ପହଁରି ଏପଟକୁ ଚାଲି ଆସିଲେ। ସେ ପିଲାଦିନର କଥା ଆଜି ପରି ମନେ ଅଛି। ପଞ୍ଚଷଠି ବର୍ଷ ତଳର କଥା। ବୟସ୍କ ଲୋକଙ୍କର ମୁଣ୍ଡରେ ଜିନିଷ ରଖି ଉଚ୍ଚା ହିଡ଼ ଅଣ୍ଟାଳି ଚାଲି ଚାଲି ନାଳ ପାର ହେଉଥିବା ବେଳେ ଜଣେ ବୟସ୍କ ଲୋକଙ୍କର ଗୋଡ଼ ଖସିଗଲା। ସେ ପାଣିର ସ୍ରୋତରେ ଟାଣି ହୋଇଗଲେ। ନାଳର ଆରପଟେ କିଛି ଲୋକ ଥିଲେ। ପାଟିତୁଣ୍ଡ ଶୁଣି ପାଣିରେ ଭାସି ଆସିଥିବା ଗୋଟିଏ ବାଉଁଶ ଅଗିରା ଧରି ତାଙ୍କ ପାଖକୁ ବଢ଼ାଇଲେ ଓ ତାଙ୍କୁ ଉଦ୍ଧାର କଲେ। ତା'ପରେ ମୁଗପାଳ ଗାଆଁ। ଗାଆଁ ଭିତରେ ପଶି ସେପଟରେ ପହଞ୍ଚିଲେ ପଡ଼େ ନୂଆନଈ। ନାଳ ପରି ଅଣଓସାରିଆ ନଈଟିଏ। ସେଠି ପୁଣି ପହଁରିବାକୁ ପଡ଼ିଲା। ଘରେ ପହଞ୍ଚିଲା ବେଳକୁ ଦେଖିଲେ ଘର ଆଗ ନଡ଼ିଆ ଗଛରେ ଗୋଟିଏ ମୋଟା ଦଉଡ଼ିରେ ଖଟ ବନ୍ଧା ଯାଇଛି। ନଈବଢ଼ି ସମୟରେ ଖଟ, ସିନ୍ଦୁକ ପରି ବଡ଼ ବଡ଼ କାଠ ଜିନିଷକୁ ବଡ଼ ବଡ଼ ଗଛରେ ବାନ୍ଧି ଦିଆଯାଏ। ତା ଉପରେ ଘରର ଦରକାରୀ ଜିନିଷପତ୍ର ରଖାଯାଏ। ବସାଉଠା କରାଯାଏ। ଦରକାର ହେଲେ ସେଇ ଖଟ ଉପରେ ଉଠାଚୁଲି ରଖି ରୋଷେଇ କରାଯାଏ।

ଘର ଆଗରେ ବନ୍ଧା ଯାଇଥିବା ଖଟ ଉପରେ ବାପା ବସିଥିଲେ। ସାର୍‌ଙ୍କୁ ଭାରି ଖୁସି ଲାଗିଲା। ଲାଗିଲା ଯେମିତି ବହୁତ ଦିନ ପରେ ପୁଣି ଘରକୁ ଫେରିଛନ୍ତି। ପୁନଶ୍ଚ ଭାବିଲେ ଯା' ହେଉ ଏତେବଡ଼ ବନ୍ୟାର ଦାଉରୁ ଘରଟା ରକ୍ଷା ପାଇଯାଇଛି। ଘର ଲୋକେ ସବୁ ଭଲରେ ଅଛନ୍ତି। କିନ୍ତୁ ଭିତରକୁ ଯାଇ ଦେଖିଲେ ଦକ୍ଷିଣ ପଶ୍ଚିମ କାନ୍ଥରୁ କିଛି କିଛି ରହିଥିବା ବେଳେ ପୂର୍ବ ଭିତର କାନ୍ଥ ପୁରା ଭାଙ୍ଗିଯାଇଛି।

ଇଏ ଥିଲା ୧୯୫୫ ମସିହାର ଓଡ଼ିଶା ପାଇଁ ଭୟଙ୍କର ବନ୍ୟା। ହଜାର ହଜାର ଘର ଭାଙ୍ଗି ଯାଇଥିଲା। ଲକ୍ଷ ଲକ୍ଷ ଲୋକ ଗୃହଶୂନ୍ୟ ହୋଇଯାଇଥିଲେ। ଶହ ଶହ ଲୋକେ ଓ ଅଗଣିତ ପଶୁ ମୃତ୍ୟୁବରଣ କରିଥିଲେ। ଏମିତି ବନ୍ୟା ଯାହା ରାଜ୍ୟର ଇତିହାସ ଓ ପ୍ରକୃତିକୁ ବଦଳେଇ ଦେଇଗଲା। ରାଜ୍ୟ ଘୁଞ୍ଚିଗଲା କୋଡ଼ିଏ ବର୍ଷ ପଛକୁ। ଏଇଠି ଆମରି ପାଖରେ ଖରସ୍ରୋତା ସହିତ ବ୍ରାହ୍ମଣୀ ନଦୀର ଜଳ ମିଶି ଏକାକାର ହୋଇଯାଇଥିଲା। ସୃଷ୍ଟି ହୋଇ ଯାଇଥିଲା ଗୋଟିଏ ସମୁଦ୍ର।

ମଣିଷର ପିଲାଦିନ ଗୁଡ଼ିକ ପ୍ରକୃତରେ ଘଟଣାର ଗନ୍ତାଘର। କିଶୋରଟିଏ ଅଜାଣତରେ ହେଉ ଅବା ଜାଣତରେ ହେଉ, ଅନେକ ଘଟଣା ସହିତ ଜଡ଼ିତ ହୋଇଯାଏ। କିନ୍ତୁ ବୟସ୍କ ହେଲା ପରେ ମଣିଷ ସଚେତନ ଓ ସାବଧାନ ହୋଇଯାଏ। ଜୀବନର ଚିରାଚରିତ ଧାରାରେ ନିଜକୁ ଚଳାଇ ନିଏ। ଯୋଜନାବଦ୍ଧ ହୋଇ ବଞ୍ଚେ। ହୁଏତ ଭବିଷ୍ୟତରେ ଅନେକ ଦିନଗୁଡ଼ିକୁ ସେ ଆଗରୁ ତିଆରି କରି ସାରିଥାଏ। ବଳକା ଥାଏ କେବଳ ସେ ଭବିଷ୍ୟତର ସମୟଗୁଡ଼ିକୁ ଅତିକ୍ରମ କରିବା ପାଇଁ। ଅବଶ୍ୟ ସେଥିରେ କିଛି ଅଜଣା ଓ ଅନାହୁତ ଘଟଣା ଯୋଡ଼ି ହୋଇଯାଏ; କିନ୍ତୁ ତାହା ଘଟେ ଖୁବ୍ କ୍ୱଚିତ୍।

ଗାଆଁରେ ଛୁଟି ବିତାଇଲା ପରେ ଥରେ ସାର୍ ଫେରୁଥାନ୍ତି ସ୍କୁଲ ହଷ୍ଟେଲ ଅଭିମୁଖେ। ହଷ୍ଟେଲ୍‌ରେ ସକାଳ ଜଳଖିଆ ଖାଇବା ପାଇଁ ସାଙ୍ଗରେ ନେଇଥାନ୍ତି କିଛି ଚୂଡ଼ା। ଗାଆଁ ଛାଡ଼ିଲେ ପ୍ରଥମେ ପଡ଼େ ମୁଗପାଳ। ଗାଆଁଟି ପଶ୍ଚିମରୁ ପୂର୍ବ ଆଡ଼କୁ ଲମ୍ବିଯାଇଛି। ପଶ୍ଚିମ ପଟର ପ୍ରଥମ ସାହି ହେଲା ହରିଜନ ବସ୍ତି। ପୁରା ଗାଆଁ ମୁଣ୍ଡରେ ଅବସ୍ଥିତ। ଓଡ଼ିଶାର ସବୁ ଗାଆଁର ଅବସ୍ଥିତି ଏହିପରି। ଲୋକଙ୍କ ଭାବନାରେ ଅସ୍ପୃଶ୍ୟ ହୋଇଥିବା ଲୋକେ ଗାଆଁର କୌଣସି ମୁଣ୍ଡରେ ବସ୍ତି ଗଢ଼ି ରହିଥାନ୍ତି। ଗାଆ ମଝିରେ ତାଙ୍କୁ ସ୍ଥାନ ମିଳେ ନାହିଁ। ସର୍ବସାଧାରଣଙ୍କ ପାଇଁ ଉଦ୍ଦିଷ୍ଟ କୂଅ ପୋଖରୀକୁ ସେମାନେ ଛୁଅନ୍ତି ନାହିଁ। ମନ୍ଦିରକୁ ପ୍ରବେଶ କରନ୍ତି ନାହିଁ। ଯିବାଆସିବା ବେଳେ ତାଙ୍କ ଛାଇ ପଡ଼ିଲେ ମଣିଷ ଓ ଜିନିଷ ଅପବିତ୍ର ହୋଇଯାଏ। ତେଣୁ ତାଙ୍କ ପାଇଁ ଥାଏ ଅଲଗା କୂଅ, ପୋଖରୀ ଇତ୍ୟାଦି। ଏପରି ଅଜ୍ଞାନତା ଆଜି ପର୍ଯ୍ୟନ୍ତ ମଧ୍ୟ ଆମ ସମାଜରେ ବଳବତ୍ତର ରହିଛି। ହରିଜନ ସାହି ଏପଟକୁ ଅଛି କେଇଟି ବଣିଆ ଘର। ତା' ମଝିରେ ରାସ୍ତାଟିଏ ଯାଇଛି ଗାଆଁ ସେପଟକୁ। ଗାଆଁ ସେପଟରେ ଧାଡ଼ି ଧାଡ଼ି ତାଳ ଗଛ। ବଣିଆ ସାହି ପାଖରୁ ଲମ୍ବି ଯାଇଥାଏ ହରିଜନ ସାହି ଶେଷ ପର୍ଯ୍ୟନ୍ତ। ସେଇବାଟରେ ଯାଇ କେତେ ଖଣ୍ଡ ବିଲ ପାର ହେବା ପରେ ପଡ଼େ ସେଇ ନାଳଟି। ଯାହାକୁ ଯିବାଆସିବା ବେଳେ ପାର ହେବାକୁ ପଡ଼େ। ସବୁବେଳେ ସେଥିରେ ପାଦ ବୁଡ଼ିବା

ଭଳି ଅଳ୍ପ ପାଣିଥାଏ। ବର୍ଷା ହେଲେ ଉପରମୁଣ୍ଡରୁ ପାଣି ଗଡ଼ି ଆସି ନାଳ ପୁରିଯାଏ। ଏବେ ସେ ନାଳକୁ ଭଙ୍ଗାନାଳ କହିଲେ ଲୋକେ ଚିହ୍ନିବେ। ଭଙ୍ଗାପୋଲ ସହିତ ଏ ନାଳଟି ଯୋଡ଼ି ହୋଇଥିବାରୁ ଏଇଟା ଭଙ୍ଗାନାଳ। ଷାଠିଏ ବର୍ଷ ତଳେ ସେ ନାଳର ପାଣି ଭିତରେ ଉଚ୍ଚା ଉଚ୍ଚା ଘାସ ହୋଇଥାଏ। ନାଳର ଏପଟ ସେପଟ ମଧ୍ୟ ବଣ ଭଳି ହୋଇଥାଏ। ସେଥିରେ ପହଁରି ପହଁରି ପାର ହେଲା ବେଳେ ପାଣିତଳ ଘାସରେ ସାର୍‌ଙ୍କ ଗୋଡ଼ ଛନ୍ଦି ହୋଇଗଲା। ହାତରେ ଥିବା ଚୁଡ଼ା ବ୍ୟାଗ୍ ପାଣି ଲାଗି ଭିଜିଗଲା। ଗୋଡ଼ ଛାଟି ଛାଟି ବହୁ କଷ୍ଟରେ ଛନ୍ଦି ହୋଇ ଯାଇଥିବା ଘାସକୁ ଛଡ଼ାଇ ସାର୍ ମୁକ୍ତ ହେଲେ। କୂଳ ଉପରକୁ ଆସିଲେ। ଗୋଟାପୁଣି ଓଦା ହୋଇ ସେପଟରେ ପହଞ୍ଚିଲେ। ଏପରି ଦୁର୍ଘଟଣାରେ ଅନେକଙ୍କର ମୃତ୍ୟୁ ହୋଇଯିବାର ଖବର ବହୁତ ଅଛି। ସୌଭାଗ୍ୟବଶତଃ ଆମ ସାର୍ ବର୍ତ୍ତିଗଲେ। ଗୋଟିଏ ନୂଆ ଜୀବନ ପାଇଲେ। ପାଠ ପଢ଼ିବା ପାଇଁ ବାଲ୍ୟକାଳରେ ଏମିତି ଅନେକ ଦୁଃଖଦ ଓ ସୁଖଦ ଅନୁଭୂତିକୁ ଅତିକ୍ରମ କରିଛନ୍ତି।

୧୯୫୮ ମସିହା ହାଇସ୍କୁଲ ପାସ୍ କଲା ପର୍ଯ୍ୟନ୍ତ ସାର୍ ଜୋତା ପିନ୍ଧି ନଥିଲେ। ସେତେବେଳେ ସ୍କୁଲପିଲା ମାନଙ୍କ ପାଇଁ ଶୃଙ୍ଖଳା ଥିଲା ପ୍ରଥମ କଥା। ମ୍ୟାଟ୍ରିକ୍ ପାସ୍ ପର୍ଯ୍ୟନ୍ତ ପିଲାଏ ଫୁଲପ୍ୟାଣ୍ଟ୍ ପିନ୍ଧୁ ନଥିଲେ। ପ୍ରସାଧନ ସାମଗ୍ରୀ ବ୍ୟବହାର କରୁନଥିଲେ। ଆଜିକାଲି ସ୍କୁଲମାନଙ୍କରେ ୟୁନିଫର୍ମ ପିନ୍ଧାଇ ସମାନତା ଆଣିବା ପାଇଁ ଚେଷ୍ଟା କରାଯାଉଛି। କିନ୍ତୁ ସେତେବେଳେ ସମାନତା ସ୍ୱତଃ ଥିଲା। ପିଲା ବିଗିଡ଼ିଯିବ ମନେକରି ଧନୀଘର ମାନଙ୍କରେ ମଧ୍ୟ ପିଲାଠାରେ ବିଳାସିତା ପ୍ରଦର୍ଶନ କରୁନଥିଲେ। ପୁନଶ୍ଚ ଭଲ ପୋଷାକ ଓ ଜୋତା ଇତ୍ୟାଦି ଦୁର୍ଲଭ ଥିଲା। କଟକ ପରି ବଡ଼ ବଡ଼ ସହର ବ୍ୟତୀତ ପାଖରେ କେଉଁଠି ମିଳୁନଥିଲା। ରେଭେନ୍‌ସା କଲେଜରେ ପଢ଼ିଲା ବେଳେ ପ୍ରଥମ ଥର ପାଇଁ ସାର୍ ହଳେ ପଞ୍ଜାବୀ ଯୋତା କିଣିଲେ। ସେ ଯୋତାର ଦାମ୍ ସେତେବେଳେ ପ୍ରାୟ ପନ୍ଦର ଟଙ୍କା ଥିଲା। ଦଶମ ଶ୍ରେଣୀରେ ପଢ଼ିଲାବେଳେ ପ୍ରଥମ ଥର ପାଇଁ ସାତଟଙ୍କା ଦେଇ ଫାଉଣ୍ଟେନ୍ ପେନ୍‌ଟିଏ କିଣିଥିଲେ। ପଞ୍ଚାବନ ମସିହା ନଈବଢ଼ି ପାଇଁ ବନ୍ୟା ସାହାଯ୍ୟ ଭାବରେ ପ୍ରତ୍ୟେକ ଛାତ୍ରକୁ ନଅଟଙ୍କା ହିସାବରେ ମିଳିଥିଲା। ସେଥିରୁ ସାତଟଙ୍କା ଦେଇ କଲମଟିଏ ଓ ଦୁଇଟଙ୍କାରେ ପରିମିତି ବହିଟିଏ କିଣିଥିଲେ। ରେଭେନ୍ସା କଲେଜରେ ପଢ଼ିବା ପର୍ଯ୍ୟନ୍ତ ସେ ସୁନ୍ଦର କଲମଟିକୁ ପାଖରେ ରଖିଥିଲେ। ସାର୍ ବିଜ୍ଞାନ ପଢୁଥିବାରୁ ଲ୍ୟାବ୍‌ରେ ପ୍ରାକ୍‌ଟିକାଲ ବେଳେ ବୁନ୍‌ସେନ ବର୍ଣ୍ଣରର ଅଗ୍ନିଶିଖା ଲାଗି ସେ କଲମଟା ତରଳିଗଲା।

ନଈବଢ଼ି ବେଳେ ଛାତ୍ରମାନଙ୍କୁ ବନ୍ୟା ସହାୟତା ମିଳିଥିଲା ନଅଟଙ୍କା।

ଆଉ ଅସହାୟ ଲୋକମାନଙ୍କୁ ମିଳୁଥିଲା ଖାଦ୍ୟ, ବସ୍ତ୍ର ଓ ଅନ୍ୟାନ୍ୟ ଜିନିଷ। ଯାହାକୁ ରିଲିଫ୍ କୁହାଯାଏ ବୋଲି ସାର୍ ପ୍ରଥମ କରି ଜାଣିଲେ।

ପଶ୍ଚିମ ଭାରତର ମାରୱାଡ଼ିମାନେ ଅନେକ ପ୍ରକାରର ଜିନିଷ ସାଙ୍ଗରେ ଆଣି ସ୍କୁଲର ଦୁଇଟି କୋଠରୀରେ ରଖିଥିଲେ। ନଈବଢ଼ି ପରେ ପ୍ରାୟ ଚାରିମାସ ଧରି ଧର୍ମଶାଳା ଅଞ୍ଚଳର ଅସହାୟ ଲୋକଙ୍କୁ ଖାଦ୍ୟବସ୍ତ୍ର ବଣ୍ଟନ କରିଥିଲେ। ସେମାନେ ଦୂର ରାଜ୍ୟରୁ ଆସିଥିବାରୁ ଏଠିକାର ଗାଆଁଗଣ୍ଡା ଓ ରାସ୍ତାଘାଟ ବିଷୟରେ ଅଜ୍ଞ ଥିଲେ। ସାଧାରଣ ଲୋକଙ୍କ ସହିତ ସମ୍ପର୍କ ସ୍ଥାପନ ପାଇଁ ଭାଷା ମଧ୍ୟ ପ୍ରତିବନ୍ଧକ ହେଉଥିଲା। ତେଣୁ ରିଲିଫ୍ ପରିଚାଳନରେ ସୁବିଧା ପାଇଁ ବାଣୀପୀଠର ସାର୍ ଓ ବଡ଼ ପିଲାମାନେ ସମ୍ପୂର୍ଣ୍ଣ ସହଯୋଗ କରିଥିଲେ।

■

# ବାଣୀପୀଠରେ ପୁରାତନ ଛାତ୍ର ସଂସଦ, ବାର୍ଷିକ କ୍ରୀଡ଼ା, ସାର୍‌ଙ୍କ ପ୍ରଥମ ଗପ ଓ ସ୍କୁଲ ଡ୍ରାମାରେ ଅଭିନୟ

ଧର୍ମଶାଳା ବାଣୀପୀଠର ପୁରାତନ ଛାତ୍ରସଂସଦଟି ଆମ ଅଞ୍ଚଳର ଏକ ସମ୍ଭ୍ରାନ୍ତ ଅନୁଷ୍ଠାନ। ପୁରାତନ ଛାତ୍ରମାନଙ୍କ ବିଷୟରେ ପୂର୍ବରୁ ଆମେ କିଛି ଉଲ୍ଲେଖ କରିଛୁ। ସେଇଥିରୁ ଅନୁମାନ କରିହୁଏ ଯେ ପୁରାତନ ଛାତ୍ର ସଂସଦର ସଦସ୍ୟମାନେ ଏବେ ଆମ ସମାଜରେ କିଭଳି ସମ୍ମାନୀୟ ଓ ଉଚ୍ଚ ପଦବୀରେ ଅଛନ୍ତି। ସେଭଳି ସଂସଦର ସଭାପତି ହେଲେ ଆମ ସାର୍। ୧୯୭୭ ମସିହାରୁ ଏହି ସ୍କୁଲର ମୁଖପତ୍ର ବାଣୀବୀଣା ନାମରେ ପ୍ରକାଶ ପାଇ ଆସୁଛି। ୨୦୧୦ ମସିହା ଛାତ୍ରସଂସଦର ବାର୍ଷିକ ଉତ୍ସବ ଅବସରରେ ପ୍ରକାଶିତ ବାଣୀବୀଣାରେ ସାର୍‌ଙ୍କର ନିବନ୍ଧଟିଏ ସ୍ଥାନିତ ହୋଇଥିଲା। ସ୍ମୃତି ବାଣୀପୀଠର। ସ୍କୁଲ ବିଷୟକ ଅନୁଭବକୁ ସାର୍ ଖୁବ୍ ଅନ୍ତରଙ୍ଗ ଭାବରେ ପ୍ରକାଶ କରିଛନ୍ତି। ସେଥିରୁ କିଛି ଅଂଶ ଏଠାରେ ଉଦ୍ଧାର କରୁଛୁ।

"ଧର୍ମଶାଳା ବାଣୀପୀଠ ଅବିଭକ୍ତ ଧର୍ମଶାଳା ଥାନା ଇଲାକାର ସର୍ବପୁରାତନ ଏକ ଆଦର୍ଶ ଉଚ୍ଚ ବିଦ୍ୟାଳୟ। ଦୀର୍ଘ ୬୩ ବର୍ଷ ବ୍ୟାପି ଅନୁଷ୍ଠାନଟି ଧର୍ମଶାଳା ଅଞ୍ଚଳର ଶିକ୍ଷା ବିକାଶ ଓ ବିସ୍ତାର କାର୍ଯ୍ୟ ସମ୍ପାଦନ କରିଆସୁଛି। ଇତି ମଧ୍ୟରେ ଏହି ଅନୁଷ୍ଠାନକୁ ବହୁ ଶିକ୍ଷକ ଆସିଛନ୍ତି ଓ ଯାଇଛନ୍ତି। ଅନୁରୂପ ଅସୁମାରି ପିଲା ପଢ଼ିବା ପାଇଁ ଆସିଛନ୍ତି ବିଦାୟ ନେଇଛନ୍ତି। କିନ୍ତୁ ବିଦ୍ୟାଳୟଟି ଭିନ୍ନ ଭିନ୍ନ ସମୟରେ ନୂଆ ନୂଆ ଛାତ୍ର ଓ ଶିକ୍ଷକମାନଙ୍କୁ ସାଙ୍ଗରେ ଧରି ଚାଲିଛି, ଚାଲୁଛି ଓ ଚାଲୁଥିବ। ଏ ଯାତ୍ରା ତା'ର ଅବିରାମ ଓ ଅସରନ୍ତି। ଠିକ୍ କବି ଟି.ଏସ୍. ଏଲିଅଟ୍‌ଙ୍କ The Brook କବିତାର ବାଣୀ ପରି- Men may come and men may go but I go on forever. Like wise Dharmasala Banipeetha goes on forever.

ଦେଶ ସ୍ୱାଧୀନ ହେବା ସମୟର ଘଟଣା। ଧର୍ମଶାଳା ଅଞ୍ଚଳର କିଛି ପ୍ରମୁଖ ବ୍ୟକ୍ତି ଯଥା:- ମହାମାନ୍ୟ ସର୍ବଶ୍ରୀ ଭକ୍ତଚରଣ ମହାନ୍ତି। ବିଶିଷ୍ଟ ଶିକ୍ଷାବିତ୍, ଦୁଇ ଜମିଦାର ଚହଟା ଗ୍ରାମର ନବାବ ଅବଦୁଲ୍ କୟମ୍ ଓରଫ୍ ମୁନିମିଆଁ (ଯେଉଁ ନାମରେ ସେ ସାଧାରଣରେ ପରିଚିତ), ଶ୍ରୀଯୁକ୍ତ ଅନନ୍ତ ଚରଣ ଶତପଥୀ, ମଙ୍ଗଳପୁର। ଶିକ୍ଷକ ଶ୍ରୀଯୁକ୍ତ ରମାନାଥ ମହାନ୍ତି, ଜନସେବୀ ଭାସ୍କର ମହାନ୍ତି, ଚହଟା। ସର୍ବୋପରି ପ୍ରଧାନଶିକ୍ଷକ ଶ୍ରୀଯୁକ୍ତ କଳ୍ପତରୁ ମିଶ୍ର ମହୋଦୟଙ୍କ ଆନ୍ତରିକ ଉଦ୍ୟମ ଓ ସହଯୋଗରୁ ସୃଷ୍ଟି ହୁଏ ଧର୍ମଶାଳା ବାଣୀପୀଠ। ଆଜି ପ୍ରାୟ ସେମାନଙ୍କ ମଧ୍ୟରୁ ଅନେକ ସ୍ୱର୍ଗବାସୀ। କିନ୍ତୁ ସେମାନଙ୍କର ପ୍ରିୟ ବିଦ୍ୟାଳୟଟି ସ୍ମାରକୀ ସ୍ୱରୂପ ବଞ୍ଚିରହି ସେମାନେ ଦେଖିଥିବା ସ୍ୱପ୍ନକୁ ପୂରଣ କରିଚାଲିଛି। ମୁଁ ତାଙ୍କ ହାତଗଢ଼ା ବିଦ୍ୟାଳୟର ପୁରାତନ ଛାତ୍ର ହିସାବରେ ସେମାନଙ୍କର ମହାନ ଅବଦାନ ନିମନ୍ତେ ମୋର ବିନମ୍ର ସମ୍ମାନ ଓ କୃତଜ୍ଞତା ଜ୍ଞାପନ କରୁଛି।

ମୋର ପଢ଼ିବା ସମୟ ଅର୍ଥାତ୍ ଆଜକୁ ବାଷଠି ବର୍ଷ ପୂର୍ବେ ଏହି ବେସରକାରୀ ସ୍କୁଲଟି ଥିଲା ସମ୍ପୂର୍ଣ୍ଣ ନୂଆ। ଶିକ୍ଷକ ଅଭାବ ଲାଗି ରହୁଥାଏ। ତାହା ସତ୍ତ୍ୱେ ବିଦ୍ୟାଳୟର ଉଚ୍ଚମାନର ପାଠପଢ଼ା ଓ ଶୃଙ୍ଖଳା ନିମନ୍ତେ ବେଶ୍ ସୁନାମ ଥାଏ। ତେଣୁ ଧର୍ମଶାଳାର ଚତୁର୍ଦ୍ଦିଗରୁ ପିଲାମାନେ ଆସି ଏଠି ପାଠ ପଢ଼ିବାକୁ ଭିଡ଼ ଜମାନ୍ତି। ବାପାମାଆଙ୍କର ପ୍ରଗାଢ଼ ଇଚ୍ଛା ଓ ଗଭୀର ବିଶ୍ୱାସ-କଳ୍ପତରୁ ସାର୍‌ଙ୍କ ନିକଟରେ ଛାଡ଼ିବା। ଅନ୍ତତଃ ପିଲାଟି ମଣିଷ ପରି ମଣିଷଟିଏ ହେବ। ସତରେ ମୋ ପ୍ରଧାନଶିକ୍ଷକ ତାଙ୍କର ଭଲ ପାଇବା ଓ କଡ଼ା ଅନୁଶାସନ ବଳରେ କେତେ ଅସଜଡ଼ା ପିଲାଙ୍କୁ ଶିକ୍ଷାଦୀକ୍ଷା ଦେଇ ସଜାଡ଼ି ମଣିଷ କରିଛନ୍ତି। ଏହା ହେଉଛି ମୋ ସାର୍ ଓ ବିଦ୍ୟାଳୟର ଲୋକପ୍ରିୟତାର ପ୍ରମାଣ। ମୋ କୈଶୋର ଜୀବନର ଚାରିଟି ମୂଲ୍ୟବାନ ବର୍ଷ ଏଠାରେ ପାଠପଢ଼ାରେ ବିତିଛି। ଧର୍ମଶାଳା ବାଣୀପୀଠ ମୋତେ ଗଢ଼ିଛି। ମୁଁ ଆଜି ଜୀବନରେ ଯାହାକିଛି ହୋଇଛି ମୋ ପୂଜ୍ୟ ଗୁରୁଜୀମାନଙ୍କ ଶିକ୍ଷା ଓ ଆଶୀର୍ବାଦ ଯୋଗୁଁ। ତେଣୁ ଧର୍ମଶାଳା ମୋ ପାଇଁ ତୀର୍ଥସ୍ଥଳୀ ଓ ଏହାର ପ୍ରତିଟି ରେଣୁ ମୋ ପାଇଁ ପବିତ୍ର। ମୁଁ ବାଣୀପୀଠକୁ କସ୍ମିନକାଳେ ଭୁଲିପାରିବିନି। ଏଠାରେ ପାଦ ଦେଲାମାତ୍ରେ ପୂର୍ବ ସ୍ମୃତି ସବୁ ମନରେ ଉଙ୍କିମାରେ, ଆନନ୍ଦ ଦିଏ। ଆମ ବିଦ୍ୟାଳୟ ରତ୍ନଗର୍ଭା। ଏଠାରୁ ବହୁ ରତ୍ନ ସୃଷ୍ଟି ହୋଇଛନ୍ତି। ୧୯୫୮, ୧୯୬୭ ଓ ୧୯୭୫ ମସିହାରେ ସେକେଣ୍ଡାରୀ ବୋର୍ଡ ପରିଚାଳିତ ମ୍ୟାଟ୍ରିକ୍ ପରୀକ୍ଷାରେ ତିନିଜଣ ଛାତ୍ର ପ୍ରଥମ ଦଶଜଣ ତାଲିକାରେ ତୃତୀୟ ସ୍ଥାନ ହାସଲ କରି ଗୌରବ ଅର୍ଜନ କରିଛନ୍ତି।

ଆମର ସୌଭାଗ୍ୟ ଆମେ କ୍ରୀଡ଼ାଠାରୁ ଆରମ୍ଭ କରି ସଂସ୍କୃତ, ଇଂରାଜୀ, ଗଣିତ ଆଦି ସମସ୍ତ ବିଷୟରେ ପାରଙ୍ଗମ ଜଣେ ସର୍ବଗୁଣ ସମ୍ପନ୍ନ ପ୍ରଧାନଶିକ୍ଷକଙ୍କ

ନିକଟରେ ପାଠ ପଢ଼ିବାର ସୁଯୋଗ ପାଇଥିଲୁ । ତାଙ୍କର ଅନ୍ୟାନ୍ୟ ସହକର୍ମୀ ମାନେ ଏକକୁ ଆରେକ ନିଜ ନିଜ ବିଷୟରେ ଦକ୍ଷ, ଧୁରନ୍ଧର (Competent) ଶିକ୍ଷକ ଥିଲେ । ସେମାନେ ପ୍ରତ୍ୟେକ ଜଣେ ଜଣେ ଚରିତ୍ରବାନ୍, ଶୃଙ୍ଖଳିତ, କର୍ତ୍ତବ୍ୟନିଷ୍ଠ ଛାତ୍ରବତ୍ସଳ ତଥା ଅନୁଷ୍ଠାନପ୍ରେମୀ ଶିକ୍ଷକ । ଆଜି ସେପରି ଶିକ୍ଷକ ମିଳିବା ବିରଳ । ସେହି ପୂଜ୍ୟ, ନମସ୍ୟ, ପ୍ରାତଃ ସ୍ମରଣୀୟ ଗୁରୁମାନଙ୍କ ନିକଟରେ ମୁଁ ଏକାନ୍ତ ଭାବରେ ଋଣୀ ।

ଗଣିତ ଓ ଇଂରାଜୀରେ ପାଶ୍ କଲେ ପିଲାମାନେ ସହଜରେ ମ୍ୟାଟ୍ରିକ୍ ପାଶ୍ କରୁଥିଲେ । ତାହା ବୋଲି ଅନ୍ୟାନ୍ୟ ବିଷୟରେ ଯେ ଗୁରୁତ୍ୱ ନଥିଲା । ଏକଥା ନୁହେଁ । ତେବେ ଇଂରାଜୀ ଏକ କଠିନ ବିଷୟ ଏବଂ ବହୁପିଲା ଏଥିରେ ଦୁର୍ବଳ ଥିବାରୁ ଅଧିକ ଗୁରୁତ୍ୱ ଦିଆଯାଏ । ପ୍ରଧାନଶିକ୍ଷକ ଶ୍ରୀଯୁକ୍ତ ମିଶ୍ର ଦଶମ ଓ ଏକାଦଶ ଶ୍ରେଣୀରେ English Text Prose ଓ Poetry ପଢ଼ାନ୍ତି । ସାର୍‌ଙ୍କ ପଢ଼ାଇବାର ଶୈଳୀ ଖୁବ୍ ଚମତ୍କାର ଓ ସ୍ୱତନ୍ତ୍ର । ପିଲାମାନେ ସହଜରେ ଧରିପାରନ୍ତି । English to English ରେ ପଢ଼ାଯାଏ । ଓଡ଼ିଆରେ କହିବାର ପ୍ରଶ୍ନ ନଥାଏ । ଏହାର ଉପାଦେୟତା ମୁଁ ପରବର୍ତ୍ତୀ ସମୟରେ ରେଭେନ୍‌ସା କଲେଜରେ I.Sc. ପଢ଼ିବା ସମୟରେ ପାଇଲି । କଲେଜରେ medium of instruction English ଥିଲା । ପୂର୍ବରୁ ହାଇସ୍କୁଲ କ୍ୟାରିଅର୍‌ରୁ ଏହି ଧାରା (System) ସହିତ ପରିଚିତ ଥିବାରୁ କଲେଜରେ ଅସୁବିଧା ହେଲା ନାହିଁ । ଆମ ସମୟରେ ମୁଖ୍ୟତଃ ଶିକ୍ଷା ଥିଲା ଗୁରୁଗତ । ଏଣୁ ପିଲାଟିଏ ଚଗଲାମି କରିବାକୁ ବେଳ ପାଏ ନାହିଁ ।

ଶିକ୍ଷାର ମୂଳ ଉଦ୍ଦେଶ୍ୟ ହେଲା ମାନବଶିଶୁର Body, Mind, Spiritର ସମ୍ୟକ୍ ବିକାଶ କରିବା । ପୂର୍ବ ଅନୁଚ୍ଛେଦରେ ମନର ତାଲିମ ନିମନ୍ତେ ପାଠପଢ଼ା କଥା କହିଲି । ଆମ ସମୟରେ ଶାରୀରିକ ଶିକ୍ଷାର ବିଷୟ ନଥିଲା । ସପ୍ତାହରେ ଖେଳ ପିରିଅଡ୍ ଦୁଇଟି ଥାଏ । P.E.T. ନିଯୁକ୍ତିର ବ୍ୟବସ୍ଥା ନଥାଏ । କିନ୍ତୁ ଆମେ କ୍ରୀଡ଼ା ଶିକ୍ଷକଙ୍କ ଅଭାବ ଉପଲବ୍ଧି କରିନୁ । ଆମ ପ୍ରଧାନଶିକ୍ଷକ କ୍ରୀଡ଼ା ବାବଦରେ ନିପୁଣ । ସେ ପ୍ରତି ଶନିବାର ଦିନ Mass Drill କରାନ୍ତି । ଶୀତଦିନେ ଶୁକ୍ରବାର ଖେଳ ପିରିଅଡ୍‌ରେ ଅଫିସ୍ ସାମନାରେ ଠିଆ କରାଇ ଲେଜିମ୍ ଖେଳ ଶିଖାନ୍ତି । ସ୍କୁଲରେ ବ୍ୟାଡମିଣ୍ଟନ, ରିଙ୍ଗବଲ୍, ବାସ୍କେଟବଲ୍ ଓ ହକି ଖେଳାଯାଏ । ପ୍ରତିବର୍ଷ ଟ୍ରାକ୍ କାଟି ସ୍ପୋର୍ଟସ୍ ହୁଏ ଓ ପୁରସ୍କାର ବିତରଣ ଉତ୍ସବ ଅନୁଷ୍ଠିତ ହୁଏ ।

Spirit ଓ Soul ର ବିକାଶ ଓ ନିୟନ୍ତ୍ରଣ ପାଇଁ ପ୍ରାତଃ ସାନ୍ଧ୍ୟ ପ୍ରାର୍ଥନା, ସଙ୍ଗୀତ, ତର୍କ, ପ୍ରବନ୍ଧ, ଚିତ୍ରାଙ୍କନ ପ୍ରଭୃତି ମୌଳିକ ବିଷୟରେ ପ୍ରତିଯୋଗିତା କରାଯାଇ ସଙ୍ଗେ ସଙ୍ଗେ ପୁରସ୍କାର ରାଶି ନଗଦ ଅର୍ଥ ଆକାରରେ ଦିଆଯାଏ । Character building is the essence of life. ପ୍ରଧାନଶିକ୍ଷକଙ୍କ କଡ଼ାଦୃଷ୍ଟି ଓ ଅନୁଶାସନ ଫଳରେ ମୁଁ ଓ ମୋ ଭଳି ବହୁପିଲା ନିଶାଦ୍ରବ୍ୟ ସେବନ ଭଳି କୁଅଭ୍ୟାସର ଶିକାର ହୋଇନାହୁଁ। ଶିଶୁର ଅନ୍ତର୍ନିହିତ ଲୁକ୍‌କାୟିତ ପ୍ରତିଭା ଓ ସୃଜନଶୀଳତାର ବିକାଶ ନିମନ୍ତେ ବିଦ୍ୟାଳୟର ମୁଖପତ୍ର "ବାଣୀବୀଣା" ରୀତିମତ ପ୍ରକାଶ ପାଏ। ମନେପଡ଼େ ଦଶମ ଶ୍ରେଣୀରେ ମୋର ଗୋଟିଏ ଗଳ୍ପ 'ଦୁଇଟୋପା ଲୁହ' ସ୍କୁଲ ପତ୍ରିକାରେ ବାହାରିଥିଲା।

ଯଦୁପତେ ! ରଘୁପତେ ! କ୍ୱ ଗତା ମଥୁରାପୁରୀ, କ୍ୱ ଗତା ଉତ୍ତର କୋଶଳ ନ୍ୟାୟରେ ସମୟର ସ୍ରୋତର ଶ୍ରୀକୃଷ୍ଣଙ୍କର ଅଭାବରେ ମଥୁରା ନଗ୍ର ଓ ରଘୁପତି ରାମଚନ୍ଦ୍ରଙ୍କର ଆବର୍ତ୍ତନମାନରେ ଅଯୋଧ୍ୟା ତା'ର ଶୋଭା ସମ୍ପଦକୁ ହରାଇ ଶ୍ରୀହୀନ ହେଲା ଭଳି ଠିକ୍ ଅନୁରୂପ ଦଶା ହୋଇଛି ବାଣୀପୀଠର। ଏ ସମୟରେ ଅତୀତର ସେ ବିନ୍ଧାଣୀ, ସ୍ରଷ୍ଟା ଶ୍ରୀଯୁକ୍ତ ମିଶ୍ର ଓ ତାଙ୍କ ସହକର୍ମୀମାନେ ବେଶୀ ମନେପଡ଼ନ୍ତି।

ମାଳମାଳ ଶିକ୍ଷକ ବୟାସାଧିକ୍ୟ ହେତୁ ଚାକିରୀ କ୍ଷେତ୍ରରୁ ଏକକାଳୀନ ଅବସର ନିଅନ୍ତି। ସେମାନଙ୍କର ଅବସରକାଳୀନ ଭତ୍ତା ପ୍ରଭୃତି ଦେୟ ସମ୍ଭାଳିବା ଏକ ପ୍ରକାର କାଠିକର ପାଠ ହୋଇଉଠେ।

ଏଥିରୁ ନିସ୍ତାର ପାଇବା ପାଇଁ ବ୍ୟୟ ସଂକୋଚର ବାଟ ଖୋଜାଯାଏ। ଏବେ ତ ସରକାର ଋଣ ଉପରେ ନିର୍ଭର କରି ଚଳୁଥାନ୍ତି। ସରକାରୀ ବଡ଼ମୁଣ୍ଡ ଆଇ.ଏ.ଏସ୍. ଅଫିସରମାନେ ସଂକଟ ଟାଳିବା ପାଇଁ ରାସ୍ତା ଖୋଜିଲେ। ଏତିକିବେଳେ ଡି.ଏଫ୍. ଆଇ.ଡି. (DFID) Department For International Development ଆମ ରାଜ୍ୟକୁ ଅନୁଦାନ ଦେବା ନିମନ୍ତେ ସରକାରୀ କର୍ମଚାରୀଙ୍କର ସଂଖ୍ୟା ହ୍ରାସ କରି ସରକାରୀ ବ୍ୟୟ ସଂକୋଚ କରିବା ପାଇଁ ପରାମର୍ଶ ଛଳରେ ସର୍ତ୍ତ ରଖନ୍ତି। ମାର୍ ମାର୍ ଭଣ୍ଡାରିଆକୁ ମାର୍ ନ୍ୟାୟରେ ଶିକ୍ଷାବିଭାଗ ତା'ର ପ୍ରଥମ ଶିକାର ହେଲା। ମଲୁ ଖୋଜୁଥିଲା ଯାହା, ବଇଦ ବତାଇଲା ତାହା। ଶିକ୍ଷକଟିଏ ଅବ୍ୟାହତି ନେଲା ପରେ ତା' ସ୍ଥାନରେ ନୂତନ ଶିକ୍ଷକ ନିଯୁକ୍ତି ବନ୍ଦ କରି ଦିଆଗଲା। ବହୁ ସ୍କୁଲ୍ ଖାଲି ହୋଇଗଲା। ଅବସ୍ଥା ଅସମ୍ଭାଳ ହେଲା। ଜଣେ ଜଣେ କାର୍ଯ୍ୟରତ ବିଦ୍ୱାନ ଓ ସଂସ୍କୃତ ଶିକ୍ଷକଙ୍କୁ ପାଖାପାଖି ବିଦ୍ୟାଳୟ ମାନଙ୍କରେ ଏଠି ତିନିଦିନ ସେଠି ଚାରିଦିନ ପାଳିକରି ପଢ଼ାଇବାକୁ ପଡ଼ିଲା। ଏଥିରେ ବାଣୀପୀଠ ମଧ୍ୟ ଶିକାର ହେଲା।

ବହୁ ହୋ ହାଲ୍ଲା ଆନ୍ଦୋଳନ ହେବା ଫଳରେ କିଛି କିଛି ନୂଆ ଶିକ୍ଷକ ନିଯୁକ୍ତି ଦିଆଗଲା। ଶିକ୍ଷା କ୍ଷେତ୍ରରେ ଶିକ୍ଷକ ମାନଙ୍କ ମଧ୍ୟରେ ନାନା ଶ୍ରେଣୀ ବିଭାଗ ସୃଷ୍ଟି ହେଲା। ଥୋକାଏ ଗଣ ଶିକ୍ଷକ, ଚୁକ୍ତି ଭିତ୍ତିକ ଶିକ୍ଷକ, ଶିକ୍ଷାସହାୟକ ଏଭଳି ୫/୬ ହଜାର ଟଙ୍କା ସ୍ୱଳ୍ପ ବେତନରେ ଗୁଡ଼ିଏ ଅଣ-ଶିକ୍ଷକ ନିଯୁକ୍ତି ପାଇଲେ। ଅନ୍ୟପକ୍ଷରେ

୬ଷ୍ଠ ବେତନ କମିଶନଙ୍କ ସୁପାରିଶ କ୍ରମେ ମୂଳ ଶିକ୍ଷକମାନେ ୨୫ରୁ ୩୦ ହଜାର ଟଙ୍କା ଦରମା ପାଇବେ। ଏଣୁ ଶିକ୍ଷକମାନଙ୍କ ମଧ୍ୟରେ ଦରମା ପାର୍ଥକ୍ୟକୁ ନେଇ ଘୋର ଅସନ୍ତୋଷ ସୃଷ୍ଟି ହୋଇଛି। ଏବେ ବି ବହୁ Vacant ପଡ଼ିଛି। କିରାଣୀଟିଏ ନଥିଲେ ଅନ୍ୟ କର୍ମଚାରୀ ଦ୍ୱାରା କାର୍ଯ୍ୟ ଚଳାଇ ହେବ। କିନ୍ତୁ ଶିକ୍ଷକ ନଥିଲେ ପାଠପଢ଼ା କିପରି ଚାଲିବ? ଏସବୁ ସମସ୍ୟାକୁ ଦୂର ନକରି Quality Education (ଗୁଣାତ୍ମକ ଶିକ୍ଷା) ଆଶା କରିବା ବୃଥା।

ଆମେ ପାଠ ପଢୁଥିବା ସମୟରେ ଶିକ୍ଷକମାନଙ୍କର ଦରମା ଶହେ ଦୁଇଶହ ମଧ୍ୟରେ ଥିଲା। ଜିନିଷପତ୍ରର ଦରଦାମ୍ ଖୁବ୍ କମ୍ ଥିଲା। ତେଣୁ ଚଳିଯାଇ ହେଉଥିଲା। କିନ୍ତୁ ବର୍ତ୍ତମାନର ଏ ମହଙ୍ଗା ଯୁଗରେ ଅଳ୍ପ ଦରମାରେ ଚଳିବା ମୁସ୍କିଲ୍। ଏ ତ ଗଲା ଦରମା ଓ ଶିକ୍ଷକ ନିଯୁକ୍ତି କଥା। ଆଗରୁ ପିଲାମାନଙ୍କର ପଢ଼ିବାରେ ଆଗ୍ରହ ଥିଲା। କାରଣ ଶିକ୍ଷା ଶେଷରେ ନିଯୁକ୍ତିର ନିଶ୍ଚିତତା ଥିଲା। ବର୍ତ୍ତମାନ ଅବସ୍ଥା ଭିନ୍ନ। ପାଠପଢ଼ି ପିଲା ବେକାର ବସୁଛନ୍ତି। ତେଣୁ ପିଲାମାନଙ୍କର  ପାଠ ପ୍ରତି ଆଗ୍ରହ କମୁଛି। ଆଗେ ବିଦ୍ୟାଳୟ ପରିଚାଳନା, ଶିକ୍ଷକ ନିଯୁକ୍ତି ଓ ହାନିଲାଭ ପରିଚାଳନା ସମିତି ବୁଝୁଥିଲା। ସରକାରୀ ହେଲାପରେ ସରକାର ପରିଚାଳନା ଭାର ନେଲେ। ଜନସାଧାରଣଙ୍କର ଦାୟିତ୍ୱ ରହିଲା ନାହିଁ। ସୁଖର କଥା ସରକାର ଏବେ କିଛି ଭିତ୍ତିଭୂମିର ବିକାଶ ସ୍ୱରୂପ ପକ୍କା ସ୍କୁଲ ଗୃହନିର୍ମାଣ ଉପରେ ଦୃଷ୍ଟି ଦେଇଛନ୍ତି। ପିଲାମାନଙ୍କ ଆଗ୍ରହ ନିମନ୍ତେ ମଧ୍ୟାହ୍ନ ଭୋଜନ, ମାଗଣା ପୋଷାକ, ବହି ମାଗଣାରେ ବାଇସାଇକେଲ୍‌ର ବନ୍ଦୋବସ୍ତ କରିଛନ୍ତି। ବିଳମ୍ବରେ ହେଲେ ମଧ୍ୟ School Management and Development Committee ମାନ ଗଢ଼ି ପ୍ରତି ସ୍କୁଲ୍‌ର ସୁସ୍ଥ ପରିଚାଳନା ଓ ଉନ୍ନତି ନିମନ୍ତେ ସାଧାରଣ ଲୋକଙ୍କୁ ଦାୟିତ୍ୱ ଦେଇଛନ୍ତି। କିନ୍ତୁ ପରିସ୍ଥିତି ବଦଳି ନାହିଁ।

ବାଣୀପୀଠ ଜୀବନର ଅନୁଭୂତି ସାର୍ କହୁଥିଲେ। ପ୍ରସଙ୍ଗକ୍ରମେ ଆଉ ଗୋଟିଏ କଥା ମନେପଡ଼ିଲା। କଥା ନୁହେଁ ସ୍ମୃତିଟିଏ କହିଲେ ଠିକ୍ ହେବ। ସାର୍ ଦଶମ ଶ୍ରେଣୀରେ ପଢୁଥିବା ବେଳର କଥା। ବାର୍ଷିକ ଉତ୍ସବ ପାଇଁ ସ୍କୁଲ ତରଫରୁ ନାଟକ ମଞ୍ଚସ୍ଥ କରାଯାଏ। ଯାହାକୁ ଆମେ ସ୍କୁଲ ଡ୍ରାମା ବୋଲି କହୁ। ସେ ବର୍ଷ ତିନିଟି ନାଟକ ପାଇଁ ରିହରସେଲ୍ ହେଉଥାଏ। ପ୍ରଥମ ନାଟକଟି ଥିଲା ବକ୍ସି ଜଗବନ୍ଧୁ ଦ୍ୱିତୀୟଟି ହଳ ଲଙ୍ଗଳ ଓ ଅନ୍ୟଟି ଥିଲା କୁଳବୋହୂ। ହଳଲଙ୍ଗଳ ଓ କୁଳବୋହୂ ନାଟକ ଦୁଇଟି ଜନସଚେତନତା ପାଇଁ ସରକାରୀ କାର୍ଯ୍ୟକ୍ରମ ହିସାବରେ ପ୍ରଦର୍ଶିତ ହେଉଥିଲା। କିନ୍ତୁ ଏସବୁକୁ ପରିବେଷଣ କରିଥିଲେ ବାଣୀପୀଠର କିଛି ଶିକ୍ଷକ ଓ ଛାତ୍ରମାନେ। ନାଟକଟିରେ ସାର୍ ଅଭିନୟ କରୁଥିଲେ।

ନାଟକର ଗୋଟିଏ ଦୃଶ୍ୟ ଏମିତି ଥିଲା। ଗୋଟିଏ ଛୋଟ ଶିଶୁକୁ କୋଳରେ ଧରି ମାଆଟିଏ ମଞ୍ଚକୁ ଆସିବ। ନିଜର ଡାଏଲଗ୍ କହିବ ଓ ସାଥୀ କଳାକାର (Co-Artist) ସହିତ ଅଭିନୟ ପ୍ରଦର୍ଶନ କରିବ। ନାଟକର ପ୍ରସ୍ତୁତି ସହିତ ସଂପୃକ୍ତ ନଥିବା ମିଆଁ ସାର୍ ଓ ଓସ୍ତାଦ୍ ଗୋଲାପବାବୁ ଏକାଗ୍ରତା ସହକାରେ ନିଜ ସ୍କୁଲ ବାଳିକାଟିର ଅଭିନୟ ଦେଖୁଥିଲେ। କୁନି ମାଆଟିର କଣ୍ଠେଇ ଭଳି ରୂପ ଅଭିନୟକୁ ଜୀବନ୍ତ କରିଦେଇଥାଏ। ମିଆଁ ସାର୍ ଓସ୍ତାଦ୍ ମହାଶୟ ଜାଣିବାକୁ ଚାହିଁଲେ ଏଇ ଛାତ୍ରୀଟି କାହାର ଝିଅ। କେଉଁ ଶ୍ରେଣୀରେ ପଢୁଛି ଇତ୍ୟାଦି।

ପଚାରିବାରୁ ଜଣାଗଲା ନାରୀ ଚରିତ୍ରରେ ଅଭିନୟ କରୁଥିବା ପିଲାଟି ଝିଅ ନୁହେଁ। ପୁଅଟିଏ। ଦଶମ ଶ୍ରେଣୀରେ ପଢୁଥିବା ନବୀନ ସାର୍‌ଙ୍କର ପୁତୁରା ଜିତେନ୍ଦ୍ର। ସାର୍ ପିଲାଦିନେ ଖୁବ୍ ସୁନ୍ଦର ଥିଲେ। ଡଉଲଡାଉଲ ଓ ସୁନ୍ଦର ମୁଖମଣ୍ଡଳ ଥିବା ପିଲାଙ୍କୁ ହିଁ ନାରୀଚରିତ୍ରରେ ଅଭିନୟ କରିବା ପାଇଁ ସମସ୍ତେ ନିର୍ବାଚନ କରନ୍ତି।

ଡ୍ରାମା ପାଇଁ ରିହର୍‌ସେଲ୍ ଚାଲିଥାଏ। ଡ୍ରାମା ଆଗଦିନ ରିହର୍‌ସେଲ୍ ଚାଲିଥିଲା ବେଳେ ରୁମ୍ ବଦଳାଗଲା। ପିଲାମାନଙ୍କୁ ଆଉ ଗୋଟିଏ କୋଠରୀକୁ ଯିବାକୁ କୁହାଗଲା। ସମସ୍ତେ ଦୌଡ଼ାଦୌଡ଼ି ହୋଇ ସେ ରୁମ୍‌କୁ ଗଲେ। ପିଲାଟିଏ ଦୌଡ଼ି ପଳାଇଲା ବେଳେ ଗୋଟିଏ ଉଚ୍ଚ ଡେସ୍କରେ ତା'ର ଦେହ ବାଜିଗଲା। ଡେସ୍କଟି ଟଳମଳ ହେଉଥାଏ। ସେଠିକୁ ନଜର ନଦେଇ ପିଲାଟି ଚାଲିଗଲା। ପଛେ ପଛେ ଆମ ସାର୍ ଗଲେ। ଡେସ୍କ ପାଖରେ ପହଞ୍ଚିଲା ବେଳକୁ ଡେସ୍କଟି ଟଳମଳ ହୋଇ ସାର୍‌ଙ୍କ ବାମ ଗୋଡ଼ ଉପରେ ପଡ଼ିଗଲା। ତିନୋଟି ଆଙ୍ଗୁଳି ଛେଚି ହୋଇଗଲା। ଆଶୁ ଆରୋଗ୍ୟପାଇଁ ଚିକିତ୍ସା କରାଗଲା। ଆସନ୍ତାକାଲି ଡ୍ରାମା। ଡ୍ରାମା ଦିନ ପାଦରେ ଯନ୍ତ୍ରଣା ହେଉଥିଲେ ମଧ୍ୟ ସାର୍ ଅଭିନୟ କଲେ। ଆଘାତ ଏତେ ଜୋର୍ ଥିଲା ଯେ ତିନୋଟି ଅଙ୍ଗୁଳିର ନଖ ନଷ୍ଟ ହୋଇଗଲା। ଏପର୍ଯ୍ୟନ୍ତ ମଝି ଆଙ୍ଗୁଳିରେ ନଖ ଉଠିନାହିଁ। ସେଠି ନଜର ପଡ଼ିଗଲେ ମନେପଡ଼ିଯାଏ ସେଦିନର ଡ୍ରାମା କଥା। ସେହି ନାଟକରେ ସାର୍ ପୁରସ୍କାର ଓ ମେଡାଲ୍ ପାଇଥିଲେ।

ସାର୍ ହାଇସ୍କୁଲ୍‌ରେ ପଢୁଥିବା ବେଳେ ଶାରୀରିକ ଶିକ୍ଷା ଉପରେ ସେତେ ଗୁରୁତ୍ୱ ଦିଆଯାଉନଥିଲା। ବିଦ୍ୟାଳୟ ମାନଙ୍କରେ ପି.ଇ.ଟି. ନିଯୁକ୍ତି ପାଇଁ ବ୍ୟବସ୍ଥା ନଥିଲା। କିନ୍ତୁ ବାଣୀପୀଠର ପ୍ରଧାନଶିକ୍ଷକ କଞ୍ଚତରୁ ସାର୍‌ଙ୍କର ଏ ବିଷୟରେ ଯଥେଷ୍ଟ ଅଭିଜ୍ଞତା ଥିବାରୁ ସ୍କୁଲ୍ ସ୍ପୋର୍ଟସ କଥା ବୁଝନ୍ତି। ଜଣେ ଦକ୍ଷ ପି.ଇ.ଟି. ପରି ସାଥୀ ଶିକ୍ଷକମାନଙ୍କୁ ନେଇ ଟ୍ରାକ୍ କାଟିବା ଠାରୁ ଆରମ୍ଭ କରି କ୍ରୀଡ଼ା ପରିଚାଳନା ପର୍ଯ୍ୟନ୍ତ ସମସ୍ତ କାର୍ଯ୍ୟ କରନ୍ତି। ସେ ନିଜେ ମଧ୍ୟ ଜଣେ ଭଲ କ୍ରୀଡାବିତ୍ ଥିଲେ। ଥରେ

ପୋଲଭୋଲ୍ଟ କ୍ରୀଡ଼ା (ବାଉଁଶ ସାହାଯ୍ୟରେ ଡେଇଁବା)ର କୌଶଳ ଶିଖାଉଥିବା ବେଳେ ସାମାନ୍ୟ ଅସାବଧାନତା ହେତୁ ସାର୍ ପିଟ୍ ଦାଢ଼ରେ ପଡ଼ିଗଲେ। ଗୋଡ଼ ମୋଡ଼ି ହୋଇ ପାଦ ଫୁଲିଗଲା। ସାର୍‌ଙ୍କୁ ଚେୟାର୍‌ରେ ବସାଇ ଛାତ୍ରମାନେ ଶ୍ରେଣୀକକ୍ଷକୁ ନେବା ଆଣିବା କଲେ।

ଧର୍ମଶାଳା ପଡ଼ିଆରେ ଖେଳି ଆମ ସାର୍ ପୁରସ୍କାର ପାଇଛନ୍ତି। ବଡ଼ କଥା ହେଲା କ୍ରିଡ଼ା ବାବଦରେ ନୂତନ ଦୃଷ୍ଟିକୋଣ ଉନ୍ମୋଚନ ହେଲା। ବାର୍ଷିକ କ୍ରୀଡ଼ା ଉତ୍ସବରେ ସାର୍‌ଙ୍କ ସାଙ୍ଗ ନୃସିଂହ ସ୍ୱାଇଁ ଓ କୃଷ୍ଣଚନ୍ଦ୍ର ମହାନ୍ତି ଅଦଳ ବଦଳ ହୋଇ ଚମ୍ପିଆନ ହୁଅନ୍ତି। ନୀଳକଣ୍ଠପୁରର କୃଷ୍ଣଚନ୍ଦ୍ର ଭଲ ଖେଳାଳୀଟିଏ ହୋଇଥିବାରୁ ପୋଲିସ୍ ଚାକିରୀ ପାଇପାରିଥିଲେ। ପ୍ରମୋଶନ ପାଇ ଡେପୁଟି ସୁପରିଟେଣ୍ଡେ ଅଫ ପୋଲିସ୍ ପଦବୀ ପର୍ଯ୍ୟନ୍ତ ଯାଇଥିଲେ।

ଧର୍ମଶାଳାରେ ଗୋଟିଏ ବଡ଼ ହାଟପଡ଼ିଆ ଅଛି। ସେଠି ସାପ୍ତାହିକ ହାଟ ହୁଏ। ଶୁକ୍ରବାର ପାଳିରେ ଗାଈଗୋରୁ କିଣାବିକା ହୁଏ। ବର୍ଷେ ବାଣୀପୀଠ ତରଫରୁ ହାଟକୁ ନିଲାମରେ ନିଆଯାଇଥିଲା। ସେଥିରୁ ଯାହା ଆୟ ହୁଏ, ସ୍କୁଲର ଉନ୍ନୟନ କାମରେ ଲାଗେ। ସକାଳୁଆ ସ୍କୁଲ ହେଉଥିବାରୁ ଦଶଟା ଏଗାରଟା ବେଳକୁ ମହାସୁଲ ଆଦାୟ କରିବା ପାଇଁ ସ୍କୁଲରୁ ଭଲପିଲା ଦଶ ଜଣ ବ୍ରଜ ସାର୍‌ଙ୍କ ସାଙ୍ଗରେ ଯାଆନ୍ତି। ପାଠପଢ଼ା ସହିତ ସ୍କୁଲର ଅନ୍ୟାନ୍ୟ କାର୍ଯ୍ୟ କରିବା ପାଇଁ ପିଲାମାନଙ୍କୁ ଖୁବ୍ ଭଲ ଲାଗେ। ଆମ ସାର୍ ଅନେକ ଥର ସେ କାମରେ ଯାଇଛନ୍ତି। ଗୋରୁ ହାଟରେ ଗୋଟିଏ ଟିଣଘର ଅଛି। ସେଇଠି ପିଲାମାନେ କଲେକ୍‌ସନ ରେଜିଷ୍ଟର ଧରି ବସନ୍ତି। ଖାତାରେ ଗାର ପକାଇ ଅଲଗା ଅଲଗା ସ୍ତମ୍ଭ କରି ବିକ୍ରେତା ଓ କ୍ରେତାର ନାଆଁ, ଠିକଣା, ଗୋରୁର କିସମ ଇତ୍ୟାଦି ଲେଖା ଯାଇଥାଏ। ଏସବୁ ପୂରଣ କରି ଆଠଣା (୫୦ପଇସା) ହିସାବରେ ମହାସୁଲ ଆଦାୟ କରନ୍ତି। ହାଟ ସରିଲେ ହିସାବପତ୍ର କରି ପଇସା ଗଣି ବ୍ରଜ ସାର୍‌ଙ୍କୁ ଦିଅନ୍ତି। ଏଥିରେ ସରଳ ଗଣିତର ପ୍ରାକ୍‌ଟିକାଲ ହୋଇଯାଏ। କାମ ସରିଗଲେ ଖର୍ଚ୍ଚ କରିବା ପାଇଁ ପିଲାମାନଙ୍କୁ ଆଠଣା ଟଙ୍କେ ଦିଆଯାଏ। ପରିଶ୍ରମ ପରେ ପାରିଶ୍ରମିକ ପାଇ ସମସ୍ତେ ଖୁସି ହୋଇଯାଆନ୍ତି।

■

# ଛାତ୍ର ଆନ୍ଦୋଳନ

ସାର୍ ଅଷ୍ଟମ ଶ୍ରେଣୀରେ ପଢୁଥାନ୍ତି । ସରସ୍ୱତୀ ପୂଜାବେଳକୁ ସ୍କୁଲରେ ଡ୍ରାମା ହୁଏ । ସେଥିରେ ପିଲାମାନେ ଚାନ୍ଦା ପାଇଁ ଧର୍ମଶାଳା ବଜାରକୁ ଯାଇଥିଲେ । ଧର୍ମଶାଳାର ବିଶିଷ୍ଟ ଔଷଧ ବ୍ୟବସାୟୀ ଶ୍ରୀଯୁକ୍ତ ବୃନ୍ଦାବନ ଶତପଥୀଙ୍କ ଦୋକାନରେ ପହଞ୍ଚିଲେ । ଶ୍ରୀଯୁକ୍ତ ଶତପଥୀ ଚାନ୍ଦା କଥା ଶୁଣି କହିଲେ-ପୂଜା, ଡ୍ରାମା ପାଇଁ କ'ଣ ସ୍କୁଲରେ ଟଙ୍କା ଅଭାବ ହୋଇଛି ?

ଚାନ୍ଦା ତ ଦେଲେ ନାହିଁ ଓଲଟା ପିଲାମାନଙ୍କ ଆଗରେ ପ୍ରଧାନ ଶିକ୍ଷକଙ୍କର ନିନ୍ଦା କରିବା ସହିତ ଆଉ କିଛି ଅଶାଳୀନ ମନ୍ତବ୍ୟ ଦେଲେ । ଏପରି କଥା ଶୁଣି ଶିକ୍ଷକ ଓ ଛାତ୍ରମାନେ ଅସନ୍ତୋଷ ପ୍ରକାଶ କଲେ । ଯାହାଫଳରେ ପ୍ରଧାନଶିକ୍ଷକ ଓ ସ୍କୁଲର ମର୍ଯ୍ୟାଦା ରକ୍ଷା ପାଇଁ ଡ୍ରାମା ପରେ ଛାତ୍ର ଆନ୍ଦୋଳନଟିଏ ଆରମ୍ଭ ହେଲା । ସ୍କୁଲ ବନ୍ଦ ହୋଇଗଲା । ହଷ୍ଟେଲ୍‌ରେ ଚାବି ପଡ଼ିଲା । ପିଲାମାନେ ପରିଚିତ ଲୋକଙ୍କ ଘରେ ଖିଆପିଆ କଲେ । କିଛି ଭଦ୍ରଲୋକ ଅନ୍ୟପିଲାଙ୍କ ଦାୟିତ୍ୱ ବୁଝିଲେ ।

ସେତେବେଳେ ଆନ୍ଦୋଳନ କ'ଣ ଲୋକଙ୍କୁ ଜଣାନଥିଲା । ସ୍ୱାଧିନତା ଆନ୍ଦୋଳନ ପରେ କେବଳ ନିର୍ବାଚନ ସମୟରେ ଲୋକେ ଧାଡ଼ି ହୋଇ ସ୍ଲୋଗାନ୍ ଦେଇ ଯାଉଥିଲେ । ଦାବୀ ପୂରଣ ପାଇଁ କେବେ ଆନ୍ଦୋଳନ ହେଉନଥିଲା । ସେ ଦୃଷ୍ଟିରୁ ଏ ଛାତ୍ର ଆନ୍ଦୋଳନଟି ଆମ ଅଞ୍ଚଳରେ ଥିଲା ପ୍ରଥମ । ସ୍କୁଲ ପିଲାମାନେ ଡାକବଙ୍ଗଳା ଛକଠାରୁ ଆରମ୍ଭ କରି ଡାକ୍ତରଖାନା ପର୍ଯ୍ୟନ୍ତ ଦୁଇ ଧାଡ଼ିରେ ଠିଆ ହୋଇ ସ୍ଲୋଗାନ୍ ଦେବା ଆରମ୍ଭ କଲେ । ଶ୍ରୀଯୁକ୍ତ ଶତପଥୀଙ୍କ ଘର ପାଖ ଦେଇ ବଡ଼ ମଙ୍ଗଳପୁର ଗାଆଁ ବୁଲିଲେ । ଶ୍ରୀଯୁକ୍ତ ଶତପଥୀଙ୍କ ସହିତ ଥାଆନ୍ତି ଶ୍ରୀଯୁକ୍ତ ଭକ୍ତ ଚରଣ ମହାନ୍ତି ଓ ଶ୍ରୀଯୁକ୍ତ ଦାସରଥୀ ମହାନ୍ତି (ରାହାମା) । ଏମାନେ ସ୍କୁଲର ବିରୋଧୀ । ଏ ତିନିଙ୍କୁ ଦୃଷ୍ଟିରେ ରଖି ସ୍ଲୋଗାନ୍ ଦିଆଯାଉଥାଏ । ସେଥିରୁ ଗୋଟେ ସ୍ଲୋଗାନ୍ ହେଲା- ଭୋଟ୍‌ରେ ଉଡୁଥିଲା କିଏ ? ପିଲାମାନେ ଉତ୍ତର ଦିଅନ୍ତି- ରାମପକ୍ଷୀ । ରାମପକ୍ଷୀ ଅର୍ଥ କୁକୁଡ଼ା ।

ବଡ଼ ହେଲା ପରେ ସାର୍ ଜାଣିବାକୁ ପାଇଲେ ଯେ ଶ୍ରୀଯୁକ୍ତ ଭକ୍ତ ଚରଣ ମହାନ୍ତି ଥରେ ବିଧାନସଭା ନିର୍ବାଚନରେ ପ୍ରାର୍ଥୀ ହୋଇଥିଲେ। ତାଙ୍କର ଚିହ୍ନ ଥିଲା କୁକୁଡ଼ା। ତେଣୁ ଏ ସ୍ଲୋଗାନ୍‌ଟି ତାଙ୍କ ପାଇଁ ଉଦ୍ଦିଷ୍ଟ ବୋଲି ଜଣାଗଲା।

ଆନ୍ଦୋଳନ ଚତୁର୍ଥ ଦିନରେ ପହଞ୍ଚିବା ବେଳକୁ ଏ ଅଞ୍ଚଳର କିଛି ବରିଷ୍ଠ ବ୍ୟକ୍ତି ଏହାର ସମାଧାନ ପାଇଁ ଚେଷ୍ଟା ଆରମ୍ଭ କଲେ। ସ୍କୁଲ କ୍ୟାମ୍ପସ୍‌ରେ ଗୋଟିଏ ମିଟିଂ ଡକାଗଲା। ଅନେକ ଲୋକ ଆସିଲେ। ସଭାରେ ସଭାପତିତ୍ୱ କରୁଥିଲେ ଝାଟିଆର ଶ୍ରୀଯୁକ୍ତ ବାଇଧର ଶତପଥୀ। ସେଦିନ ବୃନ୍ଦାବନ ବାବୁ କଟକ ଯାଇଥାନ୍ତି। ରାତି ବିଳମ୍ବ ହୋଇଯାଇଥାଏ। ସଭାପତି ମହାଶୟ ଏ ଘଟଣାର ନିନ୍ଦା କରିବା ସହିତ ଘଟଣାର ପରିସମାପ୍ତି ପାଇଁ forgive and forget ନିଷ୍ପତ୍ତି ଶୁଣାଇ ଆନ୍ଦୋଳନ ପ୍ରତ୍ୟାହାର କରିବାକୁ ବାରମ୍ବାର ନିବେଦନ କରୁଥାନ୍ତି।

ଠିକ୍ ଏହି ସମୟରେ କାଏମା ଷଢ଼ଙ୍ଗୀ ବସ୍‌ରେ ବୃନ୍ଦାବନ ବାବୁ ଫେରିଲେ। ସେ ବସ୍‌ରେ ଡ୍ରାଇଭର ଥିଲେ ଇଲିଆସ୍ ମିଆଁ। ତାଙ୍କ ପିଲାମାନେ ବାଣୀପୀଠରେ ପଢୁଥିଲେ। ତାଙ୍କର ସ୍କୁଲ ପ୍ରତି ଯଥେଷ୍ଟ ଶ୍ରଦ୍ଧା ଥିଲା। ସେ ଚାହୁଁଥିଲେ ଆନ୍ଦୋଳନ ବନ୍ଦ ହେଉ। ଯଥାରୀତି ସ୍କୁଲ୍ ଚାଲୁ। ଇଲିଆସମିଆଁ ବୃନ୍ଦାବନ ବାବୁଙ୍କୁ ସାଙ୍ଗରେ ଧରି ସ୍କୁଲ ମିଟିଂରେ ପହଞ୍ଚିଲେ। ଶ୍ରୀଯୁକ୍ତ ଶତପଥୀ ଅନୁତପ୍ତ ହୋଇ ଦୁଃଖ ପ୍ରକାଶ କଲେ। ଘଟଣାର ଶାନ୍ତିପୂର୍ଣ୍ଣ ସମାଧାନ ହେଲା ଓ ପ୍ରଧାନଶିକ୍ଷକ ତଥା ସ୍କୁଲର ସମ୍ମାନ ରକ୍ଷା ହେଲା।

ଶ୍ରୀଯୁକ୍ତ ବୃନ୍ଦାବନ ଶତପଥୀ, ଶ୍ରୀଯୁକ୍ତ ଭକ୍ତଚରଣ ମହାନ୍ତି ଓ ଶ୍ରୀଯୁକ୍ତ ଦାଶରଥୀ ମହାନ୍ତି ଆଉ ଇହଧାମରେ ନାହାନ୍ତି। ସ୍ୱର୍ଗତ ଭକ୍ତଚରଣଙ୍କ ପ୍ରଥମ ଶ୍ରାଦ୍ଧୋତ୍ସବ ଉପଲକ୍ଷେ ସମ୍ଭ୍ରାନ୍ତ ସ୍ମରଣିକାଟିଏ ପ୍ରକାଶ ପାଇଥିଲା। ଭକ୍ତଚରଣଙ୍କ କୃତି ବିଷୟକ ସୁନ୍ଦର ପ୍ରବନ୍ଧ ଗୁଡ଼ିଏ ଥିଲା। ସେ ହିଁ ଧର୍ମଶାଳା ବାଣୀପୀଠର ଆଦ୍ୟ ଉଦ୍ୟୋକ୍ତା ଅଟନ୍ତି। ଆମ ସାର୍ ଭକ୍ତଚରଣଙ୍କ ଉଦ୍ଦେଶ୍ୟରେ ଗୋଟିଏ ନିବନ୍ଧ ଲେଖିଥିଲେ। ନିବନ୍ଧଟିରେ ସ୍କୁଲ ସମୟର ଛାତ୍ର ଆନ୍ଦୋଳନ ବିଷୟରେ ଦୁଇଟି ପାରାଗ୍ରାଫ୍ ଥିଲା। ସେଥିରେ ଉଲ୍ଲେଖନୀୟ କଥାଟି ହେଲା- ସାର୍‌ଙ୍କ ଭାବନାର ନିଜସ୍ୱ କଥା ପଦେ- ବଡ଼ ହେଲା ପରେ ମୁଁ ଭାବୁଛି ଏ କଥା (ଆନ୍ଦୋଳନ) ନ ଘଟିଥିଲେ ବରଂ ଭଲ ହୋଇଥାନ୍ତା। ଭଲକାମ ପାଇଁ କୃତଜ୍ଞତା ଜଣାଇବା ତ ଦୂରର କଥା ଅନ୍ତତଃ କୃତଘ୍ନତା ପ୍ରକାଶରୁ ରକ୍ଷା ମିଳିଥାନ୍ତା।

ଉପରୋକ୍ତ ପ୍ରକାରର ସମାଧାନରେ ଶ୍ରୀଯୁକ୍ତ ଶତପଥୀ ଓ ତାଙ୍କର ସାଥୀମାନେ ସନ୍ତୁଷ୍ଟ ହୋଇନଥିଲେ। ଓଲଟା ଅପମାନିତ ବୋଧ କରିଥିଲେ। ତେଣୁ ଗୋଟିଏ counter ଆନ୍ଦୋଳନ କରିବାକୁ ଯୋଜନା କଲେ। ସେହି ସ୍କୁଲର ଛାତ୍ରମାନଙ୍କୁ ଅସ୍ତ୍ର

କରାଗଲା। କିନ୍ତୁ ମାତ୍ର ଆଠଦଶ ଜଣଙ୍କ ବଦଳରେ ଅଧିକ ପିଲା ଆଗକୁ ନ ଆସିବାରୁ ଆନ୍ଦୋଳନ ବନ୍ଦ ହୋଇଗଲା। ଯେଉଁ କେତେଜଣ ଛାତ୍ର ଆଗକୁ ଆସିଥିଲେ, ତାଙ୍କ ଠାରୁ ପଚିଶରୁ ପଚାଶ ଟଙ୍କା ପର୍ଯ୍ୟନ୍ତ ଜୋରିମାନା ଆଦାୟ କରାଗଲା। କେତେକଙ୍କୁ ବାଧ୍ୟତାମୂଳକ TC ଦେବାର ଧମକ ଦିଆଗଲା। ଦୋଷୀ ପିଲାଙ୍କ ଅବିଭାବକ ମାନଙ୍କୁ ଡକାଗଲା। କିଛି ପିଲାଙ୍କ ଅବିଭାବକ ପ୍ରଧାନଶିକ୍ଷକଙ୍କୁ ସାକ୍ଷାତ କରିବାକୁ ନ ଆସିବାରୁ ପିଲାଏ ଭୟରେ ସ୍କୁଲ ଗଲେ ନାହିଁ। ତାଙ୍କର ପାଠପଢ଼ା ସେଇଠି ଶେଷ ହେଲା। ସମାଜର କେଇଜଣ ବିଶିଷ୍ଟ ଲୋକଙ୍କ ଭୁଲ ପଦକ୍ଷେପ ଯୋଗୁ କେତେଜଣଙ୍କର ଜୀବନ ନଷ୍ଟ ହେଲା। ରମେଶ ମହାନ୍ତି (ଦାସରଥୀ ମହାନ୍ତିଙ୍କ ପୁଅ) ସ୍କୁଲକୁ ଆସିଲେ ନାହିଁ। ଦାସରଥୀ ବାବୁ, ଶ୍ରୀଯୁକ୍ତ ଶତପଥୀଙ୍କୁ ସମର୍ଥନ କରୁଥିବାରୁ ପ୍ରଧାନଶିକ୍ଷକଙ୍କ ପାଖକୁ ଗଲେ ନାହିଁ। ତାଙ୍କ ପାଖରେ ନତମସ୍ତକ ହେବାକୁ ପସନ୍ଦ କଲେ ନାହିଁ। ପୁଅକୁ ନେଇ ମଧୁପୁର ହାଇସ୍କୁଲରେ ପଢ଼େଇଲେ। ସେଠି ମ୍ୟାଟ୍ରିକ୍ ପରୀକ୍ଷା ଦେଲାବେଳକୁ ଅସୁବିଧାରେ ପଡ଼ିଲେ। ରମେଶ ମହାନ୍ତି ବିରୋଧରେ ସେକେଣ୍ଡାରୀ ବୋର୍ଡ କାର୍ଯ୍ୟାଳୟକୁ କଳ୍ପତରୁ ସାର୍ ଚିଠି ଲେଖିଲେ। ପରୀକ୍ଷା ଖୁବ୍ ପାଖେଇ ଆସିଥାଏ। ପ୍ରାୟ ଆଉ ଚାରି ଛଅ ଦିନ ଥାଏ। କଳ୍ପତରୁ ସାର୍‌ଙ୍କ ଚିଠିର ପ୍ରତିକ୍ରିୟା ସ୍ୱରୂପ ମୂଳସ୍କୁଲର TC ଦରକାର ବୋଲି ସେକେଣ୍ଡାରୀ ବୋର୍ଡ ନିର୍ଦ୍ଦେଶ ଦେଇ ତାଙ୍କୁ ବାର୍ଷିକ ପରୀକ୍ଷାରୁ ବଞ୍ଚିତ କଲେ। ତେଣୁ ଶ୍ରୀଯୁକ୍ତ ଦାସରଥୀ ମହାନ୍ତି ବାଣୀପୀଠକୁ ଗଲେ, ଅନୁତପ୍ତ ହୋଇ ଲିଖିତ କ୍ଷମା ପ୍ରାର୍ଥନା ପରେ TC ଆଣିଲେ। ବାର୍ଷିକ ପରୀକ୍ଷା ସରି ଯାଇଥିଲା। ପୁଅ ସପ୍ଲିମେଣ୍ଟାରୀ ପରୀକ୍ଷା ଦେଲା। ପ୍ରଥମ ଶ୍ରେଣୀରେ ପାସ୍ କଲା। ଅଳ୍ପଦିନ ପରେ ଭାରତୀୟ ରେଳ ବିଭାଗରେ ଚାକିରୀ ପାଇଲା।

■

# କଳ୍ପତରୁ ସାର୍‌ଙ୍କ ସ୍ମୃତି

ଆମ ସାର୍‌ଙ୍କ ପ୍ରିୟ ପ୍ରଧାନଶିକ୍ଷକ ଆଉ ନାହାନ୍ତି। ତେଣୁ ତାଙ୍କ ସ୍ମୃତି ଉଦ୍ଦେଶ୍ୟରେ ଧର୍ମଶାଳାର ପୂର୍ବତନ ବିଧାୟକ ଶ୍ରୀଯୁକ୍ତ ରବି ଲାବଣ୍ୟଙ୍କ ଉଦ୍ୟମ କ୍ରମେ ଆରମ୍ଭ ହେଲା କଳ୍ପତରୁ ମିଶ୍ର ସ୍ମୃତି କମିଟି। ସେଥିରେ ସଭାପତି ରହିଲେ ଶ୍ରୀଯୁକ୍ତ ରବି ଲାବଣ୍ୟ। ସ୍ମୃତି କମିଟିର ବୈଠକରେ ବାଣୀପୀଠ ପୁରାତନ ଛାତ୍ର ସଂସଦ ଗଠନ ପାଇଁ ନିଷ୍ପତ୍ତି ନିଆଗଲା। ବରିଷ୍ଠ ହିସାବରେ ଆମ ସାର୍ ହେଲେ ସଭାପତି। ଏବେ ବେଳେବେଳେ ପ୍ରଧାନଶିକ୍ଷକଙ୍କ କଥା ଆମ ସାର୍‌ଙ୍କର ଖୁବ୍ ମନେ ପଡ଼େ। ତାଙ୍କର 'ବାୟା' ଡାକ କି ମଧୁର। କଳ୍ପତରୁ ସାର୍ ପିଲାମାନଙ୍କୁ ଶ୍ରଦ୍ଧାରେ ବାୟା ଡାକନ୍ତି। ସେଥିରେ ସମସ୍ତେ ବଶ। ନାଆଁ ଜାଣି ଥାଆନ୍ତୁ କି ନଥାନ୍ତୁ ତାଙ୍କ ପାଟିରେ ଆଗ ପଶିଯାଏ ବାୟା। ହେ ବାୟା ଏଠିକି ଆସିଲୁ। ହେ ବାୟା ଅମୁକଟା ଆଣିଲୁ। ଆଉ ସେ ବାୟା ଡାକ ଶୁଣିବାକୁ ମିଳିବ ନାହିଁ। କଳ୍ପତରୁ ସାର୍‌ଙ୍କ ସହିତ ସେ ଶବ୍ଦ ହଜିଯାଇଛି।

ସାର୍‌ଙ୍କ ପିଲାଦିନେ ଗାଆଁ ଗଣ୍ଡାରେ ରେଡ଼ିଓ ନଥିଲା। ସ୍କୁଲ୍ ପଢ଼ାସାରି କଟକର ରେଭେନ୍ସା ମହାବିଦ୍ୟାଳୟରେ ପଢ଼ିଲାବେଳେ ହଷ୍ଟେଲ୍‌ର କମନ୍ ରୁମ୍‌ରେ ପ୍ରଥମେ ରେଡ଼ିଓ ଦେଖିଲେ ଓ ତା'ର ସଂସ୍ପର୍ଶରେ ଆସିଲେ। ସେତେବେଳେ ଟେଲିଭିଜନର ପ୍ରଶ୍ନ ନଥିଲା। ସାର୍ ମନେପକାଇ କହୁଥିଲେ I.Sc. ପରୀକ୍ଷାରେ Television ବିଷୟରେ ରଚନା ପଡ଼ିଥିଲା। English Essay ବହିରୁ ପଢ଼ି ପ୍ରବନ୍ଧଟି ଲେଖିଥିଲେ। ସେତେବେଳେ ଖବରକାଗଜ ବି ଦୁର୍ଲଭ ଥିଲା। ଦୈନିକ ସମ୍ବାଦପତ୍ର ବୋଇଲେ କେବଳ ସମାଜକୁ ହିଁ ବୁଝାଯାଉଥିଲା। କିଛି ବଡ଼ ବଡ଼ ଲୋକ ସମାଜ ମଗାଉଥିଲେ। କଟକରୁ ଡାକରେ ଆସି ପହଞ୍ଚିଲା ବେଳକୁ ଦୁଇତିନି ଦିନ ବିତି ଯାଇଥାଏ। ସେତେବେଳେ ଖଣ୍ଡପ୍ରତି ମୂଲ୍ୟ ଥିଲା ଛଅ ପଇସା।

ଆଜିକାଲି ଖବର ଜାଣିବା ପାଇଁ ଶହ ଶହ ଖବର କାଗଜ ପ୍ରକାଶିତ ହେଉଛି। ରେଡ଼ିଓ ଓ ଟେଲିଭିଜନରେ ଶହ ଶହ ଚ୍ୟାନେଲ୍ ପ୍ରତିଘରର ଡ୍ରଇଁ ରୁମ୍‌ରେ ପହଞ୍ଚିଗଲାଣି। ବିଧାନସଭା, ଲୋକସଭା ଓ ରାଜ୍ୟସଭାର ସିଧା ପ୍ରସାରଣ ଦେଖି ହେଉଛି। ସେତେବେଳେ ଏସବୁ କଥା ଆଦୌ ଜାଣି ହେଉନଥିଲା। ନଗରବିଜ୍ଞାନ ବିଷୟ

ବସ୍ତୁଟି ପାଠ୍ୟକ୍ରମରେ ନଥିଲା। ସାର୍ ପିଲାମାନଙ୍କୁ ଏ ବିଷୟରେ ସଚେତନ କରିବା ନିମନ୍ତେ ନଗରବିଜ୍ଞାନର ବିଷୟବସ୍ତୁକୁ ପ୍ରାକ୍ଟିକାଲ୍ କରି ଶ୍ରେଣୀ ଗୃହରେ ଶିକ୍ଷା ଦେଉଥିଲେ। ସ୍କୁଲ୍ ହଲ୍‌ରେ Mock Parliament ବା ନକଲି ଲୋକସଭା ବସେ। ଏକ ଉଚ୍ଚ ମଞ୍ଚର ସ୍ୱତନ୍ତ୍ର ଆସନରେ ବାଚସ୍ପତି ମହାଶୟ ବସନ୍ତି। ଛାତ୍ରମାନଙ୍କ ମଧ୍ୟରୁ ଜଣେ ବାଚସ୍ପତି ଦାୟିତ୍ୱ ତୁଲାଏ। ବାଚସ୍ପତିଙ୍କ ଡାହାଣ ଓ ବାମପଟ କାନ୍ଥ କଡ଼େ କଡ଼େ Houseର ନେତା ଓ ତାଙ୍କ ମନ୍ତ୍ରୀମଣ୍ଡଳର ସଭ୍ୟମାନେ ବସନ୍ତି। ଅନ୍ୟପଟେ ବିରୋଧୀଦଳ ନେତା ଓ ବିରୋଧୀଦଳ ସଭ୍ୟମାନେ ବସନ୍ତି। ଏମାନେ ସମସ୍ତେ ଛାତ୍ର। ସାମନାରେ Audience Galleryରେ ଦର୍ଶକ ହିସାବରେ ଛାତ୍ର ଓ ଶିକ୍ଷକମାନେ ବସନ୍ତି। ଅଧିବେଶନ ଆରମ୍ଭ ହୁଏ। ପ୍ରଶ୍ନୋତ୍ତର କାର୍ଯ୍ୟକ୍ରମ ଚାଲେ। ବିରୋଧିଦଳ ପ୍ରଶ୍ନ କରନ୍ତି। ସରକାରଙ୍କ ତରଫରୁ ଉତ୍ତର ଦିଆଯାଏ। ଏ ସମସ୍ତ କାର୍ଯ୍ୟ ପିଲାମାନେ ତୁଲାନ୍ତି। କୌଣସି କୌତୁକ କଥା ପଡ଼ିଲେ ହାସ୍ୟରୋଳରେ ସ୍କୁଲ ହଲ୍ କମ୍ପିଉଠେ। ସଭାକୁ ଶାନ୍ତ କରିବା ପାଇଁ ସ୍ପିକର ମହୋଦୟ କଲିଂବେଲ୍ ବଜାଇ- ଟେବୁଲ ବାଡ଼େଇ ଅର୍ଡର-ଅର୍ଡର କହି ନୀରବତା ରକ୍ଷା କରନ୍ତି। ପ୍ରଧାନଶିକ୍ଷକ ଓ ଅନ୍ୟ ସାର୍ ମାନେ ବିଷୟବସ୍ତୁ ନିର୍ଦ୍ଧାରଣ କରି ପିଲାମାନଙ୍କୁ ଆଗରୁ ତାଲିମ ଦେଇଥାନ୍ତି। ସେଥିରୁ ଖୁବ୍ ଆନନ୍ଦ ମିଳେ। କିଛି ଘଣ୍ଟା ଆଲୋଚନା ପରେ ଗୃହ ମୁଲତବି ରୁହେ। ବିଧାନସଭା ବା ଲୋକସଭାରେ ଯାହା ଯାହା ହେଉଥାଏ ଏଠାରେ ତାହାହିଁ କରାଯାଏ। ପିଲାମାନଙ୍କର ବିଧାନସଭା ଓ ଲୋକସଭାର କାର୍ଯ୍ୟଧାରା ବିଷୟରେ ଜ୍ଞାନ ହୁଏ। ଏହାଠାରୁ ବଳି ଚମତ୍କାର ଭାବରେ ଲୋକସଭା, ବିଧାନସଭାର କାର୍ଯ୍ୟଧାରା ଉପରେ ଶିକ୍ଷା ଦିଆଯିବାର ଆଉ କିଛି ଭଲ ଉପାୟ ଅଛି କି ? ଏହା ଥିଲା ଧର୍ମଶାଳା ବାଣୀପୀଠ ପିଲାମାନଙ୍କର ଜ୍ଞାନ ପରିସର ବୃଦ୍ଧି ପାଇଁ ନିଜସ୍ୱ ଅଭିନବ ପରିକଳ୍ପନା। ସେ ସମୟରେ ଅନ୍ୟ କୌଣସି ବିଦ୍ୟାଳୟରେ ଏପରି ହେଉନଥିବ ବୋଲି ଆମର ବିଶ୍ୱାସ। ତେଣୁ ଧର୍ମଶାଳା ପିଲା ସବୁଠାରୁ ସ୍ୱତନ୍ତ୍ର। କୌଣସି କ୍ଷେତ୍ରରେ ହାରିବାର ନୁହେଁ। ସୃଜନଶୀଳତାର ବିକାଶ ପାଇଁ ପ୍ରତିବର୍ଷ ଅନୁଷ୍ଠାନର ମୁଖପତ୍ର ବାଣୀବୀଣା ପ୍ରକାଶ ପାଏ। ପିଲାଙ୍କ ହାତରେ କଲମ ତୂଳୀ ଧରାଇ ଛୋଟ କବିତା, ଗଳ୍ପ, ପ୍ରବନ୍ଧ, ରମ୍ୟ ରଚନା ଓ ଚିତ୍ରାଙ୍କନ ପାଇଁ ଉତ୍ସାହିତ କରାଯାଏ। ସେ ସବୁ ବାଣୀବୀଣାରେ ସ୍ଥାନିତ ହୁଏ। ଫଳତଃ ଆଜି ଧର୍ମଶାଳାରେ ଅନେକ ସାହିତ୍ୟ ସଂଗଠନ ଓ ସାହିତ୍ୟ ପ୍ରତ୍ରିକା ମୁଣ୍ଡ ଟେକିଛି। ଏସବୁର ଏନ୍ତୁଡ଼ିଶାଳ ଧର୍ମଶାଳା ବାଣୀପୀଠ କହିଲେ ଅତ୍ୟୁକ୍ତି ହେବ ନାହିଁ। ବହୁ କବି ଓ ଲେଖକଙ୍କ ପିଲାଦିନ ବାଣୀପୀଠର ବାଣୀବୀଣା ଦ୍ୱାରା ପ୍ରଭାବିତ ହୋଇଛି।

■

# ଦୁର୍ଘଟଣା

ଦଶମ ଶ୍ରେଣୀ ବର୍ଷ ଦୋଳଛୁଟି ପୂର୍ବଦିନ ଆମ ସାର୍ ଘରୁ ସ୍କୁଲକୁ ଯାଇଥିଲେ। ପରଦିନ ଛୁଟି ହେଲେ ଘରକୁ ଫେରିବା ପାଇଁ ସୁବିଧା ହେବ ବୋଲି ଘରୁ ସାଇକେଲ୍‌ଟି ନେଇ ଆସିଥିଲେ। ସେଇଦିନ ହଷ୍ଟେଲ ପୋଖରୀରୁ ମାଛ ଧରାହେଲା। ପିଲାମାନେ ପୋଖରୀରେ ପଶି ମାଛ ଧରିଲେ। ହଷ୍ଟେଲ୍‌ରେ ଦେଲେ। ରୋଷେଇବାସ ହେଲା। ଖିଆପିଆ ସରିଲା।

ଉପର ଓଳି ସାର୍ ସାଇକେଲ୍ ନେଇ ଝାଡ଼ା ଫେରିବା ପାଇଁ କେନାଲ ଆଡ଼କୁ ଗଲେ। କାଏମା ଯିବା ବାଟରେ ସ୍କୁଲ ଠାରୁ ଏକ କିଲୋମିଟର ଦୂରରେ କେନାଲଟିଏ ଅଛି। ସେଠିକୁ ଯାଉଥିବା ବେଳେ ଜଣାପଡ଼ିଲା ଯେମିତି ପ୍ୟାଣ୍ଟଟା ସାଇକେଲ୍‌ରେ କେଉଁଠି ଲାଗିଯାଇଛି। ତେଣୁ ପଛକୁ ବୁଲି ଚାହିଁବାରୁ ସାଇକେଲ୍‌ଟି ପଡ଼ିଗଲା। ତା' ସହିତ ସାର୍ କଚାଡ଼ି ହୋଇପଡ଼ିଲେ ସଡ଼କ ମଝିରେ। ସେତିକି ବେଳକୁ ହରିଦାସପୁର ଷ୍ଟେସନକୁ ଯାଉଥିବା ରବି ଷଡ଼ଙ୍ଗୀଙ୍କ ବସ୍ ପଛରେ ଆସି ପାଖାପାଖି ପହଞ୍ଚି ଯାଇଥାଏ। ସାର୍ ଉଠିପଡ଼ି ସାଇକେଲ୍‌କୁ ଟାଣି ନେଲେ। ଆଣ୍ଠୁଟା ମାଡ଼ ହୋଇଥିବାରୁ ସେଠି ଗୋଟିଏ କ୍ଷତ ହୋଇଯାଇଥାଏ। ଡାକ୍ତରଖାନାକୁ ଯାଇ ବେଞ୍ଜିନ୍ ଲଗାଇ ଡ୍ରେସିଂ କରାଗଲା। ଔଷଧ ଖାଇଲେ।

ଆଣ୍ଠୁ ଦରଜ ହେତୁ ଟାଙ୍କି ଧରିଥାଏ। ଗୋଡ଼ ବଙ୍କା କରି ହେଉନଥାଏ। ସାଇକେଲ୍ ଚଲାଇବେ କେମିତି ? କାଲି ଘରକୁ ଯିବେ କେମିତି ? ତେଣୁ ରାତି ସାରା ଗୋଡକୁ ଆଗପଛ କରି ଚଲାଇ ରଖିଲେ। ତା' ପର ଦିନ ଥାଏ ଶନିବାର। ସକାଳୁଆ ସ୍କୁଲ। ସାର୍ ଗୋଟିଏ ଚାଦର ଘୋଡ଼େଇ ହୋଇ ଆଣ୍ଠୁ ପର୍ଯ୍ୟନ୍ତ ଲମ୍ବାଇ ଦେଲେ ଯେମିତି କ୍ଷତଟା ଦେଖାଯିବ ନାହିଁ। କାରଣ କୌଣସି ସାର୍ କିମ୍ବା ନବୀନ କକା ଦେଖିଲେ ଅନେକ କଥା ଜେରା କରିବେ ଓ ଗାଳିଦେବେ। ସାଇକେଲ୍ ଚଲାଇବା ବନ୍ଦ କରିଦେବେ।

ନଅଟା ବେଳେ ସ୍କୁଲ ଛୁଟି ହେଲା। ସାର୍ ସାଇକେଲ୍ ଧରି ବ୍ରାହ୍ମଣୀ Fare weather road ରେ କୁଆଖିଆ ଦେଇ ଘରେ ପହଞ୍ଚିଲେ। ବାପା ଦୁଆର ମୁହଁରେ ବସିଥାନ୍ତି। ସାଇକେଲ୍ ରଖି ଦେଇ ଅତି ସନ୍ତର୍ପଣରେ ଘରେ ପଶିଲେ। ମାମୁଁ ପୁଅ ଅନନ୍ତ ନନାଙ୍କ ବାହାଘର ପାଇଁ ବୋଉ ମାମୁଁଙ୍କ ଘରକୁ ଯାଇଥାନ୍ତି। ଦିନେ ଦୁଇଦିନ ପରେ ଦିଗାକକାଙ୍କ ସହିତ ନନା ବାହାଘର ପାଇଁ ସାର୍ ମଧ୍ୟ ମାମୁଁ ଘରକୁ ଗଲେ। ଦୁହେଁ ଚାଲି ଚାଲି ଯାଉଥାନ୍ତି। ବେରୁଦା ଗାଆଁ ପାର ହୋଇଗଲା ବେଳେ ବିଲହିଡ଼ରୁ ଖସିପଡ଼ିଲେ। ପୁଣି ସେଇ ଆଣ୍ଠୁରେ ମାଡ଼ ହେଲା। ବକଳ ଛାଡ଼ି ରକ୍ତ ବହିଲା। ମାମୁଁ ଘରେ ପହଞ୍ଚିଲା ପରେ ଆଈ ରନ୍ଧା ନଡ଼ିଆତେଲ ଲଗାଇଦେଲା। କିଛି ଦିନ ପରେ ଘା' ଶୁଖିଗଲା। କିନ୍ତୁ ବାମ ଆଣ୍ଠୁରେ ତା'ର ଚିହ୍ନ ରହିଗଲା।

■

# ମାଟ୍ରିକ ପରୀକ୍ଷା

ଚାହୁଁ ଚାହୁଁ ଧର୍ମଶାଳାର ଦିନ ସରିଆସିଲା। ୧୯୫୭ ମସିହାରେ ଧର୍ମଶାଳା ବ୍ଲକ୍ ଉଦ୍‌ଘାଟନ ହେଲା। ଉଦ୍‌ଘାଟନୀ ଉତ୍ସବ ଧର୍ମଶାଳା ବାଣୀପୀଠ ହତାରେ ଗୋଟିଏ ବର୍ଣ୍ଣାଢ୍ୟ ମଞ୍ଚରେ ଅନୁଷ୍ଠିତ ହୋଇଥିଲା। ତତ୍‌କାଳୀନ ମୁଖ୍ୟମନ୍ତ୍ରୀ ଡକ୍ଟର ହରେକୃଷ୍ଣ ମହତାବ ଏହାକୁ ଉଦ୍‌ଘାଟନ କରିଥିଲେ। ପ୍ରଥମ ବି.ଡ଼ି.ଓ. ଥିଲେ ଶ୍ରୀଯୁକ୍ତ ବେଦବର ଖଟେଇ।

ଯାଜପୁର ହାଇସ୍କୁଲରେ ମ୍ୟାଟ୍ରିକ୍ ପରୀକ୍ଷା କେନ୍ଦ୍ର ହୋଇଥାଏ। ଯାଜପୁର ସବଡିଭିଜନ୍‌ର ସମସ୍ତ ପିଲାଙ୍କ ପାଇଁ ସେଇଟା ଗୋଟିଏ ମାତ୍ର କେନ୍ଦ୍ର ସାର୍ ସେଇଠି ପରୀକ୍ଷା ଦେଉଥାନ୍ତି। ସାର୍‌ଙ୍କ ଆଗ ସିଟ୍‌ରେ ବସନ୍ତି କୋତପୁର ଗାଆଁର ହେମନ୍ତ ଜେନା। ସେ ଧର୍ମଶାଳା ବାଣୀପୀଠର ଛାତ୍ର ଥିଲେ। ସାର୍‌ଙ୍କ ଉପର ଶ୍ରେଣୀରେ ପଢୁଥିଲେ। ହଷ୍ଟେଲରେ ରହୁଥିଲେ। ତେଣୁ ସାର୍‌ଙ୍କ ସହ ଚିହ୍ନା ଥିଲା। ଥରେ ବାର୍ଷିକ ପରୀକ୍ଷାରେ ଫେଲ୍ ହୋଇଗଲେ। ଫେଲ୍ ହେବା ପରେ ଆଉ ବାଣୀପୀଠରେ ପଢ଼ିଲେ ନାହିଁ। TC ନେଇ ଯାଜପୁର N.C. Highschoolରେ ପଢ଼ିଲେ। ଗୋଟେ ଥର ଫେଲ୍ ହୋଇଥିବାରୁ ସେ ସାର୍‌ଙ୍କ ବ୍ୟାଚ୍‌ରେ ପରୀକ୍ଷା ଦେଲେ। ଦୁହେଁ ଦୁହିଁଙ୍କୁ ଭଲଭାବରେ ଚିହ୍ନିଥିଲେ। କିନ୍ତୁ ଅଲଗା ସ୍କୁଲ ହୋଇଥିବାରୁ ପାଖାପାଖି ସିଟ୍‌ରେ ବସି ପରୀକ୍ଷା ଦେଉଥିଲେ। ସାର୍ ଜଣେ ଭଲ ଛାତ୍ର ବୋଲି ହେମନ୍ତବାବୁ ଆଗରୁ ଜାଣିଥିଲେ।

ପରୀକ୍ଷାର ଶେଷଦିନ ଥାଏ। ସେତେବେଳେ ଭୂଗୋଳ ଓ ଇତିହାସ ମିଶି ୧୦୦ ମାର୍କର ପରୀକ୍ଷା ହେଉଥିଲା। ଏକା ସାଙ୍ଗରେ ଦୁଇଟି ଖାତା ଓ ଦୁଇଟି ପ୍ରଶ୍ନପତ୍ର ଦିଆଯାଉଥିଲା। ପରୀକ୍ଷାର ସମୟ ଥିଲା ଦୁଇଘଣ୍ଟା ତିରିଶ ମିନିଟ୍। ଶେଷ ଘଣ୍ଟା ବାଜିବା ପରେ ପରୀକ୍ଷା ନୀରିକ୍ଷକ (Invigilator)ଖୁବ୍ ଶୀଘ୍ର ପିଲାମାନଙ୍କ ଠାରୁ ଖାତାଗୁଡ଼ିକ ସଂଗ୍ରହ କରିନିଅନ୍ତି। ପିଲାମାନେ ନିଜର ସୁବିଧା ଅନୁଯାୟୀ ଆଗପଛ କରି ଇତିହାସ ଓ ଭୂଗୋଳର ଉତ୍ତର ଲେଖନ୍ତି। ସାର୍ ପ୍ରଥମ ଇତିହାସର ଉତ୍ତର ଲେଖି ଖାତାଟିକୁ

ଟେବୁଲ୍ ଉପରେ ରଖିଥାନ୍ତି ଓ ଭୂଗୋଳ ଉତ୍ତର ଲେଖିବାରେ ମନ ଦେଇଥାନ୍ତି। ହେମନ୍ତବାବୁ ସାର୍‌ଙ୍କ ଆଗରେ ବସିଥାନ୍ତି। ଭୂଗୋଳ ଲେଖିଲା ବେଳେ ପଛକୁ ବାରମ୍ବାର ଦେଖି ନିଜ ଖାତାରେ ଉତାରୁଥାନ୍ତି। ସାମୁଦ୍ରିକ ସ୍ରୋତ ବିଷୟରେ ଗୋଟେ ଦୀର୍ଘ ଉତ୍ତରମୂଳକ ପ୍ରଶ୍ନର ଉତ୍ତର ଲେଖୁଥାନ୍ତି। ବହୁତ ଲେଖିବାକୁ ପଡ଼ିବ ଏବଂ ସାର୍ ମଧ୍ୟ ଖୁବ୍ ଶୀଘ୍ର ଶୀଘ୍ର ଲେଖୁଥାନ୍ତି। ତେଣୁ ଏ ବିଷୟଟିକୁ କପି କରିବା ଅନୁକୂଳ ନହେବାରୁ ଲେଖା ବନ୍ଦ୍ କରିଦେଲେ। ସାର୍‌ଙ୍କ ଟେବୁଲ୍ ଉପରେ ଥିବା ଇତିହାସ ଉତ୍ତରଖାତାଟିକୁ ନେଇ କପି କରିବାରେ ଲାଗିପଡ଼ିଲେ। ସାର୍ ନିଜର ଲେଖା ଭିତରେ ମଜ୍ଜି ଯାଇଥିବାରୁ ଏ କଥା ଜାଣି ପାରିଲେ ନାହିଁ। ଏତିକିବେଳେ ଡେପୁଟି ସୁପରିଟେଣ୍ଡ ସ୍ୱର୍ଗତଃ ନାରାୟଣ ଘୋଷ ସେଇ ରୁମ୍ ଭିତରେ ପ୍ରବେଶ କରି ବୁଲି ବୁଲି ଦେଖୁଥାନ୍ତି। ତାଙ୍କୁ ଦେଖି ଆମ ସାର୍ ସଚେତନ ହୋଇଗଲେ। ନିଜର ଇତିହାସ ଖାତା ଖୋଜିଲେ, ଦେଖିଲେ ହେମନ୍ତବାବୁ ନେଇ କପି କରୁଛନ୍ତି। ତାଙ୍କୁ ମାଗିଲା ବେଳକୁ ସେ ଖାତାଟା ଦେଉନଥାନ୍ତି। ସେତେବେଳକୁ ସାର୍‌ଙ୍କ ଅବସ୍ଥା କହିଲେ ନସରେ। ଘୋଷ ମହାଶୟ ଆସିବେ। ଗୋଟିଏ ଖାତା ଦେଖିଲେ ପଚାରିବେ, ଇତିହାସ ଖାତା କାହିଁ? ନିଶ୍ଚୟ କହିବେ ତୁମେ ମିଳିମିଶି କପି କରୁଛ। ସେଥିପାଇଁ କି ଦଣ୍ଡ ଦେବେ କିଏ ଜାଣେ? ସାର୍ ଭୟରେ ଥରୁଥାନ୍ତି। ଦେହରୁ ପରସ୍ତେ ଝାଳ ବୋହିଗଲା। ଅନ୍ୟର ଅପରାଧ ପାଇଁ ତାଙ୍କୁ ଆଜି ଦଣ୍ଡ ଭୋଗିବାକୁ ପଡ଼ିବ। ଭଗବାନଙ୍କ ଦୟାରୁ ଏ କଥାଟି ସୁପରିଟେଣ୍ଡେଣ୍ଟ୍‌ଙ୍କ ଦୃଷ୍ଟିରେ ପଡ଼ିଲା ନାହିଁ। ସେ ଚାଲିଗଲା ପରେ ହେମନ୍ତବାବୁ ଖାତା ଫେରାଇଦେଲେ। ଇଏ ଏକ ଅଭୁଲା ସ୍ମୃତି ଓ ଗୋଟିଏ ଶିକ୍ଷା। ଜଣେ ଚଗଲା ପିଲାର ଅନଧିକାର କାର୍ଯ୍ୟ ହେତୁ ମିଳୁଥିବା ଦଣ୍ଡରୁ ଭଗବାନ ଆଜି ତାଙ୍କୁ ରକ୍ଷାକଲେ। କାରଣ ସାର୍ ନୈତିକ ଦୃଷ୍ଟିରୁ ନିର୍ଦ୍ଦୋଶ ଥିଲେ। ହେମନ୍ତବାବୁ ତୃତୀୟ ଶ୍ରେଣୀରେ ପାଶ୍ କଲେ। ନୀଚ ପ୍ରୀତିରେ ନିର୍ଦ୍ଦୋଷ ମଧ୍ୟ ବଳିପଡ଼େ। ଇଏ ହେଲା ସାର୍‌ଙ୍କ ଅଭିଜ୍ଞତାର କଥା।

ମ୍ୟାଟ୍ରିକ୍ ପରୀକ୍ଷା ସରିଗଲା। କଲେଜରେ ନାମ ଲେଖାଇବା ସମୟ ବହୁତ ବିଳମ୍ବରେ ଥାଏ। ଲମ୍ବା ଛୁଟି। ଦୋଳ ସମୟର ବରୁଆଁ ମେଳଣ ଭଳି ଆମ ଅଞ୍ଚଳର ବିଭିନ୍ନ ସ୍ଥାନ ମାନଙ୍କରେ ପ୍ରାୟ ଦଶ ବାରଟି ମେଳଣ ହୁଏ। ପ୍ରସିଦ୍ଧ କଚେରୀ ମେଳଣ, ମୁନ୍‌ସୀ ମେଳଣ (ଧର୍ମଶାଳା), ଚଅପୋଇ ମେଳଣ ସହିତ ଆହୁରି ଅନେକ ଛୋଟ ବଡ଼ ମେଳଣ ହୁଏ। ଦୋକାନବଜାର ବସେ। ରାଧାକୃଷ୍ଣ ବିମାନରେ ବସି ଆସନ୍ତି। ନାଚିକୁଦି ଭାବବିହ୍ୱଳ ହୋଇ ଲୋକେ ସଂକୀର୍ତ୍ତନ କରନ୍ତି। ଖୁବ୍ ଜନସମାଗମ ହୁଏ। ଭାରି ମଜା ଲାଗେ।

ପରୀକ୍ଷାଫଳ ପ୍ରକାଶନ ସମୟ ପାଖେଇ ଆସିଥାଏ। ମନରେ ସବୁବେଳେ

ଗୋଟିଏ ଭୟ ଥାଏ। କ'ଣ ହୋଇଥିବ କ'ଣ ନାହିଁ। ଏପ୍ରିଲ୍ ମାସ ଶେଷ ସପ୍ତାହକୁ ଫଳ ବାହାରିଲା। ସେତେବେଳେ ଦୈନିକ ସମାଜ ଖବରକାଗଜରେ ପାଶ୍ କରିଥିବା ପିଲାମାନଙ୍କର ନାମ ଓ ଡିଭିଜନ୍ ପ୍ରକାଶ ପାଉଥିଲା। ସେଥିରୁ ଜାଣିଲେ ସାର ସେକେଣ୍ଡ ଡିଭିଜନ୍‌ରେ ପାସ୍ କରିଛନ୍ତି। ଆଶା ଅନୁଯାୟୀ ଫଳ ମିଳିଲା ନାହିଁ। ମନଦୁଃଖ ହୋଇଗଲା। ୫୬% ମାର୍କ ମିଳିଥାଏ। ସାର୍ ନିଜ ଅକ୍ଷର ଉପରେ ମଧ୍ୟ ଆଦୌ ସନ୍ତୁଷ୍ଟ ନଥାନ୍ତି। ପରୀକ୍ଷକମାନେ ଖାତା ପଢ଼ିଲାବେଳେ ବିରକ୍ତ ହୋଇଥିବେ ବୋଲି ସାର୍ ଆଶଙ୍କା କରୁଥିଲେ। ଆଉ ୪% ଦରକାର ଥିଲା। ଆଠଟି ବିଷୟରେ ଅଧିକ ୩୨ ନମ୍ବର ରଖିଥିଲେ ପ୍ରଥମ ଶ୍ରେଣୀରେ ପାଶ୍ କରିଥାନ୍ତେ। ସେତେବେଳେ ମ୍ୟାଟ୍ରିକ୍ ପାଶ୍ କରିଥିବା ଲୋକଙ୍କର ଖୁବ୍ ସମ୍ମାନ ଥିଲା। ଆମ ଗାଁରେ ସାର୍ ଥିଲେ ୪ର୍ଥ ମ୍ୟାଟ୍ରିକ୍ ପାଶ୍ କରିଥିବା ପିଲା। ନବୀନ କକା, ଦିବା ଗୋସେଇଁବାପା ଓ ଦନେଇ ନନାଙ୍କ ପରେ ପିଲା ଗଡ଼ି ଭିତରେ ସାର୍ ହେଲେ ପ୍ରଥମ ମ୍ୟାଟ୍ରିକ୍ ପାଶ୍ ପିଲା। ସାର୍‌ଙ୍କ ସାଙ୍ଗରେ ପଢୁଥିବା ରାମ ଓ ଭୀମ ନନା ବର୍ଷେ ତଳ ଶ୍ରେଣୀରେ ଫେଲ୍ ହୋଇ ଗୋଟେ ବର୍ଷ ପରେ ୧୯୫୯ ମସିହାରେ ପରୀକ୍ଷା ଦେଲେ। ତୃତୀୟ ଶ୍ରେଣୀରେ ପାଶ୍ କଲେ।

ସାର୍‌ଙ୍କର ସଫଳତାରେ ତାଙ୍କ ବାପା ଖୁବ୍ ଖୁସି ହୋଇଗଲେ। ଦୀର୍ଘ ବର୍ଷ ଧରି ତାଙ୍କର ଯେଉଁ ଆଶାଥିଲା, ଯେଉଁ ଶ୍ରମ କରିଥିଲେ ସେ ସବୁର ଓ ଚତୁର୍ଥ ଶ୍ରେଣୀରୁ ପୁଅକୁ ଘରଠାରୁ ଦୂରକୁ ପଠାଇ ମୂର୍ଚ୍ଛି ଥିବାର ସୁଫଳ ଏବେ ମିଳିଗଲା। ମନରେ ବେଶ୍ ଆନନ୍ଦ। ସାର୍ ଥିଲେ ପରିବାରର ପ୍ରଥମ ମ୍ୟାଟ୍ରିକ୍ୟୁଲେଟ୍। ଘରେ ଭଗବାନଙ୍କୁ କୃତଜ୍ଞତା ଜଣାଇବା ପାଇଁ ସତ୍ୟନାରାୟଣ ପୂଜା କରାଗଲା। ତା ପରେ ସ୍କୁଲ୍ ଜୀବନ ଶେଷ ହେଲା। କେଉଁ କଲେଜରେ ପୁଅକୁ ପଢ଼ାଇବେ ବାପା ସେ ଯୋଜନାରେ ଲାଗିଗଲେ।

■

# ଅପୂର୍ବ ବାପା, ମାଆଙ୍କ ଆଗମନ

ସାର୍‌ଙ୍କ ପରିବାରରେ ଭାଇଭଉଣୀ ମିଶି ଦଶଜଣ। ବାପା, ମାଆ ଦୁଇ। ମୋଟ ସଦସ୍ୟ ସଂଖ୍ୟା ବାରଜଣ। ଜମିର ପରିମାଣ ମାତ୍ର ସାତ ଆଠ ଏକର। ଏଥିରେ ଘର ତ ଚଳି ଯାଉଥିଲା କିନ୍ତୁ ସେତେ ସ୍ୱଚ୍ଛଳ ଭାବରେ ନୁହେଁ। ତେଣୁ ପରିବାରର ଉନ୍ନତି ପାଇଁ ବାପାଙ୍କୁ ଖୁବ୍ ପରିଶ୍ରମ କରିବାକୁ ପଡୁଥିଲା। ସତ କହିବାକୁ ଗଲେ ସଂଗ୍ରାମ କରିବାକୁ ପଡୁଥିଲା। ପରିବାର, ବନ୍ଧୁବାନ୍ଧବ, ବର୍ଷସାରାର ପର୍ବପର୍ବାଣୀ ଓ ବର୍ଷରେ ଥରେ ପାରିବାରିକ ଦୁର୍ଗାପୂଜା- ଏ ସବୁ କମ୍ କଥା ନୁହେଁ। ଏ ସବୁର ଖର୍ଚ୍ଚକୁ ସାମ୍ନା କରୁ କରୁ ମଣିଷର ହୋସ୍ ଉଡ଼ିଯିବ।

ଘରେ ଆଉ ଚାକର ବାକର ନଥିଲେ। ମୂଲିଆ ପାନିଆ ଲଗାଇ ହଳେ ବଳଦରେ ସେତକ ଜମି ଚାଷ ହୁଏ। ସେଥିରୁ ସବୁ ଖର୍ଚ୍ଚ କଷ୍ଟେ ମଷ୍ଟେ ଚଳିଯାଏ। କ୍ରମଶଃ ପୁଅଝିଅ ମାନେ ବଢ଼ିଲେ। କୁଟୁମ୍ବ ବଢ଼ିଲା, ଖର୍ଚ୍ଚ ବଢ଼ିଲା। ଏହା ସାଙ୍ଗକୁ ବେଳେବେଳେ ନଈବଢ଼ିରେ ଫସଲ ଧୋଇଯାଏ। ଅଭାବ ଆହୁରି ବଢ଼ିଯାଏ।

ସମୟକ୍ରମେ ଦଶ ଏକର ଜମି ମଧ୍ୟ ଆଉ ହାତରେ ନଥିଲା। ପିଲାଙ୍କ ପାଠପଢ଼ା, ପୁଅମାନଙ୍କ ବ୍ରତୋପନୟନ, ଭଉଣୀ ବାହାଘର, ଝିଅ ବାହାଘର, ବାପା ମାଆଙ୍କର ଶୁଦ୍ଧିକ୍ରିୟା ଓ ବାର୍ଷିକ ଶ୍ରାଦ୍ଧ। ବାପାମାଆଙ୍କ ମୃତ୍ୟୁ ପୂର୍ବର ଷୋଡ଼ଶୋପଚାର ଦାନ। ପରିବାର ସୁନାମ ଅନୁଯାୟୀ ଜାକଜମକରେ କରୁ କରୁ ଅଧାରୁ ଅର୍ଦ୍ଧେକ ଜମି ବିକ୍ରୀ ହୋଇସାରିଥିଲା। ତେଣୁ ପରିବାରର ଆବଶ୍ୟକତା ମେଣ୍ଟାଇବା ପାଇଁ ସାର୍‌ଙ୍କ ବାପା ବିଭିନ୍ନ ପ୍ରକାରର ବ୍ୟବସାୟ କରିବାକୁ ଚେଷ୍ଟା କରୁଥିଲେ। ସେତେବେଳେ ରିହାତି ଦରରେ ସରକାରୀ ଲୁଗା ମିଳୁଥିଲା। ଅଫସରପୁର ମାମୁଁଙ୍କ ଠାରୁ ସେହି କଣ୍ଟ୍ରୋଲ ଲୁଗା ଆଣି କିଛିଦିନ ପାଇଁ ବ୍ୟବସାୟ କରିଥିଲେ।

କିଛିଦିନ ପାଇଁ ସୁନାରୂପା ଗହଣା ବ୍ୟବସାୟ କରିଥିଲେ। ବରୁଆଁ, ହରିପୁର ଓ କାଏମାର କାରିଗର ଓ ସଦାନନ୍ଦପୁରର ମହାଜନମାନଙ୍କ ଠାରୁ ଗହଣା ଆଣି ବିକ୍ରୀ

କରୁଥିଲେ। ବିଭିନ୍ନ ମେଳା ମହୋତ୍ସବ ମାନଙ୍କରେ ଖେଳନା ବିକ୍ରୀ କରିଥିଲେ। ଟମକା ଅଞ୍ଚଳରେ କିଛିଦିନ ପାଇଁ ଗୋଟିଏ ହୋଟେଲ ଓ ଜଳଖିଆ ଦୋକାନ କରିଥିଲେ। କିଛିଦିନ କଡ଼ାଗୁଣ୍ଡି (ଏକପ୍ରକାରର ନିଶାଦ୍ରବ୍ୟ) ବେପାର କଲେ। ସାର୍ କଟକ ରେଭେନ୍ସା କଲେଜରେ ପଢ଼ିଲା ବେଳେ ବାପା ତାଙ୍କ ପାଖରେ ରହି କଟକ ପରି ବଡ଼ ସହରରେ ଗୁଣ୍ଡି ବେପାର କରିବା ପାଇଁ ମନସ୍ଥ କରିଥିଲେ। କିନ୍ତୁ ଏ ଯୋଜନା ସଫଳ ହୋଇପାରିଲା ନାହିଁ। ଏହାର ଆବଶ୍ୟକତା ପଡ଼ିନଥିଲା। ସାର୍‌ଙ୍କୁ ହଷ୍ଟେଲ୍‌ରେ ସିଟ୍ ମିଳିଯିବାରୁ ବାପା ତାଙ୍କୁ ହଷ୍ଟେଲ୍‌ରେ ଛାଡ଼ି ଘରକୁ ଫେରିଲେ।

ସେ ସମୟରେ ଲୋକଙ୍କ ପାଖରେ ଧନ ଥିଲେ ମଧ୍ୟ ସେମାନେ ବଡ଼ ବଡ଼ ନଦଉକାନ୍ଥ ମାଟି ଘରେ ରହୁଥିଲେ। କାରଣ ପକ୍କାଘର ଗାଆଁ ଗହଳିକୁ ପ୍ରସାର ହୋଇନଥିଲା। ଅନେକ ଲୋକଙ୍କର ଏହାର ନିର୍ମାଣ ବିଷୟକ ଜ୍ଞାନ ନଥିଲା। ସାର୍‌ଙ୍କ ପୈତୃକ ବାସଗୃହଟି ତିନିଶେଣିଆ ଝାଟିମାଟିର ଖଞ୍ଜାଘର ଥିଲା। ଚାଳଛପର ଘର। ଖରସୁଆ ନଦୀ ଅତଡ଼ା ଖାଇ ଯିବାରୁ ତିନି ତିନି ଥର ଘର ଭାଙ୍ଗି ଯାଇଥିଲା। ତେଣୁ ତିନିଥର ସାରା ନୂଆ ଘର ତିଆରି କରିବାକୁ ପଡ଼ିଲା। ବାପା ଜନ୍ମ ହୋଇଥିବା ଘର ସାର୍‌ଙ୍କ ଜନ୍ମବେଳକୁ ନଥାଏ। ସେହିପରି ସାର୍ ଯେଉଁ ଘରେ ଜନ୍ମ ହୋଇଥିଲେ ତାଙ୍କ ପିଲାମାନେ ଜନ୍ମ ହେବା ବେଳକୁ ନଥିଲା। ପୁରୁଣା ଘରବାଡ଼ି ଜାଗା ସବୁ ନଦୀଗଣ୍ଡରେ ପରିଣତ ହୋଇଯାଇଛି। ୧୯୬୫ ମସିହାରେ ନୂଆଜମି ଖରିଦ କରି ଘରଦ୍ୱାର କରାଗଲା। କେବଳ ସାର୍‌ଙ୍କର ନୁହେଁ ନଦୀ ଗର୍ଭରେ ଥିବା ପୂରା ଗାଆଁଟି ଏପଟକୁ ଉଠିଆସିଲା। ଠାକୁର ଘର, ଚଉପାଢ଼ୀ, ଚଣ୍ଡୀମନ୍ଦିର ଓ ମହାଦେବ ମନ୍ଦିର ନଦୀଗ୍ରାସ ପରେ ନୂଆ ଗାଆଁରେ ନୂତନ କରି ସୃଷ୍ଟି ହୋଇଛନ୍ତି।

ସାର୍‌ଙ୍କ ବାପା ଏଠୁ ୨୫ କିଲୋମିଟର ଦୂର ଭଦ୍ରକ ଜିଲ୍ଲାର ଆଖୁଆପଦା ନିକଟସ୍ଥ ଜଗନ୍ନାଥପ୍ରସାଦ ଗାଆଁରେ ବାହା ହୋଇଥିଲେ।

ସେତେବେଳକୁ ଅଜା ଖୁବ୍ ବୁଢ଼ାହୋଇ ସାରିଥାନ୍ତି। ବୟସ୍ୟାଧିକ ଯୋଗୁଁ ଅଣ୍ଟା ନଇଁ ପଡ଼ିଥାଏ। ସଳଖି ଚାଲି ପାରୁନଥାନ୍ତି। ସେଇମିତି କଷ୍ଟ ସହି ନଇଁ ନଇଁ ଚାଲନ୍ତି। ଅଜାଙ୍କ ନାଆଁ ଗୋପାଳ ମିଶ୍ର। ଖୁବ୍ ଭଲ ଲୋକ।

ପଦିଆ ଦଦେଇଙ୍କ ମାମୁଁଘର ବି ସେଇଠି। ସେଇଟା ଗୋଟିଏ ବୃହତ ଓ ପ୍ରସିଦ୍ଧ ବ୍ରାହ୍ମଣ ଶାସନ ଥିଲା। ସାର୍‌ଙ୍କର ଓ ଘୋଳପୁର ଗାଆଁର ଅନେକ ଲୋକଙ୍କ ବନ୍ଧୁଘର ଥାଏ ସେହି ଗାଆଁରେ। ପ୍ରାୟ ଏଠିକାର ପାଞ୍ଚସାତଟା ପରିବାର ସହିତ ସିଧା ସଳଖ ବନ୍ଧୁ ସମ୍ପର୍କ ଥିଲା।

ଆମ ସାର୍‌ଙ୍କ ପରିବାରର ସମ୍ମାନ ବହୁତ ଥିଲା। ସମ୍ପତ୍ତି ଥିଲା। ପରିଚୟ

ଥିଲା। ଏସବୁ ସତ୍ତ୍ୱେ ବି ତାଙ୍କ ବାପାଙ୍କ ବିବାହ କଷ୍ଟକର ହୋଇଥିଲା। କାରଣ ସାର୍‌ଙ୍କ ବଡ଼ବାପାଙ୍କୁ କୁଷ୍ଠରୋଗ ହୋଇଥିଲା। କୁଷ୍ଠରୋଗୀ ପରିବାରକୁ ଝିଅ ଦେଲେ ଭବିଷ୍ୟତର ବଂଶଧର ସମସ୍ତେ ସେହି ରୋଗଗ୍ରସ୍ତ ହୋଇଯିବେ ବୋଲି ସେତେବେଳେ ଏପ୍ରକାରର ଭ୍ରାନ୍ତ ଧାରଣା ଓ ଆଶଙ୍କା ଥିଲା। ଖୁବ୍ ଗରିବଘର ହେଲେ ମଧ୍ୟ ଭଲ ଜାତି କଫଳ ଗୋତ୍ରଜ ବ୍ରାହ୍ମଣ, ଗୋପାଳ ମିଶ୍ରଙ୍କ କନ୍ୟା ସହିତ ବିବାହ ହୋଇଥିଲା। ପିଲାକନ୍ୟା ବିଭାଘର। ସାର୍‌ଙ୍କ ମାଆ ସୁଶ୍ରୀ, ଗୋରୀ। ଗରିବ ଘରର ହେଲେ କ'ଣ ହେବ ସୁନ୍ଦର ଓ ଘରକରଣା ଝିଅଟିଏ ଥିଲେ। ସେତେବେଳେ କନ୍ୟା ସୁନା ଦେଇ ବାହାଘର ହୋଇଥିଲା। ବରଘର ତରଫରୁ ଝିଅ ଘରକୁ ଟଙ୍କାପଇସା ସ୍ଥଳ ବିଶେଷରେ ଧାନ, ଗୋରୁଗାଈ ଦେଇ ବୋହୂ ଆଣୁଥିଲେ। ସେତେବେଳେ ଯୌତୁକ ପ୍ରଥାନଥିଲା। ଓଲଟା ବରଘର, ଝିଅଘରକୁ ଅର୍ଥ ସାହାଯ୍ୟ ଦେଉଥିଲେ।

ଅବଶେଷରେ ସାର୍‌ଙ୍କ ମାଆ ସୁଶିଳାଦେବୀ କର ଘରର କୁଳବଧୂ ସାଜି ଘୋଳପୁରକୁ ଆସିଲେ। ସେ ତାଙ୍କ ବାପା ମାଆଙ୍କର ଏକମାତ୍ର କନ୍ୟା ଥିଲେ। ଖୁବ୍ ସ୍ନେହ ଶ୍ରଦ୍ଧାରେ ବଢ଼ିଥିଲେ। ଅବଶ୍ୟ ସେତେବେଳେ ସ୍ନେହ ଶ୍ରଦ୍ଧା ଖୁବ୍ ସୁଲଭ ଥିଲା। ଝିଅ ଜନମ ପର ଘରକୁ ହୋଇଥିବାରୁ ପୁଅ ଅପେକ୍ଷା ଝିଅମାନଙ୍କୁ ପ୍ରତ୍ୟେକ ପରିବାରରେ ଅଧିକ ସ୍ନେହ ଦିଆଯାଉଥିଲା।

ସୁଶିଳାଦେବୀ ଶାଶୁ ଘର ଆସିଲା ବେଳକୁ ହାତେ ଲମ୍ବର ଓଢ଼ଣା ଦେଉଥିଲେ। ରକ୍ଷଣଶୀଳ ପରିବାର ମାନଙ୍କରେ ସ୍ୱାମୀ ଆଗରେ ମଧ୍ୟ ମୁଣ୍ଡରୁ ଓଢ଼ଣା ଖସାଉନଥିଲେ। ଦରବୁଢ଼ୀ ହେବା ପର୍ଯ୍ୟନ୍ତ ସ୍ୱାମୀ ସ୍ତ୍ରୀର ମୁହଁ ଦେଖିବାର ସୁଯୋଗ ନଥିଲା। ସାର୍‌ଙ୍କ ମାଆ ପାଦରୁ ମୁଣ୍ଡ ପର୍ଯ୍ୟନ୍ତ ରୁପା ଓ ସୁନାର ଗହଣା ପିନ୍ଧୁଥିଲେ। ଗୋଡ଼ ଆଙ୍ଗୁଠିରେ ମୁଦି। ବଳା ଗଣ୍ଠିରେ ମାଅଲ। ଅଣ୍ଟାରେ ବିଛା। ଅଣ୍ଟା ଗୋଠ। ପାଉଁଜି ବଟଫଳ, କାଚଚୁଡ଼ି। ହାତ ଆଙ୍ଗୁଠିରେ ମୁଦି। ବାହୁଟି, ଖଡ୍ଡୁ, କଙ୍କଣ, ବାଲା, ଅତୁଲ, କାନଫୁଲ, ନୋଳି, ନୋଥ। ମୁଣ୍ଡରେ ମୁଣ୍ଡ କଣ୍ଟା ଆଉ ଫୁଲ ଇତ୍ୟାଦି ପ୍ରାୟ ତିନିଚାରି କିଲୋରୁ ଅଧିକ ଓଜନର ଗହଣା ପିନ୍ଧିଥିଲେ। ବାପା ଗହଣା ବେପାର କରୁଥିବାରୁ ମାଆଙ୍କୁ ଏଠି ମଧ୍ୟ ଗହଣା ମିଳିବା ସୁଲଭ ଥିଲା।

ମାଆ ପାଠ ପଢ଼ିନଥିଲେ। ଏମିତି କି ଅକ୍ଷର ଚିହ୍ନି ନଥିଲେ ଆଧୁନିକତା ବିଷୟରେ ଆଦୌ କିଛି ଜାଣି ନଥିଲେ। ଥିଲେ ସମ୍ପୂର୍ଣ୍ଣ ଗ୍ରାମ୍ୟ ଲଳନା। ଗାଉଁଲି ଭାତ, ଡାଲି, ତରକାରୀ ତିଆରି ବ୍ୟତୀତ ରୋଷେଇ ବିଷୟରେ ବେଶି କିଛି ଧାରଣା ନଥିଲା। ରୁଟି ତିଆରି ଶିଖି ନଥିଲେ। ଅଟା ଚକଟିବାର କାଇଦା ଓ ବେଲଣାରେ ବେଲି ବେଲି ସୁନ୍ଦର ଭାବରେ ଗୋଲ୍ ରୁଟିଟିଏ ତିଆରି କରିବା ତାଙ୍କ ପାଇଁ ଅସମ୍ଭବ କାର୍ଯ୍ୟ ଥିଲା। ଅବଶ୍ୟ ସେତେବେଳେ ଗହମ ଓ ଅଟାର ସୁଲଭ ଉପଲବ୍ଧି ଓ ବହୁଳ ବ୍ୟବହାର ନଥିଲା। ପିଠାପଣା ତିଆରି ଶିଖିନଥିଲେ। ତେଣୁ

ପର୍ବପର୍ବାଣୀରେ ଘରେ ଆରିଶା, କାକରା ଇତ୍ୟାଦି ପିଠା ତିଆରି ବେଳେ ଓ ମାଆଙ୍କୁ ଶିଖାଇବା ପାଇଁ ଘରର ପିଉସୀନାନୀ-ଲାବନଙ୍କୁ ଡକାଯାଉଥିଲା।

ଦଶଟି ସନ୍ତାନର ଜନନୀ ଥିଲେ ମାଆ। ସମୟ କ୍ରମେ ଦଶଟି ପୁଅଝିଅ, ଶାଶୁଶ୍ୱଶୁର ଓ ସ୍ୱାମୀଙ୍କ ଜଞ୍ଜାଳ ବୁଝୁ ବୁଝୁ ନିଜକୁ ଭୁଲି ଯାଇଥିଲେ। ନିଜର ଯତ୍ନ ନେବା କଥା ତାଙ୍କର ଆଉ ମନେନଥିଲା। ପାରିବାରିକ କଥାରେ ବୁଡ଼ି ରହି ସମୟକ୍ରମେ ଖୁବ୍ ଦୁର୍ବଳ ହୋଇଯାଇଥିଲେ। ସେ ସୁଗୃହିଣୀ ଥିଲେ। ନିଜକୁ ଭୁଲି ଯାଇ ଅନ୍ୟ ପାଇଁ ନିଜକୁ ବ୍ୟୟ କରିବା ହିଁ ଥିଲା ଜଣେ ସୁଗୃହିଣୀର ଲକ୍ଷଣ। ସର୍ବତୋଭାବେ ମାଆ ଥିଲେ ଜଣେ ଆଜ୍ଞାଧିନା ପତ୍ନୀ, ସ୍ନେହମୟୀ ମାଆ ଓ ଜଣେ ସଦାଚାରୀ, ଚରିତ୍ରବତୀ, ଆଦର୍ଶ ଗୃହିଣୀ।

ସାର୍ କୁହନ୍ତି, ସାମଗ୍ରିକ ଭାବରେ ମାଆ ଜଣେ ଦେବୀ ପରି ଜଣାଯାଆନ୍ତି। ମାଆଙ୍କ ସୁକୃତରୁ ତାଙ୍କ ପିଲାମାନେ ଆଜି ସୁଖରେ ଅଛନ୍ତି। ସେତେବେଳର ପରିବାରମାନଙ୍କରେ ଦଶଟି ସନ୍ତାନ ଖୁବ୍ ସାଧାରଣ କଥା ଥିଲା। ଓଲଟା ଗର୍ବର କଥା ଥିଲା। ଅଧିକ ସନ୍ତାନ ସନ୍ତତି ଥିବା ପରିବାର ଗୁଡ଼ିକର ସମ୍ମାନ ସମାଜରେ ଅଧିକ ଥିଲା। ବଡ଼ ବଡ଼ ପରିବାରକୁ ଅନ୍ୟମାନେ ଭୟ କରୁଥିଲେ।

ଆମ ସାର୍‌ଙ୍କ ବାପା ଥିଲେ ତିନି ଭାଇ। ସେମାନଙ୍କ ମଧ୍ୟରୁ ଦୁଇଜଣ ଅବିବାହିତ ରହି ଆରପାରିକୁ ଚାଲିଯାଇଥିଲେ। ତେଣୁ ସାର୍‌ଙ୍କ ଜେଜେମାଆ ପୁତ୍ର ବିଛେଦ ଦୁଃଖରେ ଦୁଃଖୀ ଥିଲେ। ପୁଅମାନଙ୍କ ଅଭାବ ଅନୁଭବ କରୁଥିବା ହେତୁ ଛୁଆମାନଙ୍କୁ ଖୁବ୍ ଭଲ ପାଉଥିଲେ। ଛୁଆମାନଙ୍କ ପ୍ରତି ଖୁବ୍ ଲୋଭ ଥିଲା।

ବେଳେବେଳେ କଣ୍ଟାବଣିଆ ଗାଆଁରୁ ବରିଷ୍ଠ ପଣ୍ଡିତ ବ୍ରାହ୍ମଣ ମାନେ ଘରକୁ ଆସିଲେ ଜେଜେମାଆ, ମାଆଙ୍କୁ ନେଇ ସେମାନଙ୍କ ପାଦତଳେ ଦଣ୍ଡବତ କରାଉଥିଲେ। ସେହି ପୂଜ୍ୟ ବ୍ରାହ୍ମଣମାନେ ଥିଲେ କର ପରିବାରର କୁଳପୁରୋହିତ। ସେମାନଙ୍କ ଭଳି ପବିତ୍ର ପୁରୁଷମାନେ ଘରେ ପାଦ ଦେଲେ ଦକ୍ଷିଣା ଦେଇ ପ୍ରଣାମ କରିବାକୁ ହୁଏ। ଏଭଳି ପ୍ରଥା ସେତେବେଳେ ଆମ ସମାଜରେ ପ୍ରଚଳିତ ଥିଲା।

ମାଆଙ୍କୁ ପ୍ରଣାମ କରାଇବା ବେଳେ ଜେଜେମାଆ ପଣ୍ଡିତମାନଙ୍କୁ ଅନୁରୋଧ କରୁଥିଲେ- ଦୟାକରି ଆଶୀର୍ବାଦ କରନ୍ତୁ, ମୋ ବୋହୂର ଯେମିତି ଗୋଟିଏରୁ କୋଟିଏ ସନ୍ତାନ ହୁଅନ୍ତୁ। ମୋ ଘର ପୁରି ଉଠୁ। ଆମ ଚୁଲିରେ ପିତଳ ହାଣ୍ଡି ବସୁ। ଅଧିକ ସନ୍ତାନ ଆନନ୍ଦ ଓ ଅଧିକ ଖୁସିର କଥା ଥିଲା। ତେଣୁ ପିତଳ ହାଣ୍ଡି ବସିବାର ଅର୍ଥ ହେଲା- ଅଧିକ ସନ୍ତାନ ହେଲେ ବଡ଼ ହାଣ୍ଡିରେ ରୋଷେଇ ହେବ। ତେଣୁ ବେଶି ସନ୍ତାନ ଓ ପିତଳ ହାଣ୍ଡି ପରସ୍ପର ପରିପୂରକ।

ଏଭଳି ସ୍ନେହମୟୀ ମାଆ, ଜେଜେମାଆ, ବାପା ଓ ଜେଜେବାପାଙ୍କ କୋଳରେ ବଢ଼ିଥିବା ଆମ ସାର୍ ପିଲାଦିନେ ଭାରି ଡଉଲଡାଉଲ ଥିଲେ। ଖୁବ୍ ସୁନ୍ଦର ଥିଲେ। ଆଜିବି ୮୦ ବର୍ଷ ବୟସରେ ସେମିତି ସୌନ୍ଦର୍ଯ୍ୟ ତାଙ୍କର ଅତୁଟ ରହିଛି। କିନ୍ତୁ ସେତେବେଳର ସୌନ୍ଦର୍ଯ୍ୟ ଥିଲା ନିଆରା। କୁନଜର ଲାଗିଯିବାର ଅବା ଦୃଷ୍ଟି ହୋଇଯିବାର ଭୟ ଥିଲା। ମାଆ, ଜେଜେମାଆଙ୍କ ମନରେ ସେ ଆଶଙ୍କା ଥିଲା। କିନ୍ତୁ ସମୟକ୍ରମେ ପାଠପଢ଼ାର ଚାପ ଓ ଚତୁର୍ଦ୍ଦିଗର ଶାସନ ଯୋଗୁଁ ପୁରା ପତଳା ହୋଇଗଲେ। ଦୁର୍ବଳ ପତଳା ଚେହେରା ପାଇଁ ସାଙ୍ଗସାଥୀମାନେ ଥଟ୍ଟା ପରିହାସରେ ତାଙ୍କୁ ହଡ଼ା ବୋଲି ଡାକୁଥିଲେ। ହଡ଼ା ଅର୍ଥ ଗୋଟେ ପୁରୁଣା ଚର୍ମସାର ବୁଢ଼ା ବଳଦ।

■

# ମାଆ ପୁଅ

ଶୈଶବର ଆଉ ଗୋଟିଏ କଥା। ଯାହା ତାଙ୍କର ବାମ ହାତରେ ଚିହ୍ନଟିଏ ହୋଇ ଚିରଦିନ ପାଇଁ ରହିଯାଇଛି। ସାର୍ ହାମୁଡେଇ ଚାଲୁଥିବା ବେଳର ସ୍ମୃତି। ଦିନେ ତାଙ୍କ ମାଆ ନୂଆ କରି ଧାର ହୋଇଥିବା ଗୋଟେ ପନିକି ପିଢ଼ା ଉପରେ ବସି ଶିଳ ଶିଳପୁଆରେ ବାଟଣ ବାଟୁଥିଲେ। ସାର୍ ହାମୁଡେଇ ହାମୁଡେଇ ଯାଇ ମା'ଙ୍କ ପାଖରେ ପହଞ୍ଚିଲେ। ତାଙ୍କ ପିଠି ଉପରେ ପେଟେଇ ପଡ଼ି ଅଳି କଲେ କ୍ଷୀର ଖାଇବା ପାଇଁ। ମା'ଙ୍କର କାର୍ଯ୍ୟବ୍ୟସ୍ତତା ହେତୁ ଏକଥାକୁ ନିଘା ନଥାଏ। ବାଟଣ ବାଟିସାରିଲେ କ୍ଷୀର ଦେବେ ବୋଲି ଚିନ୍ତା କରି ରହିଗଲେ। ଏଣେ ସାର୍ ତ ସାନ ପିଲା। ଦୁଧ ଖାଇବା ପାଇଁ ଜିଦ୍ ଖୋର୍ ହୋଇ ଟଣାଝିଙ୍କା କରୁ କରୁ ଓଲଟି ପଡ଼ିଲେ ପନିକି ଉପରେ। ପନିକି ଧାର ବାଜି ସାର୍‌ଙ୍କ କଅଁଳିଆ ହାତ କଟିଗଲା। ସାର୍‌ଙ୍କ ବାମ ହାତରେ କହୁଣି ପାଖରୁ ଖୁଆ ମଧ୍ୟରେ ପ୍ରାୟ ଦୁଇ ଇଞ୍ଚ ଲମ୍ବର କ୍ଷତଟିଏ ହୋଇଗଲା। ବହୁତ ରକ୍ତ ବୋହିଲା। ରକ୍ତ ଜୁଡୁବୁଡୁ ହୋଇ ସାର୍ ସେଠି ପଡ଼ିଥାନ୍ତି। ମାଆ ଏତେ ଭୟାଳୁ ଥିଲେ ଯେ ପୁଅର ଏ ଅବସ୍ଥା ଦେଖି ପୁରା ଡରିଗଲେ। ପୁଅର ଯତ୍ନ ନେବା ବଦଳରେ ହାଉଳି ଖାଇ ଠିଆ ହୋଇ ରହିଗଲେ। କାଳେ କେହି ଘରର ମୁରବୀ ଗାଳି ଦେବେ। ଦୋଷ ଦେବେ। କହିବେ, ତୋ ପାଇଁ, ତୋରି ଅବହେଳା ଯୋଗୁଁ ଏପରି ହେଲା ବୋଲି। ମାଆଙ୍କ ପାଟି ଶୁଣି ସାର୍‌ଙ୍କ ପିଉସୀ ମା ଦୌଡ଼ି ଆସିଲେ। କୁନି ପୁଅକୁ ଉଠାଇ ନେଇ କୋଳରେ ଧରିଲେ।

ସେତେବେଳେ ପାଖରେ ଡାକ୍ତରଖାନା ନଥିଲା। ତେଣୁ ପ୍ରାଥମିକ ଚିକିତ୍ସା ଭାବରେ କନାପୋଡ଼ା ପାଉଁଶ ବୋଳି ଦିଆଗଲା। ଯାହାଫଳରେ ରକ୍ତ ବୋହିବା ବନ୍ଦ ହୋଇଗଲା। ତା' ପରେ ବାହାଦଲାପୁର ଗାଆଁର ଚିକିତ୍ସକ ବଳରାମ ମିଶ୍ର ମଲମଟିଏ ଦେଲେ। ସେଥିରେ ଘାଆ ଶୁଖିବାକୁ ଲାଗିଲା। କିନ୍ତୁ କାହିଁକି କେଜାଣି ଘାଆଟି ପାଚି (septic) ଘାରିଗଲା। ତେଣୁ ସମସ୍ତେ ଭାବିଲେ ଘାଆରେ କାହାର ଖର ନଜର ଲାଗି

ଯିବାରୁ ତାହା ଭଲ ହେବା ପରିବର୍ତ୍ତେ ପୁଣି ବଢ଼ିଗଲା । ଖର ନଜର ଲାଗିଗଲେ ଘାଆ ଓ ଅନ୍ୟାନ୍ୟ ରୋଗ ଭଲ ହେବା ବଦଳରେ ବଢ଼ିଯାଏ ବୋଲି ଆଜି ପର୍ଯ୍ୟନ୍ତ ଆମ ସମାଜରେ ଅନ୍ଧବିଶ୍ୱାସଟିଏ ଅଛି । ପରେ ଧୂଆଧୋଇ କରି ମଲମ ଲଗାଇ ଡ୍ରେସିଂ କରାଯିବାରୁ ଧିରେ ଧିରେ ଘାଆଟି ସମ୍ପୂର୍ଣ୍ଣ ଭଲ ହୋଇଗଲା । କିନ୍ତୁ ଚିହ୍ନଟି ସବୁଦିନ ପାଇଁ ରହିଗଲା ।

■

# ଦୁର୍ଗାପୂଜା ଓ ନିରୁଦ୍ଦିଷ୍ଟ ଇଷ୍ଟଦେବୀ

ମହାରାଜା, ରାଜା, ଜମିଦାର, ବଡ଼ଚାଷୀ ପରିବାର, ଧନବାନ ପରିବାର ଓ ବ୍ରାହ୍ମଣ ଶାସନ ମାନଙ୍କରେ ପାରିବାରିକ ମନ୍ଦିର ନିର୍ମାଣ କରି ନିଜର ଇଷ୍ଟ ଦେବଦେବୀମାନଙ୍କୁ ସ୍ଥାପନା କରି ପୂଜା କରାଯାଉଥିଲା। କେତେକ ପରିବାର ମା' ଦୁର୍ଗା ଓ ମା' କାଳୀ କିମ୍ବା ଅନ୍ୟାନ୍ୟ ଦେବତା ମାନଙ୍କର ମୃଣ୍ମୟ ପ୍ରତିମୂର୍ତ୍ତି ନିର୍ମାଣ କରି ବର୍ଷରେ ଥରେ ଖୁବ୍ ଜାକଜମକରେ ପୂଜା କରୁଥିଲେ। ଏକ ପ୍ରକାରର ଏହା ଥିଲା ସମ୍ଭ୍ରାନ୍ତ ପରିବାରମାନଙ୍କର ପରିଚୟ। ଏହି ପୂଜାଗୁଡ଼ିକ ପାଇଁ ଅଧିକ ଅର୍ଥ ଖର୍ଚ୍ଚ ଆବଶ୍ୟକ ହେଉଥିବାରୁ କେବଳ ଧନବାନ ଲୋକମାନେ ଏହିପରି ପୂଜା କରୁଥିଲେ।

ଅବଶ୍ୟ ସମୟକ୍ରମେ ସୀମିତ ଭାବରେ ଅନୁଷ୍ଠିତ ହେଉଥିବା ଏହି ପୂଜାଗୁଡ଼ିକ ବହୁଗୁଣିତ ହେବାକୁ ଲାଗିଲା। ସାଧାରଣ ଲୋକମାନଙ୍କ ଠାରୁ ଆର୍ଥିକ ଅନୁଦାନ ସଂଗ୍ରହ କରାଯାଇ ଗାଆଁ ଓ ସହରମାନଙ୍କର ବିଭିନ୍ନ ସ୍ଥାନରେ ଅନୁଷ୍ଠିତ ହେଲା। ବାର୍ଷିକ ପୂଜନର ଭକ୍ତିଧାରାରେ ସମୟକ୍ରମେ ସାରା ଦେଶ ସହଭାଗୀ ହୋଇଗଲା।

ଆମ ସାରଙ୍କର ପୂର୍ବଜମାନେ ଜମିଦାର ଥିଲେ। ସେମାନେ ତାଙ୍କର ଇଷ୍ଟଦେବୀ ମା'ଦୁର୍ଗାଙ୍କ ପାଇଁ ମନ୍ଦିର/ଚଉପାଢ଼ୀ ନିର୍ମାଣ କରିଥିଲେ। ବାର୍ଷିକ ଦୁର୍ଗାପୂଜା ମହାସମାରୋହରେ ପାଳନ କରୁଥିଲେ। ଉପରୋକ୍ତ ପରିବର୍ତ୍ତନ ଗୁଡ଼ିକ ସାରଙ୍କ ଅନୁଭବ ଅନ୍ତର୍ଗତ ଘଟଣା। ପିଲାଦିନେ ଦେଖିଥିଲେ ପାରିବାରିକ ସମ୍ଭ୍ରାନ୍ତ ପୂଜା। ବଡ଼ ହେଲା ପରେ ଦେଖିଲେ ଦେଶସାରା ଅନୁଷ୍ଠିତ ହେଉଥିବା ଧନୀ ଗରିବ ଅଗଣିତ ଲୋକଙ୍କର ସାର୍ବଜନୀନ ପୂଜା।

ସାରଙ୍କ ପରିବାରର ଇଷ୍ଟଦେବୀ ଥିଲେ ମା' ଦୁର୍ଗା। ମା' ଦୁର୍ଗାଙ୍କ ଅଷ୍ଟଧାତୁ ନିର୍ମିତ ମୂର୍ତ୍ତି ସହିତ ଅନେକ ଦେବଦେବୀଙ୍କର ପିତଳ ମୂର୍ତ୍ତିମାନ ପୂଜା ପାଉଥିଲେ। ଚଉପାଢ଼ୀ ଓ ମନ୍ଦିର ସିଂହାସନରେ ତେତିଶକୋଟୀ ଦେବଦେବୀ ଅର୍ଥାତ୍ ରାଧାକୃଷ୍ଣ, ରାମ, ଲକ୍ଷ୍ମଣ, ସୀତା, ହନୁମାନ, ନୃସିଂହ, ଇନ୍ଦ୍ର, ଇନ୍ଦ୍ରାଣୀ, ବରୁଣ, କୁବେର,

ସୂର୍ଯ୍ୟନାରାୟଣ, ଭୁବନେଶ୍ୱରୀ, ଶୁଳିନୀ, ମା' ଭଗବତୀ ଇତ୍ୟାଦି ଭିନ୍ନ ଭିନ୍ନ ଦେବଦେବୀ ପ୍ରତିମା ଗୁଡ଼ିକ ବିଭିନ୍ନ ମନ୍ତ୍ରରେ ପୂଜା ପାଉଥିଲେ। ରାଧାକୃଷ୍ଣଙ୍କ ହୋରୀ, ଦୋଳମେଲଣ ସହିତ ସବୁ ମୁଖ୍ୟ ପର୍ବ ଗୁଡ଼ିକ ପାଳନ କରାଯାଉଥିଲା। କିନ୍ତୁ ବାର୍ଷିକ ଦଶହରା ଉତ୍ସବ ମହା ସମାରୋହରେ ନବଦିନ ବ୍ୟାପି ପାଳନ କରାଯାଉଥିଲା। ଆଶ୍ୱିନ ମାସ ଶୁକ୍ଳପକ୍ଷ ପ୍ରତିପଦ ତିଥିରେ ଘଟ ସ୍ଥାପନ କରି ନବରାତ୍ର ପୂଜା ଆରମ୍ଭ ହୁଏ। ପୁନଶ୍ଚ ଅଷ୍ଟମୀ ତିଥିରେ ଅନ୍ୟ ଏକ ଓଷା କଳସ ବସେ। ମା' ଦୁର୍ଗାଙ୍କ ସହିତ ମହାଲକ୍ଷ୍ମୀ, ମା' ଭଗବତୀ ଓ ମା' ସରସ୍ୱତୀଙ୍କ ସହିତ ସମସ୍ତ ଦେବାଦେବୀଙ୍କୁ ପୂଜା କରାଯାଏ। ଏହି ପୂଜା ଦୀର୍ଘ ଦଶଦିନ ଧରି ଚାଲେ। ସମସ୍ତଙ୍କ ଘରେ ବନ୍ଧୁବାନ୍ଧବଙ୍କ ଗହଳି ଲାଗିଯାଏ। ପାଠ ପଢୁଥିବା ପିଲାମାନେ ହଷ୍ଟେଲ୍‌ରୁ ଓ ସରକାରୀ ଚାକିରୀଆ ମାନେ କର୍ମ କ୍ଷେତ୍ରରୁ ଗାଆଁକୁ ଫେରିଆସନ୍ତି। ଖୁସି ଓ ଆନନ୍ଦରେ ଘରଦ୍ୱାର ଓ ଗାଆଁଦାଣ୍ଡ ଉଚ୍ଛୁଳି ଉଠେ।

ଦିନ ଓ ରାତିରେ ନୀତି ପାଇଁ ବିଭିନ୍ନ ପ୍ରକାରର ବ୍ୟଞ୍ଜନ ତିଆରି ହୁଏ। ଛଅଥାଳି ଅନ୍ନ, ଡାଲି, ଆମ୍ବିଳ, ବେସର ଦିନରେ ହୁଏ। ରାତି ସମୟରେ ଏହା ସହିତ ଖିରି ଓ ପିଠା ଭୋଗ ଲାଗେ। ସବୁଦିନ ଗୋଟିଏ ପ୍ରକାରର ପିଠା ନ ହୋଇ ପ୍ରତିଦିନ ବିଭିନ୍ନ ପ୍ରକାରର ପିଠା ଭୋଗ ଲାଗେ। ଚୁଡ଼ା, ଉଖୁଡ଼ା, ହୁଡୁମର ବାଲଭୋଗ ଲାଗେ।

ଅନେକ ଲୋକଙ୍କ ପାଇଁ ଭୋଜିର ବନ୍ଦୋବସ୍ତ କରାଯାଇଥାଏ। ସମସ୍ତ ଗ୍ରାମବାସୀ ହରିଜନ ସବର୍ଣ୍ଣ ଆବାଳ ବୃଦ୍ଧବନିତା ଅତିଥି ଅଭ୍ୟାଗତ ସବୁଜାତିର ଲୋକେ ଠାକୁର ଚଉପାଢ଼ୀ ବାହାରେ ବସି ପ୍ରସାଦ ପାଆନ୍ତି। ସମସ୍ତଙ୍କୁ ଶ୍ରଦ୍ଧା ସହକାରେ ଖୁଆଇବାରେ କର ପରିବାର ଆନନ୍ଦ ପାଆନ୍ତି। ଏଠି ଜାତିର ବାଛବିଚାର ନଥାଏ। ଯୋଗୀ ଭିକାରୀମାନେ ବିଭିନ୍ନ ଗାଆଁ ବୁଲିସାରି ପୂଜା କେଇଦିନ ଏଠି ରାତିରେ ରହିଯାଆନ୍ତି। ଦୈନିକ ଭୋଗ ପେଟପୁରା ଖାଆନ୍ତି।

ଅଷ୍ଟମୀ, ନବମୀ ଦୁଇଦିନ ବଡ଼ହୋମ ହୁଏ। ଏଥିରେ ବାରସେରରୁ ଅଧିକ ପରିମାଣର ଗାଈଘିଅ ଆହୁତି ଦିଆଯାଏ। କିଲୋଗ୍ରାମ ହିସାବରେ ଏହି ଘିଅର ପରିମାଣ ପନ୍ଦର କିଲୋଗ୍ରାମ୍‌ରୁ ଅଧିକ ହେବ। ସାର୍‌ଙ୍କ ପାଳିରେ ଅଂଶ ମୁତାବକ ନଅ ପା' ଗୁଆଘିଅ ପୋଡ଼ିବା ପାଇଁ ଦିଆଯାଏ।

ପୂଜା ଅତି ସାତ୍ତ୍ୱିକ୍ ମତରେ କରାଯାଏ। ଏହି ପୂଜାର ପ୍ରଭାବରୁ କର ପରିବାରର ପିଲାମାନଙ୍କ ମନରେ ବାଲ୍ୟକାଳରୁ ଅଖଣ୍ଡ ବିଶ୍ୱାସ ଓ ଭକ୍ତିଭାବ ଜାଗ୍ରତ ହୋଇଥାଏ। ପୂଜା ଦଶଦିନ କର ବଂଶର ଘରମାନଙ୍କରେ ଆମିଷ ପ୍ରବେଶ କରେ ନାହିଁ। କେହି ଦାଢ଼ି ବା ଚୁଟି କାଟନ୍ତି ନାହିଁ। ଧୋବାଘରକୁ ଲୁଗା ଯାଏ ନାହିଁ।

ଧାନ ଉଁଷା ଯାଏ ନାହିଁ। ପ୍ରତିପଦା ଦିନରୁ ଦଶହରା ପର୍ଯ୍ୟନ୍ତ ସମଗ୍ର ବାତାବରଣ ଲାଗେ ଖୁବ୍ ପବିତ୍ର। ମନରେ ଭକ୍ତିର ଭରପୁର ପ୍ରାବଲ୍ୟ। ସତେ ଯେମିତି ଜଗନ୍ମାତାଙ୍କର ଶୁଭ ଆଶିଷର କିରଣ ଚତୁର୍ଦ୍ଦିଗରେ ବିଛାଡ଼ି ହୋଇପଡ଼ିଛି।

ପୂଜାର ମୁଖ୍ୟ ପଦିଆ ଦଦେଇଙ୍କର କିଛି ଅସୁବିଧା ଥିଲେ ଧନୀ କକା (ଧନେଶ୍ୱର କର) ପୂଜାରେ ବସନ୍ତି। ପୂଜାରେ ସାହାଯ୍ୟ କରିବା ପାଇଁ ଆମର କୁଳବ୍ରହ୍ମା ୰ ଦିବ୍ୟସିଂହ ଦାଶ (ହାସିନିପୁର) ଓ କୁଳ ପୁରୋହିତ ଦିବାକର ଷଢ଼ଙ୍ଗୀ ନିଯୁକ୍ତ ଥାଆନ୍ତି। ଅଷ୍ଟମୀ ଦିନ ବଡ଼ ହୋମ। ପିଲା ଠାରୁ ବୁଢ଼ା ପର୍ଯ୍ୟନ୍ତ ପରିବାରର ସମସ୍ତେ ଉପବାସ କରନ୍ତି। ବିଭିନ୍ନ ପ୍ରକାରର ପିଠାପଣା କରି ସ୍ୱତନ୍ତ୍ର ଆଟିକାରେ ଦେବୀଙ୍କୁ ସମର୍ପଣ କରାଯାଏ। ରାତିର ପୂଜା ସରିଲା ପରେ ସମସ୍ତେ ହାତରେ ପବିତ୍ର ବ୍ରତ (ରକ୍ଷାସୂତ୍ର) ବାନ୍ଧନ୍ତି।

ଦୁର୍ଗାପୂଜା ଆସିବାର ମାସେ ପୂର୍ବରୁ ସମସ୍ତଙ୍କ ମନରେ ଆନନ୍ଦ ଖେଳିଯାଏ। ନୂତନ ଉତ୍ସାହରେ ପୂଜାର ପ୍ରାକ୍ କାର୍ଯ୍ୟରେ ଲାଗିଯାଆନ୍ତି। ଘରଦ୍ୱାର ଲିପାପୋଛା କରିବା, ଲୁଗାପଟା ସଫାସୁତୁରା କରିବା, ମନ୍ଦିର ସଫା କରିବା, ରଙ୍ଗ କରିବା। ଘରେ ବନ୍ଧୁବାନ୍ଧବଙ୍କ ଆଗମନ ପାଇଁ ଅଧିକ ସଉଦାପତ୍ର କିଣି ପ୍ରସ୍ତୁତ ହୋଇ ରହିବା। ନୂଆ ଲୁଗାପଟା କିଣିବା ଠାରୁ ଆରମ୍ଭ କରି ନିଜ ନିଜର ଶକ୍ତି ମୁତାବକ ପୂଜା ଆୟୋଜନରେ ସମସ୍ତେ ଲିପ୍ତ ଥାଆନ୍ତି। ଅଭାବ ଥାଏ। କିନ୍ତୁ ମନରେ କୁଣ୍ଠା ନଥାଏ। ଧାର କରଜ କରି ସବୁ ଭାଇମାନେ ଖୁବ୍ ଯାକଜମକ ଓ ଆଗ୍ରହ ସହକାରେ ପୂଜା ପାଳନ କରନ୍ତି। ଏ ପୂଜା ହେଉଛି କର ପରିବାରର ପରିଚୟ ଓ ସମ୍ମାନର କଥା।

ପଞ୍ଚମୀ ଠାରୁ ଆରମ୍ଭ କରି ନବମୀ ପର୍ଯ୍ୟନ୍ତ ପ୍ରତିଦିନ ରାତିରେ ପୂଜା ସରୁ ସରୁ ପାହାନ୍ତା ହୋଇଯାଏ। ଅଷ୍ଟମୀ ଦିନ ହୁଏ ସନ୍ଧି ପୂଜା। ସାତ୍ତ୍ୱିକ ମତରେ ପୂଜା ହେଉଥିବାରୁ ପଶୁପକ୍ଷୀ ବଳି ଦିଆଯାଏ ନାହିଁ। ହିଂସା ପ୍ରଦର୍ଶନ କରାଯାଏ ନାହିଁ। କୁଷ୍ମାଣ୍ଡ (କଖାରୁ) ନାମକ ଫଳଟିଏ ବଳି ଦିଆଯାଏ। ସମସ୍ତଙ୍କର ସୁଖଶାନ୍ତି କାମନା କରି ପ୍ରତିଦିନ ସପ୍ତସତୀ ଚଣ୍ଡୀପାଠ କରାଯାଏ। ଚଣ୍ଡୀଙ୍କ ଆବାହନ କରି ପୂଜା କରାଯାଏ। ନବମୀ ଦିନ ପାହାନ୍ତା ପ୍ରହରକୁ ଘଟ ବିସର୍ଜନ କରାଯାଏ। ଏହା ସହିତ ପୀଠଦେବୀଙ୍କର ପୂଜା ସମାପ୍ତ ହୁଏ। ଜହଲଘାଟର ମାଝିମାନେ ପଟେଇ ଡଙ୍ଗା ଆଣି ଏପଟ କୂଳରେ ଥାଆନ୍ତି। ଘଟ (କଳସ) ଗୋଟିଏ ଶୋଭାଯାତ୍ରାରେ ନେଇ ସମସ୍ତେ ନଈକୂଳରେ ପହଞ୍ଚନ୍ତି। ସଂକୀର୍ତ୍ତନ ସହିତ ଡଙ୍ଗାରେ କଳସ ନେଇ ନଈ ଭିତରକୁ ଯାଆନ୍ତି। ଖରସୁଆଁ ମଝି ନଈରେ କଳସ ଜଳାବତରଣ କରାଯାଏ।

ବିସର୍ଜନ କାର୍ଯ୍ୟ ସମ୍ପାଦନ ପରେ ମଙ୍ଗଳାରୋପଣ ହୁଏ। ସବୁ ଭାଇମାନେ

ଚଉପାଢ଼ୀରେ ବସନ୍ତି । ବଂଶର ବଡ଼ପୁଅଙ୍କ ମୁଣ୍ଡରେ ଶାଢ଼ୀ ବନ୍ଧାଯାଏ । ଏହା ଏକ ପ୍ରକାରର ଅଭିଷେକ ହିଁ ଅଟେ । ରାଜପରିବାର ଓ ଜମିଦାର ଘର ପରି ଶାସକ ପରିବାରରେ ଏହି ପରମ୍ପରା ପାଳନ କରାଯାଏ । ଅଭିଷିକ୍ତ ହୋଇଥିବା ବ୍ୟକ୍ତିଙ୍କୁ ମୁଖ୍ୟ ହିସାବରେ ସମ୍ମାନ ମିଳେ । ଶାଢ଼ୀ ବନ୍ଧା ହେବା ପରେ ପୁରୁଖା ଲୋକମାନେ ମନ୍ତ୍ରପାଠ କରି ତାଙ୍କୁ ଆଶୀର୍ବାଦ କରନ୍ତି । ତା' ପରେ ଭୋଗ ଓ ପ୍ରସାଦ ସେବନ ହୁଏ । ସେଦିନ ଅଭିଷିକ୍ତ ହୋଇଥିବା ବଡ଼ଭାଇଙ୍କ ତରଫରୁ ଆମିଷ ବ୍ୟଞ୍ଜନର ବନ୍ଦୋବସ୍ତ ହୋଇଥାଏ । ବ୍ରତ ଉଦ୍‌ଯାପନ ପରେ ସମସ୍ତେ ଆନନ୍ଦ ଉଲ୍ଲାସରେ ମାଛ ତରକାରୀ ଓ ମାଛ ଛେଞ୍ଚେଡ଼ା ଖାଆନ୍ତି । ବର୍ଷଟିଏ ଶେଷ ହୁଏ । ତା'ପରେ ଦିନଗୁଡ଼ା ଭାରି ଉଦାସ ଲାଗେ । ବନ୍ଧୁବାନ୍ଧବ ଚାଲିଯାଆନ୍ତି । ପିଲାମାନେ ସ୍କୁଲ ଓ ଚାକିରୀଆମାନେ କର୍ମକ୍ଷେତ୍ରକୁ ଯାଆନ୍ତି । ଘର ଖାଲି ଖାଲି ଲାଗେ । ମାସେ ଧରି ଲାଗି ରହିଥିବା ଗହଳି ଚହଳି ନିଆଁରେ ପାଣି ପଡ଼ିଲା ପରି ଦଶହରା ପରଦିନ ସମ୍ପୂର୍ଣ୍ଣ ନିରବିଯାଏ । ମନଟା ଖରାପ ହୋଇଯାଏ । ପୁଣି ଆସନ୍ତାବର୍ଷ ପାଇଁ ଅପେକ୍ଷା ।

କରଘର ଦୁର୍ଗାପୂଜା ଏ ଅଞ୍ଚଳରେ ବିଖ୍ୟାତ । ମା'ଙ୍କ କୃପାରୁ କର ବଂଶର ଧନ, ଜନ, ଯଶ ଓ ଖ୍ୟାତି ଭରପୁର ଥାଏ । ସାର୍ କହନ୍ତି- ନିଷ୍ଠାର ଅଂଶ ବିଶେଷ ଭାବରେ ଆଜି ପର୍ଯ୍ୟନ୍ତ ଦୀର୍ଘ ୮୩ ବର୍ଷ ଧରି ଦେବୀ ପକ୍ଷରେ ତାଙ୍କ ରକ୍ତରେ ଦଶଦିନ ପାଇଁ ଆମିଷ ପଶିନାହିଁ ।

୧୯୬୫ମସିହାରେ ନଦୀଗ୍ରାସ ହେତୁ ଦୁର୍ଗାଦେବୀ ପୀଠ ଓ ଚଉପାଢ଼ୀ ନଦୀଗର୍ଭରେ ଲୀନ ହୋଇଗଲା । ତା' ପରେ ତିନିବର୍ଷ ଧରି ଖଣ୍ଡଳ ପଡ଼ିଆରେ ପଣ୍ଡିତଙ୍କ ବାହାରଘରେ ଠାକୁରାଣୀଙ୍କୁ ରଖି ପୂଜା କରାଗଲା ।

୧୯୬୮ ମସିହା କଥା । ଦିନେ ରାତିରେ ସାର୍‌ଙ୍କ ବାପା ପୂଜା ସାରି ପହଡ଼ ପକାଇ ଘରକୁ ଫେରିଲେ । ତା' ପରଦିନ ସକାଳୁ ଦେଖିଲା ବେଳକୁ ଗତରାତିରେ ଠାକୁରଘର ଚାବି ଭାଙ୍ଗି କେହି ଦୁର୍ବୃର୍ତ୍ତ ଠାକୁରାଣୀଙ୍କୁ ଚୋରାଇ ନେଇଯାଇଛି । ଦୁଃଖରେ ସମସ୍ତେ ଭାଙ୍ଗି ପଡ଼ିଲେ । ଆଶଙ୍କା କଲେ କିଛି ଦୁର୍ଭାଗ୍ୟ ମାଡ଼ି ଆସୁନାହିଁ ତ ? ବୋଧହୁଏ ଠାକୁରାଣୀ ରୁଷ୍ଟ ହୋଇ ସ୍ୱଇଚ୍ଛାରେ ଅନ୍ତର୍ଦ୍ଧାନ ହୋଇଗଲେ । ଚାରିଆଡ଼େ ଖୋଜାଖୋଜି କରାଗଲା । ଥାନାରେ ଏତାଲା ଦିଆଗଲା । କିନ୍ତୁ ଠାକୁରାଣୀଙ୍କ ସନ୍ଧାନ ମିଳିଲା ନାହିଁ । ପ୍ରତ୍ୟେକ ମଣିଷର ଶତ୍ରୁ ଅଛନ୍ତି । କରଘର ଅହଂକାର ଓ ପ୍ରତିପତ୍ତି ବିରୁଦ୍ଧରେ ଚିନ୍ତା କରୁଥିବା ଅନେକ ଗୁପ୍ତ ଶତ୍ରୁ ଥିଲେ । ତେଣୁ କେହି କେହି ଆଶଙ୍କା କରନ୍ତି ହୁଏତ କେହି ରାଗ ଶୁଝାଇବା ପାଇଁ ଖରସୁଆଁ ନଈରେ ଠାକୁରାଣୀଙ୍କୁ ଫିଙ୍ଗି ଦେଇଛି । ଏପର୍ଯ୍ୟନ୍ତ ଘଟଣାଟି ରହସ୍ୟାବୃତ୍ତ ହୋଇ ରହିଯାଇଛି ।

ଏ ଘଟଣା ପରେ ବର୍ଷେ ଦୁଇବର୍ଷ ପାଇଁ ଦୁର୍ଗାପୂଜା ହେଲା। ଠାକୁରାଣୀଙ୍କ ନିରୁଦ୍ଦିଷ୍ଟ ହେବା ପରେ ସମସ୍ତଙ୍କ ମନରୁ ବିଶ୍ୱାସ ତୁଟି ଯାଇଥିଲା। ଆଗ୍ରହ କମି ଯାଇଥିଲା। ତେଣୁ ପୂଜା ବନ୍ଦ ହୋଇଗଲା। ସେତେବେଳକୁ କିଛି ଭାଇ ଦୁର୍ବଳ ହୋଇ ଯାଇଥାନ୍ତି। ଭୀଷଣ ଅଭାବ। ଜମି ବିକ୍ରୀ କରି ଚଳୁଥାନ୍ତି। ଜମିଦାର ଘର ସୌକିନ ମଣିଷ। ଅଭାବ ଆସିଲେ କ'ଣ ବା କରି ପକାଇବେ। ସହଜ ରୋଜଗାର ପନ୍ଥାଟିଏ ମିଳିବା ସମ୍ଭବ ନଥିଲା। ଏଣୁ ସମସ୍ତଙ୍କ ସହଯୋଗରେ ମିଳିମିଶି ପ୍ରଧାନ ଠାକୁରାଣୀଙ୍କ ଅନୁପସ୍ଥିତିରେ ଅନ୍ୟ ପ୍ରତିମାମାନଙ୍କୁ ନେଇ ପୂଜା କରିବା ସମ୍ଭବ ହେଲା ନାହିଁ। ଅନେକ ପ୍ରାୟ କରଛଡ଼ା ଦେଲେ। ପୂଜା ବନ୍ଦ ହୋଇଗଲା।

ଭାଇମାନେ ପିଢ଼ିଭାଗିଁ ଠାକୁର ଠାକୁରାଣୀ ମାନଙ୍କୁ ମନଇଚ୍ଛା ବାଣ୍ଟିନେଲେ। ସାର୍‌ଙ୍କ ବାପା ହରିପୁର ହାଟକୁ ଯାଇଥାନ୍ତି। ଫେରିବା ପରେ ଧନିଆ କକାଙ୍କ ଠାରୁ ଏ ବିଷୟରେ ଶୁଣିଲେ। ଚଉପାଢ଼ୀକୁ ଯାଇ ଦେଖିଲେ ରାମ, ସୀତା, ଇନ୍ଦ୍ରସଚୀଙ୍କୁ ଛାଡ଼ି ଆଉ କିଛି ଠାକୁର ନାହାନ୍ତି। ଯଦି ମୂର୍ତ୍ତିମାନଙ୍କୁ ଏମିତି ନେଇ ଯିବାର ଇଚ୍ଛା ତାହେଲେ ସବୁଭାଇମାନେ ବସିଥାନ୍ତେ। ଅଂଶର ଗୁରୁତ୍ୱ ଅନୁଯାୟୀ ସ୍ଥିର କରାଯାଇଥାନ୍ତା କିଏ କେଉଁ ଠାକୁର ଠାକୁରାଣୀଙ୍କୁ ନେବ। କିନ୍ତୁ ଏମିତି ମନମୁଖି କାମ ଠିକ୍ ହେଲା ନାହିଁ। ଅଂଶ ଦୃଷ୍ଟିରୁ ସାର୍‌ଙ୍କ ପରିବାରକୁ ଆସିଥାନ୍ତେ ରାଧାକୃଷ୍ଣ ଯୁଗଳମୂର୍ତ୍ତି। ଯେଉଁ ଠାକୁର ପ୍ରତିବର୍ଷ ସୁସଜ୍ଜିତ ବିମାନରେ ସଂକୀର୍ତ୍ତନ ସହିତ ବିଭିନ୍ନ ମେଲଣକୁ ଯାଇଥାନ୍ତି। ବାପା ପଚାରିଲେ, ରାଧାକୃଷ୍ଣ ମଣିବିଗ୍ରହ କିଏ ନେଲା ?

ନବୀନ କକା କହିଲେ, ମୁଁ ନେଇଛି।

ସେବାପୂଜା କରିବା ପାଇଁ ଆଗ୍ରହ ହେବାରୁ ନେଇଛି।

ଉଦାର ବାପା ଏକଥା ଶୁଣି ନୀରବ ରହିଲେ।

ଅଧିକାର ଛିନ୍ନ ହୋଇଥିବା ସତ୍ତ୍ୱେ ବି ଚୁପ୍ ରହି ବଳକାଥିବା ରାମ, ଲକ୍ଷ୍ମଣ, ସୀତା ତିନିମୂର୍ତ୍ତିଙ୍କୁ ଘରକୁ ଆଣିଲେ। ସେହିଦିନ ଠାରୁ ସାର୍‌ଙ୍କ ଘରେ ରାମ ନବମୀ ପୂଜା ଓ ବ୍ରତ ପାଳନ କରାଯାଉଛି। କାରଣ ଭକ୍ତି, ପୂଜା, ଉତ୍ସବପାଳନ ଇତ୍ୟାଦି ଭାବନା ତାଙ୍କ ପରିବାରର ରକ୍ତରେ ମିଶିଯାଇଛି। ଏଣୁ ପୂଜାପାର୍ବଣ ନକଲେ ମନରେ ଶାନ୍ତି ଆସିବ ନାହିଁ। ଠାକୁରଙ୍କ କୃପାରୁ ସାର୍‌ଙ୍କ ପରିବାରର ଉତ୍ତରୋତ୍ତର ଉନ୍ନତି ହୋଇଚାଲିଛି। ଘୋଡ଼ାଚଢ଼ା ଅବସ୍ଥା ଏବେ ଗାଡ଼ିଚଢ଼ାରେ ରୂପାନ୍ତରିତ ହୋଇଯାଇଛି। ପୁଣି ପ୍ରାଚୁର୍ଯ୍ୟ ଫେରିଆସିଛି। ତେଣୁ ତାଙ୍କର ଅନେକ ହିତାକାଂକ୍ଷୀ ପ୍ରସ୍ତାବ ଦେଇଛନ୍ତି ଆଉଥରେ ଦୁର୍ଗାପୂଜା ଆରମ୍ଭ କରିବା ପାଇଁ। କିନ୍ତୁ ତାହା ଆଉ ସମ୍ଭବ ହୋଇପାରିବ ନାହିଁ। ଏହା ମଧ୍ୟରେ ଅନେକ ବର୍ଷ ବିତିଗଲାଣି। ଏବେ ସବୁଭାଇମାନଙ୍କୁ ଏକତ୍ରିତ

କରି ଏକମତ କରିବା କାଠିକର ପାଠ। ଭାଇମାନଙ୍କ ମଧ୍ୟରୁ ଅନେକ ବୃତ୍ତିଗତ କାର୍ଯ୍ୟରେ କିଏ କୁଆଡ଼େ ପଳେଇଗଲେଣି। ସମସ୍ତଙ୍କ ମନର ଭାବନା ମଧ୍ୟ ବଦଳିଗଲାଣି। ଶ୍ରଦ୍ଧା ଓ ବିଶ୍ୱାସ ତୁଟି ଗଲାଣି। ତେଣୁ ସାର୍ କହୁନ୍ତି, ମା'ଙ୍କର ଦୟା ହେଲେ ପୁଣି ଥରେ ପୂର୍ବପରି ଯାକଜମକରେ ପୂଜା କରିବାକୁ ଆମେ ଚାହିଁ ବସିଛୁ। ମୋର ମଧ୍ୟ ସ୍ୱପ୍ନ ଅଛି ଭାଗ ଭାଗ ହୋଇ ଯାଇଥିବା ଆମ ପରିବାର ପୁଣିଥରେ ଏକତ୍ରିତ ହୁଅନ୍ତେ ଓ ପୁନଶ୍ଚ ମା'ଙ୍କ ପୂଜା ଆରମ୍ଭ ହୁଅନ୍ତା।

ସାର୍ ଏକାନ୍ତ ଭାବରେ ଈଶ୍ୱର ବିଶ୍ୱାସୀ ହୋଇଥିବାରୁ କହନ୍ତି- ଦେବୀ ଆମକୁ ପର କରି କୁଆଡ଼େ ହଜିଗଲେ। ବୋଧହୁଏ ଏ ପର୍ଯ୍ୟନ୍ତ ଆମଠାରୁ ପୂଜା ପାଇବା ପାଇଁ ତାଙ୍କର ଇଚ୍ଛା ହୋଇନାହିଁ। ତାଙ୍କର ଯଦି ଇଚ୍ଛା ହୁଏ, ଦୟା ହୁଏ, ସ୍ୱପ୍ନରେ ହେଉ ବା ଅନ୍ୟ କୌଣସି ଉପାୟରେ ଯଦି ମା' ସଙ୍କେତ ଦିଅନ୍ତି ତେବେ ପୁଣିଥରେ ପୂଜା ଆରମ୍ଭ ହେବ।

ସେତେବେଳେ ଠାକୁରାଣୀଙ୍କ ପ୍ରତି ଖୁବ୍ ଭକ୍ତି ଓ ଭୟ ଥିଲା। ଦେବୀ ଖୁବ୍ ପ୍ରତ୍ୟକ୍ଷ ଥିଲେ। ତା'ର ପ୍ରମାଣ ମଧ୍ୟ ଅଛି। ଗାଆଁର ଜୋଇଁ ନାରାୟଣ ନନ୍ଦ। ନଗେନ୍ଦ୍ର କରଙ୍କର ଭିଣୋଇ। ଘରଜୋଇଁଆ ହିସାବରେ ସେ ଆମ ଗାଆଁର ବାସିନ୍ଦା ହୋଇସାରିଥାନ୍ତି। ଥରେ ନାରାୟଣ ନନା ନଈରୁ ମାଛ ଆଣି ପୂଜା ସମୟରେ ଠାକୁରାଣୀଙ୍କ ଆଗ ଦେଇ ନିଜ ଘରକୁ ଗଲେ। ଗାଆଁରେ ଆଇଁଷ ପୁରାଇଲେ। ରାତିରେ ଶୁଣିଲା ବେଳକୁ ତାଙ୍କୁ ହଇଜା ହୋଇଯାଇଛି। ସେତେବେଳେ ହଇଜା ଦୁଃସାଧ୍ୟ ରୋଗ ଥିଲା। କୁହାଯାଉଥିଲା ମହାମାରୀ। ଯା ହେଉ ହରିପୁରରୁ ଡାକ୍ତର ଆସି ଚିକିତ୍ସା କଲେ। ସିଏ ମରୁ ମରୁ ବଞ୍ଚିଲେ।

ନଈ ଓ ମାଛ କଥା ପଡ଼ିଲାରୁ ସାର୍ ସେଇ ସମ୍ବନ୍ଧୀୟ ଆଉ ଗୋଟିଏ କଥା କହିଥିଲେ। ଖରସୁଆଁ ନଈ ଗଣ୍ଡ ମାଛର ଭାରି ନାଆଁ ଥିଲା। ଖୁବ୍ ଜାତିଆ ଆଉ ସୁଆଦିଆ ମାଛ ମିଳେ। କୁମ୍ଭୀର ବି ପ୍ରଚୁରଥାନ୍ତି। ସବୁଦିନେ ସେଠୁ ମାଛ ବାହାରେ। ସତେ ଯେମିତି ମାଛର ଭଣ୍ଡାର। ନଈ ଗାଆଁକୁ ତଡ଼ିଦେଇ ଗାଆଁର ଯାଗାକୁ ମାଡ଼ି ବସିଲା। କିନ୍ତୁ ସେଇ ଯାଗାର ମାଲିକ ଥିଲେ କରଘର ଦଶଟି ପରିବାର। ସେଠି ହୋଇଥିଲା ଗୋଟିଏ ବିଶାଳ ଗଣ୍ଡ। ଖୁବ୍ ଗଭୀର। ପାଣିଟା ଖୁବ୍ ଗମ୍ଭୀର ରୂପରେ ଭଉଁରୀ ଖାଉଥାଏ। ସେ ଗଣ୍ଡକୁ ପୁରୁଷୋତ୍ତମପୁରର କେଉଟଙ୍କୁ ଦୋଳମୁଣ୍ଡାଇ ଦିନ ବାର୍ଷିକ ମାତ୍ର ପଚାଶ ଟଙ୍କା କବୁଲିଅତରେ ମାଛ ମାରିବାର ଅଧିକାର ଦିଆଯାଇଥାଏ। ସେମାନେ ସବୁଦିନେ ମାଛ ଧରନ୍ତି। ଆଇଁଷ ଖାଇବା ବାର ଦେଖି କର ପରିବାରର ଦଶଘରେ କୃତଜ୍ଞତା ସ୍ୱରୂପ କିଛି କିଛି ମାଛ ଦେଇ ତା' ପରେ ବିକ୍ରି କରିବାକୁ ଯାଆନ୍ତି।

ମାଛ ଧରାହେବା ସମୟରେ ନଈକୂଳରେ ଯିଏ ପହଞ୍ଚେ ଜମିଦାରବାବୁମାନଙ୍କ କହିବା ମୁତାବକ କେଉଟମାନେ ତାଙ୍କୁ ମାଗଣାରେ ମାଛ ଦିଅନ୍ତି । ଚର୍ତ୍ତୁମାସ୍ୟାରେ ମାଛ ଏତେ ପ୍ରଚୁର ପରିମାଣର ଖିଆଯାଏ ଯେ ପ୍ରାୟ ତିନିମାସ ଧରି ବାସନ କୁସନ ଓ ଘରଦ୍ୱାରରୁ ଆଇଁଷ ଗନ୍ଧ ଯାଏ ନାହିଁ ।

କେଉଟଙ୍କଠାରୁ ପଚାଶ ଟଙ୍କା ନେବା ପାଇଁ କେହି ଆଗ୍ରହୀ ନଥାନ୍ତି । କିନ୍ତୁ, କେଉଟମାନଙ୍କର ଭାବନା ଅନୁଯାୟୀ ମାଗଣା ଉପଭୋଗ କରିବା, ବ୍ରାହ୍ମଣ, ଦେବସ୍ୱ ଓ ରାଜସ୍ୱ ସମ୍ପତ୍ତି ବିନା ଦେୟରେ ଗ୍ରହଣ କରିବା ପାପ ଅଟେ । ତେଣୁ କେଉଟମାନେ ରାଧାକୃଷ୍ଣଙ୍କ ଦୋଳମୁଣ୍ଡାଇ ଦିନ ଜବରଦସ୍ତ ପଚାଶ ଟଙ୍କା ଦେଇ ଯାଆନ୍ତି । କହନ୍ତି ହଜୁର୍, ଆମେ ଆପଣଙ୍କର ପୁଅ । ଆପଣମାନେ ଆମର ବାପା ମାଆ । ଆପଣ ଆମ ମୁହଁକୁ ଚାହିଁଛନ୍ତି, ସେଥିପାଇଁ ଆମେ ବଞ୍ଚିଛୁ । ଆମେ ଆପଣଙ୍କୁ ଦେଉନୁ, ଦେଉଛୁ ଠାକୁରଙ୍କୁ । କର ବଂଶର ଜମିଦାରୀ ଥିବା ସମୟର କଥା ସେତେବେଳେ ଲୋକେ ତାଙ୍କ ଦାଣ୍ଡରେ ଯିବାଆସିବା କରିବା ପାଇଁ ଡରୁଥିଲେ । ସେ ବାଟରେ ଗଲାବେଳେ ପାଦରୁ ଜୋତା ଖୋଲି ହାତରେ ଧରୁଥିଲେ । ଛତା ବନ୍ଦ କରି କାଖରେ ଜାକି ତଳକୁ ମୁହଁ କରି ଚାଲୁଥିଲେ । ଖୋଲା ଛତା ଧରି ଜୋତା ପିନ୍ଧି ଯାଉଥିବା ଲୋକଙ୍କୁ ଜମିଦାର ଘର ଯୁବକମାନେ ନଡ଼ିଆ ଗଛରେ ବାନ୍ଧି ପକାଇ ନିର୍ଦ୍ଧୁମ ମାଡ଼ ମାରୁଥିଲେ । ଏହିପରି ଅନେକ ପ୍ରକାରର ଔଦ୍ଧତ୍ୟ ବିଷୟରେ ଆମ ଅଞ୍ଚଳରେ ଲୋକେ କଥାବାର୍ତ୍ତା ହେଉଥିବାର କଥା ଏ ଲେଖକ ପିଲାଦିନେ ଶୁଣିଛି ।

ତାଙ୍କ ବିଲ ବାଡ଼ିରେ ଗାଇ ଛେଳି ପଶିଗଲେ, ଗାଇ ବା ଛେଳିର ମାଲିକଙ୍କୁ ମାଡ଼ ହେଉଥିଲା ।

ସତକଥା ହେଲା ସେମାନେ ନିଷ୍ଠୁର ନଥିଲେ । ଅହଂକାରୀ ଥିଲେ । ତାଙ୍କ ଅହଂରେ ବାଧା ଆସିଲେ ସେମାନେ ହିଂସ୍ର ହୋଇଯାଉଥିଲେ ।

ସେମାନଙ୍କର ଅନେକ ସୁଗୁଣ ଥିଲା । ତାଙ୍କ ପାଖରେ ନମ୍ର ହୋଇ ମାଗୁଥିବା ଲୋକଙ୍କୁ ସେମାନେ ଅକାତରେ ଦାନ କରୁଥିଲେ । ଦୁଃଖିରଙ୍କୀ ଆସିଲେ ପେଟପୁରାଇ ଖାଇବାକୁ ଦେଉଥିଲେ । ଦାତାପଣିଆଟି ଆଜିଯାଏ ବି ତାଙ୍କ ପରିବାରର ସଦସ୍ୟଙ୍କ ପାଖରେ ସେଦିନ ଭଳି ଭରପୁର ଅଛି ।

■

# କଳାକାରପରିବାର, କୁମ୍ଭୀର ଆତଙ୍କ ଓ ଆମେରିକା ଭ୍ରମଣ

ଷାଠିଏ ବର୍ଷତଳେ ଦୁର୍ଗାପୂଜା ଅବସରରେ ଗ୍ରାମବାସୀ, ଜେଜେବାପା ଓ କକାମାନେ, ନିଜେ ନିଜେ ଶିଖି ଡ୍ରାମା କରୁଥିଲେ। ଥରେ 'ଭାତ' ଓ 'ମୂଲିଆ' ଦୁଇଟି ନାଟକ ମଞ୍ଚସ୍ଥ କରାଯାଇଥିଲା। ପାଖ ଗାଆଁମାନଙ୍କର ଅନେକ ଲୋକ ଏହାକୁ ଉପଭୋଗ କରୁଥିଲେ। ସାଂସ୍କୃତିକ କାର୍ଯ୍ୟକ୍ରମ ଦୃଷ୍ଟିରୁ ମଧ୍ୟ କର ଜମିଦାର ପରିବାର ସେ ସମୟରେ ଅନେକ ଉଚ୍ଚରେ ଥିଲେ। ବିଭିନ୍ନ ଗାଆଁର କଳାକାର ଓ ନାଟ୍ୟପ୍ରେମୀ ଏଠି ଅଂଶଗ୍ରହଣ କରୁଥିଲେ। କବୀରପୁରର ପଞ୍ଚାନନ ପତି ଯିଏ କି ପରବର୍ତ୍ତୀ ସମୟରେ N.C. College ର ଅଧ୍ୟାପକ ହୋଇଥିଲେ, ନବୀନକକାଙ୍କ ଭିଣୋଇ ସିଏ ଆସୁଥିଲେ ଡ୍ରାମାରେ ସବୁଠାରୁ ଦାୟିତ୍ୱପୂର୍ଣ୍ଣ ଅଂଶ ସ୍ମାରକ (Prompter) କାର୍ଯ୍ୟ ତୁଲାଇବା ପାଇଁ। ଗୋବିନ୍ଦପୁରର ଫକୀର ମିଶ୍ର ଓ କବିରାଜ। ଖଇରାବାଦର ଗଙ୍ଗା ଓଝା ଇତ୍ୟାଦି ଆସୁଥିଲେ।

ଅର୍ଣ୍ଣପୂର୍ଣ୍ଣା ଥିଏଟର ସହିତ ଜଡ଼ିତ ଥିବା କୁରାଂଶର ଯୋଗୀ ପଣ୍ଡା ତାଙ୍କର ନାଟକ ଏହି ମଞ୍ଚରେ କରାଇଥିଲେ। ମଧୁବନର ପୂର୍ଣ୍ଣ ବାରିକ ଇତ୍ୟାଦି ନାଟକର କନ୍‌ସର୍ଟ ବଜାଇବା ପାଇଁ ଆସୁଥିଲେ। ବର୍ଷେ ବର୍ଷେ ଆମ ଅଞ୍ଚଳର ସୁନାମଧନ୍ୟ ପାଲା ଗାୟକ ନୀଳକଣ୍ଠପୁରର ଶ୍ରୀଯୁକ୍ତ ପରମାନନ୍ଦ ଶରଣ ପାଲା ପରିବେଶଣ କରନ୍ତି।

ସାର୍‌ଙ୍କ ଜେଜେବାପା ହାର୍‌ମୋନିୟମ୍ ବଜାଉଥିଲେ। ଗୀତରେ ସ୍ୱର ସଂଯୋଜନା କରୁଥିଲେ। ସେ ଥିଲେ ପ୍ରକୃତରେ ଗୁରୁ। ଖୁବ୍ ସମ୍ମାନନୀୟ ନାଟ୍ୟପ୍ରେମୀ। ଗାଆଁର ଅନନ୍ତାନା, ନାଗାନା, ଦିବା ଗୋସିବାପାଙ୍କ ସମେତ ପାଖ ଆଖର ଅନେକ ଲୋକ ଅନେକ କଳାକର ଏଠି ନାଟକରେ ଅଂଶଗ୍ରହଣ କରୁଥିଲେ। ଦିବା ଗୋସିବାପା ନୃତ୍ୟନାଟିକା 'ଚନ୍ଦ୍ରଭାଗା'ରେ ସୂର୍ଯ୍ୟ ଭୂମିକାରେ ଅବତୀର୍ଣ୍ଣ ହୋଇଥିଲେ। ନବୀନକକା

ଗାଆଁଣ ହୋଇ ଥରେ ଠିଆପାଲା କରିଥିଲେ। ଏହି ମଞ୍ଚ ମାଧ୍ୟମରେ ନିଜଠାରେ ଥିବା ଅନନ୍ୟ ଗୁଣକୁ ସମସ୍ତେ ପ୍ରକାଶ କରୁଥିଲେ। ସତ କହିବାକୁ ଗଲେ ଆମ ଅଞ୍ଚଳର ନାଟ୍ୟକଳା ପ୍ରତି କର ପରିବାରର ଅବଦାନ ଅବିସ୍ମରଣୀୟ।

ସାର୍‌ଙ୍କ ବ୍ୟକ୍ତିତ୍ୱକୁ ବିଶ୍ଳେଷଣ କଲେ ଜଣାଯାଏ ସେ ଜଣେ ସ୍ୱୟଂ ସଂପୂର୍ଣ୍ଣ ମଣିଷ। ମଣିଷ ଜୀବନର ସମସ୍ତ ଦିଗପ୍ରତି ଅଛି ତାଙ୍କର ସହଜ ସାବଲୀଳ ଦୃଷ୍ଟିଭଙ୍ଗୀ। ସବୁକିଛିକୁ ସେ ଅଳ୍ପ ବହୁତ ଭାବରେ ସ୍ପର୍ଶ କରିଛନ୍ତି। ପ୍ରସଙ୍ଗକ୍ରମେ ସେ ସବୁକଥା ଆମ୍ଭେ କହିବୁ। ପ୍ରକୃତିକୁ ସେ କେତେ ଭଲ ପାଉଥିଲେ। ପ୍ରକୃତି ସହିତ ତାଙ୍କର କିପରି ସମ୍ପର୍କ ଥିଲା ଓ ସେ ବିଷୟରେ କିପରି ବିଚାର ପ୍ରକଟ କରୁଥିଲେ ଏବେ ସେହି କଥାରୁ କିଛି ଉଲ୍ଲେଖ କରିବା।

ସାର୍‌ଙ୍କ ପିଲାଦିନର କଥା। ଖରସ୍ରୋତା ନଦୀରେ ସେତେବେଳେ ପ୍ରଚୁର କୁମ୍ଭୀର ଥିଲେ। ଥଣ୍ଟିଆ କୁମ୍ଭୀର କୁଜି କୁମ୍ଭୀର, ଶୀତଦିନ ସକାଳେ ନଈ ଦୁଇକୂଳର ବାଲିରେ ଶୋଇଥିବାର ଦେଖିବାକୁ ମିଳୁଥିଲା। ସାର୍‌ଙ୍କ ଜନ୍ମ ପୂର୍ବରୁ କୁମ୍ଭୀର ଆକ୍ରମଣରେ ଅନେକ ଲୋକ ମୃତାହତ ହୋଇଥିବା କଥା ଶୁଣିବାକୁ ମିଳୁଥିଲା। ସେଇ ଡରରେ ଲୋକେ ସାବଧାନ ହୋଇ ନଈରେ ଗାଧୁଆପାଧୁଆ କରନ୍ତି। ବେଶୀ ଗଭୀର ପାଣିକୁ ଯାଆନ୍ତି ନାହିଁ। ଜଣେ ମହିଳାଙ୍କୁ କୁମ୍ଭୀର ଆକ୍ରମଣ କରିଥିଲା। ସେ ସେହି ଦୁର୍ଘଟଣାରୁ ବଞ୍ଚିଯାଇଥିଲେ ବି ତାଙ୍କର ଗୋଟିଏ ସ୍ତନକୁ ସମ୍ପୂର୍ଣ୍ଣ ଭାବରେ କୁମ୍ଭୀର କାମୁଡ଼ି ନେଇଯାଇଥିଲା। ସାର୍‌ଙ୍କ ପରିଚିତ ମାନଙ୍କ ମଧ୍ୟରୁ ବାଲୁତ ବିଧବା ରଙ୍ଗନାନୀ କୁମ୍ଭୀର ଆକ୍ରମଣରୁ ବଞ୍ଚିଯାଇଥିଲେ। ସମୟ କ୍ରମେ ପ୍ରକୃତିରେ ପରିବର୍ତ୍ତନ ଫଳରେ, ମଣିଷର ଗହଳି ବୃଦ୍ଧି ପାଇବା ଯୋଗୁଁ କୁମ୍ଭୀର ମାନେ ଏ ସ୍ଥାନ ଛାଡ଼ି ନିର୍ଜନ ଅଞ୍ଚଳକୁ ପଳାୟନ କଲେ। ନଈ ପୁରା କୁମ୍ଭୀର ଶୂନ୍ୟ ହୋଇଗଲା। ସେତେବେଳେ ମୁଗପାଳ ଗ୍ରାମରେ ଜଣେ ଗ୍ରାମସେବକ ଥାଆନ୍ତି। ତାଙ୍କର ବନ୍ଧୁକ ଥିଲା। ଅନନ୍ତାନା'ଙ୍କ ନିମନ୍ତ୍ରଣ କ୍ରମେ ଗ୍ରାମସେବକ ମହାଶୟ ଆସିଥିଲେ ଓ ତାଙ୍କ ବନ୍ଧୁକରେ ସେ କୁମ୍ଭୀରଟିକୁ ମାରି ଦେଇଥିଲେ। ସେତେବେଳେ ଜୀବଜନ୍ତୁ ସୁରକ୍ଷା ଆଇନ୍ ନଥିଲା। ଦୁଇଦିନ ପରେ କୁମ୍ଭୀର ମରି ଭାସିବାରୁ ତାକୁ କୂଳକୁ ଆଣି ଶଗଡ଼ରେ ଲଦି ଥାନାକୁ ନେଇଥିଲେ। ତା'ପରେ ସମସ୍ତଙ୍କ ମନରୁ କୁମ୍ଭୀର ଭୟ ଦୂର ହୋଇଗଲା।

ଆମେରିକା:

ଗତ ୨୦୦୨ ମସିହାରେ ସାର୍ ଆମେରିକାରେ ରହୁଥିବା ତାଙ୍କ ଦୁଇ ପୁତ୍ରଙ୍କ ଅନୁରୋଧକ୍ରମେ ଯୁକ୍ତରାଷ୍ଟ୍ର ଆମେରିକା ଭ୍ରମଣରେ ଯାଇଥିଲେ। ସେଠିକାର ଯାନବାହନ, ବିପଣି, ବାସସ୍ଥାନ ମାନଙ୍କରେ ପ୍ରାଚୁର୍ଯ୍ୟକୁ ଦେଖିଥିଲେ। କିନ୍ତୁ ମୁଗ୍ଧ

ହୋଇଯାଇଥିଲେ ସେଠାକାର ପ୍ରାକୃତିକ ସୌନ୍ଦର୍ଯ୍ୟକୁ ଦେଖି। ସାର୍ କହନ୍ତି ୫୦ ବର୍ଷ ପୂର୍ବେ ଓଡ଼ିଶାର ପ୍ରାକୃତିକ ପରିବେଶ ଯେମିତି ଥିଲା ଆମେରିକାର ପରିବେଶ ଆଜି ସେମିତି ଅଛି। ୫୦ ବର୍ଷ ପୂର୍ବେ ଆମ ରାଜ୍ୟର ଚାରିଆଡ଼େ ବୃକ୍ଷଲତାର ଗହଳି ଥିଲା। ପ୍ରତ୍ୟେକ ଗାଆଁମୁଣ୍ଡ ଗୁଡ଼ିକରେ ଛୋଟ ଛୋଟ ତୋଟା ଓ ବଣ ଥିଲା। ଗୋଟିଏ ଗାଁରୁ ଆଉ ଗୋଟିଏ ଗାଁକୁ ଯିବା ପାଇଁ ମଝିରେ ଥିଲା ପ୍ରଶସ୍ତ ପାଟ ଓ ପାଟ ମଝିରେ ଥିଲା ବୃହତ୍ ବୃକ୍ଷ ପରିବେଷ୍ଟିତ ଜଙ୍ଗଲ। ନଦୀକୂଳ ଗୁଡ଼ିକରେ ସବୁଜିମା ଥିଲା। ଘଞ୍ଚ ବଣୁଆ ପରିବେଶ ଥିଲା। କାଶତଣ୍ଡିର ଶ୍ୱେତଧବଳ ଫୁଲ ଶରତର ସିରିସିରି ପବନରେ ଦୋଳି ଖେଳୁଥିଲା। ଗାଆଁ ଗାଆଁରେ ଥିଲା ବଡ଼ ବଡ଼ ଆମ୍ବତୋଟା। ଦିନ ଦ୍ୱିପହର ସମୟରେ ମଧ୍ୟ ଏକୁଟିଆ ସେ ତୋଟା ଭିତରକୁ ପଶିବା ପାଇଁ ଭୟ ଲାଗୁଥିଲା। ପ୍ରାକୃତିକ ପରିବେଶ ଗୁଡ଼ିକ ଥିଲା ବେଶ୍ ଗମ୍ଭୀର, ସ୍ଥିର, ନିଶବ୍ଦ ଓ ସମ୍ପୂର୍ଣ୍ଣ ଭୟ ଉଦ୍ରେକକାରୀ। ପତ୍ରଟିଏ ଗଛରୁ ପଡ଼ିଲେ କୁଲାଟିଏ ପଡ଼ିଲା ପରି ଶବ୍ଦ ହେଉଥିଲା। ଆଜି ଆଉ ସେଭଳି ପରିବେଶ ନାହିଁ। ପ୍ରଗତି ନାମରେ ପ୍ରକୃତିକୁ ଧ୍ୱଂସ କରି ଆମେ ଦୁର୍ଗତି ଓ ବିନାଶକୁ ଡାକି ଆଣିଲେଣି। କିନ୍ତୁ ଆମେରିକା ପରି ଉନ୍ନତ ରାଷ୍ଟ୍ରରେ ଅକ୍ଷତ ଯୌବନା ପ୍ରକୃତି ସେଦିନ ପରି ଆଜି ମଧ୍ୟ ଅଛି। ପ୍ରଗତିର ଅର୍ଥ ସେମାନେ ଜାଣନ୍ତି ପ୍ରକୃତିର ସୁରକ୍ଷା ଓ ଉନ୍ନତି।

ଆମେରିକାରେ ଯେ କାଠର ବ୍ୟବହାର ନାହିଁ ସେକଥା ନୁହେଁ। ସେଠି ଓଲଟା କାଠର ବ୍ୟବହାର ଖୁବ୍ ବେଶି। ସେଠାକାର ଘରଗୁଡ଼ିକ ସମ୍ପୂର୍ଣ୍ଣ କାଠରେ ତିଆରି ହୁଏ। ସରକାରୀ ଡିପୋମାନଙ୍କରେ କାଠକୁ ସାଇଜ୍ କରି ବ୍ୟବହାର ଉପଯୋଗୀ କରି ବିକ୍ରି କରାଯାଏ। ସେଠାରୁ କାଠ ଆଣି କେବଳ ଖଞ୍ଜିଦେଲେ ଘରଟିଏ ତିଆରି ହୋଇଯିବ। ନଦୀ ମଧ୍ୟରେ ଗଛ ଉପୁଡ଼ି କାଠର ବଡ଼ ଗଣ୍ଡିସବୁ ପଡ଼ି ପଡ଼ି ଶିଉଳି ଲାଗିଯାଇଥାଏ। କିନ୍ତୁ କେହି ସେଥିରୁ ଖଣ୍ଡିଏ ବି ନିଜର ବ୍ୟବହାର ପାଇଁ ଚୋରାଇ ନିଅନ୍ତି ନାହିଁ। ଭାରତରେ ଜଙ୍ଗଲରୁ କାଠଚୋରୀ ଏକ ବଡ଼ ସମସ୍ୟା ହୋଇଥିବା ସ୍ଥଳେ ଆମେରିକୀୟ ମାନେ ଏ ଦୃଷ୍ଟିରୁ ଖୁବ୍ ଶିକ୍ଷିତ ଓ ସଚେତନ।

ଆମେରିକାରେ ପ୍ରଚୁର ହରିଣ ଅଛନ୍ତି। ପ୍ରାତଃ ଭ୍ରମଣ ପାଇଁ ଗଲାବେଳେ ଅଥବା କାର୍‌ରେ ଗଲାବେଳେ ରାସ୍ତା ଉପରେ ଓ କଡ଼ରେ ବୁଲୁଥିବାର ଦେଖିବା ପାଇଁ ମିଳନ୍ତି। ବେଳେବେଳେ ଗାଡ଼ି ଧକ୍‌କାରେ ଗୋଟେ ଗୋଟେ ହରିଣ ରାସ୍ତାକଡ଼ରେ ମରି ପଡ଼ିଥିବାର ଦୃଶ୍ୟମଧ୍ୟ ଦେଖିବାକୁ ମିଳେ। କିନ୍ତୁ ସେଠି କେହି ଶିକାର କରନ୍ତି ନାହିଁ। ଶିକାର କରାଯାଉ ନଥିବାରୁ ବେଳେବେଳେ ସେମାନଙ୍କର ସଂଖ୍ୟା ପ୍ରଚୁର ପରିମାଣରେ ବଢ଼ିଯାଏ। ତେଣୁ ଅଳ୍ପ କିଛି ଦିନ ଅର୍ଥାତ୍ ୧୦/୧୫ ଦିନ ପାଇଁ ହରିଣ ଶିକାର କରିବାକୁ ସରକାରଙ୍କ ତରଫରୁ ଅନୁମତି ଦିଆଯାଏ।

ପିଲାଦିନେ ଘର ପାଖରୁ ସୁଜନପୁରକୁ ଦୀର୍ଘ ପନ୍ଦର କିଲୋମିଟର ବାଟଗଲାବେଳେ ଯେଉଁପରି ପ୍ରାକୃତିକ ପରିବେଶ ଥିଲା ଆଜି ଆମେରିକାର ସେମିତି ଅଛି । ଆମର ଏ ଅବକ୍ଷୟ ପାଇଁ ସାର୍‌ଙ୍କ ମନରେ ଅଶେଷ ଦୁଃଖ । ସେ ପ୍ରକୃତିକୁ ଭଲ ପାଇ ଶିଖିଛନ୍ତି ବୋଲି ତାଙ୍କ ଦୃଷ୍ଟିରେ ପଡୁଥିଲା ପରିବେଶର ରୂପ ଓ ଯୌବନ । ସେ ଯୁଆଡ଼େ ଯାଉଥିଲେ ସେ ସ୍ଥାନର ଗଛବୃକ୍ଷକୁ ଦେଖୁଥିଲେ । ଗତକାଲି ସହିତ ଆଜିକୁ ଓ ଆମେରିକା ସହିତ ଓଡ଼ିଶାକୁ ତୁଳନା କରୁଥିଲେ । ମନେ ପକାଉଥିଲେ ଦେଉଳି ପାହାଡ଼ କଥା । ଯାହା ଆଜି ସମ୍ପୂର୍ଣ୍ଣ ଭାବରେ ଟାଙ୍ଗରା ହୋଇଯାଇଛି । ଧର୍ମଶାଳା ହାଇସ୍କୁଲରେ ପଢ଼ିଲାବେଳେ ସ୍କୁଲ୍‌ର ଶିକ୍ଷକମାନଙ୍କ ନେତୃତ୍ୱରେ ସହପାଠୀମାନଙ୍କ ସହିତ ଘଞ୍ଚ ବୃକ୍ଷଲତା ପରିପୂର୍ଣ୍ଣ ଦେଉଳି ପାହାଡ଼ ଚଢ଼ି ତାର ଶୀର୍ଷ ଦେଶକୁ ଯାଉଥିଲେ । ସେତେବେଳେ ପରିବେଶ ନିରୀକ୍ଷଣ ଶିକ୍ଷାର ଗୋଟାଏ ଅଙ୍ଗ ଥିଲା । ଶିକ୍ଷକମାନେ ଟ୍ରେକିଂ ସହିତ ଛାତ୍ରମାନଙ୍କୁ ବୃକ୍ଷଲତା ସହିତ ପରିଚିତ କରାଉଥିଲେ ।

ଗୋଟେ ସୁସ୍ଥ ପ୍ରାକୃତିକ ପରିବେଶ ଭିତରେ ଜନ୍ମଗ୍ରହଣ କରିଥିବା ଆମ ସାର୍‌ଙ୍କ ଶୈଶବ, କୈଶୋରରୁ ଆରମ୍ଭ କରି ସମଗ୍ର ଜୀବନ ବିତିଥିଲା ସବୁଜ ପରିବେଶ ଭିତରେ । ଆଉ ଏବେ କୃଷି ଓ ବୃକ୍ଷ ରୋପଣକୁ ନେଇ ସେ ନିଜର ଚାରିକଡ଼ରେ ସୃଷ୍ଟି କରିଛନ୍ତି ଏକ ସୁନ୍ଦର ସବୁଜ ବଳୟ ।

■

# ଜାତିଭେଦ ମାନୁ ନ ଥିବା ମଣିଷ

ମୁଁ ସାର୍‌ଙ୍କ ଶ୍ରେଣୀରେ କେବେ ବସିନାହିଁ। କିନ୍ତୁ ତାଙ୍କର ପାଦ ପାଖରେ ବସି ତାଙ୍କର କଥା ଶୁଣୁ ଶୁଣୁ ଜଣେ ଛାତ୍ରରେ ପରିଣତ ହୋଇଯାଇଛି। ସାର୍‌ଙ୍କ ବକ୍ତବ୍ୟକୁ କେବଳ ମୋର ଭାଷା ଜରିଆରେ ଅନୁବାଦ କରି ଚାଲିଛି। ଏଥିରେ କିଛି ଅତିରଞ୍ଜିତ କରି ଲେଖାଯାଇ ନାହିଁ। କେବଳ ଅଛି ସତ୍ୟ। ସାର୍ କହୁଥିଲେ- ଗାଆଁ ପାଖ ପ୍ରାଥମିକ ବିଦ୍ୟାଳୟରେ ପଢ଼ିଲାବେଳେ ଛୁଆଁଛୁଇଁକୁ ଖୁବ୍ ପ୍ରାଧାନ୍ୟ ଦିଆଯାଉଥିଲା।

କିନ୍ତୁ ସାର୍ ସ୍କୁଲରେ ହରିଜନ ପିଲାମାନଙ୍କ ସହିତ ମିଳାମିଶା କରୁଥିଲେ, ସାଙ୍ଗ ହେଉଥିଲେ, ଖେଳୁଥିଲେ। ତାଙ୍କ ମନରେ ଜାତିକୁ ନେଇ ଭିନ୍ନ ଭାବନା ନଥିଲା। ଏମିତିକି ସମସ୍ତଙ୍କୁ ସମାନ ବୋଲି ଭାବିବା ବ୍ୟତୀତ ଅନ୍ୟ କିଛି ଚିନ୍ତା କରୁନଥିଲେ। ସମୟକ୍ରମେ ଭିନ୍ନ ଭିନ୍ନ ସ୍କୁଲ ଓ ଭିନ୍ନ ଭିନ୍ନ ଗାଆଁ ସଂସ୍ପର୍ଶରେ ଆସିଛନ୍ତି। ହଷ୍ଟେଲ୍‌ରେ ଜୀବନ ବିତାଇଛନ୍ତି। ଦୂର ସହରରେ ରହି ପାଠ ପଢ଼ିଛନ୍ତି। ଏଇପରି ଭାବରେ ଅନେକ ଲୋକଙ୍କ ସମ୍ପର୍କରେ ଆସିଛନ୍ତି। କିଶୋର ଅବସ୍ଥାରୁ ହେତୁ ପାଇବା ଆରମ୍ଭ ହେବା ସମୟରୁ ବହୁଆଡ଼େ ବୁଲି ଅନେକ ବନ୍ଧୁ କରିଛନ୍ତି ଏମିତି ସମ୍ପର୍କକୁ ନେଇ ବ୍ୟାପି ପାରୁଥିବା ମଣିଷ ପାଖରେ ଭଲପାଇବା ବ୍ୟତୀତ ଆଉ କ'ଣ ବା ଥାଇପାରେ। ଜାତି ଭାବନାକୁ ନେଇ ସାର୍ କେବେବି ସଂକୀର୍ଣ୍ଣମନା ହୋଇଯାଇନାହାନ୍ତି।

ଗୋଟିଏ ଦୁର୍ଘଟଣାରେ ସାର୍‌ଙ୍କ ହାତ ଭାଙ୍ଗି ଯାଇଥିବା ବେଳେ କଟକ ଡାକ୍ତରଖାନାରୁ ଫେରି ଡାକ୍ତରଙ୍କ ପରାମର୍ଶକ୍ରମେ ଘରେ କେଇଦିନ ପାଇଁ ବିଶ୍ରାମ ନେଉଥାନ୍ତି। ତେଣୁ ସ୍କୁଲର ଶିକ୍ଷକ ଓ ଛାତ୍ରମାନେ ତାଙ୍କୁ ଦେଖିବାକୁ ଆସୁଥାନ୍ତି। ସାର୍‌ଙ୍କର ଦୁଇଜଣ ମୁସଲମାନ ଛାତ୍ର ଲିଆକତ୍ ଓ ଅତର୍ ମଧ୍ୟ ଦେଖିବାକୁ ଆସିଥିଲେ। ସାର୍ ତାଙ୍କୁ ଡାକି ନିଜ ଖଟ ଉପରେ, ମୁଣ୍ଡ ପାଖରେ ବସାଇ କଥାବାର୍ତ୍ତା ହେଲେ। ସେମାନେ ଗଲାପରେ ସାର୍‌ଙ୍କ ମାଆ ତାଙ୍କର ଜାତି ବିଷୟରେ ପଚାରିଲେ। ସାର୍ କହିଲେ,

ବୋଉ, ତୁ ମୋ ସ୍କୁଲ ଛୁଆଙ୍କ ଜାତିକଥା ପଚାରିବୁନି। ସେମାନେ ସବୁ ମୋ ପୁଅଝିଅ। ତାଙ୍କ ଠାରେ ଜାତି ଗୋଟେ କ'ଣ ?

ହିନ୍ଦୁ ହରିଜନଙ୍କ ଠାରୁ ମୁସଲମାନ ମାନଙ୍କୁ ଆହୁରି ନିମ୍ନ ଦୃଷ୍ଟିରେ ଦେଖାଯାଉଥିଲା। ନୈଷ୍ଠିକ ବ୍ରାହ୍ମଣ ପରିବାରରେ ଜନ୍ମିତ ଆମ ସାର୍‌ଙ୍କ ଦୃଷ୍ଟିରେ କିନ୍ତୁ ସେସବୁ ଉଚ୍ଚନୀଚ ଭାବର ଲେସ ମାତ୍ର ଭାବନା ନଥିଲା। ତେଣୁ ସେ ସମସ୍ତଙ୍କୁ ଘର ଭିତରକୁ ନେଇ ଯାଉଥିଲେ।

ବିଶ୍ୱର ସବୁଦେଶର ସବୁକ୍ଷେତ୍ରରେ ଜାତିକୁ ନେଇ ଉଚ୍ଚନୀଚ ଭାବନା ଆଜି ପର୍ଯ୍ୟନ୍ତ ବଳବତ୍ତର ରହିଛି। ସେଇ ଭାବନାକୁ ନେଇ ରାଜନୀତି ଚାଲିଛି। ହିଂସା ଚାଲିଛି। ଯୁଦ୍ଧ ବି ହେଉଛି। ସାର୍ ଜମିଦାର ପରିବାରର ସନ୍ତାନ। ଉଚ୍ଚଜାତି ନୈଷ୍ଠିକ ବ୍ରାହ୍ମଣ କୂଳରେ ଜନ୍ମ ହୋଇ ମଧ୍ୟ ଜାତି ଭେଦଭାବ ନେଇ ଖୁବ୍ ଉଦାର। ନିଜର ବଡ଼ପୁଅ ତୈଳିକ ବୈଶ୍ୟ ପରିବାରର ଝିଅକୁ ବିବାହ କରିଥିଲେ ମଧ୍ୟ ସାର୍ କେବେ ବି ଏକଥାକୁ ନେଇ ଶୋଚନା କରିନାହାନ୍ତି। ବୋହୂଟିକୁ ଆଦରରେ ଗ୍ରହଣ କରି ନେଇଛନ୍ତି। ତାଙ୍କ ଭାବନାରେ ମଣିଷ ଗୋଟିଏ ଜାତି।

■

# କଲେଜ ପଢ଼ା ଓ ବାପା

କଲେଜ ସବୁ ଖୋଲିଗଲା। ନାମଲେଖା ସମୟ ଆସିଗଲା। ସାର୍ କେଉଁ ସହରରେ ରହିବେ। କେଉଁ କଲେଜରେ ପଢ଼ିବେ। ସେ ବିଷୟରେ ବାପା ପରାମର୍ଶ ଲୋଡ଼ୁଥାନ୍ତି। ସେତେବେଳେକୁ ପରିବାରରେ ଘୋର ଅଭାବର ସମୟ ଆସିଯାଇଥାଏ। ଏହା ସତ୍ତ୍ୱେ ବି ତାଙ୍କର ଇଚ୍ଛା ପୁଅକୁ କଟକର ରେଭେନ୍ସା କଲେଜରେ ପଢ଼ାଇବେ। ରେଭେନ୍ସା ହେଲା ଓଡ଼ିଶାର ଅଦ୍ୱିତୀୟ କଲେଜ। ଓଡ଼ିଶାର ସବୁ ବଛା ବଛା ଭଲପିଲା ସେଠାରେ ପଢ଼ନ୍ତି। ଶ୍ରୀଯୁକ୍ତ ସହଦେବ ସାହୁ ମଧ୍ୟ ସେଠି ପଢୁଥିଲେ। ସେଠାରୁ ବାହାରୁଥିବା ଛାତ୍ର ଛାତ୍ରୀ ଜୀବନରେ କେବେ ଅସଫଳ ହୁଅନ୍ତି ନାହିଁ। କଲେଜ ୟୁନିଅନର ସଭାପତି ଓ ସମ୍ପାଦକ ହେଉଥିବା ଛାତ୍ରମାନେ ପରବର୍ତ୍ତୀ ସମୟରେ ରାଜ୍ୟ ରାଜନୀତିରେ ଭାଗ ନେଉଥିଲେ। ପୁଅ ସେଇଠି ପଢ଼ିପାରିଲେ ମଣିଷ ପରି ମଣିଷଟିଏ ହୋଇପାରିବ ବୋଲି ବାପାଙ୍କର ଆଶା ଥିଲା। ସାର୍‌ଙ୍କ ଅନୁଭବ ଅନୁଯାୟୀ ସେ ଥିଲେ ଅଦ୍ୱିତୀୟ ବାପା। ପୁଅର ଭବିଷ୍ୟତ ପାଇଁ ସବୁକିଛି ତ୍ୟାଗ କରିବାକୁ ପ୍ରସ୍ତୁତ ଥିଲେ।

ପରୀକ୍ଷାଫଳ ବାହାରିଲା ପରେ ସାର୍ ବାଣୀପୀଠକୁ ଗଲେ School leaving certificate, marksheet ଆଣିବା ପାଇଁ। ସ୍କୁଲ୍‌ରେ ସାର୍‌ମାନେ ଦେଖାହେଲେ। ସେମାନେ ବିଜ୍ଞାନ ପଢ଼ିବା ପାଇଁ ପରାମର୍ଶ ଦେଲେ। ବାପା ବି ସେକଥାରେ ରାଜି ହେଲେ। I.Sc. ପଢ଼ିବା ସ୍ଥିର ହେଲା। ସେ ସମୟରେ ଧର୍ମଶାଳାରେ ପ୍ରିଣ୍ଟିଂ ପ୍ରେସ୍ ନଥାଏ। ସାର୍ଟିଫିକେଟ୍ ଗୁଡ଼ିକୁ ହାତରେ ଲେଖି, ଅବିକଳ ନକଲ କରି ନୂଆ ବି.ଡ଼ି.ଓ.ଙ୍କ ଠାରୁ attested କରି ଆଣିଲେ। ଧର୍ମଶାଳାରେ attested କରିବା ପାଇଁ ଗେଜେଟେଡ୍ ଅଫିସରଙ୍କ ଅଭାବ ଥାଏ। ନୂଆ ବ୍ଲକ୍ ଖୋଲିଥିବାରୁ ଏତିକି ସୁବିଧା ହେଲା। ତା' ପରେ ରେଭେନ୍ସା କଲେଜରେ ନାମଲେଖା ପାଇଁ ଆବେଦନ କଲେ। ସେ ଆବେଦନ ଫର୍ମକୁ ପୂରଣ କରି ମାର୍କସିଟ୍, ଏସ୍.ଏଲ୍.ସି. ଇତ୍ୟାଦି ଆବଶ୍ୟକୀୟ ଡକୁମେଣ୍ଟ ମିଶାଇ

ରେଜିଷ୍ଟେର୍ଡ ପୋଷ୍ଟରେ ପଠାଇଲେ। ସେତେବେଳେ ମେ ମାସରୁ ଆରମ୍ଭ ହୋଇ ଜୁନ୍ ମାସ ୨୫ ତାରିଖ ମଧ୍ୟରେ 1st ଓ 2nd selection ହୋଇ admission କାମ ସରିଯାଇଥିଲା ଓ ମାର୍କ ଭିତ୍ତିକ ଚୟନ କରାଯାଇ ନାମଲେଖା ଯାଇଥିଲା। ଜୁଲାଇ ମାସ ପ୍ରଥମ ସପ୍ତାହରୁ ପାଠପଢ଼ା ଆରମ୍ଭ ହୋଇଗଲା। ଓଡ଼ିଶାର ସବୁ ପ୍ରଥମଶ୍ରେଣୀ ପାଇଥିବା ପିଲାମାନେ ପ୍ରଥମେ ରେଭେନ୍ସାରେ ଚେଷ୍ଟା କରିଥାନ୍ତି। ସେଠାରେ admission ନ ହୋଇପାରିଲେ ଅନ୍ୟତ୍ର ଯାଆନ୍ତି। ୨୫୬ ଜଣ ପିଲା ଦୁଇଟି ବିଭାଗରେ ନାମ ଲେଖାନ୍ତି। ସେଥିରୁ ୨୦୦ରୁ ଅଧିକ ପିଲା ପ୍ରଥମ ଶ୍ରେଣୀରେ ଉତ୍ତୀର୍ଣ୍ଣ ହୋଇଆସିଥାନ୍ତି। ତା' ପଛକୁ ସ୍ଥାନ ପାଆନ୍ତି ପ୍ରଥମଶ୍ରେଣୀ ନ ପାଇ ଅଧିକ ନମ୍ବର ରଖିଥିବା ଦ୍ୱିତୀୟ ଶ୍ରେଣୀରେ ଉତ୍ତୀର୍ଣ୍ଣ ହୋଇଥିବା ପିଲାମାନେ। ତେଣୁ ନାମଲେଖା ଟିକେ ଡେରିରେ ହେଲା। ସାର୍‌ଙ୍କ ରୋଲ୍ ନମ୍ବର ଥିଲା ୨୩୦। ସାର୍ ରେଭେନ୍ସାରେ ପଢ଼ିଲେ ସତ କିନ୍ତୁ ମନରେ ଗ୍ଲାନି ଥାଏ। ହୀନମନ୍ୟତା ହେତୁ ଅବସୋସ ଥାଏ। ରେଭେନ୍ସାରେ ପଢୁଥିବା ପିଲାଙ୍କର ଥାଏ ସ୍ୱତନ୍ତ୍ର ପରିଚୟ। ଭଲପିଲାରେ ଗଣା। କିନ୍ତୁ ଆମ ସାର୍ ଓ ତାଙ୍କ ଭଳି ପଚାଶ ଜଣ 2nd Division ଭଲପିଲାଙ୍କ ମଧ୍ୟରେ ହଂସ ମଧ୍ୟେ ବକ ଯଥା। ଟିକିଏ ତଳେ, ଟିକିଏ ଦୁର୍ବଳ। ଅନ୍ୟକେହି ଭାବୁ ନ ଭାବୁ, ସାର୍ ଏମିତି ଭାବୁଥିଲେ।

ନାଆଁ ଲେଖା ପାଇଁ କିଛି ଟଙ୍କା ଯୋଗାଡ଼ କରି ସାର୍‌ଙ୍କୁ ସାଙ୍ଗରେ ଧରି ବାପା କଟକ ଗଲେ। ହଷ୍ଟେଲ୍ ପାଇଁ ଦରଖାସ୍ତ କରାଯାଇଥିଲା। Selection ସରିନଥିବାରୁ ସିଟ୍ ମିଳିନଥିଲା। ଆଶା ବି କ୍ଷୀଣ ଥିଲା। କାରଣ ସେଠି ବି mark basis ରେ selection ହୁଏ। ଭଲ ପିଲାଙ୍କ ପାଖରୁ ବଳିଲେ ଯାଇ seat ମିଳିବ। ତେଣୁ ସବୁଦିନ ପାଇଁ ବା ହଷ୍ଟେଲ୍‌ରେ ସିଟ୍ ମିଳିଲା ପର୍ଯ୍ୟନ୍ତ ଘରଭଡ଼ା ନେଇ ରହିବାକୁ ପଡ଼ିବ।

ଆଜିପରି କଲେଜର main gate ଠିକ୍ ମଝିରେ ନଥିଲା। ଅଫିସ୍ ଆଉ ପଶ୍ଚିମ ଛାତ୍ରାବାସର ସାମ୍ନା ପଟେ ଗୋଟେ କୋଣକୁ ଥିଲା। କଲେଜ୍ ଆଗ ଛକରେ ନେତାଜୀ ସୁଭାଷ ବୋଷଙ୍କର ପ୍ରତିମୂର୍ତ୍ତି ଥିଲା, ଯାହା ଆଜି ଅଛି। ସେଇ ଛକର ଉତ୍ତର ପଟରେ ଗୋଟେ ସାହି। ସେଠି ଗୋଟେ ମେସ୍ ଥିଲା। ସେଥିରେ କଲେଜ୍ ପିଲାମାନେ ରହୁଥିଲେ। କସ୍‌ମୋପଲିଟାନ୍ ମେସ୍। ସାର୍ ଓ ତାଙ୍କ ବାପା ସେଇ ମେସ୍ ପାଖରେ ଗୋଟେ ଘରଭଡ଼ା ନେଇ ରହିଲେ। କଲେଜ୍ ଯିବା ପାଇଁ ସାର୍‌ଙ୍କର ୨୦ଟଙ୍କା ଭିତରେ ହଳେ ପଞ୍ଜାବୀ ଜୋତା କିଣା ହେଲା। ବିଜ୍ଞାନ ଛାତ୍ରମାନେ ଆର୍ଟସ୍ ଓ କମର୍ସ ଛାତ୍ରଙ୍କ ଠାରୁ ଅଧିକ ସ୍ମାର୍ଟ। ଅଧିକ ସାହେବୀ ଢ଼ଙ୍ଗ ଦେଖାନ୍ତି। ଫୁଲ୍ ପ୍ୟାଣ୍ଟ ସାର୍ଟ, ଫୁଲ୍ ସୁ

ପିନ୍ଧନ୍ତି। କିନ୍ତୁ ଆମ ସାର୍‌ଙ୍କର ସେ ପର୍ଯ୍ୟନ୍ତ ଫୁଲ୍ ପ୍ୟାଣ୍ଟ୍ କିଣା ଯାଇନଥିଲା। ଧୋତି ଆଉ ହାୱାଇନ୍ ଫୁଲସାର୍ଟ ପିନ୍ଧୁଥିଲେ। ତାଙ୍କ ସହିତ ଆଉ ଦୁଇ ତିନି ଜଣ ଧୋତି ପିନ୍ଧୁଥିଲେ। ପ୍ରାକ୍‌ଟିକାଲ୍ କଲାବେଳେ ଏସିଡ୍ ଓ ଅନ୍ୟାନ୍ୟ କେମିକାଲ୍ ପଡ଼ି ସୁତା ଧୋତିରେ କଣା ହୋଇଯାଉଥିଲା।

ସେତେବେଳେ ଯାଜପୁରକୁ ଛାଡ଼ିଦେଲେ ଆମ ଗାଆଁଗଣ୍ଡାରେ କେଉଁଠି ଫଟୋ ଷ୍ଟୁଡ଼ିଓ ନଥିଲା। ତେଣୁ ଆଗରୁ ଫଟୋ ଉଠାଯାଇ ନଥିଲା। ଆଡ଼ମିଶନ୍ ପାଇଁ ଓ Identity Card ରେ ଲାଗିବା ପାଇଁ ରାଣୀହାଟ ଶାରଦା ଷ୍ଟୁଡିଓରେ ପାସପୋର୍ଟ ସାଇଜ୍‌ର ଫଟୋ ଉଠାଗଲା। ପ୍ରାୟ ୧୨୦ ଟଙ୍କା ମଧ୍ୟରେ କଲେଜର ସମୁଦାୟ ଦେୟ ଦେବାକୁ ପଡ଼ିଲା। ନାମ ଲେଖା ସରିଗଲା।

ହାତରେ ନଥାଇ ଧନ ପୁଅକୁ କଲେଜ ପଢ଼ାଇବାରେ ମନ। କିନ୍ତୁ ବାପାଙ୍କ ଜିଦ୍ ପୁଅ କଲେଜରେ ପଢ଼ିବ। ତେଣୁ ଅଳ୍ପ କିଛି ଟଙ୍କା ଯୋଗାଡ଼ କରି କଟକ ପଳେଇ ଆସିଥିଲେ। ପରିବାର ଚଳିବା ପାଇଁ ବାପା ଘରକୁ ଏକମାତ୍ର ରୋଜଗାର କରୁଥିବା ମଣିଷ। ସ୍ଥାୟୀ ଆୟ କିଛି ନଥାଏ। ସମ୍ପତ୍ତିବାଡ଼ି ଉପରେ ନିର୍ଭର କରି ଯାହା ଚଳିବାକୁ ହୁଏ। ବାପାଙ୍କର ମନୋବଳ ଖୁବ୍ ଅଧିକ। ମନରେ ଦୃଢ଼ ସଂକଳ୍ପ। ଦୃଢ଼ ଇଚ୍ଛାଶକ୍ତି ଥିଲେ ଉପାୟ ଆପେ ଆପେ ଆସେ। where there is will there is way. ଏଣେ ଘରେ ଖାଇବା ପାଇଁ ଦଶ ବାର ପ୍ରାଣୀରୁ ଅଧିକ କୁଟୁମ୍ବ। ଅଭାବ ଆସିଗଲାଣି। ବିଭିନ୍ନ କାର୍ଯ୍ୟକ୍ରମ ତୁଲାଇବା ପାଇଁ କିଛି ଜମି ବିକ୍ରି ସରିଲାଣି।

ତେବେ ବି ବାପା ସ୍ଥିର କରି ସାରିଥିଲେ ଯେ ପୁଅ ନିଶ୍ଚୟ ରେଭେନ୍ସାରେ ପଢ଼ିବ। ହଷ୍ଟେଲ ନ ମିଳିଲେ ଘରଭଡ଼ା ନେଇ ଦୁହେଁ ରହିବେ। ବାପା ରୋଷେଇବାସ କରିଦେବେ। ସାର୍ ଖାଇପିଇ କଲେଜ ଗଲାପରେ ସେ କଡ଼ା, ମିଠାଗୁଣ୍ଡି ତିଆରି କରି ପାନଦୋକାନ ମାନଙ୍କରେ ଦେବେ। ସେଇ ପଇସାରେ ଚଳିବେ। ଏ ସାହସ ଏ ଚିନ୍ତା କମ୍ କଥା ନୁହେଁ। ପୁଅକୁ ପାଠ ପଢ଼ାଇ ମଣିଷ କରିବା ପାଇଁ ବାପାଙ୍କର କେତେ ବଡ଼ ସ୍ୱପ୍ନ। ପୁଅର ଉନ୍ନତି ପାଇଁ ସବୁ ପ୍ରକାରର କଷ୍ଟ ସହିବାକୁ ସେ ପ୍ରସ୍ତୁତ ଥିଲେ। ଜମି ବିକିବା, ଘର ଛାଡ଼ିବା ସବୁକିଛି ତାଙ୍କ ପାଇଁ ପାଠପଢ଼ା ପାଖରେ ଗୌଣ ଥିଲା। ଏଭଳି ବାପା ଖୁବ୍ କ୍ୱଚିତ୍ ମିଳିବେ। ଧନ୍ୟ କହିବା ତାଙ୍କ ସାହସକୁ। ସେ ଆଗପଛ ଖୁବ୍ ସୁକ୍ଷ୍ମ ଭାବରେ ଚିନ୍ତା କରୁଥିଲେ। ବଡ଼ପୁଅ ପାଠ ନପଢ଼ି ଉଜୁଡ଼ିଗଲେ ପରିବାର ଓ ଅନ୍ୟ ପିଲାମାନଙ୍କର ଭବିଷ୍ୟତ ଅନ୍ଧାର ହୋଇଯିବ। ବାସ୍ତବିକ୍ ତାହା ହିଁ ଘଟିଥାଆନ୍ତା। ବାପାଙ୍କ ଅନ୍ୟ ଭାଇମାନେ ଅଭାବ ଅନଟନରେ ପେଷିହୋଇ ଜମିବାଡ଼ି ବିକ୍ରିକରି ଦରିଦ୍ର ହୋଇଗଲା ପରି ସାରଙ୍କ ପରିବାରର ଭବିଷ୍ୟତ ମଧ୍ୟ ସେହିପରି

ଉଜୁଡ଼ି ଯାଇଥାଆନ୍ତା । କିନ୍ତୁ ତାଙ୍କର ଦୂରଦୃଷ୍ଟି ଯୋଗୁ ସେପରି କିଛି ହେଲା ନାହିଁ । ସାର୍‌ଙ୍କ ପାଇଁ ତାଙ୍କ ବାପା ଥିଲେ ଭଗବାନ୍, ଯିଏ ପୁଅର ହିତ ପାଇଁ ସବୁ ପ୍ରକାରର ଦୁଃଖ ସହିପାରନ୍ତି, ଯିଏ ଭବିଷ୍ୟତର ଭାଗ୍ୟକୁ ନିୟନ୍ତ୍ରଣ କରିପାରନ୍ତି ତାଙ୍କୁ ଭଗବାନଙ୍କ ବ୍ୟତିତ ଆଉ କ'ଣ କୁହାଯାଇପାରିବ ।

ଘରଭଡ଼ା ନେଇ ରହିବାର ଦିନେ ଦୁଇଦିନ ପରେ ସାର୍‌ଙ୍କୁ West Hostelରେ Seat ମିଳିଗଲା । ତା' ପୂର୍ବରୁ ଭଡ଼ାଘର ଉପଯୋଗୀ ସତରଂଜି, ତକିଆ, ମଶାରୀ, ବେଡ୍‌ସିଟ୍ କିଣା ସରିଥାଏ । ପାଖରୁ ପଇସା କମି ଯାଇଥାଏ । କିନ୍ତୁ ସେହିଦିନ Hostel ରେ admission କରିବାକୁ ପଡ଼ିବ । ନଚେତ ଡେରିକଲେ ସେ ସିଟ୍ ଅନ୍ୟ ଜଣଙ୍କୁ ଦେଇଦିଆଯିବ । Admission ପାଇଁ ଗଲାବେଳକୁ ଆବଶ୍ୟକତା ଠାରୁ ବାପାଙ୍କ ପାଖରେ ୭ ଟଙ୍କା କମ୍ ଥାଏ । କେଉଁଠୁ ଯୋଗାଡ଼ କରିବେ । ଏଠିତ କେହି ଚିହ୍ନା ପରିଚୟ ନାହାନ୍ତି । ପଇସା କିଏ ଦେବ ? ଧର୍ମଶାଳା ବାଣୀପୀଠର କିଛି ପିଲା I.Sc., 2nd year ରେ ପଢୁଥାନ୍ତି । ସେମାନଙ୍କ ସହିତ ସାର୍‌ଙ୍କର ପରିଚୟ ଥିଲା । ସେମାନଙ୍କ ମଧ୍ୟରୁ ବ୍ରହ୍ମବରଦାରେ ଅବଦୁଲ୍ ଅଜିଜ୍ ବାବୁ West Hostelରେ ରହୁଥାନ୍ତି । ତାଙ୍କୁ ଅସୁବିଧା ବିଷୟରେ କହିବା ମାତ୍ରେ ସେ ସଙ୍ଗେ ସଙ୍ଗେ ୭ ଟଙ୍କା ଦେଇଦେଲେ । ସେହିଦିନ ସନ୍ଧ୍ୟାରେ ହଷ୍ଟେଲ୍ ଅଫିସ୍ ଖୋଲିଲା ଓ ସାର୍ ନାମ ଲେଖାଇଲେ ।

ତା'ପର ଦିନ ଭଡ଼ାଘର ଛାଡ଼ି ସାର୍ ହଷ୍ଟେଲ୍‌କୁ ପଳେଇ ଆସିଲେ । ହଷ୍ଟେଲ୍‌ରେ ପୁଅକୁ ଛାଡ଼ି ବାପା ଘରକୁ ଫେରିଲେ । ଆଉ କଟକରେ କାହିଁକି ବା ରହନ୍ତେ ?

ହଷ୍ଟେଲ୍‌ରେ ପ୍ରବେଶ ପାଇଁ ଦକ୍ଷିଣ, ମଝି ଓ ଭିତର ପଟେ ମୋଟ ତିନିଟି ଗେଟ୍ ଥାଏ । ପଶ୍ଚିମ ପଟ ଗେଟ୍ ଗୁଡ଼ିକ ପାଠପଢ଼ା ସମୟରେ ଚାବି ପଡ଼ି ବନ୍ଦ କରାଯାଇଥାଏ । ମେନ୍‌ଗେଟ୍ ସବୁବେଳେ ଖୋଲାଥାଏ । Study hour ରେ ଜଣେ ପିଅନ ଖାତାଟିଏ ଧରି ବସିଥାଏ । ଅନ୍ତେବାସୀଙ୍କର ଅବିଭାବକ ବା କେହି ଅପରିଚିତ ବ୍ୟକ୍ତି ଆସିଲେ ତାଙ୍କ ବିଷୟରେ ସବିଶେଷ ତଥ୍ୟ ସେହି ଖାତାରେ ଲେଖିଲା ପରେ ସାକ୍ଷାତ ପାଇଁ ଅନୁମତି ଦିଆଯାଏ । ପିଲାମାନଙ୍କ ପାଇଁ ବି ସେମିତି କଡ଼ା ନିୟମ ଥାଏ । ପାଠପଢ଼ା ସମୟରେ ବାହାରକୁ ଗଲେ Time ପକାଇ ଦସ୍ତଖତ କରନ୍ତି ଏବଂ ଫେରିଲାବେଳେ ସେମିତି Time ପକାଇ ଦସ୍ତଖତ କରନ୍ତି । ହଷ୍ଟେଲ୍‌ରେ ଖୁବ୍ ଶୃଙ୍ଖଳିତ ଭାବରେ ଚଳିବାକୁ ହୁଏ ।

ସାର୍ Main gate ପାଖ ୧୭ ନମ୍ବର ରୁମ୍‌ରେ ରହିଲେ । ପ୍ରତି ରୁମ୍‌ରେ ପାଞ୍ଚଜଣ ପିଲା ରୁହନ୍ତି । ଝରକା ପଟେ ବି.ଏ., ବି.ଏସ୍‌ସି., ପଢୁଥିବା ଦୁଇଜଣ ସିନିଅର

ପିଲାଙ୍କ ବେଡ୍ ଥାଏ। ଦ୍ୱାରପଟେ 2nd year I.A., ISc ଦୁଇଜଣ ଓ ମଝିରେ 1st year ପିଲାଙ୍କ ସିଟ୍ ଥାଏ। ପ୍ରତ୍ୟେକ ପିଲାଙ୍କ ପାଇଁ ସ୍ୱତନ୍ତ୍ର ଚେୟାର୍ ଟେବୁଲ୍ ଓ ଆଲମିରା ଥାଏ। 1st year ପିଲାଙ୍କ ପାଇଁ ଆଲ୍‌ମିରା ବଦଳରେ Cup Boardର ସୁବିଧା ଥାଏ। ରୁମ୍ ଗୁଡ଼ିକ electrification ହୋଇ ମଝିରେ ଗୋଟେ ବଲ୍‌ବ୍ ଜଳୁଥାଏ। ଫ୍ୟାନ୍ ଥାଏ। କାନ୍ଥକଡ଼କୁ ଥିବା ପିଲା ମାନଙ୍କୁ ସେଇ ଗୋଟିଏ ବଲ୍‌ବରୁ ଆଲୁଅ ଯଥେଷ୍ଟ ହେଉ ନଥିବାରୁ ସେମାନେ ତାଙ୍କ ଟେବୁଲ୍‌ରେ ଟେବୁଲ୍ ଲ୍ୟାମ୍ପ ରଖିଥାନ୍ତି। ରେଭେନ୍ସାର ସବୁ ହଷ୍ଟେଲ୍ ଗୁଡ଼ିକର ରୂପରେଖ ଖୁବ୍ ସମ୍ଭ୍ରାନ୍ତ ଥିଲା। ଆଜିକାଲି ବଡ଼ ବଡ଼ ହୋଟେଲ୍ ମାନଙ୍କରେ ମିଳୁଥିବା ସମସ୍ତ ସୁବିଧା ସେଠି ଥିଲା। ସାର୍ ଯାଇଥିଲେ ଗୋଟେ ନିପଟ ମଫସଲ ଗାଆଁରୁ। ଜୀବନ ବିତିଥିଲା ମାଟିକାନ୍ଥ ଚାଳଛପର ଘରେ। ବିଜୁଳି ଆଲୁଅ ଥିଲା ସ୍ୱପ୍ନ। ଡିବିରି ଆଲୁଅରେ ଚଳିବା କଥା। ଏତେ ଗୁଡ଼ାଏ ସୁବିଧା ସହିତ ନୂତନ ଅନୁଭୂତି ଥାଇ ଏତେବଡ଼ ଘରେ ରହିବା ତାଙ୍କ ପାଇଁ ଥିଲା ଅପୂର୍ବ ଅନୁଭବ।

ହଷ୍ଟେଲର୍ ଘରଗୁଡ଼ିକ ପ୍ରତିଦିନ ସକାଳ ଓ ସନ୍ଧ୍ୟାରେ ଝାଡ଼ୁଦାରମାନେ ସଫା କରୁଥିଲେ। ଆଠଟା ବେଳକୁ ପିଅନଟିଏ ଆସୁଥିଲା। ପିଲାଙ୍କ ଠାରୁ ପଇସା ଓ ଚିଠା ନେଇ ବଜାରରୁ ଦାନ୍ତକାଠି, ତେଲ, ସାବୁନ୍, ଚୁଡ଼ା, ଜଳଖିଆ ଇତ୍ୟାଦି ସଉଦା ଆଣି ଦେଉଥିଲା। ଆବଶ୍ୟକ ନପଡ଼ିଲେ ପିଲାମାନେ ବାହାରକୁ ବାହାରନ୍ତି ନାହିଁ। ସବୁକାମ ପିଅନଙ୍କ ଦ୍ୱାରା ହୁଏ। ନଅଟା ବେଳକୁ ଆଉ ଜଣେ ପିଅନ ଡାକ୍ତରଖାତା ଡାକି ଡାକି ବାରଣ୍ଡାରେ ଯାଏ। ଯଦି କେହି ଅସୁସ୍ଥ ଥାଏ ତେବେ ଖାତାରେ ଲେଖାଯାଏ। କଲେଜ ପରିସରର ଗୋଟେ ରୁମ୍‌ରେ ଛୋଟ ଡାକ୍ତରଖାନାଟିଏ ଥାଏ। ଖାତା ଦେଖାଇ ପିଅନ ସେଠାରୁ ଔଷଧ ଓ ଚିଠା ଆଣି ପିଲାମାନଙ୍କୁ ଦେଇଯାଏ। ରାତି ସମୟରେ ବେଳେବେଳେ ଡାକ୍ତର ରୁମ୍‌ଗୁଡ଼ିକ ବୁଲି ବୁଲି ଅସୁସ୍ଥ ପିଲାମାନଙ୍କୁ ଦେଖନ୍ତି।

ହଷ୍ଟେଲ୍ ଉପର ମହଲାରେ ଠିକ୍ ମେନ୍‌ଗେଟ୍ ଉପରେ କମନ୍‌ରୁମ୍‌ଥାଏ। ସେଠି ରେଡ଼ିଓ ଥାଏ। ଦୈନିକ ଖବରକାଗଜ ଆସେ। ପିଲାମାନେ ସେଠି ବସି ରେଡ଼ିଓ ଶୁଣନ୍ତି। ଖବରକାଗଜ ପଢ଼ନ୍ତି। କମନ୍ ରୁମ୍‌କୁ ଲାଗି Indoor game ଖେଳିବା ପାଇଁ ବ୍ୟବସ୍ଥା କରଯାଇଥାଏ। ପିଲାଏ ପିଙ୍ଗ୍‌ପଙ୍ଗ୍ ବା ଟେବୁଲ୍ ଟେନିସ୍ ଖେଳନ୍ତି। ହଷ୍ଟେଲ୍‌ଟି ଦୁଇ ମହଲା ବିଶିଷ୍ଟ। ତଳ ଉପର ହୋଇ ଚାରିଟି Main Block ଓ Wing ରେ କିଛି Single room ଓ ଡାର୍ମିଟାରୀ ଥାଏ। Mark basis ରେ ସିଟ୍ ଦିଆଯାଏ। ଭଲପିଲାଙ୍କ ପାଇଁ Single ରୁମ୍‌ର କୋଟା ଥାଏ। ସ୍କଲାରସିପ୍ ପାଇଥିବା, Best 10th ରେ ଥିବା ଓ ଅନ୍ୟ ମେଧାବୀ ପିଲାମାନଙ୍କୁ ଗୋଟିକିଆ ରୁମ୍ ମିଳେ। ଅନ୍ୟ ପିଲାଙ୍କ ଦ୍ୱାରା

distrub ନହୋଇ ନିରବରେ ପଢ଼ିବା ପାଇଁ ସେମାନଙ୍କୁ ସୁବିଧା ହୁଏ। ସେମାନଙ୍କ ମଧ୍ୟରୁ ଅନେକ ଛାତ୍ରଙ୍କର ପାଠପଢ଼ା ଖୁବ୍ ଅଦ୍ଭୁତ ଧରଣର। ଜଣେ ଜଣେ, ହଷ୍ଟେଲ୍‌ର ସବୁ ଛାତ୍ର ଶୋଇସାରିଲା ପରେ ପାଠପଢ଼ା ଆରମ୍ଭ କରନ୍ତି। ରାତି ପାହିଲା ବେଳକୁ ତାଙ୍କ ପଢ଼ା ସରେ। ଦିନରେ ଆଦୌ ପାଠ ନପଢ଼ି, ବୁଲି, ଶୋଇ ସମୟ କଟାଇ ଦିଅନ୍ତି।

ଖୁବ୍ ପରିଷ୍କାର ପରିଛନ୍ନ ସୁନ୍ଦର ପାଇଖାନା ଓ ପରିଶ୍ରାଗାର ଥାଏ। ପରିଚାଳନା ପାଇଁ ପ୍ରତ୍ୟେକ ହଷ୍ଟେଲ୍‌ର ଗୋଟେ ଗୋଟେ ସ୍ୱତନ୍ତ୍ର ଅଫିସ୍ ଥାଏ। ସେଇଠି ମାସିକ ଦେୟ ପୈଠ ହୁଏ। ପ୍ରତି ହଷ୍ଟେଲ୍ ପାଇଁ ଜଣେ ସୁପରିଟେଣ୍ଡେଣ୍ଟ୍ ଓ ଜଣେ ସହକାରୀ ସୁପରିଟେଣ୍ଡେଣ୍ଟ୍ ଥାନ୍ତି। ସେମାନେ ପ୍ରତିଦିନ ସନ୍ଧ୍ୟା ସାତଟାରୁ ନଅଟା ମଧ୍ୟରେ study hour ସମୟରେ ପରିଦର୍ଶନରେ ଆସନ୍ତି। ପାଠପଢ଼ା ଠାରୁ ଆରମ୍ଭ କରି ଶୃଙ୍ଖଳା ଓ ମେସ୍ ପରିଚାଳନା ଉପରେ ଦୃଷ୍ଟି ଦିଅନ୍ତି।

Shower bathing ର ସୁବିଧା ଥାଇ ତଳେ ଧାଡ଼ି ଧାଡ଼ି ହୋଇ ଦଶବାରଟି ଗାଧୁଆଘର ଥାଏ। ପିଲାମାନେ ତଉଲିଆ ଓ ସାବୁନ୍ ଧରି ଗାଧୁଆ ଘରେ ପଶନ୍ତି। ଜଣକ ପରେ ଜଣେ ଗାଧାନ୍ତି। ତେଣୁ ଶୃଙ୍ଖଳିତ ଭାବରେ ଅପେକ୍ଷା କରିବାକୁ ପଡ଼େ। ହଷ୍ଟେଲ୍‌ର ଦୁଇଟି ମେସ୍ ଥାଏ। ପୂଜାରୀ ଚାକର ସେଠିକାର ଦାୟିତ୍ୱ ତୁଲାନ୍ତି। ରାତି ନଅରୁ ଦଶ ଭିତରେ ଖାଇବା ପାଇଁ ବେଲ୍ ବାଜେ। ସମସ୍ତେ ମେସ୍ ବାରଣ୍ଡାରେ ପଡ଼ିଥିବା ଲମ୍ବ ବେଞ୍ଚରେ ବସନ୍ତି। ପିତ୍ତଳ ଥାଳି ଓ ଗିନାରେ ଭାତ, ଡାଲି, ତରକାରୀ, ଭଜା ଓ ସନ୍ତୁଳା ବା ଆଳୁ ଚକଟା ଦିଆଯାଏ। ଖାଇସାରି ପିଲାମାନେ ହାତମୁହଁ ଧୋଇ ନିଜ ନିଜ ରୁମ୍‌କୁ ପଳାନ୍ତି। କର୍ମଚାରୀମାନେ ଅଇଁଠା ଥାଳି ତାଟିଆ ସଫା କରନ୍ତି। ମଝିରେ ମଝିରେ ବାର ଦେଖି ଥରେ ଦୁଇଥର ମାଛ, ଅଣ୍ଡା ଓ ଥରେ ମାଂସ ଦିଆଯାଏ। ଖାଇବା ବାବଦକୁ ମାସିକ ମିଲ୍ ପାଇଁ ୨୮ ଟଙ୍କା ଦେବାକୁ ପଡ଼େ। କଲେଜ ଦରମା ମାସକୁ ନଅଟଙ୍କା ଓ ହଷ୍ଟେଲ୍ ସିଟ୍‌ର ଚାରି ଟଙ୍କା ଦେବାକୁ ହୁଏ। ଉପରଓଳି ଜଳଖିଆ ଖାଇଲେ ଆଉ ଛଅଟଙ୍କା ଅଧିକ ପଡ଼େ। ଆମ ସାର୍ ବାପାଙ୍କର ଅବସ୍ଥା ଦେଖି ଖର୍ଚ୍ଚକାଟ ପାଇଁ ଜଳଖିଆ ଖାଆନ୍ତି ନାହିଁ। ତେଣୁ ମାସିକ ମୋଟ ୨୮ + ୯ + ୪= ୪୧ ଟଙ୍କା ଦେବାକୁ ହୁଏ। ହଷ୍ଟେଲ୍‌କୁ ଧୋବା ଆସେ। ତାକୁ କଲେଜ କ୍ୟାମ୍ପସରେ ଘର ମିଳିଥାଏ। ସେ ସବୁ ରୁମ୍ ବୁଲି ପିଲାଙ୍କ ଠାରୁ ଲୁଗା ନିଏ। ଠିକ୍ ସମୟରେ ସଫା ଓ ଇସ୍ତ୍ରୀ କରି ପୁଣି ଦେଇଯାଏ ଓ ପଇସା ନିଏ। କଲେଜ୍‌ରେ ଛାତ୍ରମାନଙ୍କର ଖୁବ୍ ଯତ୍ନ ନିଆଯାଏ। ପିଲାମାନେ ରାଜକୀୟ ଢ଼ଙ୍ଗରେ ରାଜକୁମାର ଭଳି ଚଳନ୍ତି।

ସେଠି ପରସ୍ପର ଭିତରେ ଝଗଡ଼ାଝାଣ୍ଟି ନଥାଏ। ଭାଇ ଭାଇ ପରି ଚଳନ୍ତି। ରେଭେନ୍ସା ହଷ୍ଟେଲ୍‌ରେ ପିଲାଙ୍କୁ ଛାଡ଼ିଲେ ବାପାମାଆଙ୍କର ଆଦୌ ଚିନ୍ତା ନଥାଏ। କଳାହାଣ୍ଡି କୋରାପୁଟରୁ ଆରମ୍ଭ କରି ମୟୁରଭଞ୍ଜ ପର୍ଯ୍ୟନ୍ତ ସାରା ଓଡ଼ିଶାର ସବୁ ଜିଲ୍ଲାରୁ ଭଲ ଭଲ ପିଲାମାନଙ୍କ ସହିତ ରାଜ୍ୟ ବାହାର ପିଲା ବି ଏଠି ପଢ଼ନ୍ତି।

ଜୁଲାଇ ମାସ ପାଇଁ ହଷ୍ଟେଲ ଦରମା ଦିଆ ସରିଥାଏ। ସେ ଦିଗରୁ ସାର୍ ଏକ ପ୍ରକାରର ନିଶ୍ଚିନ୍ତ ଥାଆନ୍ତି। ତା' ପର ମାସ ହେଲେ ବାପା ଯେଉଁଠୁ ହେଲେ ପଇସାପତ୍ର ଯୋଗାଡ଼ କରି ଆସି ପହଞ୍ଚିଯିବେ। ପାଠପଢ଼ା ପାଇଁ ଯାହା ଦରକାର ବାପା ସବୁ କରୁଥାନ୍ତି। କିନ୍ତୁ ହାତଖର୍ଚ୍ଚ ପାଇଁ ସେତେ ବେଶି ପଇସା ସାର୍‌ଙ୍କୁ ଦେଇ ପାରୁନଥାନ୍ତି। ସକାଳେ ଓ ସନ୍ଧ୍ୟାରେ କାଚବାକ୍ସ ମୁଣ୍ଡାଇ ବିସ୍କୁଟ ବିକାଳି ଆସନ୍ତି। ସବୁପିଲା କିଣି ଖାଆନ୍ତି। ସାର୍‌ଙ୍କ ପାଖରେ ପଇସା ଥିଲେ ବେଳେବେଳେ କିଣନ୍ତି। ନଥିଲେ ମନକୁ ମାରି ରହିଯାଆନ୍ତି।

ତୀବ୍ର ଅଭାବ ଭିତରେ କଲେଜରେ ନାଆଁ ଲେଖା ହେଲା। ଏମିତି ଅର୍ଥାଭାବ ଥିଲା ଯେ ଛୋଟ ଛୋଟ ଖର୍ଚ୍ଚ ତୁଲାଇବା କଷ୍ଟକର ହୋଇ ଯାଉଥିଲା। ଖର୍ଚ୍ଚ ଭୟରେ ସାର୍ କେବଳ ରେଭେନ୍ସା କଲେଜରେ ଫର୍ମ ପକାଇଥିଲେ। ସେଠାକୁ ପଠାଇ ସାରିଲା ପରେ ପାଖରେ ସାର୍ଟିଫିକେଟ୍ କିମ୍ବା ମାର୍କସିଟ୍‌ର ଆଟେଷ୍ଟେଡ୍ କପିଟିଏ ମଧ୍ୟ ନଥାଏ। ରେଭେନ୍ସାର ଅଳ୍ପ ଦୂରରେ ଜୋବ୍ରା ନିକଟରେ ଥିଲା ଓଡ଼ିଶା ଇଞ୍ଜିନିୟରିଂ ସ୍କୁଲ। ଏବେ ତା'ର ନାମ ଭୁବନାନନ୍ଦ ଇଞ୍ଜିନିୟରିଂ ସ୍କୁଲ। ସାର୍ଟିଫିକେଟ୍ ଇତ୍ୟାଦିର ଆଟେଷ୍ଟେଡ୍ ହୋଇନଥିବା କପି ଦେଇ ସାର୍ ଫର୍ମ ପଠାଇଲେ। ଭାବିଥିଲେ reject ହୋଇଯିବ। କିନ୍ତୁ ସେମିତି ନହୋଇ ସିଲେକ୍‌ସନ୍ ପରେ intimation ଆସିଲା। କିନ୍ତୁ ଭଗବାନଙ୍କ ଇଚ୍ଛା ଅଲଗା। ହାତରେ ଟଙ୍କା ଥିଲେ T.C. ନେଇ ସେଠି ପଢ଼ିଥାନ୍ତେ। ଡିପ୍ଲୋମା ଇଞ୍ଜିନିୟର ହୋଇଥାନ୍ତେ ଯୋଗ୍ୟତା ଥିଲେ ବି ଅଭାବରୁ ଇଞ୍ଜିନିୟରିଂ ପଢ଼ା ହୋଇପାରିଲା ନାହିଁ।

ସାର୍‌ଙ୍କୁ ହଷ୍ଟେଲ୍‌ରେ ଛାଡ଼ି ବାପା ଗାଆଁକୁ ଫେରିଲେ। ନୂଆ ପରିବେଶ, ନୂଆ ସାଥୀଙ୍କୁ ନେଇ ଆରମ୍ଭ ହେଲା ନୂଆ ଜୀବନ। ସାର୍‌ଙ୍କ ଠାରେ ଆଦୌ Home sickness ନଥିଲା। ଦଶବର୍ଷ ବୟସରୁ ଘରଛାଡ଼ି କୁଜାହାଲା, ସୁଜନପୁରରେ ସାର୍‌ଙ୍କ ଘରେ ଓ ହଷ୍ଟେଲ୍‌ରେ ରହି ଅଭ୍ୟାସ ହୋଇ ଯାଇଥିଲା। ତେଣୁ କଟକ ରହଣିରେ କିଛି ଅଲଗା ଅନୁଭବ ନଥିଲା। ଓଲଟା ନୂଆ ପରିବେଶ ଓ ସହରି ଚଳଣି ସହିତ ଖୁବ୍ ଶୀଘ୍ର ଖାପଖୁଆଇ ସାର୍ ନିଜକୁ ଚଳାଇ ନେଲେ। ସମୟକ୍ରମେ କଲେଜ୍ ଜୀବନର ଆଧୁନିକ ଅନୁଭୂତି ସବୁ ଆପଣାର ହୋଇଗଲା।

ପାଠପଢ଼ା ଆରମ୍ଭ ହେବା ପୂର୍ବରୁ ଓଡ଼ିଶାର ବିଭିନ୍ନ ଜିଲ୍ଲାମାନଙ୍କରୁ ଆସିଥିବା ମାର୍ଜିତ ଓ ଭଲ ଭଲ ପିଲାମାନଙ୍କ ସହିତ ବନ୍ଧୁତ୍ୱ ହୋଇଗଲା। ବଡ଼ ବଡ଼ କୋଠାଘରେ ଇଲେକ୍‌ଟ୍ରିକ୍ ଲାଇଟ୍ ଓ ଫ୍ୟାନ୍ ତଳେ ରହିବା ଥିଲା ନୂଆ। ନୂଆ ଥିଲା ପାଦକୁ ଜୋତା, ଆଖିକୁ ଚଷମା, ରେଡ଼ିଓ, ଖବରକାଗଜ, ଲୋକସମ୍ପର୍କ, ସହରୀ ସଭ୍ୟତା ଓ ଆହୁରି ଅନେକ କିଛି। ସବୁକିଛି ସମ୍ଭ୍ରାନ୍ତ ଶ୍ରେଣୀୟ। ଏସବୁ ସହିତ ସାର୍ ଖୁବ୍ ଶୀଘ୍ର ସହଜ ହୋଇ ଯାଇଥିଲେ। କାରଣ ଜମିଦାର ପରିବାରର ଉତ୍ତର ପୁରୁଷ ହିସାବରେ ତାଙ୍କଠାରେ ଉଚ୍ଚ ଭାବନା ଓ ସମ୍ଭ୍ରାନ୍ତ ରକ୍ତର ଧାରାଟିଏ ପ୍ରବାହିତ ହେଉଥିଲା। ହଷ୍ଟେଲ୍ ପରେ କଲେଜ ପ୍ରବେଶ ପାଇଁ ଆବଶ୍ୟକ ଥିବା Identity Card, Library Card, Time Table (ରୁଟିନ୍) ଓ କ୍ୟାଲେଣ୍ଡର ଇତ୍ୟାଦି ମିଳିଲା। ଏ ସବୁ ମିଳିବା ଅର୍ଥ ସବୁ ସ୍ଥାନକୁ ଅବାଧରେ ପ୍ରବେଶ କରିପାରିବା। ରୁଟିନ୍‌ରୁ ଜାଣିହୁଏ କେଉଁ ରୁମ୍‌ରେ କେଉଁ କ୍ଲାସ୍ କେତେବେଳେ ହେବ ? କ୍ୟାଲେଣ୍ଡରରୁ ଜାଣିହୁଏ ଅଧ୍ୟକ୍ଷ, ଅଧ୍ୟାପକମାନଙ୍କର ତାଲିକା, କଲେଜ୍‌ରେ ଉପଲବ୍ଧ ଥିବା ବିଷୟ, ନିୟମାବଳୀ, ବର୍ଷସାରାର କାର୍ଯ୍ୟକ୍ରମ ଇତ୍ୟାଦି ବିଷୟରେ। କ୍ୟାଲେଣ୍ଡର ଅର୍ଥ ୩୬୫ ଦିନର ତଥ୍ୟ।

ପାଠପଢ଼ା ଆରମ୍ଭ ହେବା ପୂର୍ବରୁ ସାର୍ କଲେଜ ପରିସର ବୁଲି Arts Block, Science Block, Commerce Block, କଲେଜ୍‌ର ଅଫିସ୍, common room, ଲାଇବ୍ରେରୀ, PLT (Physics Lecture Theatre) ଓ CLT (Chemistry Lecturer Theater) ଇତ୍ୟାଦି ଦେଖିନେଲେ। ସାର୍‌ଙ୍କର କ୍ଲାସ PLT ଓ CLT ରେ ହୁଏ। ସେତେବେଳେ ପ୍ରିନ୍‌ସିପାଲ୍ ଥାଆନ୍ତି ଡକ୍ଟର ସଦାଶିବ ମିଶ୍ର। ଓଡ଼ିଶାର ଜଣେ ଲବ୍ଧପ୍ରତିଷ୍ଠ ଅର୍ଥନୀତିଜ୍ଞ। ବିଶିଷ୍ଟ ଲେଖକ ଓ ପିତୃତୁଲ୍ୟ ବ୍ୟକ୍ତି। ତାଙ୍କ ପାଖରେ ସ୍ୱତଃ ମୁଣ୍ଡ ନଇଁଯାଏ। ପରବର୍ତ୍ତୀ ସମୟରେ ଡକ୍ଟର ମିଶ୍ର ଉତ୍କଳ ବିଶ୍ୱବିଦ୍ୟାଳୟର କୁଳପତି ହୋଇଥିଲେ। ବାସ୍ତବରେ ସେ ଓଡ଼ିଶାର ଥିଲେ One leading educationist of Odisha। ରେଭେନ୍ସା ସେ ସମୟରେ ଓଡ଼ିଶାର ଏକ ନମ୍ବର ମହାବିଦ୍ୟାଳୟ ଥିଲା। ସାରା ଭାରତରେ ଏହାର ପ୍ରସିଦ୍ଧି ଥିଲା। ବିହାର, ବେଙ୍ଗଲ, ମଧ୍ୟପ୍ରଦେଶ ଓ ଆନ୍ଧ୍ରପ୍ରଦେଶର ଛାତ୍ରମାନେ ଏଠାରେ ଅଧ୍ୟୟନ କରୁଥିଲେ।

ପୁଅ ପିଲାଙ୍କ ପାଇଁ ଇଷ୍ଟ ହଷ୍ଟେଲ ଓ ୱେଷ୍ଟ୍ ହଷ୍ଟେଲ ନାଆଁରେ ଦୁଇଟି ଛାତ୍ରାବାସ ଥିଲା। ପ୍ରତି ହଷ୍ଟେଲ୍‌ର ଦାୟିତ୍ୱରେ ଜଣେ ସୁପରିଟେଣ୍ଡେଣ୍ଟ୍ ଓ ଜଣେ ସହକାରୀ ସୁପରିଟେଣ୍ଡେଣ୍ଟ ଥାଆନ୍ତି। ସେମାନେ ହଷ୍ଟେଲର ପରିଚାଳନା ସହିତ ପିଲାମାନଙ୍କର ପାଠପଢ଼ା ଉପରେ ନଜର ରଖନ୍ତି। ଘରକୁ ଯିବା ପାଇଁ ହଷ୍ଟେଲ୍‌ରେ ଅନୁପସ୍ଥିତ ରହିଲେ ତାଙ୍କ ଠାରୁ ଦରଖାସ୍ତ ଜରିଆରେ ଛୁଟି ନେବାକୁ ହୁଏ।

ଆମ ସାର୍ ପାଠପଢ଼ା ଦୃଷ୍ଟିରୁ ଦ୍ୱିତୀୟ ଶ୍ରେଣୀର ଛାତ୍ର ଥିଲେ ମଧ୍ୟ ଅନ୍ୟ ସବୁ ଗୁଣରେ ଥିଲେ ପ୍ରଥମ । ତେଣୁ ନିଜ ବିଭାଗ (ବିଜ୍ଞାନ) ବ୍ୟତୀତ ଅନ୍ୟ ବିଭାଗର ବହୁ ସୁନାମଧନ୍ୟ ଲବ୍ଧପ୍ରତିଷ୍ଠ ଅଧ୍ୟାପକମାନଙ୍କ ସହିତ ସାର୍‌ଙ୍କର ଭଲ ପରିଚୟ ହୋଇଯାଇଥିଲା । ରେଭେନ୍‌ସାର ସବୁ ବିଭାଗ ଅଧ୍ୟାପକମାନେ ଥିଲେ ଜଣେ ଜଣେ ରତ୍ନ । ସେମାନଙ୍କ ମଧ୍ୟରୁ ଜଣେ ହେଲେ ଡ଼ଃ ଶ୍ରୀରାମ ଦାଶ ମହୋଦୟ । ସେ ତାଙ୍କର ବାଗ୍ମୀତା ଓ ଛାତ୍ରବତ୍ସଳତା ପାଇଁ ବେଶ୍ ପରିଚିତ । ପ୍ରତିଟି ସ୍ୱାଧୀନତା ଓ ସାଧାରଣତନ୍ତ୍ର ଦିବସରେ ଓଡ଼ିଆ ସମ୍ବାଦପତ୍ରର ବିଶେଷ ଲେଖା ହିସାବରେ ତାଙ୍କର ପ୍ରବନ୍ଧ ପ୍ରକାଶ ପାଏ । ଅନ୍ୟ ସମୟ ମାନଙ୍କରେ ସାମ୍ପ୍ରତିକ ସମସ୍ୟା, ସାମ୍ବିଧାନିକ ଜଟିଳ ପ୍ରସଙ୍ଗ ଉପରେ ତାଙ୍କର ଅଗ୍ରଲେଖାମାନ ପ୍ରକାଶ ପାଏ । ତାଙ୍କ ଆବର୍ତ୍ତନମାନରେ ଏଭଳି ଉଚ୍ଚକୋଟୀର ଲେଖାର ଅଭାବ ପରିଲକ୍ଷିତ ହୁଏ । କୌଣସି ସାମ୍ବିଧାନିକ ସମସ୍ୟା ଉପୁଜିଲେ ପ୍ରଶ୍ନ ଉଠେ ସାର୍ ଥାଆନ୍ତେ କି ।

ଅନ୍ୟ ଜ୍ଞାନୀ ଗୁଣୀ ଅଧ୍ୟାପକ ମାନେ ହେଲେ ଶ୍ରୀଯୁକ୍ତ ବଂଶୀଧର ସାମନ୍ତରାଏ, ଉଦ୍ଭିଦ ବିଜ୍ଞାନ ବିଭାଗ । ପତ୍ରରୁ ଚେର ସୃଷ୍ଟି କରି ଉଦ୍ଭିଦ ବିଜ୍ଞାନ ଜଗତରେ ଅବିସ୍ମରଣୀୟ ହୋଇ ରହିଛନ୍ତି । ଡଃ ମହେନ୍ଦ୍ର କୁମାର ରାଉତ, ଡି.ଏସ୍.ସି., ରସାୟନ ବିଭାଗର ଅଧ୍ୟାପକ । ପରବର୍ତ୍ତୀ ସମୟରେ ଉତ୍କଳ ବିଶ୍ୱବିଦ୍ୟାଳୟର କୂଳପତି ହୋଇଥିଲେ । ତାଙ୍କର ପତ୍ନୀ ଶ୍ରୀମତୀ ରାଉତ ଥିଲେ ସଂସ୍କୃତ ଅଧ୍ୟାପିକା ତଥା ମହିଳା ଛାତ୍ରୀ ନିବାସର ସୁପରିଟେଣ୍ଡେଣ୍ଟ୍ । ଅର୍ଥନୀତିର ଶ୍ରୀଯୁକ୍ତ ଦେବେନ୍ଦ୍ର ମିଶ୍ର, ଶ୍ରୀଯୁକ୍ତ ଭ୍ରମରବର ଜେନା । ଓଡ଼ିଆର କୁଞ୍ଜବିହାରୀ ତ୍ରିପାଠୀ, ଶ୍ରୀଯୁକ୍ତ ଓ. ବ୍ରାଇନ୍, H.O.D., English । ଶ୍ରୀଯୁକ୍ତ ଡି. ପଟ୍ଟନାୟକ, H.O.D., Chemistry । ଗଣିତର ଶ୍ରୀଯୁକ୍ତ ଏମ୍. ଦୁବେ ଥିଲେ ଖୁବ୍ ବିଦ୍ୱାନ ଓ ସମ୍ମାନନୀୟ ଅଧ୍ୟାପକ । ଏମାନଙ୍କ ସହିତ ଅର୍ଥନୀତି ବିଭାଗର ଅଧ୍ୟାପକ ଶ୍ରୀଯୁକ୍ତ ଦେବେନ୍ଦ୍ର ମିଶ୍ର ଜଣେ ଉତ୍ତମ ଭଦ୍ର ବ୍ୟକ୍ତି । ସେ ଚକ୍ଷୁରୋଗ ବିଶେଷଜ୍ଞ ଶ୍ରୀଯୁକ୍ତ ମହେନ୍ଦ୍ର ମିଶ୍ର ଓ ଭେଷଜ ବିଶେଷଜ୍ଞ (M.D), ଶ୍ରୀଯୁକ୍ତ ଶରତ ମିଶ୍ରଙ୍କର ସାନଭାଇ । ସମ୍ଭ୍ରାନ୍ତ ପରିବାରର ବ୍ୟକ୍ତି । ଉପାଧ୍ୟକ୍ଷ ଶ୍ରୀଯୁକ୍ତ ଓ.ବ୍ରାଇନ୍, H.O.D. English । ଓଡ଼ିଆ ବିଭାଗର ମୁଖ୍ୟ ଶ୍ରୀଯୁକ୍ତ କୁଞ୍ଜ ବିହାରୀ ତ୍ରିପାଠୀ । ଭୂଗୋଳ ଅଧ୍ୟାପକ ଶ୍ରୀଯୁକ୍ତ ଏମ୍. ଏମ୍. ହାସାନ । ଶ୍ରୀଯୁକ୍ତ ଭ୍ରମରବର ଜେନା, ଅର୍ଥନୀତି । ଶ୍ରୀଯୁକ୍ତ କାହ୍ନୁଚରଣ ମିଶ୍ର, ଓଡ଼ିଆ । West Hostel ର ଡେପୁଟି ସୁପରିଟେଣ୍ଡେ ଶ୍ରୀଯୁକ୍ତ ଉପାଧ୍ୟାୟ । ଉଷାରାଣୀ ଘୋଷ, ଶ୍ରୀଯୁକ୍ତ ହରିହର ପଟ୍ଟନାୟକ ପ୍ରଭୃତି ବହୁ ଖ୍ୟାତନାମା ଅଧ୍ୟାପକଙ୍କ ସଂସ୍ପର୍ଶରେ ଆମ ସାର୍ ଆସିଛନ୍ତି । ସାର୍ କୁହନ୍ତି, ମୋର ଅଧ୍ୟାପକମାନେ ବ୍ରହ୍ମା, ବିଷ୍ଣୁ, ମହେଶ୍ୱର ତୁଲ୍ୟ ପବିତ୍ର ଓ ମହାନ୍ । ସେମାନଙ୍କର ଆଦର୍ଶ ମୋ ଜୀବନଶୈଳୀକୁ ଶତତ ପ୍ରଭାବିତ

କରିଛି। ସେହି ସମ୍ମାନାର୍ହ ବ୍ୟକ୍ତିମାନଙ୍କୁ ମୋର ଗଭୀର ଭକ୍ତି, ସମ୍ମାନ ଓ ଶ୍ରଦ୍ଧାଞ୍ଜଳି ଅର୍ପଣ କରୁଛି।

ରେଭେନ୍ସାର ମେଧାବୀ ଛାତ୍ର ତଥା ତରୁଣ ଅଧ୍ୟାପକମାନେ ସବୁବେଳେ ଅଧ୍ୟୟନରେ ମଗ୍ନ ଥାଆନ୍ତି। ଆଇ.ଏ.ଏସ୍., ଓ.ଏ.ଏସ୍. ଏବଂ ଅନ୍ୟାନ୍ୟ ବଡ଼ ବଡ଼ ଚାକିରୀ ପାଇଁ ପ୍ରସ୍ତୁତିରେ ଲାଗି ରହିଥାନ୍ତି। ତେଣୁ ସମୟକ୍ରମେ ସେମାନଙ୍କ ମଧ୍ୟରୁ ଅନେକ ଆଇ.ଏ.ଏସ୍. ଓ.ଏ.ଏସ୍. ପାଇ ପ୍ରଶାସନିକ ସେବାରେ ଚାଲିଯାଆନ୍ତି। ସାରଙ୍କ ଉପର ବ୍ୟାଚ୍‌ର ଶ୍ରୀଯୁକ୍ତ ସହଦେବ ସାହୁ, ଶ୍ରୀଯୁକ୍ତ ଅମୂଲ୍ୟରତ୍ନ ନନ୍ଦ, ଗଣିତ, ଅଧ୍ୟାପକ ରମାନାଥ ମହାନ୍ତିଙ୍କ ପୁତ୍ର ମଦନମୋହନ ମହାନ୍ତି ପ୍ରଭୃତି ଆଇ.ଏ.ଏସ୍. ପାଇ ଆମ ଦେଶ ତଥା ରାଜ୍ୟର ଉଚ୍ଚ ପଦପଦବୀରେ ରହି ଦାୟିତ୍ୱ ତୁଲାଇଛନ୍ତି। ଆମ ରାଜ୍ୟର ପୂର୍ବତନ ଚିଫ୍ ସେକ୍ରେଟାରୀ ଶ୍ରୀଯୁକ୍ତ ସହଦେବ ସାହୁ ସାରଙ୍କ ଉପର ବ୍ୟାଚ୍‌ରେ ପଢୁଥିଲେ ଓ ରହୁଥିଲେ ଇଷ୍ଟ ହଷ୍ଟେଲ୍‌ରେ। ଆମ ଅଞ୍ଚଳ ମୁଗପାଳର ପ୍ରଫୁଲ୍ଲ ପଣ୍ଡା ଏହି କଲେଜରେ ବି.ଏ. ପଢୁଥାନ୍ତି। ପରବର୍ତ୍ତୀ ସମୟରେ ଶ୍ରୀଯୁକ୍ତ ପଣ୍ଡା ରାମବାଗ ହାଇସ୍କୁଲର ପ୍ରଧାନଶିକ୍ଷକ ହୋଇ ଅବସର ଗ୍ରହଣ କରିଥିଲେ। ଜୁଲାଇ ପ୍ରଥମ ସପ୍ତାହ ବେଳକୁ ପାଠପଢ଼ା ଆରମ୍ଭ ହୋଇଯାଏ। ସାରଙ୍କର ଅଧିକାଂଶ କ୍ଲାସ୍ CLT ରେ ହୁଏ। B Sectionର 128 ଜଣ ପିଲାଙ୍କ ସହିତ ସାର୍ ପଢୁଥିଲେ। ପାଠପଢ଼ାରେ ଥିଲା ଖୁବ୍ ଶୃଙ୍ଖଳା। କ୍ଲାସ୍ ଆରମ୍ଭ ପୂର୍ବରୁ ରୁଟିନ୍ ଅନୁଯାୟୀ ଛାତ୍ରଛାତ୍ରୀମାନେ ଉଦ୍ଦିଷ୍ଟ ରୁମ୍ ଆଗରେ ଅପେକ୍ଷା କରିଥାନ୍ତି। ଘଣ୍ଟା ବାଜିଲା ମାତ୍ରେ ପୂର୍ବରୁ ଚାଲିଥିବା କ୍ଲାସ୍‌ର ପିଲାମାନେ ବାହାରକୁ ଆସନ୍ତି ଓ ବାହାରେ ଥିବା ପିଲାମାନେ କାଳବିଳମ୍ବ ନ କରି ଶ୍ରେଣୀରେ ପଶନ୍ତି। ନିଜନିଜର ସିଟ୍‌ରେ ବସିବା ମାତ୍ରେ ପାଠପଢ଼ା ଆରମ୍ଭ ହୁଏ। ଅଧ୍ୟାପକମାନେ କ୍ଲାସ୍ ନେବାରେ ହେଳା କିମ୍ବା ବିଳମ୍ବ କରନ୍ତି ନାହିଁ।

Lecture Theatre ଗୁଡ଼ିକରେ ଗ୍ୟାଲେରୀ ଥାଏ। ସମ୍ମୁଖ ଧାଡ଼ି ଗୁଡ଼ିକ ପଛଆଡ଼କୁ କ୍ରମାନ୍ୱୟରେ ଉଚ୍ଚରୁ ଉଚ୍ଚ କରାଯାଇଥାଏ। ସବା ପଛରେ ବସିଥିବା ପିଲାମାନେ ମଧ୍ୟ ସାରଙ୍କୁ ଭଲ ଭାବରେ ଦେଖିପାରନ୍ତି। ଆଗରୁ ପଛ ପର୍ଯ୍ୟନ୍ତ ଠିକ୍ ମଝିରେ ଗୋଟିଏ ଚଉଡ଼ା ରାସ୍ତା ଥାଏ। ଦୁଇକଡ଼ରେ ବେଞ୍ଚ, ଡେସ୍କ, Stair Case ସହିତ Fixed ହୋଇ ରହିଥାଏ। ଆଗ ଦୁଇଧାଡ଼ିରେ ଝିଅମାନେ ବସନ୍ତି। ତା' ପଛକୁ ଉପର ପର୍ଯ୍ୟନ୍ତ ପୁଅମାନେ ବସନ୍ତି। ଏହି ରୁମ୍‌ରେ Chemistry ଓ Mathematics class ହୁଏ। ଅଧ୍ୟାପକଙ୍କ ଆଗରେ ଗୋଟିଏ ଲମ୍ବା ଓ ଉଚ୍ଚା ଟେବୁଲ୍ ଥାଏ। କାନ୍ଥରେ ଚେନ୍ ଲଗାଯାଇ ଦୁଇଟା ବ୍ଲାକ୍‌ବୋର୍ଡ ଥାଏ। ଗୋଟିଏ ବୋର୍ଡରେ ଲେଖିସାରି ଚେନ୍ ଟାଣିଦେଲେ ଲେଖା ବୋର୍ଡଟା ଉପରକୁ ଉଠିଯାଏ। ଉପରଟା ତଳକୁ ଖସିଆସେ।

ପିଲାମାନେ ବ୍ଲାକ୍‌ବୋର୍ଡର ଲିଖିତ ପାଠକୁ ନିଜର ଖାତାରେ ଉତାରି ନିଅନ୍ତି। ଅଧ୍ୟାପକମାନେ ଖୁବ୍ ଯତ୍ନ ଓ ଆନ୍ତରିକତା ସହକାରେ ପାଠ ପଢ଼ାନ୍ତି। ମଝିରେ ମଝିରେ ଅମନଯୋଗୀ ଛାତ୍ରଙ୍କୁ ଠଉରାଇ ପ୍ରଶ୍ନ ପଚାରିଦିଅନ୍ତି। ପ୍ରତ୍ୟେକ ପିରିଅଡ଼ରେ ଉପସ୍ଥାନମାନଙ୍କ ରୋଲ୍ ନମ୍ବର ଲେଖି ନେଇ ପରେ ରେଜିଷ୍ଟାରକୁ ଉଠାନ୍ତି। Percentage of Attendance ଉପରେ ଯୋର୍ ଦିଆଯାଏ। ୬୦%ରୁ କମ୍ ଉପସ୍ଥିତି ହେଲେ ପରୀକ୍ଷା ଦେବା ପାଇଁ ସୁଯୋଗ ମିଳେ ନାହିଁ। ତେଣୁ ପିଲାମାନେ ଶ୍ରେଣୀରେ ଅନୁପସ୍ଥିତ ରୁହନ୍ତି ନାହିଁ। ନିୟମିତ କ୍ଲାସ୍‌ରେ ଯୋଗ ଦିଅନ୍ତି।

ଶ୍ରୀଯୁକ୍ତ ଦୟାନିଧି ପଟ୍ଟନାୟକ, H.O.D., Chemistry ଆମ ସାର୍‌ଙ୍କ 1st year class ନେଉଥାନ୍ତି। Inorganic chemistryର ଗୋଟିଏ Chapter ପଢ଼ାଉଥାଆନ୍ତି। Atom, Atomic Number, Atomic Weight, Molecule, Molecular, Weight ର definition କହୁଥାନ୍ତି। ପଢ଼ାଇଲା ବେଳେ ଗ୍ୟାଲେରୀର ତଳୁ ଉପର ଯାଏ ଯାଆନ୍ତି। ପୁଣି ସେମିତି ପଢ଼ାଇ ପଢ଼ାଇ ଉପରୁ ତଳକୁ ଆସନ୍ତି। ଗୋଟିଏ କଥାକୁ ଏକାଧିକବାର କୁହନ୍ତି। ଯାହା ଫଳରେ ପିଲାଟିଏ ମନ ଦେଇ ଶୁଣୁଥିଲେ ତା'ର ମନେ ରହିଯାଏ। ଥରେ ଏହିପରି ୪/୫ ଥର repeat କଲା ପରେ ପଟ୍ଟନାୟକ ସାର୍ ଦେଖିଲେ ପିଲାଟିଏ ଅନ୍ୟମନସ୍କ ଅଛି। ତାକୁ ଠିଆ କରାଇ ସାଙ୍ଗେ ସାଙ୍ଗେ ପଢ଼ାଇଥିବା definition ବିଷୟରେ ପ୍ରଶ୍ନଟିଏ ପଚାରିଦେଲେ। କିନ୍ତୁ ପିଲାଟି ଉତ୍ତର ଦେଇପାରିଲା ନାହିଁ। ସାର୍ ତାକୁ ପଚାରିଲେ- ଆରେ ବାବୁ, ତୁ ନିଜେ ଆଗ୍ରହରେ Science ପଢୁଛୁ ନା ତୋ ବାପା ଭାଇଙ୍କ ଚାପରେ ବାଧବାଧକତାରେ ପଢ଼ିବାକୁ ଆସିଛୁ ?

ପିଲାଟିକୁ ଶୃଙ୍ଖଳିତ କରିବା ପାଇଁ ଏଇ ଧାଡ଼ିକ କଥା ଯଥେଷ୍ଟ। ଏ ଭଦ୍ର ଅପମାନରେ ସମସ୍ତେ ସଚେତନ ଓ ସାବଧାନ ହୋଇଯାଆନ୍ତି। ପାଠ ପଢ଼ାଇବା ପାଇଁ କି ଆନ୍ତରିକତା, ଏଥିରୁ ଅନୁମାନ କରିହୁଏ।

ପଟ୍ଟନାୟକ ସାର୍‌ଙ୍କ ବେଶପୋଷାକ ଓ ଚଳଣି ଖୁବ୍ ସରଳ। ଗରିବ ଛାତ୍ରମାନଙ୍କୁ ସେ ଆର୍ଥିକ ସହାୟତା ପ୍ରଦାନ କରନ୍ତି। ସେ ଜଣେ ଋଷିପ୍ରତିମ ଅଧ୍ୟାପକ।

ଗୋଟିଏ ବିଷୟରେ ବିଭିନ୍ନ ଅଧ୍ୟାୟକୁ ଭାଗଭାଗ କରି ତିନି ଚାରିଜଣ ଅଧ୍ୟାପକ ପଢ଼ାନ୍ତି। ହାଇସ୍କୁଲର ବିଜ୍ଞାନ ସହିତ ଆଇ.ଏସ୍.ସି. ବିଜ୍ଞାନ ପାଠର କୌଣସି ସମ୍ପର୍କ ନଥାଏ। କେବଳ ଉଦ୍‌ଜାନ, ଅମ୍ଳଜାନ ଓ ଯବକ୍ଷାରଜାନ ଏହି ତିନୋଟି ଗ୍ୟାସ୍‌କୁ ଛାଡ଼ିଦେଲେ ଅନ୍ୟସବୁ ନୂଆପାଠ। ଆଜିକାଲି କଲେଜର ବହୁତ ପାଠ ହାଇସ୍କୁଲର ଅଷ୍ଟମ, ନବମ, ଦଶମରେ ପଢ଼ାଯାଉଛି। Language of Chemistry

ନାଆଁରେ ପୁସ୍ତକଟିଏ ମିଳେ। ସେଥିରୁ ମୌଳିକ ସଂକେତ ଗୁଡ଼ିକୁ ମୁଖସ୍ତ କରିବାକୁ ହୁଏ। ଯେମିତି Pb-ଲିଡ୍, Ag-ସିଲଭର, Hg-ମର୍କ୍ୟୁରୀ, Au-ସୁନା, Cu-ତମ୍ବା, Fe-(ଫେରମ୍) ଲୌହ ଇତ୍ୟାଦି।

CLT ର ଠିକ୍ ଉପରେ- ଉପର ମହଲାରେ Science Laboratory ଥାଏ। ସେଇଠି ପ୍ରାକ୍ଟିକାଲ୍ ହୁଏ। Chemistry Practical। ଗୋଟିଏ ଗ୍ରୁପ୍‌ରେ ୩୨ ଜଣ ଛାତ୍ରଛାତ୍ରୀ ଥାନ୍ତି। ପ୍ରତିପିଲାକୁ ଗୋଟିଏ ସ୍ୱତନ୍ତ୍ର Cup-board ଦିଆଯାଇଥାଏ। ସେଥିରେ ଫ୍ଲାସ୍କ, ଫନେଲ୍, ଜାର୍, ଟେଷ୍ଟଟ୍ୟୁବ୍, Hard galss test tube, ବିକର ଓ ସାଧାରଣ ଉପକରଣମାନ ଥାଏ। ପିଲାମାନେ ଖଣ୍ଡିଏ ପ୍ଲାଟିନମ୍ ତାର କିଣନ୍ତି। ସେତେବେଳେ ଏହାର ମୂଲ୍ୟ ଥିଲା ସାତଟଙ୍କା। ପ୍ଲାଟିନମ୍ ତାରକୁ କାଚ ରଡ଼ରେ Fix କରି Salt test ପାଇଁ ବ୍ୟବହାର କରନ୍ତି। ବୁନ୍‌ସେନ୍ ବର୍ଣ୍ଣର ଓ ସ୍ପିରିଟ୍ ଲ୍ୟାମ୍ପ ସାହାଯ୍ୟରେ Gas bending କରନ୍ତି। Gas generation ପାଇଁ Fitting ଶିଖନ୍ତି। Dry & Wet test ସାହାଯ୍ୟରେ Salt analysis ଶିକ୍ଷା ଦିଆଯାଏ। ପ୍ରଥମେ ସାର୍ demonstration କରି ଦେଖାନ୍ତି। ପରେ ପିଲାମାନେ ନିଜେ କରନ୍ତି। ଠିକ୍ କରି ନ ପାରିଲେ ସାର୍ ସାହାଯ୍ୟ କରନ୍ତି। Practical କରି ନିଜେ କିଣିଥିବା ନୋଟ୍‌ବୁକ୍‌ରେ ଲେଖନ୍ତି। ପରବର୍ତ୍ତୀ କ୍ଲାସ୍‌ରେ ସାର୍‌ଙ୍କ ଠାରୁ ଦସ୍ତଖତ କରାଇ ନିଅନ୍ତି।

ଶ୍ରୀଯୁକ୍ତ ବିଚିତ୍ରାନନ୍ଦ ନନ୍ଦ ଓ ଶ୍ରୀଯୁକ୍ତ ବଳରାମ ସାହୁ ଦୁଇଜଣ ସାର୍ ପ୍ରାକ୍ଟିକାଲ କ୍ଲାସ୍ କରାନ୍ତି। ବିଚିତ୍ର ସାର୍ ଖୁବ୍ କଡ଼ା କିନ୍ତୁ ଭିତରେ ଭାରି ସ୍ନେହୀ। ପିଲାମାନଙ୍କୁ ଡରାଇବା ପାଇଁ ହାତରେ ଖଣ୍ଡେ ଛୋଟ ବେତ ଆଣିଥାନ୍ତି। କେମେଷ୍ଟ୍ରି ପାଠ ପ୍ରତି ସମସ୍ତଙ୍କର ଭୟ। ମନେ ରଖିବା ଖୁବ୍ କଷ୍ଟ।  ତେଣୁ ଏଥିରେ ବହୁତ ପିଲା ଫେଲ୍ ହୁଅନ୍ତି। କିନ୍ତୁ ବିଚିତ୍ର ସାର୍‌ଙ୍କ ପଢ଼ା ଓ Experiment ଏତେ ସୁନ୍ଦର ଯେ ତାଙ୍କ ଗ୍ରୁପ୍ ପିଲା ପ୍ରାକ୍ଟିକାଲରେ ଖୁବ୍ ଭଲ କରନ୍ତି। ଏଭଳି ଶିକ୍ଷକ ଛାତ୍ରମାନଙ୍କ ପାଇଁ ଈଶ୍ୱରଙ୍କ ବରଦାନ ସଦୃଶ।

ପଶ୍ଚିମ ଛାତ୍ରାବାସକୁ ଲାଗି ୩୫ ନମ୍ବର ରୁମ୍‌ରେ ଇଂରାଜୀ ଓ ସାହିତ୍ୟ କ୍ଲାସ୍ ହୁଏ। ଶ୍ରୀଯୁକ୍ତ ନନ୍ଦକିଶୋର ମିଶ୍ର ଇଂରାଜୀ ପ୍ରୋଜ୍ ଓ ପୋଏଟ୍ରୀ ପଢ଼ାନ୍ତି ଓ ଟିଉଟୋରିଆଲ୍ କ୍ଲାସ ନିଅନ୍ତି। ବିଜ୍ଞାନ ବିଷୟରେ ଥିଓରୀ ଓ ପ୍ରାକ୍ଟିକାଲ ପରି ଲିଟେରଚର ସବ୍‌ଜେକ୍ଟରେ ମୁଖ୍ୟ କ୍ଲାସ ବାଦ୍ ଟିଉଟୋରିଆଲ୍ କ୍ଲାସ ହୁଏ। ଛାତ୍ରଛାତ୍ରୀମାନଙ୍କୁ ଛୋଟ ଛୋଟ ୧୬ ଜଣିଆ ଗ୍ରୁପ୍‌ରେ ବିଭକ୍ତ କରାଯାଇଥାଏ। ଶ୍ରେଣୀରେ ପଢ଼ା ସରିଥିବା ପାଠ ବିଷୟରେ ଟିଉଟୋରିଆଲ୍‌ରେ ଆଲୋଚନା ହୁଏ। ପାଠ ଅବୁଝା ଥିଲେ ସାର୍‌ଙ୍କ ଠାରୁ ବୁଝି ହୁଏ। ସାର୍ ମଧ୍ୟ ପ୍ରଶ୍ନ ପଚାରି ପିଲାମାନଙ୍କୁ ପରୀକ୍ଷା କରନ୍ତି। ଅଳ୍ପ ପିଲା ଥିବାରୁ ପଢ଼ିବା ବୁଝିବା ପାଇଁ ସୁବିଧା ହୁଏ।

ଶ୍ରୀଯୁକ୍ତ କମରୁଦ୍ଦିନ୍ ଖାଁ ନୂଆ ତରୁଣ ଅଧ୍ୟାପକ ଆମ ସାରଙ୍କ କ୍ଲାସରେ ବୁକ୍ ଅଫ୍ ଭର୍ସ କବିତା ପୁସ୍ତକ ପଢ଼ାନ୍ତି। ତାଙ୍କ ପଢ଼ାଇବା ଶୈଳୀ ଖୁବ୍ ସୁନ୍ଦର। ପରବର୍ତ୍ତୀ ସମୟରେ ଖାଁ ସାର୍ ବ୍ରହ୍ମପୁର ବିଶ୍ୱବିଦ୍ୟାଳୟର ଉପ କୂଳପତି ହୋଇଥିଲେ। ସାହିତ୍ୟ(ଓଡ଼ିଆ) ପଢ଼ାନ୍ତି ଶ୍ରୀଯୁକ୍ତ ଗୋବିନ୍ଦ ଚନ୍ଦ୍ର ଉଦ୍‌ଗାତା। ମ୍ୟାଥ୍ ପଢ଼ାନ୍ତି ଅଧ୍ୟାପକ ଏମ୍. ଦୁବେ. ମଦନ ମୋହନ ନନ୍ଦ ଓ ମିଶ୍ର ସାର୍। ଗଣିତ ବିଭାଗରେ ତ୍ରିକୋଣମିତି, ବୀଜଗଣିତ ସହିତ ନୂଆପାଠ Statistics, Calculus, Dynamics, Solid Coordinate Geometry ପ୍ରଭୃତି ପଢ଼ାଯାଏ। Mathematics କଠିନ ଲାଗେ। ୨୦୦ ମାର୍କର ପରୀକ୍ଷା ହୁଏ। ମୋଟ ୬୦ ନମ୍ବର ରଖିଲେ ପାସ୍। Statistics, Calculus, Dynamics, Solid Coordinate Geometry ଅପେକ୍ଷାକୃତ କଷ୍ଟ। ତେଣୁ ଭଲ ପିଲାଙ୍କ ଠାରୁ ବୁଝି ସାଥୀବହି ଦେଖି ଆମ ସାର୍ ଜଟିଳ ପ୍ରଶ୍ନର ସମାଧାନ କରନ୍ତି। ନିଜେ ମନଲଗାଇ ନ ପଢ଼ିଲେ ତାଗିଦ୍ କରିବା ପାଇଁ କେହି ଅବିଭାବକ ନଥାନ୍ତି। ନିଜକୁ ନିଜେ ନ ସଜାଡ଼ି ବିଗାଡ଼ି ଦେଲେ ଫେଲ୍ ହେବା ସୁନିଶ୍ଚିତ। ବାପା ମାଆଙ୍କ ସ୍ୱପ୍ନ ନିରର୍ଥକ ହେବା ସହିତ ଜୀବନ ନଷ୍ଟ ହେବା ସାର। ପାଟନା ବିଶ୍ୱବିଦ୍ୟାଳୟ ଓ କଲିକତା ବିଶ୍ୱବିଦ୍ୟାଳୟର ଟେଷ୍ଟପେପର କିଛି ପିଲା ସଂଗ୍ରହ କରିଥାନ୍ତି। ସାର୍ ତାଙ୍କ ଠାରୁ ଟେଷ୍ଟପେପର ଆଣି ପରୀକ୍ଷା ପୂର୍ବରୁ ପ୍ରସ୍ତୁତ ହେଉଥିଲେ। ବଡ଼କଥା ହେଲା ନିଜର ଆଗ୍ରହ ଓ Problem Solving attitude ଉପରେ ସବୁକିଛି ନିର୍ଭର କରେ। ଆଗ୍ରହ ଥିଲେ ସବୁକିଛି ଆପେ ସହଜ ହୋଇଯାଏ। ସାର୍‌ଙ୍କର ହାଇସ୍କୁଲରେ ଭଲ ମାର୍କ ନଥିବାରୁ 4th optional ହିସାବରେ Botany କିମ୍ବା Zoology ମିଳିନଥାଏ। Group subject ହିସାବରେ PCM କେବଳ ଥାଏ।

■

# ରେଭେନ୍ସା ଅଭିଜ୍ଞତା

ରେଭେନ୍ସାରେ I.Sc., IA, I.Com, B.Sc., B.A., B. Com., M.Sc., M.A., M. Com ପର୍ଯ୍ୟନ୍ତ ପାଠ ପଢ଼ି ହେଉଥିଲା। ସେ ସମୟରେ ଛାତ୍ରଛାତ୍ରୀମାନଙ୍କ ସଂଖ୍ୟା ଥିଲା ୧୮୦୦ ଏବେ ଏହି ସଂଖ୍ୟା ଆଠ ହଜାରରେ ପହଞ୍ଚିଲାଣି। ତା' ସହିତ ହଷ୍ଟେଲ ବଢ଼ିଛି। ପିଜି ହଷ୍ଟେଲ ଓ ଛାତ୍ରୀନିବାସ ନିର୍ମାଣ ହୋଇଛି।

କଲେଜ ଆରମ୍ଭ ହୋଇ ପାଠପଢ଼ା ଚାଲିଲା। ଜୁଲାଇ ମାସ ଶେଷ ଆଡ଼କୁ ହାତରୁ ପଇସା ସରିଗଲା। କଲେଜ ଓ ହଷ୍ଟେଲ୍ ଦେୟ ଦେବାର ସମୟ ହୋଇଗଲା। ଗାଆଁ କଥା ଘରକଥା ମନେ ପଡ଼ିଲା। ଚଷମା ତିଆରି ପାଇଁ ସତର ଟଙ୍କା ଓ ବହିପତ୍ର କିଣିବା ପାଇଁ କିଛି ପଇସା ଦରକାର ଥିଲା। ତେଣୁ ସାର୍ ଘରକୁ ଗଲେ ।

ସାର୍ କଲେଜ ଫେରିଲା ବେଳକୁ ବାପା ଯୋଗାଡ଼ଯନ୍ତ୍ର କରି ସେ ମାସର ପଇସା ଦେଲେ। ଘରେ ନିର୍ଦ୍ଦିଷ୍ଟ ଆୟର କୌଣସି ପନ୍ଥା ନଥାଏ। ତେଣୁ ବାପା ନିଷ୍ପତ୍ତି ନନେଇ ତାଳଚକରେ ଥିବା ୨୦ ଗୁଣ୍ଠ ଜମି ନବୀନ କକାଙ୍କୁ ବିକ୍ରୀ କଲେ। ଗୁଣ୍ଠ ୩୪ ଟଙ୍କା ଦରରେ ମୋଟ ୬୮୦ ଟଙ୍କା। ସେତେବେଳେ ଆମ ଗାଆଁରେ କେବଳ ନବୀନକକା ହିଁ ଜମି କିଣୁଥାଆନ୍ତି। ତାଙ୍କ ଛଡ଼ା ଅନ୍ୟ ସମସ୍ତଙ୍କର ଅବସ୍ଥା ଖରାପ ଥାଏ। ନବୀନକକା ଥିଲେ ସରକାରୀ ଚାକିରିଆ। ଧର୍ମଶାଳା ବାଣୀପୀଠର ଶିକ୍ଷକ। ଗାଆଁ ଗୋଟାକରେ ତାଙ୍କରି ପାଖରେ ହିଁ କେବଳ ପଇସା ଥାଏ। ଅବଶ୍ୟ ନିଜ ଗାଆଁ ବାହାରେ ହରିପୁର, ନରସିଂହପୁରର ସୁନାବେପାରୀ ପାତ୍ର ପରିବାର ଜମି କିଣିବା ପାଇଁ ସର୍ବଦା ପ୍ରସ୍ତୁତ ହୋଇ ରହିଥାଆନ୍ତି। ଜମି ବିକିବାଟା ଗୋଟିଏ ଲଜ୍ଜାଜନକ କଥା। ଅଯୋଗ୍ୟତା ଓ ଅପାରଗତାର କଥା। ଗାଆଁ ବାହାର ଲୋକଙ୍କୁ ଜମି ବିକ୍ରୀ କଲେ କଥାଟା ଫୁଟି ବାହାରି ପଡ଼ିବ। ଲୋକେ କହିବେ, ଦେଖହୋ କରଘର ପୁଅମାନେ ଏତେ ଅଯୋଗ୍ୟ ଯେ ପିତୃପୁରୁଷଙ୍କ ଅଭଲ ନମ୍ବର ଜମି ବିକ୍ରି କରି ଦେଉଛନ୍ତି। ଯାହାବି ହେଉ ବାପା ଜମି ବିକ୍ରୀ କଲେ। ହେଲେ ହାତରେ ଗୋଟିଏ ବି ପଇସା ଧରିଲେ

ନାହିଁ। କାରଣ ଅଭାବି ଘର, ହାତକୁ ପଇସା ଆସିଲେ ସବୁ ଖର୍ଚ୍ଚ ହୋଇଯିବ। ତେଣୁ ନବୀନ କକାଙ୍କ ପାଖରେ ହିଁ ସେ ପଇସା ଜମା ହୋଇ ରହିଲା। ବାପା କହିଲେ, ଉତ୍ତମା (ସାର୍‌ଙ୍କ ଡାକ ନାମ ଉତ୍ତମ କିନ୍ତୁ ବାପା ଡାକନ୍ତି ଉତ୍ତମା) ପାଖକୁ ମାସକୁ ମାସ ପଚାଶ ଟଙ୍କା ପଠାଇ ଦେବୁ। କକାଙ୍କୁ ବି ଏ କଥା ସୁହାଇଲା। ଏକକାଳୀନ ପଇସା ଦେବାକୁ ପଡ଼ିଲା ନାହିଁ।

ବାପାଙ୍କର ଆଉ ବର୍ଷକ ପାଇଁ ଚିନ୍ତା ରହିଲା ନାହିଁ। ବୃତ୍ତି ପାଇଲା ଭଳି ମାସ ଶେଷକୁ ୫୦ ଟଙ୍କା ସାର୍‌ଙ୍କ ପାଖରେ ପହଞ୍ଚିଯାଏ। ୧୯୫୮ ମସିହା ଅକ୍ଟୋବର ମାସରୁ ୧୯୫୯ ମସିହା ନଭେମ୍ବର ମାସ ପର୍ଯ୍ୟନ୍ତ ବର୍ଷଟିଏ ସୁରୁଖୁରୁରେ ଚଳି ଯାଆନ୍ତି। ମଝିରେ ମାସଟିଏ ଛୁଟି ଥିବାରୁ ବର୍ଷର ୧୧ ମାସ ପାଇଁ ଖର୍ଚ୍ଚ ଦରକାର ହୁଏ। ତା'ପରେ ନଭେମ୍ବର ବେଳକୁ ଫର୍ମଫିଲପ୍ ସହିତ ପରୀକ୍ଷା ସରିବା ଯାଏ ମାର୍ଚ୍ଚ ମାସ ପର୍ଯ୍ୟନ୍ତ ଚଳିବାକୁ ହେବ। ଅଗତ୍ୟା କ'ଣ କରିବେ। ବାପାଙ୍କ ନଜର ପଡ଼ିଲା ନଈକୂଳ ଗଡ଼ା ଜମି ଉପରେ। ଯାହାକୁ ଭାତହାଣ୍ଡି କହିଲେ ଚଳେ। ଗୋଟେ ପକାଇଲେ ଗଣ୍ଡାଏ ଫଳେ। ବାପା ସେଥିରେ ଧାନଚାଷ କରିଥାନ୍ତି। ଫସଲ ପାଚି ଆସିଥାଏ। ଭରା ଫସଲର ଜମି ସେହି କକାଙ୍କୁ ଆଖିବୁଜି ୩୦୦ ଟଙ୍କାରେ ବନ୍ଧା ଦେଲେ। ପରିବାର ମୁହଁରେ ଜହର। ପୁଅର ପାଠପଢ଼ା ପାଇଁ ଘର ପରିବାର ସବୁକିଛିକୁ ବାପା ଅଣଦେଖା କଲେ। କକା ଜମି ବନ୍ଧକ ରଖି ପୂର୍ବ ଭଳି ସାର୍‌ଙ୍କ ପାଖକୁ ଟଙ୍କା ପଠେଇଲେ। ପରବର୍ତ୍ତୀ ସମୟରେ ବାପା ନିଜର ପଛବୁଦ୍ଧିଆ ଗୁଣ ଯୋଗୁ ଅନୁତାପ କରିଥିବା କଥା ସାର୍ କହୁଥିଲେ। ତରବର ହୋଇ ଜମି ଫଳ ବନ୍ଧା ଦେଲେ। ପଛବୁଦ୍ଧିଆ ଅର୍ଥ ଅଭାବ ଓ ଆବଶ୍ୟକତାର ତାଡ଼ନାରେ ବାପା କିଂକର୍ତ୍ତବ୍ୟବିମୂଢ଼ ହୋଇଗଲେ। ଧାନ ଅଗପଚା ଦେଉଥାଏ। ତାକୁ ଅମଳ କରି ବିକି ଦେଇଥିଲେ ତିନିଶହ ଟଙ୍କାରୁ ଅଧିକ ମିଳିଥାନ୍ତା। କିନ୍ତୁ ସେତେବେଳେ ଏତିକି ଚିନ୍ତା କରି କାମ କରିବା ସହଜ କଥା ନଥିଲା। ତେଣୁ ଜମିଟା କକାଙ୍କ ନିକଟରେ ବନ୍ଧା ରହିଲା ଅନେକ ଦିନ ଧରି। ମୁକୁଳେଇବାକୁ ଦୁଇ ତିନି ବର୍ଷ ଲାଗିଗଲା। ଆମ ସାର୍ ମଧୁବନ ହାଇସ୍କୁଲରେ ଚାକିରୀ କଲା ପରେ ଆଡ୍‌ଭାନ୍‌ସ ଆଣି କକାଙ୍କୁ ଟଙ୍କା ଦେଇ ବନ୍ଧକ ମୁକ୍ତ ହେଲେ।

ସାର୍ କହନ୍ତି, ବାପାଙ୍କ ଦୃଢ଼ ନିଷ୍ପତ୍ତିକୁ ପ୍ରଶଂସା ନକରି ରହିପାରୁନି। ସେ ଏଭଳି ଦୁଃସାହସ କରି ନଥିଲେ ମୁଁ ତ ପାଠ ପଢ଼ି ପାରିନଥାନ୍ତି। ଘର ପରିବାର ଉଜୁଡ଼ି ଯାଇଥାନ୍ତା। ତାଙ୍କର ଅନ୍ୟ ଭାଇମାନଙ୍କ ଭଳି ଦଶା ଆମ ପରିବାରର ମଧ୍ୟ ହୋଇଥାନ୍ତା। ଘରେ ବସି ଖାଉ ଖାଉ ସବୁ ଜମି ବିକ୍ରୀ ହୋଇ ଯାଇଥାନ୍ତା। ଆଉ କିଛି ନଥାଆନ୍ତା। ତାଙ୍କର ମୋ ଉପରେ ପ୍ରଗାଢ଼ ବିଶ୍ୱାସ ଥିଲା। ପୁଅର ଯୋଗ୍ୟତା ଅଛି,

ତେଣୁ ସେ ରେଭେନ୍‌ସାରେ ପଢୁଛି। ବାପଟିଏ ପୁଅକୁ ଗୋଟେ ନାମକରା କଲେଜରେ ପଢ଼ାଇ ପାରୁଛନ୍ତି, ଏହାହିଁ ତାଙ୍କ ପାଇଁ ଥିଲା ଅପୂର୍ବ ଆନନ୍ଦର କଥା। ଚାହୁଁ ଚାହିଁ କାଲି ପୁଣି ଦୁଃଖ ଯିବ। ଯଦି ଭାଗ୍ୟ ଖରାପରୁ ମୁଁ ପାଶ୍ ନ କରି ଫେଲ୍ ହୋଇଥାନ୍ତି ତେବେ ସମୁଦ୍ରେ ଭାଷଣଂ ତଥା। ସବୁ ସ୍ୱପ୍ନ ଚୁରମାର୍ ହୋଇଯାଇଥାନ୍ତା। ଯାହାହେଉ ଭଗବାନ ଜଣେ ଦୁଃଖି ଗରିବ ବାପର ଗୁହାରୀ ଶୁଣିଲେ। ମୁଁ ୧୯୬୦ ମସିହାରେ ତୃତୀୟ ଶ୍ରେଣୀରେ ଆଇ.ଏସ୍‌ସି. ପାଶ୍ କଲି।

ରେଭେନ୍‌ସାରେ କେବଳ ଫାଷ୍ଟ କ୍ଲାସ ଓ ହାଇଅର ସେକେଣ୍ଡ କ୍ଲାସ୍ ପିଲା ପଢ଼ନ୍ତି। ସେମାନଙ୍କ ମଧ୍ୟରୁ ଫେଲ୍ ହେଉଥିବା ପିଲାଙ୍କୁ ଭଲପିଲା ବ୍ୟତୀତ ଆଉ କ'ଣ କୁହାଯିବ। ସେମାନଙ୍କ ତୁଳନାରେ ସାର୍‌ଙ୍କର ପରୀକ୍ଷାଫଳ ସେତେ ଖରାପ ନଥିଲା। କିନ୍ତୁ ସାର୍‌ଙ୍କ ମନ ଖରାପ ହେଲା। କାରଣ ସାର୍ ଖୁବ୍ ଅଭାବ ମଧ୍ୟରେ ଘର ପରିବାରକୁ ଦୁଃଖ ଦେଇ ପାଠ ପଢୁଥିଲେ, ବାପାଙ୍କ ସ୍ୱପ୍ନକୁ ସାକାର କରିବା ପାଇଁ। ଅନ୍ୟମାନଙ୍କର ପାଠପଢ଼ା ପଛରେ ଏପରି ଦୁଃଖଦାୟକ କାହାଣୀ ନଥିଲା।

ସାର୍ ନିଜ ମନକୁ ବୁଝାଇ ରହିଲେ। ଘର ଅବସ୍ଥା ଅତି ଶୋଚନୀୟ। ଆଗକୁ ପାଠ ପଢ଼ିବା ପାଇଁ ବାପାଙ୍କ ହାତରେ ଆଉ କିଛି ନାହିଁ। ତେଣୁ ସେଇଠୁ ପାଠପଢ଼ା ବନ୍ଦ କରି ଚାକିରୀ ସଂଧାନରେ ରହିଲେ।

ସାର୍‌ଙ୍କ ଦୃଷ୍ଟି ଦୋଷ ଥାଏ। ଆଖି ଖରାପ ଯୋଗୁ ଲେକ୍‌ଚର ଥିଏଟର୍ ମାନଙ୍କରେ ବ୍ଲାକ୍‌ବୋର୍ଡରୁ ପାଠ ଠିକ୍‌ଭାବରେ ଦେଖିପାରନ୍ତି ନାହିଁ। ଭାରି ଅସୁବିଧା ହୁଏ। ଯାହା ଲେକ୍‌ଚର ଶୁଣି ଲେଖନ୍ତି। ପୁନଶ୍ଚ କହିବା ସମତାଳରେ ଲେଖି ହୁଏ ନାହିଁ। ଏଣୁ ସାର ଠିକ୍ ଭାବରେ ନୋଟ୍ କରିପାରନ୍ତି ନାହିଁ। ପାଠ ପଢ଼ାରେ ବାଧା ସୃଷ୍ଟି ହୁଏ। ଦୃଷ୍ଟିଦୋଷ ଅର୍ଥ ଗୋଟାଏ ବିରାଟ୍ ଦୁର୍ବଳତା। ଏହାଦ୍ୱାରା ମଣିଷ ପାଇଁ ପୃଥିବୀଟା ସଂକୁଚିତ ହୋଇଯାଏ। ସୀମିତ ହୋଇଯାଏ। ଆଖିକୁ ଦେଖା ଯାଉଥିବା ସୀମା ସେପାଖରେ ଜିନିଷ ଅଦୃଶ୍ୟ ହୋଇ ରହିଯାଏ। ଦୃଷ୍ଟିର ଏହି ଦୁର୍ବଳତା ମଣିଷର ମନକୁ ମଧ୍ୟ କ୍ରମେ କ୍ରମେ ଦୁର୍ବଳ କରିଦିଏ। ସୀମିତ ବା ଛୋଟ କରିଦିଏ।

ଶ୍ରୀରାମଚନ୍ଦ୍ର ଭଞ୍ଜଦେଓ ମେଡ଼ିକାଲ୍ କଲେଜ ଓ ହସ୍ପିଟାଲ୍‌ରେ ସାର୍ ଆଖି ପରୀକ୍ଷା କରାଇଲେ। ଚକ୍ଷୁ ବିଭାଗର ମୁଖ୍ୟ ଥାନ୍ତି ଡାକ୍ତର ମହେନ୍ଦ୍ର ମିଶ୍ର। ଆଖିରେ ସମୀପ ଦୃଷ୍ଟି (short sight) ଦୋଷ ଥିବାର ଜଣାପଡ଼ିଲା। ଯେଉଁଥି ପାଇଁ ଦୂର ଜିନିଷ ଦେଖିବାରେ ଅସୁବିଧା ହୁଏ। ଦୁଇଟି ଆଖିରୁ ବାମ ଆଖିବେଶି ଖରାପ ଥିଲା ୨.୫ ଓ ଡାହାଣ ଆଖି ହେଲା- ୧.୭୫, ସେଥିପାଇଁ ଚଷମା ଲଗାଇବାକୁ ପଡ଼ିଲା। ଆଜି କଟକର ପୃଷ୍ଟି ଅପଟିକାଲ୍‌ସ ଅଛି। ସେତେବେଳେ ବି ସେମିତି ପ୍ରସିଦ୍ଧ ଥିଲା। ସାର୍

ସେଇଠୁ ଚଷମା ତିଆରି କରି ଆଣିଲେ। ୧୯୫୮ ମସିହାରୁ ଚଷମା ସାର୍‌ଙ୍କର ଜୀବନସାଥୀ ବା ଶରୀରର ଗୋଟେ ଅଙ୍ଗ ହୋଇ ରହିଯାଇଛି। ସବୁବେଳେ ଚଷମା ଲଗାନ୍ତି। ଚଷମା ଖୋଲି ଦେଲେ ଅନ୍ଧ। କିଛିଦିନ ଅନ୍ତେ ପାୱାର ବଦଳିବାରୁ ଚକ୍ଷୁ ବିଭାଗର ପ୍ରାଧ୍ୟାପକ ଡାକ୍ତର ଆଚାର୍ଯ୍ୟ ଓ ଡାକ୍ତର କୁଳମଣି ମିଶ୍ରଙ୍କୁ ଦେଖାଇ ଚଷମା ବଦଳାଇଲେ। ଚାକିରୀରୁ ଅବସର ପରେ ସାର୍‌ଙ୍କର ଆଖିରେ ମୋତିଆ ବିନ୍ଦୁ ହୋଇଗଲା। SCB Medical College ରେ ବାଆଁ ଆଖି ଅପରେସନ୍ କରାଇଲେ। ପରେ All India Institute of Medical Science (AIIMS) ଦିଲ୍ଲୀରେ Dr. Titiyalଙ୍କ ଦ୍ୱାରା ଡାହାଣ ଆଖି ଅପରେସନ୍ କରାଇ ଲେନ୍‌ସ ଲଗାଇଲେ। ଦୁର୍ବଳ ଦୃଷ୍ଟିଦୋଷ ପାଇଁ କଲେଜ୍ ପାଠପଢ଼ାରେ ଅନେକ ଅସୁବିଧା ହୋଇଛି ପରୀକ୍ଷାଫଳ ସନ୍ତୋଷଜନକ ନ ହେବାର ମୁଖ୍ୟ କାରଣ ମଧ୍ୟ ସେଇ ଆଖି ହିଁ ଅଟେ।

ବର୍ଷରେ ଥରେ ହଷ୍ଟେଲ୍ ମାନଙ୍କର ମୁଖପତ୍ର ପ୍ରକାଶ ପାଉଥିଲା। ଏଥିରେ ଛାତ୍ର ଅଧ୍ୟାପକ ତଥା ହଷ୍ଟେଲ୍‌ର ଅନ୍ୟ କର୍ମଚାରୀଙ୍କ ଲେଖା ପ୍ରକାଶ ପାଉଥିଲା। ଛାତ୍ରମାନଙ୍କର ଲେଖା ପ୍ରକାଶ ପାଇବା ସହିତ କେତେକ ପ୍ରତିନିଧି ସ୍ଥାନୀୟ ପିଲାମାନଙ୍କୁ ଏହି ପତ୍ରିକାର ସମ୍ପାଦନା ମଣ୍ଡଳୀରେ ସ୍ଥାନ ଦିଆଯାଉଥିଲା।

କଲେଜରେ ପାଠପଢ଼ା ଆରମ୍ଭ ହେଲା। କଠିନ ପ୍ରତିଯୋଗିତା ମଧ୍ୟରେ ପାଠ ପଢ଼ିବାକୁ ହୁଏ। ସାର୍ ପଢ଼ାପଢ଼ିରେ କେବେ ହେଲା କରନ୍ତି ନାହିଁ। ସାର୍‌ଙ୍କ ସ୍କୁଲ ବାଣୀପୀଠରେ ଇଂରାଜୀକୁ ଇଂରାଜୀରେ ପଢ଼ାଯାଉଥିଲା। No question of oriya in English classes. କଲେଜ୍‌ରେ medium of instruction English ଥିଲା। Physics, Chemistry, Mathematics ସବୁ ଇଂରାଜୀ ମାଧ୍ୟମରେ ପଢ଼ାଯାଏ। ହାଇସ୍କୁଲରୁ ସାର୍ ଏହି ସିଷ୍ଟମ ସହିତ ପରିଚିତ ଥିବାରୁ ଏଠି ପଢ଼ିବାରେ ଅସୁବିଧା ହେଲା ନାହିଁ। ପ୍ରଥମେ ପ୍ରଥମେ ଅଧ୍ୟାପକ ମାନଙ୍କର ଉଚ୍ଚାରଣକୁ ବୁଝିବା ଟିକେ କଷ୍ଟ ହେଉଥିଲା। କିନ୍ତୁ ଧ୍ୟାନସ୍ଥ ହୋଇ ଶୁଣିବାରୁ କ୍ରମଶଃ ସବୁ ସହଜ ହୋଇଯାଇଥିଲା।

ଅଧ୍ୟାପକ ମାନଙ୍କର ପାଠପଢ଼ା ଶୈଳୀ ଓ ଆନ୍ତରିକତା ଏପରି ଥିଲା ଯେ ସେଦିନର ପାଠ ସାର୍‌ଙ୍କର ଆଜିଯାଏ ମନେଅଛି। କେବଳ ମନେ ଅଛି କହିଲେ ଠିକ୍ ହେବ ନାହିଁ। ଷାଠିଏ ବର୍ଷ ତଳର କଥା ଚିହ୍ନ ହୋଇ ରହିଯାଇଛି। ଜୀବନକୁ ପ୍ରଭାବିତ କରିଛି। ଅଧ୍ୟାପକ କମରୁଦ୍ଦିନ୍ ଖାଁ Book of Verse ପଢ଼ାଉଥିଲେ। ଆଲବାଟ୍ରସ୍ ବାର୍ଡ ବିଷୟରେ ଦୀର୍ଘ କବିତାଟିଏ ସେଥିରେ ଥିଲା। ତହିଁର ଗୋଟିଏ ଧାଡ଼ି ହେଲା- Water, Water everywhere, not a drop to drink-ସାଧାରଣ ଧାଡ଼ିଟିଏ କିନ୍ତୁ ଅର୍ଥ କେତେ

ମହାନ୍ । ଜଳ ଅଛି ପ୍ରଚୁର । ଦେଖି ହେଉଛି, ଛୁଇଁ ହେଉଛି । କିନ୍ତୁ ପିଇବା ପାଇଁ ଟୋପାଏ ବି ଜଳର ଯୋଗ୍ୟତା ନାହିଁ। ସମୁଦ୍ର ମଧ୍ୟରେ ତୃଷା ।

ଆମ ରାଜ୍ୟର ବିଶିଷ୍ଟ କବି ରାଧାମୋହନ ଗଡ଼ନାୟକଙ୍କ କବିତା "ମାଟି"ର ଉଦ୍ଧୃତାଂଶ- ଅୟିମାଟି, ପୃଥିବୀ ରାଣୀ...। ସମସ୍ତେ ନିଜ ପାଇଁ ଅହଂକାର ମାଗି ନେଇଥିବା ବେଳେ ପୃଥିବୀ ସମସ୍ତଙ୍କ ଠାରୁ ତଳେ ରହିବାକୁ ଇଚ୍ଛା ପ୍ରକାଶ କରିଥିଲେ। ନମ୍ରତା କେତେ ମହାନ୍- ଏକଥା ସାର୍ ଆଜି ବି ଉଦାହରଣ ଛଳରେ କହିଥାନ୍ତି।

ବରିଷ୍ଠ ଅଧ୍ୟାପକମାନେ ପାଠ ପଢ଼ାଇବାରେ ଅଧିକ ଅଭିଜ୍ଞ। ନୂଆପିଲା ମାନଙ୍କର କିପରି ଭୟ ଦୂର ହେବ, କିପରି ସେମାନଙ୍କର ପାଠ ପ୍ରତି ଆଗ୍ରହ ଜନ୍ମିବ ସେଥିପ୍ରତି ଦୃଷ୍ଟି ଦେଇ ପଢ଼ାନ୍ତି। ବିଜ୍ଞାନ ସେତେବେଳ ଏକ ନୂଆ ବିଷୟ ହିସାବରେ ପଢ଼ା ଆରମ୍ଭ ହୋଇଥାଏ। ତା' ଉପରେ ସେ ବିଭାଗର ଅଧ୍ୟାପକମାନେ ଅଧିକ ଗୁରୁତ୍ୱ ଦିଅନ୍ତି। ତାଙ୍କର ନିଷ୍ଠା ଓ ପାଠପଢ଼ା ଅଦ୍ୱିତୀୟ। ରେଭେନ୍ସାର ଛାତ୍ର ଶୃଙ୍ଖଳା ଉପରେ ପ୍ରିନ୍ସିପାଲଙ୍କ ଠାରୁ ଆରମ୍ଭ କରି ସବୁ ଅଧ୍ୟାପକ ମାନଙ୍କର ଦୃଷ୍ଟି ଥାଏ।

ସାରଙ୍କ ଦ୍ୱିତୀୟ ବର୍ଷର ପଢ଼ିବା ସମୟର କଥା। ପ୍ରିନ୍ସିପାଲ ଶ୍ରୀଯୁକ୍ତ ସଦାଶିବ ମିଶ୍ର ବିଦେଶଯାତ୍ରା ହେତୁ କିଛି ମାସ ପାଇଁ ଛୁଟିରେ ଥାଆନ୍ତି। ତାଙ୍କ ଅନୁପସ୍ଥିତିରେ ପ୍ରିନ୍ସିପାଲ୍ ଦାୟିତ୍ୱ ନେଇଥାନ୍ତି ବରିଷ୍ଠ ପ୍ରାଧ୍ୟାପକ ଶ୍ରୀଯୁକ୍ତ ବଂଶୀଧର ସାମନ୍ତରାୟ (ଉଦ୍ଭିଦ ବିଜ୍ଞାନ ବିଭାଗ)। ସେ ମୁଖ୍ୟ ଆର୍ଟସ୍ ବ୍ଲକ୍‌କୁ ଗଲାବେଳେ ୱେଷ୍ଟ ହଷ୍ଟେଲ ସୁପରିଟେଣ୍ଡେଣ୍ଟଙ୍କ ଅଫିସ୍ ସାମନା ଦେଇଯାଆନ୍ତି। ପାଖରେ Girl's Common Room ଥାଏ। ଝିଅମାନଙ୍କ ଆଗରେ ବାହାଦୂରୀ ପ୍ରଦର୍ଶନ କରିବା ପାଇଁ କିଛି ପିଲା ସେଠି ଏକଜୁଟ ହୋଇ ଦୁଷ୍ଟାମୀ କରନ୍ତି। ତେଣୁ ସେହି ବାଟରେ ଗଲାବେଳେ ଶ୍ରୀଯୁକ୍ତ ସାମନ୍ତରାୟ ବେଳେବେଳେ କେଇ ମୁହୂର୍ତ୍ତ ପାଇଁ ସେଠାରେ ଠିଆ ହୋଇଯାଆନ୍ତି। ଦୃଷ୍ଟି ପକାନ୍ତି କେହି ପିଲା ସେଠି ଆଖପାଖରେ ଥାଇ ଦୁଷ୍ଟାମୀ କରୁଛନ୍ତି କି ନାହିଁ। ଦୁଷ୍ଟାମୀ କରିବା ତ ଦୂରର କଥା ଶ୍ରୀଯୁକ୍ତ ସାମନ୍ତରାୟଙ୍କୁ ଦେଖିଲେ ପିଲାମାନେ ତଳକୁ ମୁହଁ କରି ଯିବା ଆସିବା କରନ୍ତି।

ଅଧ୍ୟାପକ ମାନେ ପାଠପଢ଼ା ଉପରେ ଯେତିକି ନଜର ରଖନ୍ତି ଛାତ୍ର ଉପସ୍ଥାନ ଉପରେ ମଧ୍ୟ ସେତିକି ନଜର ରଖନ୍ତି। ଉପସ୍ଥାନ ୬୦%ରୁ କମ୍ ହେଲେ ପରୀକ୍ଷା ଦେଇହୁଏ ନାହିଁ। ଟିଉଟୋରିଆଲ, ଖେଳକ୍ଲାସ ସବୁଥିରେ ସଠିକ୍ ଉପସ୍ଥାନ ଦରକାର ହୁଏ। ନଚେତ୍ କ୍ଲାସ ପ୍ରମୋଶନ ଓ ଟେଷ୍ଟ ପରୀକ୍ଷା ବେଳେ sentup ହୋଇପାରନ୍ତି ନାହିଁ। ଯଦି percentage short ଥାଏ ତେବେ ଅତିରିକ୍ତ କ୍ଲାସ କରି ଭରଣା କରିବାକୁ ପଡ଼େ। ଯେଉଁମାନଙ୍କର percentage short ହୁଏ ତାଙ୍କ ନାମ କଲେଜ୍ ନୋଟିସ୍ ବୋର୍ଡରେ ପ୍ରକାଶ ପାଏ।

ସେତେବେଳେ ଅଧ୍ୟାପକମାନେ ଛାତ୍ରଛାତ୍ରୀମାନଙ୍କୁ ଡରାଇ ପ୍ରାକ୍‌ଟିକାଲ କରାଉଥିଲେ। ଏବେତ କଲେଜ୍ ମାନଙ୍କରେ ପ୍ରାକ୍‌ଟିକାଲ୍ ନାହିଁ କହିଲେ ଚଳେ। ନାମକୁ ମାତ୍ର ଯାହା ପରୀକ୍ଷା ହେଉଛି। ଅଧ୍ୟାପକ ଓ ଲାବୋରେଟୋରୀ ଆସିଷ୍ଟାଣ୍ଟମାନେ ସବୁକିଛି କହି ଦିଅନ୍ତି। କିନ୍ତୁ ସାର୍‌ଙ୍କ ସମୟରେ ପ୍ରଥମ ଶ୍ରେଣୀ ପାଇ ବିଜ୍ଞାନ ପଢୁଥିବା ପିଲାଙ୍କ ଭିତରୁ କେହି କେହି ଫେଲ୍ ହୋଇଯାଆନ୍ତି। ପାଠପଢ଼ା ଓ ପ୍ରାକ୍‌ଟିକାଲ କେତେ କଡ଼ାକଡ଼ି ଥିଲା ଏଥିରୁ ଅନୁମାନ କରିହୁଏ।

ରେଭେନ୍‌ସାର ଅଧ୍ୟାପକମାନେ ଥିଲେ ଭିନ୍ନ ଚରିତ୍ରର। ସେମାନେ କହନ୍ତି, ମୁଁ ଏପରି ଭାବରେ ପଢ଼ାଇବି ଯେ ମୋ ଗ୍ରୁପ୍‌ରେ କେହି ବି ଫେଲ୍ ହେବେ ନାହିଁ। ଏପରି ଭରସା କେତେ ଜଣ ଅଧ୍ୟାପକ ଦେଇପାରିବେ। ତେଣୁ ବିଜ୍ଞାନ ଅଧ୍ୟାପକ ହିସାବରେ ବିଚିତ୍ରାନନ୍ଦ ସାର୍ ଏବେ ମଧ୍ୟ ପ୍ରାତଃସ୍ମରଣୀୟ ହୋଇ ରହିଛନ୍ତି। ଚାଟଶାଳୀରେ ପଢ଼ାଇବା ଭଳି ସେ ଖଣ୍ଡେ ଛୋଟ ବେତ ନେଇ ପ୍ରାକ୍ଟିକାଲ୍ କ୍ଲାସ୍‌କୁ ଆସନ୍ତି। ଗତ କୋଡ଼ିଏ ପଚିଶ ବର୍ଷ ତଳେ ବିଚିତ୍ରାନନ୍ଦ ସାର୍‌ଙ୍କର ଦେହାନ୍ତ ହୋଇଯାଇଛି। ବିଚିତ୍ରାନନ୍ଦ ସାର୍‌ଙ୍କୁ ନେଇ ଏକ ବିରଳ ସ୍ମୃତି ଏବେ ମଧ୍ୟ ସାର୍‌ଙ୍କ ମନରେ ଜୀବିତ ହୋଇରହିଛି।

ଅନେକ ଅଭାବ ଅସୁବିଧା ଭିତରେ ପାଠ ପଢୁଥିବା ଆମ ସାର୍‌ଙ୍କର ଇଚ୍ଛା ଥାଏ ଅନ୍ୟ ଛାତ୍ରଙ୍କ ଭଳି ଫୁଲପ୍ୟାଣ୍ଟ ଓ ଫୁଲ୍‌ସାର୍ଟ ପିନ୍ଧିବା ପାଇଁ। କିନ୍ତୁ ଅର୍ଥାଭାବ ଯୋଗୁଁ ତାହା ହୋଇପାରୁନଥାଏ। ସାର୍ ଧୋତି ଓ ଫୁଲ୍‌ସାର୍ଟ ପିନ୍ଧି କଲେଜ ଓ ପ୍ରାକ୍ଟିକାଲ୍ କ୍ଲାସ୍‌କୁ ଯାଆନ୍ତି। ପ୍ରଥମେ ପ୍ରଥମେ ଅସାବଧାନତା ହେତୁ ସଲ୍‌ଫ୍ୟୁରିକ୍ ଏସିଡ୍ ଓ ନାଇଟ୍ରିକ୍ ଏସିଡ୍ ପଡ଼ି ସାର୍ଟ ଓ ଧୋତି କଣା ହୋଇଯାଏ। ସେଇ ଲୁଗା ଓ ସାର୍ଟ ପିନ୍ଧି କଲେଜ ଯିବାକୁ ହୁଏ। କାରଣ ବାରମ୍ବାର ନୂଆ ଧୋତିସାର୍ଟ କିଣିବା ସାର୍‌ଙ୍କ ପକ୍ଷେ ସମ୍ଭବ ନଥିଲା। ସାବଧାନତା ଅବଲମ୍ବନ କରିବାରୁ ସବୁକିଛି ସୁଧୁରି ଗଲା। ବୁନ୍‌ସେନ୍ ବର୍ଣ୍ଣର ଓ ସ୍ପିରିଟ୍ ଲ୍ୟାମ୍ପ ତ ଥାଏ ତା' ସହିତ ଲାବୋରେଟାରୀକୁ କିରୋସିନ୍ ଗ୍ୟାସ କନେକ୍‌ସନ୍ ମଧ୍ୟ ଥାଏ। yellow flame or blue flame ମଧ୍ୟରୁ କେଉଁଟି ବେଶୀ ଉତ୍ତାପ ପ୍ରଦାନ କରେ practical class ରେ tricky question ପଚରାଯାଏ। ଛାତ୍ରଛାତ୍ରୀମାନେ କାରଣ ଦର୍ଶାଇ ଉତ୍ତର ଦିଅନ୍ତି। ବାର୍ଷିକ ପରୀକ୍ଷା ବେଳକୁ ଦୁଇଜଣ ପରୀକ୍ଷକ ନିଯୁକ୍ତି ପାଆନ୍ତି। ନିଜ କଲେଜରୁ Internal Examiner ଓ ବାହାର କଲେଜରୁ External examiner ଆସନ୍ତି। ପ୍ରାକ୍ଟିକାଲ୍‌ର ପ୍ରଶ୍ନଗୁଡ଼ିକୁ କାଗଜରେ ଲେଖି ଗୁଳା କରି ପକାଇ ଦିଆଯାଏ। ପିଲାମାନେ ନିଜ ପାଇଁ ସେଥିରୁ ଗୋଟିଏ ଉଠାନ୍ତି। ତେଣିକି ନିଜ ଭାଗ୍ୟରେ ଯାହାଥାଏ ତା'ର ଉତ୍ତର ଦେବାକୁ ପଡ଼େ। ବର୍ଷସାରା ଯେଉଁ ପ୍ରାକ୍ଟିକାଲ କ୍ଲାସ୍ ହୋଇଥାଏ, ସେ

କ୍ଲାସ୍ Notesକୁ ଦାଖଲ କରିବାକୁ ହୁଏ। ସେଥିରୁ ମଧ୍ୟ କିଛି ମାର୍କ ମିଳେ। ଏହା ସତ୍ତ୍ୱେ ବି ପିଲା ଫେଲ୍ ହୁଅନ୍ତି। ପିଲାମାନେ ପରୀକ୍ଷା ପୂର୍ବରୁ ଲାବୋରେଟୋରୀ ଆସିଷ୍ଟାଣ୍ଟ୍ କୁମରବାବୁ ଓ ଲାବୋରେଟୋରୀ ପିଅନକୁ ବକ୍‌ସିସ୍ ହିସାବରେ କିଛି ହାତଗୁଞ୍ଜା ଦିଅନ୍ତି। କାଳେ ସେମାନେ ଦରକାରରେ ଆସିବେ। ସାହାଯ୍ୟ କରିବେ।

Physics Practical ରେ Drawing Board stand, Plain Mirror, Hairpin ଓ White Paper ଉପରେ ସ୍କେଲ୍ ପେନ୍‌ସିଲ୍ ବ୍ୟବହାର କରି Law of Reflection ଓ Law of Refraction ର ସତ୍ୟତା ପରୀକ୍ଷା କରାଯାଏ। ଚୁମ୍ବକପଥ ଓ ଚୁମ୍ବକ ନିୟମ ବିଷୟରେ ପରୀକ୍ଷା କରାଯାଏ। ତରାଜୁ, ସକେଟ୍ ସିଲିଣ୍ଡର୍ ଓ ନିକଲ୍‌ସନ୍ ହାଇଡ୍ରୋମିଟିର ସାହାଯ୍ୟରେ ଆର୍କିମିଡିସ୍‌ଙ୍କ ସୂତ୍ରର ସତ୍ୟତା ନିରୁପଣ କରନ୍ତି। ପେଣ୍ଡୁଲମ୍ ଦ୍ୱାରା ପୃଥିବୀର ମାଧ୍ୟାକର୍ଷର ଶକ୍ତିର ପରୀକ୍ଷା ସହିତ ବିଦ୍ୟୁତ ଓ ଧ୍ୱନିରେ ପଢ଼ାଯାଇଥିବା theory କୁ ନେଇ ପ୍ରାକ୍ଟିକାଲ୍ କରନ୍ତି। Electric Chapter ର theory, Practical ଉଭୟ କଠିନ ପାଠ। ଶଶାଙ୍କ ସାର୍ ଓ ସୁବୁଦ୍ଧି ସାର୍‌ଙ୍କ ପଢ଼ାଇବା ଶୈଳୀରୁ ଧୀରେ ଧୀରେ ସବୁ ସହଜ ହୋଇଯାଏ। ଏଇଭଳି ପାଠପଢ଼ା ହୁଏ। କ୍ଲାସ୍ ନଥିଲେ ହଷ୍ଟେଲ୍ ପିଲାମାନେ ରୁମ୍‌କୁ ଫେରି ଆସି ବିଶ୍ରାମ ନିଅନ୍ତି। ସୁବିଧା ପାଇଁ ସବୁ ପିଲାଙ୍କ ପାଖରେ ଗୋଟିଏ ଗୋଟିଏ ଚାବିକାଠି ଥାଏ।

କଲେଜ୍‌ର ପାଠପଢ଼ା ପରେ ହଷ୍ଟେଲରେ ସକାଳ ଓ ସନ୍ଧ୍ୟାରେ ପଢ଼ିବାକୁ ହୁଏ। ସେତେବେଳେ କେହି ଶିକ୍ଷକ ନଥାନ୍ତି। ନିଜର ଭବିଷ୍ୟତ ପାଇଁ ନିଜ ଇଚ୍ଛାରେ ପଢ଼ିବାକୁ ହୁଏ। ପ୍ରତିଦିନ ଷ୍ଟଡି ଆୱାର ସନ୍ଧ୍ୟା ୭ଟା ରୁ ୯ଟା ଓ ସକାଳ ୭ଟା ରୁ ୯ଟା ପର୍ଯ୍ୟନ୍ତ ଥାଏ। ଏହି ସମୟରେ ବାହାରେ ବୁଲାବୁଲି କରିବା ଓ ସାଙ୍ଗମାନଙ୍କ ସହିତ ଗପସପ କରିବା ନିଷେଧ କରାଯାଇଥାଏ। ଅନ୍ୟର ପଢ଼ାରେ ଯେପରି ତୁମର ଆଚରଣ ଅସୁବିଧା ସୃଷ୍ଟି ନକରେ ସେଥିପ୍ରତି ସମସ୍ତେ ସଚେତନ ଥାଆନ୍ତି। ଅତି ଆବଶ୍ୟକ ନ ପଡ଼ିଲେ ବାହାରକୁ କେହି ଯାଆନ୍ତି ନାହିଁ।

ହଷ୍ଟେଲ୍ ଅନ୍ତେବାସୀ ମାନେ ଭୋଟ୍ ଦେଇ ନିଜ ଭିତରୁ ଜଣକୁ ମେସ୍ ସେକ୍ରେଟାରୀ ହିସାବରେ ବାଛନ୍ତି। ଛାତ୍ର ପ୍ରତିନିଧି ହିସାବରେ ସେ ମେସ୍ ପରିଚାଳନାରେ ଅଂଶଗ୍ରହଣ କରନ୍ତି। ସାର୍‌ଙ୍କ ସମୟରେ ବି.ଏସ୍.ସି., ପଢୁଥିବା ଯାଜପୁରର ଦାମୋଦର ମହାନ୍ତି ୱେଷ୍ଟ ହୋଟେଲର ସେକ୍ରେଟାରୀ ହୋଇଥିଲେ। ପରବର୍ତ୍ତୀ ସମୟରେ ଯାଜପୁରର ଜଣେ ବିଶିଷ୍ଟ ଓକିଲ ହିସାବରେ ସୁପ୍ରସିଦ୍ଧ ହୋଇଥିଲେ। ତା'ପରେ ରାଉରକେଲା ଷ୍ଟିଲ୍‌ପ୍ଲାଣ୍ଟ୍‌ର ଲ ଅଫିସର୍ ହୋଇଥିଲେ।

ଡକ୍ଟର ମହେନ୍ଦ୍ର କୁମାର ରାଉତଙ୍କୁ ନେଇ ଆମ ସାର୍‌ଙ୍କର ସ୍ମୃତିଟିଏ ରହିଯାଇଛି।

ମନେ ପଡ଼ିବାରୁ ସେ କଥା କହୁଥିଲେ । ସାର୍‌ଙ୍କର ଆଇ.ଏସ୍‌ସି. ବାର୍ଷିକ ପରୀକ୍ଷା ଆରମ୍ଭ ହୋଇଯାଇଥାଏ । ପରୀକ୍ଷା ପରିଚାଳନା କରୁଥାଆନ୍ତି ଉତ୍କଳ ବିଶ୍ୱବିଦ୍ୟାଳୟ । ଇଷ୍ଟ ହଷ୍ଟେଲ ପାଖ ୩୭ ନମ୍ବର କ୍ଲାସ୍‌ରୁମ୍‌ରେ ଇଂରାଜୀ ପରୀକ୍ଷା ପାଇଁ ସିଟ୍ ପଡ଼ିଥାଏ । ପରୀକ୍ଷା ଆରମ୍ଭ ପାଇଁ ୧୦/୧୫ ମିନିଟ୍ ବାକି ଥାଏ । ଆମ ସାର୍ ଓ ତାଙ୍କର ସହପାଠୀମାନେ ନିଜ ନିଜ ସିଟ୍‌ରେ ବସିଥାନ୍ତି । ସାର୍‌ଙ୍କ ସିଟ୍‌ଟି ଥାଏ ସବୁଠାରୁ ଆଗରେ ଅର୍ଥାତ୍ Invigilator ଙ୍କ ଟେବୁଲ୍ ସାମନାରେ । ମହେନ୍ଦ୍ର ସାର୍ ଏକୁଟିଆ ହଲ୍‌ରେ ଥାଆନ୍ତି । ଅନ୍ୟ ସହଯୋଗୀମାନେ ସେ ପର୍ଯ୍ୟନ୍ତ ଆସି ନଥାନ୍ତି । ମହେନ୍ଦ୍ର ସାର୍ ପ୍ରଶ୍ନପତ୍ର ଓ ଉତ୍ତର ଖାତା ସବୁ ପ୍ୟାକେଟ୍‌ରୁ କାଢ଼ି ସଜାଡ଼ି ରଖିଥାନ୍ତି । ଅକସ୍ମାତ୍ କିଛି ପ୍ରଶ୍ନପତ୍ର ତାଙ୍କ ହାତରୁ ଖସି ତଳେ ପଡ଼ିଗଲା । ଯେହେତୁ ସାର୍ ଠିକ୍ ଆଗରେ ଓ ପାଖରେ ବସିଥିଲେ ତେଣୁ କ'ଣ ହେଲା ବୋଲି ଭାବି ତଳକୁ ଚାହିଁ ଦେଲେ । କିନ୍ତୁ ମହେନ୍ଦ୍ର ସାର୍‌ଙ୍କ କଡ଼ା ଦୃଷ୍ଟି ସହିତ ଗୋଟେ ଚିତ୍କାରରେ ଆମ ସାର୍‌ଙ୍କ ମୁହଁ ପୁରାପୁରି about turn କରି ବୁଲିଗଲା । କ'ଣ ହେଲା ବୋଲି ଗୋଟେ ଜିଜ୍ଞାସା ବ୍ୟତୀତ ସାର୍‌ଙ୍କର ପ୍ରଶ୍ନପତ୍ର ଦେଖିବାର ଅଭିପ୍ରାୟ ଆଦୌ ନଥିଲା । ଏହା ସ୍ୱାଭାବିକ ଭାବରେ ଏକ action ର reaction ଥିଲା । ଶବ୍ଦଟିଏ ହେଲେ ସ୍ୱତଃ ଦୃଷ୍ଟିଟି ସେଆଡ଼କୁ ଚାଲିଯାଏ । ସେଇଭଳି ପ୍ରଶ୍ନପତ୍ର ପଡ଼ିବା ମାତ୍ରେ ସାର୍‌ଙ୍କ ଦୃଷ୍ଟି ସେଆଡ଼କୁ ଲମ୍ବି ଯାଇଥିଲା ।

ମହେନ୍ଦ୍ର ସାର୍‌ଙ୍କ ଚାହାଣୀ ଓ ଚିତ୍କାରରୁ ଆମ ସାର୍ ଜାଣିଲେ ସେ କେତେ କଡ଼ା । ଘଣ୍ଟା ବାଜି ପ୍ରଶ୍ନପତ୍ର ବିତରଣ ପର୍ଯ୍ୟନ୍ତ ଆଉ ମୁଣ୍ଡ ଟେକି ଚାହିଁବାକୁ ସାହସ କରିପାରିଲେ ନାହିଁ । ମହେନ୍ଦ୍ର ସାର୍‌ଙ୍କର ଏ ପ୍ରତିକ୍ରିୟା ବିଷୟରେ ଚିନ୍ତା କରି ଦୁଇଟି କାରଣ ଜାଣିବାକୁ ପାଇଲେ । ପ୍ରଥମ କଥାଟି ହେଲା ପରୀକ୍ଷା ସମୟ ହୋଇଯାଇଥିଲେ ବି Asst. Invilgilator ଆସିନଥାନ୍ତି । ଦ୍ୱିତୀୟ ଓ ମୁଖ୍ୟ କାରଣଟି ହେଲା ପୂର୍ବବର୍ଷ (୧୯୫୯)ର ଆଇ.ଏସ୍.ସି., ବାର୍ଷିକ ପରୀକ୍ଷା ସରି ଯାଇଥାଏ । ସେହିବର୍ଷ ଶ୍ରୀଯୁକ୍ତ ସହଦେବ ସାହୁ ପରୀକ୍ଷା ଦେଇଥାନ୍ତି । ପରୀକ୍ଷା ସରିଲା ପରେ ଜଣାଗଲା ଯେ ପୁରୀର ସଦାଶିବ ମହାବିଦ୍ୟାଳୟ କେନ୍ଦ୍ରରେ ପରୀକ୍ଷା ପୂର୍ବରୁ ପ୍ରଶ୍ନପତ୍ର ପ୍ରଘଟ ହୋଇଯାଇଛି । ବିଶ୍ୱବିଦ୍ୟାଳୟର ନିଷ୍ପତ୍ତିକ୍ରମେ ସେ ବର୍ଷର ସମସ୍ତ ପରୀକ୍ଷାକୁ ବାତିଲ କରିଦିଆଗଲା । ପ୍ରଶ୍ନପତ୍ର ପ୍ରଘଟ ନିମନ୍ତେ ଉତ୍କଳ ବିଶ୍ୱବିଦ୍ୟାଳୟର ଏହା ଥିଲା ପ୍ରଥମ ପରୀକ୍ଷା ବାତିଲ । ହୁଏତ ଉପରୋକ୍ତ କାରଣଟି ପାଇଁ ମହେନ୍ଦ୍ର ସାର୍‌ଙ୍କର ଏ ଉଦ୍‌ବେଗ ଓ ସ୍ପର୍ଶକାତରତା ଥିଲା । ପରୀକ୍ଷା ଚାଲିଲା । ଫଳାଫଳରୁ ଜଣାଗଲା ସାର୍ ପରୀକ୍ଷାରେ ଭଲ କରିଥିଲେ । ଏତ ଗଲା ବିଶ୍ୱବିଦ୍ୟାଳୟ ପରୀକ୍ଷା କଥା । ଏହା ବ୍ୟତୀତ କଲେଜ୍‌ରେ ଯେଉଁ Terminal ଓ Pretest ପରୀକ୍ଷା ହୁଏ, ପରୀକ୍ଷା ସରିଲେ Answer book ଦେଖି ସାରି ସାର୍‌ମାନେ

ପିଲାମାନଙ୍କୁ ଖାତା ଦେଇ ଦିଅନ୍ତି। ପିଲାଏ ଖାତା ଦେଖି ନିଜର ଦୋଷତ୍ରୁଟି ଦେଖନ୍ତି ଓ ଆଗାମୀ ପରୀକ୍ଷାରେ ତାହା ସୁଧାରି ନିଅନ୍ତି।

କଲେଜ୍ ଛାତ୍ରସଂସଦ ନିର୍ବାଚନ ପ୍ରତିଟି ଛାତ୍ର ପାଇଁ ଗୋଟିଏ ବଡ଼ ଘଟଣା। ଭଲ ପାଠ ପଢୁଥିବା ପିଲାମାନେ ସେତେବେଳେ ଏଥିରେ ଅଂଶଗ୍ରହଣ କରୁଥିଲେ। ଆଜିକାଲି ଠିକ୍ ଓଲଟା ଅର୍ଥାତ୍ କଲେଜର ଖୁବ୍ ଦୁଷ୍ଟପିଲା ଯେଉଁମାନେ ରାଜନୈତିକ ନେତାଙ୍କର ଅନୁଗତ ଥିବେ ଓ ହାତବାରିସି ହୋଇପାରିବେ ସେଇମାନେ ନିର୍ବାଚନ ଲଢୁଛନ୍ତି ଏବଂ ଜିତୁଛନ୍ତି ମଧ୍ୟ। କିନ୍ତୁ ସେତେବେଳେ ଛାତ୍ର ପ୍ରତିନିଧିର ପାଠପଢ଼ା, ଚରିତ୍ର, ଚାଲିଚଳନ ଓ ବ୍ୟବହାର ଉପରେ ପ୍ରାର୍ଥୀତ୍ୱ ଓ ବିଜୟ ନିର୍ଭର କରୁଥିଲା। କଲେଜ୍ ଶସ୍ତା ରାଜନୀତିର କ୍ଷେତ୍ର ନଥିଲା। ରାଜନୈତିକ ନେତା ବା ଦଳମାନଙ୍କର କୌଣସି ପ୍ରତ୍ୟକ୍ଷ involvement ନଥିଲା। ଥିଲା କେବଳ ପରୋକ୍ଷ ସମର୍ଥନ। ରେଭେନ୍ସା କଲେଜ୍‌ର ନିର୍ବାଚିତ ଛାତ୍ର ପ୍ରତିନିଧିମାନଙ୍କର ସାରା ରାଜ୍ୟରେ ଯଥେଷ୍ଟ ସମ୍ମାନ ଥିଲା। ପରବର୍ତ୍ତୀ ସମୟରେ ସେମାନଙ୍କ ମଧ୍ୟରୁ ଅନେକ ରାଜ୍ୟ ରାଜନୀତି ସହିତ ଜଡ଼ିତ ହେଉଥିଲେ ଓ ସଫଳତା ପାଉଥିଲେ ମଧ୍ୟ।

ସାର୍‌ଙ୍କ ସମୟରେ ଏମ୍.ଏ. ଷଷ୍ଠବର୍ଷର ଛାତ୍ର ଥିବା ଦୀପକ କୁମାର ଷଡ଼ଙ୍ଗୀ ସଭାପତି ପଦ ପାଇଁ ପ୍ରାର୍ଥୀ ହୋଇଥାନ୍ତି। ତାଙ୍କ ସାଥୀ ଓ ସମର୍ଥକ ମାନେ କ୍ଲାସ୍ ଓ ହଷ୍ଟେଲରେ ବୁଲି ପ୍ରଚାର କରୁଥାନ୍ତି। ସେମାନେ ଆସି ସାର୍‌ଙ୍କ ରୁମ୍‌ରେ ପହଞ୍ଚିଲେ ଓ ନିର୍ବାଚନୀ କାର୍ଡ ଦେଇ ଦୀପକ ଷଡ଼ଙ୍ଗୀଙ୍କୁ ସମର୍ଥନ କରିବାକୁ କହିଲେ। ତାଙ୍କ କଥା ଶୁଣି ସାର୍ କହିଲେ, ଆମେ ତ ତାଙ୍କୁ ଦେଖିନାହୁଁ କି ଚିହ୍ନି ନାହୁଁ। ତାଙ୍କ ପାଇଁ ଆମେ କାହିଁକି ପ୍ରଚାର କରିବୁ? ଜଣେ ଅପରିଚିତଙ୍କୁ ଭୋଟ୍ କାହିଁକି ଦେବୁ?

ତା ପରଦିନ ନିଜେ ଦୀପକବାବୁ ଆସି ହଷ୍ଟେଲରେ ପହଞ୍ଚିଲେ। ଅତି ଭଦ୍ର ଭାବରେ ନିଜ ସପକ୍ଷରେ ପ୍ରଚାର କରି ଗଲେ। ପ୍ରକୃତରେ ସେ ଥିଲେ ଜଣେ ଅମାୟିକ ବ୍ୟକ୍ତି। ନିର୍ବାଚନରେ ବିଜୟଲାଭ କରି ସଭାପତି ହୋଇଥିଲେ। ଏତେବଡ଼ କଲେଜ୍। ଏତେ ଛାତ୍ର। କିନ୍ତୁ ନିର୍ବାଚନ ବେଳେ କୌଣସି ବିଶୃଙ୍ଖଳା ଦେଖାଯାଏ ନାହିଁ।

ହଷ୍ଟେଲରେ ଆଡ଼ମିଶନ ସରିଲା ପରେ Welcome ceremony ଅନୁଷ୍ଠିତ ହୁଏ। ଏହି ସୌହାର୍ଦ୍ଦ୍ୟପୂର୍ଣ୍ଣ ବାତାବରଣ ୪ ବର୍ଷ ପର୍ଯ୍ୟନ୍ତ ସ୍ଥାୟୀ ଭାବରେ ରହିଯାଏ। ଘରଛାଡ଼ି ଦୂରରେ ରହିଥିବା ପିଲାମାନେ ପରସ୍ପରର ଆପଣାର ହୋଇଯାଆନ୍ତି। ସାଙ୍ଗ ହୋଇ ଭାଇ ଭାଇ ପରି ଚଳନ୍ତି। ସୁଖଦୁଃଖର ସାଥୀ ହୁଅନ୍ତି। ପାଠପଢ଼ା ସାରି କଲେଜ୍ ଛାଡ଼ିଲା ବେଳେ ବିଚ୍ଛେଦ ଦୁଃଖରେ ଅନେକଙ୍କ ଆଖିରୁ ଲୁହ ବୋହିଯାଏ। ଆଜିକାଲି ଆଉ ସେ ଭାବପ୍ରବଣତା ବା ଆବେଗ ନାହିଁ।

ଆଜିକାଲି ବିଶେଷ କରି ବୈଷୟିକ କଲେଜ୍ ମାନଙ୍କରେ ନୂଆ ପିଲାଙ୍କ ମନରୁ ଭୟ ଦୂର କରିବା ପାଇଁ ଓ ପୁରୁଣା ପିଲାଙ୍କ ପାଖରେ ଅନୁଗତ ହୋଇ ରହିବା ପାଇଁ ଏକ ବିଭତ୍ସ ପ୍ରଥା Ragging ଚାଲୁଛି । ଏଥିରେ ନୂଆ ପିଲାମାନଙ୍କୁ ଅମାନୁଷିକ ବ୍ୟବହାର କରାଯାଉଛି । କିଛି ପିଲା ଅତିଷ୍ଠ ହୋଇ କଲେଜ୍ ଛାଡୁଛନ୍ତି । ପିଲାମାନଙ୍କର ଜୀବନ ନଷ୍ଟ ହେଉଛି । ତେଣୁ ନ୍ୟାୟ ପାଇଁ କୋର୍ଟ କଚେରୀର ଆଶ୍ରୟ ନେଉଛନ୍ତି । ର୍‍ୟାଗିଂ ରୋକିବା ପାଇଁ ସରକାର କମିଶନ୍ ବସାଇଛନ୍ତି । ଏହା ସତ୍ତ୍ୱେ ବି ର୍‍ୟାଗିଂକୁ ବନ୍ଦ କରାଯାଇ ପାରିନାହିଁ । କଲେଜ୍ ନିର୍ବାଚନ ଗୁଡ଼ିକୁ ନିୟନ୍ତ୍ରିତ କରିବା ପାଇଁ ନୂଆ ନୂଆ ଆଇନ୍ ପ୍ରଣୟନ କରାଯାଇଛି । କିନ୍ତୁ ପୁରୁଣା ଦିନ ପରି ଶାନ୍ତ ବାତାବରଣ ଏବେ ସ୍ୱପ୍ନ ହୋଇ ରହିଯାଇଛି ।

ମୁଖ୍ୟ ଆର୍ଟସ୍ ବ୍ଲକ୍ ଓ କନିକା ଲାଇବ୍ରେରୀକୁ ସଂଯୋଗ କରୁଥିବା ରାସ୍ତାରେ ଠିକ୍ ଲାଇବ୍ରେରୀ ସାମନାରେ ଗୋଟିଏ ସୂର୍ଯ୍ୟଘଡ଼ି ଅଛି । ସୂର୍ଯ୍ୟର ଗତି ସହିତ ଛାଇର ପରିବର୍ତ୍ତନରୁ ସମୟ ଜାଣିହୁଏ ।

Chemistry ଓ Physics ବ୍ଲକ୍ ସାମନାରେ ଅଛି ଗୋଟିଏ ସୁନ୍ଦର ଘାସ ଲନ୍ (Lawn) । ସବୁବେଳେ ଯତ୍ନ ନିଆଯାଇ ସଜାଇ ରଖା ଯାଇଥାଏ । ସବୁରତୁର ସବୁଫୁଲ ସେଠାରେ ଫୁଟେ । ସାତ ପାଖୁଡ଼ିଆ ହରଗୌରା ଫୁଲ ସହିତ ଶୀତଦିନିଆ ଡାଲିଆ ଆଦି ଫୁଲଗଛ ଲଗାଯାଏ । କଲେଜ୍‌ରେ ଅନେକ ଦୁଷ୍ଟପିଲା ଥିଲେ ବି କେହି ସେ ଦୁର୍ଲଭ ସୌନ୍ଦର୍ଯ୍ୟର ଶତ୍ରୁ ନଥାନ୍ତି । କେହି ଫୁଲ ଛିଣ୍ଡାନ୍ତି ନାହିଁ ।

କଲେଜ୍ କମେମୋରେସନ୍ ଡେ (ବାର୍ଷିକ ଉତ୍ସବ) ପ୍ରତିବର୍ଷ ଦୁଇଦିନ ଧରି ପାଳନ କରାଯାଏ । Physics ଲାଇବ୍ରେରୀରେ ବର୍ଷକୁ ଥରେ Science Exhibition ହୁଏ । M.Sc. ପିଲାମାନେ ସୁନ୍ଦର ସୁନ୍ଦର ପ୍ରୋଜେକ୍ଟ ମାନ ପ୍ରସ୍ତୁତ କରିଥାନ୍ତି । ଖେଳନା ଟ୍ରେନ୍ ଠାରୁ ଆରମ୍ଭ କରି ଅନେକ ଶିକ୍ଷଣୀୟ ଓ ମଜାଦାର Item ସବୁ ଦେଖିବାକୁ ମିଳେ । ପ୍ରତ୍ୟେକ Item ପାଖରେ ଜଣେ ଜଣେ ଛାତ୍ର ବା ଛାତ୍ରୀ ଠିଆ ହୋଇଥାନ୍ତି ଓ ଏହାର କାର୍ଯ୍ୟକାରିତା ସମ୍ପର୍କରେ ବୁଝାନ୍ତି । ସଚଳ କରି ଦେଖାଇ ଦିଅନ୍ତି । ଆମ ସାର୍ ପ୍ରଥମ ଥର ପାଇଁ x-ray ମେସିନ୍ ବିଷୟରେ ଜାଣିଲେ ଓ ଏହାର କାର୍ଯ୍ୟକାରିତା ବିଷୟରେ ଅବଗତ ହେବା ପାଇଁ ନିଜ ହାତର x-ray ଫଟୋ ଉଠାଇ ଦେଖିଲେ । Exhibition ଦେଖିଲେ ଓ ବୁଝିଲେ ପିଲାମାନଙ୍କର ବିଜ୍ଞାନ ପଢ଼ିବାକୁ ଆଗ୍ରହ ସୃଷ୍ଟି ହୁଏ । Exhibition ଗୁଡ଼ିକ ଅଗଷ୍ଟ ମାସ ମଧ୍ୟରେ ଆୟୋଜିତ ହୁଏ । ନୂଆ ପିଲାମାନଙ୍କୁ ବେଶ୍ ଆକର୍ଷିତ କରେ । Physics ଭଳି, Chemistry, Zoology ର ମଧ୍ୟ Exhibition କରାଯାଏ ।

ରେଭେନ୍ସାର ଛାତ୍ରଛାତ୍ରୀମାନଙ୍କ ପାଇଁ ଆଉ ଗୋଟିଏ ଆନନ୍ଦଦାୟକ ବିଷୟ ହେଲା ଯୁବ ଉତ୍ସବ (youth festival)। ବସନ୍ତ ଋତୁ ହେଲେ ମେଡ଼ିକାଲ କଲେଜ୍ ଠାରୁ ଆରମ୍ଭ କରି ସବୁ ବଡ଼ ବଡ଼ କଲେଜ ଯଥା:- ପୁରୀ, ସମ୍ବଲପୁର, ବ୍ରହ୍ମପୁର, ଭଦ୍ରକ, ବାଲେଶ୍ୱର, ବାରିପଦା, ଖଲିକୋଟ କଲେଜର ଛାତ୍ରଛାତ୍ରୀମାନେ ଯୋଗଦେଇ ଗୀତ, ନାଚ, ଏକାଙ୍କିକା ପ୍ରଭୃତି ସାଂସ୍କୃତିକ କାର୍ଯ୍ୟକ୍ରମ ମାନ ପ୍ରଦର୍ଶନ କରନ୍ତି। ବିଭିନ୍ନ କଲେଜ୍ର ପିଲାମାନେ ତାଙ୍କ ଅଞ୍ଚଳର ଲୋକନୃତ୍ୟ, ପ୍ରଥା ଓ ସଂସ୍କୃତିରେ ଥିବା କାର୍ଯ୍ୟଗୁଡ଼ିକୁ ମଞ୍ଚସ୍ଥ କରନ୍ତି। ବିଭିନ୍ନ ପ୍ରକାରର ପ୍ରତିଯୋଗିତା କରାଯାଏ। ପୂର୍ବରୁ ଯେଉଁ ହଲ୍ରେ ରାଜ୍ୟ ବିଧାନସଭାର ଅଧିବେଶନ ବସୁଥିଲା। Assembly Hall ରୂପେ ବ୍ୟବହାର ହେଉଥିଲା। ସେହି ହଲ୍ରେ ଯୁବଉତ୍ସବ ଅନୁଷ୍ଠିତ ହୁଏ। ତା'ର ମଞ୍ଚ ସାମନାରେ, ଉପର ମହଲା ଦର୍ଶକ ଗ୍ୟାଲେରୀରେ ଛାତ୍ରଛାତ୍ରୀମାନେ ବସନ୍ତି। ଏହି ଉତ୍ସବ କଲେଜ୍ କଲେଜ୍ ମଧ୍ୟରେ ଓ ଭିନ୍ନ ଭିନ୍ନ କଲେଜର ଛାତ୍ରଛାତ୍ରୀଙ୍କ ମଧ୍ୟରେ ସମ୍ପର୍କ, ଶାନ୍ତି, ସଦ୍ଭାବନା ଓ ସହୃଦୟତା ସୃଷ୍ଟି କରେ। ଛାତ୍ରମାନଙ୍କର ମନ, ହୃଦୟ ଓ ଦୃଷ୍ଟିକୋଣ ସଂପ୍ରସାରିତ ହୁଏ। ବ୍ୟକ୍ତିଗତ ଓ ଦଳଗତ ଭାବରେ ଶ୍ରେଷ୍ଠ ହୋଇଥିବା ଛାତ୍ର ଓ ଦଳମାନଙ୍କୁ ପୁରସ୍କାର ପ୍ରଦାନ କରାଯାଏ। ସୃଜନଶୀଳ ପ୍ରତିଭାର ବିକାଶ ହୁଏ।

ସ୍କୁଲ ଓ କଲେଜ୍ର ସ୍ପୋର୍ଟସ୍ ଭିତରେ ସେମିତି କିଛି ଫରକ ନଥାଏ। ପ୍ରାୟ ସମାନ। କେବଳ ସଂସ୍କରଣରେ ଛୋଟ ବଡ଼। ସ୍କୁଲ ପଡ଼ିଆ ଛୋଟ ପିଲାମାନେ ମଧ୍ୟ ସାନ। କିନ୍ତୁ କଲେଜ୍ର ପଡ଼ିଆ ବିଶାଳ ଓ ଏଠାକାର ଖେଳାଳୀମାନେ ସମାନ ପ୍ରକାରର ଖେଳ ଖେଳୁଥିଲେ ମଧ୍ୟ ସେମାନେ ଥିଲେ ରାଜ୍ୟସ୍ତରୀୟ ଖେଳାଳୀ। ଏହି ଖେଳାଳୀମାନଙ୍କ ମଧ୍ୟରୁ ଅନେକ ଓଡ଼ିଶା ରାଜ୍ୟର ଖେଳାଳୀ ହିସାବରେ ବିଭିନ୍ନ ରାଜ୍ୟ ଓ ରାଷ୍ଟ୍ର ସ୍ତରୀୟ ଖେଳରେ ପ୍ରତିନିଧିତ୍ୱ କରନ୍ତି। ତେଣୁ ସେମାନେ ପ୍ରତ୍ୟହ ସକାଳ ଓ ସନ୍ଧ୍ୟାରେ ନିଜ ନିଜ event କୁ ନେଇ ଅଭ୍ୟାସ କରନ୍ତି। ପୂର୍ବରୁ ଆମ ସାର୍ଙ୍କର ସ୍ପୋର୍ଟସ୍ ବାବଦରେ ଧାରଣା ଥିବାରୁ କଲେଜ୍ ସ୍ପୋର୍ଟସ୍ ସେଭଳି ନୂଆ ଲାଗିନଥିଲା।

ସାର୍ ଜଣେ ଆଥଲେଟ୍ ନଥିଲେ ମଧ୍ୟ ପ୍ରତିଦିନ ବ୍ୟାୟାମ କରୁଥିଲେ। କାରଣ ପ୍ରଥମ ଓ ଦ୍ୱିତୀୟ ବର୍ଷ ପିଲାଙ୍କ ପାଇଁ ବ୍ୟାୟାମ ବାଧ୍ୟତାମୂଳକ ଥିଲା। ଜଣେ ତେଲୁଗୁ ପି.ଇ.ଟି. ଥାଆନ୍ତି। ସେ ସପ୍ତାହରେ ଦୁଇଥର ବ୍ୟାୟାମ କ୍ଲାସ ନିଅନ୍ତି। ଅପରାହ୍ନ ୪ଟା ବେଳକୁ ଏହି କ୍ଲାସ୍ ଆରମ୍ଭ ହୁଏ। ହାତ, ଗୋଡ଼, ଶରୀରଚାଳନା କରି ଦେହକୁ flexible ରଖିବା ପାଇଁ ବ୍ୟାୟାମ ଶିଖାନ୍ତି। ପରବର୍ତ୍ତୀ ସମୟରେ ସ୍କୁଲ ସ୍ତରରେ ଏହାକୁ ଡ୍ରିଲ୍ ହିସାବରେ ଶନିବାର ଦିନ ସକାଳେ ଶିକ୍ଷା ଦିଆଗଲା। କଲେଜ୍ରେ ଯାହା ଶିକ୍ଷା ଦିଆଯାଉଥିଲା

ସେଥିରେ ସବୁଠାରୁ କଷ୍ଟକର ବ୍ୟାୟାମ ଥିଲା ସୂର୍ଯ୍ୟ ନମସ୍କାର। ଏହା ଆମ ହିନ୍ଦୁମାନଙ୍କର ଏକ ପ୍ରାଚୀନ ଓ Traditional ଯୋଗଯୁକ୍ତ ବ୍ୟାୟାମ। ଖୁବ୍ କଷ୍ଟକର ମଧ୍ୟ।

ସାର୍ଙ୍କର କଲେଜ୍‌ରେ ପ୍ରଥମ ବର୍ଷ ଡ୍ରାମା ଅନୁଷ୍ଠିତ ହେଉଥାଏ। ରେଭେନ୍ସା ଛାତ୍ରମାନଙ୍କ ଦ୍ୱାରା ଅଭିନୀତ ଡ୍ରାମା ଖୁବ୍ ଉଚ୍ଚ ମାନର ହୁଏ। ଡ୍ରାମାଟିକ୍ ସୋସାଇଟିର କର୍ମକର୍ତ୍ତା ଓ କିଛି ଅଧ୍ୟାପକଙ୍କ ତତ୍ତ୍ୱାବଧାନରେ ପ୍ରତିବର୍ଷ ଡ୍ରାମା ହୁଏ। ରେଭେନ୍ସା ଛାତ୍ରମାନଙ୍କର ଅଭିନୟ ଯେକୌଣସି ବୃତ୍ତିଗତ ଅଭିନେତାଙ୍କ ଠାରୁ ଆଦୌ କମ୍ ନୁହେଁ। ଡ୍ରାମା ଦୁଇ ରାତି ହୁଏ। ସେଥିପାଇଁ ଏକ ସୁନ୍ଦର ଡ୍ରାମା ମଞ୍ଚ କଲେଜ୍‌ରେ ଅଛି। ଲାଇଟ୍ ଓ ସାଉଣ୍ଡର ସୁନ୍ଦର ବିନ୍ୟାସ ସହିତ କଲେଜ୍ ଛାତ୍ରମାନଙ୍କର ଅର୍କେଷ୍ଟ୍ରା ଖୁବ୍ ମନୋମୁଗ୍ଧକର ହୁଏ। ନାଟକରେ କଲେଜ୍‌ର ଝିଅପିଲାମାନେ ମଧ୍ୟ ଅଂଶଗ୍ରହଣ କରନ୍ତି। ସେ ବର୍ଷ ଡ୍ରାମା ଆରମ୍ଭ ପୂର୍ବରୁ ଛାତ୍ରଛାତ୍ରୀ, ଅଧ୍ୟାପକ, ଅଧ୍ୟାପିକା ଓ ଅନ୍ୟାନ୍ୟ ଦର୍ଶକମାନେ ନିଜ ନିଜ ଆସନରେ ବସି ସାରିଥାନ୍ତି। ବିଧିବଦ୍ଧ ଭାବରେ ଡ୍ରାମା ଉଦ୍‌ଘାଟନ ସରିଯାଇଥାଏ। ନାଟକ ଆରମ୍ଭ ହେଲା। ଗୋଟିଏ ଦୁଇଟି ଦୃଶ୍ୟ ସରିଲା ପରେ ହଠାତ୍ କିଛି ପିଲା ଦୁଷ୍ଟାମୀ କରି ମଞ୍ଚଉପରକୁ ବାଣଟିଏ ଫୋପାଡ଼ିଲେ। ବାଣଟି ମାଇକ୍ ସାମାନାରେ ପଡ଼ି ସଶବ୍ଦେ ଫୁଟିବାରୁ ଭୀଷଣ ଶବ୍ଦ ହେଲା। ସୌଭାଗ୍ୟକୁ କାହାର କିଛି କ୍ଷତି ହୋଇନଥାଏ। ଏପରି କୁକାର୍ଯ୍ୟକୁ ଲକ୍ଷ୍ୟ କରି କର୍ମକର୍ତ୍ତା ଓ ଅଧ୍ୟକ୍ଷଙ୍କ ନିଷ୍ପତ୍ତିକ୍ରମେ ନାଟକ ଅଭିନୟ ବନ୍ଦ କରିଦିଆଗଲା। ତା'ପର ଦିନର ନାଟକ ମଧ୍ୟ ବାତିଲ କରିଦିଆଗଲା। ଏହା ହେଉଛି ରେଭେନ୍ସାର ଶୃଙ୍ଖଳା ରକ୍ଷା ପାଇଁ ନିଆଯାଉଥିବା ପଦକ୍ଷେପର ଏକ ନମୁନା।

ସେତେବେଳେ ଓଡ଼ିଶାରେ ଗୋଟିଏ ମାତ୍ର ବିଶ୍ୱବିଦ୍ୟାଳୟ ଥିଲା। ଉତ୍କଳ ବିଶ୍ୱବିଦ୍ୟାଳୟ। ସାରା ରାଜ୍ୟର କଲେଜଗୁଡ଼ିକ ଏହାର ଅଧିନରେ ଥିଲା। ଡିଗ୍ରୀ ବିତରଣ ପାଇଁ ବିଶ୍ୱବିଦ୍ୟାଳୟ ତରଫରୁ ଯେଉଁ ସମାବର୍ତ୍ତନ ଉତ୍ସବ ପାଳନ କରାଯାଏ ତାହା ରେଭେନ୍ସାର ପରିସର ଭିତରେ ହେଉଥିଲା। କମର୍ସ ଓ ସାଇନ୍‌ସ ବ୍ଲକ୍ ମଝିରେ ଗୋଟିଏ ପ୍ରଶସ୍ତ ମୁକ୍ତ ପ୍ରାଙ୍ଗଣ ଅଛି। ସେଇ ଖୋଲା ଯାଗାରେ ଗୋଟିଏ ମଞ୍ଚ  କରାଯାଇ ସମାବର୍ତ୍ତନ ଉତ୍ସବ ପାଳନ କରାଯାଏ। ସାର୍ ପ୍ରଥମବର୍ଷରେ ପଢୁଥିବା ବେଳେ ୧୯୫୮-୫୯ ମସିହାରେ ପାଳନ କରାଯାଇଥିବା ଏହି ଉତ୍ସବକୁ ଦେଖିବାର ସୁଯୋଗ ପାଇଥିଲେ।

ଉତ୍କଳ ବିଶ୍ୱବିଦ୍ୟାଳୟ ଅଧିନରେ ପରୀକ୍ଷା ଦେଇ ଓଡ଼ିଶାର ବିଭିନ୍ନ କଲେଜରୁ ପାସ୍ କରିଥିବା ବି.ଏ., ବି.ଏସ୍.ସି., ବି.କମ୍., ଏମ୍.ଏ., ଏମ୍.ଏସ୍‌ସି. ଓ ଏମ୍.କମ୍ ପିଲାମାନଙ୍କୁ ପାସ୍ କରିଥିବାର ପ୍ରମାଣପତ୍ର ବଣ୍ଟନ କରାଯାଏ। ଏହି ସମାବର୍ତ୍ତନ ଉତ୍ସବକୁ

convocation ମଧ୍ୟ କୁହାଯାଏ । ପ୍ରମାଣପତ୍ର ଓ ପୁରସ୍କାର ପାଇବା ଯୋଗ୍ୟ ପିଲାମାନଙ୍କ ପାଖକୁ ବିଶ୍ୱବିଦ୍ୟାଳୟ ତରଫରୁ ଚିଠି ପଠାଯାଇଥାଏ । ଚିଠି ପାଇଲା ପରେ ସେମାନେ ଟଙ୍କା ଦାଖଲ କରି ସ୍ୱତନ୍ତ୍ର ପୋଷାକ ନିଅନ୍ତି । ଗୋଟିଏ କଳା ଲମ୍ୱା ଗାଉନ୍ ଓ କଳା ଟୋପି । ଏହି ପୋଷାକ ପିନ୍ଧି ସେମାନେ ପ୍ରମାଣପତ୍ର ଗ୍ରହଣ କରନ୍ତି । ଏହିଭଳି ପୋଷାକ ପିନ୍ଧି ମଞ୍ଚ ଉପରକୁ ଯାଇ ପ୍ରମାଣପତ୍ର ଗ୍ରହଣ କରିବାକୁ ସମସ୍ତ ଛାତ୍ରଛାତ୍ରୀ ଗୋଟିଏ ସୌଭାଗ୍ୟ ଓ ଗର୍ବର କଥା ବୋଲି ମନେକରନ୍ତି । ଏହି ସମୟର ଦୁର୍ଲଭ ଫଟୋଟିଏ ଉଠାଇ ପ୍ରାୟ ସମସ୍ତେ ନିଜ ପାଖରେ ସାଇତି ରଖନ୍ତି ।

ମଞ୍ଚାସୀନ ଅତିଥିମାନେ ମଧ୍ୟ ସେଦିନ ସ୍ୱତନ୍ତ୍ର ଗାଉନ୍ ଓ ଟୋପି ପିନ୍ଧିଥାଆନ୍ତି । ବିଶ୍ୱବିଦ୍ୟାଳୟର କୁଳପତି ଭାବରେ ରାଜ୍ୟପାଳ ମହୋଦୟ, ବିଶ୍ୱବିଦ୍ୟାଳୟର ମୁଖ୍ୟ, ଉପ-କୁଳପତିଙ୍କ ସହିତ ଦେଶ ଓ ରାଜ୍ୟର ଅନ୍ୟାନ୍ୟ ବିଶିଷ୍ଟ ଅତିଥିମାନେ ମଞ୍ଚରେ ଉପସ୍ଥିତ ରହନ୍ତି । ମଞ୍ଚ ତଳେ ନିଜ ନିଜ ଆସନ ପାଖରେ ପୋଷାକ ପିନ୍ଧି ଛାତ୍ରଛାତ୍ରୀ ମାନେ ଠିଆ ହୋଇ ରହନ୍ତି । ଖୁବ୍ ଗାମ୍ଭୀର୍ଯ୍ୟପୂର୍ଣ୍ଣ ପରିବେଶରେ ଏହି ସଭାର ସମସ୍ତ କାର୍ଯ୍ୟକ୍ରମ କରାଯାଏ । ଗବେଷକମାନଙ୍କୁ ଡକ୍ଟରେଟ୍ ଡିଗ୍ରୀ ଦିଆଯାଏ । ପ୍ରଥମ ଦଶଜଣରେ ସ୍ଥାନ ପାଇଥିବା ମେଧାବୀ ଛାତ୍ରଛାତ୍ରୀମାନଙ୍କୁ ପ୍ରମାଣପତ୍ର ସହିତ ସ୍ୱର୍ଣ୍ଣପଦକ ଇତ୍ୟାଦି ପ୍ରଦାନ କରାଯାଏ ।

କଲେଜ ମାନଙ୍କରେ ପାଠ ପଢୁଥିବା ପ୍ରତ୍ୟେକ ପିଲାର ମନରେ ଆଶା ଓ ସ୍ୱପ୍ନଟିଏ ଥାଏ ସମାବର୍ତ୍ତନ ଉତ୍ସବରେ କଳା ଗାଉନ୍ ଓ ଟୋପି ପିନ୍ଧି ମଞ୍ଚ ଉପରେ ଥରଟିଏ ପାଇଁ ପାଦ ପକାଇବାକୁ ।

ରେଭେନ୍ସା କଲେଜ୍ ପରିସର ମଧ୍ୟରେ ପ୍ରତିଦିନ ସନ୍ଧ୍ୟାରେ କିଛି ନା କିଛି ଉତ୍ସବ, ସଭା ସମିତି ଚାଲିଥାଏ । କେଉଁଠି ସେମିନାର, କେଉଁଠି ଆଲୋଚନା ସଭା, କେଉଁଠି କବିତା ପାଠୋତ୍ସବ ତ କେଉଁଠି ସାହିତ୍ୟ ସଭା ହେଉଥାଏ । ବହୁ ଗୁଣୀ, ଜ୍ଞାନୀ ବ୍ୟକ୍ତି ଓ ଅଧ୍ୟାପକ ମାନେ ନିମନ୍ତ୍ରିତ ହୋଇ ଆସନ୍ତି । ସେମାନଙ୍କୁ ଶୁଣିବା ପାଇଁ ଆୟୋଜକ ବିଭାଗର ପିଲାଙ୍କ ସହ ଆଗ୍ରହୀ ଛାତ୍ରଛାତ୍ରୀମାନେ ଏହି କାର୍ଯ୍ୟକ୍ରମମାନଙ୍କରେ ଯୋଗ ଦିଅନ୍ତି । ସେ ସମୟରେ ରେଭେନସା ଥିଲା ଜ୍ଞାନବିଜ୍ଞାନ ବିକାଶର ଏକ ଅନନ୍ୟ କ୍ଷେତ୍ର । ଥରେ English Channel ସନ୍ତରଣକାରୀ  କଲିକତାର ଶ୍ରୀଯୁକ୍ତ ମିହିର୍ ସେନ୍ କୌଣସି ଏକ ସଭାରେ ଭାଷଣ ଦେବା ପାଇଁ ନିମନ୍ତ୍ରିତ ହୋଇ ଆସିଥିଲେ । ସନ୍ତରଣ ବିଷୟକ ତାଙ୍କର ରୋମାଞ୍ଚକର ଅନୁଭୂତି ବର୍ଣ୍ଣନା ଖୁବ୍ ଶ୍ରୁତି ମଧୁର ହୋଇଥିଲା । ସଂଧ୍ୟା ସମୟର କାର୍ଯ୍ୟକ୍ରମରେ ଭାଗ ନେଇ ପିଲାମାନେ ସାହିତ୍ୟ, ସଂସ୍କୃତି, କ୍ରୀଡ଼ା ଓ ବିଜ୍ଞାନ ବିଷୟରେ ଭାଷଣ ଶୁଣି ପ୍ରେରଣା ଲାଭ କରନ୍ତି ।

ସେତେବେଳେ କଟକରେ ଅନପୂର୍ଣ୍ଣା ଥିଏଟର ସହିତ ଚାରିଟି ସିନେମା ହଲ୍ ଥିଲା। କଲେଜ୍‌ର ଖୁବ୍ ନିକଟରେ ଥିଲା ହିନ୍ଦ୍ ସିନେମା। ସାର୍‌ଙ୍କର ସିନେମା ବିଷୟରେ ଧାରଣା କିମ୍ବା ଆଗ୍ରହ ନଥାଏ। କିନ୍ତୁ ବଡ଼ଘର ପିଲାମାନେ, ଯେଉଁମାନେ ପକେଟ୍ ଖର୍ଚ୍ଚ ହିସାବରେ ଘରୁ ଅଧିକ ପଇସା ପାଆନ୍ତି, ସେମାନେ ନିୟମିତ ସିନେମା ଦେଖନ୍ତି। ପିଲାଙ୍କ ପାଖରେ ପଇସା ଅଭାବ ହେଲେ ରାତି ବକ୍ତଟା ହଷ୍ଟେଲ୍‌ରେ Sick meal କରି ଦିଅନ୍ତି। ତେଣୁ meal ବଦଳରେ ଖାଇବା ପାଇଁ ମ୍ୟାନେଜର ତାଙ୍କୁ ପଚାଶ ପଇସା ଦିଏ। ପିଲାମାନେ ସେ ପଇସାରେ ନଖାଇ ଚାରଣା ମିଶାଇ ସିନେମା ଦେଖିବାକୁ ଯାଆନ୍ତି। ସାର୍ ଦୁଇବର୍ଷ ପାଠପଢ଼ା ଭିତରେ 2nd year ରେ ଥରେ ସିନେମା ଦେଖି ଯାଇଥିଲେ। ଏ କଥା ଜାଣିଲା ପରେ ସାର୍‌ଙ୍କର ସାଙ୍ଗ ଧୋଇଧର ଥଟ୍ଟା ପରିହାସ କରିଥିଲେ। ସେତିକିରେ ସାର୍‌ଙ୍କର ମନ ବଦଳିଗଲା। ସେ ଯେ ପାଠପଢ଼ିବାକୁ ଆସିଛନ୍ତି, ଆମୋଦ ପ୍ରମୋଦ କରିବାକୁ ନୁହେଁ ଏକଥା ବୁଝିଗଲେ। ତେଣୁ ସାର୍‌ଙ୍କ କଲେଜ୍ ଜୀବନରେ ସେଇ ଥରଟି ପ୍ରଥମ ଓ ଶେଷ ସିନେମା ଦେଖା ହୋଇଗଲା।

ଆଇ.ଏସ୍ ସି.ର ଆନୁଆଲ୍ ପରୀକ୍ଷା ଆରମ୍ଭ ହେଲା। ଏହି ପରୀକ୍ଷାକୁ ନେଇ ଆମ ସାର୍‌ଙ୍କର ଏକ ଦୁଃଖଦ ଓ ଅକୁହା ବେଦନା ରହିଯାଇଛି। ସେଦିନ ଗଣିତ ପ୍ରଥମ ପତ୍ରର ପରୀକ୍ଷା ଥାଏ। ସମୟ ଫାଷ୍ଟ ସିଟିଂ- ଫାଷ୍ଟ ପେପରଟି ସେକେଣ୍ଡ ପେପରଠାରୁ ଟିକେ ସହଜ। କିନ୍ତୁ ଗଣିତ ନିଶ୍ଚୟ ଏକ କଷ୍ଟକର ବିଷୟ ହୋଇଥିବାରୁ ସାର୍‌ଙ୍କ ମନରେ ଭୟ ଥାଏ। ପୂର୍ବଦିନ ରାତିରେ ପଢ଼ିଲା ବେଳେ ଯେଉଁ ଗଣିତ ସବୁ କରିଥିଲେ, ସେଥିରେ ଗୋଟିଏ ୫ ନମ୍ବର ଅଙ୍କ ଥିଲା। ପରୀକ୍ଷାରେ ପ୍ରଶ୍ନପତ୍ର ଦେଖିଲା ବେଳକୁ ସେଇ ଅଙ୍କଟି ପଡ଼ିଛି। ତେଣୁ ସାର୍ ଖୁସି ହୋଇ ଆଗେ ସେଇ ଅଙ୍କଟିକୁ କଷିବା ପାଇଁ ବସିଗଲେ। ଆଲ୍‌ଜେବ୍ରା ପ୍ରଶ୍ନଟିକୁ ନିର୍ଦ୍ଦିଷ୍ଟ ମୂଲ୍ୟ ସହିତ ସମାନ ବୋଲି ପ୍ରମାଣ କରିବାକୁ ଥାଏ। ସାର୍ ଅଙ୍କଟି କଲେ କିନ୍ତୁ ଉତ୍ତର ସହିତ ମେଳ ଖାଇଲା ନାହିଁ। ସହଜ ପ୍ରଶ୍ନ। ବାରମ୍ବାର ଚେଷ୍ଟା କଲେ କିନ୍ତୁ ଉତ୍ତର ମିଳିଲା ନାହିଁ। ଜଣା ପ୍ରଶ୍ନଟା ହୋଇଥିବାରୁ ଛାଡ଼ି ପାରୁନଥାନ୍ତି। ୧ ଘଣ୍ଟା ୧୫ ମିନିଟ୍ ବିତିଗଲା କିନ୍ତୁ ଉତ୍ତର ମିଳିଲା ନାହିଁ। ମୋଟ ତିନି ଘଣ୍ଟାର ପରୀକ୍ଷା ସମୟରୁ ଗୋଟିଏ ପ୍ରଶ୍ନ ପଛରେ ବିତିଗଲା ୧ ଘଣ୍ଟାରୁ ଊର୍ଦ୍ଧ୍ୱ ସମୟ। ଅନ୍ୟ ଅଙ୍କ କେତେବେଳେ କରିବେ ତାହା ଚିନ୍ତା କରି ସାର୍‌ଙ୍କ ମନରେ ଭୟ ଆସିଗଲା। ଭାବିଲେ ଆଜିର ପରୀକ୍ଷା ବୃଥା ଗଲା। ନିଶ୍ଚୟ ଫେଲ୍ ହେବେ। ଯେଉଁ ପ୍ରଶ୍ନର ଧାରା ମାଲୁମ୍ ଥିଲା ଭୟ ହେତୁ ତାକୁ ମଧ୍ୟ ଭୁଲିଗଲେ, ସୂତ୍ର ମନେପଡ଼ିଲା ନାହିଁ। ଭୟରେ ଦେହରୁ ଝାଳ ବୋହିଗଲା। ତଣ୍ଟି ଶୁଖିଗଲା। ଶରୀରର ଶକ୍ତି କ୍ଷୟ ହୋଇ ଦୁର୍ବଳବୋଧ

ହେଲା । ଏସବୁ ସତ୍ତ୍ୱେ ଚେଷ୍ଟା କରି ନିଶ୍ଚିତ ଭାବରେ କରି ପାରୁଥିବା ୪୦ ମାର୍କର ଉତ୍ତର ଦେଲେ । ସେଥିରେ ୩୬ ନମ୍ବର ରହିଲା । ପରୀକ୍ଷା ପରେ ଖାତା ଦେଇ ବାହାରକୁ ଆସିବା କ୍ଷଣି ସାର୍ ନିଜର ଭୁଲ୍‌ଟି ଜାଣିପାରିଲେ । ଭୟ ପ୍ରମାଦ ମଣିଷର ବଡ଼ ଶତ୍ରୁ । ଆସୁଥିବା ପାଠ ମନରୁ ହଜିଯାଏ । ଏହି ଭୟ ବ୍ୟକ୍ତିତ୍ୱ ନିର୍ମାଣରେ ବଡ଼ ବାଧକ । ସେଦିନର ଘଟଣା ସାର୍‌ଙ୍କ ଜୀବନରେ ଏକ ବ୍ୟାଧି ହୋଇ ରହିଗଲା । ସେଦିନର ଭୀତ ପରିସ୍ଥିତିକୁ ଡାକ୍ତରୀ ଭାଷାରେ ଷ୍ଟ୍ରୋକ୍ ବୋଲି କୁହାଯାଏ । ଏହା ଥରେ ଆସିଲେ ମଣିଷକୁ ମୃତ୍ୟୁ ପର୍ଯ୍ୟନ୍ତ ଆଉ ଛାଡ଼ି ଯାଏ ନାହିଁ । ସ୍ମୃତିକୋଷ ଭିତରେ ସାଇତି ହୋଇ ରହିଯାଏ । ଅନୁରୂପ ପରିବେଶ ଓ ପରିସ୍ଥିତି ସୃଷ୍ଟି ହୋଇ କିଂକର୍ତ୍ତବ୍ୟବିମୁଢ଼ ହୋଇଗଲେ ସମାନ ଅବସ୍ଥା ସୃଷ୍ଟିହୁଏ । ଭୟରେ ଦେହଥରେ । ଝାଳବୁହେ ଓ ତଣ୍ଟି ଶୁଖିଯାଏ । ସେଦିନର ଏହି ମାନସିକ ଷ୍ଟ୍ରୋକ୍‌ଟି ଏବେ ମଧ୍ୟ ବେଳବେଳେ ସାର୍‌ଙ୍କୁ ଭୟଭୀତ କରାଏ । ସ୍ୱପ୍ନରେ ମଧ୍ୟ ପରାଜିତ ହେବାଭଳି ପରିସ୍ଥିତି ଉପୁଜିଲେ ଶରୀର ଓ ମନରେ ସେଇଭଳି ପ୍ରତିକ୍ରିୟା ସୃଷ୍ଟି ହୁଏ । ଭୟରେ ନିଦ ଭାଙ୍ଗିଯାଏ ।

ସାର୍‌ଙ୍କ ସମୟରେ ଏମ୍.ଏ. ଓ ଏମ୍.ଏସ୍‌ସି., ଗଣିତ, ପଦାର୍ଥ ବିଜ୍ଞାନ, ଅର୍ଥନୀତି ଓ ରସାୟନ ବିଦ୍ୟାରେ ବେଳେବେଳେ ଜଣେ ବା ଦୁଇଜଣ ପ୍ରଥମ ଶ୍ରେଣୀରେ ଉତ୍ତୀର୍ଣ୍ଣ ହୁଅନ୍ତି । ସମୟେ ସମୟେ କେତେକ ବିଭାଗରେ ପ୍ରଥମ ଶ୍ରେଣୀରେ କେହି ପାସ୍ କରିନଥାନ୍ତି । ଅଜିକାଲି ଫାର୍ଷ୍ଟକ୍ଲାସ୍ ପାଉଥିବା ପିଲାଙ୍କ ସଂଖ୍ୟା ବହୁ ପରିମାଣରେ ବଢ଼ିଯାଇଛି । ସେତେବେଳେ ଗୋଟିଏ ବିଶ୍ୱବିଦ୍ୟାଳୟ ଥିଲା । ସମୟ ପରିବର୍ତ୍ତନ ସହିତ ଏବେ ସମ୍ବଲପୁର, ବ୍ରହ୍ମପୁର ଉତ୍ତରଓଡ଼ିଶା ସହିତ ରେଭେନ୍ସା ନିଜେ ଗୋଟିଏ ଏକକ ବିଶ୍ୱବିଦ୍ୟାଳୟରେ ପରିଣତ ହୋଇଯାଇଛି ।

■

# ବିଦାୟ ରେଭେନ୍ସା

୧୯୬୦ ମସିହାରେ ଆଇ.ଏସ୍.ସି. ବାର୍ଷିକ ପରୀକ୍ଷା ସରିଲା। ପ୍ରାକ୍‌ଟିକାଲ ପରୀକ୍ଷା ପରେ ନିଜର ଟ୍ରଙ୍କ ଓ ବ୍ୟାଗପତ୍ର ଧରି ବିଦାୟ ନେଇ ସାର୍ ଘରକୁ ଫେରିଲେ। ମନରେ ଦୁଃଖ। ସାଙ୍ଗ ସାଥୀ ଓ ହଷ୍ଟେଲର ପରିଚିତ କୋଠରୀ, କଲେଜର ପରିସରକୁ ଛାଡ଼ିବାକୁ ପଡ଼ିବ। ସେମାନେ ଆଉ କେବେ ଦେଖା ହେବେ ତା'ର ଠିକଣା ନାହିଁ। ବିତି ଯାଇଥିବା ଛାତ୍ର ଜୀବନ ଆଉ ଫେରିବ ନାହିଁ। ସାର୍‌ଙ୍କ ଆଖିରୁ ଲୁହ ବୋହିଗଲା। ବିଦାୟ ଶବ୍ଦଟି ବଡ଼ ନିଷ୍ଠୁର।

ହଷ୍ଟେଲ ଛାଡ଼ିଲାବେଳକୁ caution money ଫେରାଇ ଦେଲେ। ପୂଜାରୀ, ଚାକରମାନଙ୍କୁ କିଛି କିଛି ବକ୍‌ସିସ୍ ଦେଇ ବିଦାୟ ନେଲେ। ଏଭଳି ଅନେକ ଅନୁଭବର ସ୍ନିଗ୍ଧ ସ୍ମୃତି ସାର୍‌ଙ୍କ ମନରେ ଆଜିଯାଏ ସାଇତା ହୋଇ ରହିଯାଇଛି। ରେଭେନ୍ସାର ଗୁରୁମାନଙ୍କ ମଧ୍ୟରୁ ଅଧ୍ୟକ୍ଷ ଶ୍ରୀଯୁକ୍ତ ସଦାଶିବ ମିଶ୍ର ଓ ଶ୍ରୀଯୁକ୍ତ ବିଚିତ୍ରାନନ୍ଦ ନନ୍ଦଙ୍କୁ ସାର୍ ଏବେ ବି ପ୍ରତି ପ୍ରାତଃରେ ସ୍ମରଣ କରନ୍ତି। ଆଶୀଷ ଭିକ୍ଷା କରନ୍ତି। ସେ ଗୁରୁ ଦୁହେଁ ଏବେ ଆଉ ଇହଧାମରେ ନାହାନ୍ତି।

ସାର୍ ଘରକୁ ଫେରି ପରୀକ୍ଷାଫଳକୁ ଅପେକ୍ଷା କରିଥାନ୍ତି। ନିଜ ଉପରେ ବିଶ୍ୱାସ ଥିଲେ ବି ମନରେ କିଞ୍ଚିତ ଭୟ ଥାଏ। ମେ' ମାସରେ ପରୀକ୍ଷାଫଳ ବାହାରିଲା। ଦୈନିକ ଖବରକାଗଜ ସମାଜରେ ନାଆଁ ପ୍ରକାଶ ପାଇଲା। ସାର୍ ତୃତୀୟ ଶ୍ରେଣୀରେ ପାସ୍ କଲେ। ସେ ସମୟରେ ସାଧାରଣଜ୍ଞାନ ୧୦୦ ମାର୍କର ପରୀକ୍ଷା ହେଉଥିଲା। ସେଥିରେ ଫେଲ୍ ହେଲେ ପରୀକ୍ଷାରେ ପିଲାମାନେ ଫେଲ୍ ହୁଅନ୍ତି ନାହିଁ। କିନ୍ତୁ ପ୍ରମାଣପତ୍ରରେ ସାଧାରଣ ଜ୍ଞାନ ବ୍ୟତୀତ (without G.K.) ବୋଲି ଉଲ୍ଲେଖ ରହେ। ସାର୍‌ଙ୍କର ସାଧାରଣଜ୍ଞାନ ବିଷୟରେ ପାସ୍ ମାର୍କରୁ ଅଧିକ ନମ୍ବର ଥାଏ।

ସାର୍‌ଙ୍କର I.Sc. ପାଠପଢ଼ାରେ ରେଭେନ୍ସା ସହିତ ସମ୍ପର୍କ ସମ୍ପୂର୍ଣ୍ଣ ଭାବରେ ତୁଟି ଯାଇନଥିଲା । ରେଭେନ୍ସା ଉପରେ ବିଶ୍ୱାସ, ଶ୍ରଦ୍ଧା ଓ ସମ୍ମାନ ଯୋଗୁଁ ସାର୍ ପୁଅମାନଙ୍କୁ ମଧ୍ୟ ସେଠାକୁ ପଢ଼ିବାକୁ ପଠାଇଥିଲେ । ଫଳରେ ପୁଣିଥରେ ସମ୍ପର୍କର ସୁତ୍ରଟିଏ ଯୋଡ଼ି ହୋଇ ଯାଇଥିଲା ନିଜର ପ୍ରିୟ କଲେଜ ସହିତ ।

■

# ଆଞ୍ଚଳିକ ଉନ୍ନତିର ଖବର

୧୯୫୯ ମସିହା ଅକ୍ଟୋବର ମାସର କଥା । ସେତେବେଳେ ସାର୍ କଟକରେ ପଢୁଥାନ୍ତି । ଦୈନିକ ସମାଜରେ ଗୋଟିଏ ସମ୍ବାଦ ପ୍ରକାଶ ପାଇଲା । ଯାଜପୁରର ଧର୍ମଶାଳା ଥାନା ଅନ୍ତର୍ଗତ ମଧୁବନ ଗାଆଁର ସମ୍ବାଦ । ନିଜ ଅଞ୍ଚଳର ଖବର ହୋଇଥିବାରୁ ସମୁଦାୟ ବିଷୟଟି ପଢ଼ିବା ପାଇଁ ସାର୍‌ଙ୍କର ଆଗ୍ରହ ହେଲା ।

ମଧୁବନ ଓ ପାଖଆଖ ଗାଆଁର ଲୋକେ ସେତେବେଳେ ରାଜନୀତି, ଶିକ୍ଷା ଓ ଧନ ଦୃଷ୍ଟିରୁ ଖୁବ୍ ସଚେତନ ଥାଆନ୍ତି । ପ୍ରଗତି ଅର୍ଥ କେବଳ ଭଲରେ ପ୍ରଗତି ନୁହେଁ । ତା' ସହିତ ସମତାଳରେ ମନ୍ଦବୁଦ୍ଧି ଓ ଦୁଷ୍କର୍ମର ମଧ୍ୟ ପ୍ରଗତି ହୋଇଥାଏ । ତେଣୁ ଏହି ଅଞ୍ଚଳରେ ଘନ ଘନ ଚୋରି, ଡକାୟତି, ରାହାଜାନୀ ଓ ନାରୀ ଧର୍ଷଣ ପରି ଘଟଣାମାନ ଘଟୁଥାଏ । ଯାହା ଜନଜୀବନକୁ ଅସ୍ତବ୍ୟସ୍ତ କରି ପକାଇବା ସହିତ ପୋଲିସ ବିଭାଗ ପାଇଁ ମୁଣ୍ଡବିନ୍ଧାର କାରଣ ହୋଇଯାଇଥାଏ । ଅତ୍ୟାଚାର ଅସହ୍ୟ ହେବାରୁ ସାଧାରଣ ଲୋକେ ଉତ୍ତେଜିତ ହେଲେ । ସଂଘବଦ୍ଧ ହୋଇ ଏହାର ପ୍ରତିକାର ପାଇଁ ଉପାୟ ଚିନ୍ତା କରି ଆଗକୁ ବାହାରିଲେ । ତେଣୁ ଆଞ୍ଚଳିକ ସ୍ତରରେ କୋଡ଼ିଏ ପଚିଶ ଖଣ୍ଡ ଗାଆଁର ଲୋକଙ୍କୁ ନେଇ ବେସରକାରୀ ଉଦ୍ୟମରେ ଏକ ଦୁର୍ନୀତି ନିବାରଣ କମିଟି ଗଠନ କରାଗଲା । ଏହି କମିଟିର ସଦସ୍ୟମାନେ ପ୍ରତି ସନ୍ଧ୍ୟାରେ ମଧୁବନ ମାଇନର୍ ସ୍କୁଲର ହଲ୍‌ରେ ଏକତ୍ରିତ ହେବାକୁ ଲାଗିଲେ । ଦୁଷ୍କର୍ମ ଯୋଗୁଁ ଅତିଷ୍ଠ ହୋଇଯାଇଥିବାରୁ ଏଥିରୁ ଉଦ୍ଧାର ପାଇଁ ସମସ୍ତେ ବ୍ୟଗ୍ର ଥିଲେ । ଏ ସଂଗଠନଟି ଆରମ୍ଭ ହେବାରୁ ସମସ୍ତଙ୍କ ମନରେ ଆଶାର ସଞ୍ଚାର ହେଲା । ତେଣୁ ବିନା ଡାକରାରେ ଲୋକେ ସ୍ୱତଃପ୍ରବୃତ୍ତ ଭାବରେ ସନ୍ଧ୍ୟା ଅଧିବେଶନରେ ଯୋଗଦେବାକୁ ଲାଗିଲେ । ସ୍ଥାନୀୟ ଅଞ୍ଚଳର ମୁରବୀମାନେ ଏହାର ନେତୃତ୍ୱ ନେଲେ । ସନ୍ଦିଗ୍ଧ ଚରିତ୍ରମାନଙ୍କୁ ଧରି ଆଣି ପଚାରଉଚରା କରାଗଲା । ନ ମାନିଲେ ମାଡ଼ ଦେଇ କଥା ଆଦାୟ କରାଗଲା । ଅତ୍ୟାଚାରିତ ଓ ସାକ୍ଷୀମାନଙ୍କର ସାହସ ବଢ଼ିଲା । ନିର୍ଭୟରେ ସେମାନେ ସାକ୍ଷ୍ୟ ପ୍ରଦାନ କଲେ ।

ସେମାନଙ୍କର ସ୍ୱୀକାରୋକ୍ତି ସଭା ବହିରେ ଉଲ୍ଲେଖ କରାଗଲା । ଚୋରୀ, ଡକାୟତି ଓ ଅନ୍ୟାନ୍ୟ ଅପରାଧରେ ସଂଶ୍ଳିଷ୍ଟ ଅପରାଧିମାନେ ଧରାପଡ଼ିଲେ । ସେମାନଙ୍କୁ ବାଧିଲା ଭଳି ଦୃଷ୍ଟାନ୍ତମୂଳକ ଶାସ୍ତି ବା ଦଣ୍ଡ ଦିଆଗଲା । ସେମାନେ ଲୁଚି ରହି ପାରିଲେ ନାହିଁ । ଅପରାଧ କରିବାର ସୁଯୋଗ ପାଇଲେ ନାହିଁ । ତେଣୁ ସେମାନେ ଭଲ ବାଟକୁ ଆସିବା ପାଇଁ ଇଚ୍ଛା କରି ଜନସାଧାରଣଙ୍କ ଆଗରେ ଶପଥ ଗ୍ରହଣ କଲେ ।

ସାଧାରଣ ଜନତାଙ୍କର ପଦକ୍ଷେପରୁ ଆଶ୍ଚର୍ଯ୍ୟ ଘଟଣା ଘଟିଲା । କଟକ ଜିଲ୍ଲାର ଗ୍ରାମାଞ୍ଚଳ ଏସ୍.ପି. ଓ ସ୍ଥାନୀୟ ପୋଲିସ୍ ଅଧିକାରୀମାନେ ଏହି ସୁକାର୍ଯ୍ୟକୁ ପୂର୍ଣ୍ଣପ୍ରାଣରେ ସମର୍ଥନ ଦେଲେ । ଏହା ସହିତ କମିଟିକୁ ଦରି, ପେଟ୍ରୋମାକ୍ସ ଲାଇଟ୍ ଓ ବଡ଼ ବଡ଼ ଟର୍ଚ୍ଚ ଲାଇଟ୍ ଦେଇ ଉତ୍ସାହିତ କଲେ ।

ବିଳମ୍ବିତ ରାତ୍ରି ପର୍ଯ୍ୟନ୍ତ ବୈଠକ ବସେ । ବିଚାର ବିମର୍ଷ ଚାଲେ । ଲୋକେ ଗାଆଁ ଗଣ୍ଡାରେ ବୁଲୁଥାନ୍ତି । କଥାରେ ଅଛି ମାଡ଼କୁ ସ୍ୱୟଂ ଈଶ୍ୱରଙ୍କର ଭୟ । ତେଣୁ ଚୋର ଉପଦ୍ରବ କମିଗଲା । ତୃଣମୂଳ ସ୍ତରରୁ ସଂଗଠନ ଆରମ୍ଭ ହୋଇଥିବାରୁ ସବୁ ଦୋଷୀମାନେ ଧରା ପଡ଼ିଗଲେ ଓ ଏହି ଅଞ୍ଚଳରୁ ଅପରାଧ ଲୋପ ପାଇଗଲା । ଶାନ୍ତି ଫେରି ଆସିଲା । ଏତକ ଥିଲା ଖବରକାଗଜର କଥା ।

ଆମେ ଏବେ ପ୍ରଗତିର ଚରମସୀମାରେ ପହଞ୍ଚି ସାରିଲେଣି । କିନ୍ତୁ ସେଦିନ ଭଳି ସଂଗଠନଟିଏ ତିଆରି କରି ଆମେ ସମାଜରେ ପରିବର୍ତ୍ତନ ଆଣିପାରିବା, ସେଭଳି ଆଶା ଏବେ ସମ୍ପୂର୍ଣ୍ଣ ଭାବରେ ମଉଳି ଯାଇଛି । ଆଲୋଚନା ପ୍ରସଙ୍ଗରେ ଏହି କମିଟିର ସମସ୍ତ ସଦସ୍ୟ ଥରେ ଏକମତ ହେଲେ ଯେ ଏ ସବୁ ଅପରାଧ ଶିକ୍ଷା ଅଭାବର ପରିଣାମ । ସେତେବେଳେ ପିଲାଙ୍କ ପାଠପଢ଼ା ପାଇଁ ସମଗ୍ର ମଧୁବନ ଅଞ୍ଚଳରେ ଗୋଟିଏ ମାତ୍ର ମାଇନର୍ ସ୍କୁଲ୍ ଥାଏ । ସପ୍ତମ ଶ୍ରେଣୀ ପର୍ଯ୍ୟନ୍ତ ପଢ଼ିଲା ପରେ ଅଧିକାଂଶ ପିଲାଙ୍କର ପାଠପଢ଼ାରେ ଡୋରୀ ବନ୍ଧାଯାଏ । ମଧୁବନଠାରୁ ପୂର୍ବକୁ ଦଶ ମାଇଲ୍ ଦୂର ପୁରୁଷୋତ୍ତମପୁର ଓ ପଶ୍ଚିମକୁ ପନ୍ଦର ମାଇଲ୍ ଦୂର ଶଙ୍ଖଚିଲା ଓ ଦକ୍ଷିଣକୁ ଦଶ ମାଇଲ୍ ଦୂର ଧର୍ମଶାଳାରେ ମୋଟ ତିନୋଟି ହାଇସ୍କୁଲ ଥାଏ । କଲଣର ମଧୁପୁର ହାଇସ୍କୁଲ ନୂଆ କରି ଆରମ୍ଭ ହୋଇଥାଏ । ବିସ୍ତୀର୍ଣ୍ଣ ଅଞ୍ଚଳ ପାଇଁ ଥାଏ ଏଇ ଚାରିଟି ସ୍କୁଲ୍ । ଅଳ୍ପ କିଛି ଧନୀଘର ପିଲାଙ୍କୁ ଛାଡ଼ି ଦେଲେ ଅନ୍ୟମାନଙ୍କ ପାଇଁ ହାଇସ୍କୁଲ ପାଠପଢ଼ା ଥିଲା ଅପହଞ୍ଚ ଦୂରତ୍ୱରେ । ଏଭଳି ପରିସ୍ଥିତିରେ ଝିଅପିଲାଙ୍କ ପଢ଼ିବାର ପ୍ରଶ୍ନ ଉଠୁଛି କେଉଁଠି ।

■

# ମଧୁବନ ଉଚ୍ଚବିଦ୍ୟାଳୟର ଜନ୍ମ

ଦୁର୍ନୀତି ନିବାରଣ ବୈଠକରୁ ଏକ ଶୁଭ ମୁହୂର୍ତ୍ତରେ ଆଲୋଚନା କରାଯାଇ ମାଇନର୍ ସ୍କୁଲ୍ ପରିସରରେ ଆଗାମୀ ଶିକ୍ଷାବର୍ଷ ୧୯୬୦ ମସିହାରେ ହାଇସ୍କୁଲଟିଏ ସ୍ଥାପନ କରାଯିବାର ସର୍ବସମ୍ମତ ନିଷ୍ପତ୍ତି ଗ୍ରହଣ କରାଗଲା। ମିର୍ଜାପୁରର ସ୍ୱାଧୀନତା ସଂଗ୍ରାମୀ ଶ୍ରୀଯୁକ୍ତ ଯୋଗେନ୍ଦ୍ର ପଣ୍ଡା (ସାନଯୋଗୀ, ସ୍ୱାଧୀନତା ଆନ୍ଦୋଳନର ବାନରସେନା) ଏହି ପବିତ୍ର ପ୍ରସ୍ତାବଟିକୁ ବିବରଣୀ ବହିରେ ନିଜ ହାତରେ ଲେଖିଥିଲେ। ସେ ମହାଶୟ ପରବର୍ତ୍ତୀ ସମୟରେ ରାହାମ୍ବା ଗ୍ରାମ ପଞ୍ଚାୟତର ସରପଞ୍ଚ ଓ ମାଇନର୍ ସ୍କୁଲ୍‌ର ସମ୍ପାଦକ ଦାୟିତ୍ୱ ତୁଲାଇଥିଲେ। କଥା ପ୍ରସଙ୍ଗରେ ଏସବୁ କଥା ଆମ ସାର୍ ତାଙ୍କ ଠାରୁ ଶୁଣିଥିଲେ।

ହାଇସ୍କୁଲ୍ ନିର୍ମାଣର ପ୍ରସ୍ତାବ ଗ୍ରହଣ ପରେ ଲୋକଙ୍କ ମନରେ ଅପୂର୍ବ ଉତ୍ସାହ ଦେଖାଗଲା। ସ୍କୁଲ୍ କମିଟି ଗଠନ କରାଗଲା।

ପ୍ରସ୍ତାବିତ 'ମଧୁବନ ହାଇସ୍କୁଲ୍' ପରିଚାଳନା କମିଟିର ପ୍ରଥମ ସଭାପତି ଭାବରେ ଗୋପିନାଥପୁରର ପୂର୍ବତନ ଜମିଦାର ଶ୍ରୀଯୁକ୍ତ ହରିବଲ୍ଲଭ ଦାସ ରହିଲେ। ସମ୍ପାଦକ ହେଲେ ମାଇନର୍ ସ୍କୁଲ ପ୍ରଧାନଶିକ୍ଷକ ଶ୍ରୀଯୁକ୍ତ ବେଣୁଧର ଦୋବାଇ। ତାଙ୍କ ଘର ପାଞ୍ଚଗୋଛିଆ। ପାଖ ଗାଆଁ କୁରାଂଶର ବିଶିଷ୍ଟ ବ୍ୟକ୍ତି ଶ୍ରୀଯୁକ୍ତ ପୁରୁଷୋତ୍ତମ ନିଶଙ୍କ ସାମନ୍ତରାୟ (ହଂସବାବୁ), ମିର୍ଜାପୁରର ଶ୍ରୀଯୁକ୍ତ ଫକୀର ଚରଣ ପଣ୍ଡା, ଏକତଲାର ଶ୍ରୀଯୁକ୍ତ କୃଷ୍ଣ ପ୍ରସାଦ ପଣ୍ଡା, ଶ୍ରୀଯୁକ୍ତ କରୁଣୀ ସାହୁ ଓ ଶ୍ରୀଯୁକ୍ତ ମାୟାଧର ସାହୁ ପ୍ରଭୃତି ସଭ୍ୟମାନଙ୍କୁ ନେଇ ଏକ ଆଡହକ୍ କମିଟି ଗଠନ କରାଗଲା।

୧୯୬୦ ମସିହା ମାର୍ଚ୍ଚ ମାସର ଏକ ଶୁଭଦିନ ସ୍ଥିର କରି ତତ୍‌କାଳୀନ ରାଜସ୍ୱ ଓ ଉପମୁଖ୍ୟମନ୍ତ୍ରୀ ଶ୍ରୀଯୁକ୍ତ ରାଜେନ୍ଦ୍ର ନାରାୟଣ ସିଂହଦେଓଙ୍କ କରକମଳରେ ନୂତନ ବିଦ୍ୟାଳୟ ଗୃହର ଭିତ୍ତିପ୍ରସ୍ତର ସ୍ଥାପନ ହେଲା। ମାଇନର୍ ସ୍କୁଲ୍ ଗୃହକୁ ଲାଗି ପଶ୍ଚିମ ପଟେ ଉତ୍ତରରୁ ଦକ୍ଷିଣକୁ ବ୍ୟାପି ୧୨୦ ଫୁଟ ଲମ୍ବ ଓ ୨୦ ଫୁଟ ପ୍ରସ୍ଥର

ଘରଟିଏ ତିଆରି ପାଇଁ ନିଅଁ ଖୋଳା ହେଲା। ନୂତନ ଶିକ୍ଷାବର୍ଷର ଜୁନ୍ ମାସରେ ବିଦ୍ୟାଳୟ ଆରମ୍ଭ ହେବା ପାଇଁ ଆବଶ୍ୟକ ଥିବା ଶିକ୍ଷକ ନିଯୁକ୍ତି ନିମନ୍ତେ ବିଜ୍ଞପ୍ତି ପ୍ରକାଶ କରାଗଲା।

ସାର୍‌ଙ୍କର ଆଇ.ଏସ୍.ସି ପରୀକ୍ଷାଫଳ ପ୍ରକାଶ ପାଇଲା। ସାର୍ କଲେଜକୁ ଯାଇ ପାସ୍ ସାର୍ଟିଫିକେଟ୍ ଓ ମାର୍କସିଟ୍ ଆଣି ରେଭେନ୍ସା କଲେଜକୁ ବିଦାୟ ଜଣାଇ ଘରକୁ ଫେରିଲେ। ଛାତ୍ରାବସ୍ଥା କଲେଜ ଜୀବନର ମଧୁର ସ୍ମୃତି ଓ ସୁଖର ଦିନଗୁଡ଼ିକ ସମୟ ସହିତ ପଛକୁ ପଛକୁ ଚାଲିଗଲେ। ଆଉ ଏହି କଲେଜ ସହିତ ସମ୍ପର୍କ ସ୍ଥାପନ ହୋଇପାରିବ ନାହିଁ। ଆଖିରେ ଦ୍ୱିତୀୟ ଥର ପାଇଁ ଲୁହ ଜକେଇ ଆସିଲା। କୋହରେ ଛାତି ଭିତରଟା ଓଜନିଆ ଲାଗିଲା। କାରଣ ସାର୍ ଜାଣିଥିଲେ ଏହା ଥିଲା ତାଙ୍କର ଶେଷ ବିଦାୟ।

ତା' ପରବର୍ଷ ଠାରୁ କଲେଜ ମାନଙ୍କର କୋର୍ସ ବଦଳିଗଲା। ସେତେବେଳେ ଇଣ୍ଟରମିଡ଼ିଏଟ୍ ସ୍ତରରେ I.A., ଓ I.Sc, I Com. ଏବଂ ସ୍ନାତକ ସ୍ତରରେ B.A., B.Sc., ଓ B. Com ପ୍ରଚଳିତ ଥିଲା। ସାର୍ ଥିଲେ ଇଣ୍ଟରମିଡ଼ିଏଟ୍‌ର ଶେଷ ବ୍ୟାଚ୍। ତା'ପରେ ଇଣ୍ଟରମିଡ଼ିଏଟ୍ ହୋଇଗଲା ପ୍ରି ୟୁନିଭର୍ସିଟି (P.U) ଓ ସ୍ନାତକ ହୋଇଗଲା ପ୍ରି ପ୍ରଫେସନାଲ୍ (P.P)। ପୁଣି ମଝିରେ ହେଲା I.A., B.A. ଓ ପରବର୍ତ୍ତୀ ସମୟରେ +୨ ଓ +୩ ପାଠ୍ୟକ୍ରମରେ ପରିଣତ ହୋଇଗଲା।

■

# ମଧୁବନ ସମ୍ପର୍କ

୧୯୬୦ ମସିହା ଜୁନ୍ ମାସ। ଆଗକୁ ଆଉ ପାଠ ପଢ଼ିବାର ଆଶା ନଥାଏ। ତେଣୁ ସାର୍ ଖୋଜୁଥାନ୍ତି ରୋଜଗାରର ବାଟ। କୌଣସି ଏକ ଚାକିରୀର ଅନୁସନ୍ଧାନରେ ସମୟ ବିତୁଥାଏ। ବୟସ ମାତ୍ର କୋଡ଼ିଏ ପୁରି ସାରିଥାଏ।

ପ୍ରସ୍ତାବିତ ମଧୁବନ ହାଇସ୍କୁଲ ପାଇଁ ଶିକ୍ଷକ ଖୋଜା ଆରମ୍ଭ ହେଲା। ସେରପୁର ବ୍ରାହ୍ମଣ ଶାସନର ଶ୍ରୀଯୁକ୍ତ କ୍ଷେତ୍ରବାସୀ ପତି ଜଣେ ପ୍ରାଥମିକ ଶିକ୍ଷକ। ସେ ମଧୁବନ ମାଇନର୍ ସ୍କୁଲ୍‌ର ଶିକ୍ଷକ ଥିଲେ। ସମ୍ପର୍କରେ ଆମ ସାର୍‌ଙ୍କର ସାନ ଭିଣୋଇ। କିନ୍ତୁ ବୟସରେ ବଡ଼। ବ୍ୟକ୍ତି ହିସାବରେ ଖୁବ୍ ଚରିତ୍ରବାନ୍, ସଚ୍ଚୋଟ ଓ ଲୋକପ୍ରିୟ ମଣିଷ ଥିଲେ। ଆଞ୍ଚଳିକ ଦୁର୍ନୀତି ନିବାରଣ କମିଟିର ଜଣେ ସକ୍ରିୟ ସଦସ୍ୟ ହିସାବରେ ଖୁବ୍ ଆଗୁଆ ମଣିଷ ଥିଲେ। ହାଇସ୍କୁଲ ପାଇଁ ଭଲ ଶିକ୍ଷକ ଯୋଗାଡ଼ କରିବାର ଦାୟିତ୍ୱ ତାଙ୍କ ଉପରେ ନ୍ୟସ୍ତ ଥିଲା। କ୍ଷେତ୍ରବାସୀ ସାର୍ ଶ୍ୱଶୁର ଘର ଘୋଳପୁରରୁ ଅର୍ଥାତ୍ ଆମ ସାର୍‌ଙ୍କ ଘରକୁ ଆସିଥିଲେ। ଫେରିଲାବେଳେ ସାର୍‌ଙ୍କୁ ସାଙ୍ଗରେ ନେଇଗଲେ। ଘୋଳପୁରରୁ ସେରପୁର ପ୍ରାୟ ପାଞ୍ଚ କିଲୋମିଟର ବାଟ ହେବ। ଦୁହେଁ ଗଲାବେଳେ କଥାବାର୍ତ୍ତା ହୋଇ ଚାଲିଥାନ୍ତି। କଥା ପ୍ରସଙ୍ଗରେ କ୍ଷେତ୍ରବାସୀ ସାର୍ କହିଲେ, ହାଇସ୍କୁଲ୍‌ରେ ଶିକ୍ଷକ ନିଯୁକ୍ତି ନିମନ୍ତେ ଗୋଟିଏ ସାକ୍ଷାତକାର (Interview) ହେବ। ତୁମେ ସେଥିରେ ଭାଗ ନେଲେ ଭଲ ହୁଅନ୍ତା। ମୁଁ ସେଇ ଆଶାରେ ତୁମକୁ ସାଙ୍ଗରେ ନେଇ ଯାଉଛି।

ସାର୍ ଏକଥା ଶୁଣି ହସିଦେଲେ। ଏକେତ ଯୁବକ, ଅଳ୍ପ କେଇଦିନ ତଳେ କଲେଜ ଛାଡ଼ିଥାନ୍ତି। ଦେହ ମନରୁ ରେଭେନ୍ସାର ପ୍ରଭାବ ଯାଇନଥାଏ। ରାଜ୍ୟର ଗୋଟିଏ ସୁପ୍ରସିଦ୍ଧ କଲେଜର ଛାତ୍ର ସିଏ। ତେଣୁ ବ୍ୟଙ୍ଗ କରି ତାଚ୍ଛଲ୍ୟ କଣ୍ଠରେ କହିଲେ, ଯେଉଁ ସ୍କୁଲ୍ ତ, ତା' ପାଇଁ ପୁଣି ଗୋଟେ Interview ?

ସେ ଯାହାହେଉ ଦୁହେଁ ଯାଇ ସେରପୁରରେ ପହଞ୍ଚିଲେ। ରାତିରେ ରହିଲେ।

ତା' ପରଦିନ ଖାଇପିଇ ଦିନ ଦଶଟା ବେଳକୁ ପୁଣି ସାଙ୍ଗ ହୋଇ ମଧୁବନ ହାଇସ୍କୁଲ ଅଭିମୁଖେ ବାହାରିଲେ। କ୍ଷେତ୍ରବାସୀ ସାର୍ ନିଜ ସାଇକେଲ୍‌ରେ ବସାଇ ନେଇଗଲେ। ମାଇନର ସ୍କୁଲ୍ ଅଫିସ୍‌ରେ ପହଞ୍ଚିଲା ବେଳକୁ ପ୍ରାର୍ଥନା ସରିଥାଏ। ସହକାରୀ ଶିକ୍ଷକମାନେ ହାତରେ Attendance Register, ଚକ୍ ଓ ଡଷ୍ଟର ଧରି କ୍ଲାସ୍‌କୁ ଯିବା ପାଇଁ ବାହାରୁଥାନ୍ତି। ସେମାନେ ସମସ୍ତେ କ୍ଷେତ୍ରବାସୀ ସାର୍‌ଙ୍କ ପୁରୁଣା ସାଙ୍ଗ ତଥା ସହକର୍ମୀ ମଧ୍ୟ। ସେମାନଙ୍କ ମନରେ ଆଗ୍ରହ, ପତିବାବୁଙ୍କ ଶଳା ଆସିଛନ୍ତି, ତାଙ୍କୁ ଦେଖିବେ ଓ ତାଙ୍କ ସାଙ୍ଗରେ ମିଶିବେ। ଶ୍ରୀଯୁକ୍ତ ବେଣୁଧର ଦୋବାଇ, ମାଇନର ସ୍କୁଲର ପ୍ରଧାନଶିକ୍ଷକ ଓ ହାଇସ୍କୁଲର ସାଧାରଣ ସମ୍ପାଦକ ଆସିଲେ। କ୍ଷେତ୍ରବାସୀ ସାର୍ ସମସ୍ତଙ୍କ ସହିତ ଆମ ସାର୍‌ଙ୍କ ପରିଚୟ କରାଇଦେଲେ। ସାର୍ ସମସ୍ତଙ୍କୁ ଯଥାଯୋଗ୍ୟ ସମ୍ମାନ ଜଣାଇଲେ।

ବେଣୁବାବୁ ଆମ ସାର୍‌ଙ୍କ ଆସିବାର ଅଭିପ୍ରାୟ ଆଗରୁ ଜାଣିଥିଲେ। ତେଣୁ ସ୍କୁଲ ପିଅନକୁ ପଠାଇ ସଭାପତି ଶ୍ରୀଯୁକ୍ତ ହରିବଲ୍ଲଭ ଦାସ ଓ ପାଖ ପାଖ କେତେଜଣ ବରିଷ୍ଠ ସଭ୍ୟ ଯଥା :- ଶ୍ରୀଯୁକ୍ତ ପୁରୁଷୋତ୍ତମ ନିଶଙ୍କ ସାମନ୍ତରାୟ (ହଂସବାବୁ, କୁରାଂଶ), ମିର୍ଜାପୁରର ଶ୍ରୀଯୁକ୍ତ ଫକୀର ଚରଣ ପଣ୍ଡା ଇତ୍ୟାଦିଙ୍କୁ ଡକାଇ ଆଣିଲେ। ସମସ୍ତେ ଆସିଗଲା ପରେ ସାକ୍ଷାତକାର ଆରମ୍ଭ ହେଲା। ସାକ୍ଷାତକାର ଅର୍ଥ ଏକ ମାମୁଲି ଆଲୋଚନା। ସେହି ବରିଷ୍ଠ ସମ୍ମାନୀୟ ଲୋକମାନଙ୍କର ଶ୍ରଦ୍ଧାପୂର୍ଣ୍ଣ ବ୍ୟବହାର ଓ କଥାବାର୍ତ୍ତା ଆମ ସାର୍‌ଙ୍କୁ ଏକରକମ କିଣି ନେଇଥିଲା। interview ବାବଦରେ ସାର୍‌ଙ୍କ ମନରେ ଯେଉଁ ଧାରଣା ଥିଲା ତାହା ଅଚିରେ ଦୂର ହୋଇଗଲା। ନିଜ ମନ ଭିତରେ ଥିବା ପରିହାସପୂର୍ଣ୍ଣ କଳ୍ପନା ପାଇଁ ସାର୍ ଖୁବ୍ ଲଜ୍ଜା ଅନୁଭବ କଲେ। ଆନ୍ତରିକତା ସହକାରେ କେତେକ ପାରିବାରିକ କଥା ଓ ପାଠପଢ଼ା ବିଷୟକ ବ୍ୟକ୍ତିଗତ କଥା ବୁଝିନେବା ପରେ interview ଶେଷ ହେଲା। ତା' ପରେ ସାର୍‌ଙ୍କ ମତାମତ ଶୁଣି ମାସିକ ଅଶିଟଙ୍କା ବେତନରେ ଗଣିତ ଓ ବିଜ୍ଞାନ ପଢ଼ାଇବା ପାଇଁ ପ୍ରଥମ ସହକାରୀ ଶିକ୍ଷକ ଭାବରେ ନିଯୁକ୍ତିପତ୍ର ଦିଆଗଲା। ତା'କୁ ଗ୍ରହଣ କରି ସାଂଗେ ସାଂଗେ ସାର୍ joining report ଲେଖିଦେଲେ।

■

# ଶିକ୍ଷକ ଜୀବନ

ସାର୍‌ଙ୍କ ଶିକ୍ଷକ ଜୀବନର ଶୁଭଜନ୍ମ ସହିତ ମଧୁବନ ହାଇସ୍କୁଲ:-ପଞ୍ଚାବନ ବର୍ଷର ଇତିହାସର ପ୍ରଥମ ପୃଷ୍ଠା ଲେଖାଗଲା। କ୍ଷେତ୍ରବାସୀ ସାର୍ ଆମ ସମାଜର ଜଣେ ଦାୟିତ୍ୱପୂର୍ଣ୍ଣ ବ୍ୟକ୍ତି। ଜଣେ ପୂଜନୀୟ ଚରିତ୍ର ହିସାବରେ ସାର୍‌ଙ୍କ ଉଦ୍ଦେଶ୍ୟରେ ଯେଉଁ ମନ୍ତବ୍ୟ ଦେଇଗଲେ ତାହା ଅପରିପକ୍ୱ ମସ୍ତିଷ୍କର କଥା ନୁହେଁ। କଥା ପ୍ରସଙ୍ଗରେ ତା ୧୩.୦୫.୨୦୧୨ରିଖ ଦିନ ପଦେ ସ୍ମରଣୀୟ ତଥା ଯଥାର୍ଥ କଥା କହିଥିଲେ- ଜିତେନ୍ଦ୍ର ସାର୍ ହେଲେ ମଧୁବନ ହାଇସ୍କୁଲର କିମ୍ବଦନ୍ତୀ ପୁରୁଷ ତଥା ସୁଯୋଗ୍ୟ ପ୍ରଧାନଶିକ୍ଷକ।

ଶିକ୍ଷକ ନିଯୁକ୍ତି ପରେ ପରେ ଆରମ୍ଭ ହେଲା ଛାତ୍ର ନାମଲେଖା ପର୍ବ। ସେହିବର୍ଷ ମାଇନର ପାସ୍ କରିଥିବା ସମସ୍ତ ଛାତ୍ରଙ୍କର ସାର୍ଟିଫିକେଟ୍ ମାଇନର୍ ସ୍କୁଲ୍‌ର ପ୍ରଧାନଶିକ୍ଷକ ଶ୍ରୀଯୁକ୍ତ ବେଣୁଧର ଦୋବାଇଙ୍କ ପାଖରେ ଗଚ୍ଛିତ ଥାଏ। ବେଣୁଧର ବାବୁ ନୂଆ Student admission register ଟିଏ ଆଣିଲେ। ପ୍ରଥମ ଛାତ୍ର ହିସାବରେ ଇଚ୍ଛାପୁର ଗ୍ରାମର ଶ୍ରୀଯୁକ୍ତ ରାଘବଚନ୍ଦ୍ର ପଣ୍ଡାଙ୍କ ପୁଅ ଶ୍ରୀମାନ୍ ପରମାନନ୍ଦ ପଣ୍ଡାଙ୍କ ନାମ ଲେଖାଗଲା। ସବୁ Column ଗୁଡ଼ିକୁ fill-up କରି ସାରି ରେଜିଷ୍ଟରଟିକୁ ସାର୍‌ଙ୍କ ହାତକୁ ଦେଲେ। ପ୍ରଧାନଶିକ୍ଷକଙ୍କ ପାଇଁ ଉଦ୍ଦିଷ୍ଟ ସ୍ଥାନରେ ଦସ୍ତଖତ କରିବାକୁ କହିଲେ। ସାର୍ ଦସ୍ତଖତ କଲେ। ପ୍ରଥମଥର ପାଇଁ initial ବା short signature କରିବା ସାର୍‌ଙ୍କ ପାଇଁ ଥିଲା ଏକ ବିରଳ ଅନୁଭୂତି। ସେ J Kar ଲେଖି ଦସ୍ତଖତ କଲେ। ସହକାରୀ ଶିକ୍ଷକ ହିସାବରେ ଯୋଗ ଦେଇଥିବା ଆମ ସାର୍ ପ୍ରଧାନଶିକ୍ଷକଙ୍କର ଦାୟିତ୍ୱ ମଧ୍ୟ ତୁଲାଉଥିଲେ। Attendance Register ରେ ଛାତ୍ରର ନାମ ଓ ଠିକଣା ସହିତ ଆଦାୟ ହେଉଥିବା ଦରମା ପାଇଁ ମଧ୍ୟ ପୃଥକ column ଥାଏ। ସେସବୁ ପୁରଣ କରି ଆଦାୟକାରୀ ଶିକ୍ଷକଙ୍କ ପାଇଁ ଉଦ୍ଦିଷ୍ଟ ସ୍ଥାନରେ ମଧ୍ୟ ଦସ୍ତଖତ କଲେ। ନାମଲେଖା ବାବଦରେ ମୋଟ୍ ୨୨ଟଙ୍କା ରଖି ରସିଦ୍ ଦିଆଗଲା। ସେଥିରେ ମଧ୍ୟ ସାର୍ ଦସ୍ତଖତ କଲେ। ଏଇଠୁ ଛାତ୍ର ନାମଲେଖାର ଶୁଭାରମ୍ଭ ହେଲା।

ସେଦିନ ଥାଏ ୧୯୬୦ ମସିହା ଜୁନ୍ ମାସର ୩ ତାରିଖ, ଗୁରୁବାର। ବିଦ୍ୟାରମ୍ଭେ ଗୁରୁଶ୍ରେଷ୍ଠ। ଲେଖାଲେଖି, ପାଠପଢ଼ା ଇତ୍ୟାଦି ଆରମ୍ଭ ପାଇଁ ଶୁଭଦିନ। ସେହିଦିନ ମଧୁବନ ହାଇସ୍କୁଲ ପ୍ରତିଷ୍ଠିତ ହେଲା। ମଧୁବନ ଅଞ୍ଚଳ ପାଇଁ ସେ ଦିନଟି ହୋଇଗଲା ଏକ ସ୍ମରଣୀୟ ଦିବସ। Red Letter day, ଅନୁଷ୍ଠାନର ଜନ୍ମଦିନ। ସାରଙ୍କ ପାଇଁ ମଧ୍ୟ ସେଇ ମୁହୂର୍ତ୍ତଟି ଚିରଦିନ ପାଇଁ ଅଭୁଲା ହୋଇ ରହିଗଲା। ସେହିଦିନ ପ୍ରଥମ କରି ଚାକିରୀ କ୍ଷେତ୍ରରେ ପ୍ରବେଶ କରି ଶିକ୍ଷକ ଜୀବନ ଆରମ୍ଭ କଲେ।

ସେଦିନ ନାମ ଲେଖାଇଥିବା ପ୍ରଥମ ପିଲା ଜଣକ ୧୯୬୪ ମସିହାରେ ମ୍ୟାଟ୍ରିକ୍ ପାସ୍ କରି Industrial Training Institure (ITI) ରେ ପାଠପଢ଼ି ଓଭରସିଅର୍ ହେଲେ। ପାରାଦ୍ୱୀପ ପୋର୍ଟ ଟ୍ରଷ୍ଟରେ ଇଞ୍ଜିନିୟର ଭାବରେ ଯୋଗଦେଲେ। ଏବେ ଚାକିରୀରୁ ଅବସର ଗ୍ରହଣ କରି ସେବାନିବୃତ୍ତ ଜୀବନ ବିତାଉଛନ୍ତି।

ପ୍ରଥମଦିନର ନାମଲେଖା କାମ ସାରି ସମସ୍ତଙ୍କ ଠାରୁ ବିଦାୟ ନେଇ ସାର୍ ଭଉଣୀ ଘରକୁ ଫେରିଲେ। ତା' ପରଦିନ ଶୁକ୍ରବାର। ସାର୍ ଠିକ୍ ସମୟରେ ସ୍କୁଲକୁ ଗଲେ। ସେଦିନ ନାମଲେଖା ପାଇଁ ପିଲାମାନଙ୍କର ଭିଡ଼ ଜମିଗଲା। କାରଣ ଅଷ୍ଟମ ଓ ନବମ ଦୁଇଟି ଶ୍ରେଣୀ ପାଇଁ ଛାତ୍ର ଗ୍ରହଣ କରାଯାଉଥାଏ। ସ୍କୁଲ୍‌ର ଆରମ୍ଭ ସହିତ ଏକାଥରେ ଦୁଇଟି ଶ୍ରେଣୀ ଖୋଲା ଯାଇଥାଏ। ଅଷ୍ଟମ ଶ୍ରେଣୀରେ ତିରିଶ ଜଣ ପିଲା ନାମ ଲେଖାଇଲେ। ସେମାନଙ୍କ ମଧ୍ୟରୁ ୨୯ ଜଣ ପୁଅଙ୍କ ସହିତ ଜଣେ ମାତ୍ର ଝିଅ ଥିଲେ। ହାଇସ୍କୁଲର ସଭାପତି ଶ୍ରୀଯୁକ୍ତ ହରିବଲ୍ଲଭ ଦାସଙ୍କ ସାନଭାଇ ଗୋପାଳବଲ୍ଲଭ ଦାସଙ୍କ ଝିଅ ପ୍ରିତୀମଞ୍ଜରୀ ଦାସ। ତାଙ୍କ ସହିତ ପରମାନନ୍ଦ ପଣ୍ଡା, କେଶବ ପଣ୍ଡା, ସନାତନ ଦାଶ। ବଡ଼ ନିରଞ୍ଜନପୁରର ଗୋପିନାଥ ଦାସ, କେଶବ ପଣ୍ଡା, ପାଣ୍ଡବ ଦାସ, ରଥ ସାହୁ, ଅଭିରାମ ପାଣି, ଦୁଃଶାସନ ମହାନ୍ତି, ପଞ୍ଚାନନ ରାଉତ। ଶଶି ଦୁଆରୀ, ରଘୁନାଥ ବେହେରା, ରବିନ୍ଦ୍ର ପଣ୍ଡା, ପ୍ରଭୃତି।

ନବମ ଶ୍ରେଣୀ ପାଇଁ ବାହାର ସ୍କୁଲରୁ ଟି.ସି. ନେଇ ପିଲାମାନେ ଆସିଲେ। ପାଖ ଗାଆଁର ପିଲାମାନେ ଯିଏ ଦୂର ସ୍କୁଲରେ ପଢୁଥିଲେ ସେମାନେ ଆଗ ଆସିଲେ। କଇଁଚି ଶାସନର ଭାସ୍କର ମିଶ୍ର, ଘୋଳପୁରର ନରେନ୍ଦ୍ର କର ( ଆମ ସାର୍‌ଙ୍କ ସାନଭାଇ), ସାନ ଓରାଳିର କାଙ୍ଗାଳି ଚରଣ ପଣ୍ଡା (ପରବର୍ତ୍ତୀ ସମୟରେ ଧର୍ମଶାଳାର ବିଧାୟକ ହୋଇଥିଲେ)। କୁରାଂଶର ନରହରି ପଣ୍ଡା, ଦୟାନିଧି ବାହାଲିଆ, ଲକ୍ଷ୍ମୀଧର ପରିଡ଼ା, ବିଲିପଡ଼ାର ଶଶୀଭୂଷଣ ରାୟ ପ୍ରଭୃତି। ପ୍ରଥମବର୍ଷ ଅଷ୍ଟମରେ ୩୦ ଜଣ ଓ ନବମରେ ୧୬ ଜଣ ମୋଟ ୪୬ଜଣ ଛାତ୍ରଛାତ୍ରୀ ନାମ ଲେଖାଇଥିଲେ। ତା' ପରବର୍ଷ ଆସିଲେ ଶ୍ରୀ ନାରାୟଣ ପଣ୍ଡା, ଘୋଳପୁରର ହରିହର ନନ୍ଦ, ପ୍ରମୋଦ ମିଶ୍ର, ଉଦୟନାଥ ପଣ୍ଡା,

କୈଳାସ ବୋଇତାଇ, ଅଜୟ ଆଏଚ୍, ରାହାମ୍ବାର କୀର୍ତ୍ତନ ବିହାରୀ ସାହୁ, କୃଷ୍ଣଚନ୍ଦ୍ର ମହାନ୍ତି ଇତ୍ୟାଦି।

ମଜାକଥା ହେଲା ସାର୍ ଥିଲେ ଅବିବାହିତ। ବୟସ ମାତ୍ର କୋଡ଼ିଏ। କିନ୍ତୁ ତାଙ୍କ ଛାତ୍ରମାନଙ୍କ ମଧ୍ୟରୁ ଦୁଇଜଣ ବିବାହିତ ଥିଲେ। ସେ ଦୁହିଁଙ୍କ ମଧ୍ୟରୁ ଜଣେ ହେଲେ ଦକ୍ଷିଣ ଏକତଳାର ବଟକୃଷ୍ଣ ସାହୁ ଓ ଅନ୍ୟ ଜଣକ ହେଲେ ସାନ ଓରାଳିର କାଙ୍ଗାଳି ଚରଣ ପଣ୍ଡା। ଶ୍ରୀ ପଣ୍ଡା ସେତେବେଳକୁ ଗୋଟିଏ ପୁତ୍ର ସନ୍ତାନର ପିତା ହୋଇସାରଥାନ୍ତି। ସେ ସମୟରେ ବାଲ୍ୟବିବାହ ପ୍ରଥା ପ୍ରଚଳିତ ଥିଲା। ଏ ବିବାହ ଥିଲା ତା'ର ନମୁନା।

ସେତେବେଳେ ମଧୁବନ ମଧ୍ୟ ଇଂରାଜୀ ସ୍କୁଲ୍ ମାଆ ହେଲେ ମଧୁବନ ହାଇସ୍କୁଲ ତା'ର ଝିଅ। ଦୁଇଟି ଅନୁଷ୍ଠାନ ମଧ୍ୟରେ ଭିନ୍ନଭାବ ନଥାଏ। ଗୋଟିଏ ସ୍କୁଲ ବେଲ୍‌ରେ ଚଳନ୍ତି। ଗୋଟିଏ ଗଣେଶ ପୂଜା ଓ ସରସ୍ୱତୀ ପୂଜାରେ ସମସ୍ତେ ଭାଗ ନିଅନ୍ତି। ସ୍ୱାଧୀନତା ଦିବସ ଓ ସାଧାରଣତନ୍ତ୍ର ଦିବସ ଏକାଠି ପାଳନ କରନ୍ତି। ଗୋଟିଏ ସ୍ପୋର୍ଟସ୍‌ରେ ଦୁଇଟି ବିଦ୍ୟାଳୟର ପିଲାଏ ଅଂଶଗ୍ରହଣ କରନ୍ତି। ଏତେ ଆତ୍ମୀୟତା ଏତେ ଅନ୍ତରଙ୍ଗତା ଆଉ କେଉଁଠି ନଥିବ।

ମଧୁବନ ହାଇସ୍କୁଲରେ ଧର୍ମଶାଳା ବିଧାନସଭା ନିର୍ବାଚନ ମଣ୍ଡଳୀର ଦୁଇଜଣ ବିଧାୟକଙ୍କ ପାଠପଢ଼ା ଓ କୈଶୋର ଜୀବନ ବିତିଛି। ଶ୍ରୀଯୁକ୍ତ କାଙ୍ଗାଳି ଚରଣ ପଣ୍ଡା ଏହି ସ୍କୁଲର ଛାତ୍ର। ସେ ସ୍ୱାଧୀନ ଭାବେ ନିର୍ବାଚନ ଲଢ଼ି ଜିତିଥିଲେ ଓ ପରେ ଜାତୀୟ କଂଗ୍ରେସ ଦଳରେ ଯୋଗ ଦେଇଥିଲେ। ଦୁଇଥରରେ ଦଶବର୍ଷ ପାଇଁ ବିଧାୟକ ଥିଲେ। ତାଙ୍କୁ ଧର୍ମଶାଳାର କର୍ମବୀର ବୋଲି କୁହାଯାଉଥିଲା। ସାର୍ କୁହନ୍ତି- କାଙ୍ଗାଳି ଚରଣଙ୍କ ପାଇଁ ତାଙ୍କ ଶିକ୍ଷକ ହିସାବରେ ଆମେ ଗର୍ବ ଅନୁଭବ କରୁଛୁ। ଭୋଟକା ଗ୍ରାମର ଶ୍ରୀ କଳ୍ପତରୁ ଦାସ ମଧୁବନ ମଧ୍ୟ ଇଂରାଜୀ ସ୍କୁଲରେ ୧୯୬୦-୬୧ ଓ ୬୧-୬୨ ଦୁଇବର୍ଷ ଷଷ୍ଠ ସପ୍ତମ ଶ୍ରେଣୀରେ ସାର୍‌ଙ୍କ ସାନଭାଇ ନରେନ୍ଦ୍ର କରଙ୍କ ସହିତ ପଢ଼ିଥିଲେ।

ମଧୁବନ ସ୍କୁଲ୍, ଧର୍ମଶାଳାର ଦୁଇ ଦୁଇଜଣ ବିଧାୟକଙ୍କ ଶିକ୍ଷାର ଏନ୍ତୁଡ଼ିଶାଳ ଅଟେ। ଶ୍ରୀ କଳ୍ପତରୁ ଦାସ ଭୋଟକାରୁ ମଧୁବନକୁ ଆସୁଥିଲେ। ସେତେବେଳେ ରାସ୍ତାଘାଟର ସୁବିଧା ନଥିଲା। ବର୍ଷାଦିନେ ରାସ୍ତାଘାଟ କାଦୁଅ ପଚପଚ ହୋଇଯାଏ। ଅଧିକ ବର୍ଷା ହେଲେ ରାସ୍ତାରେ ପାଣି ଜମିଯାଇ ଅଗମ୍ୟ ହୋଇଯାଏ। ନଈବଢ଼ି ଆସିଲେ ଚାରିଆଡ଼େ ପାଣି ମାଡ଼ିଯାଏ। କେଇଦିନ ପାଇଁ ସ୍କୁଲକୁ ଆସିପାରନ୍ତି ନାହିଁ। ସାର୍ କୁହନ୍ତି- ସେତେବେଳେ ତାଙ୍କ ପରିବାରର ଆର୍ଥିକ ଅବସ୍ଥା ଭଲ ନଥିଲା। ପିଲାଟି ଖୁବ୍ ସାଧାରଣ ଥିଲା। ନିଜର ଆତ୍ମବିଶ୍ୱାସ ଓ ମନୋବଳ ଯୋଗୁଁ ସେ ଆଜି

ଜଣେ ସଫଳ ବିଧାୟକ, ମନ୍ତ୍ରୀ ଓ ସାଂସଦ ହୋଇପାରିଛି । ଅଗଣିତ ଉନ୍ନୟନମୂଳକ କାର୍ଯ୍ୟ ଯୋଗୁଁ ରାଜ୍ୟର ଜଣେ ସୁନାମଧନ୍ୟ ବିଧାୟକରେ ପରିଣତ ହୋଇପାରିଛି । ଆଜିର ସଫଳତା ଦେଖି ସେଦିନର କଷ୍ଟତରୁଙ୍କୁ ମନେ ପକାଇଲେ କଳ୍ପନା କରି ହେଉନଥିଲା ଯେ, ଏଇ ସାଧାରଣ ପିଲାଟି ଦିନେ ଏପରି ଶୀର୍ଷ ସ୍ଥାନରେ ପହଞ୍ଚିପାରିବ । ମୁଁ ଆମର ଏହି ଅନନ୍ୟ ପୁରାତନ ଛାତ୍ରଟି ପାଇଁ ଏବେ ସ୍ୱତଃ ଗର୍ବ ଅନୁଭବ କରୁଛି ।

ଗୁରୁବାର, ଶୁକ୍ରବାର ଓ ଶନିବାର ଏହି ୩ଦିନ ସ୍କୁଲରେ କାମ କରିବା ପରେ ସନ୍ଧ୍ୟାବେଳେ ଘରକୁ ଫେରିଲେ । ଘରେ ବାପା, ମାଆ ଓ ଭାଇଭଉଣୀ ସାର୍‌ଙ୍କୁ ଦେଖି ଖୁବ୍ ଖୁସି ହୋଇଗଲେ । ତାଙ୍କ ନନା ଚାକିରୀ କରିଛନ୍ତି, ଏହା ସେମାନଙ୍କ ପାଇଁ ଗର୍ବର କଥା, ଆନନ୍ଦର କଥା । ଏବେ ଦୁଃଖର ଦିନ ସରିଲା । ସାର୍ ଘରେ ପହଞ୍ଚି ଜାଣିଲେ ଯେ ସୁଜନପୁରରୁ ତାଙ୍କ ପୂଜ୍ୟ ଗୁରୁ ରଘୁସାର୍ ଆସିଥିଲେ । ରୁଦ୍ରଚରଣ ହାଇସ୍କୁଲରେ ଜଣେ ବିଜ୍ଞାନ ଶିକ୍ଷକର ଆବଶ୍ୟକତା ଥିଲା । ଆମ ସାର୍‌ଙ୍କୁ ସେହି ପଦବୀରେ ନିଯୁକ୍ତି ଦେବା ପାଇଁ ଆଶା କରି ଆସିଥିଲେ । କିନ୍ତୁ ସାର୍ ମଧୁବନ ହାଇସ୍କୁଲରେ ଯୋଗ ଦେଇଥିବାର ଜାଣି ନିରାଶ ହୋଇ ଫେରି ଯାଇଥିଲେ ।

ଠିକ୍ ସେମିତି ବ୍ରହ୍ମବରଦା ହାଇସ୍କୁଲ ପାଇଁ ଜଣେ ବିଜ୍ଞାନ ଶିକ୍ଷକ ଦରକାର ଥିଲେ । ସାର୍ ରେଭେନ୍ସାରୁ ଆଇ.ଏସ୍.ସି ପାସ୍ କରି ଘରେ ଅଛନ୍ତି । ସେ ଜଣେ ଯୋଗ୍ୟ ଶିକ୍ଷକ ହୋଇପାରିବେ ବୋଲି ପୁରୁଷୋତ୍ତମପୁରର ସେ ସମୟର ଶିକ୍ଷକ ପଞ୍ଚାନନ ପତି, ପିଉସାଙ୍କ ପରାମର୍ଶ ଅନୁସାରେ କବୀରପୁର ହାଇସ୍କୁଲର ପି.ଇ.ଟି. ହରିବନ୍ଧୁ ଗିରି ସାର୍ ଆସି ପହଞ୍ଚିଲେ । ତାଙ୍କର ଉଦ୍ଦେଶ୍ୟ ଥିଲା ସାର୍‌ଙ୍କୁ ନେଇ ବ୍ରହ୍ମବରଦା ହାଇସ୍କୁଲ୍‌ରେ ରଖାଇବେ । କିନ୍ତୁ ତାହା ମଧ୍ୟ ସଫଳ ହୋଇପାରିଲା ନାହିଁ । ଏହି ଯୋଗାଯୋଗର ଗୋଟିଏ ଦିନ ଆଗରୁ ସାର୍ ମଧୁବନରେ ଯୋଗ ଦେଇ ସାରିଥିଲେ ।

ସତେ ଯେମିତି ସାର୍ ଜନ୍ମ ହୋଇଥିଲେ ମଧୁବନ ହାଇସ୍କୁଲ ପାଇଁ । ସେ ଅଭିପ୍ରେତ ଥିଲେ ମଧୁବନ ପାଇଁ । ସାର୍‌ଙ୍କୁ ମଧୁବନ ଅପେକ୍ଷାକରି ରହିଥିଲା । ସେଠି ଯୋଗ ଦେବାରେ ଦିନଟିଏ ବିଳମ୍ବ ହୋଇଥିଲେ ଅନ୍ୟ କେଉଁଠିକୁ ଯାଇଥାନ୍ତେ ତା'ର ଠିକ୍ ଠିକଣା ନଥିଲା । ଅନ୍ୟତ୍ର ଯାଇଥିଲେ କିମ୍ବଦନ୍ତୀ ଚରିତ୍ରଟିଏରେ ପରିଣତ ହୋଇପାରିନଥାନ୍ତେ । ମଧୁବନରେ ସାର୍‌ଙ୍କ ଶିକ୍ଷକ ଜୀବନ ସହିତ ସ୍କୁଲ୍ ଜନ୍ମଲାଭ କରିଥିଲା । ତାଙ୍କ କର୍ମ ଓ ମତାମତକୁ ଏଠିକାର କର୍ମକର୍ତ୍ତା ଓ ଶିକ୍ଷକମାନେ ସମ୍ମାନ ଜଣାଉଥିଲେ । କର୍ମରେ ସ୍ୱାଧୀନତା ଥିଲା । ସାର୍‌ଙ୍କ ଉପରେ ଥିବା ପ୍ରଧାନଶିକ୍ଷକ ତାଙ୍କ ପରେ ଯୋଗ ଦେଇଥିବାରୁ ସାର୍‌ଙ୍କ ପରାମର୍ଶକୁ ପ୍ରାଧାନ୍ୟ ଦେଉଥିଲେ । ଯଦି ସାର୍ ଅନ୍ୟତ୍ର ନିଜ ଚାକିରୀ ଆରମ୍ଭ କରିଥାନ୍ତେ ତେବେ ପରିସ୍ଥିତି ଭିନ୍ନ ପ୍ରକାରର ହୋଇଥାନ୍ତା ।

ଅନ୍ୟ ବରିଷ୍ଠ ଶିକ୍ଷକମାନଙ୍କ ପ୍ରଭାବ ତଳେ ସାର୍‌ଙ୍କ ବ୍ୟକ୍ତିତ୍ୱ ଓ ସୃଜନଶୀଳତା ଧୂଳିସାତ୍ ହୋଇଯାଇଥାନ୍ତା। ଜଣେ ସାଧାରଣ ଶିକ୍ଷକ ଭାବରେ ସାର୍ ଆସିଥାନ୍ତେ ଓ ଚାଲି ଯାଇଥାନ୍ତେ। କିନ୍ତୁ ଈଶ୍ୱରଙ୍କ ଇଚ୍ଛା ସେପରି ସଂକୀର୍ଣ୍ଣ ନଥିଲା।

ଏକଦା ପୁରୁଷୋତ୍ତମପୁର ହାଇସ୍କୁଲ (କବୀରପୁର)ର ବିଜ୍ଞାନ ଶିକ୍ଷକ ଶ୍ରୀଯୁକ୍ତ ମହେନ୍ଦ୍ର ଆଚାର୍ଯ୍ୟ ଅନ୍ୟତ୍ର ଚାଲିଯିବାରୁ ସେ ସ୍କୁଲର ପ୍ରଧାନଶିକ୍ଷକ ଶ୍ରୀଯୁକ୍ତ ଅକ୍ଷୟ ଦାସ ଶ୍ରୀଯୁକ୍ତ ଆଚାର୍ଯ୍ୟଙ୍କ ସ୍ଥାନରେ ଆମ ସାର୍‌ଙ୍କୁ ନେବା ପାଇଁ ଆଶା ପୋଷଣ କରି ରୁଟିନ୍ ତିଆରି କରିଦେଇଥିଲେ। କେବଳ ଅବ୍ୟାହତି ପତ୍ର ଆଣି ଜଏନ୍ କରିବାକୁ କହିଥିଲେ। କିନ୍ତୁ ସାର୍‌ଙ୍କ ପକ୍ଷେ ମଧୁବନ ଛାଡ଼ିବା ସମ୍ଭବପର ହେଲାନାହିଁ। ସାର୍ ସେଇଠି ରହିଗଲେ। ସାର୍‌ଙ୍କ ନିଯୁକ୍ତି ଏମିତି ଏକ ଶୁଭ ମୁହୂର୍ତ୍ତରେ ହୋଇଥିଲା ଯେ ତାଙ୍କର ଚାକିରୀ ସେଇଠି ଆରମ୍ଭ ହୋଇ ସେଇଠି ଶେଷ ହେଲା। ଦୀର୍ଘ ୩୯ ବର୍ଷ ୭ ମାସ ବିତାଇ ଅବସର ପରେ ଘରକୁ ଫେରିଲେ। ସତେ ଯେମିତି ସାର୍ ମଧୁବନ ଓ ମଧୁବନ ସାର୍‌ଙ୍କ ପାଇଁ ଉଦ୍ଦିଷ୍ଟ ଥିଲେ।

■

# ସାନଭାଇଙ୍କ ଦାୟିତ୍ୱ

ସାର୍‌ଙ୍କ ସାନଭାଇ ନରେନ୍ଦ୍ର କର- ନରେନ୍ଦ୍ର କକା କଣ୍ଟାବଣିଆ ପ୍ରାଥମିକ ବିଦ୍ୟାଳୟରୁ ତୃତୀୟ ଶ୍ରେଣୀ ପାସ୍ କଲା ପରେ ୧୯୫୮-୫୯ ଓ ୧୯୫୯-୬୦ ମସିହାରେ ଚତୁର୍ଥ ପଞ୍ଚମ ପଢ଼ିବା ପାଇଁ ଜଗତପୁର ଉଚ୍ଚ ପ୍ରାଥମିକ ବିଦ୍ୟାଳୟକୁ ଗଲେ। ଜଗତପୁର ସ୍କୁଲ ଖରସୁଆଁ ନଈର ଉତ୍ତର ପଟରେ ଥାଏ। ଦକ୍ଷିଣ ପଟେ ସାର୍‌ଙ୍କ ଗାଆଁ ଘୋଳପୁର। ତେଣୁ ସ୍କୁଲକୁ ଯିବା ପାଇଁ ନଈ ପାର ହେବାକୁ ପଡ଼େ। ଆଷାଢ଼ ଶ୍ରାବଣ ମାସର ଭରା ନଈକୁ ଦୈନିକ ଜହଳ ଘାଟର ଡଙ୍ଗାରେ ବସି ପାର ହେବାକୁ ପଡ଼େ। ୯/୧୦ ବର୍ଷର ପିଲାଟିଏ ଏକୁଟିଆ ଏମିତି ଯିବା ଆସିବା କରି ପାଠ ପଢ଼ିବା କମ୍ କଥା ନୁହେଁ। ଥରେ ନଦୀ ପାର ହେବା ସମୟରେ ଛୋଟିଆ ଦୁର୍ଘଟଣାଟିଏ ଘଟିଥିଲା। ନରେନ୍ଦ୍ର କକା ନିଜେ କାତ ଧରି ଡଙ୍ଗା ଚଳାଇବା ବେଳେ କାତ ଡଙ୍ଗାତଳେ ପଶିଗଲା। ଏପରି ସମୟରେ କାତକୁ ଧରି ରଖିଲେ ଡଙ୍ଗା ଚାପରେ କାତ ବୁଡ଼ିବା ସହିତ ଧରିଲାବାଲା ମଧ୍ୟ ଟାଣି ହୋଇ ପାଣିରେ ବୁଡ଼ିଯିବ। କାତ ଛାଡ଼ିଦେଲେ ଡଙ୍ଗା ବେସାହାରା ହୋଇଯିବ। ସେ ଯାହାହେଉ ନରେନ୍ଦ୍ର କକା କାତ ଛାଡ଼ି ଦେଇ ଭାସି ଯାଉଥିବା ଡଙ୍ଗାରୁ ଡେଇଁ ପଡ଼ି ପହଁରି ପହଁରି କୂଳକୁ ଆସିଲେ। ସେ ସ୍କୁଲରେ ଏକତଳାର ନିତ୍ୟାନନ୍ଦ ରାମ ପ୍ରଧାନ ଶିକ୍ଷକ ଓ ବୈଷ୍ଣବ ଭଦ୍ର ସହକାରୀ ଶିକ୍ଷକ ଥାଆନ୍ତି। ଭଲ ପାଠପଢ଼ା ପାଇଁ ଆମ ଅଞ୍ଚଳରେ ସ୍କୁଲ୍‌ଟିର ଖୁବ୍ ନାଆଁ ଥିଲା। ତେଣୁ ସାର୍‌ଙ୍କ ବାପା ଦେହକୁ ପଥର କରି ଦେଇଥାନ୍ତି। ଉଦ୍ଦେଶ୍ୟ ଥାଏ ପୁଅକୁ ଭଲ ସ୍କୁଲରେ ପଢ଼ାଇ ଭଲ ମଣିଷ କରି ଗଢ଼ିବା। ବଡ଼ପୁଅ (ଆମ ସାର୍)ଙ୍କୁ ଏହିପରି କଷ୍ଟ ସହି ପାଠ ପଢ଼ାଇ ସଫଳ ହୋଇଥିବାରୁ ବାପାଙ୍କର ମନୋବଳ ବଢ଼ିଯାଇଥାଏ।

ନରେନ୍ଦ୍ର କକାଙ୍କର ପଞ୍ଚମ ପରୀକ୍ଷା ସରିଯାଇଥାଏ। ଖରାଦିନ ଛୁଟି ହେତୁ ଘରେ ଥାଆନ୍ତି। ଏଣେତେଣେ ବୁଲୁଥାନ୍ତି। ଷଷ୍ଠ ଶ୍ରେଣୀରେ ନାଁ ଲେଖାହେଲେ ଯାଇ ପାଠପଢ଼ା ଆରମ୍ଭ ହେବ। ଏଇ ସମୟର କଥା ସାର୍‌ଙ୍କ ବାଡ଼ିରେ ଗୋଟେ ପିଜୁଳି ଗଛ

ଥାଏ। ବେଳ ତିନିଟା ଖଣ୍ଡ ହେବ। ସାରଙ୍କ ସାନ ତିନିଭାଇ ନରେନ୍ଦ୍ରକକା, ରବିକକା ଆଉ ଶଶିକକା ପିଜୁଳି ଖାଇବା ପାଇଁ ଗଛ ପାଖକୁ ଗଲେ। ତିନିଙ୍କ ଭିତରେ ନରେନ୍ଦ୍ରକକା ବଡ଼ ଥିବାରୁ ଗଛକୁ ଚଢ଼ିଲେ। ସବାସାନ ଶଶିକକା ପିଜୁଳି ଖାଇବା ପାଇଁ ଅଝଟ କରୁଥାନ୍ତି। ନରେନ୍ଦ୍ର କକାଙ୍କ ନଜର ଗୋଟେ ଦରପାଚିଲା ପିଜୁଳି ଉପରେ ପଡ଼ିଲା। ସେଇଟା ଗୋଟେ ଡାଳର ଖୁବ୍ ଆଗରେ ଥାଏ। ତାକୁ ତୋଳିବା ପାଇଁ ଚେଷ୍ଟା ଚଳାଇଥାନ୍ତି। ରବିକକା ହାତରେ ଦଶପଇସାଟିଏ ଦେଖାଇ କହୁଥାନ୍ତି- ଏ ଦଶପଇସା ନେଇ ସେ ପିଜୁଳିଟା ମତେ ଦିଅ।

ନରେନ୍ଦ୍ର କକା ଗୋଟେ ହାତରେ ଡାଳଧରି ଆର ହାତରେ ପିଜୁଳି ତୋଳିବାକୁ ଚେଷ୍ଟା କଲା ବେଳେ ରବିକକାଙ୍କ କଥାରେ ଅନ୍ୟମନସ୍କ ହୋଇ ଡାଳ ଝିଙ୍କି ଆଣିବାରୁ ଅସାବଧାନତା ବଶତଃ ହାତରେ ଧରିଥିବା ଡାଳଟି ଛାଡ଼ିଦେଲେ ଓ ଦୁଇହାତ ଦରପାଚିଲା ପିଜୁଳିଟି ଆଡ଼କୁ ବଢ଼ାଇ ଦେଲେ। ଫଳତଃ ଗଛରୁ ତଳେ ପଡ଼ିଗଲେ। ଠିକ୍ ସେଇଯାଗାରେ ଭଙ୍ଗା ଇଟାର ଗୋଟେ ଗଦା ଥିଲା। ତା' ଉପରେ କୋଡ଼ିଏ ପଚିଶଫୁଟ ଉଚ୍ଚରୁ ପଡ଼ିଯିବାରୁ ବାମହାତ କଚଟିତଳୁ ହାଡ଼ ଭାଙ୍ଗିଗଲା। ପଡ଼ିଲାବେଳେ ସାନଭାଇ ଶଶିକକାଙ୍କ ଦେହରେ ଗୋଡ଼ ବାଜିବାରୁ ସେ କାନ୍ଦି ଉଠିଲେ। ନନା ଗଛରୁ ପଡ଼ିବା ଓ ସାନଭାଇ କାନ୍ଦିବା ଦେଖି ରବିକକା ଡରିଗଲେ। ସୁବିଧା ଦେଖି ସେଠୁ ଚୁପ୍‌କରି ଖସି ପଳାଇଲେ। ତିନିଭାଇ ପିଜୁଳିଟିଏ ଖାଇ ପାରିଲେ ନାହିଁ। ଏତିକିରେ ପିଜୁଳି ଖିଆ ଉପାଖ୍ୟାନ ଶେଷ ହେଲା।

କିଛି ସମୟ ପରେ ନରେନ୍ଦ୍ର କକା ନିଜେ ଉଠି ଘରକୁ ଗଲେ। ହାତରେ ଯନ୍ତ୍ରଣା ଓ ଫୁଲା ଦେଖି ତାଙ୍କୁ ହରିପୁର ଡାକ୍ତରଖାନା ନିଆଗଲା। ସେଠୁ ଔଷଧ ଆଣିଥାନ୍ତି। କିନ୍ତୁ ସିଏ କିଛି କାମକୁ ନୁହେଁ। ତା'ପରଦିନ ଥାଏ ରବିବାର। ସାରଙ୍କ ସ୍କୁଲ୍ ଛୁଟି। ସାର୍ ଓ ବାପା, ନରେନ୍ଦ୍ର କକାଙ୍କୁ ସାଙ୍ଗରେ ନେଇ ଯାଜପୁର ସବ୍‌ଡିଭିଜନାଲ୍ ହସିପିଟାଲ୍‌କୁ ଚାଲି ଚାଲି ଗଲେ। ସେତେବେଳେ ଯିବାଆସିବା ପାଇଁ ଗାଡ଼ିମଟରର ସୁବିଧା ନଥାଏ। ଖରସୁଆଁ ଓ ବୁଢ଼ା ଦୁଇ ଦୁଇଟା ନଦୀ ଡଙ୍ଗାରେ ପାର୍ ହେବାକୁ ପଡ଼େ। ଯିବା ଆସିବା ବେଳେ ଏତକ ଅସୁବିଧାକୁ ଅତିକ୍ରମ କରି ଡାକ୍ତର ଦେଖାଇ ହାତକୁ ବ୍ୟାଣ୍ଡେଜ୍ କରାଇଲେ। ବାପପୁଅ ତିନିହେଁ ହୋଟେଲ୍‌ରେ ଖାଇ ଗାଆଁକୁ ଫେରିଲେ।

ତା'ପରଦିନ ସୋମବାର ତା ୦୪/୦୭/୧୯୬୦। ସାର୍ ସ୍କୁଲ୍‌କୁ ଗଲେ। ସାତ ତାରିଖ ଗୁରୁବାର ଦିନ ନରେନ୍ଦ୍ର କକାଙ୍କ ସାର୍ଟିଫିକେଟ୍ ନେଇ ମଧୁବନ ମଧ୍ୟ ଇଂରାଜୀ ସ୍କୁଲ୍‌ରେ ନାଆଁ ଲେଖାଇଲେ। ସେଇଦିନଠାରୁ ବାପାଙ୍କ ମୁଣ୍ଡରୁ ପୁଅମାନଙ୍କ

ପାଠପଢ଼ାର ବୋଝ ଓହ୍ଲାଇଗଲା। ନରେନ୍ଦ୍ର କକାଙ୍କ ହାତର ବ୍ୟାଣ୍ଡେଜ୍ ଖୋଲା ହେବା ପରେ କୋଡ଼ିଏ ଏକୋଇଶ ତାରିଖ ବେଳକୁ ସ୍କୁଲ୍‌ରେ ପାଠପଢ଼ା ଆରମ୍ଭ ହୋଇଯାଇଥାଏ। ସାର୍ ଓ ନରେନ୍ଦ୍ର କକା ଦୁଇଭାଇ ସାଙ୍ଗ ହୋଇ ମଧୁବନ ଯିବା ଆସିବା କଲେ। ପହିଲୁ କେଇଦିନ ପାଇଁ କକା ସେରପୁରରେ ଭଉଣୀ ଘରେ (କ୍ଷେତ୍ରବାସୀ ସାର୍‌ଙ୍କ ଘର) ରହିଥିଲେ ଆଉ ତାଙ୍କ ଘରର ପିଲାମାନଙ୍କ ସହିତ ସ୍କୁଲକୁ ଆସୁଥିଲେ।

ଜୁଲାଇ କୋଡ଼ିଏ ତାରିଖ ସୁଦ୍ଧା ମଧୁବନ ହାଇସ୍କୁଲର ନାମଲେଖା କାମ ସରିଗଲା। ଆମ ସାର୍‌ଙ୍କ ସହିତ ଆଉ ଜଣେ ସହକାରୀ ଶିକ୍ଷକ ନିଯୁକ୍ତି ପାଇଲେ। କଇଁଚି ଶାସନର ଶ୍ରୀ କୃଷ୍ଣ ଚନ୍ଦ୍ର ଦାଶ। ସେ ମ୍ୟାଟ୍ରିକ୍‌ରେ ଫାଷ୍ଟ ଡିଭିଜନ ପାଇଥିଲେ। ଏନ୍.ସି କଲେଜ୍‌ରୁ ଆଇ.ଏ ପାଶ୍ କରିଥିଲେ। କଲେଜ୍‌ରେ ଗଣିତ ତାଙ୍କର ଗୋଟିଏ ବିଷୟ ଥିଲା।

ସ୍କୁଲ୍‌ର ପରିଚାଳନା ସମିତି ପ୍ରଧାନଶିକ୍ଷକ ରଖିବା ପାଇଁ ଜଣେ ବି.ଏ. ପାଶ୍ କରିଥିବା ବ୍ୟକ୍ତିଙ୍କୁ ଖୋଜୁଥାନ୍ତି। ସେତେବେଳେ ବ୍ରାହ୍ମଣୀ ଠାରୁ ବୈତରଣୀ ତିରିଶ କିଲୋମିଟର ବ୍ୟାପି ଦୀର୍ଘ ଅଞ୍ଚଳରେ ଜଣେ ବି.ଏ. ପାଶ୍ କରିଥିବା ପିଲା ମିଳିଲେ ନାହିଁ। ମଧୁବନ ଅଞ୍ଚଳରେ ମାତ୍ର ତିନିଜଣ ବି.ଏ. ପାଶ୍ କରିଥିବା ବ୍ୟକ୍ତି ଥିଲେ। ସେମାନେ ହେଲେ ଧର୍ମଶାଳା ବାଣୀପୀଠର ପ୍ରଧାନଶିକ୍ଷକ ଶ୍ରୀଯୁକ୍ତ କଳ୍ପତରୁ ମିଶ୍ର, ଘର ଏକତଲା। ଶ୍ରୀଯୁକ୍ତ ସାଧୁଚରଣ ଦାଶ,ରେଭେନ୍ସା କଲେଜ୍‌ର ମ୍ୟାଥ୍ ଷ୍ଟାଟିଟିକ୍ସର ଅଧ୍ୟାପକ ଓ ଏନ୍.ସି. କଲେଜ୍‌ର ଓଡ଼ିଆ ଅଧ୍ୟାପକ ଶ୍ରୀଯୁକ୍ତ ପଞ୍ଚାନନ ପତି। ଶ୍ରୀଯୁକ୍ତ ନବକିଶୋର ପୃଷ୍ଟି ଓଡ଼ିଆରେ ଏମ୍.ଏ. କରୁଥାନ୍ତି। କୁରାଂଶ ଗ୍ରାମ ଜମିଦାର ପରିବାରର ଶ୍ରୀଯୁକ୍ତ ବାଲକୃଷ୍ଣ ମହାପାତ୍ର (କାଠିଆ) ବି.ଏ. ପରୀକ୍ଷା ଦେଇଥାନ୍ତି। ତାଙ୍କୁ ଅବୈତନିକ ପ୍ରଧାନଶିକ୍ଷକ ରଖାଗଲା। କିନ୍ତୁ ତାଙ୍କର ପରୀକ୍ଷା ଫଳ ଖରାପ ହେବାରୁ ସ୍କୁଲ୍‌ରେ ଦୁଇତିନି ମାସ ରହି ଇସ୍ତଫା ଦେଇ ଚାଲିଗଲେ। ଶ୍ରୀଯୁକ୍ତ ମହାପାତ୍ରଙ୍କ ବି.ଏ. ଫେଲ୍ ହେବା କଥା ଜଣା ପଡ଼ିବା ପରେ ସେ ନିଜ ପ୍ରତି ପରିହାସରେ କହିଥିଲେ- ସବୁ ଷ୍ଟେସନ୍‌ରେ ମୋର ଗାଡ଼ି ଅଟକେ।

ପରେ ସେ ବି.ଏ. ପାସ୍ କରି ସରକାରୀ ଚାକିରୀ କଲେ। କାର୍ଯ୍ୟକାଳ ଶେଷ କରି କ୍ଲାସ୍-୧ ଅଫିସର ଭାବେ ଅବସର ଗ୍ରହଣ କଲେ। ସେତେବେଳେ ବିଜ୍ଞାନ ଶିକ୍ଷକ ତଉଲ ହେଉଥିଲେ ଭରି ମୂଲରେ । ବି.ଏ. ବି.ଏସ୍.ସି ଶିକ୍ଷକ ଥିଲେ ଦୁର୍ଲଭ ଦୁଷ୍ପ୍ରାପ୍ୟ। ଏବେ ପରିସ୍ଥିତି ବଦଳି ଯାଇଛି। ଆମ ଗାଆଁ କାହିଁକି ସବୁ ଗାଆଁରେ ବି.ଏ. ପାଶ୍ କରିଥିବା ପୁଅଝିଅ ପଣ ପଣ। ଟେକାଟିଏ ଫିଙ୍ଗିଲେ ଯାହା ଉପରେ ପଡ଼ିବ ସିଏ ଗୋଟେ ଗ୍ରାଜୁଏଟ୍ ହୋଇଥିବ।

୧୯୬୦-୬୧ ମସିହାରେ ସାର୍ ମଧୁବନ ହାଇସ୍କୁଲ୍‌ରେ ରହିଲେ। ତାଙ୍କ ସାଙ୍ଗ ଶ୍ରୀଯୁକ୍ତ ରମେଶ ମହାନ୍ତି ନିମ୍ନ ମଧ୍ୟବିତ୍ତ ପରିବାରର ପିଲା। ଖୁବ୍ ଅଭାବରେ ଚଳୁଥାନ୍ତି। ତାଙ୍କ ବାପା ରସାନନ୍ଦବାବୁ ଜଣେ ଖୁବ୍ ଭଦ୍ରଲୋକ। ରମେଶ ମହାନ୍ତିଙ୍କର ମାଆ ନଥାନ୍ତି। ସେ ମାତ୍ର ବର୍ଷଟିଏ ପାଇଁ ମଧୁପୁର ହାଇସ୍କୁଲ, କଲଣରେ ବିଜ୍ଞାନ ଶିକ୍ଷକ ଭାବରେ ରହିଲେ। ୧୯୬୧ ମସିହା ଜୁଲାଇ ମାସରେ ସ୍କୁଲ୍ ଛାଡ଼ି ରେଭେନ୍ସା କଲେଜରେ ବି.ଏ. ପଢ଼ିବା ପାଇଁ ନାଆଁ ଲେଖାଇଲେ। ଆମ ସାରଙ୍କର ଅଧିକ ପଢ଼ିବା ପାଇଁ ଆଗ୍ରହ ଥିଲେ ମଧ୍ୟ ସେ ସ୍କୁଲ୍ ଛାଡ଼ି ପାରିଲେ ନାହିଁ। ଏତେ ବଡ଼ ପରିବାର ବୋଝ ସମ୍ଭାଳିବା ପାଇଁ ବାଧ୍ୟ ହୋଇ ଶିକ୍ଷକତାକୁ ଆଦରି ନେଇ ସେଇଠି ରହିଗଲେ।

୧୯୬୧ ମସିହାରେ ପାରିକଇଁଚି ଗାଆଁର ଶ୍ରୀଯୁକ୍ତ ମହେଶ ଚନ୍ଦ୍ର ବଳ ପ୍ରଧାନ ଶିକ୍ଷକ ଭାବରେ ନିଯୁକ୍ତି ପାଇଲେ। ଜୁଲାଇ ୨୧ ତାରିଖ ଠାରୁ ରୁଟିନ୍ ତିଆରି ହୋଇ ପାଠପଢ଼ା ଆରମ୍ଭ ହେଲା। ହାଇସ୍କୁଲ ଗୃହ ନିର୍ମାଣ ସରି ନଥିବାରୁ ମାଇନର ସ୍କୁଲ୍ ଘରେ କ୍ଲାସ୍ ଚାଲେ। ମାଇନର୍ ସ୍କୁଲ୍ ପିଲାଙ୍କ ପାଇଁ ଦିନ ସମୟ ଛାଡ଼ିଦେଇ ସକାଳୁଆ କ୍ଲାସ୍ ହୁଏ। ସ୍କୁଲ୍ ହତାର ଦକ୍ଷିଣ ପଟକୁ ଦୁଧେଇ କୂଳରେ ଗୋଟିଏ ଦୁଇ ବଖରା ବିଶିଷ୍ଟ ଚାଳଘର ଥାଏ। ଛୋଟ ବଖରାଟିରେ ସାର୍ ଓ ତାଙ୍କ ସାଙ୍ଗରେ ଆଉ ଜଣେ ବ୍ୟକ୍ତି ରହନ୍ତି। ବଡ଼ ବଖରାଟିରେ ଦୂରଦୂରାନ୍ତର ଦଶଜଣ ଛାତ୍ର ରୁହନ୍ତି। ମାଇନର ସ୍କୁଲ୍‌ର ପିଅନ କାହ୍ନୁ ରାଉତ ଏ ସମସ୍ତଙ୍କ ପାଇଁ ରୋଷେଇ କରିଦିଏ।

ସାରଙ୍କ ସାନଭାଇ ନରେନ୍ଦ୍ର କକା, ପରମାନନ୍ଦ ମହାନ୍ତିଙ୍କ ପୁଅ ବିବେକାନନ୍ଦ (ବିବ), ତ୍ରିଲୋଚନ ଆଚାର୍ଯ୍ୟ, କାଙ୍ଗାଳି ଚରଣ ପଣ୍ଡା, ମଦନ ଓ ଅନ୍ୟ କିଛି ପିଲା ରୁହନ୍ତି। ରାତିରେ ସାର୍‌ଙ୍କ ସହିତ ନରେନ୍ଦ୍ର କକା, ବିବ ପ୍ରଭୃତି ମାଇନର୍ ସ୍କୁଲର ଅଫିସ୍ ଘରେ ତଳେ ବିଛଣା ପାରି ଶୁଅନ୍ତି। ବିବ ଶୋଇଲା ବେଳେ ଖୁବ୍ ଗଡ଼ନ୍ତି। ବେଳେବେଳେ ସେ ଗଡ଼ିଗଡ଼ି ଆସି ସାର୍‌ଙ୍କ ପେଟ ନହେଲେ ବେକ ଉପରେ ଗୋଡ଼ ଲଦି ଦିଅନ୍ତି। ଗୋଟିଏ ପରିବାରର ବାପ ପୁଅ ଭଳି ଦିନ ଓ ରାତି ବିତେ। ଅଫିସ୍ ଆଲମିରାକୁ ପଛ କରି ଖଟଟିଏ ପଡ଼ିଥାଏ। ସାର୍ ସେଠି ଦିନ ବେଳେ ବିଶ୍ରାମ ନିଅନ୍ତି।

ବିବର ବାପା ଶ୍ରୀଯୁକ୍ତ ପରମାନନ୍ଦ ମହାନ୍ତି ଧର୍ମଶାଳାର ବିଧାୟକ ହୋଇଥିଲେ ଓ ବିଭିନ୍ନ ସମୟରେ ମଧୁବନ ମାଇନର ସ୍କୁଲ୍‌ର ସଂପାଦକ ଥିଲେ। କାଙ୍ଗାଳି ଚରଣ ପଣ୍ଡା ଧର୍ମଶାଳାର ବିଧାୟକ ହୋଇଥିବା କଥା ପୂର୍ବରୁ ଉଲ୍ଲେଖ କରାଯାଇଛି।

ସୋମବାର ଦିନ ବଡ଼ିଭୋରରୁ ଉଠି ନିତ୍ୟକର୍ମ ସାରି ୭.୩୦ ମଧ୍ୟରେ ସାର୍ ସ୍କୁଲ୍‌ରେ ପହଞ୍ଚନ୍ତି। ନିଜେ ପ୍ରାର୍ଥନା ଘଣ୍ଟା ବଜାନ୍ତି। ହାଇସ୍କୁଲ୍‌ର ପିଅନ ନଥାନ୍ତି। ତେଣୁ ପିରିଅଡ୍ ଶେଷରେ ପିଲାଙ୍କ ଦ୍ୱାରା ଘଣ୍ଟା ବଜାଇବା ଠାରୁ ଆରମ୍ଭ କରି ପାଠ

ପଢ଼ାଇବା ପର୍ଯ୍ୟନ୍ତ ସବୁ କାମ କରନ୍ତି। ମନରେ କେବଳ ଏଇ ଭାବନା ଥାଏ- ସ୍କୁଲ୍ ଠିଆ ହୋଇ ରହୁ। ଆଗେଇ ଚାଲୁ। ସେଥିପାଇଁ ଆମ ସାର୍ ସ୍କୁଲ୍‌ର ସମସ୍ତ କାର୍ଯ୍ୟ ନିର୍ବିକାର ଭାବରେ କରିଯାଆନ୍ତି। ସତେ ଯେମିତି ସ୍କୁଲ୍‌ଟି ସ୍କୁଲ୍ ନୁହେଁ, ତାଙ୍କ ଅବିଭାବକତ୍ୱରେ ଚାଲିଥିବା ଆପଣାର ପରିବାର।

ସେତେବେଳେ ସ୍କୁଲ୍ ପାଇଁ ସବୁକିଛିର ଅଭାବ ଥାଏ। ତେଣୁ ବେଳେବେଳେ ମାଇନର୍ ସ୍କୁଲ୍‌ର କିଛି ଶିକ୍ଷକ ଲିଜର୍ ସମୟରେ କ୍ଲାସ୍ ନିଅନ୍ତି। ମୁଗପାଳର ବିଦ୍ୟାଧର ପାଣିଗ୍ରାହୀ ସାର୍ ସଂସ୍କୃତ ପଢ଼ାନ୍ତି। ସାର୍‌ଙ୍କ ସହିତ ଅନ୍ୟମାନେ ଗଣିତ, ବିଜ୍ଞାନ, ସାହିତ୍ୟ, ଇଂରାଜୀ, ଇତିହାସ, ଭୂଗୋଳ, ସଂସ୍କୃତ ସବୁ ବାଣ୍ଟିକୁଣ୍ଟି ପଢ଼ାନ୍ତି। ସାର୍‌ଙ୍କର ସଂସ୍କୃତ ଭଲହୁଏ। ଏହାଛଡ଼ା ପ୍ରଥମାବସ୍ଥାରେ ତାଙ୍କୁ ସବୁ କିଛି ପଢ଼ାଇବାକୁ ପଡ଼େ। ଶିକ୍ଷକ ଅଭାବ ପୂର୍ଣ୍ଣ କରିବାକୁ ହୁଏ। ଏକେତ ଯୁବକ। ପାଠ ପଢ଼ାଇବା ପାଇଁ ସାର୍‌ଙ୍କ ଠାରେ ଥାଏ ଭରପୁର ଆଗ୍ରହ। ଆଖିରେ ଆଖିଏ ନିଶା। ଏ ସବୁ ଗୁଣ ଯୋଗୁ ପିଲାମାନେ ସାର୍‌ଙ୍କୁ ଖୁବ୍ ଶୀଘ୍ର ଆଦରି ନେଲେ। ସବୁରି ମୁହଁରେ ତାଙ୍କର ଗୋଟିଏ ପରିଚୟ, ନୂଆସାର୍ ବା କର ସାର୍।

ସାର୍‌ଙ୍କ ଠାରେ ଈଶ୍ୱରଦତ୍ତ ଶିକ୍ଷକୀୟ ପ୍ରତିଭା ଖୁବ୍ ପିଲାଦିନରୁ ପ୍ରକାଶ ପାଇଥିଲା। ବାଣୀପୀଠରେ ପଢ଼ିଲାବେଳେ ତାଙ୍କ ସାଙ୍ଗମାନେ ତାଙ୍କଠାରୁ ପାଠ ବୁଝୁଥିଲେ। ମ୍ୟାଟ୍ରିକ ପରୀକ୍ଷା ପରେ ଘରେ ଥିବା ବେଳେ ସାର୍‌ଙ୍କ ମଉସା ଜହଳର ଭାବ ଭଦ୍ର (ସୂର୍ଯ୍ୟବନ୍ଧୁ)ଙ୍କ ଅନୁରୋଧ କ୍ରମେ ତାଙ୍କ ପିଲାମାନଙ୍କୁ ଟିଉସନ୍ କରିବା ପାଇଁ ଯାଇଥିଲେ। ଜଣେ ଭଲଛାତ୍ର ହିସାବରେ ସାର୍‌ଙ୍କର ପରିଚୟ ସୃଷ୍ଟି ହୋଇଯାଇଥିଲା। ମାର୍ଚ୍ଚ, ଏପ୍ରିଲ୍, ମେ, ତିନିମାସ ପାଇଁ ମଉସାଙ୍କ ପୁଅ ଓ ଗାଆଁର ପିଲା ଧରଣୀ, ନଟବର, ନରୋତ୍ତମ, ପିତାମ୍ବର, କୁଳମଣି ଓ ଦିବାକର ଭଦ୍ରଙ୍କୁ ପଢ଼ାଇଥିଲେ। ଏଇ ତିନିମାସରେ ସେମାନଙ୍କର ଉଲ୍ଲେଖନୀୟ ଉନ୍ନତି ହୋଇଥିଲା। ପାଠପଢ଼ିବା ଓ ଭଲ ମଣିଷ ହେବାକୁ ସେ ପିଲାମାନେ ଜୀବନର ଉଦ୍ଦେଶ୍ୟ ହିସାବରେ ଗ୍ରହଣ କରିନେଇ ଥିଲେ। ସେମାନଙ୍କ ମଧ୍ୟରୁ ଧରଣୀ ଭଦ୍ର ସେନାବାହିନୀରେ ଚାକିରୀ କରିଥିଲେ। ପିତାମ୍ବର ଜହଳ, ମ.ଇ. ସ୍କୁଲର ପ୍ରଧାନ ଶିକ୍ଷକ, କୁଳମଣି ଓଭରସିଅର ଓ ଦିବାକର ଗ୍ରାମସେବକ ହୋଇ ପାରିଥିଲେ। ସାର୍ ଜନ୍ମ ହୋଇଥିଲେ ଶିକ୍ଷକଟିଏ ହେବା ପାଇଁ। ଏହା ହିଁ ସତ୍ୟ। ଆଉ କିଛି ନୁହେଁ।

■

# ଛାତ୍ରଙ୍କ ଆଗରେ ପ୍ରଥମ ଦିନ

ମଧୁବନ ହାଇସ୍କୁଲ୍‌ରେ ପାଠ ପଢ଼ାଇବାର ପ୍ରଥମ ଦିନ। କ୍ଲାସ୍‌କୁ ଯିବା ପୂର୍ବରୁ ମାଇନର ସ୍କୁଲ୍‌ର ପ୍ରଧାନ ଶିକ୍ଷକ ଶ୍ରୀଯୁକ୍ତ ବେଣୁଧର ଦୋବାଇ ସାର୍‌ଙ୍କ ହାତରେ ଚକ୍ ଡଷ୍ଟର ଓ ଛାତ୍ର ଉପସ୍ଥାନ ରେଜିଷ୍ଟାର ଧରାଇ ଦେଇଥିଲେ। ତାଙ୍କର ଉପଦେଶ ଓ ଆଦେଶକୁ ମାନି ସାର୍ ଶିକ୍ଷକ ଜୀବନ ଆରମ୍ଭ କରିଥିଲେ। ଯାହା ଖୁବ୍ ଶୁଭଙ୍କର ପ୍ରମାଣିତ ହେଲା। ମାଇନର୍ ସ୍କୁଲ୍‌ର ସାର୍‌ମାନେ ପ୍ରତ୍ୟେକ ଜଣେ ଜଣେ ଆଦର୍ଶ ନିତିନିଷ୍ଠ ଶିକ୍ଷକ ଥିଲେ। ସେମାନଙ୍କ ନିକଟରେ ସାର୍ ସାନଭାଇଟିଏ ପରି ଚଳିବା ଶିଖିଲେ। ତାଙ୍କୁ ସମ୍ମାନ ଦେଲେ। ଶିକ୍ଷକ ଶ୍ରୀଯୁକ୍ତ ନୟନ ରଂଜନ ମହାନ୍ତି, ଶ୍ରୀଯୁକ୍ତ ବିଦ୍ୟାଧର ପାଣିଗ୍ରାହୀ, ଶ୍ରୀଯୁକ୍ତ ଭିକାରୀ ଚରଣ ଚନ୍ଦ, ଶ୍ରୀଯୁକ୍ତ ଗୋକୁଳି ଚରଣ ନାୟକ ଓ ଶ୍ରୀଯୁକ୍ତ ପୁରୁଷୋତ୍ତମ ଦାଶଙ୍କ ସଂସ୍ପର୍ଶରେ ଆସିଲେ। ଆତ୍ମୀୟତା ବଢ଼ିଲା। ଶ୍ରୀ ହୃଦାନନ୍ଦ ରାଉତ, ପାଞ୍ଚଗୋଛିଆର ଶ୍ରୀ ନନ୍ଦକିଶୋର ଦ୍ୱିବେଦୀ ଆମ ସାର୍‌ଙ୍କର ସମବୟସୀ ସ୍ଥାୟୀ ଶିକ୍ଷକ। ଅଚିରେ ସେମାନେ ସାର୍‌ଙ୍କର ଅନ୍ତରଙ୍ଗ ବନ୍ଧୁରେ ପରିଣତ ହୋଇଗଲେ। ଏମାନେ ଥିଲେ ସାର୍‌ଙ୍କ ସାନଭାଇ ନରେନ୍ଦ୍ର କକାଙ୍କ ସାର୍। ନରେନ୍ଦ୍ରକକା ଭଲ ଛାତ୍ର ଥିଲେ। ସାର୍‌ମାନେ ମଧ୍ୟ ତାଙ୍କୁ ଖୁବ୍ ଶ୍ରଦ୍ଧା କରୁଥିଲେ। ସ୍କୁଲ୍‌ରେ ସମୟ ଓ ସଂପର୍କ ଏମିତି ମଧୁର ଥିଲା।

ସ୍କୁଲ୍ ଖୋଲା ହେଲା ପରେ ପରିଚାଳନା ସମିତି ଅର୍ଥ ସଂଗ୍ରହରେ ଲାଗି ପଡ଼ିଲେ। ଦୁର୍ନୀତି ନିବାରଣ କମିଟିର ବଳକା ଜମା ୭୬୨ଟଙ୍କା ହାଇସ୍କୁଲ୍‌କୁ ଦାନ ଦିଆଯାଇଥାଏ। ସ୍କୁଲ୍ ପାଣ୍ଠିର ଏତକ ଟଙ୍କା ହୋଇଥାଏ ଓପନିଂ ବାଲାନ୍ସ। ମାଇନର ସ୍କୁଲ୍ ଛୁଟି ପରେ ନିଜର କାମ ସାରି ପ୍ରତିଦିନ ବେଣୁବାବୁ ଆସନ୍ତି। ସଂଧ୍ୟାବେଳକୁ ବେଣୁବାବୁ, ହଂସବାବୁ, ଫକିରବାବୁ, ଇସ୍‌ମାଇଲ୍ ଖାଁ ଓ ଅନ୍ୟାନ୍ୟ ଉତ୍ସାହି ସଭ୍ୟମାନେ ଚାନ୍ଦା ଆଦାୟ ପାଇଁ ପାଖପାଖ ଗାଆଁକୁ ଯାଆନ୍ତି। ଏକତଳା, ବଣ୍ଟରା, ମିର୍ଜାପୁର, ଇଛାପୁର, ଭୋଟକା, ରମ୍ପେଇ, ରାହାମ୍ବା, ସଦାନନ୍ଦପୁର, କୁରାଂଶ, ଗୋରଧା, ନରସିଂହପୁର,

ଡିହକୁରାଂଶ, ଗୋପିନାଥପୁର, ପାଞ୍ଚଗୋଛିଆ, କଇଁଚି ଶାସନ ପ୍ରଭୃତି ପାଖ ପାଖ ଗାଆଁରୁ ଚାନ୍ଦା ସଂଗ୍ରହ କରାଯାଏ। କିଛି ନଗଦ ଅର୍ଥ ଆକାରରେ ମିଳେ। କିଛି ପ୍ରତିଶ୍ରୁତି ଧରି ଫେରନ୍ତି। ଏହା ସହିତ ଇନ୍ଦକାଠ ଗଛ, ବାଉଁଶ, ବରଡ଼ା ଇତ୍ୟାଦି ଦାନରେ ମିଳେ। ମୁଖ୍ୟତଃ ଛାତ୍ରଛାତ୍ରୀମାନଙ୍କ ଠାରୁ ସଂଗୃହୀତ ଅର୍ଥ ଶିକ୍ଷକ ମାନଙ୍କୁ ଦରମା ଆକାରରେ ଦିଆଯାଏ। ମାସ ଶେଷରେ ଅଷ୍ଟମ ଶ୍ରେଣୀ ପିଲାଙ୍କଠାରୁ ଦୁଇଟଙ୍କା ପଚାଶ ପଇସା ଓ ନବମ ଶ୍ରେଣୀ ପିଲାଙ୍କଠାରୁ ତିନିଟଙ୍କା ଟିଉସନ୍ ଫି ହିସାବରେ ଆଦାୟ କରାଯାଏ। ଡୋନେସନ୍ ଏକଟଙ୍କା ଓ ଅନ୍ୟାନ୍ୟ Subsidiary Fees ଆଦାୟ ହୁଏ। ବେଣୁବାବୁ ଏସବୁ କାମ କରନ୍ତି। ରସିଦ୍ ଲେଖନ୍ତି। Attendance Register ଓ Subsidiary Accounts ସହିତ Cash Book Maintain କରନ୍ତି। ତାଙ୍କ ଠାରୁ ଶିଖିଲା ପରେ ସାର୍ ସେ କାମ ତୁଲାଇଲେ। ଏହି ଅଫିସ୍ କାମ କରିବା ନିମନ୍ତେ ପରିଚାଳନା ସମିତି ସାର୍‌ଙ୍କୁ ମାସିକ ଦରମା ବାବଦ ଅଧିକ ଦଶଟଙ୍କା ଭତ୍ତା ଦେଲେ।

ସ୍କୁଲ୍‌ରେ ଗୋଟିଏ କୂଅ ଥିଲା। ରାତିରେ ରହୁଥିବା ସାର୍ ଓ ଛାତ୍ରମାନେ ସେଇଠି ଗାଧୁଆପାଧୁଆ କରନ୍ତି। ସେଇଠୁ ପାଣିନେଇ ରୋଷେଇ କରାଯାଏ। ପିଇବା ପାଣି ହିସାବରେ ବ୍ୟବହାର କରାଯାଏ। ଆମ ସାର୍ ସେ କୂଅର ନାଆଁ ଦେଇଥିଲେ knowledge well (ଜ୍ଞାନକୂପ)। ଅନେକ ପିଲା ଓ ଶିକ୍ଷକ ତାରି ଉପରେ ନିର୍ଭର କରି ତା'ର ପାଣି ବ୍ୟବହାର କରନ୍ତି। ସେ କୂଅଟି ବର୍ତ୍ତମାନର ଅଫିସ୍ ଘର ପଛପଟେ ଥିଲା। ପରବର୍ତ୍ତୀ ସମୟରେ ଟିଉବ୍‌ୱେଲ ଖୋଳା ହେବାରୁ କୂଅଟି କ୍ରମଶଃ ଅବ୍ୟବହୃତ ହୋଇଗଲା। ଆର୍ବଜନା ପଡ଼ି ପୋତି ହୋଇଗଲା।

ଶୀତଦିନେ ସ୍କୁଲ୍ ଦଶଟା ବେଳେ ଦୁଧେଇ କଡ଼ ଅସ୍ଥାୟୀ ବରଡ଼ା ଚାଳ ଛପର ଘରେ ହେଲା। ସ୍କୁଲ୍ କ୍ରମୋନ୍ନତିର ଏହା ପ୍ରଥମେ ପଦକ୍ଷେପ।

ଦିନେ ଦିନେ ସାର୍ ଛିଣ୍ଡା ଖରସୁଆଁର ଗିରିଛନ୍ଦାକୁ ଗାଧୋଇ ଯାଆନ୍ତି। ସେଠି ଏକତଳାର ସ୍ତ୍ରୀ ଲୋକମାନେ ଗାଧୁଆପାଧୁଆ କରନ୍ତି। ତାଙ୍କ ପାଇଁ ସେଟା ନିୟମିତ ଘାଟ। ଗାଆଁର ପୁଅଝିଅମାନେ ପହଁରା ପହଁରି କରି ପାଣିକୁ ଗୋଳିଆ କରିଦିଅନ୍ତି। ଡିଆଁଡେଇଁ କରି ଦୁଷ୍ଟ ହେଉଥାନ୍ତି। ଏପଟ ଛନ୍ଦାରେ ସାର୍‌ଙ୍କୁ ଗଡ଼ିବାର ଦେଖିଲେ ସ୍ତ୍ରୀ ଲୋକମାନେ ବଡ଼ପାଟି କରି କହନ୍ତି, ହେଇ ତୁମ କରସାର୍ ଆସିଲେଣି। ଚୁପ୍ ହେଇଯା ନହେଲେ କହିଦେବୁ।

ଏତିକିରେ ପିଲାଏ ଶାନ୍ତ ହୋଇଯାଆନ୍ତି। ଚୁପ୍ ଚାପ୍ ଗାଧୋଇ ପଡ଼ି ପଳାଇ ଯାଆନ୍ତି। ସାର୍‌ଙ୍କ ପ୍ରତି ପିଲାମାନଙ୍କର ଭୟ ଓ ଭକ୍ତି ପ୍ରଚୁର ଥିଲା।

ସାର୍ ଥିଲେ ଯୁବ ଶିକ୍ଷକ। କ'ଣ ପଢ଼ାଉଛନ୍ତି, କିପରି ତାଙ୍କର ଜ୍ଞାନ ଜାଣିବା

ପାଇଁ ଅନେକଙ୍କର ଇଚ୍ଛା ଥିଲା। ମାର୍କଣ୍ଡ ସାହୁ ନାମକ ଜଣେ ଯୁବକ କବୀରପୁର ହାଇସ୍କୁଲ୍‌ରୁ ମ୍ୟାଟ୍ରିକ୍ ପାସ୍ କରି ଘରେ ବସିଥାନ୍ତି। ସାର୍‌ଙ୍କୁ ପରୀକ୍ଷା କରିବା ପାଇଁ ମନସ୍ଥ କରି ଗୋଟିଏ ନବମ ଶ୍ରେଣୀ ପିଲା ହାତରେ Algebra ପ୍ରଶ୍ନଟିଏ ଲେଖି ପଠାଇଲେ। ସାର୍ ତାକୁ ବାରମ୍ବାର କଷିବା ପରେ ମଧ୍ୟ ସମାଧାନ କରିପାରିଲେ ନାହିଁ। ଜାଣିଲେ ଯେ ପ୍ରଶ୍ନଟି ଭୁଲ୍ ଥିବାରୁ ଏପରି ହେଉଛି। ତେଣୁ କ'ଣ ହୋଇଥିଲେ ଠିକ୍ ହୋଇଥାନ୍ତା ସେ କଥା ମଧ୍ୟ କହିଦେଲେ। ପ୍ରଶ୍ନଟି କେଉଁ ବହିରେ ଅଛି ଆଣି ଦେଖାଇବାକୁ କହିଲେ। ପିଲାଟି ଫେରିଯାଇ ଏକଥା ଜଣାଇବାରୁ ମାର୍କଣ୍ଡ ସାହୁ ନିରବ ରହିଲେ। ଆଉ କେବେ ଏଭଳି ପ୍ରଶ୍ନ କରିବାକୁ କେହି ସାହାସ କରି ନଥିଲେ। ପରବର୍ତ୍ତୀ ସମୟରେ ଶ୍ରୀ ସାହୁ ଶିକ୍ଷକ ଚାକିରୀ କରିଥିଲେ। ସାର୍‌ଙ୍କ ସହିତ ପରିଚୟ ସୁ ସଂପର୍କରେ ପରିଣତ ହୋଇ ଯାଇଥିଲା।

■

# ବାହାଘର

୧୯୫୯ ମସିହା ଜୁନ୍ ମାସ। ସାର୍‌ଙ୍କର ଫାଷ୍ଟ ଇୟର୍ ପରୀକ୍ଷା ସରିଯାଇଥାଏ ଓ ସେକେଣ୍ଡ ଇୟରକୁ ପ୍ରମୋଶନ ପାଇ ସାରିଥାନ୍ତି। ଗ୍ରୀଷ୍ମାବକାଶ ହେତୁ ଘରେ ଥାଆନ୍ତି। ସାର୍‌ଙ୍କ ଭିଣୋଇ କ୍ଷେତ୍ରବାସୀ ସାର୍‌ଙ୍କ ମଝିଆ ଭାଇ ନିଶାକର ପତି ଢେଙ୍କାନାଳର ମାର୍ଥାପୁର ବ୍ରାହ୍ମଣ ଶାସନରେ ବାହା ହୋଇଥିଲେ। ତାଙ୍କ ଶ୍ୱଶୁର ଘରର ପ୍ରତିପତ୍ତି ବହୁତ। ବଡ଼ଲୋକ। ମକଦ୍ଦମ ଘର। ତାଙ୍କ ଶଳା ଶଙ୍କରବାବୁ ସେଥର ଭଉଣୀ ଘରକୁ ଆସିଥାନ୍ତି। ଶଙ୍କରବାବୁ ଓ ଆମ ସାର୍‌ଙ୍କ ଭଉଣୀଘର ସେଇ ଗୋଟିଏ। ସେରପୁରର ପତି ପରିବାର। ଦୁହିଁଙ୍କର ସେଇଠି ସାକ୍ଷାତ ହେଲା। ବନ୍ଧୁତ୍ୱ ହେଲା। ଯେତେବେଳେ ଦେଖା ହୁଏ ଶଙ୍କର ବାବୁ ଅନୁରୋଧ କରନ୍ତି ତାଙ୍କ ଗାଆଁକୁ ଯିବା ପାଇଁ। କିନ୍ତୁ ସାର୍ ଯାଇପାରନ୍ତି ନାହିଁ। ଅଚାନକ ଥରେ ଗୋଟେ ସୁଯୋଗ ମିଳିଲା। କ୍ଷେତ୍ରବାସୀ ସାର୍ ତାଙ୍କ ପୁତୁରାଙ୍କ ବ୍ରତଘର ପାଇଁ ଗୁଆ ଆମନ୍ତ୍ରଣ ନେଇ ମାର୍ଥାପୁର ବାହାରିଥାନ୍ତି। ସାଙ୍ଗରେ ଯିବାପାଇଁ ସାର୍‌ଙ୍କୁ ଡାକିଲେ। ମାର୍ଥାପୁର ଏଠୁ ବହୁତ ଦୂର। ସାଙ୍ଗ ହୋଇ ଗଲେ ପଥଶ୍ରମ ଜଣାପଡ଼ିବ ନାହିଁ। ସାର୍ ମଧ୍ୟ ରାଜି ହୋଇଗଲେ। ଗଲେ ବନ୍ଧୁ ଶଙ୍କରବାବୁଙ୍କ ସହିତ ଦେଖାହେବ। ସେ ଖୁସି ହେବେ। ଦିନେ ସକାଳୁ କ୍ଷେତ୍ରବାସୀ ସାର୍ ଓ ତାଙ୍କ ଗାଆଁର ହାଡ଼ିବନ୍ଧୁ କର ଦୁଇଟି ସାଇକେଲ୍ ଧରି ବାହାରିଲେ। ଆମ ସାର୍ ଭଲ ଭାବରେ ସାଇକେଲ୍ ଚଳାଇ ଜାଣି ନଥିବାରୁ ସେ ଦୁହେଁ ଅଦଳବଦଳ କରି ସାଇକେଲ୍ ପଛରେ ବସାଇ ନେଲେ।

ଜୁନ୍ ମାସର ଖରାଦିନ। ରଜ ଆଉ ଦଶବାର ଦିନ ଆଗକୁ ଥାଏ। ଯାଜପୁର ରୋଡରୁ ସୁକିନ୍ଦା ବାଟେ ଭୁବନ ଦେଇ ଟାଙ୍ଗରିଆ ଓ ଯମୁନାକୋଟ ଗାଆଁ ରାସ୍ତାରେ ଯାଇ ରାମିଆଳ ନଦୀ ପାର ହୋଇ ମାର୍ଥାପୁରରେ ପହଞ୍ଚିଲା ବେଳକୁ ଦିନ ଦୁଇଟା ବାଜିଗଲା। ଖରା ଚାଇଁ ଚାଇଁ ମାରୁଥାଏ। ମୁଣ୍ଡ ଉପରେ ତଉଲିଆ ପକାଇ କଷ୍ଟେମଷ୍ଟେ ପହଞ୍ଚିଲେ। ତାଙ୍କ ଗାଆଁରେ ଅଗ୍ନି ବାରଣ କରାଯାଇଥାଏ। ଅର୍ଥାତ୍ ଦିନ ୧୦ଟା ପରେ

କାହାଘରେ ଚୁଲି ଜଳିବ ନାହିଁ। କାହାଘରେ ଚୁଲି ଲାଗିଥିବାର ଜଣାପଡ଼ିଲେ ଗ୍ରାମ କମିଟି ଜୋରିମାନା ଆଦାୟ କରିବ। ଘରକୁ ବନ୍ଧୁବାନ୍ଧବ ଆସିଲେ ବି ଗାଆଁ ଭିତରେ ରୋଷେଇ କରାଯାଇପାରିବ ନାହିଁ। ଗାଆଁଠାରୁ ଦୂର ପାଟକୂଳରେ ରୋଷେଇ କରିବେ। ପାଟ କହିଲେ ବଡ଼ ପୋଖରୀ। ସେହି ପୋଖରୀ କୂଳରେ ରୋଷେଇ କରି ଘରକୁ ଆଣିବେ। ଏସବୁ ଶୃଙ୍ଖଳା ଉପରେ ଗ୍ରାମ କମିଟିର କଡ଼ା ନଜର ଥାଏ। ଅଗ୍ନି ଭୟକୁ ନେଇ ଏସବୁ ନିୟମ। ମାର୍ଥାପୁର ଶାସନ ଗୋଟେ ବିରାଟ ଗାଆଁ। ମଝିରେ ଖୁବ୍ ଚଉଡ଼ା ଓ ଲମ୍ବା ଦାଣ୍ଡ। ତା'ର ଦୁଇ କଡ଼ରେ ଲମ୍ବା ଲମ୍ବା ଧାଡ଼ିରେ ଦୁଇ ସାହାଲା ଘର। ଢ଼େଙ୍କାନାଳ ରାଜ୍ୟର ଏକମାତ୍ର ମଉଡ଼ମଣି ହେଲେ ରାଜା। ତେଣୁ ତାଙ୍କ ସମ୍ମାନରେ ଘରଗୁଡ଼ିକ ମଉଡ଼ ମରା ନୁହେଁ। ପୂରା ଲମ୍ବା ଘର। ଲାଗି ଲାଗି ରହିଥିବାରୁ ଏମୁଣ୍ଡରୁ ସେମୁଣ୍ଡକୁ ଗୋଟିଏ ଚାଳ ହୋଇ ଯାଇଥାଏ। ଘର ଗୁଡ଼ିକରେ ଆଟୁଥାଏ। ପଦାକୁ ଦେଖାଯାଏ ଗୋଟିଏ ଦ୍ୱାର। ସେଇବାଟେ ପଶିଗଲେ ଭିତରକୁ ଥାଏ ଖଞ୍ଜା। ତା' ପଛକୁ ଥାଏ ବାଡ଼ି ବଗିଚା। ସାମନାରୁ ସବୁ ଘରଗୁଡ଼ିକ ଏକା ପ୍ରକାରର ଦେଖାଯାଏ। ନୂଆ ଯାଇଥିବା ଲୋକ କେଉଁଠି କାହା ଘର ଜାଣିପାରିବ ନାହିଁ।

ସାର, କ୍ଷେତ୍ରବାସୀ ସାର୍ ଓ ହାଡ଼ିବନ୍ଧୁ ବାବୁ ସେଠି ପହଞ୍ଚିଲେ। ଏମାନଙ୍କୁ ଦେଖି ଶଙ୍କରବାବୁ ଭାରି ଖୁସି ହେଇଗଲେ। ପଖାଳପାଣି ଖାଇ ସମସ୍ତେ ବିଶ୍ରାମ ନେଲେ। ଉପରଓଳି ପାଞ୍ଚଟା ବେଳକୁ ବୁଲାବୁଲି କରି ଗାଆଁ ଦେଖିଲେ। ସାର୍‌ଙ୍କ ହାତରେ ଆମ ଗାଆଁର ନାଗାନନା ତାଙ୍କ ଶ୍ୱଶୁର ଘରକୁ ଖବରଟିଏ ପଠାଇଥାନ୍ତି। ନାଗାନନାଙ୍କ ଶ୍ୱଶୁର ଘରକୁ ଗଲାବାଟରେ ଦେଖିଲେ ଉପର ଓଳି ଘର ଛପର ହେଉଛି। ସେଠି ଆଟୁଘର ହୋଇଥିବାରୁ ଛପର କଲାବେଳେ ଘର ଭିତରେ କୁଟା ଅଳନ୍ଧୁ ପଡ଼େ ନାହିଁ। ଆମ ଗାଆଁ ମାନଙ୍କରେ ଆଟୁନଥିବାରୁ ଛପର ବେଳେ ଘରସାରା ଅପରିଷ୍କାର ହୋଇଯାଏ। ଉପରଓଳି ଘର ଛାଇଲେ ସଫା କରିବାକୁ ଦିନ ନିଅଣ୍ଟ ହୁଏ। ତେଣୁ ସକାଳୁ କାମ ଆରମ୍ଭ କଲେ ଉପର ଓଳି ସୁଦ୍ଧା ସଫାସୁତୁରା କାମ ସରିଯାଏ।

ନିଆଁ ଲାଗିବାର ଭୟଥିବାରୁ ସେଠି ଡେରିରେ ଅର୍ଥାତ୍ ରଜ ପରେ ପରେ ଘର ଛପର କରାଯାଏ। ସେତେବେଳକୁ ବର୍ଷାଦିନ ଆସି ଯାଇଥାଏ। ଅଗ୍ନିଭୟ କମି ଯାଇଥାଏ। ସେଠି ଏତେ ସାବଧାନତା ଓ କଟକଣାରେ ଥାଇ ମଧ୍ୟ ପ୍ରତିବର୍ଷ ଘରପୋଡ଼ି ହୁଏ। ମାର୍ଥାପୁର ଗାଆଁ, ଦୁଇଟି ନଦୀ, ଉତ୍ତରରେ ରାମିଆଳ ଓ ଦକ୍ଷିଣରେ ବ୍ରାହ୍ମଣୀ ମଝିରେ ଗୋଟେ ଉଚ୍ଚ ହୁଡ଼ି (କ୍ଷୁଦ୍ର ପାହାଡ଼ିଆ ସ୍ଥାନ) ଉପରେ ଅବସ୍ଥିତ। ସାତଇନ୍ଦ୍ର ବର୍ଷା ହେଲେ ବି ଗାଆଁ ଦାଣ୍ଡରେ ଟୋପାଏ ପାଣି ରହେ ନାହିଁ। ସବୁ ଗଡ଼ିଯାଏ। ଓଡ଼ିଶାରେ ବଡ଼ ବଡ଼ ବନ୍ୟାରେ ବି ସେ ଗାଆଁ ଭିତରକୁ ପାଣି ପହଞ୍ଚେ ନାହିଁ। କେବଳ

ଚତୁର୍ଦ୍ଦିଗରେ ପାଣି ମାଡ଼ିଯାଏ। ଗାଆଁଟି ଜଳବନ୍ଦୀ ହୋଇ ରହିଯାଏ। ଯାତାୟାତ ବନ୍ଦ ହୋଇଯାଏ। ତାଙ୍କ ଗାଆଁ ଭିତରେ ପାଣି ପଶିଲେ ଯାଜପୁର ଅଞ୍ଚଳର ଆମ ଗାଆଁଗୁଡ଼ିକ ଭାସିଯାଇ ନିଶ୍ଚୟ ସମୁଦ୍ରରେ ପଡ଼ିବ।

ସାର୍, ନାଗାନା'ଙ୍କ ଶ୍ୱଶୁର ଘରକୁ ଯାଇ ତାଙ୍କ ଶାଶୁ, ଶ୍ୱଶୁରଙ୍କ ସହିତ କଥାବାର୍ତ୍ତା ହୋଇ ଫେରିଲେ। ସେମାନେ ଖୁବ୍ ଭଦ୍ର, ସ୍ନେହୀ ଓ ସରଳ ଲୋକ। ଗାଆଁଟି ସାର୍ଙ୍କୁ ଭାରି ଭଲ ଲାଗିଲା। କାରଣ ଉତ୍ତରରୁ ଦକ୍ଷିଣକୁ ଲମ୍ବି ମାଇଲ୍‌ରୁ ଊର୍ଦ୍ଧ୍ୱବ୍ୟାପି ଦୁଇ ସାହାଲା ଘର। ଗୋଟିଏ ଚାଳ। ମଝିରେ ବଡ଼ଦାଣ୍ଡ ଭଳି ଖୋଲାସ୍ଥାନ। ଗୋଟେ ସୁନ୍ଦର ବଜାର ଭଳି ଦିଶୁଥାଏ। ସେତେବେଳେ ଇଲେକ୍ଟ୍ରିକ୍ ଲାଇଟ୍ ନଥାଏ। ପାଣିକଳ ନଥାଏ। କାରଣ ଦେଢ଼ଶହରୁ ଦୁଇଶହ ଫୁଟ୍ ଗଭୀରକୁ ଖୋଳିଲେ ବି ସେଠି ପାଣି ମିଳିବାର ସମ୍ଭାବନା ନଥାଏ। ପାଟ କୂଳରେ ବଡ଼ କୂଅଟିଏ ଥାଏ। ତାରି ଉପରେ ନିର୍ଭର କରି ସମସ୍ତେ ଚଳନ୍ତି। ବଡ଼ପାଟ ଓ ସାନପାଟରେ ବର୍ଷ ତମାମ ଗାଧୁଆ ପାଧୁଆ କରନ୍ତି। ବ୍ରାହ୍ମଣୀର ପାଣି ବ୍ୟବହାର କରିବାକୁ ହେଲେ ଯିବା ଆସିବା ବାବଦରେ ଦୁଇ ମାଇଲ୍ ଚାଲିବାକୁ ପଡ଼େ।

ଦିନଟିଏ ସେଠି ରହି ପରଦିନ ପାହାନ୍ତାରୁ ତିନିହେଁ ଫେରିଲେ। ଭୂବନ, ନୀଳକଣ୍ଠପୁର, ବାଜି ରାଉତ ଘାଟ ଓ ଗାଆଁ କଡ଼ ଦେଇ, କୁମୁଟି ଅତା, ଜେମାଦେଇପୁର ଗାଆଁ ରାସ୍ତାରେ ଆସିଲେ। ତିନିଟା ବେଳକୁ ଜେନାପୁର ଠାରେ ଖରାଦିନିଆଁ ରାସ୍ତାରେ ବ୍ରାହ୍ମଣୀ ପାର୍ ହୋଇ ଜାବରା ଦେଇ ମଧୁବନରେ ପହଞ୍ଚିଲା ବେଳକୁ ଦିନ ଚାରିଟା ବାଜିଯାଇଥାଏ। ସାର୍ ସାଇକେଲ୍‌ରେ ବସି ବସି ଗଲେ ଓ ଆସିଲେ। ସେତିକିରେ ଜଙ୍ଘ ଆଉ ପିଚା ପୋଡୁଥାଏ। ଚଲେଇଲା ବାଲାର ଅବସ୍ଥା କ'ଣ ହେଉଥିବ ଏଇଥିରୁ ଅନୁମାନ କରିବା କଥା। ମାର୍ଥାପୁର ଯିବା ପାଇଁ ସେତେବେଳେ ଗାଡ଼ିମଟର ନଥାଏ। ରାସ୍ତା ମଧ୍ୟ ନଥାଏ। ସାଇକେଲ୍‌ରେ ଯିବାଆସିବା ଯେଉଁ ଯନ୍ତ୍ରଣା, ତାକୁ ଦେଖି କଥା ପ୍ରସଙ୍ଗରେ ସାର୍ କହିଥିଲେ, ରାମ୍ ରାମ୍... ପୁଅ ପଛେ ଅବିବାହିତ ରହିବ ହେଲେ ଏ ଗାଆଁରେ ଜମା ବାହା ହେବନି।

ସେଦିନର ଏକଥା ଶୁଣି ସମୟ ଯେପରି ପରିହାସ କଲା, ପରବର୍ତ୍ତୀ ସମୟରେ ଘଟଣା ଠିକ୍ ସେମିତି ଭାବରେ ଘଟିଗଲା। କାରଣ ଦୁଇବର୍ଷ ପରେ ୧୯୬୧ ମସିହାରେ ସାର୍ଙ୍କ ବାହାଘର ସେଇ ଗାଁରେ ହେଲା। ଆମ ଗାଆଁର ଦଶବାର ଘର ବନ୍ଧୁ ମାର୍ଥାପୁର ଓ ଆନନ୍ଦପୁରରେ ଅଛନ୍ତି। ଗାଆଁର ଗୋଟେ ମୁଣ୍ଡରେ ମାର୍ଥାପୁର ହାଇସ୍କୁଲ୍ ସହିତ ବହୁ ବିଦ୍ୱାନ, ପଣ୍ଡିତ, ସରକାରୀ ଚାକିରିଆ ଓ ନିରୋଳା ବ୍ରାହ୍ମଣ ମାନଙ୍କର ଏହା ଏକ ସମୁନ୍ନତ ଗାଆଁ। ଭଲ ବନ୍ଧୁ ଖୋଜୁ ଖୋଜୁ ଏମିତି ସଂପର୍କ ଯୋଡ଼ି ହୋଇଯାଇଥିଲା।

ସାର୍‌ଙ୍କ ଚାକିରୀର ବର୍ଷେ ନ ପୁରୁଣୁ ତାଙ୍କ ବାପା ମା'ଙ୍କୁ ପୁଅ ବାହାଘର ଚିନ୍ତା ଘାରିଗଲା । ସବୁଠାରେ ଏହା ହିଁ ହୁଏ । ଚାକିରୀ ପାଇଲା ପରେ ଆଉ କେଉଁ ଲକ୍ଷ୍ୟ ଅପୂରଣୀୟ ରହିଲା ଯେ ? କ୍ରମାନ୍ୱୟରେ ହିସାବ କଲେ ଚାକିରୀ ପରେ ବିବାହର ପାଳି ତ ନିଶ୍ଚୟ ପଡୁଛି । ସାର୍‌ଙ୍କ ସମବୟସୀ ଭୀମ ନନା ଓ ସାର୍‌ଙ୍କ ଠାରୁ ସାନ ରାମର ବିବାହ ସରି ଯାଇଥାଏ । ବାପା ଭାବୁଥାନ୍ତି ଆଉ ଡେରି କରିବା ଉଚିତ୍ ନୁହେଁ । ତେଣୁ କନ୍ୟା ଖୋଜା ଆରମ୍ଭ ହୋଇଯାଇଥାଏ ।

ନାଗାନନାଙ୍କର ବଡ଼ ଶଳା ନୃସିଂହ ଦାଶଙ୍କର ଝିଅଟିଏ ଥାଏ । ଝିଅଟିର ବାପା (ନୃସିଂହ ଦାଶ) ମରିଯାଇଥାନ୍ତି । ତେଣୁ ସେ ସମ୍ବଲପୁରରେ ଥିବା ତା'ର ମଝିଆକକା ଶେଷମୋହନ ଦାଶଙ୍କ ପାଖରେ ରହି ଅଷ୍ଟମ ଶ୍ରେଣୀ ପାଶ୍ କରି ଗାଆଁକୁ ଫେରି ଆସିଥାନ୍ତି । ଘରେ ଥାଆନ୍ତି । ତାଙ୍କ ବଡ଼ କକା ସମ୍ବଲପୁରରେ S.I. of Schools ଓ ସାନ କକା ଶ୍ରୀ ଲକ୍ଷ୍ମୀଧର ଦାଶ କଟକ LIC Office ରେ ଚାକିରୀ କରୁଥାନ୍ତି । ପଣ୍ଡିତ ବୈଦ୍ୟନାଥ ଦାଶଙ୍କର ଶିକ୍ଷିତ ଓ ସୁ-ସଂସ୍କୃତ ପରିବାରଟିଏ । ଝିଅଟିର ନାଆଁ ଶୈଳବାଳା । ବିଧବା ମାଆ ଓ ସାନ ସାନ ଦୁଇଟି ଭାଇଙ୍କ ସହିତ ସେ ଗାଆଁରେ ଥାଏ । ତେଣୁ ପରିବାର ସାରା ସମସ୍ତଙ୍କର ଚିନ୍ତା କିପରି ଝିଅଟିକୁ ବାହା କରିଦେଲେ ମୁଣ୍ଡରୁ ଦାୟିତ୍ୱ ଯିବ । ଝିଅ ପାଇଁ ଭଲ ପାତ୍ରଟିଏ ଖୋଜିବାକୁ ସେମାନେ ତାଙ୍କ ଭିଣୋଇ ନାଗାଜୋଇଁକୁ କହିଥିଲେ ।

ନାଗାନନା ଆମ ସାର୍‌ଙ୍କୁ ଆଖି ଆଗରେ ରଖି ପ୍ରସ୍ତାବ ଦେଲେ । ପିଲାଟି ଦିନରୁ ସେ ସାର୍‌ଙ୍କୁ ଦେଖି ଆସିଛନ୍ତି । ଗାଁ ସମ୍ପର୍କରୁ ନିଜ କକାପୁଅ ଭାଇ । ତାଙ୍କ ବିଷୟରେ ସବୁ କିଛି ଜାଣିଛନ୍ତି । ଆଖି ଆଗରେ ହାତପାହାନ୍ତାରେ ଭଲ ପିଲାଟିଏ ଥିବା ବେଳେ ଆଉ କୁଆଡ଼େ ଖୋଜା ଖୋଜି କରିବା କ'ଣ ଦରକାର । ତେଣୁ ପାତ୍ର, ପରିବାର ଓ ଘରଦ୍ୱାର ଦେଖାଇବା ପାଇଁ ଝିଅର ସାନକକା ଲକ୍ଷ୍ମୀଧର ଦାଶଙ୍କୁ ଡକାଇ ଆଣିଲେ । ସେ ରବିବାର ଦିନ କଟକରୁ ଆସି ଆମ ଗାଆଁରେ ପହଞ୍ଚିଲେ । ଯୋଗକୁ ସେଦିନ ସାର୍ ଘରେ ନଥାନ୍ତି । ସ୍କୁଲ୍‌ରେ କାମ ଥିବାରୁ ମଧୁବନରେ ରହିଯାଇଥାନ୍ତି । ସାର୍‌ଙ୍କର ବାପା ବି ଗାଆଁରେ ନଥାନ୍ତି । ଟମକା ପାହାଡ଼ରେ ଗୋଟେ ହୋଟେଲ୍ କରି ଚଳାଉଥାନ୍ତି । ବାପ ପୁଅ ଦୁହେଁ ଅନୁପସ୍ଥିତ ଥାଆନ୍ତି । ସାର୍‌ଙ୍କ ଘର ବାଟ ଦେଇ ନାଗାନନାଙ୍କ ଘରକୁ ଯିବାକୁ ପଡ଼େ । ସେଇବାଟେ ଗଲାବେଳେ ଲକ୍ଷ୍ମୀଧର ଦାଶଙ୍କୁ ନାଗାନନା ସାର୍‌ଙ୍କ ଖଞ୍ଜାଘରଟି ଦେଖାଇ ଦେଇଥିଲେ । ତା ସହିତ ଦାଣ୍ଡ ପିଣ୍ଡାରେ ଠିଆ ହୋଇଥିବା ସାର୍‌ଙ୍କ ବୋଉଙ୍କୁ ଦେଖିଲେ । ନାଗାନନା ପୁଅ ବିଷୟରେ ସବୁକଥା କହିଦେଇ ଥାଆନ୍ତି । ପିଲାଟି ଗୋରା, ପତଳା ଆଉ ଡେଙ୍ଗା । ମଧୁବନ ହାଇସ୍କୁଲ୍‌ରେ

ଶିକ୍ଷକ ଅଛି। ଝିଅକୁ ପୁଅ ଠିକ୍ ମାନିବ। ଏତିକି ମାତ୍ର ଗାଁ ଓ ଘରଦେଖା। ଢେଙ୍କାନାଳ ଲୋକେ ଭାରି ସରଳ ବିଶ୍ୱାସୀ। ଢେଙ୍କାନାଳିଆ ବୋକା ବୋଲି ସାରା ଓଡ଼ିଶାରେ ତାଙ୍କର ନାଆଁ ଅଛି। ସତକଥା ହେଲା ସରଳତାକୁ ବୋକା ଅର୍ଥରେ ଲୋକେ ବ୍ୟବହାର କରନ୍ତି। ସରଳ ଲୋକଙ୍କୁ ସହଜରେ ଠକିହୁଏ। ସରଳତା ବୋକାମୀ ନୁହେଁ। ନାଗାଜୋଇଙ୍କ କଥାରେ ସେମାନଙ୍କର ପୂର୍ଣ୍ଣବିଶ୍ୱାସ ଥିବାରୁ ବରକୁ ନଦେଖି, ତା' ଘର ନଦେଖି କନ୍ୟା ବିଭା ଦେବାପାଇଁ ମନସ୍ଥ କରି ପୁଅର ବାପା ଓ ଅନ୍ୟମାନେ କନ୍ୟା ଦେଖିବା ପାଇଁ ଆସନ୍ତୁ ବୋଲି ଆମନ୍ତ୍ରଣ କରିଗଲେ।

ସାର୍‌ଙ୍କ ବାପା ନାଗାନନାଙ୍କର କକା। ସେ ବାପାଙ୍କୁ ଏ ପ୍ରସ୍ତାବ ଦେଇ କନ୍ୟା ଦେଖିଯିବା ପାଇଁ ସମୟ ସ୍ଥିର କଲେ। ବାପାଙ୍କର ମଧ୍ୟ ନାଗାନନାଙ୍କ ଉପରେ ପୁରା ବିଶ୍ୱାସ ଥାଏ ଓ ତାଙ୍କୁ ଖୁବ୍ ଭଲପାଆନ୍ତି। ଝିଅ ଘର ବିଷୟରେ ବାପାଙ୍କୁ ସବୁକଥା ଜଣାଥାଏ। ଝିଅଟି ପଣ୍ଡିତ ବୈଦ୍ୟନାଥ ଦାଶଙ୍କ ନାତୁଣୀ। ତା'ର ଦୁଇକକା କଟକ ଓ ସମ୍ବଲପୁରରେ ଚାକିରୀ କରିଥାନ୍ତି। ଭଲ ଘର। ସଂପର୍କ ସ୍ଥାପନ ପାଇଁ ଉପଯୁକ୍ତ ପରିବାର। ପୁଣି ନାଗାର ନିଜ ଝିଆରୀ। ଝିଅର ବାପା ବଞ୍ଚିଥିବା ବେଳେ ତାଙ୍କ ଭଉଣୀକୁ ଛାଡ଼ିବା ପାଇଁ ଆମ ଗାଆଁକୁ ଆସନ୍ତି। ବାପା ତାଙ୍କୁ ଦେଖିଛନ୍ତି। ତାଙ୍କ ସହିତ ମିଶିଛନ୍ତି। କଥାବାର୍ତ୍ତା ହୋଇଛନ୍ତି।

ପ୍ରସଙ୍ଗକ୍ରମେ ଆଉ ଗୋଟେ କଥା ଏଠି ଲେଖୁଛି। ସାର୍‌ଙ୍କୁ ପ୍ରାୟ ଚଉଦ ବର୍ଷ ହୋଇଥାଏ। ତାଙ୍କ ଖଳାରେ ବଡ଼ ବଡ଼ ଧାନଗଦା ମଡ଼ା ଯାଇଥାଏ। ମୂଲିଆ ପାନିଆ କାମ କରୁଥାନ୍ତି। ଆମ ସାର୍ ଗୋଟେ ଧାନଗଦାର ମଥାନ ଉପରେ ବସି ପିଜୁଳି ଖାଉଥାନ୍ତି। ସେଇବାଟେ ଗଲାବେଳେ ଝିଅର ବାପା ଶ୍ରୀ ନୃସିଂହ ଦାଶ, ସାର୍‌ଙ୍କୁ ଧାନଗଦା ଉପରେ ଦେଖିଥିଲେ। ସୁନ୍ଦର ଗୌରବର୍ଣ୍ଣ ବାଳକଟିଏ। ତାଙ୍କ ଝିଅ ପାଇଁ ଏଇ ପିଲାଟି ଉତ୍ତମ ହେବ ବୋଲି ଆଶା ପୋଷଣ କରିଥିଲେ। ମନର କଥାଟିକୁ ଘରେ ନିଜର ପତ୍ନୀ ଆଗରେ ମଧ୍ୟ ପ୍ରକାଶ କରିଥିଲେ। ଯାହା ସମୟକ୍ରମେ ସତ୍ୟରେ ପରିଣତ ହୋଇଥିଲା। ବୋଧହୁଏ ସେଦିନର ଆଶା ଈଶ୍ୱରଙ୍କର ପରିକଳ୍ପନା ଥିଲା।

ଝିଅଦେଖା ପର୍ବ ଆରମ୍ଭ ହେଲା। ବାପା ତାଙ୍କର ବଡ଼ଭାଇ ପଦ୍ମଲୋଚନ କର (ପଦିଆ ଦଦେଇ), ନାଗାନନା ଓ ଜ୍ୱାଇଁ କ୍ଷେତ୍ରବାସୀ ସାର୍‌ଙ୍କୁ ସାଙ୍ଗରେ ନେଇ ମାର୍ଥାପୁର ଗଲେ। ସାର୍‌ଙ୍କ ମତାମତ ଖୋଜୁଛି କିଏ? ସେତେବେଳର କଥା, ପୁଅ ବିଭା କରିବା ବାପା, ମାଆଙ୍କ କାମ। ବାପା ମାଆ ଯାହା କରନ୍ତି ପିଲାର ମଙ୍ଗଳ ପାଇଁ। ଯେଉଁ ବାପା ଜନ୍ମଦେଲା, ଖୁଆଇପିଆଇ ବଡ଼କଲା, ପାଠ ପଢ଼ାଇ ଯୋଗ୍ୟକଲା; ସିଏ ପୁଅର ବାହାଘର ସ୍ଥିର କରିବନି ତ ଆଉ କିଏ କରିବ?

ବାହାଘର କଥା ପଡ଼ିଲେ ପାତ୍ର, ପାତ୍ରୀଙ୍କୁ ଲାଜ ଲାଗୁଥାଏ । ପୁଅକୁ ପଚାରିବା, ତା'ର ମତ ନେବା କିମ୍ବା ତା'କୁ ଝିଅ ଦେଖିବାକୁ ପଠାଇବା ଏକଥା ବ୍ରାହ୍ମଣ ସମାଜରେ ଆଦୌ ନଥିଲା । ଅବଶ୍ୟ ସମୟ ସହିତ ତାଳ ଦେଇ କେଇଟା ଦିନ ମଧ୍ୟରେ ଏ ଚଳଣି ଏବେ ବଦଳି ଯାଇଛି । ପୁଅକୁ ନ ପଚାରି ବାହାଘର କଥା ଆଗକୁ ବଢ଼ାଇ ହେଉନାହିଁ । ପୁଅ ନିଜେ ଝିଅ ଦେଖି ପସନ୍ଦ ନ କଲାଯାଏ ବିଚରା ବାପା କଥା ଦେଇ ପାରୁନାହାନ୍ତି । କିନ୍ତୁ ଆମ ସାର୍‌ଙ୍କ କ୍ଷେତ୍ରରେ କଥା ଥିଲା ଅଲଗା । ନାଗାନନା ଓ ବାପା ଜାଣିଥିଲେ ତା' ନାଆଁ ଉତ୍ତମ ସେ ଉତ୍ତମ । ଖଣ୍ଡେ ଖାଣ୍ଟି ସୁନା । ବାପା ତଥା ଗୁରୁ-ଗୁରୁଜନ ମାନଙ୍କ କଥାକୁ ମାନିବ, ସମ୍ମାନ ଦେବ । ତେଣୁ ସାର୍‌ଙ୍କ ଅଜାଣତରେ ସେମାନେ ଝିଅ ଦେଖି ଗଲେ ଓ ମନୋନୀତ କଲେ ।

ମାର୍ଥାପୁରରେ ପହଞ୍ଚି ସିଧା ତାଙ୍କ ଘରକୁ ଗଲେ । ନାଗାନନା ତ ତାଙ୍କ ପରିବାର ସହିତ ଆଗରୁ ପରିଚିତ । ଝିଅର ପିଉସା ହେବେ । ପଦିଆ ଦଦେଇଙ୍କର ବି ସେ ଗାଆଁରେ ବନ୍ଧୁଘର କରିଥାନ୍ତି । ପୁନଶ୍ଚ ଧନେଶ୍ୱର ମିଶ୍ର ହେଲେ ଝିଅର ନିଜ ପିଉସା ।

ତାଙ୍କ ଘରେ ପହଞ୍ଚିଲା ବେଳକୁ ଝିଅଟି ଘରେ ଥାଏ । କ'ଣ ଗୋଟେ ହାତସିଲେଇ କାମରେ ଲାଗିଥାଏ । ନୂଆ ଲୋକମାନଙ୍କୁ ଦେଖି ପଚାରିଲା, ଆପଣମାନେ କାହାକୁ ଖୋଜୁଛନ୍ତି ?

ନାଗାନନା ପଚାରିଲେ, ଝିଅ ତୋ ମାଆ ନାହିଁ କିରେ ?

ତାଙ୍କୁ ନିଜ ପରିବାରର କେହି ପରିଚିତ କି ବନ୍ଧୁବାନ୍ଧବ ବୋଲି ଅନୁମାନ କରି ସମସ୍ତଙ୍କୁ ନମସ୍କାର କଲା । ସଉପ ଖଣ୍ଡିଏ ପକାଇ ଦେଇ କହିଲା, ଆପଣମାନେ ବସନ୍ତୁ, ମୁଁ ମା'କୁ ଡାକି ଦେଉଛି ।

ଏତିକି କହି ଝିଅଟି ଚାଲିଗଲା ଘର ପଛପଟ ବାଡ଼ି ଆଡ଼କୁ । ବାପା ଝିଅଟିର ମାର୍ଜିତ କଥାବାର୍ତ୍ତା, ସଣ୍ଣା ଓ ଭଦ୍ରାମି ଦେଖି ଖୁସି ହୋଇ ଯାଇଥିଲେ । ଝିଅଟିଏକୁ ପରଖିବା ପାଇଁ ଆଉ କ'ଣ ବା ଦରକାର । ସବୁ ପରଖ ଆପେ ଆପେ ହୋଇଗଲା । ସାର୍‌ଙ୍କ ଚଉଦ ବର୍ଷ ବୟସ ବେଳୁ ଏ ସମ୍ପର୍କ ସ୍ଥିର ହୋଇସାରିଥିଲା । ବାକି ଥିଲା କେବଳ ସାମାଜିକ ଉପଚାର । ଝିଅଟି ବେଶ୍ ହୃଷ୍ଟପୁଷ୍ଟ ନିଟୋଳ ସ୍ୱାସ୍ଥ୍ୟବତୀ । ବାପାଙ୍କ ମନକୁ ବେଶ୍ ପାଇଥାଏ । ମନେମନେ ଚିନ୍ତା କରିଥାନ୍ତି ଏ ଝିଅଟି ଗଲେ ମୋ କୁଟୁମ୍ବଙ୍କୁ ସମ୍ଭାଳି ନେବ । ତା'ର ଟିକି ଟିକି ଦିଅର ନଣନ୍ଦଙ୍କୁ ଚଳାଇ ନେବ । ବଡ଼ କଥା ହେଲା ଖରସୁଆଁ ନଦୀରୁ କାଖରେ କଳସୀ ଭରି ପାଣି ଆଣିପାରିବ ।

ମାଆ ଘରପଛପଟେ ବାଡ଼ିରେ ଥାଆନ୍ତି । କ'ଣ କାମ କରୁଥାନ୍ତି । ଝିଅ,

ମାଆ ପାଖରେ ପହଞ୍ଚି କହିଲା, ମାଆ ତତେ କିଏ ଖୋଜୁଛନ୍ତି। ତାଙ୍କୁ ଦାଣ୍ଡଘରେ ବସାଇ ଦେଇ ଆସିଛି। ସେତିକିବେଳେ ଝିଅଟି ମା'ଠାରୁ ଜାଣିଲା ଯେ ଏହି ଭଦ୍ରଲୋକମାନେ ତାକୁ ଦେଖିବା ପାଇଁ ଆସିଛନ୍ତି। ବାହାଘର ପ୍ରସ୍ତାବ ପଡ଼ିଛି। ନାଗା ଜୋଇଁ ତାଙ୍କୁ ସାଙ୍ଗରେ ଆଣିଛନ୍ତି। ମାଆ ଦାଣ୍ଡଘରକୁ ଆସିଲେ। ହାତେ ଓଢ଼ଣା ଦେଇ ବୋଝେ ଲାଜକରି ଠିଆ ହେଲେ। ନାଗାନନାଙ୍କର ସେ ଶଳାଭାଉଜ ଆଉ ପଦିଆ ଦଦେଇଙ୍କର ସମୁଦୁଣୀ ହେବେ। ପୁରୁଣାକାଳିଆ ମହିଳା। ଜୋଇଁକୁ ଦେଖିଲେ ବି ଶାଶୁମାନେ ବୁଢ଼ୀ ହେଲା ପର୍ଯ୍ୟନ୍ତ ଲାଜ କରନ୍ତି।

ଗାଆଁରୁ ଧନୀ ଜୋଇଁ ଆସି ପହଞ୍ଚିଲେ। ବନ୍ଧୁ ଚର୍ଚ୍ଚା ଓ ଅଭ୍ୟର୍ଥନା ପରେ ବାହାଘର କଥା ପଡ଼ିଲା। ଏହା ଭିତରେ କ୍ଷେତ୍ରବାସୀ ସାର୍ ଗାଆଁ ଆଡ଼େ ବୁଲିବାକୁ ଚାଲିଗଲେ। ଗାଆଁରେ ଦୁଇତିନିଟି ଗୋରା ଝିଅ ଦେଖି ଫେରିଲେ। ବୋଧହୁଏ ଏହି ଝିଅଟି ଶ୍ୟାମଳୀ ହୋଇଥିବାରୁ କ୍ଷେତ୍ରବାସୀ ସାରଙ୍କର ପସନ୍ଦ ହୋଇନଥିଲା। କିନ୍ତୁ ଆମ ସାରଙ୍କର ବାପା ତଥା କ୍ଷେତ୍ରବାସୀ ସାରଙ୍କ ଶ୍ୱଶୁର ସଫା ସଫା କହିଦେଲେ, ଗୋରୁ ହାଟରେ ପଶିଲା ଭଳି ଏଣେତେଣେ ବୁଲି କାହିଁକି କନିଆଁ ଖୋଜୁଛ ? ମୁଁ ତ ଏହି ଝିଅଟିକୁ ବୋହୂ କରିନେବା ପାଇଁ ସ୍ଥିର କରି ସାରିଛି।

ବାପା ତାଙ୍କ ମନକଥା ଖୋଲି କହିଦେଲେ। ସେତେବେଳେ ଯୌତୁକ ପ୍ରଥା ଏତେ ପ୍ରବଳ ଭାବରେ ପ୍ରଚଳିତ ହୋଇନଥାଏ। ଯୌତୁକ ଦାବୀ କରିବାଟା ଗୋଟେ ସାମାଜିକ ଲଜ୍ଜାର କଥା ଭାବରେ ଗଣାଯାଉଥାଏ। ଯୌତୁକ ଦାବୀ କରିବା ଓ ଗ୍ରହଣ କରିବା ସଂକୀର୍ଣ୍ଣମନା ଓ ଲୋଭୀ ଲୋକମାନଙ୍କର ପରିଚୟ ଥାଏ। ତେଣୁ ସେ ଦିଗଟି ଅନାଲୋଚିତ ହୋଇ ରହିଲା। ଆନୁଷ୍ଠାନିକ ଭାବେ କନ୍ୟାଦେଖା ସରିଲା। ଝିଅର ସାନ ବୁଢ଼ାବାପା ମୁରବୀ ହିସାବରେ ଥାଆନ୍ତି। କନ୍ୟା ମନୋନୀତ ହୋଇଛି ବୋଲି ବାପା ପ୍ରକାଶ କରନ୍ତେ ତିଥିବାର ପକ୍କା କରି ସମସ୍ତେ ଫେରିଲେ। ଏପ୍ରିଲ୍ ମାସରେ ବାହାଘର ହେବ। କିନ୍ତୁ ସାରଙ୍କ ଜଣେ ଗୋସିମା ଚନ୍ଦ୍ରଶେଖର କକାଙ୍କ ମାଆ ମରିଯିବାରୁ ବାହାଘର ତିଥି ଘୁଞ୍ଚିଗଲା। ନୂଆ ତିଥି ମେ ୧୦ ତାରିଖରେ ବାହାଘର ହେବାକୁ ସ୍ଥିର କରାଗଲା।

ଗ୍ରୀଷ୍ମାବକାଶ ପୂର୍ବରୁ ସ୍କୁଲ୍‌ର ବାର୍ଷିକ ପରୀକ୍ଷା ସରିଥାଏ। ବାକିଥାଏ ଖାତାଦେଖା ଓ ଫଳ ପ୍ରକାଶନ କାମ। ସାର୍ ବାହାଘର ପାଇଁ ପାଞ୍ଚଦିନର ଛୁଟି ନେଇ ଘରକୁ ଆସିଲେ। ଝିଅ ଘର କଥାରେ ବିଶ୍ୱାସ କରି ମେ ନଅ ତାରିଖ ଦିନ ୧୦ ତାରିଖର ବିବାହ ପାଇଁ ବରଯାତ୍ରା ଆରମ୍ଭ ହେଲା। ଦୂରବାଟ। ଯାତାୟତର ସୁବିଧା ନାହିଁ। ଗାଡ଼ିମଟର ନାହିଁକି ରାସ୍ତାଘାଟ ନାହିଁ। ବରଧରା ପରି ପାରମ୍ପରିକ କାମ ତଥା

ବାହାଘରର ସମସ୍ତ କାର୍ଯ୍ୟ ଝିଅଘର ଗାଆଁରେ ହେବାକୁ ଠିକ୍ ହୋଇଥାଏ। ସାର୍ ସାଇକେଲ୍ ପଛରେ ବସି ସେ ଗାଆଁକୁ ଗଲେ। କ୍ଷେତ୍ରବାସୀ ସାର୍ ସାଇକେଲ୍ ଚଲାଇ ତଥାକଥିତ ବରଟିକୁ ବୋହିନେଲେ। ବରଯାତ୍ରୀଙ୍କ ସହିତ ସମସ୍ତେ ଦିନ ସାଢ଼େ ତିନିଟା ବେଳକୁ ଘରୁ ବାହାରିଲେ। ବାପା, ନାଗାନନା, କୃଷ୍ଣ ବାରିକ, ରାମ ଓ ଗୋପିଆ ଦଦେଇ ଚାଲି ଚାଲି ଖଣ୍ଡିତରରେ ପହଞ୍ଚିଲେ। ଖଣ୍ଡିତର ଘାଟରେ ବସ୍ ଚାପ ଡଙ୍ଗାରେ ନଈ ପାର୍ ହୁଏ। ଯାତ୍ରୀମାନେ ଓହ୍ଲେଇପଡ଼ି ବିରାଟ ଡଙ୍ଗାଟିରେ ବସନ୍ତି। ବସ୍‌ଟି ଧୀରେ ଧୀରେ ଆସି ଡଙ୍ଗା ଉପରେ ରହେ। ମାଝୀମାନେ କାତମାରି ଡଙ୍ଗା ଆର କୂଳକୁ ନିଅନ୍ତି। ଆର ପାରିରେ ସେମିତି ଧିରେ ଧିରେ ବସ୍‌ଟି ଡଙ୍ଗାରୁ ମାଟି ଉପରକୁ ଯାଏ। ତା' ପରେ ଯାତ୍ରୀମାନେ ବସ୍ ଚଢ଼ନ୍ତି। ଏଇଭଳି ଅବସ୍ଥାରେ ସାର୍ ବରଯାତ୍ରୀ ନେଇ ବାହାହେବାକୁ ଯାଇଥିଲେ।

ଖରାଦିନେ ଧର୍ମଶାଳାଠାରେ ବ୍ରାହ୍ମଣୀ ନଦୀ ଉପରେ ଖରାଦିନିଆ ରାସ୍ତାଟିଏ ତିଆରି ହୁଏ। ତେଣୁ ଏଇ ଖରା ଚାରିମାସ କଟକରୁ ଯାଜପୁର ଟାଉନ୍‌କୁ ବସ୍ ଚାଲେ। ସେଦିନ କଟକରୁ ଫେରୁଥିବା ବସ୍‌ରେ ଚଢ଼ି ସାର୍ ଓ ବରଯାତ୍ରୀମାନେ ପାଣିକୋଇଲି (ଗୋବରଗଳି) ଠାରେ ଓହ୍ଲାଇଲେ। ଆଜିକାଲି ପରି ବ୍ରାହ୍ମଣୀ ଓ ଖରସୁଆଁ ଉପରେ ପୋଲ ହୋଇନଥିଲା କି ଏବେ ପରି ପାଣିକୋଇଲି ବଜାରଟିଏରେ ପରିଣତ ହୋଇନଥିଲା। ଥିଲା ଗୋଟେ ଦିଟା ମାତ୍ର ଦୋକାନ। ବସ୍ ରହିବା ପାଇଁ ନାମକୁ ମାତ୍ର ଛକଟିଏ। ସେଠୁ ଯାଜପୁର ରୋଡ୍ ଯାଉଥିବା ବସ୍‌ରେ ସମସ୍ତେ ବସିଲେ। ପହଞ୍ଚିଲା ବେଳକୁ ସନ୍ଧ୍ୟା ନଇଁ ଆସିଥାଏ। ସାର୍‌ଙ୍କ ମାମୁଁ ବଳରାମ ମିଶ୍ର, ଆଖୁଆପଦାର ଜଗନ୍ନାଥ ପ୍ରସାଦ ଗାଆଁରୁ ଆସି ପାଣିକୋଇଲି ଛକରେ ଅପେକ୍ଷା କରିଥାନ୍ତି।

ଯାଜପୁର ରୋଡ୍‌ରେ ସମସ୍ତେ ଏକତ୍ରିତ ହେଲେ। ସେଠୁ ପୁଣି ଆଉ ଗୋଟେ ବସ୍‌ରେ ଯିବାକୁ ହେଲା। ଯାଜପୁର ରୋଡ୍‌ରୁ ଭୁବନ ପର୍ଯ୍ୟନ୍ତ ଦିଆସିଲି ଖୋଳ ଭଳି ଯାଜପୁର ଖଣ୍ଡରା ସାହୁଘର ଛୋଟ ବସ୍‌ଟିଏ ଚାଲୁଥାଏ। ସାହୁଘର ରାସ୍ତା ତିଆରି କରି ଗାଡ଼ି ଚଲାଉଥାନ୍ତି। ଯେତିକି ପର୍ଯ୍ୟନ୍ତ ରାସ୍ତା ତିଆରି ହୁଏ ବସ୍ ସେତିକି ଦୂର ପର୍ଯ୍ୟନ୍ତ ଯାଏ। ଡୁବୁରୀ ପାର୍‌ହେଲେ ସୁକିନ୍ଦା ଠାରୁ ଆରମ୍ଭ ହୋଇଯାଏ ଘଞ୍ଚ ଜଙ୍ଗଲ। ଇଏ ପୁଣି ଶେଷ ବସ୍। ତେଣୁ ଖୁବ୍ ଭିଡ଼ ହୁଏ। ଠେଲିଠାଲି ସମସ୍ତଙ୍କୁ ଧରି ବସ୍ ଯାଜପୁରରୋଡ୍ ଛାଡ଼େ। ଜଙ୍ଗଲ ଦେଇ ଗଲାବାଟରେ ବେଳେବେଳେ ଭାଲୁ ଦେଖିବାକୁ ମିଳନ୍ତି। ଅବାଧରେ ବୁଲୁଥିବା ଭାଲୁ ଓ ଅନ୍ୟାନ୍ୟ ଜୀବଜନ୍ତୁଙ୍କ ପାଇଁ ଜଙ୍ଗଲ, ରାସ୍ତା ସବୁ ସମାନ। ଓଲଟା ଏ ଗାଡ଼ିମଟର, ଯାନବାହନ ତାଙ୍କ ରାଇଜର ଅହେତୁକ ଅତିଥି ବ୍ୟତୀତ ଆଉ କିଛି ନୁହନ୍ତି।

ରାତି ଆଠଟା ସୁଦ୍ଧା ବସ୍ ଭୁବନରେ ପହଞ୍ଚେ। ରାତିରେ ସେଇଠି ରହେ। ବର ଓ ବରଯାତ୍ରୀ ବସ୍‌ରୁ ଓହ୍ଲାଇଲା ବେଳକୁ ଝିଅ ଘର ତରଫରୁ କିଛି ଲୋକ ଅତିଥି ଚର୍ଚ୍ଚା କରିବା ପାଇଁ ଅପେକ୍ଷା କରିଥିଲେ। ଭୁବନର ବ୍ରାହ୍ମଣ ଶାସନରେ ଝିଅର ମାମୁଁ ଘର। ସମସ୍ତେ ସେଇଠିକୁ ଗଲେ। ଗୋଡ଼ହାତ ମୁହଁ ଧୋଇ ବିଶ୍ରାମ ନେଲେ। କିଛି ଲୋକ ତାଙ୍କ ଗାଆଁ ପୋଖରୀକୁ ଯାଇ ଝାଡ଼ାଝପଟ ସାରି ଧୁଆଧୋଇ ହୋଇ ଫେରିଲେ। ସେମାନଙ୍କ ସାଙ୍ଗରେ ନାଗାନନା ଯାଇଥିଲେ। ପୋଖରୀରୁ ଫେରିଲା ପରେ ଜାଣିଲେ ଯେ ଅସାବଧାନତାବଶତଃ ତାଙ୍କ ହାତରୁ ସୁନାମୁଦିଟି କେଉଁଠି ଖସି ପଡ଼ିଛି। ପୋଖରୀ ପାଖରେ, ନହେଲେ ଯିବାଆସିବା ବାଟରେ କେଉଁଠି ପଡ଼ିଯାଇଥିବ। ସାଙ୍ଗେ ସାଙ୍ଗେ ନାଗାନନା ଓ ଆଉ ଜଣେ ଦିଜଣ ଲୋକ ଲାଇଟ୍ ନେଇ ପୋଖରୀ ପର୍ଯ୍ୟନ୍ତ ଗଲେ। ମନକୁ ପାପ ଛୁଉଁଥାଏ। ସୁନା ହଜିବା ଖରାପ। ଘରେ ତାଙ୍କ ସାନଝିଅ ଦେହ ଖରାପ ଥିଲା। ଆଉ ଅଧିକ କିଛି ହେଲା ନାହିଁତ? ଯାହାହେଉ ପୋଖରୀ ତୁଠରୁ ମୁଦିଟା ମିଳିଗଲା। ପାହାଚ ଉପରେ ପଡ଼ିଥିଲା।

ସାର୍‌ଙ୍କ ମାଇଁ ବାପଘର ଅର୍ଥାତ୍ ମାମୁଁଙ୍କ ଶ୍ୱଶୁର ଘର ସେଇଠି। ତାଙ୍କ ଘରର ସ୍ତ୍ରୀ ଲୋକଙ୍କ ସହିତ ଆଉ କିଛି ମହିଳା ପୁଅ ଦେଖିବାକୁ ଭିଡ଼ ଜମେଇଦେଲେ। ଖିଆପିଆ ସାରି ରାତି ଏଗାରଟା ବେଳକୁ ପୁଣି ସମସ୍ତେ ମାର୍ଥାପୁର ଅଭିମୁଖେ ବାହାରିଲେ। ବ୍ରାହ୍ମଣୀ ନଦୀକୂଳେ କୂଳେ ଚାଲି ଚାଲି ଗଲେ। ଦୁଇଟି ଲୋକ ଲାଇଟ୍ ଧରି ଆଗେ ଆଗେ ବାଟ କଢ଼ାଇ ଚାଲିଥାନ୍ତି। ଅଙ୍କାବଙ୍କା ଖାଲଢ଼ିପ ରାସ୍ତା। ବୟସ୍କ ଲୋକେ ବି ଗପସପ କରି ଆନନ୍ଦରେ ଚାଲିଥାନ୍ତି। ଦଶମୀ ଜହ୍ନ ମୁଣ୍ଡଉପରୁ ପଶ୍ଚିମକୁ ଖସୁଥାଏ। ନଈକୂଳିଆ ପବନକୁ ଜହ୍ନରାତି ବାଟଜଣା ପଡୁନଥାଏ। ଗଭୀର ରାତ୍ରୀ। ସମସ୍ତେ ଏମିତି ଚାଲିଥାନ୍ତି। ଅସରନ୍ତି ବାଟରେ ଚାଲୁ ଚାଲୁ ସାର୍‌ଙ୍କୁ ବିରକ୍ତ ଲାଗିବାରୁ ବାରମ୍ବାର ପଚାରୁଥାନ୍ତି, ଆଉ କେତେ ବାଟ ରହିଲା? ଆଉ କେତେ ଚାଲିବା?

ସେମାନେ କହନ୍ତି, ବାଟ ସରିଲାଣି। ଆଉ କୋଶେ ଖଣ୍ଡ ହବ ଅଛି।

ସାର୍ କହନ୍ତି, ତୁମ କୋଶ ଗୁଡ଼ା କେତେ ଲମ୍ବାକି? କେତେବେଳୁ ତ କୋଶେ କୋଶେ ହଉଛ, ହେଲେ ରାସ୍ତା ଜମା ସରୁନାହିଁ।

ଠିକ୍ ରାତି ପାହିଲା ବେଳକୁ ବରଯାତ୍ରୀ ଯାଇ ମାର୍ଥାପୁର ଗାଆଁ ମୁଣ୍ଡରେ ପହଞ୍ଚିଲେ। ସେ ଗାଆଁର ଲୋକେ ପାଟିରେ ଦାନ୍ତକାଠି ପୁରାଇ ନିତ୍ୟକର୍ମ କରିବାକୁ ବ୍ରାହ୍ମଣୀ ନଦୀ ପଠାକୁ ଆସିଲେଣି। ଯାହାବି ହେଉ ଗତକାଲି ଦିନ ସାଢ଼େତିନିଟାରୁ ଆରମ୍ଭ ହୋଇଥିବା ଗୋଟେ ଯନ୍ତ୍ରଣାଦାୟକ ଯାତ୍ରାର ଶେଷ ହେଲା।

ଆଜିଦିନରେ ସାର୍‌ଙ୍କ ଆର୍ଥିକ ଅବସ୍ଥା ଓ ପ୍ରତିପତ୍ତିକୁ ଦୃଷ୍ଟିପକାଇଲେ ସେଦିନର

କଥା ଗପଟିଏ ଭଳି ମନେ ହେଉଛି। ଗାଡ଼ିମଟରତ ସାଧାରଣ କଥା। ରାସ୍ତା ନଥିଲେ ଆଜି ଉଡ଼ାଜାହାଜରେ ଉଡ଼ିଯିବା ସେମିତି ବଡ଼ କଥା ନୁହେଁ। ବରଯାତ୍ରୀଙ୍କ ବିଶ୍ରାମ ପାଇଁ ଗୋପାଳନନାଙ୍କ ଶ୍ୱଶୁର ବଂଶୀ ମିଶ୍ରଙ୍କ ଘରେ ବ୍ୟବସ୍ଥା କରାଯାଇଥିଲା। ଧନିଆ ପିଉସାଙ୍କର ଭଉଣୀ ଭିଣୋଇ ମରିଯିବାରୁ ଭଣଜା ଦକ୍ଷ ଓ ଭାଣିଜୀ କୌଶଲ୍ୟାକୁ ପିଲାଟି ଦିନରୁ ନିଜ ଘରକୁ ନେଇ ଆସିଥିଲେ। ସେମାନେ ମାମୁଁ ଧନିଆ ଓ ଅଜା ଆର୍ତ୍ତ ମିଶ୍ରଙ୍କ ପାଖରେ ବଢ଼ିଥିଲେ। କୌଶଲ୍ୟାକୁ ଆମ ଗାଆଁର ପଦିଆ ଦଦେଇ (ପଦନକର)ଙ୍କ ପୁଅ ଗୋପାଳ ସହିତ ବାହା କରିଥାନ୍ତି। ଗୋପାଳ କର ଆମ ସାର୍‌ଙ୍କର ବଡ଼ବାପା ପୁଅ ଭାଇ। ତେଣୁ ସେପଟର କୌଶଲ୍ୟା ନାନୀ ଗାଆଁ ହିସାବରେ ଭାଉଜ ହେଲେ।

ମାର୍ଥାପୁରରେ ବରଯାତ୍ରୀ ପହଞ୍ଚିଲା ପରେ ଜାଣିଲେ ଯେ ଝିଅଘର ବଂଶରେ ଛୁତିକା ହୋଇଛି। ବଡ଼ କୁଟୁମ୍ବ। ଆଜି ଏଠି ତ କାଲି ସେଠି ହେଇ ଅଶୌଚ ଲାଗି ରହିଥାଏ। ତେଣୁ ବାହାଘର ଝିଅ ଘରେ ହୋଇପାରିବ ନାହିଁ। ଝିଅର କକାମାନେ ମଧ୍ୟ ବେଦୀରେ ବସି କନ୍ୟାଦାନ କରିପାରିବେ ନାହିଁ।

ଝିଅ ପରିବାରରେ ଛୁତିକା ହେବା ଓ ବିବାହ ସ୍ଥାନ ବଦଳିବା ନେଇ କିଛି ଖବର ବର ପରିବାରକୁ ଜଣାନଥାଏ। ମାର୍ଥାପୁର ଗାଆଁର କେହି ଦୁଷ୍ଟ ଲୋକ ଆଲୋଚନା ପ୍ରସଙ୍ଗରେ କହିଥାନ୍ତି ଯେ ବର ଆସିବ ନାହିଁ। ସେମାନେ ତାଙ୍କ ପୁଅର ବାହାଘର ଅନ୍ୟତ୍ର କରିବେ। ବିବାହ ମାନଙ୍କରେ ବାଧା ସୃଷ୍ଟି କରିବା ପାଇଁ ଗୁଜବ ଓ ଚୁଗୁଲି ସୃଷ୍ଟି କରିବା ପାଇଁ ଲୋକଙ୍କର କୌଣସି ଠାରେ କୌଣସି କାଳରେ ଅଭାବ ନାହିଁ। ତେଣୁ ଆଶଙ୍କା କରିବା ସ୍ୱାଭାବିକ କଥା। ଏହି ଆଶଙ୍କାର ସତ୍ୟତା ଜାଣିବା ପାଇଁ ଝିଅର ବଡ଼ ମାମୁଁ ଭୁବନର କବି ପଣ୍ଡିତ ପଦ୍ମନାଭ ମିଶ୍ର (ରାଜ୍ୟ ସାହିତ୍ୟ ଏକାଡେମୀ ପୁରସ୍କାରପ୍ରାପ୍ତ)ଙ୍କୁ ପଠାଇଥାନ୍ତି। ବରଯାତ୍ରୀ ଘରୁ ବାହାରି ଗାଆଁ ମୁଣ୍ଡ ଶବରସାହି ପାଖରେ ପହଞ୍ଚିଲା ବେଳକୁ ସେ ମହାଶୟ ସାଇକେଲ୍‌ରେ ଆସୁଥାନ୍ତି। ବର ବାହାରିବା ଦେଖି ସେ ଆଶ୍ୱସ୍ତ ହେଲେ ଓ ସେଦିନ ସାର୍‌ଙ୍କ ଗାଆଁରେ ବିଶ୍ରାମ କରି ତା' ପରଦିନ ଗଲେ।

ନାନା ଆଶଙ୍କା ଓ ହତାଶାକୁ ମିଥ୍ୟା ପ୍ରମାଣିତ କରି ବର ପହଞ୍ଚିବାର ଦେଖି ସମସ୍ତଙ୍କ ମନରେ ଆନନ୍ଦ ଖେଳିଗଲା। ଝିଅ ମଙ୍ଗୁଳି ହେଲା। କୋଇଲିବୁଡ଼ ହେଲା। ସେତେବେଳକୁ ଦିନ ଆଠଟା ବାଜିଯାଇଥାଏ। ବରଧରା ପ୍ରଥା ଶେଷ ହେଲା। ଏଗାରଟା ସୁଦ୍ଧା ବର ଓ ବରଯାତ୍ରୀଙ୍କୁ ନେଇ ଶୋଭାଯାତ୍ରା ଆରମ୍ଭ ହେଲା। ତାଙ୍କ ଗାଆଁରେ ଗୋପାଳମାନେ ବର ପାଲିଙ୍କି କାନ୍ଧଉନଥିଲେ। ତେଣୁ କ'ଣ କରାଯିବ?

ବର ସାଇକେଲ୍ ଚଢ଼ିଜାଣନ୍ତି ନା ନାହିଁ ବୁଝିଲା ପରେ, ବର ନିମନ୍ତେ କିଣାଯାଇଥିବା ନୂଆ ରାଲେ ସାଇକେଲଟି ଆଣି ଦେଲେ। ଦୁଇଜଣ ଲୋକ ଗୋଟେ ବଡ଼ ଧୁମ୍‌ସାକୁ ବଉଁଶ ଯୋଗେ କାନ୍ଧରେ କାନ୍ଧେଇ ଥାଆନ୍ତି ଓ ଜଣେ ସେ ବାଜାଟିକୁ ବଜାଉଥାଏ। ସାର୍ ବେଶଭୂଷା ହୋଇ ସାଇକେଲ୍ ଚଢ଼ି ଗାଆଁ ମଝି ରାସ୍ତାରେ ଚାଲିଲେ। ସାଙ୍ଗରେ ବରଯାତ୍ରୀ ଓ ଆଗରେ ବାଜାବାଲା ଚାଲିଥାନ୍ତି। ବାଟରେ ପଡୁଥିବା ବିଭିନ୍ନ ଶ୍ୱଶୁରଘର ବାଟ ଦେଇ ମାର୍ଥାପୁର ହାଇସ୍କୁଲ ଆଗ, ଆନନ୍ଦପୁର ଶାସନ ପରିକ୍ରମା କରି ଗ୍ରାମ ଠାକୁର ଅଳାଦେଇ ବିବାହ ମଣ୍ଡପ ପାଖରେ ପହଞ୍ଚିଲେ। ବର ବରଣୀ ସରିଲା ପରେ ସମସ୍ତଙ୍କୁ ନେଇ ଗୋଟେ ସ୍ୱତନ୍ତ୍ର ଘରେ ବସେଇଲେ।

ଏତେବେଳେ ସାର୍‌ଙ୍କର ନରି (ନରେନ୍ଦ୍ରକକା) କଥା ମନେ ପଡ଼ିବାରୁ ଦୁଃଖ ଲାଗିଲା। ଅନ୍ୟ ଦୁଇଭାଇ ଖୁବ୍ ସାନ। ସେମାନଙ୍କ କଥା ଛାଡ଼। ସେମାନେ ଏତେ ଦୂରକୁ ଆସିବା ସମ୍ଭବପର ନଥିଲା। କିନ୍ତୁ ନରେନ୍ଦ୍ରକକା ମଧୁବନ ମଧ୍ୟ ଇଂରାଜୀ ସ୍କୁଲ୍‌ରେ ଷଷ୍ଠ ଶ୍ରେଣୀରେ ପଢୁଥାନ୍ତି। ସେ ଆସି ପାରିଥାନ୍ତେ। ଭଲ ପଢୁଥିଲେ। ଶ୍ରେଣୀରେ ବାର୍ଷିକ ପରୀକ୍ଷା ଚାଲିଥିବା ଯୋଗୁଁ ଆସିପାରିଲେ ନାହିଁ। ପୋଜିସନ ରଖୁଥିଲେ।

ତା'ପରେ ବିବାହ ଆରମ୍ଭ ହେଲା। ହାତଗଣ୍ଠି ପଡ଼ି ଦିନରେ ଦିନରେ ବାହାଘର ସରିଲା। ଦୁଇଟି ଅଚିହ୍ନା ଜୀବନ, ଅପରିଚିତ ମଣିଷ ପୁରୋହିତଙ୍କ ମନ୍ତ୍ରପାଠ ଭିତରେ ସାରାଜୀବନ ପାଇଁ ଯୋଡ଼ି ହୋଇଗଲେ। ଜୀବନସାଥୀ ହୋଇଗଲେ। ବରକନ୍ୟାଙ୍କୁ ନେଇ କଉଡ଼ି ଖେଳାଇ ଶୀତଳ ହୁଣ୍ଡି କରାଗଲା। ବେଦୀଉପରେ ସାର୍‌ଙ୍କୁ ଦୁଇଟି ସୁନାମୁଦି ମିଳିଥିଲା। ସେଥିରୁ କୌଣସି ଗୋଟିଏ ବି ତାଙ୍କ ଆଙ୍ଗୁଳିକୁ ହେଲା ନାହିଁ। ଏତେ ବଡ଼ ବଡ଼ ହୋଇଥିଲା ଯେ ଦୁଇଟି ଆଙ୍ଗୁଳି ଏକାଥରେ ଗଳି ଯାଉଥିଲା। ସାର୍‌ଙ୍କୁ ଆଗରୁ କେହି ଦେଖି ନଥିବାରୁ ମୁଦି ଦୁଇଟି ମାପ ଅନୁଯାୟୀ କରାଯାଇନଥିଲା। ଝିଅ ଡଉଲଡାଉଲ ଥିବାରୁ ପୁଅବି ସେମିତି ମୋଟା ସୋଟା ହୋଇଥିବ ବୋଲି ସମସ୍ତେ ଅନୁମାନ କରିଥିଲେ। କିନ୍ତୁ ସାର୍ ଥିଲେ ଖୁବ୍ ପତଳା। ତେଣୁ ଝିଅର ବୁଢ଼ୀମା ସମ୍ପର୍କୀୟ ସ୍ତ୍ରୀଲୋକମାନେ ନାତୁଣୀ ଜ୍ୱାଇଁଙ୍କୁ ବାଉଁଶକଣୀଟିଏ ବୋଲି କହି ଥଟ୍ଟା କରୁଥିଲେ। ତା' ପରେ ସାର୍‌ଙ୍କ ହାତରେ କେହି ଜଣେ ଘଣ୍ଟାଟିଏ ପିନ୍ଧାଇଦେଲେ ଓ ନୂଆ ସାଇକେଲଟିର ଚାବି ଧରାଇ ଦେଲେ। ଅବଶ୍ୟ ସେତେବେଳେ ଯୌତୁକ ହିସାବରେ ଏଇସବୁ ଜିନିଷ ଥିଲା ଖୁବ୍ ମୂଲ୍ୟବାନ। ଚେନ୍, ମୁଦି, ଘଣ୍ଟା, ସାଇକେଲ୍ ଆଉ ରେଡିଓ।

ବାହାଘର ଚାଲୁଥିବା ସହିତ ଖିଆପିଆ ଆରମ୍ଭ ହେଲା। ବରଯାତ୍ରୀ ଓ ବନ୍ଧୁବାନ୍ଧବଙ୍କ ପାଇଁ ଆଗରୁ ବନ୍ଦୋବସ୍ତ କରାଯାଇଥିଲା। ଭାତ, ଡାଲି, ଘାଣ୍ଟ ତରକାରୀ

ସହିତ ପୋଖରୀରୁ ଧରାଯାଇଥିବା ଚୁନାମାଛର ଆମିଷ ତରକାରୀ ହୋଇଥିଲା । ପିଉସାଙ୍କ ଘର ମଝି ଅଗଣାଟା ଖୁବ୍ ପ୍ରଶସ୍ତ ଥିଲା । ସେଠି ଖାଇବା ପାଇଁ ଏକାଥରେ କୋଡ଼ିଏ ତିରିଶଜଣ ଲୋକ ବସି ପାରୁଥିଲେ । ସାନ ପିଉସା ଓ ଗୋବିନ୍ଦ ପିଉସା (ଇଞ୍ଜିନିୟର, ପରବର୍ତ୍ତୀ ସମୟରେ ଯାଜପୁରର ଏକ୍‌ଜିକ୍ୟୁଟିଭ୍ ଇଞ୍ଜିନିୟର ହୋଇଥିଲେ)ଙ୍କ ସହିତ ସାର୍‌ଙ୍କ ଦୁଇ ଖୁଡ଼ୁତା ଶ୍ୱଶୁର ଲକ୍ଷ୍ମୀକକା ଓ ଶେଷ କକା ସବୁ କିଛି ବୁଝାବୁଝି କରୁଥାନ୍ତି । ବାହାଘରର ବେଦୀକାମ ସରିଲା । ବେଭାର ଆଚାର ବଢ଼ା ହେଲା । କାମ ସରିଲା ବେଳକୁ ରାତି ଅଧିକ ହୋଇଯାଇଥିଲା । ସମସ୍ତେ ବିଶ୍ରାମ ନେଲେ । ଆମ ସାର୍ ଓ ତାଙ୍କ ସାଙ୍ଗ ଶଙ୍କରବାବୁଙ୍କ ପିଣ୍ଡାରେ ସାଥୀ ହୋଇ ଶୋଇପଡ଼ିଲେ ।

ବାହାଘର ମାନଙ୍କରେ ବରଙ୍କୁ ସବୁଠାରୁ ଅଧିକ ସମ୍ମାନ ଦିଆଯାଏ । ଏହି ଉତ୍ସବରେ ସେ ଶ୍ରେଷ୍ଠ ହୋଇଥିବାରୁ ତ ତାଙ୍କୁ ବର ବୋଲି ସମ୍ବୋଧନ କରାଯାଏ । କନ୍ୟାଘରେ ପହଞ୍ଚିଲା ପରେ ତାଙ୍କର ପାଦ ଧୋଇ ଈଶ୍ୱର ତୁଲ୍ୟ ମାନ୍ୟତା ଦିଆଯାଏ । ସମ୍ମାନ ବାବଦରେ କରାଯାଉଥିବା ଉପଚାର ଗୁଡ଼ିକ ମଧ୍ୟରୁ ଅଧିକାଂଶ କନ୍ୟାର ପିତାଙ୍କ ଦ୍ୱାରା କରାଯାଇଥାଏ । କନ୍ୟାର ପିତା ସେହିଦିନ ଠାରୁ ବରର ପିତା ହୋଇଥିଲେ ମଧ୍ୟ ବିବାହ ଦିବସରେ ପ୍ରଥା ପରମ୍ପରା ରକ୍ଷା ପାଇଁ ଏପରି କରିଥାନ୍ତି । ବର ପାଇଁ ସ୍ୱତନ୍ତ୍ର ଭାବରେ ସୁସଜ୍ଜିତ କୋଠରୀ ଓ ବିଛଣା ପ୍ରସ୍ତୁତ କରାଯାଇଥାଏ । କିନ୍ତୁ ଆମ ସାର୍‌ଙ୍କ କଥା ଅଲଗା । ତାଙ୍କର ଅନନ୍ୟ ଗୁଣ ପାଇଁ ଆମେ ତାଙ୍କୁ ସମ୍ମାନ ଦେଉ, ଭଲପାଉ । ସେ ବର ହୋଇ ମଧ୍ୟ ଜଣେ ସାଧାରଣ ଲୋକପରି ବାହାଘର ରାତିରେ, ଶ୍ୱଶୁର ଘର ଗାଆଁର ଜଣେ ସାଙ୍ଗର ପିଣ୍ଡାରେ ଶୋଇଗଲେ । ମୋ ସାର୍‌ଙ୍କ ପରି ଜଣେ ନିରଭିମାନୀ, ଅହଂଶୂନ୍ୟ, ସରଳବାଳକ ସଦୃଶ ମଣିଷ କେହି ନାହିଁ ।

ତା' ପରଦିନ ସାର୍‌ଙ୍କ ବାପା ଓ ବରଯାତ୍ରୀମାନେ ଫେରି ଆସିଲେ । ସାର୍ ରହିଗଲେ ଶ୍ୱଶୁର ଘରେ । ଏ ବାହାଘର ବାଲ୍ୟବିବାହ ନଥିଲା । କନ୍ୟା ଘରଯୋଗ୍ୟା ଅର୍ଥାତ୍ ପ୍ରାପ୍ତବୟସ୍କା ହୋଇ ସାରିଥିଲେ । ତେଣୁ ବାହାଘର ପରଦିନ ବରକନ୍ୟା ବରଘରକୁ ଫେରିବା କଥା । କିନ୍ତୁ ସାର୍‌ଙ୍କ ଗୋସେଇଁ ଶାଶୁ ଗୋଟେ ବିଶ୍ୱାସ ପାଇଁ ବାରଣ କଲେ । ଝିଅ ଜ୍ୱାଇଁଙ୍କୁ ଛାଡ଼ିଲେ ନାହିଁ । ସେହି ବିଶ୍ୱାସ ପାଇଁ ତାଙ୍କ ପରିବାରରେ ବାହୁଡ଼ା ବରକନ୍ୟା ନଥାଏ । କଥାଟି ହେଲା ଏମିତି- ବୁଢ଼ୀ ତାଙ୍କ ସାନପୁଅ ଲକ୍ଷ୍ମୀକକାଙ୍କୁ ବାହା କରାଇ ବରକନ୍ୟା ଧରି ଯାଜପୁରରୁ ବାହୁଡ଼ିବା ପରେ ମାସେ ପୁରିବା ଆଗରୁ ତାଙ୍କ ବଡ଼ପୁଅ ନୃସିଂହ ମରିଗଲା । ତା ଛଡ଼ା ତାଙ୍କର ଛଅଟା ଝିଅ ବାହାଘର ପରେ ବାପ ଘରକୁ ଆସି ଭାରନେଇ ଫେରିଲା ପରେ ମରିଯାଇଥାନ୍ତି । ବଞ୍ଚିଥାଏ ଗୋଟିଏ ବୋଲି ଝିଅ ନିଶା । ତେଣୁ ମନକୁ ପାପ ଛୁଇଁଥାଏ । ମନରେ ଭୟ ଥାଏ । ଇଏ ପୁଣି

ଗୋଟିଏ ବୋଲି ନାତୁଣୀ। ବାହାଘର ପରଦିନ ସଂଗେ ସଂଗେ ବିଦା କରିବେ ନାହିଁ ବୋଲି ଆଗରୁ ସର୍ତ୍ତ ରଖିଥିଲେ। ତେଣୁ ସାର୍‌ ରହିଲେ। ଶଶୁର ଘରେ ଚତୁର୍ଥୀ ଓ ସପ୍ତମଙ୍ଗଳା କାମ ସଂପନ୍ନ କରାଗଲା।

ବ୍ରାହ୍ମଣ ପରିବାରରେ ଚତୁର୍ଥୀ ଓ ନଗର- ସ୍ନାନ ବେଦୀ ଉପରେ ହୁଏ। ପ୍ରଥା ଅନୁଯାୟୀ ବେଦୀ ଉପରେ କର୍ମ ଚାଲୁଥାଏ ପୁରୋହିତ ମନ୍ତ୍ରପାଠ କରୁଥାନ୍ତି। ମୁ ତୁ ମେଘା କୁସୁମସ୍ୟ ବୃଷ୍ଟି... ଏତିକିରେ ସତେ ଯେମିତି ମନ୍ତ୍ରଶକ୍ତି ବ୍ରହ୍ମଭେଦ କରିଗଲା। ପ୍ରକୃତି ଚେତି ଉଠିଲା। କୁଆଡୁ କେଜାଣି ହଠାତ୍‌ ଖଣ୍ଡେ ଚଲାବାଦଲ ଆକାଶରେ ଭାସି ଯାଉ ଯାଉ କୁଶହସ୍ତରେ ପାଣି ସିଞ୍ଚିଲା ପରି ଦୁଇଟୋପା ମେଘ ଝାଡ଼ି ଦେଇଗଲା। ସତେକି ସ୍ୱର୍ଗରୁ ଦେବତାମାନଙ୍କର ଆଶୀର୍ବାଦ ଝରିପଡୁଛି। ବିବାହ ଶୁଭବିବାହରେ ପରିଣତ ହୋଇଗଲା।

ଛୁଟିକା ସରିଲାପରେ ପିଉସା ଘରୁ ନିଜ ଶ୍ୱଶୁର ଘରକୁ ଆସିଲେ। ସାର୍‌ଙ୍କର ଦୁଇଟି ଶ୍ୱଶୁର ଘର ହେଲା। ତାଙ୍କର ନିଜର ଶାଳୀ ନଥାନ୍ତି। ଶାଳୀ ବୋଇଲେ ଧନିଆ ପିଉସାଙ୍କ ଛୋଟ ଛୋଟ ଦୁଇଟି ଝିଅ। ବୁଢ଼ୀ ଆଉ ମିଙ୍ଗୀ। ମାନ ପିଉସାଙ୍କ ଝିଅ ଲଡ଼ି, ସିଏ ଠିକ୍‌ ଗୋଟିଏ ଖାଡ଼ି ଭଳି ପୁରା ପତଳି। ପାଠପଢ଼ା ତୃତୀୟରୁ ପଞ୍ଚମ ମଧ୍ୟରେ ହେବ। ସାର୍‌ ଯେଉଁ କେତେଦିନ ସେଠି ରହିଲେ ଏମାନେ ସବୁବେଳେ ପାଖେ ପାଖେ ଥାଆନ୍ତି। ଭିଡ଼ ଜମାନ୍ତି। ସେମାନେ ବିବାହ କ'ଣ ଜୋଇଁ କ'ଣ ଜାଣନ୍ତି ? ନାନୀକୁ ବାହା ହୋଇଥିବା ନୂଆ ସାଙ୍ଗଟିଏ ତାଙ୍କୁ ମିଳି ଯାଇଥାଏ। ସାର୍‌ଙ୍କ ଦୁଇପଟରେ ଶୋଇ 'ମୋ ଆଡ଼କୁ ମୁହଁ କରି ଶୁଅ- ମୋ ଆଡ଼କୁ ମୁହଁ କରି ଶୁଅ' ଜିଦ୍‌ କରୁଥାନ୍ତି। ତାଙ୍କ ସାଙ୍ଗରେ ଥାଆନ୍ତି ଆଉ ଜଣେ ଶାଳୀ। ଚନ୍ଦା କକାଙ୍କ ଏକମାତ୍ର ଝିଅ ଛାଇ। ନିଜର ଦୁଇଟି ସାନ ସାନ ଶଳା, ବଡ଼ ତାରାପ୍ରସନ୍ନ (ବାଘ) ଆଉ ସାନଟି ସଚ୍ଚି ବା ଟିପ।

ବଡ଼ କକାଶ୍ୱଶୁର ସମ୍ବଲପୁରରେ ରହନ୍ତି। S.I. of Schools। ତାଙ୍କର ଗୋଟେ ଭଲ କ୍ୟାମେରା ଥିଲା। ସମ୍ବଲପୁର ଫେରିବା ପୂର୍ବରୁ ଝିଅ ଜୋଇଁଙ୍କ ଫଟୋ ଉଠାଇବାକୁ ଇଚ୍ଛା କରି ଦୁହିଁକୁ ଠିଆ କରାଇଲେ। ସାଙ୍ଗ ହୋଇ ଠିଆ ହେବାକୁ ମଧ୍ୟ ଦୁହିଁଙ୍କ ପାଖରେ ସାହାସ ନଥାଏ। ଲାଜରେ ଜଡ଼ସଡ଼ ହୋଇ ଯାଉଥାନ୍ତି। ଝିଅ ହାତେ ଲମ୍ବର ଓଢ଼ଣା ପକାଇଥାଏ। ପୁଣି ପୁଅ ମୁହଁ ଉତ୍ତରକୁ ତ ଝିଅ ମୁହଁ ଦକ୍ଷିଣକୁ। ଏମିତିରେ କି ପ୍ରକାରର ଫଟୋ ବା ଉଠିବ।

ସପ୍ତମଙ୍ଗଳା ସାରି ଅଷ୍ଟମ ଦିନ ସାର୍‌ ଘରକୁ ଫେରିଲେ। ସାଙ୍ଗରେ ଆସିଲା ବଡ଼ ଶଳା ପ୍ରସନ୍ନ (ବାଘ)। ଭୋରରୁ ଉଠି ମାର୍ଥାପୁରରୁ ଚାଲି ଚାଲି ଆସିଲେ। ସାଥୀରେ

ତାଙ୍କର ଭାଣିଜୀ ଜ୍ୱାଇଁ ଭୂବନ ଗାଆଁର ମାନନନା ଆସିଥାନ୍ତି। ସେ ଏ ଦୁହିଁଙ୍କୁ ଭୂବନଠାରେ ବସ୍‌ରେ ବସାଇ ବିଦାୟ ନେଲେ। ଖୁଡୀ ରହିଗଲେ ବାପ ଘରେ।

ସାର୍‌ଙ୍କ ସ୍ତ୍ରୀ ଆମର ଖୁଡୀ। ଆମ ସାଙ୍ଗସାଥୀ ସମସ୍ତଙ୍କ ଆଦରର ଖୁଡୀ। ଆମେ ବା ତାଙ୍କୁ କି ଆଦର କରିବୁ। ଓଲଟା ଆମେ ସମସ୍ତେ ତାଙ୍କ ଆଦରର ପୁଅ। ଏକମାସ କୋଡ଼ିଏ ବାଇଶିଦିନ ପରେ ଜୁଲାଇ ୪ ତାରିଖ ଦିନ ଖୁଡ଼ି ଘରକୁ ଆସିଲେ। ସେଦିନ ପୁନର୍ବିବାହ ସହିତ ଭୋଜି କରାଗଲା।

ବାହାଘର ସରିଲା। ସାର୍ ପୁଣି ନିୟମିତ ଭାବରେ ସ୍କୁଲ୍‌କୁ ଗଲେ। ପରୀକ୍ଷା ସରିଥିଲା। କିନ୍ତୁ ଖାତା ଦେଖା ହୋଇନଥିଲା। ସାର୍ ବାହାଘର ପାଇଁ ଛୁଟିରେ ଥିଲେ। ଫେରିଲା ପରେ ଖାତା ଦେଖା ହେଲା ଓ ଫଳ ପ୍ରକାଶ କରାଗଲା। ମେ ତୃତୀୟ ସପ୍ତାହରୁ ଗ୍ରୀଷ୍ମଛୁଟି ପାଇଁ ସ୍କୁଲ ବନ୍ଦ ରହିଲା। ସେହିବର୍ଷ ମଧ୍ୟଇଂରାଜୀ ସ୍କୁଲ୍‌ର ଶିକ୍ଷକ ତଥା ମୁଗପାଳର ଶ୍ରୀଯୁକ୍ତ ବିଦ୍ୟାଧର ପାଣିଗ୍ରାହୀଙ୍କର କୁଜାହାଲାରେ ବାହାଘର ହେଲା। ତାଙ୍କର ବୟସ ଅତିରିକ୍ତ ହୋଇଯାଇଥାଏ। ବିବାହ କରିବେ ନାହିଁ ବୋଲି ମନସ୍ଥ କରି ଅନେକ ସମୟ ବିତାଇ ଦେଇଥିଲେ। ଅବଶେଷରେ ବିବାହ କଲେ।

ଦୀର୍ଘ ଗୋଟିଏ ବର୍ଷର ପାଠପଢ଼ା ପରେ ବାର୍ଷିକ ପରୀକ୍ଷା ଫଳ ପ୍ରକାଶ ପାଏ। ତା' ପରେ ଗ୍ରୀଷ୍ମାବକାଶ ପାଇଁ ବିଦ୍ୟାଳୟ ବନ୍ଦ ରହେ। ବର୍ଷ ତମାମ କାର୍ଯ୍ୟବ୍ୟସ୍ତତା ଓ ଖଟଣି ପରେ ଖରାଦିନ ଛୁଟିରେ ଘରେ ବିଶ୍ରାମ ଖୁବ୍ ଆନନ୍ଦଦାୟକ।

ସ୍କୁଲ୍‌ର ଅଫିସ୍ କାମ ଓ ପାଠପଢ଼ାଇବା ପରେ ସାର୍ ସମୟ ବାହାର କରି ଅନେକ କିଛି ପଢ଼ନ୍ତି। ଅଭିମନ୍ୟୁ ସାମନ୍ତ ସିଂହାର, ଉପେନ୍ଦ୍ର ଭଞ୍ଜ, ଦୀନକୃଷ୍ଣ, ମହାକବି କାଳିଦାସଙ୍କ ସହିତ ଆଧୁନିକ ସମୟର ଲେଖକ ରବିନ୍ ଶର୍ମାଙ୍କ ରଚନାମାନ ପଢ଼ିସାରିଛନ୍ତି। ତେଣୁ କଥାବାର୍ତ୍ତା ସମୟରେ ପ୍ରସଙ୍ଗକ୍ରମେ ବିଭିନ୍ନ ଗ୍ରନ୍ଥରୁ ଯଥାଯଥ କଥାମାନ ଉଦ୍ଧାର କରି ବୁଝାଇ ଦିଅନ୍ତି। ସାର୍‌ଙ୍କର କଥାଟିଏ ଏଠି ଉପସ୍ଥାପନ କରୁଛି।

ପ୍ରଚଣ୍ଡ ଗ୍ରୀଷ୍ମକାଳ। ସ୍ପୃହଣୀୟ ଚନ୍ଦ୍ରମା, ମହାକବି କାଳିଦାସଙ୍କ ଋତୁସଂହାର କାବ୍ୟର ଗ୍ରୀଷ୍ମ ବର୍ଣ୍ଣନା। ଗ୍ରୀଷ୍ମକୁ ତ ସମସ୍ତେ ଅନୁଭବ କରିଥିବେ। କିନ୍ତୁ ଉପଭୋଗ କରିବାକୁ ହେଲେ ଏହାକୁ ପଢ଼ିବା ଦରକାର। ପଠନ, ମନନ, ଚିନ୍ତନ ମଣିଷକୁ ଅନୁଭବି କରାଏ। ପୂର୍ଣ୍ଣତା ଆଣିଦିଏ। ସହନଶୀଳ କରାଏ। ଦୁଃଖ ଭିତରେ ଥିବା ସୁଖ ଚିହ୍ନାଇଦିଏ।

ଗ୍ରୀଷ୍ମ ଗୋଟେ ନିଷ୍ଠୁର ଶବ୍ଦ। ଏହାର ରୂପ ରସହୀନ। ଗଡ଼ିଆ, ପୋଖରୀ, ନଦୀନାଳ ସବୁ ଶୁଖିଯାଏ। ଗଛର ପତ୍ର ଝାଉଁଳି ପଡ଼େ। ମାଟିର ପିଠି ଫାଟିଯାଏ। ତେବେ ବି ଚାଳଛପର ଘରଭିତରେ ଖରାବେଳଟା କଟାଇବାକୁ ବା ତୋଟାମାଳର

ସୁଶୀତଳ ଛାୟାରେ ସମବୟସୀ ସାଙ୍ଗସାଥୀଙ୍କ ସହିତ କବାଡ଼ି-ବାଗୁଡ଼ି ଖେଳି ଓ ପାଚିଲା ଆମ୍ବ ଖୁଣ୍ଟି ଖାଇବାକୁ ଭାରି ଭଲ ଲାଗେ। ଦିନ ମଜାରେ କଟେ। ସେତେବେଳର ଉତ୍ତାପ ସହି ହେଉଥିଲା। ବର୍ଷ କେତେଟାରେ ସବୁକିଛି ବିଗିଡ଼ି ଗଲା। ଆଜି ଗ୍ରୀଷ୍ମର ରୂପ ଖୁବ୍ ଭୟଙ୍କର ହୋଇଯାଇଛି। ସେତେବେଳେ ଅଂଶୁଘାତ ନଥିଲା। ଅଂଶୁଘାତ ମୃତ୍ୟୁ ବିଷୟରେ କାହାର କିଛି ଧାରଣା ନଥିଲା । ପାଣିପାଗ ନିୟମିତ ଥିଲା। ଆଜିକୁ ସତୁରି ବର୍ଷତଳେ ଗାଆଁ ଗଣ୍ଡାରେ ବଗିଚା, ତୋଟାମାଳ ଓ ବଣପାହାଡ଼, ଜଙ୍ଗଲ ଗଛରେ ଭରପୁର ଥିଲା। ପୃଥିବୀ ଶୀତଳ ଥିଲା। କେତେଟା ଦିନରେ, ଆମରି ଆଖି ଆଗରେ ମଣିଷ ତା'ର ସର୍ବଗ୍ରାସୀ କ୍ଷୁଧା ଓ ପ୍ରଗତି ଆଳରେ ଜଙ୍ଗଲ ଗୁଡ଼ିକୁ ପଦା କରିଦେଲା। କିଛି ବିଚାର ନକରି ଗଛକାଟି ଜଙ୍ଗଲକୁ ଶେଷ କରିଚାଲିଲା। ଆଜି ପାହାଡ଼ ଗୁଡ଼ିକ ମୁଣ୍ଡିତ ସନ୍ୟାସୀ ଭଳି ଠିଆ ହୋଇଛନ୍ତି। ମଣିଷ ନିଜେ ପାଣିପାଗର ଅସନ୍ତୁଳନ ତଥା ବିଭ୍ରାଟକୁ ଡାକି ଆଣିଲା। ଆଗେ ଋତୁଚକ୍ରର ନିୟମ ମାନି ଗ୍ରୀଷ୍ମ ପରେ ବର୍ଷା, ଶରତ, ହେମନ୍ତ, ଶୀତ, ବସନ୍ତ ଧରାପୃଷ୍ଠରେ ଅବତରଣ କରନ୍ତି। ସେମାନଙ୍କୁ ଅନୁଭବ କରିହୁଏ। ଛଅଋତୁ ହେଲେ ଛଅଭଉଣୀ। ଗୋଟିଏ ପରେ ଗୋଟିଏ ଧରାପୃଷ୍ଠରେ ଦେଖା ଦେଇ ସେତେବେଳେ ପୃଥିବୀକୁ ସୁନ୍ଦର ଭାବେ ସଜାଉଥିଲେ। ପୃଥିବୀର ସେବାରେ ନ୍ୟସ୍ତ ଥିଲେ। ଏବେ ପାଗ ବଦଳିଯାଇଛି। ଥରେ ବର୍ଷା ଛାଡ଼ିଲେ ପୁଣି ଆଠମାସ ପରେ ଦେଖା ମିଳୁଛି। ନିଜର ବିନାଶକୁ ମଣିଷ ନିଜେ ନିର୍ମାଣ କରି ଚାଲିଛି। ଡାକି ଆଣିଛି।

ଖରାଦିନ ଯାଉନଯାଉଣୁ ବର୍ଷାଦିନ ପଶିଆସେ। ଠିକ୍ ରଜପର୍ବ ସଂଗରେ। ରଜ, ଆନନ୍ଦର ପର୍ବ। ପହିଲି ଆଷାଢ଼ରେ ନୂଆମେଘ ପାହାଡ଼ ଜଙ୍ଗଲକୁ ଘେରି ଲଟି ଖାଏ। ପ୍ରଥମ ମେଘରେ ଭିଜାମାଟିର ଭୁରୁଭୁରୁ ବାସ୍ନା ଚାଷୀଙ୍କ ଧାନବୁଣାର ଆନନ୍ଦ ସହିତ ରଜ ଆସେ। ତା ସହିତ ପୋଡ଼ପିଠା ଓ ଦୋଳି ଖେଳର ଆସର ଖୁବ୍ ମନେପଡ଼େ। ଆଜି ସେ ସବୁ ସ୍ୱପ୍ନ ଭଳି ଲାଗୁଛି। ଆଷାଢ଼ସ୍ୟ ପ୍ରଥମ ଦିବସେ ମେଘ ମାଶ୍ଲିଷ୍ଟସାନୁମ୍। ବପ୍ରକ୍ରିଡ଼ା ପରିଣତ ଗଜ ପ୍ରେକ୍ଷଣୀୟ ଦଦର୍ଶ। ଆଉ ନାହିଁ।

ସାରଙ୍କ ବିବାହ ମଇ (ବୈଶାଖ) ମାସରେ ସରିଥାଏ। କିନ୍ତୁ ବୋହୂ (ଖୁଡୀ) ଆସି ନଥାନ୍ତି। ପୁଅ ଜ୍ୟେଷ୍ଠ, ଝିଅ ଜ୍ୟେଷ୍ଠ ଓ ଜ୍ୟେଷ୍ଠ ମାସ ଏଭଳି ତିନି ଜ୍ୟେଷ୍ଠରେ ବିବାହ ଓ ନବବଧୂ ଯାତ୍ରା ନିଷିଦ୍ଧ। ତେଣୁ ଆଷାଢ଼ ମାସରେ ଶୁଭଦିନ ସ୍ଥିର କରି ଜୁଲାଇ ୪ ତାରିଖରେ ନିମନ୍ତଘର (ପୂନର୍ବିବାହ ଓ ଭୋଜି) ହେବାର ଆୟୋଜନ କରାଗଲା। ମଝିରେ ଦେଢ଼ ମାସର ପ୍ରତୀକ୍ଷା। ଘରେ ସମସ୍ତେ ଦିନ ଗଣୁଥାନ୍ତି। ନୂଆ ବୋହୂ କେଉଁଦିନ ଆସିବେ। ସାରଙ୍କ ଛୋଟ ଛୋଟ ଭାଇ ଭଉଣୀ ଆସିବା ଦିନଟିକୁ

ଆଗ୍ରହରେ ଚାହିଁ ରହିଥାନ୍ତି। ପ୍ରସଙ୍ଗ ସହିତ ପ୍ରଯୁଜ୍ୟ ହେଉଥିବା ସାର୍‌ଙ୍କ ହାତଲେଖାରୁ କେଇଟି ଧାଡ଼ି ଉଦ୍ଧାର କରୁଛି- ମତେ ମଧ୍ୟ ଏ ପ୍ରତୀକ୍ଷାଟା ଅସହ୍ୟ ଲାଗୁଥାଏ। ଲାଗୁଥାଏ ସତେ ଯେମିତି ମୋର ମୁକ୍ତ ମନଟା କେଉଁଠି ବନ୍ଧା ପଡ଼ିଯାଇଛି। କଥାରେ ଅଛି ଦୂର ପାହାଡ଼ ସୁନ୍ଦର ଓ ଦୂର ବନ୍ଧୁ ସୁନ୍ଦର। ଦୂରରେ ଥିବା ନବବଧୂଟି ଯଦି ସବୁ ଗୁଣରୁ ସତକୁ ସତ ସୁନ୍ଦର ହୋଇଥାଏ, ତେବେ ଏ ଉଦାସିଆ ସୁଖର ଦିନଗୁଡ଼ିକ ଶୀଘ୍ର ଶୀଘ୍ର ଗଡ଼ିଯାଏ। କଞ୍ଚା ବୟସର ମାର୍ମିକ ଅନୁଭବର ଏକ ସ୍ୱଚ୍ଛନ୍ଦ ପରିପ୍ରକାଶ।

ସାର୍ ଅନେକ ଉଚ୍ଚକୋଟୀର କାବ୍ୟ କବିତା ପଢ଼ିଥିଲେ। ପଢ଼ିବା ଅନୁଯାୟୀ ମନଟା ତିଆରି ହୋଇଯାଏ। ପ୍ରଭାବିତ ହୁଏ ଓ ଭାବ ପ୍ରକାଶ କରେ। ତେଣୁ ସ୍ୱତଃ ସାର୍ ପ୍ରେମିକଟିଏରେ ପରିଣତ ହୋଇଯାଇଥିଲେ।

ଖୁବ୍ ବାଲ୍ୟକାଳରୁ ସାର୍ ଭଲପାଇ ଶିଖିଛନ୍ତି। ଶ୍ରଦ୍ଧା କରି ଶିଖିଛନ୍ତି। ବିଭିନ୍ନ ସ୍କୁଲ୍ କଲେଜ୍‌ର ବନ୍ଧୁ ଓ ଶିକ୍ଷକମାନଙ୍କୁ ଆପଣାର କରିପାରିଛନ୍ତି। ଅନ୍ତରଙ୍ଗ ଓ ଆପଣାର ହୋଇ ଆସୁଥିବା ଜଣେ ବନ୍ଧୁଙ୍କୁ ଝୁରିବା, ସାର୍‌ଙ୍କ ପକ୍ଷେ ଏକାନ୍ତ ବାସ୍ତବ କଥା।

ଜୁନ୍ ମାସ ଶେଷ ଦୁଇତିନି ଦିନ ବର୍ଷାହୋଇ ଛାଡ଼ି ଯାଇଥାଏ। ଜୁଲାଇ ପହିଲା ଦିନକୁ ପାଗ ଶୁଖିଲା ଓ ଠିକ୍ ଠାକ୍ ଥାଏ। ସାର୍‌ଙ୍କ ବଡ଼ବାପା, ଗୋପିନାଥ ଦଦେଇ ବୋହୂ ଡାକରା ପାଇଁ ବାହାରିଲେ। ଏଠୁ ସାଇକେଲ୍‌ରେ ବାହାରି ଭୂବନ ପର୍ଯ୍ୟନ୍ତ ଗଲେ। ସେଠି ପହଞ୍ଚି ଜାଣିଲେ ନଦୀ ବଢୁଛି। ତେଣୁ ସାଇକେଲ୍‌ଟି ରଖି ଖଣ୍ଡେ ଗାମୁଛା ପିନ୍ଧି ପାଣିରେ ପଶି ଯିବା ପାଇଁ ନଈକୂଳର ଚଲାବାଟ ଧରିଲେ। ଶାହାଡ଼ା ଘାଇ ଓ ଅନ୍ୟ କେତେକ ସ୍ଥାନରେ ପାଣିରେ ପଶି ଚାଲି ଚାଲି ମାର୍ଥାପୁରରେ ପହଞ୍ଚିଲେ। ବେଳ ରତ ରତ। ଦିନ ସରିବା ସମୟ। ତାଙ୍କ ଶ୍ୱଶୁର ଘର ସେଇଠି। ଦୁଇ ତାରିଖର ଦିନ ଓ ରାତି ନିଜ ଶ୍ୱଶୁର ଘରେ ବିତାଇଲେ। ତିନି ତାରିଖ ଦିନ ସମସ୍ତେ ଫେରିବା କଥା। ତା' ଆଗ ଦୁଇ ତାରିଖ ଦିନରୁ ବ୍ରାହ୍ମଣୀ ନଦୀ ପ୍ରଚଣ୍ଡ ବେଗରେ ବଢ଼ି ସେତେବେଳକୁ ଉଚ୍ଛୁଳୁ ମୁଚ୍ଛୁଳୁ ହେଉଥାଏ। ଏକୂଳରୁ ସେକୂଳ ଛୁଇଁ ସମୁଦ୍ର ଭଳି ଦିଶୁଥାଏ। ସବୁ ପ୍ରସ୍ତୁତି ସରିଯାଇଥାଏ। ଝିଅକୁ ଡଙ୍ଗାରେ ପଠାଇବାର ବନ୍ଦୋବସ୍ତ କରାଯାଇଥାଏ। ସେଥିପାଇଁ ଦୁଇଟି ଛାଆଣୀ ପଟୁଆ ନାଆ ପ୍ରସ୍ତୁତ ହୋଇ ରହିଥାଏ। ଛାଆଣୀ ଅର୍ଥ କାନ୍ଥ ନଥିବା ଛୋଟ ଚାଳଛପର ଘର। ତିନି ତାରିଖ ଦିନ ସକାଳୁ ଗାଆଁ ମୁଣ୍ଡରୁ ଡଙ୍ଗା ଛାଡ଼ିଲା। ସେଥିରେ ଆସିଲେ ସାର୍‌ଙ୍କ ପତ୍ନୀ ନବବଧୂ ଶୈଳବାଳା। ସାଥୀରେ ସାର୍‌ଙ୍କ କୌଶଲ୍ୟା ଭାଉଜ। ତାଙ୍କର କୁନି ପୁଅ ଶରତ। ମାନ ପିଉସା, ସାର୍‌ଙ୍କ ଦୁଇ ଖୁଡୁତାଶୁର ହେମକକା, ଲକ୍ଷ୍ମୀକକା, ସାନ ଶଳା ପ୍ରସନ୍ନ (ବାଘ) ଓ ଗୋପିଆ ଦଦେଇ। ଆଉ ଉପହାର ସଦୃଶ ଭାରଥୋର। ପାଣି ଖରା ଚାଇଁ ଚାଇଁ

ମାରୁଥାଏ। ସମସ୍ତେ ଚାଲି ଆସିଥାନ୍ତି। ଘରେ ଛାଡ଼ି ଆସିଥାନ୍ତି ବିଧବା ଶାଶୁ ଓ ଗୋସେଇଁ ଶାଶୁ ଦୁଇଜଣଙ୍କୁ।

ଗାଆଁମୁଣ୍ଡ ବାଲୁଙ୍କେଶ୍ୱର ମହାଦେବ, ମା' ତାରିଣୀ ଓ ରଘୁନାଥଙ୍କୁ ପ୍ରଣାମ କରି ଝିଅ ଡଙ୍ଗାରେ ବସେ ଓ ମାଝିଏ ଡଙ୍ଗା ଫିଟାନ୍ତି। ଡଙ୍ଗା ଛାଡ଼େ। ଭରାନଈ। ଭଉଁରୀ କାଟି ଡଙ୍ଗାଟି ସ୍ରୋତର ଅନୁକୂଳରେ ଚାଲିଥାଏ। ମାଆ, ବୁଢ଼ୀମା ଖଣ୍ଡିତରର ଘାଟମଙ୍ଗଳାଙ୍କୁ ପଣତକାନି ସହି ଦଣ୍ଡବତ କରନ୍ତି। ଶୁଭରେ ଶୁଭରେ ଝିଅକୁ ଶ୍ୱଶୁର ଘରେ ପହଞ୍ଚାଇବା ପାଇଁ ଶୁଭ ମନାସୁ ଥାଆନ୍ତି। ଡଙ୍ଗା ଭୂବନରେ ପହଞ୍ଚିବାରୁ ଦଦେଇଙ୍କ ସାଇକେଲ୍‌ଟି ଆଣି ଡଙ୍ଗାରେ ରଖାଗଲା। ନଦୀର ବାମପଟ କୂଳକୁ ଲାଗି ଡଙ୍ଗା ଚାଲିଥାଏ। ଦିନ ସାରା ଏମିତି ଆସି ଆସି ସୂର୍ଯ୍ୟାସ୍ତ ପରେ ସଞ୍ଜ ନଇଁ ଆସିଲା ବେଳକୁ ଡଙ୍ଗା ଜାବରା ନିକଟ ବରକୋଳିପାଟଣା ଗାଆଁ କଡ଼ରେ ଲଙ୍ଗର ପକାଇ ରହିଲା। ବର୍ଷା ଢ଼ାଙ୍କି ଅନ୍ଧାର ଘୋଟି ଯାଇଥାଏ। ଝିପି ଝିପି ବର୍ଷା ହେଉଥାଏ। ମୁହଁକୁ ମୁହଁ ଦିଶୁନଥାଏ। ଆମ ଘରପାଖ ଗଣାବାଗରେ ସାର୍‌ଙ୍କ ସୂର୍ଯ୍ୟବନ୍ଧୁ ସତୁରା ମାମୁଁଙ୍କ ଘର। ସେ ଦୁଇଟି ବରଡ଼ା ଛାଆଣି ଶଗଡ଼ ଗାଡ଼ି ନେଇ ସେଇଠି ଆଗରୁ ଅପେକ୍ଷା କରିଥାନ୍ତି।

ଡଙ୍ଗା ପାଟିଆ ଦେଇ ଆସି ପାରିବ ନାହିଁ। କାରଣ ସେ ବାଟରେ ଖରସ୍ରୋତାରେ ପ୍ରଚଣ୍ଡ ସ୍ରୋତ, ଯୋକଡ଼ିଆ ଆନିକଟ ଆଉ ଖଣ୍ଡିତର ଗଣ୍ଡ ଭୟଙ୍କର ପ୍ରତିବନ୍ଧକ ହୋଇ ଉଭା ହୋଇଛନ୍ତି। ଶଗଡ଼ ଗୋଟେ ସ୍ଥାନରେ ଅପେକ୍ଷା କରିଥିବା ବେଳେ ଡଙ୍ଗା ତଳ ମୁଣ୍ଡରେ ଥାଏ। ତେଣୁ ଅନ୍ଧାରରେ କେହି କାହାକୁ ଦେଖି ପାରିଲେ ନାହିଁ। ବର୍ଷା ମଧ୍ୟ ହେଉଥାଏ। ବହୁ ଭୟ ଓ ଆଶଙ୍କାକୁ ଅତିକ୍ରମ କରି ଡଙ୍ଗା ଆସି ଠିକଣା ସ୍ଥାନରେ ପହଞ୍ଚିଥାଏ। ଶେଷ ହୁଏ ଦ୍ୱିତୀୟ କାଳିଜାଇର ନୌଯାତ୍ରା। ସାର୍‌ଙ୍କ ମାଆ ଯେତେବେଳେ ବାହାଘର ପରେ ପ୍ରଥମ କରି ଶାଶୁ ଘରକୁ ଆସିଲେ, ସେତେବେଳେ ସେମିତି ନଈବଢ଼ି ହୋଇଥାଏ। ବୈତରଣୀର ପାଣି କୂଳ ଛୁଇଁ ଥାଏ। ବୁଢ଼ା ନଈପାଣି ଖରସୁଆଁ କୁଳାଟ ବନ୍ଧକୁ ଲାଗି ଯାଇଥାଏ। ଚତୁର୍ଦ୍ଦିଗ ଜଳାର୍ଣ୍ଣବ ହୋଇଥିବା ସମୟରେ ଆସିଥିବାରୁ କୁହନ୍ତି ବୋହୂ ପାଣିରେ ଭାସି ଭାସି ଆସି ଗାଆଁରେ ପହଞ୍ଚିଥିଲା। ଶାଶୁଭଳି ବୋହୂ ବେଳକୁ ମଧ୍ୟ ସେମିତି ନଈବଢ଼ି ସମୟ। ଏକା ପ୍ରକାରର ପରିସ୍ଥିତି ଓ ପରିବେଶ। ବୋହୂ ବି ସେମିତି ଡଙ୍ଗାରେ ଭାସି ଆସି ଜାବରା ପାଖରେ ଲାଗିଲେ।

ସେଦିନ ରାତିରେ ସେହି ପାଖ ଗାଆଁର କିଛି ଲୋକ ନଈକୁ ଶୌଚ ହେବା ପାଇଁ ଆସିଥିବା ବେଳେ ଦେଖିଲେ କୂଳରେ ଦୁଇଟା ବଡ଼ ବଡ଼ ଡଙ୍ଗା ଲାଗିଛି। ଖବର

ନେବାରୁ ଜାଣିଲେ ଯେ ସେଥିରେ ନୂଆବୋହୂଟିଏ ଆସିଛି। କହିଲେ, ରାତିରେ ନଈଭିତରେ ନୂଆବୋଉଟିଏ ଡଙ୍ଗାରେ ରହିବା ଉଚିତ୍ ନୁହେଁ। ଏଇ ପାଖରେ ଆମ ଘର, ଆସ ସେଇଠି ରାତିଟି ପାଇଁ ବିଶ୍ରାମ ନେବ।

ସେମାନେ ଥିଲେ କୁମ୍ଭାର ବସ୍ତିର ଲୋକ। ତାଙ୍କ ସାଂଗରେ ବୋହୂ ସହିତ କେଇଜଣ ଲୋକ ଗଲେ। ସେମାନେ ନୂଆ ଲୋକଙ୍କ ପାଇଁ ଗୋଟେ ବଖରା ଛାଡ଼ି ଦେଲେ। ସପ ବିଛାଇ ଦେଲେ। ନୂଆବୋହୂ ଓ ସାର୍‌ଙ୍କ କୌଶଲ୍ୟା ଭାଉଜ ସେଠି ବିଶ୍ରାମ ନେଲେ। ରାତି ପାହିଲା। ସକାଳକୁ ମେଘ ଛଡ଼ି ଯାଇଥାଏ। ଡଙ୍ଗା ଭିତରୁ ଗୋପିଆ ଦଦେଇ ନଈକୂଳକୁ ଆସିବାରୁ ଶଗଡ଼ ଚାଳକ ଶତ୍ରୁରା ମାମୁଁଙ୍କ ସହିତ ଭେଟ ହେଲା। ରାତିର ପରିସ୍ଥିତି ବିଷୟରେ ଦୁହେଁ ଅବଗତ ହେଲେ। କେହି କାହାକୁ ଦେଖିପାରି ନଥିବାରୁ ନଈକୂଳର ନିର୍ଜନ ସ୍ଥାନଟାରେ ରାତି ବିତାଇବାକୁ ପଡ଼ିଲା।

ଡଙ୍ଗାଭିତରୁ ଜିନିଷପତ୍ର ଶଗଡ଼ ଉପରକୁ ବୁହାଗଲା। ଯେଉଁମାନେ ପାରିଲେ ବ୍ରାହ୍ମଣୀ ନଈରେ ସ୍ନାନ ଶୌଚ ସାରିଲେ। ନୂଆବୋହୂଙ୍କୁ ଧରି ଶଗଡ଼ ଜାବରା-କୁଆଖିଆ ଦେଇ ଚାଲିଲା ଗାଆଁ ଅଭିମୁଖେ। ଏଠି ଗାଆଁରେ ସାର୍‌ଙ୍କ ବାପାଙ୍କୁ ରାତିସାରା ନିଦ ନାହିଁ। ଏତେ ବିଳମ୍ବ କାହିଁକି ହେଲା ? ରାତାରାତି ସମସ୍ତେ ଘରେ ପହଞ୍ଚିବା କଥା। ତେଣୁ ବ୍ୟସ୍ତ ହୋଇ ଭୋର୍‌ରୁ ଉଠି ଚାଲି ଚାଲି ଗଲେ। ମଧୁବନ ଯାଏ ଗଲା ପରେ ଗାଡ଼ି ଆସୁଥିବାର ଦେଖି, ସବୁ ହାଲ୍‌ଚାଲ୍ ଜାଣିଲେ। ବିଳମ୍ବ ଛଡ଼ା ଆଉ ସବୁ ଠିକ୍‌ଠାକ୍ ଥିବାର ଦେଖି ଆଶ୍ୱସ୍ତ ହେଲେ। ସେଠୁ ଗୋପିଆ ଦଦେଇଙ୍କ ସାଂଗରେ ସାଇକେଲ୍‌ରେ ଘରକୁ ଆଗତୁରା ପଳାଇ ଆସି ସବାରୀ ଓ ବହିବା ପାଇଁ ଚାରିଜଣ ଗଉଡ଼ ନେଇ ଖଇରାବାଦ ମଠ ପାଖରେ ଅପେକ୍ଷା କଲେ।

ସେତେବେଳକୁ ଖରସୁଆଁ ନଦୀ ବଢ଼ି ପାଣି ବାହାରକୁ ଆସିଯାଇଥାଏ। ମହାଦେବ ଗଡ଼ିଆରେ ପଶି ଖଣ୍ଡଳ ପଡ଼ିଆ ସାରା ପାଣି ହୋଇ ଯାଇଥାଏ। ବର୍ତ୍ତମାନର ନୂଆ ଗାଆଁକୁ ଟପି ଖଇରାବାଦ ମଠ ପାଖ ଦୁଧେଇନାଳରେ ପଶୁଥାଏ। ସେତେବେଳକୁ ଦୁଧେଇରେ ଅଣ୍ଟେ ଉପରକୁ ପାଣି ହେଇଗଲାଣି। ଗାଡ଼ି ପହଞ୍ଚିଲା ପରେ ବୋହୂକୁ ସବାରିରେ ବସାଇ କାନ୍ଧରେ ବୋହିଲା ବେଳକୁ ଭିତରେ ପାଣି ପଶିଯିବାର ସମ୍ଭାବନା ଥିଲା। ତେଣୁ ଗଉଡ଼ମାନେ ମୁଣ୍ଡ ଉପରକୁ ଟେକି ଧରି ଦୁଧେଇ ପାରିହେଲେ। ତେବେ ବି ପାଣି ସବାରିର ତଳକୁ ଛୁଇଁ ଯାଉଥାଏ। ନୂଆ ଗାଆଁ ବାଟଦେଇ ସମସ୍ତେ ସାର୍‌ଙ୍କ ଘରେ ପହଞ୍ଚିଲେ। ସାର୍‌ଙ୍କ ଘର ସେଇ ପୁରୁଣା ଜାଗାରେ ଥାଏ। ଗୋଟେ ନିଶାରେ ସିନା ସମସ୍ତେ ଚାଲି ଆସିଲେ, ବଡ଼କକା (କକାଶ୍ୱଶୁର) ଚିଲିକା ପରି ଛଇଳାମୟ ପାଣି ଭିତରେ ଝିଅଘର ଦେଖି ଭୟ ପାଇଗଲେ। କାରଣ ସେମାନେ ତ ପାଣି କ'ଣ

ଜାଣିନଥାନ୍ତି। ହୁଡ଼ା ଉପରେ ଘର। ନଈବଢ଼ି ତାଙ୍କୁ ଛୁଇଁ ପାରେନା। ଇଏ ତାଙ୍କ ପାଇଁ ନୂଆ ଅଭିଜ୍ଞତା। ସେ ସାନଭାଇ ଲକ୍ଷ୍ମୀଙ୍କୁ କହିଲେ, ଆରେ ତୁ ଝିଅକୁ ଆଣି କୋଉଠି ଭସେଇ ଦେଇଗଲୁ।

ବୋହୂ ପହଞ୍ଚିଲା ପରେ ଭୋଜିର ଆୟୋଜନ କରାଗଲା। ସାର୍ ଉପାସରେ ଥାଆନ୍ତି। ଆଉ ନବାଗତମାନେ ତ ପରିସ୍ଥିତିରେ ପଡ଼ି ଖାଡ଼ା ଉପାସରେ ଥାଆନ୍ତି। ସନ୍ଧ୍ୟା ସୁଦ୍ଧା ପୁନର୍ବିବାହ କାମ ସରିଲା। ଘରେ ବନ୍ଧୁବାନ୍ଧବ ଭର୍ତ୍ତି ହୋଇ ଯାଇଥାନ୍ତି। ପିଉସୀ ସୁବନନାନୀ ରାଧାନାନୀ ଓ ଏକମାତ୍ର ବିବାହିତା ଭଉଣୀ ସୀତା ଆସିଥାନ୍ତି। ରାତିକୁ ଭୋଜି ଦିଆଗଲା। ସେତେବେଳେ ବିବାହ ଭୋଜି କହିଲେ ଡାଲି, ଭାତ ଓ ବୋଇତି କଖାରୁ, ଆଳୁ, ବାଇଗଣ, ଜହ୍ନି, ସାରୁର ଗୋଟେ ଘାଣ୍ଟ ତରକାରୀ। ସେତିକିରେ ସମସ୍ତଙ୍କର ଆନନ୍ଦ। ସେତେବେଳକୁ ବର୍ଷା ହେଉଥାଏ। ଏ ସାହି ସେ ସାହିରୁ ଲୋକେ ଛତା ଧରି ଆସି ଖାଇଦେଇ ଗଲେ। ଏତିକିରେ ବାହାଘରର ବାକିଥିବା ଅର୍ଦ୍ଧେକ କାମ ସରିଲା। ଦୁଇଟି ଯୁବପ୍ରାଣ ଦାମ୍ପତ୍ୟ ପ୍ରେମରେ ଯୋଡ଼ି ହୋଇଗଲା। ସେଦିନ ସାର୍‌ଙ୍କୁ ଏକୋଇଶି ବର୍ଷ ପୁରିଲା। ରାତି ପାହିଲେ ଜନ୍ମଦିନ ହେବ। ବାଇଶି ବର୍ଷ ଚାଲିବ। ଖୁଡ଼ିଙ୍କୁ ଦୁଇମାସ ପରେ ସତର ପୁରି ଅଠର ଚାଲିବ। ତେଣୁ ସେହିଦିନ ପୂନର୍ବିବାହ କାର୍ଯ୍ୟ ସମ୍ପର୍ଣ୍ଣ କରାଗଲା। କାରଣ ଯୋଡ଼ା ବୟସ ଚାଲୁଥିବା ବେଳେ ବୈବାହିକ କାର୍ଯ୍ୟ କରାଯାଏ ନାହିଁ।

ଭାରଥୋର, ମିଠାହାଣ୍ଡି, ବନ୍ଧୁବାନ୍ଧବଙ୍କୁ ନେଇ ଗହଳଚହଳରେ ଘର ପୁରି ଉଠିଲା। ସବୁଆଡ଼େ ଗୋଟେ ଉତ୍ସବର ପରିବେଶ। ସେଦିନର ରାତି ପାହିଲା। ସାର୍ ସ୍କୁଲ୍‌କୁ ଚାଲିଲେ। ସେପଟେ ବହୁତ କାମ। ସ୍କୁଲ୍‌ରେ ନାମ ଲେଖା ଆରମ୍ଭ ହୋଇଯାଇଥାଏ।

ସାର୍‌ଙ୍କ ଘର ଓ ପରିବେଶ ଖୁଡୀଙ୍କ ଘର ତୁଳନାରେ ଊଣା। ଖୁଡୀ ସମ୍ବଲପୁରରେ ତାଙ୍କ ବଡ଼ କକାଙ୍କ ପାଖରେ ରହି ପଢୁଥିଲେ। ସେ ସମୟର ଜୀବନ ଥିଲା ଭିନ୍ନ ପ୍ରକାରର। ନାଁ ଥିଲା ଚିନ୍ତା ନାଁ ଥିଲା ଦାୟିତ୍ୱ। ବିତୁଥିଲା ନିଶ୍ଚିନ୍ତରେ ଅଳିଅଳ ଜୀବନ। ସେ ଦିନର କଥା ଭାବି ଏଠିକା ପରିବେଶ ସହିତ ମିଶିଯିବା ସହଜ ହୋଇପାରୁନଥିଲା। ପିଲାମନ କକାମାନଙ୍କୁ ଅଳିକରି କହନ୍ତି, ମୁଁ ଏଠି ରହିବିନି ମତେ ନେଇଯା।

କକାମାନେ ବୁଝାଇଲେ, ଆରେ ମା' ତୁ ବାୟାଣୀ ହେଲୁକି! ଇଏ ପରା ତୋ ଘର। ଏଠୁ ଆଉ କୁଆଡ଼େ ଯିବୁ? ଏଇ ଘରକୁ ବୈକୁଣ୍ଠପୁର କରି ଗଢ଼ି ତୋଳିବୁ। ଝିଅଟି ବିବାହ କ'ଣ ଜାଣେନି। ପ୍ରଥମ କରି ଆପଣାର ଲୋକ, ମା' ଗାଆଁ,

ସାଂଗସାଥୀଙ୍କୁ ଛାଡ଼ି ପର ଘରକୁ ଆସିଛି। ସହଜେ କ'ଣ ମନ ବୁଝୁଥାଏ। ତେବେବି କକାମାନେ ବୁଝାଇସୁଝାଇ ବୋଧଦେଇ ସମସ୍ତଙ୍କଠାରୁ ବିଦାୟ ନେଇ ଫେରିଲେ। ସେଦିନ ରାତିରେ ପରିବାରର ସର୍ବ ଶୁଭମନାସୀ ଘରେ ସତ୍ୟନାରାୟଣ ପୂଜା କରାଗଲା। କିନ୍ତୁ ସାର୍ ସେଦିନ ଘରକୁ ଫେରିପାରିଲେ ନାହିଁ। ଶୁକ୍ରବାର ଦିନ ସ୍କୁଲ୍‌ରେ ରହି ଶନିବାର ଦିନ ମଧୁବନ ହାଟରୁ ପରିବା ଆଉ ଶୁକ ନାଏକ ଦୋକାନରୁ ଆଳୁପିଆଜ ଧରି ସନ୍ଧ୍ୟା ବେଳକୁ ଘରେ ପହଞ୍ଚିଲେ।

■

# ନୂଆବୋହୂ ନୂଆଘର

ନୂଆ ବୋହୂକୁ ନେଇ ସାରା ଘରଟା ଆନନ୍ଦରେ ଉଛୁଳି ଉଠୁଥାଏ। ସାର୍‌ଙ୍କ ସାନ ଭଉଣୀ ମାନଙ୍କ ମଧ୍ୟରୁ ଦ୍ୱିତୀୟ ଶାରଦା ଡାକନାମ ଶାରୀ ନୂଆବୋହୂ ସାଙ୍ଗରେ ପୁରା ଲାଖିଯାଇଥାନ୍ତି। ଇଏ ଯେଉଁଠି ସିଏ ସେଇଠି। ଏକାଧାରରେ ବଡ଼ିଗାର୍ଡ ଆଉ ବିଶ୍ୱାସୀ ଗାଇଡ୍‌ର କାମ ତୁଲାଉଥାନ୍ତି। ଶାରୀଙ୍କ ବୟସ ୧୫। ସମବୟସୀ ହୋଇଥିବାରୁ ଦୁହେଁ ଖୁବ୍ ମିଶିଯାଇଥାନ୍ତି। ଅନ୍ୟ ଛଅ ଭାଇଭଉଣୀଙ୍କ ମଧ୍ୟରୁ ନରେନ୍ଦ୍ରକକା ୧୨ ବର୍ଷର। ରବି କକା, ଶଶି କକା, ଶ୍ରୀମତୀ ନାନୀ ଓ ମାଲିଆ ନାନୀ ଖୁବ୍ ସାନସାନ। ସେମାନଙ୍କୁ ଗୋଟେ ନୂଆ ସାଙ୍ଗ ମିଳିଯାଇଥାଏ।

ସେତେବେଳେ ନୂଆ ବୋହୂର କାମ ହେଲା ସକାଳୁ ଗାଧୁଆ ସାରି ଶାଶୁ ଶ୍ୱଶୁରଙ୍କ ପାଦୁକ ପାଣି ପିଇବା। ଘରକୁ ନୂଆବୋହୂ ଦେଖିବା ପାଇଁ ଆସୁଥିବା ଗୁରୁଜନମାନଙ୍କୁ ଜୁହାର ହେବା। ତାଙ୍କ କଥାର ଉତ୍ତର ଦେବା। ବୁଢ଼ୀମାନଙ୍କ ହାତଗୋଡ଼ ଘସିଦେବା। ପାଦରେ ଅଳତା ଲଗାଇଦେବା। ଏସବୁ କାମ ସମୟରେ ସୀତନାନୀ ଓ ଶାରୀନାନୀ ପାଖେ ପାଖେ ରହି ବତେଇ ଦିଅନ୍ତି ଓ ଲୋକ ଚିହ୍ନାଇ ଦିଅନ୍ତି।

ସାର୍‌ଙ୍କ ଘରଟି ମାଟିକାନ୍ଥ ଚାଳ ଛପରର ବଡ଼ ଖଞ୍ଜାଟିଏ। ପୂର୍ବପଟେ ଉତ୍ତରରୁ ଆରମ୍ଭ କରି ଦକ୍ଷିଣ ଆଡ଼କୁ ଲମ୍ବି ତିନିଟି ବଖରା ଥାଏ। ଉତ୍ତରପଟ ପ୍ରଥମ ବଖରାଟି ରୋଷେଇ ଘର। ମଝିରେ ସାନ ବଖରାଟି ଭଣ୍ଡାର ଘର। ଦକ୍ଷିଣ ପଟକୁ ସାର୍‌ଙ୍କ ଶୋଇବା ଘର। ବୁନିଆଦି କ୍ରମେ ଘରେ ଗୋଟେ ମୟୁରଚୁଳିଆ ପଲଙ୍କ ଥାଏ। ସେଥିରେ ବାପା, ବୋଉ ଶୋଉଥିଲେ। ଏବେ ପୁଅ ବୋହୂଙ୍କ ଶୋଇବା ନିମନ୍ତେ ବ୍ୟବହୃତ ହେଲା। ସାର୍ ସେ ପଲଙ୍କଟିର ନାଆଁ ଦେଇଥିଲେ ମୟୁର ସିଂହାସନ। କାରଣ ସେଇଟିକୁ ସବୁବେଳେ ପରିବାରର ହେଡ୍ ଅଫ୍ ଦି ଫ୍ୟାମିଲି ବ୍ୟବହାର କରୁଥିଲେ। ପଲଙ୍କକୁ ଲାଗି କାନ୍ଥରେ ଗୋଟେ ଫୁଟେ ଉଚ୍ଚର ଝିଡ଼ିକି (ଛୋଟ ଜଳକବାଟୀ) ଥିଲା। କୋଠରୀର ବାହାର ପଟରେ ଝିଡ଼ିକି ଉପର ଯାଏ

ଚାଳ ନଇଁ ଆସିଥିଲା । ତେଣୁ ଘରଟା ଯାକ କିଟିମିଟିଆ ଅନ୍ଧାର । ଦିନବେଳେ ବି ସେ ଘରେ ମଣିଷଟିଏ ଲୁଚିଗଲେ ଜଣା ପଡ଼ିବନି । ପଶ୍ଚିମପଟେ ଦୁଇବଖରା ଥାଏ । ଗୋଟେ ଦାଣ୍ଡ ଘର । ଆଧୁନିକ ଭାଷାରେ ବୈଠକ ଘର ବା ଡ୍ରଇଁ ରୁମ୍ । ଅନ୍ୟଟିରେ ସାର୍‌ଙ୍କ ମାଆ ଶୁଅନ୍ତି । ଦକ୍ଷିଣ ଅଳିନ୍ଦ ପଟେ ସାର୍‌ଙ୍କ ଶୋଇବା କୋଠରୀକୁ ଲାଗି ଛୋଟ ଠାକୁର ଘରଟିଏ । ତା' ପାଖକୁ ଖିଆପିଆ ଓ ସ୍ତ୍ରୀ ଲୋକମାନଙ୍କ ବସା ଉଠାପାଇଁ ଖୋଲା ଯାଗାଟିଏ ଥାଏ । ଠାକୁର ଘର ଓ ଦାଣ୍ଡଘର ମଝିରେ ଧାନ ଅମାର । ସେମିତି ଉତ୍ତର ଅଳିନ୍ଦ ପଟେ ହାଣ୍ଡିଶାଳକୁ ଲାଗି ପଦାରେ ରୋଷେଇବାସ ପାଇଁ ଚୁଲି ଓ ଢ଼ିଙ୍କିଶାଳ ଥାଏ । ଖିଆପିଅ ପାଇଁ ମଝିରେ ଟିକିଏ ଫାଙ୍କା ଜାଗା । ପଶ୍ଚିମରେ ଦାଣ୍ଡ, ମୁଖ୍ୟ ପ୍ରବେଶ ଦ୍ୱାର । ଉତ୍ତରରେ ଥାଏ ବାଡ଼ିଦ୍ୱାର । ବାଡ଼ିପଟରେ ପ୍ରଶସ୍ତ ଖୋଲା ସ୍ଥାନ । ବାସନ କୁସନ ମଜାମଜି ଓ ନୂଆ ବୋହୂ ଚଳିବା ପାଇଁ ଯଥେଷ୍ଟ ଜାଗା ଥାଏ । ସାର୍‌ଙ୍କ ବାଡ଼ିକୁ ଲାଗି ନବୀନ କକାଙ୍କ ବାଡ଼ି । ବାଡ଼ିପଟେ ଆଉ କାହାଘର ନଥିବାରୁ ଚଳିବାକୁ ସୁବିଧା ହୁଏ ।

ଘର ଗୁଡ଼ିକର ମଝିରେ ଗୋଟେ ଛୋଟ ବାହାର । ତା'ର ଉତ୍ତର ପୂର୍ବ କୋଣରେ ଗୋରୁହାଣ୍ଡି ବସିଥାଏ । ସେଇଥିରେ ବଳକା ଖାଦ୍ୟ, ପରିବା ଚୋପା, ତୋରାଣୀ ସବୁ ଢ଼ଳାଯାଏ । ରନ୍ଧାଭାତରୁ ପେଜ ଗଡ଼ାଯାଏ । ହାଣ୍ଡି ପୁରିଗଲେ ଗୁହାଳରେ ଗାଈଙ୍କୁ ଦିଆଯାଏ । ସେଇ କୋଣକୁ ପିଣ୍ଡାରେ ବଟାବଟି କରିବା ପାଇଁ ଶିଳ ଶିଳପୁଆ ଥାଏ । ଶିଳ ପାଖ ଓ ଗୋରୁହାଣ୍ଡି ପାଖ ସବୁବେଳେ ପାଣି ଜରଜର ଓ ସନ୍ତସନ୍ତିଆ ରହୁଥିବାରୁ ବର୍ଷାଦିନେ ଜିଆ ହୁଙ୍କୁଡ଼ା ହୁଏ ।

ରବିବାର ଦିନ ସକାଳୁ ଉଠି ଦେଖିଲା ବେଳକୁ ଚାରିଆଡ଼ ଚିକ୍‌ଣଚାକଣ ଦିଶୁଛି । ଲିପାପୋଛା ହୋଇ ଘରବାହାର ଚକ୍‌ଚକ୍ କରୁଛି । କେହି କହିବା କି ଶିଖାଇବା ପୂର୍ବରୁ ନୂଆ ବୋହୂଟି ଭୋର୍‌ରୁ ଉଠି ଗୋବର ପକାଇ ଲିପାପୋଛା କାମ ସାରି ଦେଇଛି । ଶାଶୁ ଘରକୁ ଆସିବାର ମାତ୍ର ଚାରିପାଞ୍ଚ ଦିନ ବିତିନାହିଁ । ନୂଆ ବୋହୂଟି ନିଜେ ଏତେ କାମରେ ହାତ ଦେଲାଣି । ତେଣୁ ସମସ୍ତଙ୍କ ମୁହଁରେ ବୋହୂର ପ୍ରଶଂସା । ବାପା, ମା', ନାନୀଙ୍କୁ ଘସାମୋଡ଼ା କରିବା ଠାରୁ ଆରମ୍ଭ କରି ନାନା ପ୍ରକାରର ସୁସ୍ୱାଦୁ ରୋଷେଇ କରି ସମସ୍ତଙ୍କ ମନକୁ ଏକରକମ କିଣି ନେଇଥାନ୍ତି । ବାପ ଘରେ ଥିଲାବେଳେ ଚୁଲିରେ ହାଣ୍ଡି ବସାଇ ଶିଖି ନଥିଲେ । ଏଠି ଦଶ ବାରଜଣର ବଡ଼ ପରିବାର । ତା ପାଇଁ କାମ କରିବା କମ୍ କଥା ନୁହେଁ । ଓଜନିଆ ମାଟି ହାଣ୍ଡିରେ ଭାତ ରାନ୍ଧି ପେଜ ଗାଳିବା ସହଜ କଥା ନୁହେଁ । ପ୍ରଥମେ ପ୍ରଥମେ ଖୁବ୍ ଡ଼ର ଲାଗୁଥିଲା । କିନ୍ତୁ ସବୁବେଳେ ପାଖେ ପାଖେ ଥିବା ସୀତାନାନୀ ଓ

ଶାରୀନାନୀ ସବୁ କାମରେ ସାହାଯ୍ୟ କରନ୍ତି । ବାରଜଣଙ୍କ ପାଇଁ ଭାତ ରନ୍ଧା ଯାଉଥିବା ହାଣ୍ଡିକୁ ଟେକିନେଇ ପେଜଗାଳି ଦିଅନ୍ତି, ହାଣ୍ଡିଶାଳେ ରଖନ୍ତି । ନୂଆବୋହୂର ନିପାରିଲା ପଣକୁ ପଦାରେ ପକାନ୍ତି ନାହିଁ ।

ସେ ସମୟରେ ନିତ୍ୟ ବ୍ୟବହାର୍ଯ୍ୟ ଲୁଗାପଟା ରଖିବାପାଇଁ ର୍ୟାକ୍ ବା ଆଲଣା ନଥାଏ । ଖଣ୍ଡେ ବାଉଁଶର ଦୁଇପଟକୁ ରଶିରେ ବାନ୍ଧି ଚାଳରେ ଝୁଲାଇ ଦିଆ ଯାଇଥାଏ । ତାକୁ ଅଲୁଗୁଣି କହନ୍ତି । ସେଇଥିରେ ଲୁଗାପଟା ଓହଳିଥାଏ । ଯିଏ ପାଲଟିଲା କି ପିନ୍ଧିଲା ସେଇଠି ପକେଇ ଦେଇଗଲା । କିଏ ସଜାଉଛି । ଖୁଡ଼ିଙ୍କ ଆସିବା ପରେ ଘରର ରୂପ ବଦଳି ଗଲା । ସମସ୍ତଙ୍କ ଲୁଗାପଟାକୁ ଭାଙ୍ଗି ଭୁଙ୍ଗି ସାଇତି କରି ରଖିଲେ । ଘରର ଜିନିଷ ପତ୍ରଗୁଡ଼ିକ ନିଜ ନିଜ ସ୍ଥାନରେ ଠିକ୍ ଭାବରେ ରଖିଲେ । ମାର୍ଜିତ କାମ ଦାମ, ସାଣ୍ଟୁଣା ସହିତ ନଣନ୍ଦ ଦିଅରଙ୍କ ଅଳି ଅର୍ଦ୍ଦଳୀ ସହି ଦିନ କେଇଟାରେ ସମସ୍ତଙ୍କ ମନକୁ କିଣିନେଲେ । ଗାଆଁ ସାରା ସମସ୍ତଙ୍କ ମୁହଁରେ ପ୍ରଶଂସା । ଗଜିଆନା' ବାଛି ବାଛି ଭଲ ବୋହୂଟିଏ ଆଣିଛି ।

ରୋଷେଇବାସ ପରେ ଖିଆପିଆ ସରିଲେ ଦ୍ୱିପ୍ରହରରେ ଗାଆଁଟା ଯାକର ଝିଅ ଖୁଡ଼ିଙ୍କ ପାଖରେ ଭିଡ଼ ଜମାନ୍ତି । ବିଶ୍ୱାଳ ଘରଝିଅ ମାଳିଆ, ଢ଼ୋଲ, ନବୀନ କକାଙ୍କ ଦୁଇଝିଅ ସର, ଲକ୍ଷ୍ମୀ ଓ ଅନ୍ୟମାନେ ଆସନ୍ତି । ସିଲେଇ, ହାତବୁଣା ଓ କ୍ରୁସ୍‌ବୁଣା ଶିଖନ୍ତି । ଟାୱେଲ୍ କପଡ଼ାରେ ବିଭିନ୍ନ ପ୍ରକାରର ବ୍ୟାଗ ତିଆରି ଶିଖନ୍ତି । ଆମ ଗାଆଁକୁ ଆଗରୁ ଆସିଥିବା କୌଣସି ବୋହୂଙ୍କୁ ଏତେକଥା ଜଣା ନଥିଲା । ସାଉଙ୍କ ମାଆତ ଛୁଞ୍ଚିରେ ସୂତା ଗଳାଇ ଶିଖି ନଥିଲେ । ବୋହୂ ଆସିବାରୁ ଆସନ, ବ୍ୟାଗ୍, ଗଞ୍ଜି ଠାରୁ ଆରମ୍ଭ କରି ସ୍ୱେଟର, ମଫଲର୍ ବୁଣିବା ଓ ହାତକାମ ସବୁ ଶିଖିଗଲେ । ନୂଆ ବୋହୂକୁ ଆଦରି ଗଲେ । ଖୁଡ଼ି ଏ ବୟସରେ ବି ତାଙ୍କ ନଣନ୍ଦ ଦିଅରଙ୍କର ନୂଆବୋହୂ ହୋଇ ରହିଯାଇଛନ୍ତି । ଏ ଜୀବନରେ ସେ କେବେ ଆଉ ପୁରୁଣା ହେବେ ନାହିଁ ।

ଝିଅଟି ଯଦି ଭଲ ରୋଷେଇବାସ ଜାଣିଥାଏ । କାମରେ ସଣ୍ଟୁଣା ଥାଏ । ଗୁରୁଜନମାନଙ୍କ ପ୍ରତି ଭକ୍ତି, ସାନମାନଙ୍କ ପ୍ରତି ଭଲପାଇବା ଓ ତୁଣ୍ଡରେ ମିଠାଭାଷା ଥାଏ, ତେବେ ତାକୁ ନୂଆ ଜାଗାରେ ପରକୁ ଆପଣାର କରି ଚଳିବାରେ ଆଦୌ ସମସ୍ୟା ହୋଇନଥାଏ । ଏ ସବୁ ଦୃଷ୍ଟିରୁ ଖୁଡି ଥିଲେ ସର୍ବଗୁଣ ସମ୍ପର୍ଣ୍ଣା । ତାଙ୍କୁ ତିଆରିବା ଆବଶ୍ୟକ ପଡ଼ିନଥିଲା । ସେତେବେଳେ ଫୋନ୍ ବା ମୋବାଇଲ୍ ସେବା ସ୍ୱପ୍ନ ଥିଲା । ଚିଠିଥିଲା ଏକମାତ୍ର ଯୋଗାଯୋଗର ମାଧ୍ୟମ । ବାହାଘର ପରେ ନୂଆ ନୂଆ କେଇଦିନ ପାଇଁ ପ୍ରତି ଆଠ ଦଶଦିନ ଅନ୍ତରରେ ଆମ ଖୁଡ଼ିଙ୍କ ପାଖକୁ କଟକରୁ ଖଣ୍ଡିଏ ଖଣ୍ଡିଏ ଚିଠି ଆସୁଥିଲା । ତାଙ୍କ ଖୁଡ଼ି ଝିଅକୁ ଉପଦେଶ ଦେଇ ଚିଠି ଲେଖନ୍ତି । ଶାଶୁଘରେ

କେମିତି ଚଳିବାକୁ ହେବ, କାହାକୁ କେମିତି ବ୍ୟବହାର କରିବାକୁ ହେବ ଇତ୍ୟାଦି। ପ୍ରତି ଚିଠିରେ ମେହେରଙ୍କର ପ୍ରଣୟ ବଲ୍ଲରୀ କାବ୍ୟରୁ ଶକୁନ୍ତଳାର ପତିଗୃହ ଯାତ୍ରା ଉପଲକ୍ଷେ ଗୌତମ ମୁନିଙ୍କ ଶକୁନ୍ତଳା ପ୍ରତି ଦେଇଥିବା ଉପଦେଶରୁ ପଦେ ଅଧେ ଲେଖିଥାନ୍ତି- ନଣନ୍ଦ ଅଳୀରେ କେବେ ନ ଚଳିବୁ ଅଧିକେ କରିବୁ ସ୍ନେହ, ଶାଶୁତ ତୋହର ପୂଜା ସିଂହାସନ... ଇତ୍ୟାଦି ଇତ୍ୟାଦି। କିନ୍ତୁ ଏସବୁ ଉପଦେଶ ମିଳିବା ପୂର୍ବରୁ ଖୁଡ଼ି ସ୍ୱୟଂ ସଂପୂର୍ଣ୍ଣା ହୋଇ ସାରିଥିଲେ। କୁଳୀନ ଘରର ମର୍ଯ୍ୟାଦା ଓ ବଂଶ ପରମ୍ପରା ଅତି ମୂଲ୍ୟବାନ। ସେଥିପାଇଁ ପୁରୁଣା ସମୟରେ ଲୋକେ ବଂଶ, କୂଳ ଦେଖି ସମ୍ବନ୍ଧ ସ୍ଥାପନ କରୁଥିଲେ। ମୂଲ୍ୟବୋଧକୁ ଦେଖୁଥିଲେ ମୂଲ୍ୟକୁ ନୁହେଁ। ଯାନି ଯୌତୁକ ନୁହେଁ।

ବିବାହ ବେଦୀରେ ସାର୍‌ଙ୍କୁ ଯେଉଁ ଦୁଇଟି ସୁନାମୁଦି ମିଳିଥିଲା ତାହାପୁରା ଖାଣ୍ଟିସୁନା ୨୪ କ୍ୟାରେଟ୍‌ରେ ତିଆରି ହୋଇଥିଲା। ଖାଦ ନଥିବାରୁ ଲତପତ ହେଉଥାଏ। ସାମାନ୍ୟ ଚାପରେ ବଙ୍କା ତେଢ଼ା ହୋଇ ଯାଉଥାଏ। ଆଙ୍ଗୁଳି ତୁଳନାରେ ଖୁବ୍ ବଡ଼ଥିଲା। ସାର୍ କଣିଭଳି ପତଳାକୁ ମୁଦି ବଡ଼। ଦୁଇଟା ଆଙ୍ଗୁଳି ପଶିଲେ ବି ଢ଼ିଲା ହେଉଥାଏ। ତେଣୁ ତାକୁ ପିନ୍ଧାପିନ୍ଧି ନକରି ଘରେ ରଖିଥାନ୍ତି। ସେତେବେଳେ ସୁନାଭରି ଅଶିଟଙ୍କା ଥିଲା। ଆଜି ହରଡ଼ ଡାଲି କିଲୋକର ଦାମ ଅଶିଟଙ୍କା ହେଲାଣି। ବର୍ତ୍ତମାନ ସମୟରେ ସୁନାଭରି ମୂଲ୍ୟ ୬୦ ହଜାରରୁ ଊର୍ଦ୍ଧ୍ୱଥିବାବେଳେ ସେତେବେଳେ ସୁନାଭରି ଅଶିଟଙ୍କା ଆଜିର ପିଲା ବିଶ୍ୱାସ କରିପାରିବେନି। ସାର୍‌ଙ୍କ ନିମ୍ନ ମଧ୍ୟବିତ୍ତ ପରିବାରର ଅଭାବୀ ଘର। ଅଭାବ ଅସୁବିଧାରେ ପଡ଼ି ମୁଦି ଯୋଡ଼ିକ ତିରିଶ ଟଙ୍କାରେ ବନ୍ଧା ପଡ଼ିଲା। ମୁକୁଳେଇ ନହେବାରୁ ବିକ୍ରି ହୋଇଗଲା। ସାର୍‌ଙ୍କ ସୁନା ପିନ୍ଧାପିନ୍ଧି କରିବାର ସଉକ କି ଆଗ୍ରହ ନଥାଏ। ତାଙ୍କର ବ୍ୟକ୍ତିଗତ ମତ ଓ ଦର୍ଶନ ହେଲା "ସୁନା ପିନ୍ଧିବା ଅପେକ୍ଷା ଯଦି ପାରୁଛ ନିଜେ ସୁନା ହୋଇ ଯାଅ।" ଏହି ବିଶ୍ୱାସ ସାର୍‌ଙ୍କର ଏ ପର୍ଯ୍ୟନ୍ତ ଅତୁଟ ରହିଛି। ଶିକ୍ଷକ, ବନ୍ଧୁ, ଛାତ୍ର, ପରିଚିତ ସମସ୍ତଙ୍କ ଦୃଷ୍ଟିରେ ସେ ନିଜ ସ୍ତ୍ରୀଙ୍କ ଠାରୁ ଆରମ୍ଭ କରି ସାନ ଭାଇବୋହୂ ବା ପୁତ୍ରବଧୂମାନଙ୍କ ମଧ୍ୟରୁ କାହାକୁ ସୁନା ଗହଣା ଉପହାର ଦେଇନାହାନ୍ତି।

ସାର୍ ଖୁବ୍ ପତଳା ଥିବାରୁ ଗୋସେଇଁ ଶାଶୁମାନେ ଥଟ୍ଟା କରୁଥିଲେ। କାରଣ ତାଙ୍କର ପାହାଡ଼ ପରି କନ୍ୟାକୁ ଏଡ଼େ ଟିକେନାକୁ ବର। ସମସ୍ତେ କହୁଥିଲେ ଝିଅକୁ ବର ହେଲା ନାହିଁ। କିନ୍ତୁ ଭଗବାନ୍‌ଙ୍କ କୃପାରୁ ଖୁଡ଼ି ଓ ସାର୍‌ଙ୍କର ବୈବାହିକ ଜୀବନର ଷାଠିଏ ବର୍ଷ ପୂର୍ଣ୍ଣ ହୋଇସାରିଲାଣି। ଯାହାକୁ ବାସ୍ତବରେ କୁହାଯାଇପାରିବ ଆଦର୍ଶ ସୁଖି ଦମ୍ପତ୍ତି, ତିନି ପୁଅ ଓ ଦୁଇ ଝିଅଙ୍କୁ ନେଇ ଭରପୁର ସଂସାର। ପରବର୍ତ୍ତୀ ସମୟରେ

ସାର୍ ଓଲଟା ସେ ବୁଦ୍ଧିମାନଙ୍କୁ ଥଟ୍ଟା ମଜାରେ ପଚାରନ୍ତି, ବାଉଁଶକଣି ବର ମନକୁ ଗଲାନା ?

ସାର୍‌ଙ୍କ ଚେହେରାକୁ ଦେଖି ତାଙ୍କ ସ୍କୁଲ୍‌ର ପ୍ରଧାନଶିକ୍ଷକ ଶ୍ରୀଯୁକ୍ତ ନାରାୟଣ ଚନ୍ଦ୍ର ମଲ୍ଲିକ କହନ୍ତି, କରବାବୁ, You are just a line Drawing - ଗୋଟିଏ ରେଖାଚିତ୍ର ।

ସାର୍ ପତଳା ସତ, କିନ୍ତୁ ଖୁବ୍ ଚଳଚଞ୍ଚଳ । ଖୁବ୍ Energetic, କର୍ମବିଖୁମ ନୁହଁନ୍ତି । ସାଧାରଣତଃ ବିଜ୍ଞାନ ଓ ଗଣିତ ଶିକ୍ଷକମାନେ ଖୁବ୍ active । ସେଥିପାଇଁ Overload class ନେଲେ ବି କ୍ଳାନ୍ତି କ'ଣ ଅନୁଭବ କରିପାରନ୍ତି ନାହିଁ । class ଭଲ ତ ସାର୍ ଭଲ । ଆଜି ମଧ୍ୟ ସାର୍ ସେମିତି ଚଳଚଞ୍ଚଳ ଅଛନ୍ତି ।

■

# ସ୍କୁଲ ଚିନ୍ତା

ନୂଆ ନୂଆ ସ୍କୁଲ୍ ହେଲେ ସ୍କୁଲ୍ ପାଇଁ ପିଲା ଯୋଗାଡ଼ କରିବାକୁ ପଡ଼େ। କିନ୍ତୁ ମଧୁବନ ହାଇସ୍କୁଲ୍ ପାଇଁ ସେପରି ସମସ୍ୟା କେବେ ଦେଖା ଦେଇନାହିଁ। ଦ୍ୱିତୀୟ ବର୍ଷକୁ ମୋଟ ଛାତ୍ରଛାତ୍ରୀ ସଂଖ୍ୟା ୧୧୦ରୁ ଊର୍ଦ୍ଧ୍ୱ ଥାଆନ୍ତି। ପ୍ରତି ବର୍ଷ ପିଲା ସଂଖ୍ୟା ବଢୁଥାନ୍ତି। Section ବଢ଼େ। ବର୍ଷକୁ ବର୍ଷ ବୃଦ୍ଧି ପାଉଥିବା ପିଲାମାନଙ୍କ ପାଇଁ ବେଞ୍ଚ, ଡେସ୍କ ଯୋଗାଇବା ଗୋଟେ ସମସ୍ୟା ରୂପେ ଉଭା ହେଉଥାଏ। ପ୍ରଥମାବସ୍ଥାରେ ଦର୍କୁଣ୍ଡି, ଗନ୍ଧଣ, ପାରିକଇଁଚି, ନରସିଂହପୁର, କଇଁଚିଶାସନ ଠାରୁ ଆରମ୍ଭ କରି ଭୋଟକା, ଖଣ୍ଡିତର, ବାହାଦଲାପୁର, ମିଟୁଆଣି, ଆମ୍ପର, ଅଫସରପୁର, ଘୋଲପୁର, ବାଙ୍କ, ଜୟପୁର, ପ୍ରଥମାଖଣ୍ଡି, ଚଣ୍ଡିପୁର, ସିଂହାପୁର ଓ ଏହି ଅଞ୍ଚଳର ମଧ୍ୟବର୍ତ୍ତୀ ଗୋପିନାଥପୁର ଠାରୁ ଚଣ୍ଡିପୁର ପର୍ଯ୍ୟନ୍ତ ଗାଆଁ ମାନଙ୍କରୁ ପିଲା ଆସି ପଢ଼ନ୍ତି। ଆଜିକା ସମୟ ଧରାଗଲେ ଛଅଟି ପଞ୍ଚାୟତର ପିଲା ମାଇଲ୍ ମାଇଲ୍ ଦୂରରୁ ଚାଲି ଚାଲି ଆସି ପଢୁଥିଲେ। ମଧୁବନ ହାଇସ୍କୁଲ୍ ସ୍ଥାପିତ ହେଲା ପରେ ପରବର୍ତ୍ତୀ ଦଶନ୍ଧି ମଧ୍ୟରେ ତାର ଚତୁଃପାର୍ଶ୍ୱରେ ବାରଟି ନୂତନ ହାଇସ୍କୁଲ ଜନ୍ମ ନେଇଛି। ତାହା ସତ୍ତ୍ୱେ ବି ମଧୁବନ ସ୍କୁଲ୍‌ର ପିଲା ସଂଖ୍ୟା କମି ନାହିଁ। ସାର୍ ୧୯୯୯ ମସିହାରେ ଅବସର ଗ୍ରହଣ କଲେ। ସେତେବେଳେ ୮ମ, ୯ମ, ୧୦ମ ଶ୍ରେଣୀର ଦୁଇଟି ସେକ୍ସନରେ ୧୬୫ ଭଳି ପିଲା ପଢ଼ନ୍ତି। ପ୍ରଥମରୁ ଝିଅ ପିଲାଙ୍କ ସଂଖ୍ୟା କମ୍ ଥିଲା। କିନ୍ତୁ ସାରଙ୍କ ଅବସର ପୂର୍ବରୁ ଝିଅ ପିଲାଙ୍କ ସଂଖ୍ୟା ଉଲ୍ଲେଖନୀୟ ଭାବରେ ବୃଦ୍ଧି ପାଇ ମୋଟ ଛାତ୍ର ସଂଖ୍ୟାର ଅଧା ଅଧି ହୋଇ ଯାଇଥିଲା। କ୍ଲାସ୍ ରୁମ୍‌ର ଗୋଟେ ପଟେ କେବଳ ଝିଅ ଓ ଅନ୍ୟ ପଟେ କେବଳ ପୁଅମାନେ ବସୁଥିଲେ। ସତେ ଯେମିତି ସମାନ୍ତରାଳ ଭାବରେ ଦୁଇଟି ସ୍କୁଲ୍ Boys School and Girls School ଚାଲିଛି। ଛାତ୍ରଛାତ୍ରୀ ସଂଖ୍ୟା ଯଥେଷ୍ଟ ଥିବାରୁ ସେମାନଙ୍କ ଠାରୁ ଆଦାୟ ହେଉଥିବା ଅର୍ଥରେ ଶିକ୍ଷକମାନଙ୍କ ଦରମାର କିଛି ଅଂଶ ଭରଣା କରିହୁଏ।

ସାରଙ୍କ ସ୍କୁଲ ଛାଡ଼ିବାର ପୂର୍ବ ଦଶନ୍ଧିରେ ପିଲା ସଂଖ୍ୟା ଏମିତି ବୃଦ୍ଧି ପାଇବାରେ

ଲାଗିଲା ଯେ କାହାକୁ ନିରାଶ ନକରି ସମସ୍ତ ପିଲାଙ୍କୁ ଗ୍ରହଣ କରିବା ଗୋଟେ ସମସ୍ୟା ଭାବରେ ଠିଆ ହୋଇଗଲା । ଆଜିବି ଅଭିଭାବକ ମାନଙ୍କର ସେହିପରି ଆଗ୍ରହ ବଳବତ୍ତର ରହିଛି । ପିଲା ସଂଖ୍ୟା ବଢ଼ିବଢ଼ି ଚାଲିଛି । ଛାତ୍ର ସଂଖ୍ୟା ବୃଦ୍ଧି ପାଇବାର ମୁଖ୍ୟ କାରଣ ହେଲା ବିଦ୍ୟାଳୟରେ ଉତ୍ତମ ମାନର ପାଠପଢ଼ା, ଶୃଙ୍ଖଳା ଓ ସନ୍ତୋଷଜନକ ବୋର୍ଡ ପରୀକ୍ଷାର ଫଳାଫଳ ।

ସାର୍ ଯେଉଁ ଛାତ୍ରର ଭବିଷ୍ୟତରେ ସମ୍ଭାବନା ଦେଖନ୍ତି, ତା' ଉପରେ ତୀକ୍ଷଣ ନଜର ରଖିଥାନ୍ତି । ତା'ର ଅଧିକ ଯତ୍ନ ନିଅନ୍ତି । କେବଳ ଜିତେନ୍ଦ୍ର ସାର ନୁହଁନ୍ତି, ସମସ୍ତ ଶିକ୍ଷକ ସେହି ଛାତ୍ରଟି ଉପରେ ସ୍ୱତନ୍ତ୍ର ଭାବରେ ନଜର ରଖନ୍ତି । ସାରଙ୍କ ଅନୁଶାସନ, ଶ୍ରଦ୍ଧା ଓ ବିଦ୍ୟାଳୟ ପ୍ରତି ଥିବା ପ୍ରତିବଦ୍ଧତା ସମସ୍ତ ଶିକ୍ଷକଙ୍କୁ ଏକତ୍ରିତ କରି ରଖିଥାଏ । ଏହାର ଫଳାଫଳ ହିସାବରେ ୧୯୯୭ ମସିହାରେ ଶ୍ରୀମାନ ତୁଷାରକାନ୍ତ ସାହୁ ନାମକ ଛାତ୍ରଟିଏ ସେହି ବର୍ଷର ବୋର୍ଡ଼ ପରୀକ୍ଷାରେ ପ୍ରଥମ ଦଶଜଣଙ୍କ ମଧ୍ୟରେ ତୃତୀୟ ସ୍ଥାନ ହାସଲ କରି ପାରିଥିଲେ ।

ସାରଙ୍କ ଅବସର ପରବର୍ତ୍ତୀ ସମୟରେ ମଧ୍ୟ ବିଦ୍ୟାଳୟରେ ଏହି ଭାବଧାରା ବଜାୟ ରହିଛି । ପାଠପଢ଼ା ଓ ଶୃଙ୍ଖଳା ବଳବତ୍ତର ରହିଛି । ଫଳରେ ସାରଙ୍କ ଅବସର ପରେ ମଧ୍ୟ ରଜନୀକାନ୍ତ ସାହୁ ଓ ସୁଦର୍ଶନ ବେହେରା ନାମକ ଦୁଇଜଣ ଛାତ୍ର ପ୍ରଥମ ଦଶଜଣଙ୍କ ମଧ୍ୟରେ ନିଜ ପାଇଁ ସ୍ଥାନ ସଂରକ୍ଷଣ କରି ବିଦ୍ୟାଳୟର ଗୌରବ ବୃଦ୍ଧି କରିଛନ୍ତି ।

ରାହାମ୍ବା ଦାଶରଥି ମହାନ୍ତିଙ୍କ ତୃତୀୟ ପୁତ୍ର ସୁବାସ ପଞ୍ଚମ ପରେ ପାଠପଢ଼ା ଛାଡ଼ି ଘରେଥିଲେ । ଘରର ଆର୍ଥିକ ଅବସ୍ଥା ଭଲ ନ ଥାଏ । ତେଣୁ ଅବସ୍ଥା ଏପରି । ସୁବାସର ବଡ଼ଭାଇ ରମେଶ ମହାନ୍ତି ଧର୍ମଶାଳା ବାଣୀପୀଠରେ ସାର୍‌ଙ୍କ ଉପର ଶ୍ରେଣୀରେ ପଢୁଥିଲେ । ଭଲ ଜଣାଶୁଣା ଥିଲା । ସେ ଥରେ ସ୍କୁଲ୍‌କୁ ଆସି ସାର୍‌ଙ୍କ ସହିତ ସୁବାସ ବିଷୟରେ କଥାବାର୍ତ୍ତା କଲେ । ଷଷ୍ଠ ସପ୍ତମ ଦୁଇବର୍ଷ ପଢ଼ିନଥିବାରୁ ଅଷ୍ଟମ ଶ୍ରେଣୀରେ ଫାଷ୍ଟ ଆଡମିଶନ କରିବାକୁ କହିଲେ । ସେତେବେଳେ ମାଇନର୍ ପଢ଼ିନଥିବା ପିଲାର ଯୋଗ୍ୟତାକୁ ବିଚାର କରି ଅଷ୍ଟମ ଶ୍ରେଣୀରେ ନାମ ଲେଖାଇବାର ପ୍ରୋଭିଜନ୍ ଥାଏ । ତେଣୁ ସାର୍ ଏରିଥମେଟିକ ଓ ଇଂରାଜୀରେ ୭ମ ଶ୍ରେଣୀ ଷ୍ଟାଣ୍ଡାର୍ଡ଼ର ପ୍ରଶ୍ନ ପତ୍ର ତିଆରି କରି ପରୀକ୍ଷା କରାଇଲେ । ସେଥିରେ ସେ ରଖିଥିବା ନମ୍ବର ଭିତ୍ତିରେ ଅଷ୍ଟମରେ ପଢ଼ିବାକୁ ଉପଯୁକ୍ତ ହେବାରୁ ତା'ର ନାମ ଲେଖାହେଲା । ତା'ର ପରୀକ୍ଷା ଖାତା ବିଭାଗୀୟ ଅଫିସରଙ୍କ ଦେଖିବା ନିମନ୍ତେ ସାଇତି ରଖାଗଲା ।

ସାର୍ କହୁଥିଲେ- ସୁବାସ ମେଧାବୀ ଛାତ୍ରଟିଏ । ମନ ଦେଇ ପାଠପଢ଼ିଲା ।

୧୯୬୫ ମସିହା ବୋର୍ଡ ପରୀକ୍ଷାରେ ଏକମାତ୍ର ପିଲା ହିସାବରେ ସେ ଫାଷ୍ଟ ଡିଭିଜନ୍‌ରେ ପାସ୍ କଲା। ସତକଥା ହେଲା ପଞ୍ଚମ ପାସ୍ କରି ପାଠପଢ଼ା ଛାଡ଼ି ଦେଇଥିବା ପିଲାଟା ଭିତରେ ପ୍ରତିଭା ଲୁଚି ରହିଥିଲା। ସୁବାସ ପାଖରୁ, ଅର୍ଥାତ୍ ରେଗୁଲାର ଦ୍ୱିତୀୟ ବ୍ୟାଚ୍‌ରୁ ଫାଷ୍ଟ ଡିଭିଜନ ପାଇ ପାସ୍ କରିବା ଆରମ୍ଭ ହେଲା। ସ୍କୁଲ୍‌ର ସୁନାମ ବ୍ୟାପିବାରେ ଲାଗିଲା। ମ୍ୟାଟ୍ରିକ୍ ପାସ୍ କରି ସେ ବି.ଜେ.ବି. କଲେଜ୍‌ରେ ପଢ଼ିଲା ଓ ସେକେଣ୍ଡ୍ ଡିଭିଜନ ପାଇଲା। ତା' ପରେ ଅଭାବରୁ ପଢ଼ିନପାରି ଦେବିଲ୍‌ର ନକ୍ଷତ୍ରମାଳିନୀ ହାଇସ୍କୁଲ୍‌ରେ ଶିକ୍ଷକତା କଲା। ବର୍ଷେ ପରେ ଆର୍.ଡି.ସି. ପରିଚାଳିତ ପରୀକ୍ଷାରେ ପାସ୍ କରି ରାଜ୍ୟ ସଚିବାଳୟରେ ଚାକିରୀ କଲା। ସହକାରୀ କର୍ମଚାରୀ ହିସାବରେ Good perfomance ଓ Outstanding C.C.R(Confidential character Roll) ବଳରେ O.A.S. ପାଇଲା। Revenue dept. ର ବିଭିନ୍ନ ପଦପଦବୀରେ ରହି ତହସିଲ୍‌ଦାର ଓ ଲିଙ୍ଗରାଜ ମନ୍ଦିର ଟ୍ରଷ୍ଟ ବୋର୍ଡର ପ୍ରଶାସକ ଭାବେ ସୁଚାରୁ ରୂପେ କାର୍ଯ୍ୟ ତୁଲାଇ ଅବସର ପରେ ଏବେ ସୁଖୀ ଜୀବନ ବିତାଉଛି। ମଧୁବନ ହାଇସ୍କୁଲ୍ ତିଆରି ନହୋଇଥିଲେ ଏ ପିଲାର ପାଠପଢ଼ାର ପ୍ରଶ୍ନ ଉଠିନଥାନ୍ତା। ୫ମରୁ ରହିଯାଇ ଏକ ବିରାଟ ଦୁନିଆରେ ପରିଚୟ ହୀନ ଅଖୋଜା ଅଲୋଡ଼ା ମଣିଷଟିଏ ହୋଇ ହଜିଯାଇଥାନ୍ତା। କେବଳ ସେ କାହିଁକି ବହୁ ଗରୀବ ଗୁରୁବା ପିଲା ମଧୁବନ ସ୍କୁଲ୍ ହେତୁ ପାଠପଢ଼ି ମଣିଷ ହୋଇଛନ୍ତି। ନତୁବା ଅପାଠୁଆ ହୋଇ ଅନ୍ଧାରରେ ରହି ଯାଇଥାଆନ୍ତେ।

ପାରିକଇଁଚିରେ ଶ୍ରୀଯୁକ୍ତ ମହେଶ ବଳ, ବି.ଏ. ବି.ଇଡ଼ି. ପ୍ରଧାନ ଶିକ୍ଷକ ଥାଆନ୍ତି। ଆମ ସାର୍, କୃଷ୍ଣବାବୁ ଓ ଆଉ ଜଣେ ସଂସ୍କୃତ ଶିକ୍ଷକ ଥାଆନ୍ତି। ମାଇନର ସ୍କୁଲ୍ ଶ୍ରେଣୀ ଗୃହରେ ସକାଳୁଆ ପାଠ ପଢ଼ାଯାଏ। ତା' ସହିତ ଘର ତିଆରି ଚାଲିଥାଏ। ଏକତଲାର ହରିସିଂହ ଓ ପୋଡ଼ପଡ଼ାର ମହମ୍ମଦ ଜମିଲ୍ ଦୁଇଜଣ ମିସ୍ତ୍ରୀ ଘରକାମ କରୁଥାନ୍ତି। ସେତେବେଳେ ସିମେଣ୍ଟ ବସ୍ତା ସାତ ଟଙ୍କା ଆଉ ମିସ୍ତ୍ରୀ ମଜୁରୀ ଦଶଟଙ୍କା ଥାଏ। ଅର୍ଥ ଅଭାବରୁ ୧୫ ଇଞ୍ଚିଆ କାନ୍ଥ ଗୁଡ଼ିକର ଇଟା କାଦୁଅରେ ଯୋଡ଼ା ଯାଇଥିଲା। ତାକୁ କୁହାଯାଏ ମାଟିଗିରା କାନ୍ଥ। ଯୋଡ଼େଇ ସ୍ଥାନକୁ ସିମେଣ୍ଟ pointing କରି ତା' ପରେ ପଲସ୍ତରା କରାଯାଏ।

ସ୍କୁଲ୍‌ର ସଂପାଦକ ବେଣୁବାବୁ ଆଇ.ଏ. ପାସ୍ କରିଥାନ୍ତି। ସେ ଦେଖିଲେ ହାଇସ୍କୁଲ୍ ବଢ଼ିଲେ ବି.ଏ., ବି.ଏସ୍.ସିରୁ ଉର୍ଦ୍ଧ୍ୱ ଯୋଗ୍ୟତା ସଂପନ୍ନ ଶିକ୍ଷକମାନେ ଆସିବେ। ସେମାନଙ୍କ ସହିତ ସମାନ ଶିକ୍ଷାଗତ ଯୋଗ୍ୟତା ନଥିଲେ ନିଜପ୍ରତି ନ୍ୟୁନ ଭାବନା ଆସିବ। Inferiority complex ଦେଖାଦେବ। ତେଣୁ ସେ ପାଠପଢ଼ି ୧୯୬୨ ମସିହାରେ ଘରୋଇଭାବେ ବି.ଏ. ପରୀକ୍ଷା ଦେଇ ପାଶ୍ କଲେ। ଶିକ୍ଷକତା କ୍ଷେତ୍ରରେ ଅଭିଜ୍ଞତା

ଥିବାରୁ ରାଧାନାଥ ଟ୍ରେନିଂ କଲେଜ୍‌ରେ ବି.ଇଡ଼ି. ପଢ଼ିବା ନିମନ୍ତେ selected ହୋଇ ୧୯୬୨-୬୩ରେ ପରୀକ୍ଷା ଦେଇ ପାସ୍ କଲେ। ଧର୍ମଶାଳା ହାଇସ୍କୁଲ୍ ଶିକ୍ଷକ, ବେଣୁବାବୁଙ୍କ ଗାଆଁର ଶ୍ରୀ ମଦନମୋହନ କଣ୍ଡ ୧୯୬୩ ମସିହାରେ ଘରୋଇଭାବେ ପରୀକ୍ଷା ଦେଇ ବି.ଏ. ପାସ୍ କରିଥାନ୍ତି। ଏସବୁ ଉଦାହରଣ ଦେଖି ସାର୍ ପ୍ରେରଣା ପାଇଲେ। ଆଗ୍ରହୀ ହେଲେ ଉଚ୍ଚ ଶିକ୍ଷା ପାଇଁ। ଘରୋଇ ଭାବେ ପଢ଼ାପଢ଼ି ଆରମ୍ଭ କଲେ।

ସାର୍‌ଙ୍କ କଲେଜ୍ ପଢ଼ା ସମୟରେ ଖର୍ଚ୍ଚ ତୁଲାଇବା ପାଇଁ ଏକମାଣ ଭଳି ଅଡ଼ଲ ନମ୍ବର ଜମି ତିନିଶହ ଟଙ୍କାରେ ନବୀନକକାଙ୍କ ପାଖରେ ବନ୍ଧାପଡ଼ିଥାଏ। ସାର୍‌ଙ୍କ ରୋଜଗାରରେ ଘରର ଯାବତୀୟ ଖର୍ଚ୍ଚ ତୁଲାଇ କରଜ ପରିଶୋଧ କରିବା ସମ୍ଭବପର ହେଉନଥାଏ। ତେଣୁ ସ୍କୁଲ୍‌ରୁ Advance ଆଣିବାକୁ ମନସ୍ଥ କରି ପରିଚାଳନା ସମିତିକୁ ବେଣୁବାବୁଙ୍କ ଜରିଆରେ ଜଣାଇଲେ। ମାସିକ କିସ୍ତି ପଚିଶ ଟଙ୍କା ହାରରେ ସୁଝିବା ପାଇଁ ସମ୍ମତ ହୋଇ ତିନିଶହ ଟଙ୍କା ଆଣିଲେ। ଧାନକଟା ପରେ ମାଘଫଗୁଣ ବେଳକୁ କରଜ ସୁଝି ଜମି ମୁକୁଳାଇଲେ। ଅନେକ ଦିନ ପରେ ଜମି ହାତକୁ ଆସିବା ବର୍ଷ ମୁଗ ଚାଷ କରି କିଛି ଅମଳ ହୋଇଥିଲା। ଜମିଟା ହାତକୁ ଆସିବା ପରେ ଭାରି ଖୁସି ଲାଗିଲା। ଏପଟେ ସ୍କୁଲ୍‌ରେ ପଇସା ଦିଆନିଆ କାମ କାଗଜପତ୍ରରେ ଚାଲୁଥାଏ। କିନ୍ତୁ Advance ଯେତିକିକୁ ସେତିକି ଥାଏ। ତେବେ ଗୋଟେ ଖୁସିର କଥା ଯେ ଚାଷବାସ କରିବା ଦ୍ୱାରା ପରବର୍ତ୍ତୀ ବର୍ଷରୁ ପରିବାର ଚଳିବା ପାଇଁ କିଛି ଧାନ ମିଳିବାକୁ ଲାଗିଲା। ସାର୍ ସ୍କୁଲ୍‌ରୁ ଅଗ୍ରିମ ଆଣିବା ଦ୍ୱାରା ଏକରକମ ସ୍କୁଲ୍ ନିକଟରେ ବନ୍ଧା ପଡ଼ିଗଲେ।

ସାର୍ ସ୍କୁଲ୍‌ର ଜଣେ କର୍ମଚାରୀଙ୍କ ବିଷୟରେ କହୁଥିଲେ। ପ୍ରଶଂସା କରୁଥିଲେ। ସାର ଯାହା ବିଷୟରେ କହନ୍ତି, ଭଲ ହିଁ କହନ୍ତି। ପ୍ରଶଂସା କରିବା ବ୍ୟତୀତ କାହାର ନିନ୍ଦା କରିବା କଥା ଏପର୍ଯ୍ୟନ୍ତ ଆମେ ତାଙ୍କ ମୁହଁରୁ ଶୁଣିନାହୁଁ।

ପିଅନ ପୁରୁଷୋତ୍ତମ ରଥଙ୍କୁ ପିଲାଙ୍କ ଠାରୁ ଆରମ୍ଭ କରି ଶିକ୍ଷକ ମାନଙ୍କ ପର୍ଯ୍ୟନ୍ତ ସମସ୍ତେ ନନା ଡାକନ୍ତି। ଶ୍ରଦ୍ଧା କରନ୍ତି, ସମ୍ମାନ ଦିଅନ୍ତି। ବୟସରେ ସେ ବଡ଼। ଆଗରୁ ସେ ଧର୍ମଶାଳାର ଦୁଃଖିଶ୍ୟାମ ହୋଟେଲ୍‌ରେ ରୋଷେୟା ଥିଲେ। ସାର୍‌ଙ୍କ ସହିତ ସେବେଠାରୁ ଜଣାଶୁଣା, ପରିଚୟ। ପୁନଶ୍ଚ ଗାଆଁ ପାଖ ଲୋକ। ଦୂରରୁ ଆସୁଥିବା ଶିକ୍ଷକମାନଙ୍କ ପାଇଁ ସେ ନିୟମିତ ରୋଷେଇ କରନ୍ତି। ହୋଟେଲ୍ ରୋଷେଇଆ। ତାଙ୍କ ରନ୍ଧା ଖୁବ୍ ସୁଆଦିଆ। ଆମ ସାର୍‌ଙ୍କର ସିଏ ଅତି ଆପଣାର। ସାର୍‌ଙ୍କୁ ଭଲ ପାଆନ୍ତି। ସାର୍ ହିସାବରେ ଯଥା ସମ୍ମାନ ଦେବା ସହିତ ସୁନ୍ଦର ବ୍ୟବହାର ପାଇଁ ସେ ଛାତ୍ର ଶିକ୍ଷକ ପରିଚାଳନା ସମିତି ସମସ୍ତଙ୍କର ପ୍ରିୟପାତ୍ର ହେଇଥାନ୍ତି। ସମସ୍ତଙ୍କର ହାଲ୍‌ଚାଲ୍ ବୁଝିବା ସହିତ ସ୍କୁଲ୍‌ର ଜଣେ ନିଷ୍ଠାପର ଓ ସଚ୍ଚୋଟ କର୍ମଚାରୀ ହିସାବରେ ଦାୟିତ୍ୱ ତୁଲାଉ

ଥିବାରୁ ତାଙ୍କ ଉପରେ ସମସ୍ତେ ସନ୍ତୁଷ୍ଟ ହୋଇ ତାଙ୍କ ପୁଅ ନାରାୟଣ ରଥ (ନାରଣ ନନା)ଙ୍କୁ ସ୍କୁଲ୍‌ର ଅନ୍ୟତମ ପିଅନ ହିସାବରେ ନିଯୁକ୍ତି ଦିଅନ୍ତି। ବାପ ପୁଅ ଦୁହେଁ ସ୍କୁଲ୍‌କୁ ନିଜର ଘର ମଣି ଖୁବ୍ ସେବା ଦେଇଛନ୍ତି।

ସ୍କୁଲ୍‌ରେ ନିୟମିତ ଭାବରେ ପାଠ ପଢ଼ାଯାଏ। ଯଥେଷ୍ଟ ଶିକ୍ଷକ ନଥିଲେ ମଧ୍ୟ ସମସ୍ତେ ମିଳିମିଶି ଭାଗ ଭାଗ କରି କ୍ଲାସ୍ ନେଇଥାନ୍ତି। ମାଇନର ସ୍କୁଲ୍ ସାର୍‌ମାନେ ବେଳେବେଳେ କ୍ଲାସ୍ ନିଅନ୍ତି। ବିଦ୍ୟାଧର ବାବୁ ସଂସ୍କୃତ ପଢ଼ାନ୍ତି। ପିଲାମାନଙ୍କର ଯେମିତି ଅସୁବିଧା ନହୁଏ ବା କୌଣସି କ୍ଲାସ୍ ଯେମିତି ଫାଙ୍କା ନଯାଏ ସେଥିପ୍ରତି ଦୃଷ୍ଟି ଦେଇଥାନ୍ତି। ଏହା ସତ୍ତ୍ୱେ ବି ବହୁତ ବଡ଼ ଘରର ପିଲା ଟିଉସନ୍ ହେବାକୁ ଇଚ୍ଛା କରୁଥାନ୍ତି।

ଥରେ ଖୋସାଲପୁରର ବଂଶୀ ବଇଦ ଆମ ସାର୍‌ଙ୍କୁ ଦେଖା କରିବାକୁ ଆସିଲେ। ସାର୍ ହାଟକୁ ଯାଉଥାନ୍ତି। ବାଟରେ ଦୁହିଁଙ୍କର ଦେଖା ହେଲା। ତାଙ୍କ ସହିତ ଆଗରୁ ପରିଚୟ ଥାଏ। ପ୍ରତିବର୍ଷ ଦଶହରା ଦିନ ସେ ସାର୍‌ଙ୍କ ଘରକୁ ଓ ଅନ୍ୟାନ୍ୟ ପରିବାରମାନଙ୍କୁ ଯାଇ ମୋଦକ ଭେଟି ଦିଅନ୍ତି। ଭେଟି ବାବଦରେ ଟଙ୍କେ ଅଧେ ତାଙ୍କୁ ଦିଆଯାଏ। ସ୍କୁଲର ସଭାପତି ଶ୍ରୀଯୁକ୍ତ ହରିବଲ୍ଲଭ ଦାସଙ୍କ ଘରକୁ ମଧ୍ୟ ଯାଆନ୍ତି। ହରିବାବୁଙ୍କ ପୁତୁରା ଝିଆରୀ ସ୍କୁଲ୍‌ରେ ପଢୁଥାନ୍ତି। ତାଙ୍କ ବାବଦରେ କହିବାକୁ ବଇଦ ମହାଶୟ ଆସିଥାନ୍ତି। ତେଣୁ କହିଲେ, ବାବୁ, ଗୋଟେ କଥା କହିଥାନ୍ତି। ଯଦି କିଛି ଖରାପ ନଭାବିବେ ତେବେ କହିବି। ହରିବାବୁ ଘର ଭାରି ଭଦ୍ର ଲୋକ। ବଡ଼ ଲୋକ। ଆପଣ ଯଦି ତାଙ୍କ ଘର ପାଖକୁ ଯାଇ ତାଙ୍କ ପିଲାଙ୍କୁ ଟିଉସନ୍ କରନ୍ତେ... ଆପଣଙ୍କ ପାଖରୁ ବୁଝି ତାଙ୍କୁ ଖବର କରିବାକୁ କହିଛନ୍ତି।

ସାର୍, ବଇଦଙ୍କୁ କହିଲେ, ବଇଦେ, ତୁମେ ତ ଆମକୁ ଓ ଆମ ପରମ୍ପରା ଜାଣିଛ। ଦେଖ ମୁଁ କାହା ଘରକୁ ଯାଇ ପାଠ ପଢ଼ାଇ ପାରିବିନି। ସେ କଥା ମୋ ଦେଇ ହେବନି। ଯାହାର ପାଠ ପଢ଼ିବା କଥା ସେ ମୋ ନିକଟକୁ ଆସିଲେ ହୁଏତ ମୁଁ ପଢ଼ାଇ ପାରେ। ଏଥିରେ ପିଲାର ମଙ୍ଗଳ ହେବ। ପିଲା ଗୁରୁଙ୍କ ନିକଟକୁ ଆସି ପଢ଼ିବା ହେଉଛି ବିଧି। ଯୁଗେ ଯୁଗେ ଏମିତି ହୋଇଆସିଛି। ଶିକ୍ଷକଟିଏ ପିଲାର ପାଖକୁ ଗଲେ ପିଲା ମନରେ ଅହଂକାର ଉଦୟ ହେବ। ଏଇଥି ପାଇଁ ଯେ ଶିକ୍ଷକ ତା' ପାଖକୁ ଯାଉଛନ୍ତି।

ଏତିକି କଥାରେ ବଇଦ ବୁଝିଗଲେ। ସାର୍‌ଙ୍କ ସ୍କୁଲ୍‌ର ସଭାପତି ମଧ୍ୟ ଏ ନେଇ କେବେ ଅସନ୍ତୋଷ ପ୍ରକାଶ କରି ନାହାନ୍ତି। ପ୍ରକୃତରେ ସେ ଜଣେ ମାର୍ଜିତ ଭଦ୍ରଲୋକ ଥିଲେ। ତା' ପରଠାରୁ ତାଙ୍କ ଘରର ପୁଅଝିଅଙ୍କୁ ଟିଉସନ୍ ପଢ଼ିବା ପାଇଁ ସ୍କୁଲ୍‌କୁ ପଠାଇଲେ। ଦୂରବାଟ ହେଲେ ମଧ୍ୟ ପିଲାଏ ଆସି ପଢ଼ନ୍ତି, ଟିଉସନ୍ ଫିସ୍ ମାସକୁ ୧୦ରୁ ୧୫ ଟଙ୍କା ଦିଅନ୍ତି।

ସାର୍ ଟିଉସନ୍ କଲାରୁ ବହୁତ ପିଲା ଆସିବାକୁ ଲାଗିଲେ। ଅନ୍ୟ ଶିକ୍ଷକମାନେ ବି ଟିଉସନ୍ କରନ୍ତି। କିନ୍ତୁ ସାର୍‌ଙ୍କ ପାଠପଢ଼ା ନିଆରା। ପଢ଼ାଇବା ଭଳି ପଢ଼ାନ୍ତି, ଅହେତୁକ ଦୟା ଦେଖାଇ ଲୁଜ୍ ମାର୍କ ଦିଅନ୍ତି ନାହିଁ। ଏଭଳି କ୍ଷେତ୍ରରେ ପରୀକ୍ଷା ଆଗରୁ ପ୍ରଶ୍ନ କହିଦେବାର କଥା କେଉଁଠି ଉଠୁଛି। ଯଦି ପିଲାଟିଏ ସାଢ଼େ ୧୯ ମାର୍କ ରଖେ ତେବେ ସାର୍ ତାକୁ ୨୦ କି ପଚିଶ ନ କରି ୧୯ କରିଦିଅନ୍ତି। କହନ୍ତି, ମୁଁ ଯଦି ୫, ୧୦ ନମ୍ବର ବଢ଼ାଇଦେବି ତେବେ ପିଲାଟିର ଜ୍ଞାନ ବଢ଼ି ଯିବ କି? ବାପା ପଇସା ଖର୍ଚ୍ଚ କରି ପାଠ ପଢ଼ାଉଛନ୍ତି। ମନଦେଇ ପାଠପଢ଼ି ମାର୍କ ଅର୍ଜନ କର। ମିଛ ନମ୍ବର ନେଇ ଭବିଷ୍ୟତ କାହିଁକି ଖରାପ କରିବ।

ସମସ୍ତେ ଜାଣନ୍ତି ଆଉ ବିଶ୍ୱାସ ମଧ୍ୟ କରନ୍ତି ଯେ ସାର୍‌ଙ୍କ ପାଖରେ ପାତର ଅନ୍ତର ନଥାଏ। ସାର୍ ଖୁବ୍ ପରିଶ୍ରମ କରି ପଢ଼ାନ୍ତି। ପିଲାମାନେ ବି ଆଗ୍ରହ ସହିତ ପଢ଼ନ୍ତି। ଯାହା ଫଳରେ ଅତି ସାଧାରଣ ପିଲାମାନେ ମଧ୍ୟ ବୋର୍ଡ ପରୀକ୍ଷାରେ ପାଶ୍ କରିଯାଆନ୍ତି। ଲୋକଙ୍କ ଭାଷାରେ ସାର୍ ଦୁର୍ବଳ ପିଲାକୁ ମଣିଷ କରି ଦେଇପାରନ୍ତି। ତେଣୁ ଭଲ ସାର୍ ବୋଲି ସୁନାମ ଥାଏ।

ସ୍କୁଲ୍‌ର ଭଲପିଲାମାନେ ଟିଉସନ୍ ହୁଅନ୍ତି ନାହିଁ। କ୍ଲାସର ପାଠପଢ଼ା ସେମାନଙ୍କ ପାଇଁ ଯଥେଷ୍ଟ। ଭଲପିଲାମାନଙ୍କୁ ଟିଉସନ୍ ଯାଇ ସମୟ ନଷ୍ଟ କରିବାକୁ ସାର୍‌ମାନେ ବାରଣ କରନ୍ତି। ଟିଉସନ୍‌ର ଅନ୍ୟନାମ ସ୍ପୁନ୍ ଫିଡିଂ, ପିଲାକୁ ଚାମଚ୍‌ରେ ଖୁଆଇ ଚାଲିଲେ ତା'ର ଯେମିତି Growth ହୁଏନାହିଁ ଠିକ୍ ସେମିତି Tution ରେ ବଢ଼ିଥିବା ପିଲା Dynamic & Resourceful ହୁଏନାହିଁ। ନିଜର ମସ୍ତିଷ୍କ ଖଟାଇ ସମସ୍ୟା ସମାଧାନ କରିବାର ଶକ୍ତି ପାଏନାହିଁ। ପ୍ରାୟ ୧୯୭୦-୮୦ ମସିହା ପର୍ଯ୍ୟନ୍ତ ଟିଉସନ୍ ଏକ ବ୍ୟାଧିରେ ପରିଣତ ହୋଇନଥିଲା।

ସାର୍ ଅବସର ସମୟରେ ଟିଉସନ୍ ପଢ଼ାଉଥିଲେ। କେବଳ ସାର୍‌ଙ୍କ ସ୍କୁଲ୍ କାହିଁକି ଅନ୍ୟାନ୍ୟ ସ୍କୁଲ୍‌ର ପିଲାମାନେ ମଧ୍ୟ ସାର୍‌ଙ୍କ ପାଖକୁ ଟିଉସନ୍ ହେବାକୁ ଆସୁଥିଲେ। ସମୟକ୍ରମେ ମଧୁବନ ହାଇସ୍କୁଲ୍ ଗୋଟେ Regional schoolର ସମ୍ମାନ ପାଇ ପାରିଥିଲା। ଠିକ୍ ସେମିତି ସାର୍‌ଙ୍କ ସୁନାମ ମଧ୍ୟ ବ୍ୟାପି ଚାଲିଥିଲା। ଟିଉସନ୍‌ରୁ ଯାହା ରୋଜଗାର ହେଉଥିଲା ସେସବୁ ପରିବାର ଚଳାଇବାରେ ଖର୍ଚ୍ଚ ହେଉଥିଲା। ଯଦିଓ ସେତକ ଯଥେଷ୍ଟ ନଥିଲା ତେବେବି ସାର୍ ସାଧୁ ଓ ସଚ୍ଚୋଟ ଭାବରେ ଜୀବନ ବିତାଉ ଥିଲେ। ସେଇଥିରେ ଖୁସି ଥିଲେ। ସାର୍ ମଧୁବନ ହାଇସ୍କୁଲ୍‌ରେ ଥିବା ପର୍ଯ୍ୟନ୍ତ ସେ ପାଖ ଆଖରେ Coaching centre ଖୋଲି ନଥିଲା। ପିଲାମାନେ ପଢ଼ିବା ପାଇଁ ଅନ୍ୟତ୍ର ଯାଉନଥିଲେ। ଟିଉସନ୍ କଲେ ବି ସାର୍ ବିଦ୍ୟାଳୟର ମୁଖ୍ୟ ପାଠପଢ଼ାକୁ ଅବହେଳା

କରନ୍ତି ନାହିଁ। ସ୍କୁଲ୍‌ରେ ଯାଇତାଇ ପ୍ରକାରେ ପାଠ ପଢ଼ାଇ ଟିଉସନ୍‌ରେ ଭଲ ପଢ଼ାଇବା ପରି ନୀଚତା ସାର୍‌ଙ୍କୁ କେବେ ସ୍ପର୍ଶ କରିନାହିଁ। ଆଜିକାଲି ଅନେକ ଶିକ୍ଷକ ଟିଉସନ୍‌କୁ ପ୍ରାଧାନ୍ୟ ଦେଉଛନ୍ତି। ଟିଉସନ୍ ହେଉଥିବା ପିଲାମାନଙ୍କୁ ଲୁଜ୍ ମାର୍କ ଦେଉଛନ୍ତି। ପରୋକ୍ଷରେ ଟିଉସନ୍ ଆସିବା ପାଇଁ ପିଲାମାନଙ୍କୁ ବାଧ୍ୟ କରୁଛନ୍ତି। ଭଗବାନ ଏଭଳି ଶିକ୍ଷକମାନଙ୍କୁ ଆଦୌ କ୍ଷମା ଦେବେନି।

ସାର୍‌ଙ୍କ ସାନଭାଇ ନରେନ୍ଦ୍ର କକା ସପ୍ତମରେ ପଢୁଥାନ୍ତି। ସାର୍ ତାଙ୍କୁ ରାତିରେ ପଢ଼ାନ୍ତି। କଡ଼ା କଡ଼ା ଗଣିତ ପ୍ରଶ୍ନ ପଚାରି ତାଙ୍କୁ ଅଙ୍କରେ ସବଳ କରାନ୍ତି। କ୍ଷେତ୍ରବାସୀ ସାର୍‌ଙ୍କ ପୁତୁରା ରବି ଷଷ୍ଠରେ ପଢୁଥାନ୍ତି। ସେ ସାର୍‌ଙ୍କ ଭଣଜା। ତାଙ୍କୁ ବି ନରେନ୍ଦ୍ର କକାଙ୍କ ସହିତ ପଢ଼ାନ୍ତି। ଦୁହିଁଙ୍କୁ ପ୍ରୋତ୍ସାହନ ଦେବାପାଇଁ କହନ୍ତି, ଯିଏ ଅଙ୍କରେ ୧୦୦ ରୁ ୧୦୦ ରଖିବ ତାକୁ ରସଗୋଲା ଖାଇବାକୁ ଦେବି।

ଶନିବାର ଦିନ ସ୍କୁଲ୍ ଛୁଟି ପରେ ହାଟର ସଉଦାପତ୍ର କିଣି ସାରି ସାର୍ ଓ ନରେନ୍ଦ୍ର କକା ଦୁଇଭାଇ ସାଙ୍ଗହୋଇ ଚାଲିଚାଲି ଘରକୁ ଫେରନ୍ତି। ମିର୍ଜାପୁର ଧୋବା ସାହି ବାଟେ ଗଡ଼ିଆସି ବିଲେବିଲେ ମିର୍ଜାପୁର ପାଟ, ଖୋସାଲପୁର ପାଟ, ଠାକୁର ମନ୍ଦିର କଡ଼ଦେଇ ରସୁଲ୍‌ପୁର ବ୍ଲକ୍ ପଛପଟ ବନମାଳିପୁର ଦେଇ ବାହାରନ୍ତି। ଜଗନ୍ନାଥ ସଡ଼କ (ଆଜି ଜାତୀୟ ରାଜପଥ ୫ନଂ ପରବର୍ତ୍ତୀ ସମୟରେ ୧୬ ନଂ) ପାରହୋଇ ଓରାଳୀ ସୂର୍ଯ୍ୟନାରାୟଣ ମନ୍ଦିର କଡ଼ଦେଇ ଓରାଳୀ ପୋଖରୀ ହୁଡ଼ାରୁ ଗଡିଲେ ଓରାଳି ପାଟ। ପାଟପରେ ଫୁସିଆ ଚଉକିଆ ଘରଦେଇ ଶବର ସାହି ପାଖ ନଦୀ ବନ୍ଧରେ ଉଠନ୍ତି। ସାର୍ ଆଗରେ ଆଉ ପଛେ ପଛେ ନରେନ୍ଦ୍ର କକା ଚାଲିଥାନ୍ତି। ଏତେ ବାଟ ଚାଲିଲା ବେଳେ ସୁବିଧା ମିଳେ। ସାର୍ ଟେନ୍‌ସ ସମ୍ବନ୍ଧିତ ଇଂରାଜୀ ଟ୍ରାନ୍ସଲେସନ ନରେନ୍ଦ୍ର କକାଙ୍କୁ ପଚାରି ପଚାରି ଚାଲିଥାନ୍ତି ଆଉ କକା ଉତ୍ତର ଦେଉଥାନ୍ତି। ବନ୍ଧକୁ ଉଠିଲେ ଏ ପ୍ରଶ୍ନୋତ୍ତର କାର୍ଯ୍ୟକ୍ରମ ବନ୍ଦ ହୁଏ। ବାଟ ଚଲା ଶ୍ରମ ଜଣା ପଡ଼େନି। ପାଠପଢ଼ା ହୋଇଯାଏ। ସେ କଥା ଆଜି ସ୍ମୃତି ପଟରେ ଅବିକଳ ଭାବେ ରହିଛି। କଥା କହୁକହୁ ସେ ବାଟ ଚଲାର ପିଛିଲା ଦୃଶ୍ୟ ଆଖି ଆଗରେ ନାଚିଯାଏ।

ବିଦ୍ୟାଳୟର ମଂଜୁରୀ ନିମନ୍ତେ ଆବେଦନ କରାଯାଇଥାଏ। ତେଣୁ ସେତେବେଳେ **D.I. of schools** ଯାଜପୁରର ଶ୍ରୀଯୁକ୍ତ ବସନ୍ତ ଦାସ **Inspection**ରେ ଆସିଥାନ୍ତି। ସେ ଖୁବ୍ ସରଳ ଓ ଅତି ଭଦ୍ର ଲୋକ। **Inspection** କାମ ସାରି ଫେରିଲା ବେଳକୁ ତାଙ୍କୁ ସାଇକେଲ୍‌ରେ ଯିବାକୁ ପଡ଼ିଲା। ସେତେବେଳେ ଆମ ଅଞ୍ଚଳରେ ରିକ୍‌ସା ନଥିଲା, ସେ ବି ସାଇକେଲ୍ ଚଳାଇ ଜାଣିନଥିଲେ। ତେଣୁ ମଧୁବନ ମାଇନର୍ ସ୍କୁଲ୍‌ରେ ଶିକ୍ଷକତା କରୁଥିବା ଆମ ସାର୍‌ଙ୍କ

ସାଙ୍ଗ ଶ୍ରୀଯୁକ୍ତ ହୃଦାନନ୍ଦ ରାଉତ DI ମହାଶୟଙ୍କୁ ସାଇକେଲ୍ ପଛରେ ବସାଇ କୁଆଖିଆ ପର୍ଯ୍ୟନ୍ତ ନେଲେ ଓ ସେଠି ବସ୍‌ରେ ବସାଇ ଫେରିଲେ। DI ଓ ହୃଦାନନ୍ଦବାବୁ ଆଗରୁ ପରସ୍ପର ପରିଚିତ ଥିଲେ। ହୃଦାନନ୍ଦବାବୁ ବାରିପଦା ଜିଲ୍ଲା ସ୍କୁଲ୍‌ରେ ପଢୁଥିବା ବେଳେ DI ମହାଶୟ ସେଠି ଶିକ୍ଷକ ଥିଲେ। ତାଙ୍କର ଅନୁକୂଳ ମନ୍ତବ୍ୟ ଓ ସୁପାରିଶ୍ ଯୋଗୁ ପରବର୍ତ୍ତୀ ବର୍ଷରେ ମଧୁବନ ହାଇସ୍କୁଲ ମଂଜୁରୀ ପାଇଲା। ୧୯୬୦-୬୧ ନବମ ଶ୍ରେଣୀରେ ନାମ ଲେଖାଇଥିବା ପିଲାମାନେ ୧୯୬୩ ମସିହାରେ ପ୍ରଥମ ବ୍ୟାଚ୍ ପିଲା ହିସାବରେ ବୋର୍ଡ ପରୀକ୍ଷା ଦେଲେ। ମଧୁବନ ହାଇସ୍କୁଲ୍ ବିଭାଗୀୟ ସ୍ୱୀକୃତି ହାସଲ କରି ନଥିବାରୁ ପିଲାମାନେ କଲଣର ମଧୁପୁର ହାଇସ୍କୁଲ୍ ଜରିଆରେ ଟେଷ୍ଟ ଦେଇ ମ୍ୟାଟ୍ରିକ୍ ପରୀକ୍ଷା ଦେଲେ। ଏଗାର ଜଣ ପରୀକ୍ଷାର୍ଥୀଙ୍କ ମଧ୍ୟରୁ ଛଅଜଣ ପାଶ୍ କଲେ। ନୂଆ ସ୍କୁଲ୍ ସାଙ୍ଗକୁ ନୂଆ ଶିକ୍ଷକ। ଘର, ଅର୍ଥଠାରୁ ଆରମ୍ଭ କରି ସବୁକିଛିର ଅଭାବ ଥାଏ। ତଥାପି ଫଳାଫଳ ଥାଏ ସନ୍ତୋଷଜନକ। ଶିକ୍ଷକ, ଛାତ୍ର, ପରିଚାଳନା ସମିତି, ଅବିଭାବକ ଓ ଗ୍ରାମବାସୀ ସମସ୍ତେ ଖୁସି।

ହୃଦାନନ୍ଦ ରାଉତ ଆମ ସାରଙ୍କର ଘନିଷ୍ଠ ବନ୍ଧୁ। ଥରେ ୧୯୬୨ ମସିହା ଜୁଲାଇ ମାସରେ ବ୍ରହ୍ମବରଦାର ହାଜି ରହିମ୍ ମିଆଁ ଉଚ୍ଚ ବିଦ୍ୟାଳୟ ସହିତ ମଧୁବନ ହାଇସ୍କୁଲ୍‌ର Friendly football match ହେବାର ଥାଏ। ସାର୍ ଓ ହୃଦାନନ୍ଦବାବୁ ଖେଳାଳୀ ପିଲାମାନଙ୍କୁ ନେଇ ବ୍ରହ୍ମବରଦା ଗଲେ। ଭାସ୍କର, ହାଡ଼ିବନ୍ଧୁ, କୀର୍ତ୍ତନ, ହରି, ପ୍ରମୋଦ, ଦୟାନିଧି ଇତ୍ୟାଦିଙ୍କୁ ନେଇ ମଜବୁତ୍ ଟିମ୍‌ଟିଏ ଥାଏ। ଭଲ ଖେଳ ହେଲା। କିନ୍ତୁ ଅମିମାଂସିତ ରହି ଶେଷ ହେଲା। ଫେରିଲା ବେଳକୁ ସଂଧ୍ୟା ହୋଇ ଯାଇଥାଏ। ବ୍ରାହ୍ମଣୀ ନଈବି ବଢ଼ିଥାଏ। ତା ସାଙ୍ଗକୁ ବରକୋଳିଆ ଟୋପା ପଡ଼ି ବର୍ଷା ଆରମ୍ଭ ହୋଇଗଲା। ନଈକୂଳରେ ଅଧିକ ସମୟ ଅପେକ୍ଷା ନକରି ସେଇ ମେଘରେ ମେଘରେ ସମସ୍ତେ ଫେରିଲେ। ବଡ଼ ବଡ଼ ପିଲାମାନେ ସାର୍‌ଙ୍କୁ ଓ ହୃଦାନନ୍ଦବାବୁଙ୍କୁ ସାଇକେଲ୍‌ରେ ବସାଇ ଆଣିଲେ। କୁଆଖିଆରୁ ମଧୁବନ ରାସ୍ତା ବର୍ଷା ଯୋଗୁ କାଦୁଅ ପଚପଚ ହେଉଥାଏ। ଚିକିଟା ମାଟି। ସାଇକେଲ୍ ଚାଲିବ ନାହିଁ। ଚକ ବାନ୍ଧି ହୋଇଯିବ। ତେଣୁ ସୁଆଁସାହି ବାଟେ ଇଚ୍ଛାପୁର ରଥପଡ଼ିଆ ଦେଇ ସ୍କୁଲ୍‌ରେ ପହଞ୍ଚିଲେ। ସେପର୍ଯ୍ୟନ୍ତ ବର୍ଷା ଛାଡ଼ି ନଥାଏ। ସମସ୍ତେ ଭିଜିଥାନ୍ତି। ମୁଣ୍ଡରୁ ଗୋଡ଼ ଦେଇ ପାଣି ବୋହୁଥାଏ।

ଉପରଓଳି ପାଗ ଫରଚା ହେଲା। ସେଦିନ ଥାଏ ମଧୁବନ ହାଟବାରୀ। ପିଲାମାନଙ୍କ ଆଗ୍ରହକୁ ଏଡ଼ାଇନପାରି ଅଢ଼େଇକିଲୋ ମାଂସ ଆଣି ରାତିରେ ଭୋଜି କରାଗଲା। ଶୋଇଲା ବେଳକୁ ଭାସ୍କର ଓ ଅନ୍ୟପିଲାମାନେ ସାରଙ୍କ ପାଇଁ ଭଲକରି ମୋଟା ବିଛଣା ପକାଇଦେଲେ। ଗରମ ସୋରିଷ ତେଲ ଆଣି ଗୋଡ଼ରୁ ମୁଣ୍ଡଯାଏ

ଘସିଲେ। ଏତେ ଜୋର୍ ଘସା ମୋଡ଼ା କଲେ ଯେ ପରଦିନ ସକାଳକୁ ସାର୍‌ଙ୍କ ଗୋଡ଼ର ପ୍ରତି ଲୋମ ମୂଳ ପାଚିଯାଇ ଛୋଟ ଛୋଟ ଛତୁଭଳି ଧଳା ଫୋଟକା ବାହାରିପଡ଼ିଲା।

ଆଉ ଗୋଟେ Football Match 1963-64 ମସିହାରେ ହୋଇଥିଲା। ପାଣିକୋଇଲି ହାଇସ୍କୁଲ୍ ସହିତ ଗୋଟେ Friendly Match ପାଣି କୋଇଲି ପଡ଼ିଆରେ ହୋଇଥିଲା। ସେତେବେଳେ ଶ୍ରୀଯୁକ୍ତ ପଦ୍ମନାଭ ମଲ୍ଲ ଏମ୍.ଏ. ସ୍କୁଲର ଶିକ୍ଷକ ଥାନ୍ତି। ସେ ମହାଶୟ ପରବର୍ତ୍ତୀ ସମୟରେ ଯାଜପୁର ରୋଡ ଭି.ଏନ୍. କଲେଜ୍ ଓ ମୁଗପାଳ ୟୁ.ଏନ୍.ଏସ୍ କଲେଜ୍‌ର ଅଧ୍ୟକ୍ଷ ହୋଇ ବେଶ୍ ସୁନାମ ଅର୍ଜନ କରିଥିଲେ। ସେ ମଧୁବନ ସ୍କୁଲକୁ ପ୍ରତିଯୋଗିତା ପାଇଁ ଆମନ୍ତ୍ରଣ ଧରି ଆସିଥିଲେ। ସାର୍ ପିଲାମାନଙ୍କୁ ନେଇ ଖଣ୍ଡିତର ଠାରେ ଡଙ୍ଗାରେ ଖରସୁଆଁ ନଈ ପାରହୋଇ ପାଣିକୋଇଲିରେ ପହଞ୍ଚିଲେ। ଖେଳ ଆରମ୍ଭ ହେଲା। ପଡ଼ିଆ ଚତୁର୍ଦ୍ଦିଗରେ ଭରପୁର ଦର୍ଶକ ଥାଆନ୍ତି। ଖେଳ ଖୁବ୍ ଚିତାକର୍ଷକ ହେଲା। ଦୁଇଟି ସାରା ଦଳରେ ଖୁବ୍ ଭଲ ଖେଳାଳୀମାନେ ଥିଲେ। କେହି କାହାଠାରୁ କମ୍ ନୁହେଁ। ନିର୍ଦ୍ଧାରିତ ସମୟଠାରୁ ଅଧିକ ସମୟ ଦିଆଗଲେ ବି କେହି କାହାରିକୁ ଗୋଲ୍ ଦେଇ ପାରିଲେ ନାହିଁ। ଖେଳ ଅମିମାଂସିତ ରହିଲା। ନଭେମ୍ବର ମାସର ଶୀତରେ ପିଲାମାନଙ୍କୁ ଧରି ଫେରୁ ଫେରୁ ରାତି ହୋଇଗଲା। ନୂଆ ସ୍କୁଲ୍ ହେତୁ ପି.ଇ.ଟି. ଶିକ୍ଷକ ନଥାନ୍ତି। ତଥାପି ପାଠ ସହିତ କ୍ରୀଡ଼ା ପ୍ରତି ପ୍ରୋତ୍ସାହନ ଥାଏ।

ସାର୍ ଓ ହୃଦାନନ୍ଦ ରାଉତ ସ୍କୁଲ୍ ପାଇଁ ବିଜ୍ଞାନ ସରଞ୍ଜାମ କିଣିବାକୁ କଟକ ଯାଇଥିଲେ। ସେଇ କଟକ ଗସ୍ତର କଥା।

ସାର୍ ସବୁବେଳେ ଧୋତି ପଞ୍ଜାବୀ ପିନ୍ଧନ୍ତି। ହୃଦାନନ୍ଦବାବୁ ପ୍ୟାଣ୍ଟ ସାର୍ଟ ପିନ୍ଧନ୍ତି। ତେଣୁ ସେଥର ସେ ସାର୍‌ଙ୍କ ପାଇଁ ପ୍ୟାଣ୍ଟ ସାର୍ଟ କିଣିବା ପାଇଁ ଜିଦ୍ କଲେ। ଗୋଟେ ଧଳା ରଙ୍ଗର ଫୁଲପ୍ୟାଣ୍ଟ ଓ ଗୋଲାପୀ ରଙ୍ଗର ସାର୍ଟ ପସନ୍ଦ କରିପକାଇଲେ। ସାର୍ ବାଧ୍ୟବାଧକତାରେ ସେ ହଳକ କିଣିଲେ। କେଇଦିନ ପାଇଁ ପିନ୍ଧିଲେ। କିନ୍ତୁ ରୁଚି ନଥିବାରୁ ପ୍ୟାଣ୍ଟ, ସାର୍ଟ ପିନ୍ଧା ଛାଡ଼ି ଦେଇ ପୁଣି ଧୋତି ପଞ୍ଜାବୀ ପିନ୍ଧିଲେ। ଯାହା ଆଜିଯାଏ ସାର୍ ପିନ୍ଧୁଛନ୍ତି।

ହୃଦାନନ୍ଦବାବୁ ଘରୁ ଖାଇପିଇ ରାତିରେ ସ୍କୁଲ୍‌କୁ ପଳାଇ ଆସନ୍ତି। ସାର୍‌ଙ୍କ ସହିତ ସାଙ୍ଗ ହୋଇ ମାଇନର୍ ସ୍କୁଲ୍‌ର ପକ୍କାପିଣ୍ଡାରେ ସପ ପକାଇ ଶୁଅନ୍ତି। ଖରାଦିନ, ଜହ୍ନରାତି। ପରିଷ୍କାର ଜହ୍ନ ପଡ଼ିଥାଏ। ଦକ୍ଷିଣା ପବନ ପିଟୁଥାଏ। ରାତି ଅଧିକ ହେଲେ ବେଳେବେଳ ଶୀତ କରେ। ଶଗଡ଼ିଆ ମାନେ ସ୍କୁଲ୍ ପାଖଦେଇ ଯାଇଥିବା ଯେନାପୁର କୁଆଖିଆ ରୋଡରେ ଗାଡ଼ିନେଇ ଫେରିବା ବେଳେ ମନ ଆନନ୍ଦରେ 'ରାମ ଯେ ଲଇକ୍ଷଣ ଗଲେ ମୃଗମାରି' ଠାରୁ ଆରମ୍ଭ କରି 'କେତେଦୂରେ ପତ୍ର ପଡ଼ିଥିଲେରେ

ନବିନା' ପ୍ରଭୃତି ଛାନ୍ଦ ମୁକ୍ତ କଣ୍ଠରେ ଗାଇ ଗାଇ ଚାଲିଥାନ୍ତି। ସାର୍‌ଙ୍କ ନିଦ ଭାଙ୍ଗିଯାଏ। ସେ ସଂଗୀତର ମୂର୍ଚ୍ଛନା ମନକୁ ପ୍ରାଣକୁ ପ୍ରସନ୍ନତା ଓ ଶୀତଳତା ଆଣି ଦିଏ। ଗଭୀର ରାତ୍ରିରେ ହୃଦାନନ୍ଦ ବାବୁ ଏକୁଟିଆ ସ୍କୁଲ୍ ପିଣ୍ଡାରେ ଶୋଇଥାନ୍ତି। ସେଦିନ ଶନିବାର ରବିବାର ଥିବାରୁ ସାର ଗାଆଁକୁ ଆସିଥାନ୍ତି। ହୃଦାନନ୍ଦ ବାବୁ ଘରୁ ଶୁଖୁଆ-ପଖାଳ ଖାଇ ଆସିଥାନ୍ତି। ନିଦ ଲାଗିଯାଇଥାଏ। ଘଟିଲା ଗୋଟେ ଆଶ୍ଚର୍ଯ୍ୟ ଘଟଣା। ବାହାବଳପୁର ଗାଆଁର ରାଉତ ପରିବାର ଲୋକେ ରାତାରାତି ଆସି ହୃଦାନନ୍ଦ ବାବୁଙ୍କୁ ଧରିନେଇ ତାଙ୍କ ଝିଅ ସହିତ ବାହା କରାଇଦେଲେ। ବାହାଘର ଲଗ୍ନ ଏମିତି ଫିଟେ। ଝିଅ ପାଇଁ ପୁଅଘର କି ପୁଅ ପାଇଁ ଝିଅଘର, କେହି କାହାକୁ ଖୋଜାଖୋଜି ନକଲେ କି ଜାତକ ନପଡ଼ିଲେ ବି ଏମିତି ଅଚାନକ ବାହାଘର ହୋଇଯାଏ। ତାଙ୍କ ଶାଳୀ ବାସନ୍ତୀ ରାଉତ ଓ ଶଳା ବୈକୁଣ୍ଠ ମଧୁବନ ସ୍କୁଲ୍‌ରେ ପଢୁଥାନ୍ତି। ଆମ ସାର୍ ସୋମବାର ଦିନ ସ୍କୁଲ୍‌ରେ ପହଞ୍ଚିବା ପରେ ଏସବୁ ଘଟଣା ବିଷୟରେ ଜାଣିଲେ। ପାଖରେ ଆଉ ତିଥି ନଥାଏ। ତେଣୁ ହଠାତ୍ ବାହାଘର। ଆଜିପର୍ଯ୍ୟନ୍ତ ସାର୍‌ଙ୍କ ବନ୍ଧୁ ଓ ବନ୍ଧୁପତ୍ନୀ ପିଲାଛୁଆଙ୍କୁ ନେଇ ସୁଖର ସଂସାର ବିତାଉଛନ୍ତି।

ସେ ବର୍ଷ ସାନ ରମ୍ଭେଇ ଗ୍ରାମର ଶ୍ରୀଯୁକ୍ତ ନବକିଶୋର ତୃଷ୍ଟି, ଏମ୍. ଏ (ଓଡ଼ିଆ) ପରୀକ୍ଷା ଦେଇ ମଧୁବନ ହାଇସ୍କୁଲ୍‌ରେ ସହକାରୀ ଶିକ୍ଷକ ଭାବରେ ଯୋଗ ଦେଲେ। ସେ ମହାଶୟ ଅତି ଭଦ୍ରଲୋକ। ଇଂରାଜୀ, ଓଡ଼ିଆ ଓ ଇତିହାସ ପଢ଼ାନ୍ତି। ଖୁବ୍ ବିନୟୀ ଓ ଛାତ୍ରବତ୍ସଳ। ବର୍ଷ ଶେଷ ଆଡ଼କୁ ପ୍ରଧାନଶିକ୍ଷକ ମହେଶବାବୁ ବଳରାମପୁର ତଳଗଡ଼ ହାଇସ୍କୁଲ୍‌ରୁ ନିଯୁକ୍ତି ପାଇଲେ। ତେଣୁ ଇସ୍ତଫା ଦେଇ ଚାଲିଗଲେ। ତାଙ୍କ ଯାଗାରେ ନବବାବୁ ପ୍ରଧାନଶିକ୍ଷକ ଦାୟିତ୍ୱ ତୁଲାଇଲେ। ୧୯୬୪ ମସିହାରେ ଏମ୍. ଏ. ପାଶ୍ କଲାପରେ କଲେଜ୍‌ର ଅଧ୍ୟାପକ ଭାବେ ଯୋଗ ଦେବାକୁ ଚାଲିଗଲେ। ହେଲେ ଏଇ ଅଳ୍ପଦିନର ରହଣି ଭିତରେ ପିଲା ତଥା ସହକର୍ମୀ ମହଲରେ ସମସ୍ତଙ୍କର ପ୍ରିୟପାତ୍ର ହୋଇଯାଇଥିଲେ। ଏଠୁ ଗଲାପରେ ବିଭିନ୍ନ କଲେଜରେ ଅଧ୍ୟାପକ ଓ ଅଧ୍ୟକ୍ଷ ଦାୟିତ୍ୱ ସୁଚାରୁ ରୂପେ ତୁଲାଇ ଅବସର ନେଲେ। ଏବେ କଟକର ମହାନଦୀ ବିହାରରେ ଘର କରି ରହିଛନ୍ତି।

ସାର୍ ପ୍ରଧାନଶିକ୍ଷକ ଥିବାବେଳେ ୧୯୯୮ ମସିହାର ଗୋଟିଏ ବାର୍ଷିକ ଉତ୍ସବରେ ନବବାବୁଙ୍କୁ ମୁଖ୍ୟ ଅତିଥି ଭାବରେ ନିମନ୍ତ୍ରଣ କରାଯାଇଥାଏ। ସେ ତାଙ୍କ ପ୍ରଥମ ଶିକ୍ଷକ ଜୀବନର ଅନୁଭୂତି ବର୍ଣ୍ଣନା କଲାବେଳେ ଖୁବ୍ ଭାବବିହ୍ୱଳ ଓ ଉତ୍ଫୁଲ୍ଲିତ ହୋଇଯାଉଥାନ୍ତି। ସଭାରେ ଏକ ମଧୁର ପରିବେଶ ସୃଷ୍ଟି ହୋଇଯାଇଥାଏ। ସେଦିନ ପର୍ଯ୍ୟନ୍ତ ମଧୁବନର ସମସ୍ତ ସ୍ମୃତି ତାଙ୍କଠାରେ ଭରପୁର ଭାବରେ ସତେଜ ଥାଏ।

**ସ୍କୁଲ ମଞ୍ଜୁରୀ, ଶିକ୍ଷକ ସଙ୍ଘ ଓ ବିଜ୍ଞାନ ପ୍ରଦର୍ଶନୀ:**

୧୯୬୩ ମସିହାରେ ମହେଶବାବୁ ଇସ୍ତଫା ଦେଇ ସ୍କୁଲ ଛାଡ଼ିଲେ ଓ ବଳରାମପୁର ଗଡ଼ ହାଇସ୍କୁଲ୍‌ରେ ଯୋଗଦେଲେ। ତାଙ୍କ ସ୍ଥାନରେ ନବ କିଶୋର ପୃଷ୍ଟି ପ୍ରଧାନଶିକ୍ଷକ ଦାୟିତ୍ୱରେ ରହିଲେ। ଶ୍ରୀଯୁକ୍ତ ପୃଷ୍ଟିଙ୍କ ସମୟରେ ସ୍କୁଲ୍‌କୁ ସରକାରୀ ସ୍ୱୀକୃତି ସହିତ ଅଷ୍ଟମ ଶ୍ରେଣୀକୁ ପରମିଶନ ମିଳିଲା। ଏହା ପିଛିଲା ଭାବେ ୧୯୬୨-୬୩ ଶିକ୍ଷାବର୍ଷର ମିଳିଥିଲା। ସ୍କୁଲ୍ ସମୂହ, କଟକର ଇନିସ୍‌ପେକ୍ଟର ମହୋଦୟଙ୍କ ଚିଠି ନଂ ୨୫୩୩, ତା ୦୮.୦୪.୧୯୬୩ ଟି ମିଳିବା ପରେ ସୁ ସମ୍ବାଦଟି ମଧୁବନ ଅଞ୍ଚଳ ସାରା ବ୍ୟାପିଗଲା। ଛାତ୍ରଛାତ୍ରୀ, ଶିକ୍ଷକ, ଅଭିଭାବକ ଓ ପରିଚାଳନା ସମିତିର ସଭ୍ୟମାନେ ଖୁସି ହୋଇଗଲେ। ପ୍ରଧାନଶିକ୍ଷକ ନବବାବୁ ଏହି ଖୁସି ଉପଲକ୍ଷେ କବିତାଟିଏ ଲେଖିଲେ। ପିଲାମାନେ ଏ ଗୀତଟିକୁ ଗାଇ ଗୋଟିଏ ଶୋଭାଯାତ୍ରାରେ ମଧୁବନ ଅଞ୍ଚଳ ପରିକ୍ରମା କରିଥିଲେ। ଏଇଭଳି ଭାବରେ ସମସ୍ତେ ଆନନ୍ଦ ବ୍ୟକ୍ତ କରିଥିଲେ। ଏହା ଥିଲା ୧୯୬୩ ମସିହାର କଥା। ୧୯୬୦ ମସିହାରେ ସ୍କୁଲ୍ ଖୋଲିଥିଲା। ସେତେବେଳେ ସ୍ୱୀକୃତି ମିଳିନଥିବାରୁ ନବମ ଶ୍ରେଣୀରେ ନାମ ଲେଖାଇଥିବା ପିଲାମାନେ ୧୯୬୩ ମସିହାରେ ମ୍ୟାଟ୍ରିକ୍ ପରୀକ୍ଷା କଲଣର ମଧୁପୁର ହାଇସ୍କୁଲ୍‌ରେ ଦେଇଥିଲେ। ୧୯୬୩ ମସିହାରେ ସିଧାସଳଖ ବୋର୍ଡ ପରୀକ୍ଷା ଦେବାପାଇଁ ମାଧ୍ୟମିକ ଶିକ୍ଷା ପରିଷଦରୁ ଅନୁମତି ମିଳିଲା।

Affilliation order No. 6033/111A(675) ଥିଲା। ତେଣୁ ୧୯୬୪ ମସିହାରେ, ପିଲାମାନେ ମଧୁବନ ହାଇସ୍କୁଲ୍ ଜରିଆରେ ପରୀକ୍ଷା ଦେଲେ। ଉପରୋକ୍ତ ଦୁଇଟି ଯାକ ଆଦେଶ ନବବାବୁ ପ୍ରଧାନ ଶିକ୍ଷକ ଥିବାବେଳେ ମିଳିଥିଲା। ସେତେବେଳେ ସ୍କୁଲ୍‌ର ସମ୍ପାଦକ ଥାଆନ୍ତି ସ୍ୱାଧୀନତା ସଂଗ୍ରାମୀ ବ୍ରାହ୍ମଣ ନରସିଂହପୁରର ସ୍ୱର୍ଗତଃ ଅମୃତ ପଟ୍ଟନାୟକ।

ଶ୍ରୀଯୁକ୍ତ ବେଣୁଧର ଦୋବାଇ ମଧୁବନ ଅଞ୍ଚଳର ଜଣେ ଆଦର୍ଶ ପ୍ରଧାନଶିକ୍ଷକ ତଥା ବିଶିଷ୍ଟ ଶିକ୍ଷାବିତ୍। ତାଙ୍କରି ଉଦ୍ୟମରେ ମଧୁବନ ଏମ୍.ଇ. ସ୍କୁଲ୍ ପ୍ରତିଷ୍ଠିତ ହୋଇଥିଲା ଓ ଖୁବ୍ ସୁନାମ ଅର୍ଜନ କରିଥିଲା। ପ୍ରତିବର୍ଷ ତାଙ୍କର ଛାତ୍ରମାନେ ବୃତ୍ତି ପାଉଥିଲେ। ପ୍ରତ୍ୟେକଟି ଛାତ୍ରଛାତ୍ରୀଙ୍କ ଉପରେ ତାଙ୍କର ନଜର ଓ ଶ୍ରଦ୍ଧା ଥାଏ। ୧୯୬୦ ମସିହା ମାଇନର ପରୀକ୍ଷାରେ ତାଙ୍କର ଦୁଇଜଣ ପ୍ରିୟ ଛାତ୍ର ମିର୍ଜାପୁରର ଗଜେନ୍ଦ୍ର ପଣ୍ଡା ଓ ଗୋପିନାଥ ପୁରର ପୂର୍ଣ୍ଣ ମହାନ୍ତି ବୃତ୍ତି ପାଇଲେ। ଗଜେନ୍ଦ୍ର ସ୍କୁଲ୍ ପରିଚାଳନା ସମିତିର ସଭ୍ୟ ଶ୍ରୀଯୁକ୍ତ ଫକୀର ବାବୁଙ୍କ ପୁଅ ହୋଇଥିବାରୁ ମଧୁବନ ହାଇସ୍କୁଲ୍‌ରେ ନାମ ଲେଖାଇଲେ କିନ୍ତୁ ନିୟମ ଥାଏ ସରକାରୀ ସ୍ୱୀକୃତି ପାଇନଥିବା ସ୍କୁଲ୍‌ରେ ପାଠ ପଢ଼ିଲେ ବୃତ୍ତିବାବଦ ଟଙ୍କା ମିଳିବ ନାହିଁ। ତେଣୁ ପ୍ରଧାନ ଶିକ୍ଷକ ବେଣୁବାବୁ ସ୍କୁଲ୍ ଫାଇଲରୁ ଟ୍ରାନ୍ସଫର ସାର୍ଟିଫିକେଟ୍‌ଟି

ନେଇ ପୁରୁଷୋତ୍ତମପୁର ହାଇସ୍କୁଲ ପ୍ରଧାନ ଶିକ୍ଷକଙ୍କୁ ସାକ୍ଷାତ କଲେ। ତାଙ୍କ ସହିତ କଥାବାର୍ତ୍ତା କରି ଗଜେନ୍ଦ୍ର ପଣ୍ଡା ଓ ପୂର୍ଣ୍ଣ ମହାନ୍ତିଙ୍କ ନାମ ସେ ସ୍କୁଲ୍‌ରେ ଲେଖାଇଲେ। ସେ ଦୁହେଁ ମ୍ୟାଟ୍ରିକ୍ ପରୀକ୍ଷାରେ ପ୍ରଥମ ଶ୍ରେଣୀ ପାଇଲେ। ଦୁହେଁ ଖୁବ୍ ମେଧାବୀ ଛାତ୍ର ଥିବାରୁ ଗଜେନ୍ଦ୍ର ଇଞ୍ଜିନିୟର ଓ ପୂର୍ଣ୍ଣ ଡାକ୍ତର ହେଲେ। ଏ ଦୁଇଜଣ ଛାତ୍ର ମଧୁବନ ସ୍କୁଲରୁ ପୁରୁଷୋତ୍ତମପୁର ସ୍କୁଲକୁ ଦାନରେ ଗଲେ। ଆମ ସ୍କୁଲର କୃତୀତ୍ୱ ଅନ୍ୟ ସ୍କୁଲର ହେଲା।

ବେଣୁବାବୁଙ୍କ ଆଉ ଜଣେ ପ୍ରିୟଛାତ୍ର ହେଲେ ପାଞ୍ଚଗୋଛିଆ ଗାଆଁର ଦାମ ରଥଙ୍କ ପୁଅ ରଘୁ ରଥ। ମଧୁବନରୁ ମାଇନର ପାସ୍ କରି ଧର୍ମଶାଳା ବାଣୀପୀଠରେ ଆମ ସାର୍‌ଙ୍କ ସହିତ ପଢୁଥିଲେ। ସେ ଇଞ୍ଜିନିୟରିଂ ପାସ୍ କରି Jont Director of Industries, Orissa, Cuttack ପଦୀବରେ କାର୍ଯ୍ୟ କରୁଥିଲେ। ଏଇଭଳି ଅନେକ କୃତୀଛାତ୍ରଙ୍କର ସେ ଶିକ୍ଷକ। ସେ ହେଲେ ଗୁରୁଣାଂଗୁରୁ। ତାଙ୍କରି ଉଦ୍ୟମରେ ମଧୁବନ ହାଇସ୍କୁଲ ସ୍ଥାପିତ ହୋଇଥିଲା। ସେ ଶିକ୍ଷା କ୍ଷେତ୍ରରେ ମଧୁବନ ଅଞ୍ଚଳର ଆଖି ଫିଟାଇଛନ୍ତି। ତେଣୁ ଏହି ଅଞ୍ଚଳବାସୀ ତାଙ୍କୁ ଗଭୀର ସମ୍ମାନ ଦିଅନ୍ତି ଏବଂ ତାଙ୍କର ପରାମର୍ଶ ଓ ପ୍ରସ୍ତାବକୁ ସାଦରେ ଗ୍ରହଣ କରନ୍ତି। ସାର୍ କୁହନ୍ତି- ତାଙ୍କର ଆଦର୍ଶ ମୋତେ ଜଣେ ଭଲ ଶିକ୍ଷକ ହେବାକୁ ବିଶେଷଭାବେ ପ୍ରଭାବିତ କରିଛି।

୧୯୬୧ ମସିହା ଦୁର୍ଗାପୂଜାରେ ବେଣୁବାବୁ ଓ ମଦନବାବୁ ଦୁହେଁ ଘୋଳପୁରକୁ ଆସିଥିଲେ। ନବୀନ କକାଙ୍କ ସହିତ ତାଙ୍କର ପୂର୍ବରୁ ପରିଚୟ ଥିଲା। ମଦନବାବୁ ଧର୍ମଶାଳା ବାଣୀପୀଠରେ ନବୀନ କକାଙ୍କ ସହିତ ଚାକିରୀ କରୁଥିଲେ। ତେଣୁ ନିମନ୍ତ୍ରଣ ରକ୍ଷାକରି ଆସିଲେ ଓ ଅଷ୍ଟମୀ ନବମୀ ଦୁଇଦିନ ପୂଜା କଟାଇ ଘରକୁ ଫେରିଲେ।

୧୯୬୨ ମସିହାରେ ବେଣୁବାବୁ ସ୍କୁଲ୍ ସଂପାଦକ ପଦବୀରୁ ଇସ୍ତଫା ଦେଇ ରାଧାନାଥ ଟ୍ରେନିଂ କଲେଜ୍‌ରେ ବି.ଇଡ଼ି ପଢ଼ିବା ପାଇଁ ଚାଲିଗଲେ। ତାଙ୍କ ଇସ୍ତଫା ପତ୍ରଟି ସ୍କୁଲ୍‌ର ଉପ-ସଭାପତି ହଂସବାବୁ ରଖିଥିଲେ। ପରେ ଏହା ପରିଚାଳନା ସମିତିରେ ଗୃହିତ ହେଲା ଓ ବେଣୁବାବୁଙ୍କ ସ୍ଥାନରେ ବ୍ରାହ୍ମଣ ନରସିଂହପୁର ଗ୍ରାମର ଅମୃତ ପଟ୍ଟନାୟକ ନୂଆ ସଂପାଦକ ଭାବରେ ଦାୟିତ୍ୱ ଗ୍ରହଣ କଲେ। ବେଣୁବାବୁ ମାଇନର ସ୍କୁଲ୍‌ର ପ୍ରଧାନଶିକ୍ଷକ ଥିଲେ। ସେ ଛୁଟିରେ ରହିବାରୁ ତାଙ୍କ ସ୍ଥାନରେ ନୂଆ ନିଯୁକ୍ତି ପାଇଥିବା ସରକାରୀ ଶିକ୍ଷକ ଶ୍ରୀ ଯତୀନ୍ଦ୍ର ମୋହନ ମିଶ୍ର ପ୍ରଧାନ ଶିକ୍ଷକ ଦାୟିତ୍ୱରେ ରହିଲେ। ତାଙ୍କ ଘର ଏକତଲା ଗାଆଁରେ। ପଞ୍ଚାନନ ମିଶ୍ରଙ୍କ ପୁଅ। ଆମ ସାର୍‌ଙ୍କର ସେ ସମ୍ପର୍କୀୟ ମାମୁଁ-ପୁଅ ଭାଇ। ଅନୁଗୁଳର ବେସିକ୍ ଟ୍ରେନିଂ ସେଣ୍ଟରରୁ ବି.ଟି. ପାସ୍ କରି ବ୍ରହ୍ମବରଦା ମାଇନର୍ ସ୍କୁଲ୍‌ରେ ଚାକିରୀ କରୁଥିଲେ। ସେଠୁ ଇସ୍ତଫା ଦେଇ ମଧୁବନ ଏମ.ଇ. ସ୍କୁଲ୍‌ରେ ଯୋଗ ଦେଲେ। ସେ ଏକମାତ୍ର ତାଲିମ ପ୍ରାପ୍ତ ଶିକ୍ଷକ ଥିବାରୁ ପ୍ରଧାନ ଶିକ୍ଷକ ରୂପେ କାର୍ଯ୍ୟ କଲେ। ବେଣୁବାବୁ

ଟ୍ରେନିଂ ପରେ ଅନ୍ୟ ସ୍କୁଲରେ ଯୋଗ ଦେବାକୁ ଚାଲିଯିବାରୁ ନରେନ୍ଦ୍ର ବାବୁ ସ୍ଥାୟୀ ପ୍ରଧାନ ଶିକ୍ଷକ ଭାବେ କାର୍ଯ୍ୟ ତୁଲାଇଲେ। ସାର୍ କହୁଥିଲେ-ସେ ଭାରି ମେଳାପି ଓ ଅମାୟିକ ଭଦ୍ରଲୋକ ଥିଲେ। ତାଙ୍କର ଡ୍ରଇଁ ହାତ ଖୁବ୍ ସୁନ୍ଦର ଥିଲା।

ତାଙ୍କରି ଉଦ୍ୟମରେ ମଧୁବନ ସ୍କୁଲ୍ ପରିସରସ୍ଥ ଉସର ଭୂମିରେ ଏକ ସୁରମ୍ୟ ଉଦ୍ୟାନ ତିଆରି ହୋଇ ନିମ୍ନ ମାଧମିକ ଶିକ୍ଷକ ସଂଘ ନେତା ଶ୍ରୀଯୁକ୍ତ ବନମାଳୀ ବ୍ରହ୍ମଚାରୀଙ୍କ ନାମରେ ଉତ୍ସର୍ଗ କରାଗଲା। ଉଦ୍ୟାନରେ ଥିବା  ବକୁଳଗଛ ତଳେ ପୂଣ୍ୟାତ୍ମା ଗୋପବନ୍ଧୁ ଦାଶଙ୍କ ପ୍ରତିମୂର୍ତ୍ତି ସ୍ଥାପନ ହେଲା। ତାଙ୍କରି ଉଦ୍ୟମରେ ମଧୁବନ ଏମ.ଇ ସ୍କୁଲ୍ ପିଲାଙ୍କଠାରୁ ଲେଖା ସଂଗ୍ରହ କରି ମଧୁଝରା ନାମକ ଏକ ହାତଲେଖା ପତ୍ରିକା ପ୍ରକାଶ କରାଗଲା। ସେ ଜଣେ ଆଦର୍ଶ ଶିକ୍ଷକ ସହିତ ସୁନ୍ଦର ସଂଗଠକ ମଧ୍ୟ ଥିଲେ। ଶିକ୍ଷକ ନେତା ହିସାବରେ ନିମ୍ନ ମାଧମିକ ଶିକ୍ଷକ ସଂଘ, ଓଡ଼ିଶାର ଉପସଭାପତି ଥିଲେ। ମହାସଂଘର ଆହ୍ୱାନରେ ଶିକ୍ଷକମାନଙ୍କୁ ଏକଜୁଟ କରାଇ ଆନ୍ଦୋଳନ ମାନଙ୍କରେ ଯୋଗ ଦେଉଥିଲେ। ଯାଜପୁର ଜିଲ୍ଲା ନିମ୍ନ ମାଧମିକ ଶିକ୍ଷକ ସଂଘର ଅଗ୍ରଣୀ ନେତା ହିସାବରେ ଶିକ୍ଷକମାନଙ୍କର ଅନେକ ସଭାରେ ଯୋଗ ଦେବା ସହିତ ଉଦ୍‌ବୋଧନ ଦେଉଥିଲେ। ଉଚ୍ଚ ବିଦ୍ୟାଳୟର ଶିକ୍ଷକ ମାନଙ୍କ  ସହିତ ମଧ୍ୟ ତାଙ୍କର ସୁସଂପର୍କ ଓ ସହଯୋଗ ଥାଏ। ଉଭୟ ଶିକ୍ଷକମାନେ ମିଳିତ ଭାବରେ ମହାସଂଘ ଗଠନ କରି ସଂଗ୍ରାମ ଜାରି ରଖନ୍ତି। ଏଥିପାଇଁ ମାସ ମାସ ଧରି ସ୍କୁଲ୍ ବନ୍ଦ ରହେ। ହାଇସ୍କୁଲ୍ ଓ ମାଇନର ସ୍କୁଲ୍‌ମାନେ ମିଶି ଆନ୍ଦୋଳନର ସୁପରିଚାଳନା ନିମନ୍ତେ ଏକ କ୍ରିୟାନୁଷ୍ଠାନ କମିଟି ଗଢ଼ି ସମସ୍ତ ସମସ୍ୟାର ମୁକାବିଲା କରିଥିଲେ। ଅଦମନୀୟ ଶିକ୍ଷକ ଆନ୍ଦୋଳନ ଫଳରେ ନୂତନ ଶିକ୍ଷାନୀତି ପ୍ରଣୟନ ହେଲା। ଶିକ୍ଷକମାନଙ୍କର ଚାକିରୀ ନିରାପତ୍ତା ପାଇଁ ଆଇନ୍‌ଗତ ବ୍ୟବସ୍ଥା କରାଗଲା। ପୂର୍ବରୁ ପରିଚାଳନା ସମିତିର ଇଚ୍ଛା ଉପରେ ଶିକ୍ଷକର ଚାକିରୀ ନିର୍ଭର କରୁଥିଲା। ରାତି ଅଧରେ ସ୍କୁଲ୍ କାନ୍ଥରେ ନୋଟିସ୍ ମାରିଦେଲେ। ସକାଳୁ ବିଚରା ଶିକ୍ଷକଟିର ଚାକିରୀ ଚାଲି ଯାଉଥିଲା। ଏ ଭୟ ଦୂର ହେଲା। ଛାତ୍ରଛାତ୍ରୀମାନଙ୍କ ଠାରୁ ଆଦାୟ ହେଉଥିବା ମାସିକ ଦରମା (School fee) ବନ୍ଦ ହେଲା। ନିଃଶୁଳ୍କ ଶିକ୍ଷା ବ୍ୟବସ୍ଥା ପ୍ରଚଳିତ ହେଲା। Grant in Aid ବ୍ୟବସ୍ଥା ବଦଳି Direct Payment ଦିଆଗଲା। ପିଲାମାନଙ୍କ ପାଇଁ ମାଗଣା ମଧ୍ୟାହ୍ନ ଭୋଜନ ସହିତ ମାଗଣା ପୁସ୍ତକ ଯୋଗାଣ ପ୍ରଭୃତି ବହୁବିଧ ଉନ୍ନୟନମୂଳକ କାର୍ଯ୍ୟ ଶିକ୍ଷକ ଆନ୍ଦୋଳନ ଯୋଗୁ ହୋଇପାରିଲା। ଅବଶେଷରେ ସ୍କୁଲ୍ ଗୁଡ଼ିକ ସରକାରୀ ମାନ୍ୟତା  ପାଇଲା।

ଏକଦା ୧୯୮୪ ମସିହାରେ ଦୀର୍ଘ ଅଠାବନ ଦିନ ଧରି ଆନ୍ଦୋଳନ ଚାଲିଥିଲା। ୧୫୬ଟି ସରକାରୀ ସ୍କୁଲ୍‌କୁ ଛାଡ଼ିଦେଲେ ଓଡ଼ିଶା ସାରାର ସମସ୍ତ ସ୍କୁଲ୍ ବନ୍ଦ

ରହିଥିଲା । ତତ୍କାଳୀନ କଂଗ୍ରେସ ସରକାର ଏହି ଆନ୍ଦୋଳନକୁ ଦୃଢ଼ ହସ୍ତରେ ଦମନ କରିବା ପାଇଁ ସମସ୍ତ ପ୍ରକାରର ପଦକ୍ଷେପ ନେଲେ । No work-No pay ନୀତି ପ୍ରୟୋଗ କରି ଶିକ୍ଷକ ମାନଙ୍କର ପ୍ରାୟ ଦୁଇ ମାସର ଦରମା ବନ୍ଦ କରିଦେଲେ । ଦୁର୍ଯୋଗ କ୍ରମେ ଭାରତ ବର୍ଷର ପ୍ରଧାନମନ୍ତ୍ରୀ ଶ୍ରୀମତୀ ଇନ୍ଦିରା ଗାନ୍ଧିଙ୍କ ହତ୍ୟାକାଣ୍ଡ ପରେ ଶିକ୍ଷକ ମହାସଂଘ ତରଫରୁ Strike call off ଘୋଷଣା କରାଗଲା ।

**ନରେନ୍ଦ୍ର କକାଙ୍କ ପାଠପଢ଼ା:**

୧୯୬୩ ମସିହାର କଥା । ଅଳ୍ପ ଦରମାରେ ସାର୍ ଓ ନରେନ୍ଦ୍ର କକା ଦୁଇଜଣ ମଧୁବନ ହଷ୍ଟେଲ୍‌ରେ ରହି ଚଳିବା ଭାରି କଷ୍ଟକର ହୋଇପଡ଼ିଲା । ଏପଟେ ପରିବାର ପାଇଁ ସବୁ କିଣା । ଏସବୁ ଖର୍ଚ୍ଚ ତୁଲାଇବା ଏକରକମ ଅସମ୍ଭବ ହୋଇପଡ଼ିଲା । ତେଣୁ ଖର୍ଚ୍ଚ କାଟ୍ କରିବା ପାଇଁ ନରେନ୍ଦ୍ର କକାଙ୍କୁ ନବମ ଶ୍ରେଣୀ ବେଳକୁ ମଧୁବନରୁ ସାର୍ଟିଫିକେଟ୍ ଆଣି ଗାଆଁ ପାଖ ପୁରୁଷୋତ୍ତମପୁର ହାଇସ୍କୁଲ୍‌ରେ ନାଆଁ ଲେଖାଇଲେ । ଘରୁ ଦୈନିକ ଯିବାଆସିବା କରି ପଢ଼ିହେବ । ୧୯୬୩ ମସିହା ଜୁଲାଇ ମାସର କଥା । ପୁରୁଷୋତ୍ତମପୁର ସ୍କୁଲର ପ୍ରଧାନଶିକ୍ଷକଙ୍କ ଠାରୁ ଆରମ୍ଭ କରି ସମସ୍ତ ଶିକ୍ଷକଙ୍କ ସହିତ ସାର୍‌ଙ୍କର ଭଲ ପରିଚୟ ଥିଲା । ତାଙ୍କ ଦାୟିତ୍ୱରେ କକାଙ୍କୁ ଛାଡ଼ି ସାର୍ ନିଶ୍ଚିନ୍ତରେ ରହିପାରିଲେ ।

ନରେନ୍ଦ୍ର କକା ଭଲ ପାଠ ପଢୁଥିଲେ । ସ୍କୁଲ୍ ଜୀବନରେ କେବେବି ଟିଉସନ୍ ହେବା ଦରକାର ପଡ଼ିନାହିଁ । ସାର୍ ଶନିବାର, ରବିବାର ଓ ଛୁଟିଦିନ ମାନଙ୍କରେ ଘରକୁ ଆସିଲେ ତାଙ୍କୁ ପଢ଼ାନ୍ତି । Compulsory ଗଣିତ ଓ Optional ଗଣିତ ବୁଝାଇ ଦିଅନ୍ତି । ଗଣିତ ସଂପଦ ଓ ଟେଷ୍ଟପେପରରୁ ବଛା ବଛା ପ୍ରଶ୍ନ ପଚାରି କକାଙ୍କ ମୂଳଦୁଆ ମଜବୁତ୍ କରନ୍ତି । ବାର୍ଷିକ ପରୀକ୍ଷାରେ ସେ ଦ୍ୱିତୀୟ ତୃତୀୟ ହୁଅନ୍ତି । କେବେବି ପ୍ରଥମସ୍ଥାନ ପାଇପାରି ନାହାନ୍ତି । ଏଥିପାଇଁ ନରେନ୍ଦ୍ର କକାଙ୍କ ମନରେ ଭାରି ଅବଶୋଷ ଆଉ ଦୁଃଖ । ତାଙ୍କ ଭାଇ (ଆମ ସାର୍) ସୁନାମଧନ୍ୟ ଶିକ୍ଷକ ହେଇଥିବା ବେଳେ ସିଏ ଶ୍ରେଣୀରେ ପ୍ରଥମ ହୋଇ ପାରୁନାହାନ୍ତି । ଅଥଚ ଶ୍ରେଣୀରେ ବର୍ଷସାରା ଭଲ କରୁନଥିବା ପିଲା ପ୍ରଥମ ହେଉଛନ୍ତି । ନରେନ୍ଦ୍ର କକା ଭାବନ୍ତି ତାଙ୍କ ପ୍ରତି ଅନ୍ୟାୟ କରାଯାଉଛି । ଅନ୍ୟ ଶିକ୍ଷକମାନେ ତାଙ୍କ ଟିଉସନ୍ ଛାତ୍ରମାନଙ୍କୁ ଅଧିକ ମାର୍କଦେଇ ଶ୍ରେଣୀରେ ପ୍ରଥମ କରୁଛନ୍ତି ।

ସାର୍ କକାଙ୍କ ମନ କଥା ଜାଣି ଥରେ ବୁଝେଇଲେ । ତାଙ୍କ ମୁଣ୍ଡରୁ ଏଇ ଭୁଲ୍ ଧାରଣାର ଭୂତକୁ ବାହାର କରିବା ପାଇଁ କହିଲେ- ସେମାନେ ଏଠି ଯାହା କରୁଛନ୍ତି କରନ୍ତୁ । ତୁ ସେ କଥା କାହିଁକି ଚିନ୍ତା କରୁଛୁ । ବୋର୍ଡ ପରୀକ୍ଷା ଫଳ ବାହାରିଲେ ଦେଖିବା । କିଏ ସତ କିଏ ମିଛ । ଏଠି ପାତର ଅନ୍ତର କରିବା ତାଙ୍କ ହାତର କଥା । ହେଲେ ବୋର୍ଡ ପରୀକ୍ଷାରେ ଏମାନେ କିଛି କରିପାରିବେ କି ? କହିଲୁ ଦେଖି ତୋର ଏ ଶିକ୍ଷକମାନଙ୍କ

ମଧ୍ୟରୁ ତୁମ ଖାତା ଦେଖିବାର ସୁଯୋଗ କାହାକୁ ମିଳିବ କି? ବୋର୍ଡ ପରୀକ୍ଷା ଖାତା ବାହାର ଶିକ୍ଷକମାନେ ପରୀକ୍ଷକ ହୋଇ ଦେଖିବେ। ତେଣୁ ଧୈର୍ଯ୍ୟ ଧରି ପାଠ ପଢ଼ି ଚାଲ।

୧୯୬୬ ମସିହାରେ ନରେନ୍ଦ୍ର ନକା ବୋର୍ଡ ପରୀକ୍ଷା ଦେଲେ। ଏହାର ବର୍ଷେ ପୂର୍ବରୁ ୧୯୬୫ ମସିହାରେ ସାର୍ ବି.ଏ. ପାସ୍ କରିସାରିଥାନ୍ତି। ତାଙ୍କ ଉପରେ ଆଉ ପଢ଼ାପଢ଼ିର ବୋଝ ନଥାଏ। ତେଣୁ କକାଙ୍କ ପାଇଁ ଯଥେଷ୍ଟ ସମୟ ଦେଇପାରିଲେ। କକା ପ୍ରଥମ ଶ୍ରେଣୀ ପାଇ ପରୀକ୍ଷାରେ ପାସ୍ କଲେ। ପୁରୁଷୋତ୍ତମପୁର ହାଇସ୍କୁଲରୁ ପରୀକ୍ଷା ଦେଇଥିବା ପିଲାଙ୍କ ମଧ୍ୟରେ ସେ ଏକୁଟିଆ ପ୍ରଥମ ଶ୍ରେଣୀ ପାଇଥିଲେ। ବାର୍ଷିକ ପରୀକ୍ଷା ମାନଙ୍କରେ ପ୍ରଥମ ଓ ଦ୍ୱିତୀୟ ସ୍ଥାନ ଅଧିକାର କରୁଥିବା ପିଲା ଆତଙ୍ଗ ଓ ଶାହାଜାହାନ ଦ୍ୱିତୀୟ ଶ୍ରେଣୀରେ ପାସ୍ କଲେ। ସତ୍ୟମେବ ଜୟତେ। ସତ୍ୟକୁ ପରାସ୍ତ କରିବା ଅସମ୍ଭବ। ପୁନଶ୍ଚ ସାର୍, ନରେନ୍ଦ୍ର କକାଙ୍କ ଭଳି ଛୋଟ ପିଲାର ମନରୁ ବିଷକୁ କାଢ଼ି ପ୍ରେରଣା ଦେଇଥିବାରୁ ପ୍ରତିଦ୍ୱନ୍ଦୀ ମାନଙ୍କୁ ଭୁଲି ପାଠପଢ଼ାରେ ମନଦେଇ ଫାଷ୍ଟ ଡିଭିଜନ ପାଇଲେ। ତେବେ ସାର୍ ମାନଙ୍କୁ ନେଇ ଯେଉଁ ଧାରଣା ରହିଗଲା ତାହା କିଏ ବା ଦୂର କରିପାରିବ?

ମ୍ୟାଟ୍ରିକ୍ ପରୀକ୍ଷାରେ ପ୍ରଥମ ଶ୍ରେଣୀ ପାଉଥିବା ଛାତ୍ରଛାତ୍ରୀମାନଙ୍କୁ କଲେଜ୍‌ରେ ନାମଲେଖା ବେଳେ ସରକାରୀ ପ୍ରୋତ୍ସାହନ ମିଳୁଥିଲା। କକା ଶହେଟଙ୍କା ସାହାଯ୍ୟ ପାଇ ବି.ଜେ.ବି. କଲେଜ, ଭୁବନେଶ୍ୱରରେ ଆଇ.ଏସ୍.ସି. ପଢ଼ିବା ପାଇଁ ନାଆଁ ଲେଖାଇଲେ।

ନରେନ୍ଦ୍ର କକା ଅଷ୍ଟମ ଶ୍ରେଣୀରେ ପଢୁଥିବା ବେଳେ ଓଡ଼ିଶାର ମୁଖ୍ୟମନ୍ତ୍ରୀ ଥାନ୍ତି ଶ୍ରୀଯୁକ୍ତ ବିଜୟାନନ୍ଦ ପଟ୍ଟନାୟକ। ସେ ତାଙ୍କ ହାତପାଣ୍ଠିରୁ ଗରିବ ଛାତ୍ରଛାତ୍ରୀମାନଙ୍କୁ ପାଠ ପଢ଼ିବା ପାଇଁ ସହାୟତା ଯୋଗାଉଥାନ୍ତି। ନରେନ୍ଦ୍ର କକାଙ୍କ (Meritum Poverty) ବିଷୟ ଉଲ୍ଲେଖ କରି ସାର୍ ମୁଖ୍ୟମନ୍ତ୍ରୀଙ୍କ ପାଖକୁ ଦରଖାସ୍ତଟିଏ ପଠାଇଲେ। ଦରଖାସ୍ତଟି ମଞ୍ଜୁର ହୋଇ ଛାତ୍ରବୃତ୍ତି ହିସାବରେ ବହିପତ୍ର କିଣିବା ପାଇଁ ଏକଶହ ଟଙ୍କା ମିଳିଥିଲା।

ଆଉ ଗୋଟେ କଥା। ନରେନ୍ଦ୍ର କକାଙ୍କ ସାଙ୍ଗ ମିର୍ଜାପୁରର ଅରୁଣ ବିଶ୍ୱାଳ ଜେନାପୁର ହାଇସ୍କୁଲରୁ ଟି.ସି. ଆଣି ନବମ ଶ୍ରେଣୀରେ ନାମ ଲେଖାଇଲେ। ଜୁଲାଇ ମାସ ହୋଇଥାଏ। ସାର୍ ଦେଖିଲେ ଅରୁଣ ବିଶ୍ୱାଳ Physiology Hygiene Optional Class ରେ ବସିଛନ୍ତି। ସାର୍ ତାଙ୍କ ଉପରେ ବିରକ୍ତି ପ୍ରକାଶ କଲେ। କହିଲେ, Why physiology? ମୁଁ କାଲି ଯେମିତି ଦେଖିବି ତୁ Math Optional Class ରେ ବସିଥିବୁ।

ସେହିପଦକ କଥାରେ ଓ Guidanceରେ ସେ Math Optional ନେଲେ। ମଧୁବନ ହାଇସ୍କୁଲରୁ ମ୍ୟାଟ୍ରିକ୍ ପରୀକ୍ଷା ଦେଇ ନରେନ୍ଦ୍ର କକାଙ୍କ ବ୍ୟାଚ୍‌ରେ First class ପାଇଲେ। ଦୁଇଜଣ ସାଙ୍ଗ ହୋଇ ବି.ଜେ.ବି.ରେ Science ପଢ଼ିଲେ। I.Sc. 2nd year ବର୍ଷରେ ଫୁଟ୍‌ବଲ୍ ଖେଳୁଥିବା ବେଳେ ତାଙ୍କର ହାତ ଭାଙ୍ଗିଗଲା। ଚିକିତ୍ସା ପାଇଁ ତାଙ୍କ ବାପାଙ୍କ ପାଖକୁ କଲିକତା ଗଲେ। ସେ ବର୍ଷ ଆଉ ପରୀକ୍ଷା ଦେଇ ପାରିଲେ ନାହିଁ। ତା ପରବର୍ଷ ପରୀକ୍ଷା ଦେଇ I.Sc. First Divisionରେ ପାସ୍ କଲେ ଓ ଡାକ୍ତରୀ ପଢ଼ିଲେ। ଆଜି ଡାକ୍ତର ହୋଇ ଚିକିତ୍ସା କ୍ଷେତ୍ରରେ ସୁନାମ ଅର୍ଜନ କରିଛନ୍ତି। ଯଦି ସେଦିନ P.H. Classରେ ଅରୁଣ ବିଶ୍ୱାଳଙ୍କ ସହିତ ସାର୍‌ଙ୍କର ଭେଟ ହୋଇନଥାନ୍ତା ଓ ସାର୍‌ଙ୍କ ତାଗିଦ୍, ଶୁଣି Math Opt. ନେଇନଥାନ୍ତେ ତେବେ ଆଜି ତାଙ୍କର ଡାକ୍ତର ହେବା ସ୍ୱପ୍ନରେ ରହି ଯାଇଥାନ୍ତା।

ସାର୍ ସବୁ ପିଲାଙ୍କ ଉପରେ ତୀକ୍ଷଣ ନଜର ରଖୁଥିଲେ ଯୋଗ୍ୟତା ଅନୁଯାୟୀ ପରାମର୍ଶ ଦେଉଥିଲେ। ସାର୍‌ଙ୍କ ଭାଷାରେ, ପିଲାଙ୍କୁ ମଣିଷ କରିବା ଶିକ୍ଷକର ଧର୍ମ।

୧୯୬୩ ମସିହାରେ ପାଣିକୋଇଲି ନିକଟସ୍ଥ ଓଟିନ୍ଧା ଗାଆଁର ଶ୍ରୀ ଗୋକୁଳାନନ୍ଦ ଧଳ ବି.ଏ. ପାଶ୍ କରି Arts teacher ହିସାବରେ ମଧୁବନ ହାଇସ୍କୁଲରେ ଯୋଗଦେଲେ। ତାଙ୍କ ପରେ ପରେ ସେହି ୧୯୬୩-୬୪ ମସିହାରେ ତାଙ୍କ ସଙ୍ଗାତ ମୂଳିସରଗଡ଼ାର କୀର୍ତ୍ତନ ବିହାରୀ ରାଉତ ଅନ୍ୟତମ Arts teacher ଭାବେ ଆସିଲେ। ଦୁଇବନ୍ଧୁ ଖୁବ୍ ଉତ୍ତମ ଶିକ୍ଷକ। ଛାତ୍ର ବତ୍ସଳ। ସ୍କୁଲର ସେହି ଛୋଟିଆ ମେସ୍‌ରେ କିଛି ଛାତ୍ରଙ୍କୁ ନେଇ ଆମ ସାର୍ ଓ ଦୁଇ ନବାଗତ ଶିକ୍ଷକ ରହିଲେ। ସମୟକ୍ରମେ ସାର୍‌ଙ୍କ ସହିତ ତାଙ୍କର ଅନ୍ତରଙ୍ଗତା ବଢ଼ିଲା। ଘନିଷ୍ଠ ବନ୍ଧୁ ଭାବରେ ସମୟ ବିତାଉ ଥିବାବେଳେ ୬୫-୬୬ ମସିହା ବେଳକୁ ଗୋକୁଳି ବାବୁ ମଧୁବନ ଛାଡ଼ି ବାଲେଶ୍ୱର ଜିଲ୍ଲାରେ ଥିବା ସୋରର ଅନନ୍ତ ନାରାୟଣ ହାଇସ୍କୁଲକୁ ଚାଲିଗଲେ। କିନ୍ତୁ ଅଳ୍ପ ଦିନ ରହିବା ମଧ୍ୟରେ ସେ ଏ ଅଞ୍ଚଳର ଛାତ୍ର ଶିକ୍ଷକ ତଥା ଅଭିଭାବକ ମାନଙ୍କର ଖୁବ୍ ପ୍ରିୟପାତ୍ର ହୋଇ ପାରିଥିଲେ। ନିଜ ଗାଆଁ ବ୍ରାହ୍ମଣୀ ଦେବୀ ହାଇସ୍କୁଲ୍‌ରେ ପ୍ରଧାନ ଶିକ୍ଷକ ହିସାବରେ ଯୋଗଦେଲେ। ସେ ଦୁହେଁ ଯେମିତି ଆଗପଛ ହୋଇ ଆସିଥିଲେ ଠିକ୍ ସେମିତି ଆଗପଛ ହୋଇ ଚାଲିଗଲେ। ସାର୍ ତାଙ୍କ ବିଷୟରେ କୁହନ୍ତି- ମୁଁ ସେମାନଙ୍କ ସଂସ୍ପର୍ଶରେ ଆସି ତାଙ୍କର ପାଠପଢ଼ାକୁ ଲକ୍ଷ୍ୟ କରି ଯେତିକି ଜାଣିଲି, ସ୍କୁଲ୍ ନିଶ୍ଚିତ ଭାବରେ ଦୁଇଜଣ ସୁଯୋଗ୍ୟ ଶିକ୍ଷକଙ୍କୁ ହରାଇଲା। ତାଙ୍କର ମୋ ପ୍ରତି ବ୍ୟକ୍ତିଗତ ଶ୍ରଦ୍ଧା ଏ ପର୍ଯ୍ୟନ୍ତ ରହିଛି। କୁଆଖିଆ କିମ୍ବା ଶଶୁର ଘର ଆଡ଼େ ଯେବେ ଆସନ୍ତି ଆମ ଘରକୁ ନିଶ୍ଚୟ ଆସନ୍ତି। କୀର୍ତ୍ତନବାବୁ ଆମ ସର୍କଲରେ ଚାକିରୀ କରୁଥିବାରୁ ଦରମା ଆଣିବା ସମୟରେ ଯାଜପୁରର Inspector ଅଫିସ୍‌ରେ ବହୁଥର ଦେଖା ହୁଅନ୍ତି । ତାଙ୍କର ପ୍ରିୟ ଛାତ୍ର କୈଳାସ, କୃପାସିନ୍ଧୁ, ଶ୍ରୀଧର କଥା ପଚାରନ୍ତି । ମଧୁବନର ସ୍ମୃତି ଚାରଣ କରି ଖୁସି ହୁଅନ୍ତି ।

୧୯୬୪ ମସିହାରେ ନବବାବୁ କଲେଜରେ ଅଧ୍ୟାପକ ଚାକିରୀ ପାଇବାରୁ ସ୍କୁଲ୍ ଛାଡ଼ି ଚାଲିଗଲେ । ମଧୁବନ ହାଇସ୍କୁଲ୍ ତାଙ୍କ ଜୀବନର ମଧୁର ସ୍ମୃତିଟିଏ ହୋଇ ରହିଗଲା । ପ୍ରଥମ ଚାକିରୀ ଓ ପ୍ରଥମ ଛାତ୍ରମାନଙ୍କୁ କିଏ ବା ଭୁଲିପାରିବ ? ତାଙ୍କ ପରେ ପ୍ରଧାନଶିକ୍ଷକ ପଦବୀ ଖାଲି ରହିଲା ।

ଶ୍ରୀ ବିନୟ ଭୂଷଣ ମହାନ୍ତି ବି.ଏ. ବି.ଇଡ଼ି. ରୁଦ୍ରଚରଣ ହାଇସ୍କୁଲ, ସୁଜନପୁରରୁ ସହକାରୀ ଶିକ୍ଷକ ପଦବୀ ଛାଡ଼ି ନିଜ ଘର ଯାଜପୁରରେ ଥାଆନ୍ତି । ଏ ଖବର ମିଳିବାରୁ ତାଙ୍କ ସହିତ ଯୋଗାଯୋଗ କରାଗଲା । ସେ ସମ୍ମତି ପ୍ରକାଶ କଲେ ଓ ୬୪-୬୫ ମସିହାରେ ପ୍ରଧାନ ଶିକ୍ଷକ ହିସାବରେ ଯୋଗଦେଲେ ।

ସ୍କୁଲର ବିଭାଗୀୟ ମଞ୍ଜୁରୀ ସହିତ ୧୯୬୪ ମସିହାରେ ସିଧାସଳଖ ବାର୍ଷିକ ପରୀକ୍ଷା ଦେବାପାଇଁ ଆଦେଶ ମିଳିସାରିଥିଲା । ୧୯୬୦ ମସିହାରେ ଯେଉଁମାନେ ଅଷ୍ଟମ ଶ୍ରେଣୀରେ ନାମ ଲେଖାଇଥିଲେ ସେମାନେ ରେଗୁଲାର ପ୍ରଥମ ବ୍ୟାଚ୍‌ର ପିଲା ହିସାବରେ ପରୀକ୍ଷା ଦେଲେ । ଯାଜପୁର ଟାଉନ୍‌ରେ N.C. High School କେନ୍ଦ୍ରକୁ ପିଲାମାନେ ଗଲେ । ସାଙ୍ଗରେ ତତ୍ତ୍ୱାବଧାରକ ହିସାବରେ କୃଷ୍ଣବାବୁ ଗଲେ । ଏହାଥିଲା ପ୍ରଧାନ ଶିକ୍ଷକଙ୍କ ନିର୍ଦ୍ଦେଶ । ଏ ନିଷ୍ପତ୍ତି ସାର୍‌ଙ୍କ ମନରେ ଖୁବ୍ ଦୁଃଖ ଦେଲା । ପ୍ରଧାନ ଶିକ୍ଷକ କାହିଁକି ଏପରି ନିଷ୍ପତ୍ତି ନେଲେ ସେ କଥା ତାଙ୍କୁ ଜଣା । କିନ୍ତୁ ପିଲାଙ୍କ ଠାରୁ ଆରମ୍ଭ କରି ସମସ୍ତେ କଳ୍ପନା କରିଥିଲେ ଯେ ସାର୍ ନିଶ୍ଚୟ ଯିବେ । କାରଣ ସାରଙ୍କ ସହିତ ପିଲାମାନେ ଅନେକଥର ଫୁଟ୍‌ବଲ୍ ଟୁର୍ଣ୍ଣାମେଣ୍ଟରେ ଭାଗନେବା ପାଇଁ ଯାଇଛନ୍ତି । ପିଲାଙ୍କ ସାଙ୍ଗରେ ହଷ୍ଟେଲ୍‌ରେ ରହୁଛନ୍ତି । ସବୁଠାରୁ ପୁରୁଣା ଶିକ୍ଷକ ହିସାସବରେ ଛାତ୍ରମାନଙ୍କ ସହିତ ଆନ୍ତରିକତା ଅଧିକ ଥାଏ । କିନ୍ତୁ ସାର୍ ପିଲାମାନଙ୍କ ସହିତ ଯାଇ ପାରିଲେ ନାହିଁ । ତେଣୁ ପିଲାମାନଙ୍କୁ ଶୁଭବିଦାୟ ଜଣାଇବାବେଳେ ଏଇ ଦୁଃଖରେ କାନ୍ଦି ପକାଇଲେ । ଆଖିରୁ ଲୁହ ବହିଗଲା । ଅଫିସ୍ ଘର କାନ୍ଥ ଆଢୁଆଳରେ ବାହାରପଟେ ନିଜକୁ ଲୁଚାଇ ଲୁହ ପୋଛିଲେ । ସମସ୍ତଙ୍କ ଦୃଷ୍ଟିର ଅନ୍ତରାଳରେ ରହିଗଲେ । ନିଜକୁ ପ୍ରକୃତିସ୍ଥ କରିନେଲେ । ଶିକ୍ଷକ ଜୀବନର ପ୍ରଥମ ଅନୁଭୂତି । ଆଶା ଓ ଆକାଂକ୍ଷାରେ ଆଘାତ । ତେଣୁ ଏପରି ଘଟିଲା । ଅବଶ୍ୟ ପରବର୍ତ୍ତୀ ସମୟରେ ୧୯୬୪ ମସିହାରୁ ୧୯୮୭ ମସିହା ପର୍ଯ୍ୟନ୍ତ ଅନେକଥର ପିଲାମାନଙ୍କ ଦାୟିତ୍ୱ ନେଇ ପରୀକ୍ଷା କେନ୍ଦ୍ରମାନଙ୍କୁ ଯାଇଛନ୍ତି, କିନ୍ତୁ ସେ ପ୍ରଥମ ଘଟଣାଟି ମନ ମଧ୍ୟରେ ଏ ପର୍ଯ୍ୟନ୍ତ ଜୀବନ୍ତ ହୋଇ ରହିଯାଇଛି ।

■

# ଏଲ୍.ଆଇ.ସି. ଚାକିରୀକୁ ନା

୧୯୬୪ ମସିହାରେ ଆମ ସାର, କୃଷ୍ଣବାବୁ ଓ ହୃଦାନନ୍ଦବାବୁ LICରେ କଟକ ଡିଭିଜନ୍‌ରେ ଚାକିରୀ କରିବା ପାଇଁ ଲିଖିତ ପରୀକ୍ଷା ଦେଲେ। ଶିକ୍ଷକ ଚାକିରୀ ଠାରୁ ସେଠି ଅଧିକ ଦରମା ମିଳିବ। ଏଇ ଆଶା ଥାଏ। ଲିଖିତ ପରୀକ୍ଷାରେ ପାଶ୍ କଲା ପରେ Vivavoce test ପାଇଁ ସାର୍ ଓ ହୃଦାନନ୍ଦ ବାବୁ ମନୋନିତ ହେଲେ। ଶେଷରେ ଇଣ୍ଟରଭ୍ୟୁ ଭଲ ହେବାରୁ ସାର୍‌ଙ୍କୁ ନିଯୁକ୍ତି ମିଳିଲା। ଭଲ ଚାକିରୀ ମୋଟା ଦରମା। କଟକରେ ରହି ଅଫିସ୍‌ରେ କାମ କରିବାକୁ ପଡ଼ିବ। ଖୁସିର କଥା।

ବର୍ଷେ ପୂର୍ବରୁ ୧୯୬୩ରେ ସାର୍‌ଙ୍କ ସାନଭଉଣୀ ଶାରୀନାନୀଙ୍କର ବାହାଘର ସରିଥାଏ। ସେଥିପାଇଁ ଧାର କରଜ ସୂତ୍ରରେ କିଛି ଦେ'ଣା ଥାଏ। ସ୍କୁଲ୍‌ରୁ ବି କିଛି ଟଙ୍କା Advance ହିସାବରେ ସାର୍ ଆଣିଥାନ୍ତି। ତଥାପି ଚିନ୍ତା କଲେ, ଯୋଗାଡ଼ଯନ୍ତ୍ର କରି ଏସବୁ ସୁଝିଦେବେ ଓ କଟକ ଚାଲିଯିବେ। ହେଲେ ଏ ପଦକ୍ଷେପ ନେବା ଆଗରୁ ବାପାଙ୍କୁ ପଚାରି ତାଙ୍କ ମତାମତ ନେବାକୁ ଉଚିତ ମଣିଲେ। ବାପା ଏକଥା ଶୁଣି କହିଲେ- ତୁ LIC ଚାକିରୀ କଲେ କଟକରେ ରହିବୁ। ଜମିଯାଗା କିଣି ଘରଦ୍ୱାର କରିବୁ। ତୋ ପିଲାମାନେ ପାଠପଢ଼ି ମଣିଷ ହେବେ। କିନ୍ତୁ ମୋର ଏ ତିନିପୁଅ, ତୋର ସାନ ଭାଇମାନେ କଣ କରିବେ ? ଅଭାବରୁ ପାଠପଢ଼ା ଛାଡ଼ି ଅଣ୍ଟାରେ ଦାଉଲି ଖୋସି ପର ବିଲରେ ଆଣ୍ଠେଇବେ। ମୂଲ ଲାଗିବେ। ତୁ କ'ଣ ଏୟା ଚାହୁଁଛୁ ?

ଅବଶ୍ୟ ସାର୍ ଏମିତି ସ୍ୱାର୍ଥପର ନଥିଲେ। କଟକ ଯାଇଥିଲେ ବି ଘରକୁ ଭୁଲିନଥାନ୍ତେ। ତଥାପି, ତାଙ୍କ ବାପାଙ୍କ ଅଭିମାନ ଓ ଅସନ୍ତୋଷକୁ ହୃଦୟଙ୍ଗମ କରିପାରିଲେ। ବୁଝିପାରିଲେ ଯେଉଁ ବାପା ପୁଅପାଇଁ ସର୍ବସ୍ୱ ତ୍ୟାଗ କରିଛନ୍ତି, ତାଙ୍କ ପାଇଁ ଭବିଷ୍ୟତର ସୁଖକୁ ଜଳାଞ୍ଜଳି ଦେବା କେଉଁ ବଡ଼ କଥାଟା ଯେ। ତ୍ୟାଗୀ ବାପାଙ୍କର ତ୍ୟାଗୀପୁଅ ଏକା ରକ୍ତ। ତେଣୁ LIC ଚାକିରୀ ବାବଦରେ ନିରବ ରହିଲେ।

ତେବେ ବି ସାର୍ ତାଙ୍କର ପ୍ରକୃତ ହିତାକାଙ୍କ୍ଷୀ ବେଣୁବାବୁଙ୍କ ସହିତ ଏ

ବାବଦରେ ଥରେ କଥାବାର୍ତ୍ତା କରିବାକୁ ଉଚିତ୍ ମଣିଲେ। ବେଣୁବାବୁ ସାର୍‌ଙ୍କ କଥା ଶୁଣି ଗେଟ୍ ପାଖ ଜାମୁଗଛ ମୂଳକୁ ଡାକିନେଲେ। ସେଇଠି ବୁଝେଇଲେ। ଆଜି ସେ ଗଛ ହଣା ହେଇଯାଇଛି। ଥିଲେ ସେ ଦିନର କଥା କହନ୍ତା। ବେଣୁବାବୁ କହିଲେ- ଯିତେନ୍‌ବାବୁ, ଇଏ ଗୋଟେ ଅଧିକ ଦରମା ମିଳୁଥିବା କିରାଣୀ ଚାକିରୀ। ଖାଲି ମ୍ୟାଟ୍ରିକ୍ୟୁଲେଟ୍ ମାନଙ୍କ ପାଇଁ ହୁଏତ ଭଲ କିନ୍ତୁ ତୁମ ପାଇଁ ନୁହେଁ। ଶିକ୍ଷକର ସମ୍ମାନ ସେଠି ନାହିଁ। ତୁମେ I.Sc. ପାସ୍ କରିଛ। କାଲି ବି.ଏ. ପାଶ୍ କରିବ। ବି.ଇଡ଼ି. ଟ୍ରେନିଂ ପରେ ଏଠି ପ୍ରଧାନଶିକ୍ଷକ ହେବ। ମୋ ମତରେ ତୁମେ ଶିକ୍ଷକତା ଛାଡ଼ି ସେଠାକୁ ଯିବା ଉଚିତ୍ ନୁହେଁ।

ବେଣୁବାବୁ ଆଗରୁ ଆମ ସାର୍‌ଙ୍କୁ Advance ଦେଇ ମଧୁବନ ହାଇସ୍କୁଲ୍‌ରେ ଏକ ପ୍ରକାରର ବାନ୍ଧି ଦେଇଥିଲେ। ପୁନଶ୍ଚ ସାର୍‌ଙ୍କ ଠାରେ ଜଣେ ଭଲ ଶିକ୍ଷକ ହେବାର ଲକ୍ଷଣ ଅନୁଧ୍ୟାନ କରି ସ୍କୁଲ୍‌ର ହିତ ଦୃଷ୍ଟିରୁ ତାଙ୍କୁ ଛାଡ଼ିବାକୁ ଚାହୁଁଥିଲେ। ଅନୁଷ୍ଠାନ ତିଆରି କରିବାକୁ ହେଲେ ଅନେକ ଲୋକଙ୍କ ମନ ଜିଣିବାକୁ ପଡ଼େ। ବେଣୁବାବୁ ଥିଲେ ଅନୁଷ୍ଠାନ ନିର୍ମାତା। ସେ ମଣିଷ ମନ ଜିଣୁଥିଲେ। ମଣିଷ ଚିହ୍ନିଥିଲେ। ସେ ଦୃଷ୍ଟିରୁ ସେ ଥିଲେ ଏକ ନମ୍ବର ଜୋହରୀ। ଆମ ସାର୍‌ଙ୍କ ଭଳି ହୀରାକୁ ବା ସେ ଛାଡ଼ନ୍ତେ କେମିତି। ଅର୍ଥାଭାବ ସାରଙ୍କ ପାଇଁ ଅସୁବିଧାର କାରଣ ଥିଲା। ତଥାପି LIC ଚାକିରୀରେ ଯୋଗ ନ ଦେବା ପାଇଁ ନିଷ୍ପତ୍ତି ନେଲେ। ସାର୍ କହନ୍ତି ଅବଶ୍ୟ ସେଦିନ ବୁଝିନଥିଲି ଯେ ମୋର ଏ ଜନ୍ମ ମଧୁବନ ପାଇଁ ଓ ମଧୁବନ ମୋ ପାଇଁ ଉଦ୍ଦିଷ୍ଟ ବୋଲି।

LIC ଚାକିରୀ ଛାଡ଼ିବା ନିଷ୍ପତ୍ତି ନେବା ପରେ LIC କଟକ ଡିଭିଜନ୍‌ରେ କାମ କରୁଥିବା ସାର୍‌ଙ୍କ ଖୁଡ଼ୁତା ଶଶୁର ଲକ୍ଷ୍ମୀ କକା ଗୋଟେ ଲଘୁ ମନ୍ତବ୍ୟ ଦେଇଥିଲେ- You are a wise fool.

ବେଳେବେଳେ ଏ କଥା ସତ୍ୟବୋଲି ମନେ ହୋଇଛି। କିନ୍ତୁ ସବୁବେଳେ ନୁହେଁ। ପରବର୍ତ୍ତୀ ବର୍ଷମାନଙ୍କରେ ଅଭାବ ଅନାଟନରେ ଏକରକମ ପେଶି ହୋଇଗଲା ବେଳେ ଦୁର୍ବଳ ମୁହୂର୍ତ୍ତରେ ସାର୍ ଭାବନ୍ତି- ମୁଁ ଯାହାକଲି ଠିକ୍ କଲିନାହିଁ। କକାଙ୍କ ମନ୍ତବ୍ୟ ଠିକ୍। LIC ରେ ଯୋଗ ନଦେବାଟା ମସ୍ତବଡ଼ ଭୁଲ୍।

ସାର୍ ଏକମାତ୍ର ପ୍ରାର୍ଥୀ ମନୋନୀତ ହୋଇ ମଧ୍ୟ ଚାକିରୀ ଛାଡ଼ି ଦେଲେ। ପରେ waiting listରେ ଥିବା ସାର୍‌ଙ୍କ ଘନିଷ୍ଠ ସାଙ୍ଗ ହୃଦାନନ୍ଦ ବାବୁ ଚାକିରୀ ପାଇଲେ। ସତେ ଯେମିତି ସାର୍ ତ୍ୟାଗ କରି ତାଙ୍କ ବନ୍ଧୁଙ୍କୁ ଚାକିରୀଟି ଦେଇ ଦେଲେ। ହୃଦାନନ୍ଦବାବୁ ମାଇନର ସ୍କୁଲ୍‌ରୁ ଇସ୍ତଫା ଦେଇ ନୂଆ ଚାକିରୀରେ ଯୋଗ ଦେଲେ। ତା ପରବର୍ଷ

ପୁଣି ଥରେ ପରୀକ୍ଷା ଦେବା ପାଇଁ ସାର୍‌ଙ୍କର ଆଗ୍ରହ ଥିଲେ ବି ସର୍ତ୍ତ ବଦଳି ଗଲା। ସର୍ତ୍ତ ହେଲା ମ୍ୟାଟ୍ରିକ୍‌ରେ Ist Division ପାଇଥିବା ପିଲା କେବଳ ପରୀକ୍ଷା ଦେଇପାରିବେ। ତେଣୁ ସାର୍ ଆଉ ପରୀକ୍ଷା ଦେଲେ ନାହିଁ। କୃଷ୍ଣବାବୁ ସାର୍‌ଙ୍କ ସହିତ ପରୀକ୍ଷା ଦେଇ ଅକୃତକାର୍ଯ୍ୟ ହୋଇଥିଲେ। ସେ ମ୍ୟାଟ୍ରିକ୍ 1st Divisionରେ ପାଶ୍ କରିଥିବାରୁ ଏଥର ପରୀକ୍ଷା ଦେଲେ ଓ ମନୋନୀତ ହୋଇ ଚାକିରୀ ପାଇଲେ। ପ୍ରଥମେ ମାଇନର୍ ସ୍କୁଲ୍‌ର ନବବାବୁ ଓ ପରେ ସାର୍‌ଙ୍କ ଦୁଇ ବନ୍ଧୁ ହୃଦାନନ୍ଦବାବୁ, କୃଷ୍ଣବାବୁ LICରେ ଯୋଗ ଦେବା ପାଇଁ ସ୍କୁଲ୍ ଛାଡ଼ି ଚାଲିଗଲେ। ସାର୍ ଏକୁଟିଆ ରହିଗଲେ। କଥାରେ ଅଛି ଭାଗ୍ୟ ହିଁ ବଳବାନ। ସାର୍‌ଙ୍କୁ ଏଇଠି ରହି ସଂଗ୍ରାମ କରି ଲଢ଼ିବାକୁ ହେଲା। ବେଣୁବାବୁଙ୍କ କଥା ସତ ହେଲା। ସାର୍ ମଧୁବନ ହାଇସ୍କୁଲ୍‌ର ପ୍ରଧାନଶିକ୍ଷକ ହେଲେ। ସାର୍ କହନ୍ତି- ଶିକ୍ଷକ ଚାକିରୀର ଶେଷ ପାହାଚରେ ପହଞ୍ଚି ମୁଁ ବିଚାର କଲି ଯାହା ପାଇଛି ତାହା ମୋ ପାଇଁ ଯଥେଷ୍ଟ। ମୁଁ ଏଥିରେ ବିଶେଷ ଖୁସି। ମୋର ସେ ଦିନର ନିଷ୍ପତ୍ତି ଆଦୌ ଭୁଲ୍ ନଥିଲା।

■

# ପୁନଶ୍ଚ ପାଠପଢ଼ା ଏବଂ ବି.ଏ. ପାସ୍

୧୯୬୪ ମସିହାରେ LICଚାକିରୀ ପରିତ୍ୟାଗ କରିବା ପରେ ସାର୍‌ଙ୍କ ସମ୍ମୁଖରେ ଆଉ ଗୋଟିଏ ମାତ୍ର ରାସ୍ତା ଉନ୍ମୁକ୍ତ ଥାଏ। ଶିକ୍ଷକତା ବୃତ୍ତିକୁ ସବୁଦିନ ପାଇଁ ଆଦରି ନେବା। ତେଣୁ ଶିକ୍ଷକତା ନିମନ୍ତେ ଯୋଗ୍ୟତା ବୃଦ୍ଧି କରିବାକୁ ହେବ। ୧୯୬୫ ମସିହାରେ ବି.ଏ. ଡିଗ୍ରୀ ପରୀକ୍ଷା ଦେବା ପାଇଁ ସ୍ଥିର କରି ପଢ଼ା ପଢ଼ି ଆରମ୍ଭ କଲେ। ସାର୍‌ଙ୍କ ଆଗରୁ ମଧୁବନ ଅଞ୍ଚଳର ଦୁଇ ଶିକ୍ଷକ ବେଣୁବାବୁ ଓ ମଦନବାବୁ ଘରୋଇଭାବେ ପରୀକ୍ଷା ଦେଇ ବି.ଏ. ପାଶ୍ କରିଥିଲେ। ଏହି ସଫଳତା ତାଙ୍କୁ ପରୋକ୍ଷରେ ଅନୁପ୍ରାଣିତ କଲା। ମନୋବଳ ବଢ଼ାଇଲା। ଦ୍ୱିତୀୟ କାରଣଟି ହେଲା କିଛି ଶିକ୍ଷକ ବନ୍ଧୁ ତାଙ୍କ ନିଜର ଉଚ୍ଚ ଶିକ୍ଷାଗତ ଯୋଗ୍ୟତାକୁ ନେଇ ସ୍ୱାଭିମାନ ଓ ଅହମିକା ପ୍ରକାଶ କରିବା। ତେଣୁ ସାର୍ ମନସ୍ଥ କଲେ Inferiority-complex ସୃଷ୍ଟି ହେବା ପୂର୍ବରୁ କିଛି କରି ଦେଖାଇବାକୁ ହେବ। ତାଙ୍କ ଭାବନା ଅନୁଯାୟୀ ଅନୁପ୍ରାଣିତ ହେବା ଦୁଇ ପ୍ରକାରର ଅଛି। ଗୋଟେ ଯୁକ୍ତାତ୍ମକ ଓ ଅନ୍ୟଟି ବିଯୁକ୍ତାତ୍ମକ। ବେଣୁବାବୁ ଓ ମଦନବାବୁଙ୍କ ପ୍ରେରଣା Positive ଥିଲା। କିନ୍ତୁ ଅନ୍ୟମାନଙ୍କ ସଫଳତା ପ୍ରେରଣା ଦାୟକ ହେବା ବଦଳରେ ମନରେ ବିରକ୍ତି ସୃଷ୍ଟି କରୁଥିଲା। ଅର୍ଥାତ୍ ଏମାନଙ୍କ ସମକକ୍ଷ ନହେଲେ ଅହଙ୍କାରକୁ ସାମନା କରି କରି ଦୁଃଖିହେବା ସାର ହେବ।

ଇତିହାସ ଓ ଓଡ଼ିଆ Optional ନେଇ ବି.ଏ. ପରୀକ୍ଷା ଦେବା ପାଇଁ ପ୍ରସ୍ତୁତ ହେଲେ। ଓଡ଼ିଆ ୩୦୦ ଓ ଇତିହାସ ୩୦୦ ମାର୍କ ସହିତ Compulsory ଓଡ଼ିଆ MIL ୧୦୦ ଓ ଇଂରାଜୀ ୩୦୦ ମାର୍କ ମିଶାଇ ମୋଟ ୧୦୦୦ ମାର୍କର ପରୀକ୍ଷା ଦେବାକୁ ହେବ। ସେଥିପାଇଁ ପଢ଼ାପଢ଼ି ଆରମ୍ଭ କଲେ। ସାଧାରଣତଃ I.A. ପାଠ ସହଜ କିନ୍ତୁ I.Sc. ପାଠ କଠିନ। ସେହିପରି B.A ଓ B.Sc. ତୁଳନାତ୍ମକ ଭାବେ କଷ୍ଟକର। ମନରେ ଗୋଟେ ଭୟ ଥାଏ। ଯଦି ଫେଲ୍ ହୋଇଯାନ୍ତି ତେବେ ପିଲାମାନଙ୍କ ଆଗରେ ସମ୍ମାନହାନୀ ହେବ। ମୁଣ୍ଡ ଉଠାଇ ଚାଲିବାକୁ ଲଜ୍ୟା ଲାଗିବ। ତେଣୁ

ଭଲଭାବରେ ପାଠପଢ଼ାରେ ମନଦେଲେ। Text Book ଗୁଡ଼ିକୁ ତନ୍ନ ତନ୍ନ କରି ବାରମ୍ବାର ପଢ଼ିଲେ। ନିଜେ Note ପ୍ରସ୍ତୁତ କଲେ। ବହି ମିଳିବାରେ ସୁବିଧା ନହେବାରୁ ଓଡ଼ିଆ ସାହିତ୍ୟର ଆଦି ପର୍ବ, ମଧ୍ୟପର୍ବ, ଓଡ଼ିଆ ସାହିତ୍ୟର ସମାଲୋଚନା ପୁସ୍ତକ ଇତ୍ୟାଦି କିଣି ପଢ଼ିଲେ। ବେଣୁବାବୁ ବିଏ ପରୀକ୍ଷା ଦେଲାବେଳେ କିଛି ବହି କିଣିଥିଲେ। ସେସବୁ ମାଇନର୍ ସ୍କୁଲ୍ ଲାଇବ୍ରେରୀରେ ଥିଲା। ଭି.ଡ଼ି. ମହାଜନଙ୍କ ଇଣ୍ଡିଆନ୍ ହିଷ୍ଟ୍ରି ଓ ମଜୁମ୍ଦାରଙ୍କ ଇତିହାସ ପୁସ୍ତକ ମିଳିଲା। ତାକୁ ଆଣି ପଢ଼ିଲେ। ସାଧାରଣତଃ ସାଇନ୍ସ ପିଲାମାନେ ଇଂରାଜୀରେ ଦୁର୍ବଳ ଥାଆନ୍ତି। କିନ୍ତୁ ସାର୍ ହାଇସ୍କୁଲ୍‌ରେ ତାଙ୍କ ଗୁରୁ କଳ୍ପତରୁ ସାରଙ୍କ ତତ୍ତ୍ୱାବଧାନରେ ପଢ଼ିଲାବେଳେ ଇଂରାଜୀକୁ ଭଲଭାବେ ଆୟତ୍ତ କରି ପାରିଥିଲେ। ପୁନଶ୍ଚ ସାର୍ ଦୈନିକ ଇଂରାଜୀ ଖବରକାଗଜ Hindustan Standard, Current Review, Current Affairs, Illustrated weekly ଓ Reader's Digest ଭଳି Leading Magazine ସବୁ ମଗାଇ ପଢୁଥିଲେ। ଏ ସବୁ ତାଙ୍କର ଇଂରାଜୀ ଜ୍ଞାନ ବଢ଼ାଇବା ସହିତ Knowledge ବୃଦ୍ଧି କରୁଥିଲା। LIC ପରୀକ୍ଷା ଓ ସାକ୍ଷାତକାର ବେଳେ ଏସବୁ ଖୁବ୍ କାମରେ ଲାଗିଥିଲା। Course ରେ ସେକ୍ସପିଅରଙ୍କର Macbeth ଓ Much Ado About nothing ନାମରେ ଦୁଇଟି ବିଶ୍ୱ ପ୍ରସିଦ୍ଧ ନାଟକ ଥିଲା। ସାର୍ ବିନା କ୍ଲାସ ଓ ବିନା ଗୁରୁରେ ଏହାକୁ ପଢ଼ି ନିଜେ Note ପ୍ରସ୍ତୁତ କରିଥିଲେ। ପିଛିଲା ବର୍ଷର ବି.ଏ. ପ୍ରଶ୍ନପତ୍ର ସଂଗ୍ରହ କରି ଉତ୍ତର ଲେଖି ନିଜକୁ ପ୍ରସ୍ତୁତ କରିନେଲେ। ୧୯୬୪ ଓ ୧୯୬୫ ଦୁଇବର୍ଷ ଭଲଭାବରେ ପଢ଼ାପଢ଼ି କରି ୧୯୬୫ ମସିହା Annual B.A. ପରୀକ୍ଷା ଦେବା ପାଇଁ Ravenshaw College କେନ୍ଦ୍ରରେ ବସିଲେ। ସାରଙ୍କ ରୋଲ୍ ନମ୍ବର ଥିଲା ୨୭୪। ତାଙ୍କ ସହିତ କଣ୍ଟାବଣିଆ ଗାଆଁର ଗଣନାଥ ଶତପଥୀ (ଗାଆଁ ହିସାବରେ ସାରଙ୍କର କକେଇ) ଏକତଲାର କ୍ଷେତ୍ରମୋହନ ଦାଶ ଘରୋଇଭାବେ ବି.ଏ. ପରୀକ୍ଷା ଦେଉଥାନ୍ତି।

ବି.ଏ. ପରୀକ୍ଷା ପୂର୍ବ ସମୟର କଥା। ପରୀକ୍ଷା ପାଖେଇ ଆସୁଥାଏ। ସେଥିପାଇଁ ପଢ଼ାପଢ଼ିରେ ଲାଗିଥାନ୍ତି। ତା ସହିତ ନିୟମିତ ଭାବେ ସ୍କୁଲ୍‌କୁ ବି ଯାଉଥାନ୍ତି। ସେଥିରେ ଅବହେଳା କଲେ ଚଳିବ ନାହିଁ। କିନ୍ତୁ ପଢ଼ାପଢ଼ି ପାଇଁ ଆଉ ଟିକେ ଅଧିକ ସମୟ ଦରକାର ହେଉଥାଏ। ତେଣୁ ସାର୍ ପରୀକ୍ଷା ପୂର୍ବରୁ ସ୍କୁଲ୍‌ରୁ ମାସଟିଏ ଛୁଟି ନେବା ପାଇଁ ଇଚ୍ଛା କଲେ। ଦରଖାସ୍ତ ଦେଲେ। କିନ୍ତୁ ପରିଚାଳନା ସମିତି ମିଟିଂରେ ବସି ନ ପାରିବାରୁ ଦରଖାସ୍ତ ମଞ୍ଜୁର ହୋଇପାରିଲା ନାହିଁ। ସାରଙ୍କ ପ୍ରତି ସମସ୍ତଙ୍କର ଶ୍ରଦ୍ଧା ଥାଏ। ବିଏ ପରୀକ୍ଷା ଦେବା ପାଇଁ ମଧ୍ୟ ସମସ୍ତେ ଉତ୍ସାହିତ କରୁଥାନ୍ତି। ତେଣୁ ପରିଚାଳନା ସମିତିର ସଂପାଦକ ଶ୍ରୀଯୁକ୍ତ ଫକୀର ପଣ୍ଡା ମହୋଦୟ ଛୁଟିରେ ରହିବା ପାଇଁ ମୌଖିକ

ଅନୁମତି ଦେଲେ। ପରେ ମିଟିଂ ବସିବାରୁ ଦରଖାସ୍ତ ଅନୁଯାୟୀ ଛୁଟି ମଞ୍ଜୁର ହେଲା। ପରୀକ୍ଷା ହେବା ପାଇଁ ଆଗକୁ ଆଉ ତିନି ସପ୍ତାହ ବାକି ଥାଏ। ସାର୍ ଘରେ ରହି ପଢ଼ାପଢ଼ି କଲେ। ଘରେ ଖାଇଦେଇ ସପ ଖଣ୍ଡେ ଧରି ପଢ଼ିବା ପାଇଁ ନଦୀବନ୍ଧ ପାଖରେ ଥିବା ତାଙ୍କ ଆମ୍ବତୋଟାକୁ ପଳାନ୍ତି। ନିରୋଳା ଯାଗା। ମନନ ଚିନ୍ତନ ପାଇଁ ଉପଯୁକ୍ତ ସ୍ଥାନ।

ଅଭାବ ସାର୍‌ଙ୍କ ପିଛା ଛାଡ଼ିନଥାଏ। ମନଇଚ୍ଛା କିରୋସିନ୍ କିଣିବା ପାଇଁ ଘରେ ପଇସା ନଥାଏ। ତେଣୁ ଦିନସାରା ପଢ଼ିବା ପରେ ରାତିରେ ପାଠପଢ଼ା ବନ୍ଦ ରହେ। ସାରଙ୍କ ବାପା ଟମକା ହିଲଟପ୍‌ରେ ରହି ବ୍ୟବସାୟ କରୁଥାନ୍ତି। ସେ ପଇସା ପଠାଇବାରୁ କିରୋସିନ୍ କିଣି ରାତିରେ ପଢ଼ାପଢ଼ି କଲେ ଓ କିଛି ପଇସା ବଳକା ରଖି ପରୀକ୍ଷା ଦେବାପାଇଁ ଗଲାବେଳେ କଟକରେ ଖର୍ଚ୍ଚପାଇଁ ସାଙ୍ଗରେ ନେଲେ। ୧୯୬୫ ମସିହା ଫେବୃୟାରୀ ମାସରେ ପରୀକ୍ଷା ଆରମ୍ଭ ହେଲା।

ସାର୍‌ଙ୍କ ସାଙ୍ଗ ରମେଶ ମହାନ୍ତି ରେଭେନ୍‌ସା କଲେଜ୍‌ରେ ଇଂରାଜୀ ପିଜି କରୁଥାନ୍ତି। ରହୁଥାନ୍ତି ନିଉ ପିଜି ହଷ୍ଟେଲ୍‌ରେ। ତାଙ୍କର 6th year ହୋଇଥାଏ। ତାଙ୍କ ରୁମ୍‌ରେ ରହି ପରୀକ୍ଷା ଦେବେ ବୋଲି ଜଣାଇ ସାର୍ ଆଗରୁ ରମେଶ ବାବୁଙ୍କ ପାଖକୁ ଚିଠି ଲେଖିଥିଲେ। ସେ ବି ଖୁସିରେ ରାଜି ହୋଇଥିଲେ। ତେଣୁ ବହିପତ୍ର, ଲୁଗାପଟା ପୁରାଇ ଟ୍ରଙ୍କ ଧରି ସାର୍ କଟକ ବାହାରିଲେ। ଗଲାବେଳକୁ ସାର୍‌ଙ୍କ ମାଆ, ପତ୍ନୀ (ଖୁଡ଼ି) ଓ ଭଉଣୀମାନେ ଶୁଭବିଦାୟ ଜଣାଇବାକୁ ଆସି ଦାଣ୍ଡ ଦୁଆରେ ଆଶା ଆକାଂକ୍ଷାର ଦୃଷ୍ଟିରେ ସାର୍‌ଙ୍କ ଯିବା ବାଟକୁ ଚାହିଁ ରହିଥାନ୍ତି। ଗାଆଁ ମଝି ପଡ଼ିଆ ପାର ହୋଇଗଲା ବେଳେ ସାର୍‌ଙ୍କ ଆଗରେ ଶିଆଳଟିଏ ବାମରୁ ଦକ୍ଷିଣକୁ ଚାଲିଗଲା। ଶୁଭ ଶକୁନ। ଖୁସି ଲାଗିଲା। ମନୋବଳ ବଢ଼ିଗଲା। ଭଲମନରେ କଟକ ପହଞ୍ଚି ସାଙ୍ଗ ରୁମ୍‌ରେ ଟ୍ରଙ୍କ ରଖିଲେ। ଗୋଡ଼ହାତ ଧୋଇବାକୁ ଟଏଲେଟ୍‌କୁ ଗଲେ। ଫିନାଇଲ୍ ପଡ଼ି ସଫାସୁତରା ହୋଇଥାଏ। ସବୁବେଳେ ପାଣି ପଡୁଥିବାରୁ ଟିକେ ଖସରା ବି ହୋଇଥାଏ। ଅସାବଧାନତାବଶତଃ ସାର୍‌ଙ୍କ ଗୋଡ଼ ଖସିଗଲା। ମୁହଁ ମାଡ଼ି ପଡ଼ିଯିବାରୁ ତଳ ଓଠ ଥୋଡ଼ି ଫାଟିଗଲା। ସାର୍ ରେଭେନ୍ସାର ପୁରୁଣା ଛାତ୍ର। ତେଣୁ ଜାଣିଥାନ୍ତି କଲେଜ୍‌ର ଗୋଟେ ନିଜସ୍ୱ ଡିସ୍‌ପେନ୍‌ସାରୀ ଅଛି। କେଉଁଠି ଅଛି ସେକଥା ବି ଜଣାଥାଏ। ସେଠିକୁ ଯାଇଁ ଡ୍ରେସିଂ କରି ଔଷଧ ନେଇ ଫେରିଲେ। ଭାବିଲେ ଭଲ ମଣିଷଟା ଶୁଭ ଶକୁନ ଦେଖି ଆସିଲି। ପୁଣି ଏ ଦଶା କାହିଁକି ହେଲା। ମନ ଟିକେ ଦୁଃଖ ହେଲା।

ରାତିରେ ଦୁଇବନ୍ଧୁ ଖାଇସାରି ଗୋଟିଏ ବିଛଣାରେ ଶୋଇଲେ। ଇଂରାଜୀ କବି P.B. Shelley ଙ୍କ West wind ବିଷୟ ଉପରେ ଟିକେ Critical ଆଲୋଚନା

ପାଇଁ ସାର୍, ରମେଶ ବାବୁଙ୍କୁ ଅନୁରୋଧ କଲେ। ସେ ପାଞ୍ଚଦଶ ମିନିଟ୍ ଭିତରେ ଖୁବ୍ ସୁନ୍ଦର Lucid flowing language ରେ କେତୋଟି ଲାଇନ୍ କହିଲେ। କଥାବାର୍ତ୍ତା ଚାଲିଥିଲା ବେଳେ କହିଲେ-ହେ, ତତେ, ଖାଲି Correct ଇଂରାଜୀ ଲେଖି ଆସିବ ନା ? Correct English ଲେଖି ପାରିଲେ ବିଏ ପାଶ୍ ସୁନିଶ୍ଚିତ। Don't worry, ସାର୍ ଉତ୍ତରରେ କହିଲେ- Correct English ଲେଖି ଆସିବନି ତ ମୁଁ ବିଏ ପରୀକ୍ଷା ଦେବାକୁ କାହିଁକି ଆସିଛି ?

ଏକଥା ସରିଛି କି ନାହିଁ ସେ ଆଉଗୋଟେ ସାଙ୍ଘାତିକ କଥା କହିଲେ- ଜିତେନ୍ଦ୍ର ଶୁଣ୍, ମୁଁ ତତେ ମୋ ରୁମ୍‌ରେ ରଖିବାରେ କିଛି ଆପତ୍ତି ନାହିଁ। କିନ୍ତୁ ଦୁଇଦିନ ତଳେ ଆମ ହଷ୍ଟେଲ୍‌ରୁ ଜଣେ ପିଲାର କିଛି ଟଙ୍କା ଚୋରୀ ହୋଇଯାଇଛି। ସେଥିପାଇଁ Superintendent Notice ଜରିଆରେ ବାହାର ପିଲାଙ୍କୁ ହଷ୍ଟେଲ୍‌ରେ ନ ରଖିବା ପାଇଁ Strictly Order କରିଛନ୍ତି।

ସାର୍ ଜଣେ ଶୃଙ୍ଖଳିତ ଶିକ୍ଷକ ହିସାବରେ ସନ୍ତର୍ପଣତା ପ୍ରକାଶ କରି କହିଲେ- ଏଥିରେ ତୋର କଣ ଦୋଷ ଅଛି। ନିୟମ ସମସ୍ତଙ୍କ ପାଇଁ ସମାନ। ମାନିବାକୁ ପଡ଼ିବ। ଆଗରୁ ଜାଣିଥିଲେ ଖୁଡୁତାଶୁରଙ୍କ ବସାକୁ ସିଧା ପଳେଇଥାନ୍ତି। ପରୀକ୍ଷା ଦେବାକୁ ପାଖ ହେବ, ବେଶି ଯିବା ଆସିବା କରିବାକୁ ପଡ଼ିବ ନାହିଁ ବୋଲି ତୋ ପାଖରେ ରହିଗଲି। ହଉ କାଲି ସକାଳକୁ ପଳେଇବି।

ତା ପରଦିନ ସକାଳୁ ରିକ୍ସା ଧରି ସାର୍ ତାଙ୍କ ଖୁଡୁତାଶୁରଙ୍କ ଘର ବାଖରାବାଦ ଚାଲିଗଲେ। ସେଇଠୁ ଯିବା ଆସିବା କରି ପରୀକ୍ଷା ଦେଲେ। ସାର୍‌ଙ୍କ ସେହି ବନ୍ଧୁ ରମେଶ ମହାନ୍ତି Utkal University ରୁ Englishରେ 1st Class First ହୋଇ Gold Medal ପାଇଲେ। ସର୍ବଭାରତୀୟ ପ୍ରଶାସନିକ ସେବା ପରୀକ୍ଷା ଦେବାକୁ ଅପେକ୍ଷା ନକରି ଭାରତୀୟ ପୋଲିସ୍ ସେବାରେ ଯୋଗ ଦେଲେ। ପୁରୀ ଜିଲ୍ଲାର ଏସ୍.ପି. ଥିଲାବେଳେ ଆମ ସାର୍‌ଙ୍କ ସହିତ ଥରେ ତାଙ୍କର ଭେଟ ହୋଇଥିଲା। ନିମନ୍ତ୍ରଣ କ୍ରମେ ସାର୍ ସସ୍ତ୍ରୀକ ତାଙ୍କ ଘରକୁ ଯାଇ ମଧ୍ୟାହ୍ନ ଭୋଜନ କରିଥିଲେ।

ପରବର୍ତ୍ତୀ ସମୟରେ ଶ୍ରୀଯୁକ୍ତ ମହାନ୍ତି ମୁଖ୍ୟମନ୍ତ୍ରୀଙ୍କ ସୁପାରିଶ୍‌ରେ Police D.G. ପଦରୁ ଇସ୍ତଫା ଦେଇ O.P.S.C. ର ସଭ୍ୟରୂପେ କାର୍ଯ୍ୟ ତୁଲାଇ ଅବସର ନେଲେ। ବାଖରାବାଦରୁ ରେଭେନ୍ସା ସେଣ୍ଟରକୁ ସାର୍ ରିକ୍ସାରେ ଯିବାଆସିବା କରନ୍ତି। ପରୀକ୍ଷା ମଝିରେ ଦିନେ ଦିନେ Break ଥାଏ। ସେଦିନ ସାର୍ ବସାରେ ରହି ପଢ଼ାପଢ଼ିରେ ସମୟ ବିତାନ୍ତି। ପରୀକ୍ଷା ଖୁବ୍ ଭଲ ହେଉଥାଏ। ମଧୁବନ ସ୍କୁଲ୍ ପରିଚାଳନା ସମିତିର ସଂପାଦକ ଶ୍ରୀଯୁକ୍ତ ଫକୀର ପଣ୍ଡାଙ୍କ ପୁଅ ଶଶିବାବୁ Englishରେ P.G.

କରୁଥାନ୍ତି। ତାଙ୍କର 5th year ଚାଲିଥାଏ। ସେ ସାର୍‌ଙ୍କ ଇଂରାଜୀ ପ୍ରଶ୍ନ ପତ୍ର ଦେଖି Performance କେମିତି ହୋଇଛି ବୁଝନ୍ତି। ସାର୍ ମନେ ପକାଇ କହୁଥିଲେ, ଇଂରାଜୀରେ ଗୋଟେ Essay ପଡ଼ିଥିଲା- The books you like best- ସାର୍ ମୌଳିକ ଚିନ୍ତା ଓ ମୌଳିକ Writingରେ Macbeth ଓ ଓଡ଼ିଆ ରାମାୟଣ ପୁସ୍ତକର Influence ଅବତାରଣା କରି "Why I like" Justify କରିଥିଲେ।

ପୁରୁଣା କଲେଜ। ପ୍ରିୟ ପରିବେଶ ଓ ପରିଚିତ ଅଧ୍ୟାପକମାନଙ୍କ ଗହଣରେ ସାର୍ ପରୀକ୍ଷା ଦେଉଥାନ୍ତି। ରେଭେନ୍ସା ହଲ୍‌ରେ Seat ପଡ଼ିଥାଏ। ସାର୍ I.Sc. ପଢ଼ିଲା ବେଳେ ପଶ୍ଚିମ ଛାତ୍ରବାସର Deputy Superintendent ଥାଆନ୍ତି ଶ୍ରୀଯୁକ୍ତ କାହ୍ନୁ ଚରଣ ମିଶ୍ର। ସେ ଥାଆନ୍ତି Invigilator। ତାଙ୍କ ସହିତ ଅନ୍ୟ ଦୁଇଜଣ ଅଧ୍ୟାପକ ଆସନ୍ତି। ଦିନେ ପରୀକ୍ଷା ଚାଲିଥିବାବେଳେ ବାହାରେ ଏକ ଶୋଭାଯାତ୍ରାର କୋଳାହଳ ଶୁଭିଲା। ଗାର୍ଡ ପଡ଼ିଥିବା ଅଧ୍ୟାପକମାନେ ଦ୍ୱାର ପାଖକୁ ଯାଇ ବାହାରକୁ ଦୃଷ୍ଟି ପକାଉଥାନ୍ତି। କଲେଜପିଲାମାନେ ତାଙ୍କର ଜଣେ ସାଙ୍ଗର ଶବ ଶୋଭାଯାତ୍ରା ପାଇଁ ପ୍ରସ୍ତୁତି ଚଳାଇ ଥିବାରୁ ଏ କୋଳାହଳ ହେଉଥାଏ। ପରେ ସାର୍ ଜାଣିଲେ ଯେ ସେ ପିଲାଟି ଜଣେ ବି.ଡ଼ି.ଓ.ଙ୍କର ପୁଅ। ସେ ବିଏ ପଢୁଥିଲେ। ଗୋଟିଏ Percentage ର ଅଭାବ ପାଇଁ ପରୀକ୍ଷା ଦେଇପାରିଲେ ନାହିଁ। ତେଣୁ ରେଳଧାରଣାରେ ଶୋଇ ଆତ୍ମହତ୍ୟା କଲେ। ନୀତିନିଷ୍ଠ ଅଧ୍ୟାପକ ଶ୍ରୀଯୁକ୍ତ କ୍ଷେତ୍ରମୋହନ ପଟ୍ଟନାୟକଙ୍କ ସଚ୍ଚୋଟତାର ଫଳ। ଅସତ୍ ଉପାୟରେ ସେ କେମିତି ଅବା Percentage ବଢ଼ାଇ ଥାଆନ୍ତେ। ବେଆଇନ୍ କାମ କିପରି କରିଥାନ୍ତେ ?

ପରୀକ୍ଷା ସରିଲା। ଘରକୁ ଫେରି ସାର୍ ଯଥାରୀତି ସ୍କୁଲ୍ କାର୍ଯ୍ୟରେ ଯୋଗଦେଲେ। ଅପେକ୍ଷା ଥାଏ ପରୀକ୍ଷାର ଫଳ ପ୍ରକାଶନକୁ। ଆତ୍ମବିଶ୍ୱାସ ଥିଲେ ବି ଛାତି ଧକ୍‌ଧକ୍ ହେଉଥାଏ। କାରଣ ପରୀକ୍ଷାଗୁଡ଼ିକ ସବୁବେଳେ ପରୀକ୍ଷା ସଦୃଶ ପ୍ରତୀୟମାନ ହୋଇଥାନ୍ତି। ଜୁନ୍ ପହିଲାରେ ପରୀକ୍ଷାଫଳ ପ୍ରକାଶ ପାଇଲା। ଭଗବାନଙ୍କ କୃପା ଓ ଗୁରୁ ଗୁରୁଜନଙ୍କ ଆଶିଷରୁ ସାର୍ ବିଏ ପାଶ୍ କଲେ। ଇଏ ଥିଲା ସାର୍‌ଙ୍କ ମନ୍ତବ୍ୟ। ସ୍କୁଲ୍‌ରେ ଥିଲାବେଳେ ଖବରଟି ପାଇଲେ। ଛୁଟି ପରେ ମଧୁବନ ହାଟରୁ ପରିବାପତ୍ର କିଣି ଘରକୁ ଫେରିଲେ। ସାର୍‌ଙ୍କ ପହଞ୍ଚିବା ପୂର୍ବରୁ ତାଙ୍କର ଜଣେ ସାନଭାଇ ଉଦୟ ଘରେ ଖବର ଦେଇଥାଏ ଯେ ନନା (ସାର୍) ଫେଲ୍ ହୋଇ ଯାଇଛନ୍ତି। ସେ ସଠିକ୍ ଖବର ନପାଇ ଏମିତି କହିଥାଏ।

ସାର୍ ଘରେ ପହଞ୍ଚି ଦେଖିଲେ ତାଙ୍କ ଭଉଣୀ ଓ ସ୍ତ୍ରୀ ଢିଙ୍କିରେ ଧାନ କୁଟୁଛନ୍ତି। ମା ଶୁଙ୍ଘୋଉଛି। ସାର୍‌ଙ୍କ ମା'ର ମନରେ ଦୁଃଖ। ପିଲାଟା ଏତେ କଷ୍ଟ କରି ପରୀକ୍ଷା

ଦେଇଥିଲା। ପାଶ୍ କରିଥିଲେ ଭଲ ଲାଗିଥାନ୍ତା। ଏମିତି କଥାବାର୍ତ୍ତାବେଳେ ସାର୍ ପହଞ୍ଚିଲେ। ତାଙ୍କୁ ଦେଖି ଧାନ କୁଟୁଥିବା ସାନ ଭଉଣୀଟି କହି ଉଠିଲା, ହେଇଲୋ ନନା ଆସିଲେଣି। ତାଙ୍କଠୁ ସବୁ କଥା ଶୁଣିଲା ପରେ ସାର୍ କହିଲେ, କିଏ କହିଲା ମୁଁ ଫେଲ୍ ହେଇଛି, ମୁଁ ପାଶ୍ କରିଛି।

ଏକଥା ଶୁଣିଲା ପରେ ସମସ୍ତଙ୍କ ମନରେ ଖୁସି ସଞ୍ଚରି ଗଲା। ମୁହଁରେ ହସ ଫୁଟି ଉଠିଲା। ସାଧାରଣ ଠାରୁ ଏ ଆନନ୍ଦ ଥିଲା ଦୁଇଗୁଣ ଅଧିକ। ପରୀକ୍ଷା ଦେଇ ପାଶ୍ କରିବା ଖବର ଆନନ୍ଦଦାୟକ। କିନ୍ତୁ ଫେଲ୍ ହୋଇଥିବା ଖବର ଯେତେବେଳେ ପାଶ୍‌ରେ ପରିଣତ ହୋଇଯାଏ ତାର ଖୁସି ନିଆରା। ମୃତକ ଜୀବିତ ହେବାପରି ସମ୍ବାଦ।

ଆଠଦଶଦିନ ପରେ ସାର୍ ଭୁବନେଶ୍ୱରର ଉତ୍କଳ ବିଶ୍ୱବିଦ୍ୟାଳୟ କାର୍ଯ୍ୟାଳୟକୁ ଗଲେ ମାର୍କସିଟ୍ ଓ Provisional Certificate ଆଣିବା ପାଇଁ। କାଳେ କମ୍ ନମ୍ବର ଥିବ ସେଥିପାଇଁ ମନରେ ଆଶଙ୍କା ଥାଏ। କିନ୍ତୁ ମାର୍କସିଟ୍ ପାଇଲା ପରେ ମନ ଆନନ୍ଦରେ ପୁରି ଉଠିଲା। ସାଙ୍ଗରେ ପରୀକ୍ଷା ଦେଇଥିବା ଗଣନାଥ କକେଇ ଓ ଅନ୍ୟ ବନ୍ଧୁମାନଙ୍କଠାରୁ ସାର୍‌ଙ୍କର ମାର୍କ ଅନେକ ଉର୍ଦ୍ଧ୍ୱରେ ଥାଏ। English-121, MIL Oriya-44, Optional Oriya-165, History-3 ଟି Paper ରେ -169 ଥାଏ। ମୋଟ ଏକହଜାର ନମ୍ବରରୁ ଥାଏ ୪୯୯, ପ୍ରାଇଭେଟ୍ ପିଲାଙ୍କୁ ଡିଷ୍ଟିଂସନ୍ ଦେବାର ବ୍ୟବସ୍ଥା ନଥାଏ। ସାର୍‌ଙ୍କର ୫୦% ରୁ ଗୋଟିଏ ମାର୍କ କମ୍ ଥିବାରୁ ଡିଷ୍ଟିଂସନ୍ ମିଳିଲା ନାହିଁ। ଅବଶ୍ୟ ଅକ୍ଲାନ୍ତ ପରିଶ୍ରମର ଫଳ ସାର୍‌ଙ୍କୁ ଯଥାର୍ଥ ଭାବରେ ମିଳିଥିଲା।

ମାର୍କସିଟ୍ ଓ Provisional Certificate ନେଇ ଉପର ମହଲାରୁ ତଳକୁ ଓହ୍ଲାଉଥିବାବେଳେ କୌଣସି ଜଣେ ପ୍ରଫେସରଙ୍କ ସହିତ ସାର୍‌ଙ୍କର ଦେଖାହେଲେ। ଧୋତିପିନ୍ଧା ପିଲାଟାଏ ଦେଖି ବୁଝିଲେ ଯେ ପିଲାଟି ଶିକ୍ଷକ ଚାକିରୀ କରିଛି। ଚାକିରୀ କରିଥିବା ପିଲାଟି ପରୀକ୍ଷାରେ କେମିତି କରିଛି ଜାଣିବାକୁ ଇଚ୍ଛା ହେଲା। ଫଳାଫଳରୁ ଜଣାପଡ଼ିବ ପିଲାଟି କେମିତିକା ଶିକ୍ଷକ ଓ ତା'ର ଭବିଷ୍ୟତ କ'ଣ ଇତ୍ୟାଦି। ତେଣୁ Mark Sheet ମାଗି ଦେଖିଲେ। Mark ଦେଖି କହିଲେ, ବହୁତ ଭଲ କରିଛ। ତୁମେ English, History, Oriya ଯେଉଁଥିରେ ଚାହିଁବ P.G. କରିପାରିବ। ଏଠାରେ ନାମଲେଖା ପାଇଁ Seat ମିଳିଯିବ।

ସମୟ, ପରିବେଶ, ପରିବାର ଓ ଆର୍ଥିକ ଅବସ୍ଥା ସାର୍‌ଙ୍କୁ ସେ ସୁଯୋଗ ଦେଲାନାହିଁ। ନଚେତ୍ ସାର୍ ସ୍କୁଲ୍ ନୁହେଁ କଲେଜ୍‌ର ଅଧ୍ୟାପକ ହୋଇଥାନ୍ତେ।

■

# ସ୍କୁଲରେ ଯୋଗଦାନ

ସାର୍ ବି.ଏ. ପରୀକ୍ଷା ଦେବାପାଇଁ ଅନୁପସ୍ଥିତ ଥିବାବେଳେ ସ୍କୁଲ୍‌ରେ କେତେକ ଘଟଣା ଘଟିଥାଏ। ୧୯୬୫ ମସିହାରେ ବାର୍ଷିକ ବୋର୍ଡ ପରୀକ୍ଷା ସରିଥାଏ। ସ୍କୁଲ୍‌ର ଦ୍ୱିତୀୟ ବ୍ୟାଚ୍ ପିଲା ହିସାବରେ କୈଳାସ ବାବୁ ଓ ସୁଭାଷ ବାବୁ ଇତ୍ୟାଦି ପିଲାମାନେ ପରୀକ୍ଷା ଦେଇଥାନ୍ତି। ପରୀକ୍ଷାରେ ବସିଥିବା ପିଲାମାନଙ୍କ ମଧ୍ୟରୁ କୋଡ଼ିଏ ପଚିଶ ଜଣ ପାଶ୍ କରିଥାନ୍ତି। ସେମାନଙ୍କ ମଧ୍ୟରୁ ସାର୍‌ଙ୍କ ପ୍ରିୟ ଛାତ୍ର ସୁଭାଷ ପ୍ରଥମ ଶ୍ରେଣୀରେ ଉତ୍ତୀର୍ଣ୍ଣ ହୋଇଥାନ୍ତି।

୧୯୬୫-୬୬ ମସିହା ସମୟରେ ସରସ୍ୱତୀ ପୂଜା ଖୁବ୍ ଯାକଜମକରେ ପାଳନ କରାଯାଇଥିଲା। ଏହି ଉପଲକ୍ଷେ ଶିକ୍ଷକ ଓ ଛାତ୍ରମାନଙ୍କ ଦ୍ୱାରା ବେନାମୀ ନାମକ ନାଟକଟିଏ ପ୍ରସ୍ତୁତ କରି ମଞ୍ଚସ୍ଥ କରାଯାଇଥିଲା। ପ୍ରଧାନଶିକ୍ଷକ ନିଜେ ଜଣେ ଖୁବ୍ ଭଲ ଅଭିନେତା ଥିଲେ। ଏହି ନାଟକରେ ସେ ଜଣେ ପାଗଳ ଭୂମିକାରେ ଅଭିନୟ କରିଥିଲେ। ତାଙ୍କ ଅଭିନୟ ଏତେ ଜୀବନ୍ତ ଥିଲା ଯେ ଲାଗୁଥିଲା ସତେ ଯେମିତି ସେ ଜଣେ ପାଗଳ। ଗୋପାଳପୁରର ପେଟ୍ରୋମାକ୍ସ ଲାଇଟ ଆଉ ଯାଜପୁର ଚିତ୍ରାଳୟ ମଞ୍ଚସଜ୍ଜା ଓ ସିନ୍ ଆମ ଅଞ୍ଚଳ ପାଇଁ ଥିଲା ନୂଆ କଥା। କୁରାଂଶ ଗାଆଁର ବାବାଜି ପଣ୍ଡା, ସଂଗୀତ ଓ ନାଚ ମାଷ୍ଟରଙ୍କ ନିର୍ଦ୍ଦେଶନାରେ ନୃତ୍ୟ ଓ ଗୀତ ପରିବେଷଣ କରାଯାଇଥିଲା। ଛାତ୍ର କଳାକାରମାନଙ୍କ ମଧ୍ୟରୁ ସହଦେବ ପଣ୍ଡା, କୈଳାସ ନାୟକ, ବାସୁ ପଣ୍ଡା, ଭାସ୍କର ଭଲ ଅଭିନୟ କରିଥିଲେ। ପ୍ରତିଭାବାନ୍ କଳାକାର ବୋଲି ଜଣା ପଡ଼ିଥିଲେ। ଶିକ୍ଷକ ଗୋକୁଳି ବାବୁ ମଧ୍ୟ ନାଟକରେ ଅଂଶଗ୍ରହଣ କରିଥିଲେ। ସ୍କୁଲ୍ ଛାତ୍ରଛାତ୍ରୀ ଓ ଅଭିଭାବକଙ୍କ ସହିତ ପାଖ ଗାଆଁର ଅନେକ ଲୋକ ଏହାକୁ ଉପଭୋଗ କରିଥିଲେ। ନାଟକଟି ଖୁବ୍ ହୃଦୟସ୍ପର୍ଶୀ ହେବାରୁ ଦର୍ଶକଙ୍କ ତରଫରୁ ପୁନଃ ପ୍ରଦର୍ଶନ ପାଇଁ ଦାବୀ କରାଗଲା। ତେଣୁ ଦର୍ଶକମାନଙ୍କ ଦାବୀକୁ ସମ୍ମାନ ଜଣାଇ ତା' ପରଦିନ ରାତିରେ ପୁନର୍ବାର ନାଟକଟି ମଞ୍ଚସ୍ଥ କରାଗଲା।

ସେ ବର୍ଷ ଅଫିସ କାମରେ ସହାୟତା କରିବା ପାଇଁ ଲକ୍ଷ୍ମଣ ମିଶ୍ରଙ୍କ ପୁଅ ଭାସ୍କର ମିଶ୍ରଙ୍କୁ କିରାଣୀ ଭାବେ ନିଯୁକ୍ତି ଦିଆଗଲା। ସେ ଏଇ ସ୍କୁଲ୍‌ର ଛାତ୍ରଥିଲେ। ପ୍ରଥମ ବ୍ୟାଚ୍‌ରେ ମ୍ୟାଟ୍ରିକ୍ ପାସ୍ କରିଥିବା ପିଲା। ବିନୟ ବାବୁଙ୍କ ଅମଳରେ ବାର୍ଷିକ କ୍ରୀଡ଼ା ପ୍ରତିଯୋଗିତା କରାଯାଇଥିଲା। ଉଦ୍ୟମୀ ଲୋକ। ଯାହା ଚାହୁଁଥିଲେ ତାହା କରୁଥିଲେ। ଖେଳହେଲା, ଖେଳ ଶେଷରେ କୃତୀ ଛାତ୍ରଛାତ୍ରୀମାନଙ୍କୁ ପୁରସ୍କାର ବିତରଣ କରାଗଲା। ଏ ସବୁ ସତ୍ତ୍ୱେ ବି ଦୁଇବର୍ଷ ପାଇଁ ପ୍ରଧାନ ଶିକ୍ଷକ ରହିବା ପରେ ତାଙ୍କୁ ସ୍କୁଲ୍ ଛାଡ଼ିବାକୁ ପଡ଼ିଲା।

ଆମ ସାର୍ ବି.ଏ. ପରୀକ୍ଷା ଦେଇ ଫେରିବା ବେଳକୁ ବିନୟବାବୁଙ୍କ ବିଦାୟ ନେବା ଆସନ୍ନ ବୋଲି ପ୍ରଚାର ହୋଇଯାଇଥାଏ। ସେ ଖୁବ୍ ଅଭିମାନୀ। ତେଣୁ ୧୯୬୫ ମସିହା ଶେଷ ଆଡ଼କୁ ନିଜ ତରଫରୁ ଇସ୍ତଫା ଦେଇ ସ୍କୁଲ୍ ଛାଡ଼ି ଚାଲିଗଲେ। ସେତେବେଳକୁ ବହୁତ ନୂଆ ନୂଆ ସ୍କୁଲ୍ ଖୋଲୁଥାଏ। ଏଠୁ ଛାଡ଼ି ନାକପୋଲର ପତିତପାବନ ହାଇସ୍କୁଲ୍‌ରେ ଯୋଗ ଦେଲେ। ଗଲାବେଳେ ଏ ଅଞ୍ଚଳର ଦୁଇଜଣ ଛାତ୍ର, ଦକ୍ଷିଣ ଏକତଳାର ବିନୋଦ ସାହୁ ଓ ବାବାଜିବାବୁଙ୍କ ପୁଅ ରବିପଣ୍ଡାଙ୍କୁ ସାଙ୍ଗରେ ନେଇଗଲେ। ସେ ଜଣେ ପ୍ରଧାନଶିକ୍ଷକ ହୋଇଥିବାରୁ ଅବିଭାବକ ମାନଙ୍କର ତାଙ୍କ ଉପରେ ବିଶ୍ୱାସ ଥିଲା। ସାଧାରଣ ଲୋକଙ୍କୁ ତାଙ୍କର ବିଦାୟର କାରଣ ବି ଜଣାନଥିଲା। ତେଣୁ ସେ ଯେତେବେଳେ ନିଜ ଦାୟିତ୍ୱରେ ପଢ଼ାଇବା ପାଇଁ ପିଲା ଦୁହିଁଙ୍କୁ ନେଉଛନ୍ତି, ସେଥିରେ କିଏବା କାହିଁକି ଆପତ୍ତି କରିବ। ପିଲାର ଭବିଷ୍ୟତ ଭଲହେବ ବୋଲି ମନେ କରି ଅବିଭାବକ ଦୁଇଜଣ ରାଜି ହେବାରୁ ବିନୟବାବୁ ଟି.ସି. ନେଇ ନାକ୍‌ପୋଲ୍ ସ୍କୁଲ୍‌ରେ ନାମ ଲେଖାଇଦେଲେ। ଅନ୍ୟ ସ୍କୁଲ୍‌ରୁ ତାଙ୍କ ସାଙ୍ଗରେ ଦୁଇଟି ପିଲା ଚାଲି ଆସି ଥିବାରୁ ନାକ୍‌ପୋଲ ସ୍କୁଲ୍‌ରେ ତାଙ୍କର ପତିଆରା ଓ ସମ୍ମାନ ମଧ୍ୟ ବଢ଼ିଗଲା। ପୁନଶ୍ଚ ସେ ପିଲା ଦୁଇଟି ଭଲ ପଢୁଥିଲେ। ବିଶେଷକରି ଗଣିତରେ ଭଲ କରୁଥିଲେ।

ବିନୟବାବୁ ପ୍ରାୟ ବର୍ଷେ ଖଣ୍ଡେ ପରେ ସେ ସ୍କୁଲ୍ ଛାଡ଼ି ଚାଲିଗଲେ। ତାଙ୍କ ଗୁଣ ହେଲା ସେ କୌଣସି ଠାରେ ସ୍ଥାୟୀଭାବରେ ରହିପାରନ୍ତି ନାହିଁ। ତାଙ୍କ ଯିବାପରେ ବିନୋଦ ସାହୁ ଓ ରବିପଣ୍ଡାଙ୍କ ପାଠପଢ଼ା ଅଧାରୁ ବନ୍ଦ ହେଲା। ମଧୁବନରେ ପଢ଼ିଥିଲେ ନିଶ୍ଚୟ ମ୍ୟାଟ୍ରିକ୍ ପାଶ୍ କରିଥାନ୍ତେ। ଏ କୂଳର ହେଲେ ନାହିଁ କି ସେ କୂଳର ହେଲେ ନାହିଁ। ଜୀବନ ନଷ୍ଟ ହେଲା। ବିନୋଦ ସାହୁଙ୍କ ସାନଭାଇ ଅକ୍ଷୟ ମଧୁବନ ସ୍କୁଲ୍‌ରୁ ମ୍ୟାଟ୍ରିକ୍ ପାଶ୍ କରି Science ପଢ଼ିଲେ ଓ ପ୍ରାଇମେରୀ ସ୍କୁଲ୍‌ର ଶିକ୍ଷକଟିଏ ହୋଇପାରିଲେ। ଅକ୍ଷୟ ଠାରୁ ବିନୋଦଙ୍କ ଷ୍ଟାଣ୍ଡାର୍ଡ୍ ବହୁତ ଭଲଥିଲା। କିନ୍ତୁ ନିଜର

ଭୁଲ୍ ନିଷ୍ପତ୍ତି ପାଇଁ ଜୀବନ ସାରା ଅନୁତାପ କରିବାକୁ ପଡ଼ିଲା। ସଂସାର ଚଳାଇଲା ବେଳେ ଦୁଃଖ ହୋଇଗଲା ଚିର ସହଚର।

ବିନୟବାବୁଙ୍କ ପରେ ବଟକୃଷ୍ଣ ମିଶ୍ର ପ୍ରଧାନଶିକ୍ଷକ ଦାୟିତ୍ୱରେ ରହିଲେ। ତାଙ୍କ ବଡ଼ଭାଇ ମଧୁସୂଦନ ମିଶ୍ର ବିରଜା ହାଇସ୍କୁଲ୍‌ରେ ପଢୁଥାନ୍ତି। କଇଁଚି ଶାସନର ଭଲ ଶିକ୍ଷିତ ପରିବାରଟିଏ। ବଟବାବୁ ବି.ଏ. ପାଶ୍ କରି ଏଠି ଯୋଗ ଦେଇଥିଲେ। ଆମ ସାର୍ ତା ପରେ ବି.ଏ. ପରୀକ୍ଷା ଦେଲେ। ତେଣୁ ଶ୍ରୀଯୁକ୍ତ ମିଶ୍ର ସାର୍‌ଙ୍କ ଠାରୁ ସିନିୟର୍ ଥିଲେ।

୦୧/୦୬/୧୯୬୫ ଠାରୁ ଅଣଟ୍ରେଣ୍ଡ୍ ଗ୍ରାଜୁଏଟ୍ ଶିକ୍ଷକମାନଙ୍କୁ ଦରମା ବାବଦରେ ଏକଶହ ପନ୍ଦର ଟଙ୍କା ଓ ଅନ୍ୟାନ୍ୟ ଭତ୍ତା ମିଳିବାର ବନ୍ଦୋବସ୍ତ କରାଗଲା। ନୂଆ ସ୍କୁଲ୍ ମାନଙ୍କରେ ଦରମା କମ୍। ପୁନଶ୍ଚ ଶିକ୍ଷକମାନଙ୍କ ମନରେ ସ୍ଥିରତା ନଥାଏ। ବେଶି ଦରମାର ଚାକିରୀ ଖୋଜୁଥାନ୍ତି। ପାଇଲେ ପଳାନ୍ତି। ସେତେବେଳେ ବି.ଏ.ବି.ଇଡ୍. ଯୋଗ୍ୟତା ସଂପନ୍ନ ଶିକ୍ଷକଙ୍କ ସଂଖ୍ୟା ଖୁବ୍ କମ୍। ଅବଶ୍ୟ ଜଣେ ଅଧେ ଯୋଗ୍ୟତାଧାରୀ ଶିକ୍ଷକ ମଧୁବନ ସ୍କୁଲ୍ ଭାଗ୍ୟରେ ମିଳୁଥିଲେ। ସେତେବେଳେ ଚାରିଆଡ଼େ ଗୋଟେ ପରେ ଗୋଟେ ନୂଆ ସ୍କୁଲ୍ ଖୋଲୁଥାଏ। ସେ ସ୍କୁଲ୍ ମାନଙ୍କରୁ ଅଧିକ ଦରମା ମିଳିବାର ପ୍ରତିଶ୍ରୁତି ପାଇଲେ ଏ ସ୍କୁଲ୍ ଛାଡ଼ି ଶିକ୍ଷକ ମାନେ ଚାଲିଯାଆନ୍ତି। କେବଳ ମଧୁବନ ନୁହେଁ ସବୁଠି ଏମିତି ଘଟୁଥାଏ। ସବୁ ସ୍କୁଲ୍‌ରେ ଯୋଗ୍ୟ ଶିକ୍ଷକଙ୍କର ଅଭାବ ପରିଲକ୍ଷିତ ହୁଏ। ବାରମ୍ବାର ପ୍ରଧାନଶିକ୍ଷକ ପଦବୀ ଖାଲି ପଡ଼େ। ମଧୁବନ ବା ଏ ସମସ୍ୟାରୁ ବାଦ୍ ଯିବ କେମିତି।

ପ୍ରଥମ ଯୋଗ୍ୟତା ଯୁକ୍ତ ଶିକ୍ଷକ ଶ୍ରୀଯୁକ୍ତ ମହେଶ ଚନ୍ଦ୍ର ବଳ, ବି.ଏ.ବି.ଏଡ୍. ୨୮.୦୬.୧୯୬୧ରେ ପ୍ରଧାନଶିକ୍ଷକ ହିସାବରେ ଯୋଗଦେଇ ୨୭.୦୬.୧୯୬୩ ପର୍ଯ୍ୟନ୍ତ ଦୁଇବର୍ଷ ରହିଲେ। ତା ପରେ ଇସ୍ତଫା ଦେଇ ବଳରାମପୁରର ତଳଗଡ଼ ହାଇସ୍କୁଲ୍‌କୁ ଚାଲିଗଲେ। ସ୍ଥାନୀୟ ଉଦୀୟମାନ ଯୁବକ ଶ୍ରୀଯୁକ୍ତ ନବକିଶୋର ଦୃଷ୍ଟି, ଏମ୍.ଏ. ୨୮.୦୬.୧୯୬୩ ରୁ ୧୧.୧୧.୧୯୬୩ ପର୍ଯ୍ୟନ୍ତ ପ୍ରଧାନଶିକ୍ଷକ ଦାୟିତ୍ୱ ତୁଲାଇଲେ। ମଝିରେ ଶ୍ରୀଯୁକ୍ତ ବୀର କିଶୋର ପାଢ଼ୀ, ବି.ଏ.ବି.ଏଡ୍. ୦୨.୦୯.୧୯୬୩ରୁ ୦୯.୦୯.୧୯୬୩ ପର୍ଯ୍ୟନ୍ତ ମାତ୍ର ଆଠ ଦିନ ପାଇଁ ପ୍ରଧାନ ଶିକ୍ଷକ ଥିଲେ। ସେ ଜଣେ ଆଦର୍ଶ ଶିକ୍ଷକ, ନିରଳସ କର୍ମୀ, ସାଧୁ, ସଚ୍ଚୋଟ ଓ ନୀତିବାନ ବ୍ୟକ୍ତି ଥିଲେ। ବ୍ରହ୍ମବରଦା ଏମ୍.ଇ. ସ୍କୁଲ୍‌ରେ ଦୀର୍ଘଦିନ ଧରି ପ୍ରଧାନଶିକ୍ଷକ ଥିଲେ। ତାଙ୍କରି ଉଦ୍ୟମରେ ହାଜିରହିମ୍ ମିଆଁ ହାଇସ୍କୁଲ ତିଆରି ହୋଇଛି। ଶ୍ରୀଯୁକ୍ତ ପାଢ଼ୀ ଘରୋଇ ଭାବେ ବି.ଏ. ପାଶ୍ କରି ବି.ଇଡ୍. ପରୀକ୍ଷା ଦେଇ ଫେରିଲା ପରେ ହାଜିରହିମ୍ ମିଆଁ ହାଇସ୍କୁଲ୍‌ରେ ଯୋଗ ଦେବା କଥା। କିନ୍ତୁ ପରିଚାଳନା ସମିତି ସହିତ

ମତାନ୍ତର ଓ ଭୁଲ୍ ବୁଝାମଣା ସୃଷ୍ଟି ହେବାରୁ ବ୍ରହ୍ମବରଦା ତ୍ୟାଗ କରି ମଧୁବନ ହାଇସ୍କୁଲ୍‌ରେ ଚାକିରୀ କଲେ। ଏହାଫଳରେ ମଧୁବନ ହାଇସ୍କୁଲ୍‌ର ଗୋଟେ ସମସ୍ୟା ଦୂର ହେଲା। କିନ୍ତୁ ସପ୍ତାହର ଶେଷ ଶନିବାର ଦିନ ପାଢ଼ୀ ସାର୍ ତାଙ୍କ ଗାଆଁ କୋତପୁରକୁ ଗଲାପରେ ସୋମବାର ଦିନ ଆଉ ଫେରିଲେ ନାହିଁ। ବ୍ରହ୍ମବରଦାର ଲୋକ ଓ ସ୍କୁଲ୍ ପରିଚାଳନା ସମିତିର ସଭ୍ୟମାନେ ତାଙ୍କୁ ସସମ୍ମାନେ ଫେରାଇ ନେଲେ। ସେହି ହାଇସ୍କୁଲ୍‌ରେ ଚାକିରୀର ଶେଷ ପର୍ଯ୍ୟନ୍ତ ରହି ଅବସର ଗ୍ରହଣ କଲେ।

ଏଠି ମଧୁବନ ହାଇସ୍କୁଲ୍‌ର ପ୍ରଧାନଶିକ୍ଷକ ଆସନ ଖାଲି ଥାଏ। ଯାଜପୁରର ଶ୍ରୀଯୁକ୍ତ ବିନୟ ଭୂଷଣ ମହାନ୍ତି ବି.ଏ., ବି.ଇଡ଼ି. ୧୯/୧୧/୧୯୬୩ରେ ଆସିଲେ। ତିନିବର୍ଷ ପରେ ୧୫/୦୭/୧୯୬୬ରେ ବିଭିନ୍ନ କାରଣ ଯୋଗୁଁ ନିଜ ତରଫରୁ ଇସ୍ତଫା ଦେଇ ସ୍କୁଲ୍ ଛାଡ଼ି ଚାଲିଗଲେ। ସେ ଗଲେ ନାକପୋଲର ପତିତପାବନ ହାଇସ୍କୁଲ୍‌କୁ। ତାଙ୍କ ପରେ ବରିଷ୍ଠ ଶିକ୍ଷକ ଶ୍ରୀଯୁକ୍ତ ବଟକୃଷ୍ଣ ମିଶ୍ର ଦାୟିତ୍ୱରେ ରହିଲେ। ପ୍ରଧାନଶିକ୍ଷକ ମାନଙ୍କର ଘନଘନ ଆସିବା ଓ ଯିବାରୁ ଜଣାପଡ଼େ ଯେ ସଠିକ୍ ଶିକ୍ଷାଗତ ଯୋଗ୍ୟତା ଥିବା ଶିକ୍ଷକ ମାନଙ୍କର କେତେ ଅଭାବ ଥିଲା।

ଜୁଲାଇ ମାସର କଥା। ସ୍କୁଲ୍‌ରେ ନାମଲେଖା କାମ ଶେଷ ହୋଇ ପାଠପଢ଼ା ଆରମ୍ଭ ହୋଇଯାଇଥାଏ। ସାର୍ ହଷ୍ଟେଲ୍‌ରୁ ଖିଆପିଆ ସାରି କ୍ଲାସ୍ ନେବା ଉଦ୍ଦେଶ୍ୟରେ ସ୍କୁଲ୍ ଆଡ଼କୁ ଚାଲିଲେ। ଅଫିସ୍ ପାଖରେ ପହଞ୍ଚି ଦେଖିଲେ ଜଣେ ବୟସ୍କ ଭଦ୍ରବ୍ୟକ୍ତି ହାତରେ ଗୋଟେ ଚମଡ଼ା ବ୍ୟାଗ ଓ ଛତା ଧରି ଅପେକ୍ଷା କରିଛନ୍ତି। ତାଙ୍କ ସହିତ କଥାବାର୍ତ୍ତା କରିବାରୁ ସାର୍ ଜାଣିଲେ ସେ ହେଉଛନ୍ତି ଶ୍ରୀଯୁକ୍ତ ନାରାୟଣ ଚନ୍ଦ୍ର ମଲ୍ଲିକ୍, ବି.ଏ., ବି.ଇଡ଼ି.। ଘର ଅର୍ଦ୍ଧାଳୁଆ ଯାଜପୁର। Headmaster Post ଖାଲିଥିବା ଖବର ପାଇ ଚାକିରୀ ଉଦ୍ଦେଶ୍ୟରେ ଆସିଥାନ୍ତି। ସାର୍ ତାଙ୍କୁ ନେଇ ଅଫିସ୍‌ରେ ବସେଇଲେ। ଭାରପ୍ରାପ୍ତ ପ୍ରଧାନଶିକ୍ଷକ ବଟ ମିଶ୍ର ଆସିବାରୁ ସଂପାଦକ ଶ୍ରୀଯୁକ୍ତ ଫକୀର ଚରଣ ପଣ୍ଡାଙ୍କୁ ପିଅନ ପଠାଇ ଡକାଇ ଆଣିଲେ। ସଂପାଦକ ମହାଶୟ କାଳବିଳମ୍ବ ନକରି ସାଙ୍ଗେ ସାଙ୍ଗେ ଆସି ପହଞ୍ଚିଗଲେ। କାରଣ ସ୍କୁଲ୍‌ରେ ପ୍ରଧାନ ଶିକ୍ଷକ ନଥାନ୍ତି। ସଦ୍ୟ ଇସ୍ତଫା ଦେଇ ଚାଲିଯାଇଥାନ୍ତି। ପ୍ରଧାନଶିକ୍ଷକ ନିଯୁକ୍ତିରେ ବିଳମ୍ବ ହେଲେ ସ୍କୁଲ୍ ଓ ପରିଚାଳନା ସମିତି ଉପରେ ଛାତ୍ର ଓ ଅଭିଭାବକ ମାନଙ୍କର ବିଯୁକ୍ତାତ୍ମକ (ନେଗେଟିଭ୍) ଧାରଣା ଜନ୍ମନେବ। ସେତେବେଳେ ଆଜିକାଲି ପରି ଫୋନ୍ ଯୋଗେ ଯୋଗାଯୋଗର ସୁବିଧା ନଥିଲା। ତେଣୁ ସମିତିର ସଭାପତି ଓ ଅନ୍ୟାନ୍ୟ ସଭ୍ୟମାନଙ୍କ ସହିତ ସମ୍ପର୍କ ସ୍ଥାପନ ହୋଇପାରିଲା ନାହିଁ। ସାକ୍ଷାତ ଓ ଆଲୋଚନା ତ ଦୂରର କଥା। ବୈଠକ ଡକାଇ ଦରଖାସ୍ତ ମଞ୍ଜୁର କରି ଶିକ୍ଷକ ନିଯୁକ୍ତି ଦେବା ନିଶ୍ଚିତ ବିଳମ୍ବ ହେବ। ତେଣୁ

ସଂପାଦକ ମହାଶୟ ପ୍ରଥମେ ନିଯୁକ୍ତ ପତ୍ର ଦେଇ ପରେ ଅନୁମୋଦନ କରିବା ପାଇଁ ତାଙ୍କର ଦରଖାସ୍ତଟିକୁ ରଖିଲେ। ସ୍କୁଲ୍‌ର ହିତ ଦୃଷ୍ଟିରୁ ତତ୍‌କ୍ଷଣାତ୍ ଏ କାମଟି କରି ପକାଇଲେ। ସେଦିନ ଥାଏ ୧୯୬୬ ମସିହା ଜୁଲାଇ ସତେଇଶ ତାରିଖ। ଶ୍ରୀଯୁକ୍ତ ମଲ୍ଲିକ୍ ନିଯୁକ୍ତିପତ୍ର ଗ୍ରହଣ କରି ସେହିଦିନ ଜଏନିଂ ରିପୋର୍ଟ ଦେଲେ।

ଜଣେ ଯୋଗ୍ୟବ୍ୟକ୍ତି ପାଖରେ ଆସି ପହଞ୍ଚିଛନ୍ତି। ହାତ ପାହାନ୍ତାରେ ସୁଯୋଗ। ଛାଡ଼ିଦେଲେ ହୁଏତ ସେ ଆଉ ଫେରି ନ ପାରନ୍ତି। ଏଭଳି ସୁଯୋଗ ଛାଡ଼ିଲେ ଅନୁତାପ କରିବାକୁ ପଡ଼ିବ। ତେଣୁ କିଛି ସାଧାରଣ କଥାବାର୍ତ୍ତା ପରେ ତାଙ୍କର ପୂର୍ବ ଅଭିଜ୍ଞତା ଓ ଚାକିରୀ କ୍ଷେତ୍ର ବାବଦରେ ଆଲୋଚନା କରିବାକୁ ଅନୁଚିତ ମନେକରି ତାଙ୍କୁ ରଖାଗଲା।

ପରବର୍ତ୍ତୀ ସମୟରେ ମଲ୍ଲିକଙ୍କ ବିଷୟରେ ସବିଶେଷ କଥା ଜଣାପଡ଼ିଲା। ଏଥି ପୂର୍ବରୁ ସେ ବରୁଣ୍ଡେଇ ହାଇସ୍କୁଲ୍‌ରେ ପ୍ରଧାନଶିକ୍ଷକ ଥିଲେ। ସେହି ସ୍କୁଲ୍ ପରିଚାଳନା ସମିତିର ସଭାପତି ଥିଲେ ଯାଜପୁର ଏମ୍.ପି. ଶ୍ରୀଯୁକ୍ତ ରାମଚନ୍ଦ୍ର ମଲିକ। କୌଣସି କାରଣରୁ ପରିଚାଳନା ସମିତି ସହିତ ପ୍ରଧାନଶିକ୍ଷକଙ୍କର ମତାନ୍ତର ସୃଷ୍ଟି ହେଲା। ସମିତିର ଅନ୍ୟାୟ ନିର୍ଦ୍ଦେଶକୁ ସେ ମାନିବା ପାଇଁ ପ୍ରସ୍ତୁତ ନହୋଇ ପ୍ରତିବାଦ କରନ୍ତେ ସମସ୍ତଙ୍କ ରୋଷର ଶିକାର ହେଲେ। ଫଳରେ ତାଙ୍କୁ ଅନ୍ୟାୟ ଭାବେ ବିଦା କରି ଦିଆଗଲା। ଅବଶ୍ୟ ଏ ବାବଦରେ ସେ ବୋର୍ଡରେ ଅପିଲ୍ କରିଥାନ୍ତି। ଏଥିରୁ କିଛି ସୁଫଳ ମିଳିବାର ଆଶା ଖୁବ୍ କମ୍ ଥାଏ। ସେତେବେଳେ ଚାକିରୀ କ୍ଷେତ୍ରରେ କିଛି ସ୍ଥିରତା ନଥିଲା। ପରିଚାଳନା ସମିତିର ସାର୍ବଭୌମ କ୍ଷମତା ଆଗରେ ସବୁକିଛି ଥିଲା ନିଷ୍ପ୍ରଭ। ସେମାନେ ଚାହିଁଲେ ବିନା କାରଣରେ ବାହାର କରିଦେଇପାରିବେ। ଆଇନଗତ କଟକଣା କିଛି ନଥାଏ। ନାରାୟଣ ସାର୍ ଖୁବ୍ ଗମ୍ଭୀର ଓ ଭାରି ଗୁମରଦାର ଲୋକ। ଏକଥା ସମସ୍ତେ ବହୁତ ଦିନ ପରେ ଜାଣିଲେ। ପୂର୍ବରୁ ଜାଣିଥିଲେ ହୁଏତ ତାଙ୍କର ନିଯୁକ୍ତି ପୂର୍ବରୁ ସମିତି କିଛିଟା ଚିନ୍ତା ପ୍ରକଟ କରିଥାନ୍ତେ, ବିଚାର କରିଥାନ୍ତେ। କିନ୍ତୁ ପ୍ରଧାନଶିକ୍ଷକ ଅଭାବର ଭୟ ତ ଚତୁର୍ଦ୍ଦିଗରୁ ଆବୋରି ବସିଥିଲା। ତେଣୁ ଏତେ ଖୋଜ ଖବର ନେଉଛି କିଏ। ସେତେବେଳେ ଜାଣିଥିଲେ- କାଦୁଅରେ ପଶିବା କାହିଁକି, ଗୋଡ଼ ଧୋଇବା କାହିଁକି ନ୍ୟାୟରେ ବିଚାର କରାଯାଇଥାନ୍ତା। ବାକି କଥା ପଛରେ ଆଲୋଚନା ହେବ।

ଅବଦଲପୁରର ରାଜକିଶୋର ତ୍ରିପାଠୀ ବି.ଏସ୍.ସି. ପାଶ୍ କରି ମଧୁବନ ହାଇସ୍କୁଲ୍‌ରେ ବିଜ୍ଞାନ ଶିକ୍ଷକ ଥାଆନ୍ତି।

ନାରାୟଣ ସାର୍ ବରୁଣ୍ଡେଇ ହାଇସ୍କୁଲ୍‌ରେ ଥିବାବେଳେ ତାଙ୍କ ସହିତ ସହକାରୀ ଶିକ୍ଷକ ଭାବରେ ଫୁଲାଡ଼ି, ବେତଣ୍ଡାର ଶ୍ରୀଯୁକ୍ତ ରାଜକିଶୋର ପ୍ରଧାନ ଥିଲେ।

ସେଠୁ ସେ ସୁଜନପୁର ହାଇସ୍କୁଲ୍‌କୁ ଯାଇଥିଲେ। ନାରାୟଣ ସାର୍ ପ୍ରଧାନ ବାବୁଙ୍କୁ ସୁଜନପୁରରୁ ଛଡ଼ାଇ ଆଣି ନିଜ ପାଖରେ ଅନ୍ୟତମ ବିଜ୍ଞାନ ଶିକ୍ଷକ ହିସାବରେ ରଖାଇଲେ। ସେହି ସମୟରେ ବଣ୍ଟରାର ଶ୍ରୀଯୁକ୍ତ ଯଦୁମଣି ସାହୁ ବି.ଏ.ଙ୍କୁ ସହକାରୀ ଶିକ୍ଷକ ରୂପେ ନିଯୁକ୍ତି ଦିଆଗଲା।

ପ୍ରଧାନଶିକ୍ଷକ ନାରାୟଣ ବାବୁ ଘରକୁ ଯାଇ ନିଜର ବେଡ଼ିଂ ପତ୍ର ଧରି ଫେରିଲେ। ମାଇନର୍ ସ୍କୁଲ୍‌ର ଗୋଟେ ସ୍ୱତନ୍ତ୍ର କୋଠରୀ ତାଙ୍କ ରହିବା ପାଇଁ ଦିଆଗଲା। ମେସ୍‌ରେ ଅନ୍ୟ ଶିକ୍ଷକ ଓ ଛାତ୍ରମାନଙ୍କ ସହିତ ଖିଆପିଆ କଲେ।

ଅନେକ ଦିନ ପରେ ସ୍କୁଲ୍ ଜଣେ ଅଭିଜ୍ଞ ଓ ବୟସ୍କ ପ୍ରଧାନଶିକ୍ଷକ ପାଇଲା। ବିଶେଷ କରି ସ୍କୁଲ୍ ପରିଚାଳନା, ପାଠପଢ଼ା, ଅଫିସ୍ ଖାତାପତ୍ର ତିଆରିରେ ତାଙ୍କର ବିଶେଷତ୍ୱ ଓ ନୂତନତ୍ୱ ବାରି ହୋଇପଡ଼ିଲା। ସ୍କୁଲର ପରିଚାଳନା ପାଇଁ ଆବଶ୍ୟକ ଥିବା ସମସ୍ତ ରେଜିଷ୍ଟରକୁ ସଜାଡ଼ି ଦେଇ କିରାଣୀ ଭାସ୍କର ବାବୁଙ୍କୁ ଧରାଇ ଦେଲେ। ପରିଚାଳନା ସମିତିର ସଭା ବିବରଣୀ, ନୋଟିସ୍ ବହି Receipt book ସବୁକିଛିକୁ ନୂଆ ଭାବରେ ପ୍ରସ୍ତୁତ କଲେ। Scheme book ଓ Lesson note ଉପରେ ତୀକ୍ଷ୍ଣ ଦୃଷ୍ଟି ଦେବା ସହିତ ରୁଟିନ୍‌ର ଗୋଟେ କପି ଅଫିସ୍‌ରେ ଓ ଗୋଟେ କପି Teachers Common Room ରେ ଲଗାଇଲେ। କ୍ଲାସ୍ ରୀତିମତ ହେଲା। କୌଣସି ଶିକ୍ଷକ ଛୁଟିରେ ଗଲେ ତାଙ୍କ ପିରିଅଡ୍ ଗୁଡ଼ିକ ପାଇଁ Roster duty arrangement କରାଯାଏ। କ୍ଲାସ୍ ଆରମ୍ଭ ହୋଇଗଲା ପରେ ସାରା ସ୍କୁଲ୍ ପରିବେଶ Pindrop Silence ହୋଇଯାଏ। Weak and Negligent ଶିକ୍ଷକମାନଙ୍କ ଉପରେ କଡ଼ା ଦୃଷ୍ଟି ରଖନ୍ତି। ଏ ସବୁ କାମରୁ ତାଙ୍କର ଦକ୍ଷତା ଓ ପାରଦର୍ଶିତା ପ୍ରକାଶ ପାଇଥାଏ। ଶିକ୍ଷକମାନଙ୍କ ମଧ୍ୟରେ ସେ ଥିଲେ ବୟୋଜ୍ୟେଷ୍ଠ। ବୟସ ଚାଳିଶ ମଧ୍ୟରେ।

ପାଠପଢ଼ା, ଶୃଙ୍ଖଳା ଓ ନୈତିକତା ଉପରେ ତାଙ୍କର ବିଶେଷ ଧ୍ୟାନ ଥାଏ। ମଧୁବନ ହାଇସ୍କୁଲ୍‌ର ପରୀକ୍ଷା ପ୍ରଣାଳୀକୁ ସଂଶୋଧିତ ଓ ମାର୍ଜିତ କରିଥିଲେ। ସିଟ୍ ପଡ଼ିବା, ସୁରକ୍ଷିତ ଓ ଗୁପ୍ତଭାବରେ ପ୍ରଶ୍ନ ପତ୍ରର ରକ୍ଷଣାବେକ୍ଷଣ, ଖାତା ଦେଖା, ମାର୍କ ଟାବୁଲେସନ୍, ଯାଞ୍ଚ ଓ ପରୀକ୍ଷା ଫଳ ନିରୁପଣ ଇତ୍ୟାଦି ସମସ୍ତ କ୍ଷେତ୍ରରେ ସଂସ୍କାର ଆଣିଥିଲେ। ସବୁକାମରେ ତାଙ୍କଠାରୁ କିଛି ନା କିଛି ଶିଖିବାର ଥାଏ।

ଷାଣ୍ମାଷିକ ଓ ବାର୍ଷିକ ପରୀକ୍ଷା ପରେ ଶିକ୍ଷକମାନେ ଖାତା ନେଇ ନିର୍ଦ୍ଦିଷ୍ଟ ସମୟ ମଧ୍ୟରେ ଦେଖିସାରି ଫେରାଇଦିଅନ୍ତି। Subject teacherଙ୍କ ସହାୟତାରେ କ୍ଲର୍କ ପରୀକ୍ଷା ଫଳ Result bookରେ ଚଢ଼ାନ୍ତି। ଏହାକୁ ନିର୍ଭୁଲ୍ କରିବା ପାଇଁ Totalling ପରେ ପ୍ରତିଥର ଦୁଇଜଣ ଶିକ୍ଷକ ତାକୁ ମୂଳ ଖାତା ସହିତ ମିଳାଇ ନିଅନ୍ତି। Merit list କରାଯାଇ ସବୁ ବିଷୟ ଓ Aggregateରେ ପାଶ୍ ମାର୍କ ଥିବା ପିଲାଙ୍କ Position ସ୍ଥିର କରାଯାଏ। ଫଳ ପ୍ରକାଶ ପାଇବା ପୂର୍ବରୁ Consideration board ବସେ। ଏ ସବୁ କାମ board ବସିବା ପୂର୍ବରୁ ଶେଷ କରାଯାଇଥାଏ। Consideration board ସାଧାରଣତଃ ରାତିରେ ବସେ। ସମସ୍ତ ଶିକ୍ଷକ ଯୋଗ ଦିଅନ୍ତି। ଟେଷ୍ଟ ପରୀକ୍ଷା ଓ ବାର୍ଷିକ ପରୀକ୍ଷା ଫଳ ବାହାରିବା ପୂର୍ବରୁ ଏମିତି board ବସେ। ସମସ୍ତଙ୍କ ପାଇଁ ଜଳଖିଆ ଓ ଭୋଜିର ବ୍ୟବସ୍ଥା କରାଯାଇଥାଏ। board meeting ବସିଲା ପରେ Result book ସମସ୍ତଙ୍କ ଗୋଚରକୁ ଆସେ। ପରୀକ୍ଷା ଫଳ ପ୍ରକାଶନ ପୂର୍ବରୁ ଖୁବ୍ କଡ଼ାକଡ଼ି ଭାବରେ ଗୋପନୀୟତା ରକ୍ଷା କରାଯାଇଥାଏ। ଶିକ୍ଷକମାନେ Result book ଦେଖିଲା ପରେ ପ୍ରଧାନଶିକ୍ଷକ ଶ୍ରେଣୀ ଅନୁଯାୟୀ ପାଶ୍ ଫେଲ ନିର୍ଦ୍ଧାରଣ ପାଇଁ ମତାମତ ମାଗନ୍ତି। ନୂଆ ସ୍କୁଲ୍। ଫଳ ଭଲ ହେବା ଆବଶ୍ୟକ। ତେଣୁ class promotion ଓ Test ଫଳ ବିଚାର କଲାବେଳେ କଡ଼ା ଦୃଷ୍ଟି ଦିଆଯାଏ। ପ୍ରତିଶ୍ରେଣୀ ପାଇଁ ନିର୍ଦ୍ଦିଷ୍ଟ କଟ୍ ଅଫ୍ ମାର୍କ (pass mark) ସର୍ବ ସମ୍ମତି କ୍ରମେ ସ୍ଥିର ହୁଏ। ନ୍ୟାୟ ସଙ୍ଗତ ଭାବେ କିଛି ପିଲା ଫେଲ୍ ହୁଅନ୍ତି। ଆଜିକାଲିର କଥା ଅଲଗା। ପିଲାଟିଏ ଥରେ ସ୍କୁଲ୍‌ରେ ନାଆଁ ଲେଖାଇଲେ ଆଉ ଫେଲ୍‌ର ପ୍ରଶ୍ନ ନାହିଁ। ଏହା ଏକ ନିୟମରେ ପରିଣତ ହୋଇଯାଇଛି। କିଛି ଦିନ ପୂର୍ବେ ତ ଏମିତି ହେଉଥିଲା, ଫେଲ୍ ହେଉଥିବା ପିଲାର ଅବିଭାବକ ସ୍କୁଲ୍‌କୁ ଯାଇ ଫେଲ୍‌କୁ ପାଶ୍ କରିବା ପାଇଁ ଜିଦ୍ କରୁଥିଲେ।

ମଧୁବନ ହାଇସ୍କୁଲ୍‌ରେ ଥରେ ଫଳ ବାହାରିବା ପରେ କୌଣସି ବାହ୍ୟ ଚାପରେ ଆଉ Revision ବା ବଦଳା ବଦଳି କରାଯାଏ ନାହିଁ। ଏ ବାବଦରେ ମଧୁବନ ହାଇସ୍କୁଲ୍‌ର ପରୀକ୍ଷା ନିୟନ୍ତ୍ରଣ ପ୍ରଣାଳୀ ବୋର୍ଡ ପରୀକ୍ଷା ଠାରୁ ଅଧିକ ଶୃଙ୍ଖଳିତ। ବ୍ରହ୍ମାନନ୍ଦ ପଣ୍ଡା ନାମକ ଛାତ୍ରଟିଏ ନବମ ଶ୍ରେଣୀରେ ଦୁଇ ଥର ଫେଲ୍ ହୋଇ ରହିଲେ। ଦଶମ ଶ୍ରେଣୀକୁ ପ୍ରମୋଶନ ପାଇ ପାରିଲେ ନାହିଁ। ମଧୁବନ ହାଇସ୍କୁଲ୍‌ର ନିୟମ କରାଯାଇଥିଲା ଜଣେ ପିଲା ଗୋଟିଏ ଶ୍ରେୀରେ ଦୁଇଥର ଫେଲ୍ ହେଲେ ତାକୁ ଟ୍ରାନ୍ସଫର ସାର୍ଟିଫିକେଟ୍ ଦେଇଦିଆଯିବ। ସ୍କୁଲ୍‌ରୁ ବହିଷ୍କାର କରାଯିବ। ଏହି ନିୟମ ଯୋଗୁ ବ୍ରହ୍ମାନନ୍ଦଙ୍କର ପାଠପଢ଼ା ବନ୍ଦ ହେଲା। ସେହି ପିଲା ରେଭେନ୍ୟୁ ଡିପାର୍ଟମେଣ୍ଟରେ ଚତୁର୍ଥ ଶ୍ରେଣୀ କର୍ମଚାରୀ ହିସାବରେ କାମ କରି ଏବେ ଅବସର ନେଇଛନ୍ତି।

ପରୀକ୍ଷା କଡ଼ାକଡ଼ି ଓ ପରିଚାଳନା ସ୍ୱଚ୍ଛ ହେଉଥିବାରୁ ଅବିଭାବକ ମାନଙ୍କର ସ୍କୁଲ୍ ପ୍ରତି ବିଶ୍ୱାସ ଦୃଢ଼ୀଭୂତ ହୁଏ। ଅଧିକରୁ ଅଧିକ ପିଲା ଏଠି ପଢ଼ିବା ପାଇଁ ସ୍ୱତଃ ଆଗ୍ରହୀ ହୁଅନ୍ତି।

■

# ମାଟ୍ରିକ୍ ପରୀକ୍ଷାର୍ଥୀଙ୍କୁ ନେଇ ସେଣ୍ଟରକୁ ଯିବାର ଅଭିଜ୍ଞତା

୧୯୬୭ ମସିହାର ବୋର୍ଡ ପରୀକ୍ଷା କେନ୍ଦ୍ର ପୁରୁଷୋତ୍ତମ ପୁର ହାଇସ୍କୁଲ, କବୀରପୁରରେ ପଡ଼ିଥାଏ। ସେ ଥର ମହନୀ, ରାମ, ରବିପତି, ରମାକାନ୍ତ, ମେଘନାଦ ଇତ୍ୟାଦିଙ୍କ ସହିତ ଅନ୍ୟ ପିଲାମାନେ ପରୀକ୍ଷା ଦେଉଥାନ୍ତି। ଆମ ସାର୍ ପିଲାମାନଙ୍କୁ ସାଙ୍ଗରେ ନେଇ Deputation ରେ ଯାଇଥାନ୍ତି। ପୁରୁଷୋତ୍ତମପୁର ବଙ୍ଗାଳୀ ସାହିରେ ଘରଭଡ଼ା ନେଇ ମେସ୍ କରି ରହିଲେ। ସାଙ୍ଗରେ ପୂଜାରୀ ନନା ଓ ଆଉ ଜଣେ ସହକାରୀ ଯାଇଥାନ୍ତି। ପିଲାମାନଙ୍କୁ ସକାଳେ ଜଳଖିଆ, ପରୀକ୍ଷାକୁ ଯିବା ପୂର୍ବରୁ ମିଲ୍ ଓ ଫେରିବା ପରେ ପଖାଳ ସହିତ କିଛି ଗୋଟେ ଭଜା ପୁଣି ରାତିରେ ମିଲ୍ ଦିଆଯାଏ। ବିଭିନ୍ନ ଦିନମାନଙ୍କରେ ମାଂସ, ମାଛ, ଅଣ୍ଡା ତରକାରୀ କରାଯାଏ। ମେସ୍ ଖର୍ଚ୍ଚ ଉଚିତ୍ ଭାବରେ ହିସାବ କରି ପିଲାଙ୍କ ଠାରୁ ନିଆଯାଏ। ଯେମିତି ବେଶି ନହେବ। ଗରୀବ ପିଲାଟିଏ ଯେମିତି ମେସ୍ ଖର୍ଚ୍ଚ ଦେବା ପାଇଁ ଅସୁବିଧା ଭୋଗ ନକରିବ। ଛୁଟିଦିନ ଦେଖି ମାଂସ କରାଯାଏ। ସେଦିନ ମଧୁବନ ସ୍କୁଲ୍‌ର ଶିକ୍ଷକମାନେ ନିମନ୍ତ୍ରଣ ରକ୍ଷାକରି ଯୋଗଦିଅନ୍ତି। ଏହାଛଡ଼ା ପରୀକ୍ଷା ପୂର୍ବଦିନ ରାତିରେ ପରଦିନ ଥିବା subjectର ଶିକ୍ଷକ ମାନେ ଆସି ପିଲାଙ୍କ ସହିତ ରୁହନ୍ତି। ଛାତ୍ରଛାତ୍ରୀଙ୍କର ସନ୍ଦେହ ମୋଚନ କରନ୍ତି, ଉତ୍ସାହିତ କରନ୍ତି ଆଉ ସାହସ ବଢ଼ାନ୍ତି।

ସେ ବର୍ଷ ସାର୍‌ଙ୍କ ଭଣଜା, କ୍ଷେତ୍ରବାସୀ ସାର୍‌ଙ୍କ ପୁତୁରା ରବି ପତି ପରୀକ୍ଷା ଦେଉଥାନ୍ତି। ତାଙ୍କୁ କେଇଦିନ ଆଗରୁ ହାଡ଼ଫୁଟି ହେଇଥିଲା। ସେ ପର୍ଯ୍ୟନ୍ତ ରବିବାବୁ ସୁସ୍ଥ ହୋଇନଥାନ୍ତି। ହାଡ଼ଫୁଟି ଶୁଖି ଶୁଖି ଆସୁଥାଏ। ତେଣୁ ସେଥିରୁ ବକଳ ଛାଡୁଥାଏ। ଏଭଳି ଅବସ୍ଥାରେ ସେ ଅନ୍ୟପିଲାମାନଙ୍କ ସହିତ ବସି ପରୀକ୍ଷା ଦେଇପାରିବେ ନାହିଁ। ସାର୍‌ଙ୍କର ପରିଚିତ ଅକ୍ଷୟ ବାବୁ (ପୁରୁଷୋତ୍ତମପୁର ହାଇସ୍କୁଲର ପ୍ରଧାନଶିକ୍ଷକ) ସେଥର

ପରୀକ୍ଷା ଦାୟିତ୍ୱରେ ନଥାନ୍ତି। କାରଣ ତାଙ୍କର କେହି ଜଣେ ଆତ୍ମୀୟ ପରୀକ୍ଷା ଦେଉଥିବାରୁ ଏପରି ହୋଇଥାଏ। ତାଙ୍କ ବଦଳରେ ଏନ୍.ସି. କଲେଜ୍‌ର ଇତିହାସ ଅଧ୍ୟାପକ ଶ୍ରୀଯୁକ୍ତ ଏମ୍.ଏମ୍. ହାଜରା ସେଥର ସୁପରିଟେଣ୍ଡେଣ୍ଟ ଦାୟିତ୍ୱରେ ଥାଆନ୍ତି। ଆମ ସାର୍ ଓ କ୍ଷେତ୍ରବାସୀ ସାର୍, ରବିବାବୁଙ୍କ ପରୀକ୍ଷା ବିଷୟରେ କଥାବାର୍ତ୍ତା କରିବା ପାଇଁ ସୁପରିଟେଣ୍ଡେଣ୍ଟଙ୍କ ପାଖକୁ ଗଲେ। ଏହା ପୂର୍ବରୁ କ୍ଷେତ୍ରବାସୀ ସାର୍ ତାଙ୍କ କକା ଏନ୍.ସି. କଲେଜ୍‌ର ଓଡ଼ିଆ ଅଧ୍ୟାପକ ଶ୍ରୀଯୁକ୍ତ ପଞ୍ଚାନନ ପତିଙ୍କଠାରୁ ହାଜରାଙ୍କ ଉଦ୍ଦେଶ୍ୟରେ ଖଣ୍ଡେ ଚିଠି ଲେଖାଇ ଆଣିଥିଲେ। ଚିଠି ପଢ଼ିବା ଓ କଥାବାର୍ତ୍ତା ବୁଝିବା ପରେ ସୁପରିଟେଣ୍ଡେଣ୍ଟ୍ ମହାଶୟଙ୍କ ରବିବାବୁଙ୍କ ପାଇଁ Sick roomର ବ୍ୟବସ୍ଥା କଲେ। ସେହି କୋଠରୀରେ ଜଣେ ଗାର୍ଡଙ୍କ ତତ୍ତ୍ୱାବଧାନରେ ଏକୁଟିଆ ପରୀକ୍ଷା ଦେଲେ। ପରୀକ୍ଷା ସରିଲା ପରେ ତାଙ୍କ ଖାତାକୁ ବିଶୋଧନ କରି ଅନ୍ୟ ଉତ୍ତର ଖାତା ସହିତ ମିଶାଇ ପ୍ୟାକେଟ୍ କରାଗଲା।

ଆମ ସାର୍ ଜଣେ ଶୃଙ୍ଖଳିତ ଓ କଡ଼ା ଶିକ୍ଷକ ବୋଲି କୌଣସି ସୂତ୍ରରୁ ଜାଣିପାରି ସେଣ୍ଟର ସୁପରିଟେଣ୍ଡେଣ୍ଟ୍ ତାଙ୍କୁ ଆଠଟି ଯାକ sittingରେ Invigilation duty ଦେଇଦେଲେ। ସାର୍ ସୂଚାରୁ ରୂପେ ତାଙ୍କର କାର୍ଯ୍ୟ କରି ଚାଲିଥାନ୍ତି। ଶେଷଦିନ ଥାଏ ଇଂରାଜୀ ପରୀକ୍ଷା। ସ୍କୁଲ୍‌ର ଦକ୍ଷିଣ ପଟ ନୂଆ କୋଠାର ପୂର୍ବ ଆଡ଼କୁ ହଷ୍ଟେଲ୍ ପାଖ କୋଠରୀରେ ପରୀକ୍ଷା ଚାଲିଥାଏ। ସାର୍ ଓ ତାଙ୍କ ସାଙ୍ଗରେ ପୁରୁଷୋତ୍ତମପୁର ସ୍କୁଲ୍‌ର ଶିକ୍ଷକ ବ୍ରଜ ମହାନ୍ତି ଡ୍ୟୁଟି କରୁଥାନ୍ତି। ଦୁହେଁ ସମାନ ଭାବରେ ଖୁବ୍ କଡ଼ା ମିଜାଜ୍‌ର ଶିକ୍ଷକ। ହଲ୍‌ର ଏ ମୁଣ୍ଡରୁ ସେ ମୁଣ୍ଡକୁ ଚାଲି ପିଲାଙ୍କ ଉପରେ ତୀକ୍ଷଣ୍ ନଜର ରଖିଥାନ୍ତି। ଇଂରାଜୀ ପରୀକ୍ଷା ପିଲାଙ୍କ ପାଇଁ ଭାରି କଷ୍ଟକର କଥା। କପିଟପି କରିବାର ସୁଯୋଗ ଖୋଜୁଥାନ୍ତି। ପଚରା ପଚରି କିମ୍ବା ଅନ୍ୟର ଖାତା ଦେଖି ଲେଖିବାର ଆଶା ରଖିଥାନ୍ତି। କିନ୍ତୁ ହୋଇପାରୁନଥାଏ। ଏଭଳି ଅବସ୍ଥାରେ ବାହାରୁ କପି ଆସିବାର ମଧ୍ୟ ସୁଯୋଗ ନଥାଏ। ପିଲାମାନେ ମୁଣ୍ଡ ହଲାଇ ପାରୁନଥାନ୍ତି। ସାର୍‌ଙ୍କର ଯୁବକ ବୟସ। ପୁନଶ୍ଚ ପରୀକ୍ଷାରେ ସାଧୁତା ରକ୍ଷା କରିବା ଶିକ୍ଷକର ଦାୟିତ୍ୱ ବୋଲି ସଂପୂର୍ଣ୍ଣ ସଚେତନ ଥାଆନ୍ତି।

ସେହି ହଲ୍‌ରେ ବ୍ରହ୍ମବରଦା ହାଇସ୍କୁଲ୍‌ର ବଡ଼ ବଡ଼ ମୁସ୍‌ଲିମ୍ ପିଲାମାନେ ପରୀକ୍ଷା ଦେଉଥାନ୍ତି। କପି କରିବାର ସୁଯୋଗ ନ ପାଇବାରୁ ସାର୍‌ଙ୍କ ଉପରେ ରାଗିଯାଇଥାନ୍ତି। କ୍ରୋଧ ପ୍ରକାଶ କରିବାକୁ ଯାଇ କେହି ଜଣେ ପିଲା ସାର୍‌ଙ୍କ ପଛ ପଟରେ କାଳି ଛାଟି ଦେଇଥାଏ। ସାର୍ ସେ କଥା ଜାଣିପାରି ନଥାନ୍ତି। ପରୀକ୍ଷା ସରିଲା ପରେ ଖାତା ସଂଗ୍ରହ କରି ଅଫିସ୍‌କୁ ଗଲେ। ସେଦିନ ପ୍ରଧାନ ଶିକ୍ଷକ ଅକ୍ଷୟବାବୁ ଡିୟୁଟିରେ ନଥିଲେ ବି ସ୍କୁଲ୍‌କୁ ଆସିଥାନ୍ତି। ସେ ଦେଖିଲେ ଆମ ସାର୍‌ଙ୍କ ପଛପଟେ

ପିନ୍ ପିନ୍ ଧଳା ଧୋତି ଓ ସାର୍ଟ ଉପରେ ଗୋଡ଼ରୁ ବେକ ପର୍ଯ୍ୟନ୍ତ କେହି କାଳି ଛାଟି ଦେଇଛି। ତେଣୁ ଚେତେଇ ଦେବାପାଇଁ କହିଲେ- ଜିତେନ୍‌ବାବୁ, ଆପଣଙ୍କ ପଛପଟ ଦେଖିଲେଣି ?

ସାର୍ ମୁହଁ ବୁଲାଇ ନିଜ ପଛପାଖ ଦେଖିଲା ମାତ୍ରେ କହି ପକାଇଲେ- ମତେ କେହି ବିଶେଷ ଭାବେ ଭଲ ପାଇଯାଇଛି। ଏ କଥାରେ ସେଠି ଉପସ୍ଥିତ ଥିବା ସମସ୍ତ ଶିକ୍ଷକ ଏକାସାଙ୍ଗରେ ହସି ଉଠିଲେ। ସେଦିନ ଖାତା ଦେଇସାରି ପଇସାପତ୍ର ଧରି ଫେରିଲା ବେଳକୁ ଟିକେ ଡେରି ହୋଇଗଲା। ସାର୍‌ଙ୍କ ଭିଣୋଇ କ୍ଷେତ୍ରବାସୀ ସାର୍ ଖବର ପଠାଇଲେ- ଆପଣ ସାବଧାନ ରହିବେ। ବ୍ରହ୍ମବରଦା ପିଲାମାନେ ଆପଣଙ୍କୁ ମାରିବା ପାଇଁ ବାଟରେ ଜଗିଛନ୍ତି। ସ୍କୁଲ୍‌ରେ କାମ ସାରି ସାର୍ ବାହାରିବା ବେଳକୁ ସମସ୍ତେ ପଳାଇ ଯାଇଥାନ୍ତି। ସାର୍ ପୁରା ଏକୁଟିଆ। ଡ୍ୟୁଟି କରିବାକୁ ଯାଇ କପି ପାଇଁ ସୁଯୋଗ ନ ଦେବାରୁ ପିଲାମାନେ ଉତ୍‌କ୍ଷିପ୍ତ ହୋଇ ଯାଇଛନ୍ତି। ସେଇମାନଙ୍କ ଭିତରୁ କେହି କାଳି ଛାଟି ଥିଲେ। ମାଡ଼ ମାରିବାଟା ଏଭଳି ଅଭଦ୍ର ଛାତ୍ରଙ୍କ ପକ୍ଷେ କେଉଁ ବଡ଼ କଥା ଯେ। ତେଣୁ ନିଜେ ସାବଧାନ ହୋଇଯିବା ଦରକାର। ସେଦିନ ସାର୍ ଅନ୍ୟ ଗୋଟେ ରାସ୍ତା ଧରି ପିଲାଙ୍କ ମେସ୍‌ରେ ପହଞ୍ଚିଲେ। ଏଭଳି ଅନେକ ତିକ୍ତ ମଧୁର ଅନୁଭୂତି ସାର୍‌ଙ୍କ ଜୀବନରେ ଆସିଛି। ପ୍ରତିବର୍ଷ ପାଳିକରି ନୂଆ ନୂଆ ଶିକ୍ଷକ ମାନଙ୍କୁ ପିଲାଙ୍କ ସାଙ୍ଗରେ ପଠାଯାଏ। ତେବେ ବି ସାର୍ ଅନେକ ଥର ପିଲାମାନଙ୍କୁ ନେଇ ବିଭିନ୍ନ ସ୍ଥାନକୁ ଯାଇଛନ୍ତି।

୧୯୮୩ ମସିହାରେ ସିନିୟର, ଜୁନିୟର ପିଲାଙ୍କୁ ଧରି ଚଣ୍ଡିଖୋଲ୍‌ର ଭୈରବାନନ୍ଦ ମହାବିଦ୍ୟାଳୟ ପରୀକ୍ଷା କେନ୍ଦ୍ରକୁ ଯାଇଥିଲେ। ସାଙ୍ଗରେ ଥିଲେ ରାଜବାବୁ ଓ ମହାରଣା ସାର୍। ବିଧାନଚନ୍ଦ୍ର ଏକାଡେମି, ରାଜାତୋଟା ହାଇସ୍କୁଲ୍, ଧର୍ମଶାଳା ବାଣୀପୀଠ ଇତ୍ୟାଦି କେନ୍ଦ୍ରକୁ ୧୯୮୬ ମସିହା ପର୍ଯ୍ୟନ୍ତ ଯାଇଛନ୍ତି। ତା' ପରବର୍ଷ ୧୯୮୭ ମସିହାଠାରୁ ମଧୁବନ ହାଇସ୍କୁଲ ପରୀକ୍ଷା କେନ୍ଦ୍ରରେ ପରିଣତ ହେଲା। ସାର୍ ପରୀକ୍ଷା ପରିଚାଳନା ଦାୟିତ୍ୱରେ ରହିବାରୁ ଆଉ ବାହାରକୁ ଯାଇପାରି ନାହାନ୍ତି। କିନ୍ତୁ ପରୀକ୍ଷା ମଝିରେ ଛୁଟିଦିନ ଦେଖି ପିଲାମାନଙ୍କ ପାଖକୁ ଯାଆନ୍ତି। ଗଲାବେଳେ ସାଙ୍ଗରେ ଦୁଇଶହ ଭଳି ଟଙ୍କାର ଲଜେନ୍ସ ନେଇ ପିଲାମାନଙ୍କୁ ଦିଅନ୍ତି। କଥାରେ କଥାରେ ଉତ୍ସାହିତ କରିବା ସହିତ ସାହସ ବଢ଼ାନ୍ତି।

ଦଳେ ପୁଅ ଝିଅଙ୍କୁ ସାଙ୍ଗରେ ନେଇ ପଦାରେ ଆଠଦଶଦିନ ବିତାଇ ଫେରିବା କାଠିକର ପାଠ। ଅନେକ ଜଞ୍ଜାଳ, ଅନେକ ଦାୟିତ୍ୱ। ଆଦୌ ସହଜ କଥା ନୁହେଁ। ଯେ ଏ କାମ ନେଇଆଣି ଥୋଇଛି କେବଳ ସେ ହିଁ ଜାଣେ। ଏପରି କ୍ଷେତ୍ରରେ

ଦାୟିତ୍ୱ ନେଇଥିବା ଶିକ୍ଷକଙ୍କର ବ୍ୟକ୍ତିତ୍ୱ ବେଶୀ କାମ ଦିଏ । ଆମ ସାର୍‌ଙ୍କ ଠାରୁ ଏ କଥା ଆଉ କିଏ ବା ଅଧିକ ଭଲ ଭାବରେ ଜାଣେ ।

ଥରେ ଧର୍ମଶାଳା ବାଣୀପୀଠରେ ମଧୁବନ ହାଇସ୍କୁଲ୍‌ର ପିଲାମାନେ ପରୀକ୍ଷା ଦେଉଥାନ୍ତି । ସାଙ୍ଗରେ ସାର୍ ଯାଇଥାନ୍ତି । ସେଥର ସୁପରିଟେଣ୍ଡେଣ୍ଟ ଥାଆନ୍ତି ପ୍ରଧାନଶିକ୍ଷକ ଶ୍ରୀଯୁକ୍ତ କଳ୍ପତରୁ ମିଶ୍ର । ଶ୍ରୀଯୁକ୍ତ ମିଶ୍ର ଆମ ସାର୍‌ଙ୍କର ଗୁରୁ । ତେଣୁ ସାର୍‌ଙ୍କୁ Invigilation duty ଦେଇଥାନ୍ତି । ତାଙ୍କର ନିଜ ଛାତ୍ର ଉପରେ ଭରସା ଓ ବିଶ୍ୱାସ ଥାଏ । ଆମ ସାର୍ ଏଭଳି କାମ ଆଗରୁ ଅନେକ ଥର ସୁଚାରୁ ରୂପେ ତୁଲାଇ ସାରିଥାନ୍ତି । ତଥାପି ମନରେ ଭୟ ଥାଏ । ଭାବୁଥାନ୍ତି- ସାର୍ ମୋତେ ପରୀକ୍ଷା କରୁନାହାନ୍ତି ତ ?

ସେଦିନ ଭୂଗୋଳ ପରୀକ୍ଷା ଚାଲିଥାଏ । ସାର୍ ଏକୁଟିଆ ସେ ହଲ୍‌ରେ ଡ୍ୟୁଟି କରୁଥାନ୍ତି । ତାଙ୍କ ଉପସ୍ଥିତିରେ ଖୁବ୍ କଡ଼ାକଡ଼ି ଭାବରେ ପରୀକ୍ଷା ହେଉଥାଏ । 'ସେ ହଲ୍‌ଟି ଟାଇଟ୍ ହେଉଛି । ପିଲାମାନେ କିଛି କପିଟପି କରିପାରୁ ନାହାନ୍ତି । ବାହାରୁ ସାହାଯ୍ୟ ଯାଇ ପାରୁନି ।" ଏଥିରେ ବ୍ୟସ୍ତତା ପ୍ରକାଶ କରି ତିନିଜଣ ସ୍ଥାନୀୟ ଯୁବକ ସାର୍‌ଙ୍କୁ ପରୀକ୍ଷା ହଲ୍ ପାଖରେ ଦେଖାକରି 'ଟିକେ କୋହଳ ହୁଅନ୍ତୁ' ବୋଲି ଅନୁରୋଧ କଲେ ।

ସାର୍ ଓଲଟା ସେ ଯୁବକମାନଙ୍କୁ ଅନୁରୋଧ କରି କହିଲେ, ଦେଖନ୍ତୁ, ମୋର Invilgilator ପଡ଼ିବା ପାଇଁ ଆଦୌ ଆଗ୍ରହ ନାହିଁ । ପ୍ରଧାନଶିକ୍ଷକ ମୋର ସାର୍ । ମୁଁ ଏ ସ୍କୁଲ୍‌ର ଛାତ୍ର । ମୁଁ ସାର୍‌ଙ୍କ ନିର୍ଦ୍ଦେଶ ମାନି ଦାୟିତ୍ୱଟି ତୁଲାଉଛି । ତେଣୁ ମୁଁ ମୋ ନିଜ ସହିତ ଓ ମୋ ଶିକ୍ଷକଙ୍କ ସହିତ ବିଶ୍ୱାସଘାତକତା କରିପାରିବି ନାହିଁ । ଆପଣମାନେ ଯଦି ପାରୁଛନ୍ତି ମୋ ସାର୍‌ଙ୍କୁ କହି ଏ ଦାୟିତ୍ୱରୁ ମୋର ଅବ୍ୟାହତି ପାଇଁ ବ୍ୟବସ୍ଥା କରିପାରିଲେ ମୁଁ ଖୁସି ହେବି ।

ଯୁବକମାନେ ସାର୍‌ଙ୍କ କଥା ବୁଝିପାରି ଚାଲିଗଲେ । ଏଇ ସାମାନ୍ୟ କଥାକୁ ଟିକେ ବେଙ୍ଗା କରି କହିଥିଲେ ଘଟଣା ଅନ୍ୟ ପ୍ରକାରର ହୋଇଥାନ୍ତା । ଝଗଡ଼ା, ଗଣ୍ଡଗୋଳ ନଚେତ୍ ମାର୍‌ପିଟ୍‌ର ସୂତ୍ରପାତ ହୋଇଥାନ୍ତା । ତଥାପି କର୍ତ୍ତବ୍ୟ ଆଗରେ ନଇଁ ପଡ଼ିବାର ନୁହେଁ । ଯିଏ ଏ ଦାୟିତ୍ୱ ଦେଇଛି ସେ ପିଠିରେ ପଡ଼ିବ । ଦୀର୍ଘ ଚାଳିଶ ବର୍ଷ ଚାକିରୀ ମଧ୍ୟରେ ସାର୍ କେବେ ଅସୁବିଧାର ଶୀକାର ହୋଇନାହାନ୍ତି । ନିଜର ବ୍ୟକ୍ତିତ୍ୱ ଓ ବୁଦ୍ଧିମତ୍ତା ଯୋଗୁ ସବୁ ବିପଦ ଟଳି ଯାଇଛି । ସବୁ ସେହି ଭଗବାନଙ୍କ ଆଶୀର୍ବାଦ ।

୧୯୬୬ ମସିହା ବୋର୍ଡ ପରୀକ୍ଷାରେ ମଧୁବନ ହାଇସ୍କୁଲର ସମସ୍ତ ଛାତ୍ରଛାତ୍ରୀ ସେକେଣ୍ଡ ଓ ଥାର୍ଡ ଡିଭିଜନ ପାଇ ପାସ୍ କରିଥିଲେ । କେହି ଜଣେ ବି ଫେଲ୍ ହୋଇନଥିଲେ ।

୧୯୬୬-୬୭ ଶିକ୍ଷାବର୍ଷରେ ନରେନ୍ଦ୍ର କକା ବି.ଜେ.ବି. କଲେଜ୍‌ରେ ନାଆଁ ଲେଖାଇଲେ। ତାଙ୍କୁ ଟଙ୍କା ଯୋଗାଇବାକୁ ହେବ। ଏବେ ଘରର ଯାବତୀୟ ଜିନିଷ କିଣାକିଣି ପାଇଁ ଟଙ୍କା ଦରକାର। ଚଳିବା ବହୁତ କଷ୍ଟ। ସାର୍‌ଙ୍କ ମାସିକ ଦରମା ଓ ଟିଉସନ୍‌ରୁ ଆୟ ଅର୍ଥରେ ଘର ଚଳୁଥାଏ। ବାପାଙ୍କ ହିଲ୍‌ଟପ୍‌ର ଦୋକାନ ସେମିତି ଭଲ ଚାଲୁନଥାଏ। ତୀବ୍ର ଅଭାବ ଭିତରେ ଦିନ ବିତୁଥାଏ।

■

# ବି.ଏଡ୍. ଟ୍ରେନିଂ ଓ ଆର୍.ଏନ୍.ଟି. ଜୀବନ

୧୯୬୫-୬୬ ଶିକ୍ଷା ବର୍ଷରେ Regional Training College ନୂଆ କରି ଖୋଲିଲା। ଆବେଦନ ପାଇଁ ଅତିକମ୍‌ରେ ସାତ ବର୍ଷର ଶିକ୍ଷକୀୟ ଅଭିଜ୍ଞତା ଆବଶ୍ୟକ ଥାଏ। କଣ୍ଟାବଣିଆ ଗାଆଁର ଗଣନାଥ ଶତପଥି ସାର୍‌ଙ୍କ ସାଙ୍ଗରେ ବି.ଏ. ପାଶ୍ କରିଥିଲେ। କିନ୍ତୁ ତାଙ୍କର ଅଭିଜ୍ଞତା ସାତ ବର୍ଷରୁ ଅଧିକ ହୋଇଥିବାରୁ ନାମଲେଖା ପାଇଁ ସିଲେକ୍ଟ ହୋଇ ପଡ଼ିଲେ। କିନ୍ତୁ ସାର୍‌ଙ୍କ Experience କମ୍ ଥିବାରୁ ନାମ ଲେଖାଇ ପାରିଲେ ନାହିଁ।

ଆଉ ଅପେକ୍ଷା ନକରି ୧୯୬୭-୬୮ ଶିକ୍ଷା ବର୍ଷରେ B.Ed. Training ଯିବା ପାଇଁ ସାର୍ ସ୍ଥିର କଲେ। ସେତେବେଳେ କଟକରେ ରାଧାନାଥ ଟ୍ରେନିଂ କଲେଜ୍, ଅନୁଗୁଳରେ ବେସିକ୍ ଟ୍ରେନିଂ କଲେଜ୍ ଓ ସମ୍ବଲପୁର ଠାରେ ଅନ୍ୟ ଏକ ଟ୍ରେନିଂ କଲେଜ୍ ଥାଏ। ପ୍ରତିବର୍ଷ ନାମ ଲେଖା ପାଇଁ ଭୀଷଣ ଭିଡ଼ ହେଉଥାଏ। ବର୍ଷକୁ ବର୍ଷ ଭିଡ଼ ବଢୁଥାଏ। ତେଣୁ ଡେରି ନକରି ତିନି କଲେଜ୍‌ରୁ ତିନୋଟି ଫର୍ମ ଆଣିଲେ। ଫର୍ମ ପକାଇଲେ ଯେ ସିଟ୍ ମିଳିଯିବ ସେକଥା ସମ୍ଭବ ନୁହେଁ। ଗୋଟିଏ କଲେଜ୍‌କୁ ଆଖିରେ ରଖି ଦରଖାସ୍ତ କଲେ ହୁଏତ ସିଟ୍ ନମିଳି ପାରେ, ତେଣୁ ତିନିଟି ସ୍ଥାନରେ ପକାଇଲେ ଯେଉଁଠି ହେଲେ ଗୋଟିଏ ସ୍ଥାନରେ ସିଟ୍ ମିଳିଯିବ।

ପୁନଶ୍ଚ ସାର୍ ଚିନ୍ତା କଲେ ଅନୁଗୁଳ ବା ସମ୍ବଲପୁରରେ ପଢ଼ିଲେ ଶହ ଶହ ଟଙ୍କା ବସ୍‌ଭଡ଼ା ଯୋଗାଡ଼ କରି ଯିବାଆସିବା କାମ କଷ୍ଟକର ହେବ। ଦୂର ଯାଗା, ଅନେକ ପ୍ରକାରର ଅସୁବିଧା ସାମ୍ନାକୁ ଆସିବ। R.N.T. ଟ୍ରେନିଂ କଲେଜ୍‌ଟି ପାଖ। କଟକରେ। ତେଣୁ କେବଳ R.N.T. ରେ Selection ହେଲେ ପଢ଼ିବେ ବୋଲି ଚିନ୍ତା କରି ସେଇ ଗୋଟିଏ କଲେଜ୍‌କୁ ଆପ୍ଲିକେଶନ ପଠାଇଲେ। ସମ୍ବଲପୁର, ଅନୁଗୁଳକୁ ଆଉ ଫର୍ମ ପଠାଇଲେ ନାହିଁ।

ଓଡ଼ିଶାର ସମସ୍ତ ଛାତ୍ରଛାତ୍ରୀଙ୍କ ପାଇଁ R.N.T. ହେଲା ପ୍ରଥମ ପସନ୍ଦ। ତେଣୁ

ଭିଷଣ ଭିଡ଼। ନାମଲେଖା ପୂର୍ବରୁ ଯୋଗ୍ୟତା ନିର୍ଦ୍ଧାରଣ ପାଇଁ ଏଣ୍ଟ୍ରାନ୍‌ସ ପରୀକ୍ଷା ହୁଏ। ପ୍ରଥମ ଲିଖିତ ପରୀକ୍ଷା। ସେଥିରେ ଭଲ ହେଲେ ମୌଖିକ ପରୀକ୍ଷା ପାଇଁ ଚିଠି ଦ୍ୱାରା ଡାକରା ଆସେ। ଦୁଇଟିଯାକ ପରୀକ୍ଷାରେ ଭଲ କଲେ ନାମଲେଖା ପାଇଁ ସିଟ୍ ମିଳିବ। ଲିଖିତ ପରୀକ୍ଷାର ମାନ ଖୁବ୍ ଉଚ୍ଚ। ଶହେ ମାର୍କର ଶହେ ପ୍ରଶ୍ନ ସମ୍ବଳିତ ବୁକ୍‌ଲେଟ୍ ଆକାରର ପ୍ରଶ୍ନପତ୍ର ଦିଆଯାଏ। ସ୍କୁଲ୍‌ରେ ପଢ଼ାଯାଉଥିବା ସମସ୍ତ ବିଷୟରୁ ପ୍ରଶ୍ନ ପଡ଼େ। ପରୀକ୍ଷାଟି B.Ed. College Campus ଓ Practicing High school ରେ କରାଯାଏ। Board ପରୀକ୍ଷା ଓ କଲେଜ୍ ବାର୍ଷିକ ପରୀକ୍ଷା ଭଳି Entranceଟି ଖୁବ୍ କଡ଼ାକଡ଼ି ଭାବରେ କରାଯାଏ। ସାର୍ I.Sc ଓ B.A. ଛାତ୍ର ହୋଇଥିବାରୁ ତାଙ୍କ ପାଇଁ ପ୍ରଶ୍ନପତ୍ର ସୁବିଧାଜନକ ଥାଏ। ଏହି ଶିକ୍ଷାଗତ ଯୋଗ୍ୟତା, ଶିକ୍ଷକତା ପାଇଁ ମଧ୍ୟ ସର୍ବୋତ୍ତମ ଅଟେ। ବିଶୁଦ୍ଧ Arts ପିଲାଙ୍କ ପାଇଁ ଏ ପରୀକ୍ଷା ଟିକେ କଷ୍ଟକର ବ୍ୟାପାର। କାରଣ ସେମାନେ ଗଣିତ ଓ ବିଜ୍ଞାନ ପ୍ରଶ୍ନର ଉତ୍ତର ଦେବାକୁ ଭୟ କରନ୍ତି। ପ୍ରଶ୍ନ ଗୁଡ଼ିକର ଉତ୍ତରଦେବା ପାଇଁ ଗୋଟେ କୌଶଳ ଅଛି। ପ୍ରଶ୍ନ ଅନୁଯାୟୀ ସମୟ ବହୁତ କମ୍ ଥାଏ। ପ୍ରଶ୍ନପତ୍ରକୁ ଆମୂଳଚୁଳ ପଢ଼ି ଯାହା ଆସିବ ଉତ୍ତର କରିବାକୁ ଚେଷ୍ଟା କଲେ ପରୀକ୍ଷାର୍ଥୀ ନିଶ୍ଚୟ ଠକି ଯିବ। ଏ କଥା ସମସ୍ତଙ୍କୁ ଜଣା ନଥାଏ। ଆଜିବି ଅନେକଙ୍କୁ ଏ କଥା ଜଣା ନାହିଁ। ସୌଭାଗ୍ୟକୁ ସେତେବେଳେ ସାର୍ ଏକଥା ଜାଣିଥିଲେ। ତେଣୁ ପ୍ରଥମରୁ ଯାହା ଆସିଲା ତାର ଉତ୍ତର ଦେଇ ଚାଲିଲେ। ଯେଉଁଟା ନ ଆସେ ତା ବିଷୟରେ ଭାବିବାକୁ ସମୟ ନ ଦେଇ ଆଗକୁ ଆଗକୁ କରିଚାଲିଲେ। ଶେଷ ଘଣ୍ଟା ବାଜିଲା ବେଳକୁ ଉତ୍ତର ଦେବା ପ୍ରାୟ ସରିଯାଇଥାଏ। ସାର୍ ମନେପକାଇ କହୁଥିଲେ, ଇଂରାଜୀରେ ଗୋଟେ ଅନୁବାଦ ପଡ଼ିଥିଲା– ବେଙ୍ଗ କହେ ବେଙ୍ଗୁଲି ଲୋ ! ପୃଥ୍ୱୀ କ୍ଷଣ କ୍ଷଣକେ ଆନ। ଏକ ରୁଢ଼ି ଯାହାର ଠିକ୍ ଉତ୍ତରଟି ସାର୍ ଲେଖିଥିଲେ– Many a slip between cup and lip.

ଅନେକ ଛୋଟ ଛୋଟ ଓ ସ୍ମରଣୀୟ କଥା ସାରଙ୍କର ମନେଥିଲା। ଷାଠିଏ ବର୍ଷ ତଳର କଥାକୁ ନିଖୁଣ ଭାବରେ ମନେପକାଇ ପାରୁଥିଲେ। ତାଙ୍କର ଶିକ୍ଷକ, ଛାତ୍ରମାନଙ୍କ ନାମ ଓ ଅନେକ ସାଧାରଣ ଘଟଣା ଗୁଡ଼ିକ ସାରଙ୍କ ମନଭିତରେ ସାଇତା ହୋଇ ରହିଥିଲା। ଅଦ୍ଭୁତ ଭାବରେ ସଜୀବ ଥିଲା ତାଙ୍କର ସ୍ମରଣ ଶକ୍ତି।

ଲିଖିତ ପରୀକ୍ଷା ଖୁବ୍ ଭଲ ହୋଇଥାଏ। କିଛିଦିନ ପରେ ମୌଖିକ ପରୀକ୍ଷା ଓ ସାକ୍ଷାତକାର ପାଇଁ ଡାକରା ଆସିଲା। ସାର୍ R.N.Tକୁ ଗଲେ। ଗୋଟିଏ ରୁମ୍‌ରେ ଏକାଥରେ ଦଶଜଣଙ୍କୁ ବସାଇ ତିନିଜଣ ଅଧ୍ୟାପକ Oral Test ନେଲେ। କାହାକୁ ନିର୍ଦ୍ଦିଷ୍ଟ କରି ପ୍ରଶ୍ନ ପଚରାଯାଏନା। ସମସ୍ତଙ୍କୁ ଉଦ୍ଦେଶ୍ୟ କରି ପ୍ରଶ୍ନ କରାଯାଏ। କିଏ ଉତ୍ତର ଦେଇପାରିଲା, କିଏ ପ୍ରଥମ କହିଲା ଓ କିଏ ଠିକ୍ କହିଲା ଲକ୍ଷ୍ୟ କରନ୍ତି।

ଗୋଟେ ପ୍ରଶ୍ନ ପଚରା ଯାଇଥିଲା- Tell the name of the two Hill Stations of India.

-ସାର୍ ଉତ୍ତର ଦେଇଥିଲେ- ଡେରାଡୁନ୍ ଓ ନୈନିତାଲ୍। କିନ୍ତୁ ଅନେକ ପିଲା ଏହାକୁ ପାହାଡ଼ିଆ ରେଲଷ୍ଟେସନ୍ ମନେକରି ଉତ୍ତର ଦେଉଥିଲେ। ସାର୍ Nervous ନହୋଇ ଉତ୍ତର ଦେଉଥିଲେ କାରଣ ମଧୁବନ ସ୍କୁଲ୍‌ରେ ପଢ଼ାଇଲା ବେଳେ ଏକାଧିକ ମୁହଁ ଆଗରେ କଥା କହି ଦୁର୍ବଳତା ସବୁ ଚାଲି ଯାଇଥିଲା।

ଏ ସବୁ ପରୀକ୍ଷା ଗ୍ରୀଷ୍ମାବକାଶ ମଧ୍ୟରେ ସରିଗଲା। ଫଳ ବାହାରିଲା ଓ ନାମ ଲେଖାଇବା ପାଇଁ ସାର୍ ମନୋନୀତ ହେଲେ। ଏହା ଥିଲା ସାର୍‌ଙ୍କ 1st Attempt ର ସଫଳତା। ନାମ ଲେଖାଇବାକୁ ହେବ। ସେଥିପାଇଁ ଟଙ୍କା ଯୋଗାଡ଼ କରିବାକୁ ପଡ଼ିବ। ସାର୍‌ଙ୍କ ପାଖରେ ଆଗରୁ କିଛି ବି ସଞ୍ଚିତ ଅର୍ଥ ନଥାଏ। ସ୍କୁଲ୍ ଖୋଲିଲା ପରେ ଜୁନ୍ ମାସର ଦରମା ମାତ୍ର ଶହେତିରିଶ ଟଙ୍କା  ଯାହା ସମ୍ବଳ। ସାର୍ Study leave ପାଇଁ ଦରଖାସ୍ତ କଲେ। ବି.ଇଡ଼ି. ଟ୍ରେନିଂ ପାଇଁ ସ୍କୁଲ୍‌ରୁ ଅବୈତନିକ ଛୁଟି ମିଳେ। ଅର୍ଥାତ୍ ବି.ଇଡ଼ି. ପରୀକ୍ଷା ଦେଇ ଫେରିଲା ପରେ ପୁନଃ ସ୍କୁଲ୍‌ରେ ଯଥାରୀତି ଯୋଗ ଦେଇ ହେବ। ଏତକ ସୁବିଧା। ଇଏ କମ୍ କଥା ନୁହେଁ। ଚାକିରୀଟି ସୁରକ୍ଷିତ ରହିଥାଏ।

ସ୍କୁଲ୍‌ରୁ Relieve ହୋଇ ନାମ ଲେଖାଇବା ପାଇଁ R.N.T ଗଲେ। ନାମ ଲେଖା ସରିଲା ପରେ ହଷ୍ଟେଲ୍ ମିଳିଗଲା। ଦୁଇଜଣ ରହିବା ପାଇଁ ଗୋଟେ Single Room । ସାର୍‌ଙ୍କ ସାଙ୍ଗରେ ରହିଲେ ଖଣ୍ଡାଏତ ପାଟକିରା ହାଇସ୍କୁଲ୍‌ର ଶିକ୍ଷକ ଶ୍ରୀଯୁକ୍ତ ନିତ୍ୟାନନ୍ଦ ଲେଙ୍କା। ସେ ସଂପୂର୍ଣ୍ଣ Arts ଶିକ୍ଷକ। R.N.Tର Selection ଖୁବ୍ ଅଦ୍ଭୁତ। ତାଙ୍କୁ ଧନ୍ୟବାଦ ଦେବା କଥା। ସାର୍ ଓ ଶ୍ରୀଯୁକ୍ତ ଲେଙ୍କା ଦୁଇଜଣ ଥିଲେ ଅଭିଜ୍ଞ ଶିକ୍ଷକ। Skill, Competency, Knowledge, Nature ଓ Manner ମଧ୍ୟରେ ଦୁହିଁଙ୍କର ଖୁବ୍ ସାମଞ୍ଜସ୍ୟ ଥିଲା। ସେ ଟିକେ ମୋଟା ଓ କୃଷ୍ଣବର୍ଣ୍ଣ। ସାର୍ ଗୋରା ଓ ପତଳା। ଉଭୟେ ବାପା ହୋଇ ସାରିଥାନ୍ତି। ମଧ୍ୟବିତ୍ତ ପରିବାରର ପିଲା। ସାର୍‌ଙ୍କ ସାଙ୍ଗ ଟିକେ ଗୁଡାଖୁ ଘଷନ୍ତି। ଦୁଇଜଣଙ୍କର Achievement ପ୍ରାୟ ସମାନ। ଟେଷ୍ଟରେ ଉଭୟ ୫୧% ମାର୍କ ରଖିଥିଲେ। ରୁମ୍‌ମେଟ୍ ଭଲଥିବାରୁ ହଷ୍ଟେଲ୍ ଜୀବନ ଭଲରେ କଟିଥିଲା। ଦୁଃଖର ବିଷୟ କାଳର ସ୍ରୋତରେ ସେ ବନ୍ଧୁ ଜଣଙ୍କର ଜୀବନଦୀପ ବହୁବର୍ଷ ପୂର୍ବରୁ ଲିଭି ଯାଇଛି।

R.N.T ରେ ନାଆଁ ଲେଖାଇଲେ ସିନା, Stipend ନ ମିଳିଲେ ହୁଏତ ମଝିରୁ ପାଠପଢ଼ା ବନ୍ଦ ହୋଇଯିବ। ଫେରିଆସିବାକୁ ପଡ଼ିବ। ଏ ଭୟ ଓ ଦୁଶ୍ଚିନ୍ତା ମନରେ ଥାଏ। ସାର୍‌ଙ୍କ ବ୍ୟାଚ୍‌ରେ ୧୨୦ ପିଲା ନାମ ଲେଖାଇଥିଲେ। ଆଗରୁ ୮୦ ଜଣ ଛାତ୍ରଛାତ୍ରୀଙ୍କ ପାଇଁ Stipend ପ୍ରଚଳିତ ଥିଲା। କିନ୍ତୁ ସାର୍‌ଙ୍କ ପୂର୍ବ ବର୍ଷର ପିଲାମାନେ

ଦାବୀ ଜଣାଇବାରୁ ଆଉ ୪୦ଟି Stipend ବୃଦ୍ଧି ହୋଇ ମୋଟ ୧୨୦ଜଣ ପିଲାଙ୍କୁ ମିଳିବାର ବନ୍ଦୋବସ୍ତ ହୋଇଥାଏ। ନିୟମିତ ମିଳୁଥିବା ୮୦ଟି Stipend ପିଲା ନେଇ ସାରିଥାନ୍ତି। ବଜେଟ୍ ପାଶ୍ ହେବାପରେ ବାକି ଚାଳିଶ ପିଲା ପରୀକ୍ଷା ଦେଇ ସାରି Stipend ଟଙ୍କା ଧରି ଘରକୁ ଗଲେ। ମାସିକ ୮୦ ଟଙ୍କା ହିସାବରେ Stipend ଟଙ୍କା ମିଳେ। ପ୍ରଥମ ୮୦ ଜଣ ପିଲାଙ୍କୁ ମାସକୁ ମାସ ମିଳିଯାଏ। ଚାଳିଶଜଣ ବର୍ଷ ଶେଷରେ ପାଆନ୍ତି। ସାର୍ ଏକଥା ଜାଣି ଖୁବ୍ ଡରିଯାଇଥିଲେ। ଯଦି ପ୍ରଥମ ୮୦ଜଣଙ୍କ ମଧ୍ୟରେ ରହି ନପାରନ୍ତି ତେବେ ତ ଖୁବ୍ ଅସୁବିଧା ହେବ। ଏକ ରକମ ସାର୍ Nervous ହୋଇଗଲେ। ପୁଣି ଧାର ଉଧାର କରିବାକୁ ପଡ଼ିବ। କିଛିଦିନ ପରେ Stipend ତାଲିକା ବାହାରିଲା। ଭାଗ୍ୟକୁ ପ୍ରଥମ ୮୦ଜଣଙ୍କ ମଧ୍ୟରେ ସାର୍‌ଙ୍କ ନାଆଁ ଥିଲା। ଗୋଟେ ମସ୍ତବଡ଼ ଜଞ୍ଜାଳରୁ ଭଗବାନ୍ ରକ୍ଷା କଲେ। ୮୦ ଟଙ୍କା ଷ୍ଟାଇପେଣ୍ଡ୍‌ରେ ଚଳିଯିବା ପରେ ହାତ ଖର୍ଚ୍ଚ ଓ ଯିବା ଆସିବା ପାଇଁ କିଛି ପଇସା ବଳିପଡ଼େ। ସାର୍‌ଙ୍କ ନିଜ ଚିନ୍ତା ଦୂର ହେବା ସହିତ ମାସକୁ ଥରେ ଅଧେ ଘରକୁ ଫେରିଲାବେଳେ ଘର ପାଇଁ ଚିନି ଓ ଅନ୍ୟାନ୍ୟ ଦରକାରୀ ଜିନିଷ କିଣି ଆଣନ୍ତି।

ସାର୍‌ଙ୍କର ନିଜ ପାଇଁ ସିନା ଚିନ୍ତା ନଥାଏ। କିନ୍ତୁ ଚିନ୍ତା ଓ ଅଭାବ ତାଙ୍କ ପିଛା ଛାଡୁନଥାଏ। ସାର୍‌ଙ୍କ ସାନଭାଇ ନରେନ୍ଦ୍ର କକାଙ୍କର BJB ରେ 2nd Year ହୋଇଥାଏ। ତାଙ୍କର ଖର୍ଚ୍ଚ ସହିତ ଘରେ ଗୋଟେ ବଡ଼ ପରିବାର ପାଇଁ ଟଙ୍କା ଦରକାର। ସାନ ସାନ ଭାଇ ଭଉଣୀ, ତାଙ୍କ ସହିତ ମା'। ସାର୍ ରୋଜଗାର କରି ଏସବୁ ଖର୍ଚ୍ଚ ସମ୍ଭାଳି ନେଉଥିଲେ। ରୋଜଗାର ବନ୍ଦ ହୋଇଯିବାରୁ ଚିନ୍ତା ବଢ଼ିଗଲା। ସାର୍‌ଙ୍କ ଚତୁର୍ଥ ଭଉଣୀ ଶ୍ରୀମତୀ ନାନୀ ସପ୍ତମ ପାଶ୍ କରି ସାରିଥାନ୍ତି। ସେତେବେଳେ ମାଇନର୍ ପରୀକ୍ଷା ବୋର୍ଡ କଣ୍ଡକ୍ଟ କରୁଥିଲା। ଶ୍ରୀମତୀ ନାନୀଙ୍କ ସାଙ୍ଗରେ ପରୀକ୍ଷା ଦେଇଥିବା ଅନେକ ପିଲା ଫେଲ୍ ହୋଇଥିବା ବେଳେ ସେ ମୁଗପାଳ ମାଇନର୍ ସ୍କୁଲ୍‌ରୁ ସେକେଣ୍ଡ ଡିଭିଜନ୍‌ରେ ପାଶ୍ କରିଥାନ୍ତି। ତା'ପରେ ଅଷ୍ଟମ ଶ୍ରେଣୀରେ ନାଆଁ ଲେଖାଇବା କଥା। ଆଠ ଦଶଟଙ୍କା ହେଇଥିଲେ ମୁଗପାଳ ହାଇସ୍କୁଲ୍‌ରେ ନାଆଁ ଲେଖା ହୋଇଥାନ୍ତା। କିନ୍ତୁ ସେତିକି ପଇସା ଯୋଗାଡ଼ ହୋଇପାରିଲା ନାହିଁ। ସାର୍ ତାଙ୍କ ଭିଣୋଇ କ୍ଷେତ୍ରବାସୀ ସାର୍‌ଙ୍କୁ କହିଲେ କଷ୍ଟେମଷ୍ଟେ ନାଆଁ ଲେଖାଇ ଦେଇ ବର୍ଷେ ବିତାଇ ଦେଲେ ଅସୁବିଧା ଦୂର ହୋଇଯିବ। ସାର୍ R.N.T. ରୁ ଫେରି ଆସିଲେ ଆଉ କିଛି ଚିନ୍ତା କରିବାକୁ ପଡ଼ିବ ନାହିଁ। ସାର୍‌ଙ୍କ ବାପାଙ୍କ ବ୍ୟବସାୟ ବି ସେମିତି ଭଲ ଚାଲୁନଥାଏ। ତେଣୁ ଶ୍ରୀମତୀ ନାନୀଙ୍କ ପାଠପଢ଼ା ସେଇଠୁ ବନ୍ଦ ହେଲା। ସେ ବିଚରା କାନ୍ଦି ବୋବାଇ ରହିଲେ। ସେତେବେଳେ ମୁଖ୍ୟ ଖର୍ଚ୍ଚ ଥାଏ

ନରେନ୍ଦ୍ର କକାଙ୍କ ପାଠପଢ଼ା। ତାଙ୍କୁ ଅବହେଳା କରି ହେବ ନାହିଁ। ସାର୍ ଓ ତାଙ୍କ ବାପା ମିଳିମିଶି ଏ ଖର୍ଚ୍ଚ ତୁଲାଉଥାନ୍ତି।

ସବୁଠି ଅଭାବ ସବୁଠି ଅସୁବିଧା। ସବୁବେଳେ ସାର୍‌ଙ୍କୁ ଏ ଚିନ୍ତା ଗୁଡ଼ିକ ଚତୁର୍ଦ୍ଦିଗରୁ ବେଶି କଲବଲ କରୁଥାନ୍ତି। ସବୁବେଳେ ମନେ ପଡୁଥାଏ ଘରକଥା। ହଷ୍ଟେଲ୍‌ରେ ଥିଲାବେଳେ ମନଃଚକ୍ଷୁରେ ଦେଖାଯାଏ ଘରର ଅଭାବ ଅସୁବିଧା। ଆଜି ଚାଉଳ ନାହିଁ। ଚୁଲିରେ ଭାତ ହାଣ୍ଡି ବସି ନାହିଁ। ଏମିତି ଅନେକ କଥା। ବେଳେବେଳେ ଘରୁ କଂସାବାସନ ନେଇ ଶ୍ରୀମତୀ ନାନୀ ତାଙ୍କ ଦିନା ଦଦେଇଙ୍କ ସାଙ୍ଗରେ ବିକ୍ରି କରିବା ପାଇଁ ହରିପୁର ହାଟକୁ ଯାଆନ୍ତି। ସନା ଥଟାରୀକୁ ବିକ୍ରି କରି ସେଇ ପଇସାରେ ଚାଉଳ ଆଣନ୍ତି। ଭଉଣୀ ଓ ସାନଭାଇ ରବି ଚିନ୍ତାପଲ୍ଲୀ ଗାଆଁରୁ ଯଦୁ କରଙ୍କ କଣ୍ଟ୍ରୋଲ୍ ଦୋକାନକୁ ଚାଉଳ ମୁଣ୍ଡାଇ ଫେରନ୍ତି। ଏ ସବୁ ବିତି ଯାଇଥିବା ଦିନର ଦୁଃଖଦ କଥା। ସାର୍‌ଙ୍କର ଓ ତାଙ୍କ ପରିବାରର ଅଙ୍ଗେନିଭା କଥା।

ଶ୍ରୀମତୀ ନାନୀ ଆଉ ପଢ଼ି ପାରିଲେନି। ସାର୍‌ଙ୍କ ଫେରିବା ପରେ ବି ଆର୍ଥିକ ଅବସ୍ଥା ସେମିତି କିଛି ସୁଧୁରିଲା ନାହିଁ। ସମୟ ସହିତ ଖର୍ଚ୍ଚ ବଢ଼ିବଢ଼ି ଚାଲିଥାଏ। ପରିବାରର ସୁଖ ଦୁଃଖ, ଅଭାବ ଅସୁବିଧାକୁ ଶ୍ରୀମତୀ ନାନୀ ନିଜେ ଦେଖିଛନ୍ତି, ଅନୁଭବ କରିଛନ୍ତି। ତାଙ୍କ ପାଠପଢ଼ା ପ୍ରତି କେହି ଆଗ୍ରହ ପ୍ରକାଶ କଲେ ନାହିଁ। ସାର୍ କହନ୍ତି- ଆମ ଘର ଓ ମୋ ପାଇଁ ତାର ଭବିଷ୍ୟତ ଉଜୁଡ଼ି ଗଲା। ସେ ପଢ଼ିଥିଲେ ଖୁବ୍ ସହଜରେ ମ୍ୟାଟ୍ରିକ୍ ପାଶ୍ କରି ଚାକିରୀ କରିଥାଆନ୍ତା। ବହୁକୁଟୁମ୍ବୀ ପରିବାରରେ ଜନ୍ମ ହୋଇଥିବାରୁ ଆମ ସମସ୍ତଙ୍କୁ ଦାରିଦ୍ର୍ୟ ଓ ଅବହେଳାର ଶୀକାର ହେବାକୁ ପଡ଼ିଛି।

ଅଭାବ ଅସୁବିଧାକୁ ନେଇ ଆଉ ଗୋଟେ କଥା। ସାର୍‌ଙ୍କ ବି.ଇଡ଼ି ଟ୍ରେନିଂ ଯିବା ବର୍ଷ ତାଙ୍କର ତୃତୀୟ ପୁତ୍ର ଧୀର ମାତୃଗର୍ଭରେ ଥାଏ। ଗର୍ଭଧାରଣ ସମୟରେ ମା'ର ଖୁବ୍ ଯତ୍ନ ନିଆଯିବା କଥା। ସୁଷମ ଖାଦ୍ୟ ସହିତ ଯଥେଷ୍ଟ ବିଶ୍ରାମ ଦରକାର ହୁଏ। କିନ୍ତୁ ପରିବାରର ଆର୍ଥିକ ଅବସ୍ଥା ଏପରି ଥାଏ ଯେ ଯତ୍ନ ଓ ସୁଷମ ଖାଦ୍ୟ ତ ଦୂରର କଥା। ସାଧାରଣ ପେଟପୁରିବା ମଧ୍ୟ ହୋଇପାରୁନଥାଏ। କେତେ ଯେ ଉପବାସରେ ସମୟ ବିତିଛି ତାର ହିସାବ ନାହିଁ। ପଖାଳ, ତୋରାଣୀ ସାନ ଭାଇ ଭଉଣୀଙ୍କୁ ବାଣ୍ଟିଦେବା ପରେ ଖାଲି ତୋରାଣୀ ମୁନ୍ଦେରେ ଖୁଡୀ ପେଟଭୋକ ମାରନ୍ତି। ଏମିତି କେତେ କେତେ ରାତି ବିତିଛି। ନିଜପାଇଁ ନହେଲେ ବି ଗର୍ଭସ୍ଥ ଶିଶୁଟି ଉଦ୍ଦେଶ୍ୟରେ ମଧ୍ୟ ପେଟ ପୁରା ଖାଇବାକୁ ମିଳିନାହିଁ। ପରିବାର ଓ ସାର୍‌ଙ୍କର ପାଠପଢ଼ା ପାଇଁ ସମସ୍ତଙ୍କର ଏ ତ୍ୟାଗ। ସାର୍‌ଙ୍କ ପତ୍ନୀ ଗୋଟେ ଭଲ ଘରର ଝିଅ ହୋଇଥିବାରୁ

ସବୁ ଦୁଃଖକୁ ଆଖିବୁଜି ସମ୍ଭାଳି ନେଇ ସ୍ୱାମୀଙ୍କର ସଫଳତାପୂର୍ବକ ଫେରିବା ବାଟକୁ ଚାହିଁ ରହିଥାନ୍ତି।

ସାର୍‌ଙ୍କ ଖୁଡୁତାଶୁର ଲକ୍ଷ୍ମୀ କକା କଟକରେ ରହନ୍ତି। ସେ ଚାହିଁଲେ ଏ ବେଳରେ ତାଙ୍କ ତରଫରୁ କିଛି ସାହାଯ୍ୟ ସହାନୁଭୂତି କରିପାରନ୍ତେ। କିନ୍ତୁ ସେପରି କିଛି ହୁଏନା। ଖୁଡ଼ୀ ଏପରି ପ୍ରସ୍ତାବ ଦେବାରୁ ବରଂ ସାର୍ ଥରେ ରାଗିଯାଇ ଖୁଡ଼ୀଙ୍କୁ କହିଥିଲେ- ତୁମେ ଆମ ଅବସ୍ଥା କଥା କକାଙ୍କୁ ଜଣାଇ କିଛି ସାହାଯ୍ୟ ଆଣିବନି। ଯଦି ଆଣିବ ତେବେ ମୁଁ ବି.ଇଡ଼ି. ପରୀକ୍ଷାରେ ନିଶ୍ଚୟ ଫେଲ୍ ହେବି।

ଖୁଡ଼ି ଏକଥାକୁ ଶୁଣି ମନରେ ଚାପି ରଖି କଷ୍ଟ ସହିଛନ୍ତି ସିନା କାନକୁ ଦିକାନ କରି ନାହାନ୍ତି। ସ୍ୱାମୀ ଓ ପରିବାରର ସମ୍ମାନରକ୍ଷା ପାଇଁ ଅନେକ କଷ୍ଟ ସହି ଯାଇଛନ୍ତି। ସମୟକ୍ରମେ ସେ ଦୁଃଖର ଦିନ ଆଜି ସରିଯାଇଛି। ଏବେ ସେ କଥା ମନେପଡ଼ିଲେ ଖୁବ୍ ଦୁଃଖ ଲାଗେ। ସାର୍ କହନ୍ତି- ମୋ ପାଠପଢ଼ା ପାଇଁ ସେମାନେ ଅନେକ ଦୁଃଖ କଷଣ ସହିଛନ୍ତି। ସେଥିପାଇଁ ମୁଁ ନିଜକୁ ଦାୟି କରିବା ସହିତ ଦୋଷି ବୋଲି ଅନୁଭବ କରେ।

ଜୁଲାଇ ମାସରେ ନାମଲେଖା ସରିଲା ପରେ ଟ୍ରେନିଂ କଲେଜ ପାଠପଢ଼ା ଆରମ୍ଭ ହୋଇଗଲା। ଛାତ୍ରଛାତ୍ରୀ ସବୁ ବୟସ୍କ। ସେମାନଙ୍କ ଭିତରୁ ଅଧିକାଂଶ ପିଲାଛୁଆର ବାପା, ମା ହୋଇ ସାରିଥାନ୍ତି। ଖୁବ୍ କମ୍ ଅବିବାହିତ। ୧୨୦ ଜଣ ଛାତ୍ରଛାତ୍ରୀ Lecturer Theatre ରେ ବସନ୍ତି। Fixed Benchdesk ରେ ଖୁନ୍ଦାଖୁନ୍ଦି ହୋଇ ବସନ୍ତି। ତିନିଟି ପିରିୟଡ୍ ପରେ ବେଳେବେଳେ ଲିଜର୍ ଥାଏ। ସମସ୍ତେ କମନ୍ ରୁମ୍‌କୁ ଫେରି ଆସନ୍ତି। ଅନେକ ଦିନ ଧରି ପଢ଼ିବା ଛାଡ଼ିଲା ପରେ ପୁଣିଥରେ ଛାତ୍ର ହୋଇ ତିନିଟି ପିରିୟଡ୍ ବସିବା ସହଜ କଥା ନୁହେଁ। ଖୁବ୍ ବିରକ୍ତ ଲାଗେ। ବସିବସି ପିଚା ପୋଡ଼େ। ତେବେବି ଅଭ୍ୟାସରେ ପରିଣତ କରିବା ପାଇଁ ଜୁଲାଇ ମାସ ସାରା ଏହି ପିରିୟଡ୍ ଗୁଡ଼ିକରେ ଲଗାତାର ବସିବାକୁ ହୁଏ। ଧୀରେ ଧୀରେ ସବୁକିଛି ଅଭ୍ୟାସରେ ପରିଣତ ହୋଇଯାଏ। What is the aim of the eduation ଉପରେ ଆଲୋଚନା ହୁଏ। ପାଠ ଭିତରକୁ ପ୍ରବେଶ କରିବା ପାଇଁ କ୍ରମେ ଆଗ୍ରହ ଜନ୍ମେ।

ସେତେବେଳେ କଲେଜର ଅଧ୍ୟକ୍ଷ ଥାଆନ୍ତି ଶ୍ରୀଯକ୍ତ ବୈଦ୍ୟନାଥ ରଥ। ସେ ଜଣେ ଉଚ୍ଚକୋଟୀର ବିଶିଷ୍ଟ ଶିକ୍ଷାବିତ୍। R.N.T. College ସେତେବେଳେ ଓଡ଼ିଶାର ସର୍ବଶ୍ରେଷ୍ଠ B.Ed. ଟ୍ରେନିଂ କଲେଜ ଥାଏ। ସାରା ଓଡ଼ିଶାର ଓ ବାହାର ରାଜ୍ୟର ପିଲାମାନେ ପଢ଼ିବା ପାଇଁ ଏଠାକୁ ଆସନ୍ତି। ଅଧକ୍ଷ ଓ ଅଧ୍ୟାପକମାନଙ୍କ ପାଇଁ ହିଁ ଅନୁଷ୍ଠାନ ଗୁଡ଼ିକ ପ୍ରସିଦ୍ଧି ଲାଭ କରିଥାଏ। ଶ୍ରୀଯୁକ୍ତ ରଥ ଉତ୍କଳ ୟୁନିଭରସିଟିର ସିଣ୍ଡିକେଟ୍

ମେମ୍ବର ଥାଆନ୍ତି। ଅନ୍ୟ ଅଧ୍ୟାପକମାନଙ୍କ ମଧ୍ୟରୁ ଅନେକ ତାଙ୍କର ଛାତ୍ର ଥିଲେ। Vice-Principal ଡକ୍ଟର ଗୌରୀଶ୍ୟାମ ମହାନ୍ତି ତାଙ୍କର ଛାତ୍ର। ଅଧ୍ୟାପକମାନଙ୍କ ସହିତ ସୁନ୍ଦର ସମ୍ପର୍କ ଥାଏ। ସମ୍ପୂର୍ଣ୍ଣ ଆଦର୍ଶ ସ୍ଥାନୀୟ। ସମସ୍ତେ ତାଙ୍କୁ ପିତୃତୁଲ୍ୟ ଭକ୍ତି କରନ୍ତି। ସେତେବେଳେ ଅଧ୍ୟକ୍ଷ ଶ୍ରୀଯୁକ୍ତ ରଥଙ୍କ ସହିତ ଶ୍ରୀଯୁକ୍ତ ଗୌରୀଶ୍ୟାମ ମହାନ୍ତି, କ୍ଷୀରୋଦ ବିହାରୀ ଅମାତ, କ୍ଷେତ୍ରମୋହନ ଶତପଥୀ, ଜଗମୋହନ ରାଠୋର, ଲାଲ ବିହାରୀ ପ୍ରଧାନ, ଯାଜପୁରର କିଶୋରୀ ଚରଣ ଦାସ, ହରିହର ମିଶ୍ର ଓ ମୋହନ ନାୟକ ଇତ୍ୟାଦି ବିଦ୍ୱାନ ଅଧ୍ୟାପକମାନେ ଥିଲେ। ଅଧ୍ୟାପକମାନଙ୍କ ସଂସ୍ପର୍ଶରେ ଆସିବା ଓ ପରସ୍ପରକୁ ଜାଣିବା ଭିତରେ ମାସଟିଏ ବିତିଗଲା। ଅଗଷ୍ଟ ଠାରୁ ବିଭିନ୍ନ Methodology ର ଅଲଗା ଅଲଗା କ୍ଲାସ୍ ଆରମ୍ଭ ହେଲା। ଅଗଷ୍ଟ ଶେଷ ଓ ସେପ୍ଟେମ୍ବର ଆରମ୍ଭ ବେଳକୁ ରୁଟିନ୍ ଅନୁଯାୟୀ କ୍ଲାସ୍ ଚାଲିବା ବେଳେ ମଝିରେ ମଝିରେ ଲିଜର୍ ମିଳେ ସେଥିରେ ବିରକ୍ତି ହଜିଯାଏ।

ଅଧ୍ୟାପକମାନେ ପ୍ରଥମ ମାସରୁ ପିଲାମାନଙ୍କ ମନରୁ ଭୟ ଦୂର କରିବା ପାଇଁ ଚେଷ୍ଟା କରନ୍ତି ଓ ଗଭୀର ଆତ୍ମପ୍ରତ୍ୟୟ ଭରିଦିଅନ୍ତି। ଏଠି ଫେଲ୍ ହେବାର ପ୍ରଶ୍ନ ନାହିଁ। ଏ ବାବଦରେ ଗୌରୀଶ୍ୟାମ ମହାନ୍ତି କହନ୍ତି, ପ୍ରତି ପିଲା ଦେହରେ ବି.ଇଡ଼୍. ମୋହର ମାରି ଗେଟ୍ ବାହାରକୁ ଫିଙ୍ଗିଦେବୁ। ଟିକେ ଯତ୍ନବାନ ହେଲେ ପାଶ୍ କରିବା ଆଦୌ କଷ୍ଟକର ନୁହେଁ।

ଜୁଲାଇ ମାସର ପ୍ରଥମ ସପ୍ତାହରେ Family Planning Operaion ବିଷୟକ ଗୋଟେ ସିନେମା ଛାତ୍ରଛାତ୍ରୀମାନଙ୍କୁ ଦେଖାଯାଉଥାଏ। ଶ୍ରେଣୀରେ ଅଧ୍ୟାପକ କ୍ଷେତ୍ରମୋହନ ଶତପଥୀ ଥାଆନ୍ତି। ଅପରେସନ୍ ଚିତ୍ର ଦେଖୁ ଦେଖୁ ଜଣେ ଭୟାଳୁ ଛାତ୍ରୀ ଅଚେତ୍ ହୋଇପଡ଼ିଲେ। ସାର୍ କ'ଣ କରିବେ ଚିନ୍ତା କରିନପାରି ପ୍ରିନ୍‌ସିପାଲ୍‌ଙ୍କୁ ଡାକି ଆଣିଲେ। ଅନ୍ୟ ଝିଅମାନେ ସେତେବେଳକୁ ପୀଡ଼ିତା ଝିଅଟିକୁ ବିଞ୍ଚାବିଞ୍ଚି କରିବା ପାଇଁ ଭିଡ଼ ଜମାଇ ଥାଆନ୍ତି। ପ୍ରିନ୍‌ସିପାଲ୍ ମହାଶୟ ପହଞ୍ଚିଲା ବେଳକୁ ତା'ର ଚେତା ଫେରି ଆସୁଥାଏ। ଝିଅଟିକୁ ବୋଧହୁଏ ଚିହ୍ନିଥାନ୍ତି କି କ'ଣ, ତାକୁ ଦେଖୁ ଦେଖୁ କହି ଉଠିଲେ, ଆରେ ତୁ। ଉଠ୍ ଉଠ୍। ସେ ଉଠି ବସିବାରୁ ଅପରେସନ୍ ବିଷୟରେ କିଛି ମଜାମଜା କଥା କହି ତାଙ୍କ ମନରୁ ଭୟ ଦୂର କଲେ।

ଶ୍ରୀଯୁକ୍ତ କ୍ଷେତ୍ରମୋହନ ଶତପଥୀ ସେ ପର୍ଯ୍ୟନ୍ତ ବିବାହ କରିନଥିଲେ। ପରବର୍ତ୍ତୀ ସମୟରେ ସେହି ଝିଅଟିକୁ ବାହାହେଲେ। ସେ Histroy Method ଓ Educational philosophy ପଢ଼ାଉଥିଲେ। ହାଇସ୍କୁଲ୍ ପିଲାମାନଙ୍କ ପାଇଁ ଭୂଗୋଳ ବହି ଲେଖିଥିଲେ। ଯାହାକୁ ସେକେଣ୍ଡାରୀ ବୋର୍ଡ ପାଠ୍ୟପୁସ୍ତକ ରୂପେ ଅନ୍ୟ ବହି

ସହିତ ବାଛିଥିଲେ। ଥରେ କ୍ଷେତ୍ରମୋହନ ସାର୍ ସଂଧ୍ୟା ସମୟରେ ତାଙ୍କ ଲିଖିତ ବହି ଧରି ଆମ ସାର୍‌ଙ୍କ ସ୍କୁଲ୍, ମଧୁବନ ହାଇସ୍କୁଲ୍‌ରେ ପହଞ୍ଚି ବହିଟିକୁ ଚଳାଇବା ପାଇଁ କହି ଫେରିଥିଲେ। ଆଜି ସେ ଆଉ ନାହାନ୍ତି। ବହୁଦିନ ତଳୁ ଆଖି ବୁଜି ସାରିଲେଣି।

ବି.ଇଡ଼ି କଲେଜ୍‌ରେ ବାର୍ଷିକ ଉତ୍ସବରେ ନାଟକ ଅଭିନୀତ ହୁଏ। ଅଧ୍ୟକ୍ଷ ଶ୍ରୀଯୁକ୍ତ ରଥ ନିଜେ ନାଟକ ଲେଖନ୍ତି। ବ୍ୟସ୍ତବହୁଳ ଚାକିରୀ ଜୀବନରୁ ସମୟ ବାହାରକରି ଲେଖନ୍ତି। Stage Rehearsal ସରି ନାଟକ ମଞ୍ଚସ୍ଥ ହେବା ପର୍ଯ୍ୟନ୍ତ ଲେଖା ଚାଲିଥାଏ। ଆଗରୁ ପ୍ରସିଦ୍ଧ ଲେଖକମାନଙ୍କ ପାଖରୁ ପାଣ୍ଡୁଲିପି ଆଣି ନାଟକ କରାଯାଉଥିଲା। ବର୍ଷେ ପାଣ୍ଡୁଲିପି ମିଳିବାରେ କିଛିଟା ଅସୁବିଧା ଉପୁଜିବାରୁ ସାର୍ ତା'ର ସମାଧାନ ପାଇଁ ନିଜେ ସେ ଚ୍ୟାଲେଞ୍ଜକୁ ଗ୍ରହଣ କରି ନାଟକ ଲେଖିଲେ। ସେହିଦିନରୁ ତାଙ୍କ ଲିଖିତ ନାଟକ ଅଭିନୀତ ହୋଇ ଚାଲିଲା।

ଥରେ ଅଧ୍ୟକ୍ଷ ମହାଶୟ କଲେଜ୍‌ର ପିଲାମାନଙ୍କୁ ଚିଲିକା ପରିଭ୍ରମଣରେ ନେଇଥିଲେ। ସାଙ୍ଗରେ ଅନ୍ୟ ଅଧ୍ୟାପକମାନେ ଥାଆନ୍ତି। ବାଲୁଗାଁ କୂଳରୁ ଡଙ୍ଗାରେ ବସି କାଳିଜାଈ ପର୍ଯ୍ୟନ୍ତ ଯିବାକୁ ପଡ଼େ। ପୁଅପିଲା ମାନେ ଯଥାରୀତି ଡଙ୍ଗା ଉପରେ ଚଢ଼ିଗଲେ। କିନ୍ତୁ ଝିଅମାନେ ସାଧାରଣତଃ ଡରେଇ ହୋଇଥିବାରୁ ଡଙ୍ଗା ହଲିଗଲେ ତାଙ୍କ ଛାତିରୁ ଅତଡ଼ା ଖସିପଡ଼େ। ଚଢ଼ିବାକୁ ଡରନ୍ତି। ଏ ଅବସ୍ଥାକୁ ଲକ୍ଷ୍ୟ କରି ଅଧ୍ୟକ୍ଷ ମହାଶୟ ମଜା କରି ପୁଅ ପିଲାମାନଙ୍କୁ କହିଲେ- ଆରେ, ସେ Living Luggage ମାନଙ୍କୁ ସାଙ୍ଗରେ ଆଣରେ।

ଏତିକି କଥାରେ ସମସ୍ତେ ହସିଉଠିଲେ। ପୁଅମାନଙ୍କ ସହାୟତାରେ ଝିଅମାନେ ଡଙ୍ଗା ଉପରକୁ ଚଢ଼ିଲେ। ଆମ ସାର୍ ବି.ଇଡ଼ି. ଫାଇନାଲ୍ ପରୀକ୍ଷା ଦେବା ପରେ ଅଧ୍ୟକ୍ଷ ଶ୍ରୀଯୁକ୍ତ ରଥ ବଦଳି ହୋଇ D.P.I. School of Orissa ପଦବୀରେ ଯୋଗ ଦେଲେ। ସାର୍ ହେଉଛନ୍ତି ତାଙ୍କ ଅଧ୍ୟକ୍ଷ ଜୀବନର ଶେଷ ବ୍ୟାଚ୍ ଛାତ୍ର। ଏହା ପୂର୍ବରୁ ସାଧାରଣତଃ ରେଭେନ୍ସା କଲେଜ୍ ବା ଅନ୍ୟାନ୍ୟ କଲେଜ୍‌ର ବରିଷ୍ଠ ପ୍ରାଧ୍ୟାପକମାନେ D.P.I. ହେଉଥିଲେ। କିନ୍ତୁ ପ୍ରଥମ ଥର ପାଇଁ ବି.ଇଡି. କଲେଜ୍‌ରେ ଅଧ୍ୟକ୍ଷ ହିସାବରେ ଶ୍ରୀଯୁକ୍ତ ରଥ D.P.I. ପଦବୀ ଅଳଙ୍କୃତ କଲେ। ତାଙ୍କ ସ୍ଥାନରେ ପ୍ରଖ୍ୟାତ ଶିକ୍ଷାବିତ୍ ଶ୍ରୀଯୁକ୍ତ ଶତ୍ରୁଘ୍ନ ନାଥ ବି.ଇଡ଼ି କଲେଜ୍‌ର ଅଧ୍ୟକ୍ଷ ହିସାବରେ ଯୋଗଦେଲେ।

ଶ୍ରୀଯୁକ୍ତ ନାଥ ହାଇସ୍କୁଲ୍ ପିଲାଙ୍କ ପାଇଁ Students Translation ଓ ଇଂରାଜୀ -ଓଡ଼ିଆ ଅଭିଧାନ ଲେଖି ସମଗ୍ର ଓଡ଼ିଶାରେ ଲୋକପ୍ରିୟ ହୋଇ ପାରିଥିଲେ। ରଥ ମହାଶୟ ଆମ ସାର୍‌ଙ୍କ ନାମ ଲେଖାଇ ଥିଲେ। ପାଠ ପଢ଼ାଇ ଥିଲେ। ପାଶ୍ କଲାପରେ ଶ୍ରୀଯୁକ୍ତ ନାଥ College Leaving Certificate ଦେଇଥିଲେ।

ଅଗଷ୍ଟ ଶେଷ ସେପ୍ଟେମ୍ବର ପ୍ରଥମ ସପ୍ତାହକୁ Criticism Class ନିଆଯାଏ। ସାର୍‌ଙ୍କର Math ଓ English Method Paper ଥିଲା। Criticism Class ନେବା ପୂର୍ବର ବିଭିନ୍ନ Method ଓ Practical ପାଇଁ Lesson plan ବାବଦରେ ସବୁ ଜାଣି ସାରିଥାନ୍ତି। ସାର୍‌ଙ୍କର English Method ରେ Criticism Class ନେବାର ଥାଏ। ତା ପୂର୍ବରୁ ଗଣେଶ ପୂଜା ସରିଥାଏ। ସେଥିପାଇଁ Practicing ବିଦ୍ୟାଳୟର ହଲ୍‌ରେ ସିଟ୍ ଗୁଡ଼ିକ ଅସଜଡ଼ା ହୋଇ ପଡ଼ିଥାଏ। ଏ ସବୁକୁ ଠିକ୍‌ଠାକ୍ କରିବା ପାଇଁ ସାର୍ କାହାକୁ ବା କହିବେ। ତେଣୁ ଚିନ୍ତାରେ ଥାଆନ୍ତି। ଏତିକିବେଳେ ଗୌରୀଶ୍ୟାମ ସାର୍ ଅପ୍‌ଷ୍ଟେୟାର୍‌କୁ ଯିବା ପାଇଁ ବାରଣ୍ଡାରେ ସିଡ଼ି ଆଡ଼କୁ ଚାଲିଥାନ୍ତି। ସାର୍ ତାଙ୍କ ପଛେ ପଛେ ଚାଲିଲେ। ଗୌରୀଶ୍ୟାମ ସାର୍ ସିଡ଼ିରେ ଉଠୁ ଉଠୁ କେହି ଜଣେ ତାଙ୍କ ପଛରେ ଆସୁଛି ଅନୁଭବ କରି ଲେଉଟି ଚାହିଁବାରୁ ସାର୍‌ଙ୍କୁ ଦେଖିଲେ। ସାର୍ ସାହସ ସଞ୍ଚୟ କରି ନିଜ ଅସୁବିଧା ବିଷୟରେ କହିଲେ। ଗୌରୀଶ୍ୟାମ ସାର୍‌ଙ୍କୁ ସମସ୍ତେ ଜିଅନ୍ତାବାଘ ଭଳି ଭୟ କରନ୍ତି। ପ୍ୟାଣ୍ଟ୍ ସାର୍ଟ, କୋଟ୍, ଟାଇ ଓ ଚଷମା ପିନ୍ଧା ବଳିଷ୍ଠ ଚେହେରାଟା ସେମିତି। ଖୁବ୍ ଗମ୍ଭୀର ରୂପ। ଯିଏ ଦେଖିବ ଭୟ କରିବ ନିଶ୍ଚୟ। ସେ ଯାହାହେଉ ଅଫିସ୍‌ରେ ଜଣାଇ ପିଅନମାନଙ୍କ ଦ୍ୱାରା କାମ କରାଇ ନେବାପାଇଁ ସାର୍‌ଙ୍କୁ ନିର୍ଦ୍ଦେଶ ଦେଇ ଚାଲିଗଲେ। ଅଫିସ୍‌ରେ ଜଣାଇବାରୁ କାର୍ଯ୍ୟ ହୋଇଗଲା। ଗୌରୀଶ୍ୟାମ ସାର୍‌ଙ୍କ ନାମର ମହତ୍ତ୍ୱ ଏମିତି। ତେଣୁ କ୍ଲାସ୍ ନେବା ପୂର୍ବରୁ ଶ୍ରେଣୀ କୋଠରୀ, ପିଲାମାନଙ୍କ Bench desk arrange ହୋଇଯାଇଥାଏ।

ଚତୁର୍ଥ ପିରିଅଡ଼ରେ କ୍ଲାସ ନେବାକୁ ହୁଏ। ଗ୍ୟାଲେରୀରେ କ୍ଲାସ୍ ହୁଏ। Method teacher ଡକ୍ଟର ମହାନ୍ତି ଓ ସହଯୋଗୀ ଅଧ୍ୟାପକ ଶ୍ରୀଯୁକ୍ତ ମୋହନ ନାୟକ ଉପସ୍ଥିତ ଥାଆନ୍ତି। English Method Student ଓ ଅନ୍ୟ ବି.ଇଡ଼ି. ଷ୍ଟୁଡେଣ୍ଟ ମାନେ ବସିଥାନ୍ତି ତାଙ୍କ ଆଗକୁ ସ୍କୁଲ୍ ପିଲାମାନେ ନିଜ ନିଜ ସିଟ୍‌ରେ ବସିଥାନ୍ତି। ସେମାନଙ୍କୁ ସାମ୍ନାକରି ଆମ ସାର୍‌ଙ୍କୁ ପଢ଼ାଇବାକୁ ହେବ। ପଛରେ ଥାଏ କଳାପଟା। କଳାପଟାରେ ସାର୍ ବିଷୟ, ପିରିଅଡ, ଶ୍ରେଣୀ ଇତ୍ୟାଦି ଫିଲ୍ ଅପ୍ କରିଛନ୍ତି। ସେଦିନର ବିଷୟ ଥିଲା The Plate of gold ନବମ ଶ୍ରେଣୀ ପାଇଁ ଉଦ୍ଦିଷ୍ଟ ଗୋଟେ ଇଂରାଜୀ କବିତା।

B.Ed. ପାଠପଢ଼ା ଭିତରେ ଏଇ କ୍ଲାସ୍ ନେବାଟା ଥାଏ ମୁଖ୍ୟ କଥା। ପାଠପଢ଼ା ସରିଲେ ଜୀବନ ସାରା ଏହାହିଁ କରିବାକୁ ପଡ଼ିବ। ଏଠି ସବୁକିଛି ନିଖୁଣ ଭାବରେ କରିବା ଉଚିତ। ପ୍ରତ୍ୟେକଟି କଥା ଓ ପ୍ରତ୍ୟେକଟି ପଦପାତକୁ ଉପସ୍ଥିତ ଅଧ୍ୟାପକମାନେ ଲକ୍ଷ୍ୟ କରିବା ପାଇଁ ଅଛନ୍ତି। ଏଇଥିରେ ସାର୍‌ଙ୍କ ଭବିଷ୍ୟତ ଦୃଷ୍ଟି ଗୋଚର ହେବ। ତେଣୁ ସାର୍ ଜଣେ ପୁରୁଣା ଶିକ୍ଷକ ହିସାବରେ ବିଷୟ ଭିତରକୁ

ପ୍ରବେଶ କରିବା ପୂର୍ବରୁ କିଛି Introductory ପ୍ରଶ୍ନ ପଚାରିଲେ। ତା' ପରେ ବହି ଖୋଲିବାକୁ ନିର୍ଦ୍ଦେଶ ଦେଇ ବହି ପାଠପଢ଼ା ଆରମ୍ଭ କଲେ। ପ୍ରଥମେ Model Loud reading ଶେଷ କଲେ। ତା ପରେ Silent reading ପାଇଁ ପିଲାମାନଙ୍କୁ କିଛି ସମୟ ଦେଲେ। ପିଲାଙ୍କ ଠାରୁ କିଛି ନୂଆ କଷ୍ଟ ଶବ୍ଦ ସଂଗ୍ରହ କରି Drilling କରାଇଲେ। ବିଭିନ୍ନ Aids ଓ Pictureର ସାହାଯ୍ୟ ନେଇ ପିଲାମାନଙ୍କୁ ବୁଝାଇଲେ। ପରେ Comperhensive List question ପଚାରି ବିଷୟଗତ ଶିକ୍ଷାଦାନ କାର୍ଯ୍ୟ ଶେଷ କଲେ। ଶେଷରେ କିଛି Application test question ପଚାରି ଲବ୍ଧଜ୍ଞାନ ପରୀକ୍ଷା କଲେ।

ସାର୍‌ଙ୍କର ପୂର୍ବରୁ Classroom teaching ନେଇ ଭଲ ଅଭିଜ୍ଞତା ଥିଲା। ତେଣୁ ଠିକ୍ ପାଠପଢ଼ା ସରିଲା ପରେ Class over ଘଣ୍ଟା ବାଜିଲା। ଟିକିଏ ବି ବିଳମ୍ବ ହୋଇନାହିଁ। ଏହାପରେ Lesson delivery ଉପରେ ସାଧାରଣ ଭାବରେ Criticism ଆରମ୍ଭ ହେଲା। ସହପାଠୀ ଓ ଛାତ୍ରଛାତ୍ରୀଙ୍କ ତରଫରୁ କୌଣସି ପ୍ରକାରର ତ୍ରୁଟି ଦର୍ଶାଇ ସମାଲୋଚନା ହେଲା ନାହିଁ। ଅର୍ଥାତ୍ ସମସ୍ତେ ସାର୍‌ଙ୍କ Teaching ରେ ସନ୍ତୁଷ୍ଟ ହୋଇଥିଲେ। ଓଲଟା ପ୍ରଶଂସା କରି Dr. Mohanty ପଦେ କହିଲେ–Teacher is very obedient.

ସାର୍ ଏକଥାର ମର୍ମ ହଠାତ୍ ବୁଝିପାରିଲେ ନାହିଁ। ତେଣୁ Dr. Mohanty କଥାଟିକୁ ସରଳ କରିବାକୁ ଯାଇ କହିଲେ– Why wait -why let us begin- as if you are asking permission. ତାଙ୍କ ଅନୁଯାୟୀ ବିଷୟ Introduce ପରେ Start Vigorously - No. ଅପେକ୍ଷା। ଏତିକି ମାତ୍ର ସମାଲୋଚନା କରି Lesson ବିତରଣ Quite nice ବୋଲି ମନ୍ତବ୍ୟ ଦେଲେ।

Class over ପରେ ସାର୍‌ଙ୍କର ଜଣେ ପଢ଼ାସାଥୀ ଗ୍ୟାଲେରୀରୁ ଓହ୍ଲାଇ ଆସି କୁଣ୍ଢାଇ ପକାଇଲେ। କହିଲେ- ଭାଇନା, କେତେ ବର୍ଷର ଶିକ୍ଷକ କି ? ଏକ୍‌ଦମ୍ ମାପିଚୁପି କ୍ଲାସ୍‌ଟା କଲେ।

ଜୁଲାଇ ମାସ ସାରା ଯେତେ କ୍ଲାସ୍ ହୁଏ ସବୁଥିରୁ ଶିକ୍ଷାର ସଂଜ୍ଞା ବିଷୟରେ ଅଧିକ ଜ୍ଞାନ ଆହରଣ ହୁଏ। ବିଭିନ୍ନ ଦିଗରୁ ଭିନ୍ନ ଭିନ୍ନ ଅଧ୍ୟାପକ ମାନେ ଆଲୋଚନା କରନ୍ତି। ଉଦାହରଣ ସ୍ୱରୂପ- Adjustment to life situation is education. ବିଭିନ୍ନ ଦାର୍ଶନିକ ଯଥା- ଗାନ୍ଧୀ, ବିବେକାନନ୍ଦ, ରୁଷୋ, ଭୋଲଟାୟାର, ଅରବିନ୍ଦ ଇତ୍ୟାଦିଙ୍କ ଦୃଷ୍ଟିରେ ଶିକ୍ଷା ଓ ତା'ର ମୂଲ୍ୟକୁ ନେଇ ଆଲୋଚନା ହୁଏ।

ରୁଟିନ୍ ହେବା ପରେ ଏଜୁକେସନାଲ୍ ସାଇକୋଲୋଜି ଓ ଫିଲୋସୋଫି

ପେପରକୁ ପ୍ରିନ୍‌ସିପାଲ୍ ଓ ଅନ୍ୟ ଅଧ୍ୟାପକମାନେ ବାଣ୍ଟିକୁଣ୍ଟି ପଢ଼ାଇଲେ। ଡକ୍ଟର ମହାନ୍ତି ଆଡ୍‌ଲୋସେ ସାଇକୋଲୋଜି ଓ English method ଶ୍ରୀଯୁକ୍ତ ରାଠୋର୍ Educational states ଶ୍ରୀଯୁକ୍ତ ଲାଲ୍ ମୋହନ ପ୍ରଧାନ Education Commission report ପଢ଼ାନ୍ତି। ଶ୍ରୀଯୁକ୍ତ ପ୍ରଧାନ ମଜାଦାର ଲୋକ। କହନ୍ତି- I can finish Report teaching in one period even in one sentence. That is- There is everything in Report but it lacks one thing. There is no intention to implement its suggestions.

ଡକ୍ଟର ମହାନ୍ତିଙ୍କ ଘର ଯାଜପୁରର ଚମ୍ପେଇପାଳରେ। ସେ ଆଜୀବନ ଅବିବାହିତ ରହିଥିଲେ। ଖୁବ୍ Strict କିନ୍ତୁ ଛାତ୍ରବତ୍ସଳ। ଥରେ ଆଲୋଚନା ପ୍ରସଙ୍ଗରେ ଜଣେ ଛାତ୍ର ଡକ୍ଟର ମହାନ୍ତିଙ୍କୁ ପ୍ରଶ୍ନଟିଏ ପଚାରିଦେଲା। Sir, whether it is better to be the head of a jackal or tail of a lion? ଏ କଥା ଶୁଣି ପଢ଼ାଉ ପଢ଼ାଉ ସାର୍ ହଠାତ୍ ଗମ୍ଭୀର ହୋଇଗଲେ। ତାଙ୍କ ମୁହଁ କ୍ରୋଧରେ ଲାଲ୍ ପଡ଼ିଗଲା।

ଡକ୍ଟର ମହାନ୍ତିଙ୍କ ପୂର୍ବକଥା ବିଷୟରେ ସେ କ୍ଲାସ୍‌ର ପିଲାମାନଙ୍କୁ ଜଣାନଥିଲା। ଏହା ପୂର୍ବରୁ ସେ ସମ୍ବଲପୁର B.Ed. କଲେଜ୍‌ର ପ୍ରିନ୍ସିପାଲ୍ ଥିଲେ। ଗୋଟେ Annual ପରୀକ୍ଷାରେ ତାଙ୍କ ଦ୍ୱାରା ଦେଖାଯାଇଥିବା Paper ରେ ବହୁତ ପିଲା ଫେଲ୍ ହୋଇଥିଲେ। University ରେ Result consideration ପାଇଁ ମିଟିଂ ବସିଲା। ସେଥିରେ ଡକ୍ଟର ମହାନ୍ତି ଉପସ୍ଥିତ ଥିଲେ। Syndicateର ନିଷ୍ପତ୍ତି ଅନୁଯାୟୀ ସେ ପିଲାମାନଙ୍କୁ ପାଶ୍ କରାଇ ଦିଆଗଲା। ଡକ୍ଟର ମହାନ୍ତି ଏଥିରେ ଅପମାନିତ ଅନୁଭବ କରି ଉତ୍‌କ୍ଷିପ୍ତ ହୋଇ କହିଲେ 'Syndicate meeting ନା fools meeting' ଏବଂ ମିଟିଂରୁ ଉଠି ଚାଲି ଆସିଲେ।

ତାଙ୍କୁ ନିୟନ୍ତ୍ରଣ କରିବା ପାଇଁ କଟକର R.N.T. କୁ ଆଣି ତାଙ୍କ ସାର୍ ଅଧ୍ୟକ୍ଷ ଶ୍ରୀଯୁକ୍ତ ବୈଦନାଥ ରଥଙ୍କ ନିକଟରେ ରଖାଗଲା। ଅପେକ୍ଷାକୃତ ଗୋଟେ ଛୋଟ କଲେଜରୁ ଆସି ଓଡ଼ିଶାର ସର୍ବବୃହତ୍ B.Ed. କଲେଜ୍‌ରେ ଅଧ୍ୟାପକଟିଏ ହୋଇରହିଲେ। ତାଙ୍କ ଜୀବନ ସହିତ ସାମଞ୍ଜସ୍ୟ ଥିବା ପ୍ରଶ୍ନଟିଏ ଶୁଣିବାରୁ ବୋଧହୁଏ ପୂର୍ବସ୍ମୃତି ମନେ ପଡ଼ିଯାଇଥିଲା ଓ ସେ ରାଗି ଯାଇଥିଲେ। ଅବଶ୍ୟ ଡକ୍ଟର ମହାନ୍ତି ନିଜକୁ ସମ୍ଭାଳି ନେଇ ପ୍ରଶ୍ନଟି ଏଡ଼ାଇ ଗଲେ। ପରବର୍ତ୍ତୀ ସମୟରେ ସେ Secondary Board of Educationର ସଭାପତି ହୋଇ ମାଧ୍ୟମିକ ଶିକ୍ଷା ପରିଷଦକୁ ନିୟନ୍ତ୍ରିତ କରିଥିଲେ ଓ ଅନେକ ସଂସ୍କାର ଆଣିଥିଲେ।

Admission ପରେ ପୁରା ମାସଟିଏ ବିତାଇ ଶନିବାର ରବିବାର ଛୁଟି

ଦେଖି ଅଗଷ୍ଟ ମାସରେ ସାର୍ ଘରକୁ ଫେରିଲେ। ସେତେବେଳେ ଆମ ଅଞ୍ଚଳରେ ଗୋଟେ ଭୟଙ୍କର ବନ୍ୟା ହୋଇଥାଏ। ଗାଆଁ ପାଖରେ ପହଞ୍ଚି ଦେଖିଲେ ଖଇରାବାଦ ମଠ ପାଖରୁ ଘୋଳପୁର ଯାଏ ନଈପାଣି ମାଡ଼ି ଯାଇଥାଏ। ରାତି ସାତଟା ବେଳକୁ ସାର୍ ମଠ ପାଖରେ ପହଞ୍ଚିଲେ। ଗାଆଁ ସିଧାସଳଖ ଚାହିଁଲେ ଅଧକିଲୋମିଟର ବାଟ ହେବ। ପୁରା ଜଳାର୍ଣ୍ଣବ ହୋଇଯାଇଥାଏ। ମଝିରେ ଥାଏ ଦୁଧେଇ ନାଳ। ହଦକୂଳର କେଶବ ମଳିକ (ସାର୍ ଡାକନ୍ତି କେଶବା ଭାଇ) ସେଠି ଡଙ୍ଗା ପକାଇ ଲୋକ ପାର୍ କରୁଥାନ୍ତି। ସେ ସାର୍ଙ୍କୁ ଡଙ୍ଗାରେ ବସାଇ ବିଲ ଉପରେ ଉପରେ ଆଣି ନୂଆଗାଁ ଘର ପାଖ ବାଡ଼ିରେ ଛାଡ଼ିଦେଇଗଲେ।

ସାର୍ଙ୍କ ପୁରୁଣା ଘର ନଈରେ ଲୀନ ହୋଇଯାଇଥାଏ। ୧୯୬୫-୬୬ ବର୍ଷରେ ସେଠି ସାର୍ଙ୍କ ସହିତ ୩୫ଟି ପରିବାର ଭଙ୍ଗା ଘରକୁ ଉଜାଡ଼ି ଦେଇ ଉଠିଆସିଲେ। ଘରର ଡିହ ବି ନଈ ଖାଇ ଯାଇଥାଏ। ଖରାଦିନ, ନାରାୟଣ ନନ୍ଦଙ୍କ ଘରେ ଆଶ୍ରୟ ନେଇ ଘର ତିଆରି କରିବାକୁ ବନ୍ଦୋବସ୍ତ କଲେ। ଗାଆଁ ପାଖାପାଖି ଅଞ୍ଚଳରେ ସହଜରେ ମିସ୍ତ୍ରୀ ମିଳିଲେ ନାହିଁ। ତେଣୁ ସାର୍ଙ୍କ ବାପା ରାଜେନ୍ଦ୍ରପୁରର କାହ୍ନୁବାବୁଙ୍କ ଜରିଆରେ ଅତଲାପୁରରୁ ସୁନାମିଆଁ ନାମକ ଜଣେ ମୁସଲମାନ ମିସ୍ତ୍ରୀକୁ ଡକାଇ ଆଣିଲେ। ପୁରୁଣା କାଠକୁ ଯୋଡ଼ି ସେ ଦାରୁଗଣ୍ଡି କରିପାରିଲେନି। କାମ ନ ଜାଣି ବଢ଼େଇ ହୋଇଥିବାରୁ ସମସ୍ତେ ପରିହାସ କଲେ। ଏଥିରେ ତାଙ୍କୁ ଲାଜ ଲାଗିଲା। ତେଣୁ ସେ ଧର୍ମଶାଳା ଯାଇ ଭୋବନ ପାରିରୁ ଯଦୁ ଓ ତାର ପାଞ୍ଚଛଅ ଭାଇଙ୍କୁ ଡାକି ଆଣି ମାସକ ଭିତରେ କାଠ ବାଉଁଶରେ ଗୋଟେ ସ୍କୁଲ୍ ଭଳି ଲମ୍ବା ଘର ତିଆରି କରିଦେଲେ। ମାଟିକାଦୁଅ ଛାଟି କାନ୍ଥ ତିଆରି ହେଲା। ବାହୁଡ଼ା ଯାତ୍ରା ବେଳକୁ ସାର୍ଙ୍କ ପରିବାର ସେ ଘରେ ପ୍ରବେଶ କଲେ।

ନଦୀ ଦ୍ୱାରା ବାରମ୍ବାର ପରିବାର ସାରା ହଇରାଣ ହୋଇଛନ୍ତି। ସାର୍ଙ୍କ ବାପାଙ୍କ ଜନ୍ମ ଓ ଶୈଶବ ବିତିଥିବା ଘର ନଦୀ ଖାଇଯିବାରୁ ଛାଡ଼ିବାକୁ ପଡ଼ିଛି। ସେଠୁ ଉଠି ଆସିଲେ ଗାଆଁ ମୁଣ୍ଡକୁ। ସେଠି ସାର୍ଙ୍କ ବାପାଙ୍କର ବାହାଘର ଓ ସାର୍ଙ୍କ ଜନ୍ମ ହେଲା। ପୁଣି ସାର୍ଙ୍କ ବଡ଼ପୁଅ ମହେନ୍ଦ୍ରର ଜନ୍ମବେଳକୁ ସେ ଘର ଛାଡ଼ିବାକୁ ପଡ଼ିଲା। ଆଜି ଯେଉଁଠି ଅଛନ୍ତି ସେଠିକୁ ଆସିବାକୁ ହେଲା। ସେ ଲମ୍ବା ଚାଳଘର ଆଉ ନାହିଁ। ସେ ଘରେ ସାର୍ଙ୍କ ବାପା, ମାଆ, ବୁଢ଼ାବୁଢ଼ୀ ହୋଇ ଦେହତ୍ୟାଗ କରିଥିଲେ। ଆଜି ସେ ଡିହ ଉପରେ ଛଅ ବଖରାର ଗୋଟେ ସୁନ୍ଦର ପକା ଘର ତିଆରି ହୋଇଛି। ଏହା ଉପରେ ତାଙ୍କର ପୁଅମାନେ ଉପର ମହଲା ନିର୍ମାଣ କରିଛନ୍ତି। ଜୀବନରେ କେତେ ଯେ ନଈବଢ଼ି ସହିଛନ୍ତି। ଘର ଭାଙ୍ଗିଛି। ନଈବନ୍ଧ ଉପରେ, ପରଘରେ ରହିବାକୁ

ହୋଇଛି। ଦିନ ଦିନ ଚୁଲି ଜଳିନି, ରିଲିଫ୍ ଚାଉଳରେ ଦିନ ବିତିଛି। ଭଙ୍ଗା ଘର ଓ ତା'ର କାନ୍ଥକୁ ସଜାଡ଼ି ରହିଛନ୍ତି ସେ ସବୁ ଆଜିବି ଗୋଟି ଗୋଟି ମନେ ଅଛି ସାର୍‌ଙ୍କର। ତାଙ୍କ ପ୍ରିୟ ନଈ ଅନେକ ଯାତନା ଦେଇଛି। ବାରବାର କଷ୍ଟ ଦେଇ ଅହଂ ଶୂନ୍ୟ କରିଦେଇଛି। ଏତିକି ମାତ୍ର ଦୁର୍ଲଭ ଲାଭ ମିଳିଛି।

ଅକ୍ଟୋବର ମାସରେ ଦୁର୍ଗାପୂଜା ଛୁଟି ପାଇଁ କଲେଜ୍ ବନ୍ଦ ଥାଏ। ସାର୍ ଘରେ ଥାନ୍ତି। ସେଦିନ ଦୁର୍ଗା ପୂଜାର ଷଷ୍ଠୀ ପାଳିଥାଏ। ସାର୍ ହରିପୁର ହାଟରୁ ଚାଉଳ ଆଉ ସଉଦାପତ୍ର ଧରି ଘରକୁ ଫେରୁଥାନ୍ତି। ଭୟଙ୍କର ପବନ ସାଙ୍ଗକୁ ବର୍ଷା ଢ଼ାଳୁଥାଏ। ପବନ ଛତାକୁ ଓଲଟାଇ ପକାଉଥାଏ। ଛତା ଥାଇ ବି କିଛି ଲାଭ ନଥାଏ। ଚାରିଆଡ୍ରୁ ପାଣିଛାଟି ଓଦା କରି ପକାଉଥାଏ। ଛତାକୁ ଓ ସଉଦାପତ୍ରକୁ ସମ୍ଭାଳି କଷ୍ଟେମଷ୍ଟେ ସାର୍ ଘରକୁ ଫେରିଲେ। ଗୋଟାପଣେ ଭିଜି ଯାଇଥାଆନ୍ତି। ପୁରା ଗାଧୋଇବା ଭଳି। ଇଏ ଥିଲା ବାତ୍ୟାର ପ୍ରଭାବ। ସେତେବେଳେ ବାତ୍ୟା (Cyclone) କ'ଣ ଜଣାଶୁଣା ନଥାଏ। ରେଡ଼ିଓ ନଥାଏ କି ଆଜିଭଳି ଖବରକାଗଜ ବି ଗାଆଁକୁ ଆସେନି। କେଉଁଠି କ'ଣ ହେଉଛି ଜାଣିବ ବା କେମିତି ? ଏଠାକାର ବର୍ଷା ଓ ପବନ ଜଗତ୍‌ସିଂହପୁର ଓ କେନ୍ଦ୍ରାପଡ଼ା ଅଞ୍ଚଳରେ ଗୋଟେ ଭୟଙ୍କର ବାତ୍ୟାର ରୂପନେଇ ଘରଦ୍ୱାର ଓ ବିରାଟ ବିରାଟ ବୃକ୍ଷକୁ ଧ୍ୱସ୍ତବିଧ୍ୱସ୍ତ କରିପକାଇ ଥାଏ। ସାର୍ ଏକଥା ଜାଣି ନଥାନ୍ତି। ତେଣୁ ଛୁଟି ସରିବାରୁ କଲେଜ୍‌କୁ ଚାଲିଗଲେ। ସେଠି ପହଞ୍ଚି ଜାଣିଲେ ଯେ ଜଗତ୍‌ସିଂହପୁର, କେନ୍ଦ୍ରାପଡ଼ା ବାତ୍ୟା ପାଇଁ ସରକାର ଆଉ ଆଠଦିନ ଛୁଟି ବଢ଼ାଇ ଦେଇଛନ୍ତି। ତେଣୁ ହଷ୍ଟେଲ୍ ଖୋଲି ନଥାଏ। ସାର୍ କଲେଜ୍ ପହଞ୍ଚିବା ପରେ ପରେ ପୁଣି ଘରକୁ ଫେରି ଆସିଲେ। ୧୯୬୭ ମସିହାରେ ବାତ୍ୟା ନାମକ ଶବ୍ଦଟି ସହିତ ସାର୍ ପ୍ରଥମ ପରିଚିତ ହେଲେ।

ପୂଜା ଛୁଟି ସରି କଲେଜ୍ ଖୋଲିଲା ବେଳକୁ ମହୁଲିଆ ଶୀତ ପଡ଼ିବା ଆରମ୍ଭ ହୋଇଯାଇଥାଏ। Practice teaching ଚାଲେ। Practice teaching ର ଅର୍ଥ B.Ed. ଛାତ୍ରମାନେ ବିଭିନ୍ନ ସ୍କୁଲ୍‌ରେ Class ନିଅନ୍ତି। ତାଙ୍କର ପାଠ ପଢ଼ାଇବା ଶୈଳୀ ଓ ଦକ୍ଷତାକୁ କଲେଜ୍‌ର ଅଧ୍ୟାପକମାନେ ନିରୀକ୍ଷଣ କରନ୍ତି। ଏହା ପ୍ରାକ୍ଟିକାଲ୍ ସହିତ ସମାନ। ସାର୍‌ଙ୍କର English ଓ Mathematics method ଥିଲା। ଦୁଇଟି ବିଷୟରେ ପନ୍ଦର ପନ୍ଦର କରି ତିରିଶଟି Lesson delivery ଦେବାକୁ ପଡ଼ିବ। ସାର୍‌ଙ୍କର English Class ପ୍ୟାରୀମୋହନ ଏକାଡେମୀ ଓ Math Class ରାଣୀହାଟ ହାଇସ୍କୁଲ୍‌ରେ ପଡ଼ିଲା। ଆଗାମୀ ମାର୍ଚ୍ଚ ସୁଦ୍ଧା ଛଅମାସ ଭିତରେ Practice teaching ସାରିବାକୁ ହେବ। ସେଥିପାଇଁ ଆଗରୁ Lesson Plan ପ୍ରସ୍ତୁତ କରି Method teacher ଙ୍କୁ

ଦେଖାଇ ଠିକ୍‌ଠାକ୍ କରି ରଖିଲେ । Class ନେବା ଦିନ Lesson Book, Map charts, Aids, ଓ B.B. Cloth ଇତ୍ୟାଦି ଧରି Allotted period ପୂର୍ବରୁ ସ୍କୁଲ୍‌ରେ ପହଞ୍ଚି ଅପେକ୍ଷା କରିବାକୁ ପଡ଼େ । ତାଙ୍କର ନିୟମିତ କ୍ଲାସ୍ ସହିତ ସାର୍‌ଙ୍କର (B.Ed ଛାତ୍ରଙ୍କର) teaching ଆରମ୍ଭ ହୁଏ । ପ୍ରଥମ English Lesson P.M. Academy ରେ ଦେବାକୁ ପଡ଼ିଥିଲା । ସେ ଦିନ ପ୍ରିନ୍‌ସିପାଲ୍ ଶ୍ରୀଯୁକ୍ତ ରଥ Inspection କରିଥିଲେ । ସାର୍ ଇଂରାଜୀ ପଢ଼ାଉଥାନ୍ତି । ଏକାଡେମୀର ପିଲାଗୁଡ଼ିକ ଖୁବ୍ ଭଲ ଓ ବୁଦ୍ଧିମାନ । ସାର୍ ମୋତେ ପଚାରନ୍ତୁ, ମୋତେ ପଚାରନ୍ତୁ କହି ହାତ ଟେକୁଥାନ୍ତି । Good Response ଥାଏ । ଅଧ୍ୟକ୍ଷ ଶ୍ରୀଯୁକ୍ତ ରଥ କ୍ଲାସ୍ ରୁମ୍‌ରେ ପଶି Presentation stageର ପଛ ସିଟ୍‌ରେ ବସି ଅନୁଧ୍ୟାନ କଲେ । ଲେସନ୍ ବୁକ୍‌ରେ ମନ୍ତବ୍ୟ ଓ Suggestions ଦେଇ Class ଛାଡ଼ିଲେ । ସାର୍‌ଙ୍କର ଭୟ ଭାଙ୍ଗିଗଲା । ଦ୍ୱିତୀୟଦିନ English Classକୁ ଡକ୍ଟର ମହାନ୍ତି ଆସି Inspection କଲେ । ତୃତୀୟଦିନ Method ଅଧ୍ୟାପକ ଶ୍ରୀଯୁକ୍ତ ମୋହନ ନାୟକ Inspection କଲେ । ପାଠ ପଢ଼ାଇବା ପ୍ରତି ଯେଉଁ ଟିକକ ଭୟ ଥିଲା ତାହା ଦୂର ହୋଇଗଲା । B.Ed ଟ୍ରେନିଂରେ How to get rid of fear ଉପରେ ସବୁଠାରୁ ଅଧିକ ଦୃଷ୍ଟି ଦିଆଯାଏ । କାରଣ କେତେକ ପିଲା ଏତେ ଭୟାଳୁ ଥାଆନ୍ତି ଯେ final classରେ External ଙ୍କ ଉପସ୍ଥିତିରେ ପାଠ ପଢ଼ାଇ ପାରନ୍ତି ନାହିଁ । ପାଟି ଖୋଲି ନପାରି ଚୁପ୍ ହୋଇଯାଆନ୍ତି । ଫେଲ୍ ବି ହୁଅନ୍ତି ।

ସାର୍‌ଙ୍କର ଜଣେ Classmate ଥରେ Final Exam ପାଇଁ Class ନେଉଥାନ୍ତି । ଡକ୍ଟର ମହାନ୍ତି ଓ External ଶ୍ରୀଯୁକ୍ତ ରାମସ୍ୱାମୀ ସେନାପତି କ୍ଲାସ୍ ଭିତରକୁ ପଶି ଆସିଲେ । ସେ ପୂର୍ବରୁ ପଢ଼ାଉଥିଲେ । କିନ୍ତୁ ପରୀକ୍ଷକଙ୍କୁ ଦେଖି ଭୟରେ ଆଦୌ ପଢ଼ାଇ ପାରିଲେ ନାହିଁ । Fearକୁ Overcome କରିପାରିଲେ ନାହିଁ । ପରୀକ୍ଷକ ଦ୍ୱୟ କିଛି ସମୟ ଅପେକ୍ଷା କରି ଫେରି ଆସିଲେ । ଯାଉ ଯାଉ ଦ୍ୱାର ବାହାରେ ଟିକେ ଅଟକି ଯାଇ ଶୁଣିବା ପାଇଁ ରହିଗଲେ । ଉଦ୍ଦେଶ୍ୟ ପିଲାଟି କିଛି ନା କିଛି ପଢ଼ାଉ । ତଥାପି ସେ କିଛି ପଢ଼ାଇ ପାରିଲେନି । ପରୀକ୍ଷକମାନେ ଅନ୍ୟ ପରୀକ୍ଷାର୍ଥୀମାନଙ୍କ Class କୁ ଗଲେ । Inspection ସାରିଲା ପରେ ଫେରିବା ବେଳକୁ, ପୁଣି ସେହି Classକୁ ଗଲେ । ପିଲା ଜଣକ ପଢ଼ାଉ ଥିଲେ, ପରୀକ୍ଷକ ଦ୍ୱୟଙ୍କୁ ଦେଖିବା ମାତ୍ରେ ତାଙ୍କ ପାଟି ବନ୍ଦ ହୋଇଗଲା । ପରୀକ୍ଷକମାନେ ଯେତେ ସାହାସ ଦେଲେ ବି ସେ ପଢ଼ାଇ ନପାରିବାରୁ ଫେଲ୍ ହେଲେ ।

ସାର୍ ରାଣୀହାଟ ହାଇସ୍କୁଲ୍‌ରେ ଗଣିତ କ୍ଲାସ୍ ନେଲେ । ଶ୍ରୀଯୁକ୍ତ କେ.ବି. ଅମାତ ନିରୀକ୍ଷକ ହିସାବରେ ଆସିଥିଲେ । ଶିକ୍ଷକ ହିସାବରେ ପୂର୍ବ ଅଭିଜ୍ଞତା ଥିଲା

ଓ କିଛି କ୍ଲାସ ନେଇଥିବା ହେତୁ ସାହସ ବଢ଼ିଯାଇଥିଲା। ତେଣୁ କିଛି ଅସୁବିଧା ହେଲା ନାହିଁ। ସାଧାରଣତଃ ପିଲାମାନେ ପୂର୍ବ ବର୍ଷର ଛାତ୍ରମାନଙ୍କୁ ନକଲ କରି ପ୍ରସ୍ତୁତ ହୋଇଥାନ୍ତି। କିନ୍ତୁ ସାର୍ ନିଜର ମୌଳିକ ଜ୍ଞାନରେ Lesson Plan ପ୍ରସ୍ତୁତ କଲେ।

ପରବର୍ତ୍ତୀ ସମୟରେ B.Ed. ର Crash course ଆରମ୍ଭ ହେଲା। ଦୁଇଟି ଗ୍ରୀଷ୍ମାବକାଶରେ ଅଳ୍ପକିଛି କ୍ଲାସ୍ କରି B.Ed. ପରୀକ୍ଷା ଦେବାର ସୁବିଧା କରାଗଲା। ଏହାଫଳରେ ବି.ଇଡ଼ି. ତାଲିମର ମାନ କମିଗଲା। ପିଲାମାନେ ପୁରୁଣା ଛାତ୍ରମାନଙ୍କ ଖାତାରୁ ଉତାରି ନିଜ ସ୍କୁଲ୍‌ର Trained teacher ମାନଙ୍କୁ ଖାତା ଦେଖାଇଲେ। ପରୀକ୍ଷକ ଓ ପରୀକ୍ଷାର୍ଥୀ ଯଦି ଦୁଇବନ୍ଧୁ ହୋଇଥାନ୍ତି ତେବେ ପରୀକ୍ଷାରେ ଯାହା ସ୍ୱଚ୍ଛତା ରହିବ ତାହା ସମସ୍ତଙ୍କୁ ଜଣା। ଶିକ୍ଷକ Technically ଯେତେ ସାଉଣ୍ଡ ହେବ ଛାତ୍ରମାନଙ୍କର ସେତେ ମଙ୍ଗଳ ହେବ। ଶିକ୍ଷକତା ପାଇଁ ସଠିକ୍ ଟ୍ରେନିଂ ନିହାତି ଜରୁରୀ। କିନ୍ତୁ Crash course ଯୋଗୁ ଧୂଆମୂଳା ଅଧୂଆମୂଳା ସବୁ ସମାନ ହୋଇଗଲେ।

ଆଗରୁ ଗୋଟେ ଧାରଣା ଓ ବିଶ୍ୱାସ ଥିଲା ଛାତ୍ରଟିକୁ ମାଡ଼ମାରି ଭୟଦେଖାଇ ପଢ଼ାଇବା ଦ୍ୱାରା ପିଲା ପାଠପ୍ରତି ମନଯୋଗୀ ହୁଏ। କିନ୍ତୁ ଟ୍ରେନିଂ ପରେ ସାର୍‌ଙ୍କର ଏ ଧାରଣା ବଦଳିଗଲା। Skin କୁ ବାଡ଼େଇଲେ ଭାବନାକୁ କିପରି ସ୍ପର୍ଶ କରିବ। ତେଣୁ ବିନାମାଡ଼ରେ ପାଠ ପଢ଼ାଇବାକୁ ହେବ। Teacher is a guide, philosopher and friend. Teacher is a tripolar process. ଏହାର ଗୋଟିଏ End ରେ Teacher ଅନ୍ୟଟିରେ Taught (ଛାତ୍ର) ଓ ମଝିରେ Text (ବିଷୟ)। ଅଣତାଲିମ ପ୍ରାପ୍ତ ଶିକ୍ଷକ ଛାତ୍ରଙ୍କୁ ଭୁଲିଯାଆନ୍ତି। ନିଜେ ପଢ଼ାଇ ଚାଲନ୍ତି, ପିଲାଟି ଖାଲି ଶୁଣେ। ଏହା Defective. ସଠିକ୍ ଉପାୟ ହେଲା ଶିକ୍ଷକ ଖାଲି ସାହାଯ୍ୟ କରିବେ। ଛାତ୍ରଛାତ୍ରୀ How to read himself or herself ଉପରେ ବିଶେଷ ଧ୍ୟାନ ଦେବେ। ଶିକ୍ଷକ ନିଜକୁ ଗୌଣ କରି ଛାତ୍ର ଉପରେ Importance ଦେବା ଉଚିତ୍।

B.Ed. କଲେଜର୍ ପାଠ୍ୟକ୍ରମ ଭିତରେ Craft ବା କାଠକାମ ଗୋଟେ ବିଷୟ ଥାଏ। ସେତେବେଳେ ଜିଲ୍ଲା ସ୍କୁଲ୍ ଓ ପୁରୁଣା ସରକାରୀ ସ୍କୁଲ୍ ମାନଙ୍କରେ ବଢ଼େଇକାମ ଶିକ୍ଷା ଦିଆଯାଉଥିଲା। R.N.T. ରେ ଶ୍ରୀଯୁକ୍ତ ଓଝା ଥିଲେ Craft Teacher. ସେ ବର୍ଷ ସାରା କ୍ଲାସ ନିଅନ୍ତି ଓ ବାର୍ଷିକ ପରୀକ୍ଷା ପାଇଁ ଦୁଇଘଣ୍ଟାର ପ୍ରାକ୍ଟିକାଲ୍ କରାନ୍ତି। ଛାତ୍ରମାନଙ୍କୁ ନିଜହାତରେ କାଠ ପିଢ଼ା, ରୁଲ୍ ବାଡ଼ି, ପଏଣ୍ଟର୍ ଓ ବେଲଣା ଚକି ଇତ୍ୟାଦି ସରଳ ଜିନିଷ ତିଆରି ପାଇଁ ଶିକ୍ଷା ଦିଆଯାଏ। ସାର୍ କେତେଗୁଡ଼ିଏ ଜିନିଷ ତିଆରି କରି ଘରକୁ ଆଣିଥିଲେ। Pointer ଟି ସ୍କୁଲ୍‌କୁ ଦେଇଥିଲେ ଓ କଣ୍ଟାମରା

ପିଢ଼ା, ବେଲଣାଚକି ଇତ୍ୟାଦି ଘରେ ରଖିଥିଲେ। ସେଗୁଡ଼ିକ ଅନେକ ଦିନ ଧରି ଘରେ ବ୍ୟବହାର କରାଯାଇଥିଲା।

ଆର୍‌ଏନ୍‌ଟି ହଷ୍ଟେଲ୍‌ର ଅନ୍ତେବାସୀ ଛାତ୍ରମାନେ ପାଳିକରି ମେସ୍ ପରିଚାଳନା କରନ୍ତି। ପ୍ରତିମାସରେ ନୂଆ ନୂଆ ପିଲାଙ୍କୁ ଦାୟିତ୍ୱ ଦିଆଯାଏ। ଗୋଟେ ମାର୍ଚ୍ଚ ମାସରେ ଆମ ସାର୍‌ଙ୍କର ପାଳି ପଡ଼ିଥିଲା। କଟକ ମାଲ୍ ଗୋଦାମ୍‌ରୁ ଚାଉଳ ଓ ଗ୍ରୋସରୀ କିଣାଯାଏ। ପ୍ରତିଦିନ ଉପରଓଳି ମାନଙ୍କରେ ବିନୋଦ ବିହାରୀ ମାର୍କେଟରୁ ପରିବା କିଣିବାକୁ ପଡ଼େ। ସାର୍ ଯେଉଁ ମାସରେ ମ୍ୟାନେଜ୍‌ମେଣ୍ଟ କରିଥିଲେ ସେଥର ଖାଦ୍ୟର ମାନ ଖୁବ୍ ଭଲ ହୋଇଥିଲା। ନିୟମିତ ଭାବରେ ଯେତେଥର ମାଛ, ମାଂସ ଓ ଅଣ୍ଡା ହେବା କଥା ସାର୍ ତାଠାରୁ ଅଧିକ ଥର କରିଥିଲେ। ମେସ୍ ଚଳିବା ପାଇଁ ଯେତିକି ଟଙ୍କା ମିଳେ ସେତିକି ଖର୍ଚ୍ଚରେ ଏସବୁ ଉନ୍ନତି ହୋଇଥିଲା। ଏଥିରୁ ଜଣାଗଲା ଯେ ସାର୍‌ଙ୍କ ଆଗରୁ ଯେଉଁ ପିଲାମାନେ ଦାୟିତ୍ୱ ନେଉଥିଲେ ସେମାନଙ୍କର ପରିଚାଳନାର ସ୍ୱଚ୍ଛତା ନଥିଲା। ନ ଜାଣିବା ପିଲା କହୁଥିଲେ-ଭାଇନା, ଏ ମାସରେ ନାଲିଗାର ଟପେଇ ଦେବ କି? କିନ୍ତୁ ସେମିତି କିଛି ହେଲା ନାହିଁ। ମାସ ଶେଷରେ ହିସାବ ହେବାରୁ ଜଣାଗଲା ଯେ ପୂର୍ବରୁ ମୁଣ୍ଡପିଛା ବା ମିଲ୍ ପ୍ରତି ଯାହା ଖର୍ଚ୍ଚ ହେଉଥିଲା ଭଲ ଖାଇକି ମଧ୍ୟ ତା ଠାରୁ କମ୍ ପଡ଼ିଲା। ସମସ୍ତଙ୍କ ମନରେ ପ୍ରଶ୍ନ- How is it? ଇଏ କେମିତି ହେଲା? ସାର୍ କହିଲେ- ମୁଁ କ'ଣ ହାତରୁ ଖର୍ଚ୍ଚ କରି ଆପଣମାନଙ୍କୁ ମାସ ସାରା ଖୁଆଇଛି। ଆପଣମାନେ ବୁଝନ୍ତୁ, ଇଏ କେମିତି ସମ୍ଭବ ହେଲା। ସାର୍ ସଚ୍ଚୋଟ ଓ ଶୃଙ୍ଖଳିତ ଥିଲେ। ଏ ପରିଚୟଟି Hostelmate ମାନେ ପାଇଲା ପରେ ସାର୍‌ଙ୍କର ସମ୍ମାନ ବହୁଗୁଣିତ ହୋଇଗଲା।

ସାର୍ R.N.T. କଟକରେ ପଢୁଥାନ୍ତି। ନରେନ୍ଦ୍ର କକା ବିଜେବି କଲେଜ୍ ଭୁବନେଶ୍ୱରରେ ପଢୁଥାନ୍ତି। ସେଇବର୍ଷ 2nd year Science ପରୀକ୍ଷା ଦେବେ। ବହୁ ଧାର ଉଧାର ଓ ଟାଣଟୁଣ୍‌ରେ ତାଙ୍କ ପାଖକୁ ପଇସା ପଠାଇବାକୁ ହୁଏ। ସାର୍‌ଙ୍କ ବାପା କିଛି କିଛି ପଠାନ୍ତି। ସାର୍ ତାଙ୍କ ସାଙ୍ଗମାନଙ୍କ ଠାରୁ ଧାର୍‌ସୂତ୍ରେ ଅର୍ଥ ସଂଗ୍ରହ କରି ପଠାନ୍ତି। ନରେନ୍ଦ୍ର କକାଙ୍କର ଯେମିତି କିଛି ଅସୁବିଧା ନହୁଏ ସେଥିପ୍ରତି ନଜର ରଖିଥାନ୍ତି। ନଭେମ୍ବର ମାସରେ Form fill up ପାଇଁ ଟଙ୍କା ଦରକାର ହେଲା। ଟମକା ହିଲ୍‌ଟପରେ ଥିବା ସାର୍‌ଙ୍କ ବାପାଙ୍କ ଦୋକାନ ସେମିତି ଭଲ ଚାଲୁନଥାଏ। ସେ ଦୋକାନ ଉପରେ ନିର୍ଭର କରି ସଂପୂର୍ଣ୍ଣ ଚଳି ହେଉ ନଥାଏ। କିନ୍ତୁ ସେଠିକାର Mines Manager ଓ ଅନ୍ୟାନ୍ୟ ଅଫିସରମାନଙ୍କ ସହିତ ବାପାଙ୍କର ଭଲ ସଂପର୍କ ଥାଏ। ସମସ୍ତେ ନନା ସମ୍ବୋଧନ କରିବା ସହିତ ଖୁବ୍ ସମ୍ମାନ ଦିଅନ୍ତି। ରାକ୍ଷୀ ପୂର୍ଣ୍ଣିମାରେ ସାର୍‌ଙ୍କ ବାପା

ସେମାନଙ୍କ ହାତରେ ରାକ୍ଷୀ ବାନ୍ଧନ୍ତି। ସେମାନେ ଦୋକାନ ଆଡ଼େ ଆସିଲେ ଚାହା ପିଆନ୍ତି। ସତ କଥା ହେଲା ସେମାନଙ୍କ ସହିତ ଖୁବ୍ ଅନ୍ତରଙ୍ଗ ସଂପର୍କ ଥାଏ। ତେଣୁ କକାଙ୍କ form fill up ଉଦ୍ଦେଶ୍ୟରେ ତାଙ୍କ ଠାରୁ ଦୁଇଶହ ଟଙ୍କା ଧାର୍ ଆଣିଲେ। ସେ ଟଙ୍କା ଧରି ସାର୍‌ଙ୍କ ପାଖରେ କଟକରେ ପହଞ୍ଚିଲେ। ସାର୍ ତାଙ୍କ ସାଙ୍ଗ ରଘୁବାବୁଙ୍କ ଠାରୁ ଦୁଇଶହ ଟଙ୍କା ଧାର୍ ଆଣିଥିଲେ। ସେଥିରୁ କିଛି ଟଙ୍କା ସାର୍‌ଙ୍କ ପାଖରେ ଥିଲା। ଯାହାଥିଲା ବାପାଙ୍କୁ ଦେଲେ। ବାପା ଟଙ୍କା ଧରି ନରେନ୍ଦ୍ର କକାଙ୍କ ପାଖକୁ ଗଲେ। ସେ ବି ଖୁବ୍ ହୁସିଆର୍ ପିଲା। ବଡ଼ ସହରର କଲେଜ୍‌ରେ ପଢୁଥିଲେ ବି ବଦ୍‌ଖର୍ଚ୍ଚ କେବେ କରନ୍ତି ନାହିଁ। form fill up ସରିଗଲା। କକା ମେସ୍‌ରେ ରହି ପଢ଼ାପଢ଼ି କରୁଥାନ୍ତି। ତାଙ୍କ ସାଙ୍ଗରେ କଲଣର ମଧୁପୁର ହାଇସ୍କୁଲ୍‌ରୁ ଫାଷ୍ଟ କ୍ଲାସ୍ ପାଇ ନିରଞ୍ଜନ ଶତପଥୀ ପଢୁଥାନ୍ତି। ପରୀକ୍ଷା ଆରମ୍ଭ ହୋଇଗଲା। କକାଙ୍କର ପରୀକ୍ଷା ଭଲ ହେଉଥାଏ। ତାଙ୍କ ସାଙ୍ଗ ନିରଞ୍ଜନ ଶତପଥୀଙ୍କର ପରୀକ୍ଷାରେ ଖରାପ ହେବାରୁ ସେ ମଝିରୁ ଡ୍ରପ୍ କରିଦେଲେ। ତା' ପରେ ନରେନ୍ଦ୍ର କକାଙ୍କ ପଛରେ ପଡ଼ିଗଲେ। କହିଲେ- ତୁ ବି ଡ୍ରପ କରିଦେ। ଆଉ  ଥରେ ଭଲକରି ପଢ଼ି ପରୀକ୍ଷା ଦେବା। ରେଜଲ୍ଟ ଭଲ ହେବ।

କକା ତାଙ୍କ କଥା ନଶୁଣି ପରୀକ୍ଷା ମଝିରେ ଛୁଟିଦିନ ଦେଖି କଟକ ଗଲେ। ପରୀକ୍ଷା ଡ୍ରପ କରିବା କଥା ସାର୍‌ଙ୍କୁ କହିଲେ। ସାର୍ କକାଙ୍କୁ ଅନେକ ପ୍ରକାରର ବୁଝାଇ ଡ୍ରପ୍ ନ କରିବାକୁ ପରାମର୍ଶ ଦେଲେ। କହିଲେ- ଆମ ଅବସ୍ଥା ତ ତୁ ଜାଣୁ। ଅଭାବ ଅସୁବିଧା ଭିତରେ କେତେ କଷ୍ଟରେ ପାଠ ପଢୁଛୁ। ଡ୍ରପ୍ କଲେ ଗୋଟେ ବର୍ଷ ପଛେଇଯିବୁ। ହଜାର ହଜାର ପିଲାଙ୍କ ପଛରେ ରହିବୁ। ସପ୍ଲିମେଣ୍ଟାରୀ ପରୀକ୍ଷାରେ କ'ଣ ହେବ କିଏ ଜାଣେ। ତେଣୁ ଡ୍ରପ୍ ନକରି ପରୀକ୍ଷା ଦେ।

ନରେନ୍ଦ୍ରକକା ଭୁବନେଶ୍ୱର ଗଲେ ଓ ପରୀକ୍ଷା ଦେଲେ। କିନ୍ତୁ ନିରଞ୍ଜନବାବୁ ତାଙ୍କ ପିଛା ଛାଡୁ ନଥାନ୍ତି। ଡ୍ରପ୍ କରିବାକୁ ବାଧ୍ୟ କରୁଥାନ୍ତି। ତେଣୁ ତାଙ୍କର ମ୍ୟାଥ୍‌ମେଟିକ୍ ପେପର ପରୀକ୍ଷା ସରିଲେ ଯାହା କିଛି କରିବେ ବୋଲି କହି ସାଙ୍ଗଟିକୁ ବୁଝାଉଥାନ୍ତି। ନିରଞ୍ଜନ ଶତପଥୀ ପରବର୍ତ୍ତୀ ସମୟରେ ଇତିହାସରେ ଏମ୍.ଏ. କଲେ ଓ ବ୍ୟାସନଗର କଲେଜର ସମ୍ମାନୀୟ ଅଧ୍ୟକ୍ଷ ହୋଇ ଅବସର ଗ୍ରହଣ କଲେ।

ସାର୍‌ଙ୍କର ଦେହ ଟିକେ ଭଲନଥାଏ। ଆଗକୁ ଏପ୍ରିଲ୍ ମାସରେ ପରୀକ୍ଷା। ତେଣୁ ଭାବିଲେ ପରୀକ୍ଷା ପୂର୍ବରୁ ଗାଆଁକୁ ଯାଇ ଘରର ଛପର ବଦଳାଇ ଦେଇ ଆସିବେ। ସେଥିପାଇଁ ଘରକୁ ଆସିଲେ। ତା' ପର ରବିବାର ଦିନ ପୁଣି କଲେଜ୍‌କୁ ଫେରିଲେ। ପହଞ୍ଚିଲା ପରେ ସାର୍ ତାଙ୍କ ସାଙ୍ଗ ନିତ୍ୟାନନ୍ଦ ବାବୁଙ୍କ ଠାରୁ ଜାଣିବାକୁ ପାଇଲେ ଯେ ଗାଆଁକୁ ଯିବା ପରେ ନରେନ୍ଦ୍ର କକା ହଷ୍ଟେଲ୍‌କୁ ଆସିଲେ। ପରୀକ୍ଷା ଡ୍ରପ୍ କରିବା

ବିଷୟରେ କ'ଣ ଗୋଟେ କଥାବାର୍ତ୍ତା କରିବେ ବୋଲି କହୁଥିଲେ। ତା ପରଦିନ ପରୀକ୍ଷା ଥାଏ। ସାର୍ କଟକରେ ପହଞ୍ଚିଲା ବେଳକୁ ପ୍ରାୟ ରାତି ଆଠଟା ହୋଇଯାଇଥାଏ। ସଂଗେ ସଂଗେ ଭୁବନେଶ୍ୱର ପଳେଇଥିଲେ ଭଲ ହୋଇଥାନ୍ତା। କିନ୍ତୁ ସାର୍ କ୍ଲାନ୍ତ ଅନୁଭବ କରୁଥିଲେ। ପୁନଶ୍ଚ ଚଷମା ପିନ୍ଧା ମଣିଷ ହିସାବରେ ବିଳମ୍ବ ରାତିରେ ବସ୍ ଧରି ଯିବାକୁ ମନରେ ଭୟଥାଏ। ବଡ଼ କଥା ହେଲା ସାର୍ ଗୁଡ଼ାଏ ସାଇକୋଲୋଜି ପଢ଼ିଥାନ୍ତି। ସେ ଦୃଷ୍ଟିରୁ ଭାବିଲେ ସେ କାହିଁକି ଡ୍ରପ୍ କରିବା କଥା କହୁଛି ସେ ଜାଣେ। ମୁଁ ବାଧ୍ୟ କରିବି ପରୀକ୍ଷା ଦେବା ପାଇଁ ଖରାପ ହେଲେ କହିବ ନନା ଟଙ୍କା କେଇଟାକୁ ଡରି ମତେ ବାଧ୍ୟ କଲେ। ମୁଁ କ'ଣ କରିବି। ମୋର କ'ଣ ଦୋଷ। ମୁଁ ତ କହୁଥିଲି ଏଥର ପରୀକ୍ଷାରେ ଭଲ କରିପାରିବି ନାହିଁ। ନନା ବାଧ୍ୟ କଲାରୁ ଆଜି ଖରାପ ହେଲା।

ଏମିତିକା କଥା ସବୁ ମନ ଭିତରକୁ ନେଇ ମନେ ମନେ ଯୁକ୍ତି କରି ନିରବ ରହିଲେ। ଶେଷ ନିଷ୍ପତ୍ତି ହେଲା, ସେ ଯାହା କରୁଛି କରୁ। ସାର୍‌ଙ୍କର କହିବା କଥା- ସେଇଠି ମୋର ଗୋଟେ ମସ୍ତବଡ଼ ଭୁଲ୍ ହେଇଗଲା। ନରିର ସେହି ସୋମବାର ଦିନ ମ୍ୟାଥ୍ ସେକେଣ୍ଡ ପେପର୍ ଥାଏ। ସାତ କଥାରେ ସତୀ ଟଳେ। ନିରଞ୍ଜନ କଥାରେ ପଡ଼ି ନରି ପରୀକ୍ଷା ଡ୍ରପ୍ କଲା। ପରେ ଏ ବାବଦରେ ତା' ଠାରୁ ଖଣ୍ଡେ ଚିଠି ପାଇଲି। ମୋର ମନ ଖୁବ୍ ଦୁଃଖ ହେଲା। ମୁଁ ତା' ପାଖକୁ ଚିଠି ଲେଖି କହିଲି, ଆଉ ହଷ୍ଟେଲ୍‌ରେ ବସି ଲାଭ କ'ଣ? ଟ୍ରଙ୍କ ପତ୍ର ଧରି ଗାଆଁକୁ ଫେରିଯା।

ସାର୍‌ଙ୍କର ପରୀକ୍ଷା ପାଖେଇ ଆସୁଥାଏ। ପ୍ରାକ୍ଟିକାଲ୍ ସରିଯାଇଥାଏ। ବାର୍ଷିକ ପରୀକ୍ଷାରେ External ପରୀକ୍ଷକ ହିସାବରେ ଇଂରାଜୀରେ ଥାଆନ୍ତି ଶ୍ରୀଯୁକ୍ତ ରାମସ୍ୱାମୀ ସେନାପତି। ଗଣିତରେ ଥାଆନ୍ତି ଶ୍ରୀଯୁକ୍ତ ପ୍ରଧାନ। ଶ୍ରୀଯୁକ୍ତ ପ୍ରଧାନ, ହଲ୍ ଓ ଷ୍ଟିଭେନ୍ସଙ୍କ ସହିତ ମିଶି ହାଇସ୍କୁଲ୍ ଛାତ୍ରଛାତ୍ରୀଙ୍କ ପାଇଁ ଜ୍ୟାମିତି ବହି ଲେଖିଥାନ୍ତି। ଏଇଭଳି ପ୍ରସିଦ୍ଧ ଅଧ୍ୟାପକମାନଙ୍କ ଗହଣରେ ସାର୍‌ଙ୍କର ପାଠପଢ଼ା ଓ ପରୀକ୍ଷା ସରିଲା। ଥିଓରି ପରୀକ୍ଷା ବି ଭଲ ହେଲା।

ବି.ଇଡ଼ି ପଢ଼ା ସମୟରେ ସାର୍‌ଙ୍କ ହାଇସ୍କୁଲ ମଧୁବନରୁ ପ୍ରଧାନ ଶିକ୍ଷକ ଶ୍ରୀଯୁକ୍ତ ନାରାୟଣ ମଲିକ ଇଂରାଜୀ ଭାଷାରେ ପୋଷ୍ଟ କାର୍ଡ ଜରିଆରେ ଖଣ୍ଡେ ଚିଠି ଲେଖିଥିଲେ। ସେଥିରେ ଗୋଟେ ଧାଡ଼ିଥିଲା- Kara Babu, people say my days are going and your days are coming. ଏଥିରୁ ପ୍ରଧାନଶିକ୍ଷକଙ୍କର ମାନସିକ ଅବସ୍ଥା ଓ ଆଶଙ୍କା ବିଷୟରେ ସାର୍ ଅନୁମାନ କରିପାରିଲେ। ସାର୍ ପ୍ରତ୍ୟୁତ୍ତରରେ ଚିଠି ଖଣ୍ଡିଏ ଲେଖି ଜଣାଇଲେ, ସାର୍, ମୋର ସେ ଅଭିଳାଷ ନାହିଁ। ମୋତେ ପ୍ରଧାନ ଶିକ୍ଷକଟିଏ ହେବାକୁ ହେଲେ ଆପଣଙ୍କ ପାଖରେ ରହି ବହୁକଥା ଶିଖିବାକୁ ହେବ।

ମୋ ବିଷୟରେ ଏହା ଆପଣଙ୍କ ଭୁଲ୍ ଧାରଣା। ଆପଣ ଆଦୌ ଚିନ୍ତା କରନ୍ତୁ ନାହିଁ। ଲୋକଙ୍କ କଥାରେ କିଛି ମୂଲ୍ୟ ନାହିଁ। ସେମାନଙ୍କର ଅଯଥା କଥା ପ୍ରତି ଗୁରୁତ୍ୱ ଦିଅନ୍ତୁ ନାହିଁ।

ବି.ଇଡ଼ି. ପରୀକ୍ଷା ସରିଲା। ଏହା ସହିତ ସାର୍‌ଙ୍କ ପାଠପଢ଼ା ଅଧ୍ୟାୟ ସମାପ୍ତ ହେଲା। ଏପ୍ରିଲ୍ ଶେଷରେ କଲେଜ୍‌ର ରିଲିଭ ଅର୍ଡର ଧରି ଟ୍ରଙ୍କପତ୍ର ସହିତ ଘରକୁ ଫେରିଲେ। କାଠଯୋଡ଼ି କୂଳର ସାର୍‌ଙ୍କ କଲେଜ୍, ହଷ୍ଟେଲ୍ ଓ ନଦୀବନ୍ଧରେ ସାନ୍ଧ୍ୟଭ୍ରମଣ ସ୍ମୃତି ହୋଇ ରହିଗଲା।

ମଇ ମାସରେ ସ୍କୁଲ୍‌ରେ ଯୋଗ ଦେଲେ। ପୂର୍ବ ରୁଟିନ୍ ଅନୁଯାୟୀ ଡ୍ୟୁଟି କଲେ। ପରୀକ୍ଷା ଫଳ ପ୍ରକାଶନ ପରେ ଗ୍ରୀଷ୍ମାବକାଶ ପାଇଁ ସ୍କୁଲ୍ ଛୁଟି ହେଲା।

୧୯୬୮ ମସିହା ଅଗଷ୍ଟ ୧୯ ତାରିଖରେ ବି.ଇଡ଼ି. ପରୀକ୍ଷା ଫଳ ବାହାରିଲା। ଦୈନିକ ସମାଜରେ ଫଳ ବାହାରି ଥାଏ। ସାର୍‌ଙ୍କର ପାଶ୍ କରିଥିବା ଖବର ସେଇଥିରୁ ମିଳିଲା। ବି.ଇଡ଼ି. ପାଶ୍ ପରେ ବରିଷ୍ଠତା ଭିତ୍ତିରେ ସାର୍ ପ୍ରଥମ ସହକାରୀ ଶିକ୍ଷକ ହିସାବରେ ରହିଲେ। ପ୍ରଧାନ ଶିକ୍ଷକଙ୍କ ପରେ ସାର୍ ହେଉଛନ୍ତି ଦ୍ୱିତୀୟ ବି.ଇଡ଼ି ଟ୍ରେନ୍‌ଡ ଶିକ୍ଷକ। ପରିଚାଳନା ସମିତି ସାର୍‌ଙ୍କ ଦରଖାସ୍ତକୁ ବିଚାର କରି ତା ୧୯.୦୮.୧୯୬୮ରିଖରେ ମାସିକ ଶହେପଚସ୍ତରୀ ଟଙ୍କା ଦରମା ସହିତ ଶହେଟଙ୍କା ଭତ୍ତାରେ ତାଲିମପ୍ରାପ୍ତ ଶିକ୍ଷକ ଭାବେ ନିଯୁକ୍ତି ଦେଲେ।

■

# ନରେନ୍ଦ୍ର କକାଙ୍କ କଥା

ପରେ ପରେ ନରେନ୍ଦ୍ର କକାଙ୍କର ପରୀକ୍ଷା ଫଳ ପ୍ରକାଶ ପାଇଲା । ପରୀକ୍ଷାରେ ଖୁବ୍ ଭଲ ହୋଇଥାଏ । ମାର୍କ ଭଲ ଥାଏ । ଡ୍ରପ କରିବା ବାବଦରେ ଗୋଟେ ୧୦୦ ମାର୍କର ଥିଓରି ପେପର ଓ ପ୍ରାକ୍ଟିକାଲ ପରୀକ୍ଷା ଦେବାକୁ ଥାଏ । ଏକଥା ଲେଖିବାର ଅର୍ଥ, ମାତ୍ର ୧୮ ମାର୍କ ପାଇଁ ଫାଷ୍ଟ ଡିଭିଜନ ପାଇବାକୁ ବାକି ଥାଏ । ଡ୍ରପ୍ ନକରି ପରୀକ୍ଷାରେ ବସିଥିଲେ ଖୁବ୍ ସହଜରେ ଫାଷ୍ଟ ଡିଭିଜନ ପାଇପାରିଥାନ୍ତେ କିନ୍ତୁ ଭାଗ୍ୟର ବିଡ଼ମ୍ବନା ସବୁ କିଛି ଓଲଟପାଲଟ ହୋଇଗଲା । ଭାଗ୍ୟଫଳତି ସର୍ବତ୍ର ନ ଚ ବିଦ୍ୟା ନ ଚ ପୌରୁଷମ୍ । କକା ମନେ ମନେ କାନ୍ଦିଲେ । ନିଜ ଅର୍ଜିତ ଦୁଃଖ । ଆଉ କହିବେ କାହାକୁ । ଘରେ ପରିବାରର ସମସ୍ତଙ୍କ ମନରେ ଦୁଃଖ । କକା ଫାଷ୍ଟ ଡିଭିଜନ ପାଇଥିଲେ ଡାକ୍ତରୀ ପଢ଼ିଥାନ୍ତେ । ସେତେବେଳେ ଏତେ Competition ନଥିଲା । ଫାଷ୍ଟ କ୍ଲାସ୍ ପାଉଥିବା ପିଲା ସହଜରେ ମେଡ଼ିକାଲ କଲେଜରେ ସିଟ୍ ପାଇଯାଆନ୍ତି । କକା ସପ୍ଲିମେଣ୍ଟାରୀ ପରୀକ୍ଷା ଦେଲେ । କିନ୍ତୁ ଦୁର୍ଭାଗ୍ୟବଶତଃ ସେକେଣ୍ଡ ଡିଭିଜନରେ ପାଶ୍ କଲେ । ମାତ୍ର ୨% ମାର୍କ ପାଇଁ ଫାଷ୍ଟ ଡିଭିଜନ ହରାଇଲେ । ଆପଣା ହସ୍ତେ ଜିହ୍ୱା ଛେଦି, କେ ତା'ର ଅଛି ପ୍ରତିବାଦୀ ।

ସାରଙ୍କର ବି.ଇଡ଼ି. ସରିବା ପରେ ପରିବାରର ଆର୍ଥିକ ଅବସ୍ଥା ଶୋଚନୀୟ ହୋଇପଡ଼ିଲା । ନରେନ୍ଦ୍ର କକାଙ୍କୁ ଆଉ ଅଧିକ ପଢ଼ାଇବା ସମ୍ଭବପର ହେଲା ନାହିଁ । ତେଣୁ କକା ପାଠ ପଢ଼ିବା ଚିନ୍ତା ଛାଡ଼ି ଚାକିରୀ ଖୋଜିବାରେ ଲାଗିଲେ । କବାଟବନ୍ଧ ମାଇନର୍ ସ୍କୁଲ୍‌ରେ ଶିକ୍ଷକ ଚାକିରୀ ମିଳିଗଲା । ଦରମା ବହୁତ କମ୍ । ଅବଶ୍ୟ ଆଜି ସେ ପରିମାଣଟା କାହାର ମନେ ନାହିଁ ।

ସେ ସମୟ ୧୯୭୧ ମସିହାରେ ଗୋଟେ ବଡ଼ବାତ୍ୟା ହୋଇଗଲା । ପ୍ରଭାବିତ ଅଞ୍ଚଳ ମାନଙ୍କର ସ୍କୁଲ୍ କଲେଜ୍ ଗୁଡ଼ିକ ପନ୍ଦରଦିନ ପାଇଁ ଛୁଟି କରି ଦିଆଗଲା । ସାର୍ ଓ କକା ଘରକୁ ଫେରି ଆସିଲେ । ପୁରା ଖାଲି ହାତରେ । ସାରଙ୍କ ବାପା ବାତ୍ୟା

ଆଗଦିନ କିଛି ଗୋଟେ ଲୋନ୍ ବାବଦରେ ବ୍ଲକ୍‌ରୁ ଟଙ୍କା ଆଣିଥାନ୍ତି । ସେଥିରୁ ଶହେଟଙ୍କା ଦେଇ କୃଷ୍ଣ ମଲିକ ଠାରୁ ନାଲିଆ ବଳଦଟିଏ କିଣିଥାନ୍ତି । ଦୁର୍ବଳ ହଡ଼ା ବଳଦଟିଏ । ବାତ୍ୟାର ଦୁଇଦିନ ପରେ ସିଏ ମରିଗଲା । ଗାଆଁର ଅନେକ ଲୋକ କଲିକତାରେ ବିଭିନ୍ନ କଳକାରଖାନାରେ କାମ କରନ୍ତି । ସେମାନେ ଖବର ପାଇଲେ ଯେ ବାତ୍ୟା ବନ୍ୟାରେ ଓଡ଼ିଶା ଧ୍ୱସ୍ତବିଧ୍ୱସ୍ତ ହୋଇଯାଇଛି, ଭାସିଯାଇଛି । ଏ ବ୍ୟାକୁଳ କର୍ମଚାରୀଙ୍କ ମାଲିକମାନେ କିଛି ଟଙ୍କା ଓ ଅଟା ଦେଇ ନିଜ ଗାଆଁକୁ ଆସିବା ପାଇଁ ଛୁଟିରେ ଛାଡ଼ିଲେ । ଅନେକ ଲୋକଙ୍କ ଘରଦ୍ୱାର ଭାଙ୍ଗିଯାଇଥିଲା । ତେଣୁ ସରକାର ଚାକିରୀଆମାନଙ୍କୁ ସହଜ କିସ୍ତିରେ ସୁଝିବା ସର୍ତ୍ତରେ ହଜାରେ ଟଙ୍କା ପର୍ଯ୍ୟନ୍ତ ଲୋନ୍ ଦେଲେ । ଲୋନ୍ ପାଇଥିବା ଅଧିକାଂଶ ଲୋକ ଇଟାପକାଇ ଘର କରିବାରେ ଖର୍ଚ୍ଚ କଲେ । ସାର୍ ଓ କକା ବେସରକାରୀ ବିଦ୍ୟାଳୟରେ  ଚାକିରୀ କରିଥିବାରୁ ତାଙ୍କ ଭାଗ୍ୟରେ କିଛି ନଥାଏ ।

ଏଭଳି ପରିସ୍ଥିତି ଲକ୍ଷ୍ୟ କରି ସାର୍ କହିଲେ- ନରି, ଆଉ ବେସରକାରୀ ଚାକିରୀ ଆଡ଼େ ମନ ନଦେଇ ସରକାରୀ ଚାକିରୀ ଖୋଜ୍ । ମୁଁ ତ ମୋ କାମରେ ବହୁତ ଦୂର ଆଗେଇ ଯାଇଛି । ଆଉ ପଛକୁ ଫେରି ପାରିବି ନାହିଁ । ମଧୁବନ ସ୍କୁଲ୍ ଛାଡ଼ି ପାରିବି ନାହିଁ । କିନ୍ତୁ ତୁ କେବଳ ସରକାରୀ ଚାକିରୀ ପ୍ରତି ଧ୍ୟାନ ଦେ । ଖୋଜ୍ । ତୁ ଚାକରୀ ନପାଇଲା ପର୍ଯ୍ୟନ୍ତ ମୁଁ ସବୁ ସମ୍ଭାଳି ନେବି ।

ଏଇ ସମୟରେ ସରକାରୀ ବିଜ୍ଞାପନ ପ୍ରକାଶ ପାଇଲା । ଡିଷ୍ଟ୍ରିକ୍ଟ ଲେବଲ୍ କର୍ମଚାରୀ ନିମନ୍ତେ କଟକ ଡିଭିଜନ୍ ରେଭେନ୍ୟୁ କମିଶନର (ଆର୍.ଡି.ସି) ପରୀକ୍ଷା କରାଇବେ । କକା ପରୀକ୍ଷା ଦେଲେ । ତାଙ୍କର ମ୍ୟାଟ୍ରିକ୍ ଓ ଆଇ.ଏସ୍.ସି. ଷ୍ଟାଣ୍ଡାର୍ଡ୍ ଖୁବ୍ ଭଲ ଥିଲା । ଇଂରାଜୀ, ମ୍ୟାଥ ବି ତାଙ୍କର ଖୁବ୍ ଭଲ ହୁଏ । କକା ପରୀକ୍ଷାରେ ପାଶ୍ କଲେ ଓ ଯାଜପୁର ଏସ୍.ଡି.ଓ. ଅଫିସର କ୍ଲରିକାଲ୍ ପୋଷ୍ଟରେ ଚାକିରୀ କଲେ ।

ସେହିଦିନରୁ କକା ଆଉ ପଛକୁ ଚାହିଁ ନାହାନ୍ତି । ଭଲକାମ କରି ପ୍ରଶଂସା ପ୍ରମୋଶନ ସବୁ ପାଇଛନ୍ତି । ତାଙ୍କର ଯେମିତି ପାଠ ହେଉଥିଲା ସେ ପଢ଼ିଥିଲେ ବହୁତ ଉପରକୁ ଯାଇ ପାରିଥାନ୍ତେ । ସେଥିପାଇଁ ବି.ଏ. ପରୀକ୍ଷାଟା ଦେଇ ଦେବାକୁ ସାର୍ ଅନେକଥର ବୁଝାଇଛନ୍ତି । କିନ୍ତୁ କକା ପରୀକ୍ଷା ଦେଲେ ନାହିଁ । ଅବଶ୍ୟ ପରୀକ୍ଷା ଦେଇଥିଲେ ଖୁବ୍ କମ୍ ପରିଶ୍ରମରେ ପାଶ୍ କରିପାରିଥାନ୍ତେ । ତାଙ୍କର ମନଟା ମରିଯାଇଥିଲା । ସେ ଦିନର କଲେଜ ଘଟଣା ପରେ ସେ ଭାଙ୍ଗି ପଡ଼ିଥିଲେ । ଅନେକଟା ଚୁପ୍ ହୋଇଯାଇଥିଲେ । ସମୟକ୍ରମେ ଜଣେ ଅଳ୍ପ କଥା କହୁଥିବା ମଣିଷରେ ପରିଣତ ହୋଇଯାଇଥିଲେ । ସାଙ୍ଗର କଥାରେ ପଡ଼ି ପରୀକ୍ଷା ଡ୍ରପ୍ କରିଥିବାରୁ ତାଙ୍କର

ସମ୍ଭାବନାମୟ ଜୀବନଟା ନଷ୍ଟ ହୋଇ ସାରିଥିଲା। ତେଣୁ ସାଙ୍ଗସାଥୀଙ୍କ ସଂଖ୍ୟା ଥିଲା ଖୁବ୍ ସୀମିତ।

ତା' ପରେ ଯାଜପୁର ରୋଡ୍, କୁଜଙ୍ଗ, ଜାରକା, ବିଂଝାରପୁର ତହସିଲ୍ ଓ ଧର୍ମଶାଳା, ରସୁଲପୁର ବ୍ଲକ୍‌ରେ କାମ କଲେ। ଜାରକା ତହସିଲ୍ ଓ ରସୁଲପୁର ବ୍ଲକ୍‌ର ହେଡ୍‌କ୍ଲର୍କ ହୋଇଛନ୍ତି। ତାଙ୍କର କର୍ମମୟ ଜୀବନରେ ଧୂଳିମଳି ନାହିଁ। ନିଷ୍କଳଙ୍କ ଚରିତ୍ର। ଶୃଙ୍ଖଳିତ ମଣିଷ ହିସାବରେ ଜୀବନ ବିତାଇଛନ୍ତି। ଅଫିସର୍ ମାନଙ୍କର ପ୍ରିୟ ମଣିଷ ହିସାବରେ ଜୀବନ ବିତାଇଛନ୍ତି। ସବୁକାମରେ ଆଗ ଖୋଜାପଡ଼ନ୍ତି କର ବାବୁ। ତାଙ୍କର ଅଫିସରମାନଙ୍କ ସହିତ ସଂପର୍କ ଓ ପବ୍ଲିକ୍ ଡିଲିଂ ଖୁବ୍ ଭଲ। ରସୁଲ୍‌ପୁର ବ୍ଲକ୍‌ର ହେଡ୍ କ୍ଲର୍କ ଥିବା ବେଳେ ଯାଜପୁର ଜିଲାପାଳ ଶ୍ରୀଯୁକ୍ତ ଅରବିନ୍ଦ ପାଢ଼ୀ, ଆଇ.ଏ.ଏସ୍ ଅଫିସ୍ ପରିଦର୍ଶନରେ ଆସିଥାନ୍ତି। ଦେଖିଲେ କାଗଜପତ୍ର ସବୁ ଠିକ୍‌ଠାକ୍ ଅଛି। ସେ ଯାହା ଜାଣିବାକୁ ଚାହିଁଲେ ତାହା ତତ୍‌କ୍ଷଣାତ୍ ମିଳି ଯାଉଥିଲା। ତେଣୁ ଖୁବ୍ ଖୁସି ହୋଇ ଫେରିଗଲେ। ତାପରେ ବରୀ ବ୍ଲକ୍ ପରିଦର୍ଶନରେ ଗଲେ। ସେଠି ବିଶୃଙ୍ଖଳା ଦେଖି ଅସନ୍ତୋଷ ପ୍ରକଟ କରି ରସୁଲପୁର ବ୍ଲକ୍ ପରି ଶୃଙ୍ଖଳିତ ହେବା ପାଇଁ କହିଲେ। ନରେନ୍ଦ୍ର କକାଙ୍କ କାର୍ଯ୍ୟର ଏତକ ପ୍ରଶଂସା ଆମପାଇଁ ଖୁବ୍ ଗର୍ବର କଥା। କକା ରସୁଲପୁର ବ୍ଲକ୍‌ରୁ ଅବସର ନେବା ଦିନ ବିଡ଼ିଓ ମହାଶୟ ଓ ଅନ୍ୟାନ୍ୟ କର୍ମଚାରୀମାନେ ସମ୍ମାନ ଜଣାଇବା ଉଦ୍ଦେଶ୍ୟରେ ତାଙ୍କୁ ଆଣି ଘରେ ସସମ୍ମାନେ ଛାଡ଼ି ଦେଇ ଯାଇଥିଲେ।

ସାର୍ ତାଙ୍କ ସାନଭାଇର ସଫଳତା ଓ ସମ୍ମାନ ପାଇଁ ଖୁବ୍ ଗର୍ବ ଅନୁଭବ କରନ୍ତି। ତାଙ୍କର କାର୍ଯ୍ୟ ଦକ୍ଷତା ବିଷୟରେ ପଞ୍ଚାୟତ ସମିତିର ଅଧ୍ୟକ୍ଷ, ସହକର୍ମୀ ତଥା ସାଧାରଣ ଲୋକଙ୍କଠାରୁ ଶୁଣି ସାର୍ ଖୁବ୍ ଖୁସି ଅନୁଭବ କରନ୍ତି। ଜିଲ୍ଲାପାଳ ଅରବିନ୍ଦ ପାଢ଼ୀ କକାଙ୍କ ଅବସରର ଦୁଇଦିନ ଭିତରେ ପେନ୍‌ଶନ୍ ମଂଜୁର କରି କାଗଜପତ୍ର ପଠାଇ ଦେଇଥିଲେ। ଶ୍ରୀଯୁକ୍ତ ପାଢ଼ୀ ଜଣେ ଖୁବ୍ ଶୃଙ୍ଖଳିତ ଅଫିସର୍ ଥିଲେ। ଶୃଙ୍ଖଳା ଓ ଦକ୍ଷତାକୁ ସମ୍ମାନ ଦେଉଥିଲେ। ଯାହା ନରେନ୍ଦ୍ରକକାଙ୍କ ଠାରେ ଭରପୁର ଥିଲା। ତେଣୁ ଜିଲ୍ଲାପାଳ ମହୋଦୟ ତାଙ୍କୁ ଭୁଲି ନଥିଲେ।

ଚାକିରୀ ଛାଡ଼ିବା ପରେ ଜନଗଣନା କାର୍ଯ୍ୟ ସଂପାଦନ ପାଇଁ Out sourcing ନିଯୁକ୍ତି ଆଳରେ କକାଙ୍କୁ Resource Person ରୂପେ ମାସିକ ଦଶହଜାର ଟଙ୍କାରେ ପ୍ରାୟ ଦେଢ଼ବର୍ଷ ପାଇଁ କାମ କରିବାର ସୁଯୋଗ ମିଳିଲା। ଏପରି କାର୍ଯ୍ୟ ତୁଲାଇବା ପାଇଁ ଅନେକ ଲୋକ ଥିଲେ ବି ତହସିଲ୍‌ଦାର ମହାଶୟଙ୍କର କକାଙ୍କ କାର୍ଯ୍ୟ ଦକ୍ଷତା ଉପରେ ଅଧିକ ଭରସା ଓ ବିଶ୍ୱାସ ଥିଲା। ତେଣୁ ବାଧକରି ତାଙ୍କୁ ଡାକିନେଇ ଦାୟିତ୍ୱଟି ଲଦି ଦେଇଥିଲେ। ନରେନ୍ଦ୍ର କକା ହେଲେ ଆମ ସାର୍‌ଙ୍କ ତଳ ଭାଇ। ଅବସର ପରେ

ଦୁଇଭାଇ ସାଙ୍ଗ ହୋଇ ଗାଆଁରେ ରହୁଥିଲେ। ଏବେ ନରେନ୍ଦ୍ର କକା ଆଉ ନାହାନ୍ତି।

୧୯୬୮-୬୯ ଶିକ୍ଷାବର୍ଷ। ଜୁଲାଇ ମାସରେ ନାମଲେଖା ସରିଲା ପରେ ରୁଟିନ୍ ପ୍ରସ୍ତୁତ କରି ପାଠପଢ଼ା ଆରମ୍ଭ ହୋଇଗଲା। ପ୍ରଧାନ ଶିକ୍ଷକ ଥାନ୍ତି ଶ୍ରୀଯୁକ୍ତ ନାରାୟଣଚନ୍ଦ୍ର ମଲିକ। ସାର୍ ପ୍ରଥମ ଟ୍ରେନ୍‌ଡ ଗ୍ରାଜୁଏଟ୍ ଶିକ୍ଷକ। ବଟବାବୁ, ଯଦୁବାବୁ ଦୁଇଜଣ Arts graduate teacher. ପଣ୍ଡିତ ରାଧାଶ୍ୟାମ ପତି ସରକାରୀ ଚାକିରୀ ପାଇ ମଧୁବନ ହାଇସ୍କୁଲ୍ ଛାଡ଼ି ଚାଲିଗଲେ। ତାଙ୍କ ବଦଳରେ ସଂସ୍କୃତ ଶିକ୍ଷକ ହିସାବରେ ଶ୍ରୀଯୁକ୍ତ ରାଇଚରଣ ଦାଶ, ସାହିତ୍ୟାଚାର୍ଯ୍ୟ ନିଯୁକ୍ତି ପାଇଲେ। ସେ ଜଣେ ସଂସାର ବିରାଗୀ ଲୋକ। ମାର୍କଣ୍ଡପୁର ଛଅବାଟି ମଠର ମହନ୍ତ। ଅତି ସାଧୁ, ସନ୍ଥ ଓ ସରଳ ପ୍ରକୃତିର ବିନୟୀ ପୁରୁଷ। ବିଜ୍ଞାନ ଶିକ୍ଷକ ରାଜକିଶୋର ତ୍ରିପାଠୀ ସରକାରୀ ଚାକିରୀ ପାଇ ତା'ପରେ ସ୍କୁଲ୍ ଛାଡ଼ିଲେ। ତାଙ୍କ ସ୍ଥାନରେ ଶ୍ରୀ ବାସୁଦେବ ପତି ବିଜେବି କଲେଜରୁ ବି.ଏସ୍‌ସି. ପାଶ୍ କରି ନିଯୁକ୍ତି ପାଇଲେ। ସେ ପୂର୍ବତନ ବିଧାୟକ ଶ୍ରୀଯୁକ୍ତ, ନାରାୟଣ ପତିଙ୍କ ପୁତ୍ର। ତାଙ୍କ ଭଉଣୀ ସତ୍ୟବତୀ କୁରାଂଶର ଶ୍ରୀ ଲକ୍ଷ୍ମଣ ପଣ୍ଡାଙ୍କ ସହଧର୍ମିଣୀ। ସତ୍ୟବତୀ ନିଜେ ଜଣେ ପ୍ରାଥମିକ ବିଦ୍ୟାଳୟର ଶିକ୍ଷୟତ୍ରୀ ଓ ତାଙ୍କ ସ୍ୱାମୀ ଶ୍ରୀ ଲକ୍ଷ୍ମଣ ପଣ୍ଡା କୁଣ୍ଡପାଟଣା ଦର୍ଶନ ହାଇସ୍କୁଲ୍‌ର ପ୍ରଧାନଶିକ୍ଷକ ଥିଲେ।

ଶ୍ରୀ ରାଜକିଶୋର ପ୍ରଧାନ ଆଇ.ଏସ୍.ସି. ସହକାରୀ ଶିକ୍ଷକ ଓ ଅତିରିକ୍ତ Section teacher ହିସାବରେ ଶ୍ରୀଯୁକ୍ତ କୈଳାସ ନାୟକ, ପାଞ୍ଚଗୋଛିଆର ଶ୍ରୀଯୁକ୍ତ ଦୟାନନ୍ଦ ରଥ ଯୋଗ ଦେଲେ। ଭାସ୍କରବାବୁ କିରାଣୀ, ପୁରୁଷୋତ୍ତମ ନନା ଓ ତାଙ୍କ ପୁଅ ନାରାୟଣ ପିଅନ ରହିଲେ। ସ୍କୁଲ୍‌ରେ ପି.ଇ.ଟି. ନଥାନ୍ତି।

■

# ପଣ୍ଡିତ ମହାଶୟଙ୍କ ସ୍ମୃତି

ଏପଟେ ସାର୍‌ଙ୍କ ଘରେ ଘୋର ଅଭାବ। ଟ୍ରେନିଂ ନେବା ବର୍ଷ ୧୯୬୮ ମାର୍ଚ୍ଚ ମାସରେ ଅଭାବ ହେତୁ ଘର ଛପର ହୋଇପାରିନଥିଲା। ବର୍ଷାଦିନେ ଚାଳ ପଚିଯାଇ ଏଠି ସେଠି ଗୁଡ଼ାଏ କଣା ହୋଇଯାଇଥାଏ। ମାଙ୍କଡ଼ ଡିଆଡେଇଁ କରି ଆହୁରି ଅବସ୍ଥା ଖରାପ କରିଦେଇଥାନ୍ତି। ତେଣୁ ବର୍ଷା ଦିନର ହିନସ୍ଥା କଥା କହିଲେ ନସରେ। ବର୍ଷାହେଲେ ଘର ଭିତରେ କାଦୁଅ ହୋଇଯାଏ। ପାଦ ରଖିବାକୁ ଯାଗା ନଥାଏ। ବର୍ଷାପାଣିକୁ ଧରି ରଖି ଘରକୁ ବଞ୍ଚାଇବା ପାଇଁ ଏଠି ସେଠି କଂସା ବାସନ ବାଲ୍‌ଟି ହାଣ୍ଡି ରଖିବାକୁ ପଡୁଥାଏ। ଏଭଳି ଆର୍ଥୀକ ଅନାଟନ ଭିତରେ ରବିକକାଙ୍କ ନାଆଁ ଲେଖାଇବା ସମୟ ଆସିଗଲା। ମଧୁବନରେ ନାଆଁ ଲେଖାଇବେ କି ପୁରୁଷୋତ୍ତମପୁରରେ ନାଆଁ ଲେଖାଇବେ ଚିନ୍ତା କରୁ କରୁ ସମୟ ଗଡ଼ିଗଲା। ଶେଷ ବେଳକୁ ମଧୁବନ ହାଇସ୍କୁଲ୍‌ରେ ନାଆଁ ଲେଖାହେଲା। ଦୁଇଜଣ ହଷ୍ଟେଲ୍‌ରେ ରହି ଚଳିବା ଓ ଖର୍ଚ୍ଚ ତୁଲାଇବା ସହଜ କଥା ନୁହେଁ। ଘରଠାରୁ ବାହାରେ ମୁଣ୍ଡପିଛା ଖର୍ଚ୍ଚ ବହୁତ ଅଧିକ। ତଥାପି ସାର୍ ରବିକକାଙ୍କୁ ସାଙ୍ଗରେ ଧରି ମଧୁବନ ଗଲେ। ମଧୁବନର ଲକ୍ଷ୍ମୀବଜାର ଏବେ ଖୁବ୍ ବଢ଼ିଗଲାଣି। ସେତେବେଳେ ବଜାର ବୋଇଲେ ମାତ୍ର ଚାରିପାଞ୍ଚଟା ଦୋକାନ ଥାଏ। ମିର୍ଜାପୁର ଆଡ଼କୁ ଗଲେ ବାମପଟେ ମିର୍ଜାପୁର ଗାଆଁର ଗୋପିନାଥ ଗୋଟେ ଯୋଡ଼ିଏ ଘର ତିଆରି କରି ଭଡ଼ା ଦେବା ଉଦ୍ଦେଶ୍ୟରେ ରଖିଥାନ୍ତି। ସେଥିରୁ ଗୋଟିଏ ସାର୍ ଓ ଅନ୍ୟଟି ପଣ୍ଡିତ ମହାଶୟ ରାଇବାବୁ ରହିବା ପାଇଁ ଭଡ଼ାରେ ନେଲେ। ମାସିକ ଘରଭଡ଼ା ୩୦ଟଙ୍କା। ସ୍କୁଲ୍‌ରୁ ଦୁଇଟି ଖଟ ନେଇ ସେଠି ପକାଇଲେ। ପାଖରେ କୂଅଟିଏ ଥାଏ। ହାତରେ ରୋଷେଇ କରି ଖାଇଲେ। ପ୍ରଥମେ ଫିତାଲଗା ଷ୍ଟୋଭ୍‌ରେ ରନ୍ଧାବଢ଼ା କଲେ। ପରେ କରତଗୁଣ୍ଡ ଚୁଲି ହେଲା। ସେଥିପାଇଁ ସିଲ୍‌ଭର ଡିକ୍‌ଚି, ଡିସ୍, ଥାଳି ଡାଟିଆ କିଣା ହେଲା। ସକାଳେ ସାର୍ ଷ୍ଟୋଭ୍ ଲଗାଇ ଭାତ ବସାଇ ଦିଅନ୍ତି। ପନିପରିବା କଟାକଟିକରି ରଖନ୍ତି। ବେଳେବେଳେ ଡାଲି କରନ୍ତି।

ଭାତ ହେଲା ପରେ ତରକାରୀ କରନ୍ତି। ଘରଆଗ ବାରଣ୍ଡାରେ ପ୍ରଭାତ, ଇନ୍ଦ୍ରମଣି ଇତ୍ୟାଦି କେତେଜଣ ପିଲା ଟିଉସନ୍ ହୁଅନ୍ତି। ରବି କକା ତାଙ୍କ ସହିତ ପଢ଼ନ୍ତି। ସାର୍ ଟିଉସନ୍ ସହିତ ରୋଷେଇ କାମ ଏପଟସେପଟ ହୋଇ କରନ୍ତି। ରୋଷେଇ ବସେଇ ଦେଇ ପିଲାଙ୍କ ପାଖକୁ ଆସନ୍ତି। ପିଲାଙ୍କୁ ପାଠ ଦେଇ ରୋଷେଇ ପାଖକୁ ଯାଆନ୍ତି।

ପଣ୍ଡିତ ମହାଶୟ ନିଜପାଇଁ ନିଜେ ରୋଷେଇ କରନ୍ତି। ତାଙ୍କ ପାଖରେ ପିଆଜ ରସୁଣ ପଶେନା। ବେଳେବେଳେ ସେ ତାଙ୍କ ତରକାରୀ ରବିକକା ଓ ସାର୍‌ଙ୍କୁ ଦିଅନ୍ତି। ଶନିବାର ରବିବାରରେ ସେ ମଠକୁ ଚାଲି ଯାଆନ୍ତି। ସୋମବାର ଦିନ ସ୍କୁଲ୍ ଆରମ୍ଭ ପୂର୍ବରୁ ସାଇକେଲ୍‌ରେ ଆସି ପହଞ୍ଚିଯାଆନ୍ତି। ତାଙ୍କର ସମସ୍ତ ଆୟ ଏପରିକି ତାଙ୍କର ଜୀବନ ରାଧାକୃଷ୍ଣଙ୍କ ସେବାରେ ସମର୍ପିତ କରିଥାନ୍ତି। ତାଙ୍କର ଦରମାଟଙ୍କା ମଠ ପରିଚାଳନାରେ ଖର୍ଚ୍ଚ ହୁଏ। ଥରେ ସେ ନୂଆ ଛତାଟିଏ ଖରିଦ କଲେ। ତାକୁ ଠାକୁରଙ୍କ ନିକଟରେ ସମର୍ପଣ କରିସାରି ବ୍ୟବହାର କଲେ। ସେ ପାଦରେ ଚପଲ ପିନ୍ଧନ୍ତି ନାହିଁ। କାଠ ତିଆରି କଠଉ ବ୍ୟବହାର କରନ୍ତି। ଏ ସବୁର ମହତ୍ତ୍ୱ ପରବର୍ତ୍ତୀ ସମୟରେ ହୃଦୟଙ୍ଗମ କରିପାରିଥିବା କଥା ସାର୍ ଏବେ କୁହନ୍ତି। ଅବସର ପରେ ସାର୍ ପୂଜାପାଠରେ ଅଧିକ ସମୟ ବିତାଉଛନ୍ତି। ପରିବାରରେ ରହୁଥିଲେ ବି ଖୁବ୍ ଈଶ୍ୱର ମନସ୍କ ହୋଇଯାଇଛନ୍ତି। ଆଧ୍ୟାତ୍ମିକ ଅନୁଭବ ଦୃଷ୍ଟିରୁ ଏସବୁର ଆବଶ୍ୟକତା ଅଛି ବୋଲି କୁହନ୍ତି।

ମୁଣ୍ଡିତ ମସ୍ତକ ରାଇଚରଣ ବାବୁ (ପଣ୍ଡିତ ମହାଶୟ)ଙ୍କୁ ଦେଖିବା ମାତ୍ରେ ସେ ଜଣେ ସନ୍ନ୍ୟାସୀ ସଦୃଶ ପବିତ୍ର ମଣିଷ ବୋଲି ସ୍ୱତଃ ମନରେ ଭାବନା ଆସେ। ଶ୍ରଦ୍ଧା ଉଦୟ ହୁଏ। ତାଙ୍କର ବାପାମାଆ ନଥିଲେ। ଖୁବ୍ ଦୁର୍ବଳ ସ୍ୱାସ୍ଥ୍ୟର ମଣିଷ। ଅଧିକାଂଶ ସମୟରେ ତାଙ୍କ ନାକରୁ ରକ୍ତ ପଡ଼େ।

ଅବସର ସମୟରେ ପଣ୍ଡିତ ମହାଶୟ, ଆମ ସାର୍ ଓ ପ୍ରଧାନଶିକ୍ଷକ ନାରାୟଣ ବାବୁ ମିଶି ମଧ୍ୟଯୁଗୀୟ ବୈଷ୍ଣବ ସାହିତ୍ୟ, ସଂସ୍କୃତ ସାହିତ୍ୟ ଉପରେ ଆଲୋଚନା କରନ୍ତି। ପଣ୍ଡିତ ମହାଶୟ ବିଦଗ୍ଧଚିନ୍ତାମଣି, ରସକଲ୍ଲୋଳ, ଭଞ୍ଜୀୟ ଛାନ୍ଦ, ସଂସ୍କୃତ ସାହିତ୍ୟ, ରଘୁବଂଶମ୍, ଅଭିଜ୍ଞାନ ଶକୁନ୍ତଳମ୍, ନଳଦମୟନ୍ତୀ, କାଦମ୍ବରୀ ଇତ୍ୟାଦିରୁ ବହୁ ସୁନ୍ଦର ସୁନ୍ଦର ଶ୍ଳୋକମାନ ଆବୃତ୍ତି କରି ବୁଝାନ୍ତି। ଗଭୀର ପାଣ୍ଡିତ୍ୟ, ସରଳ ଜୀବନଶୈଳୀ ଓ କ୍ଲାସ୍‌ରୁମ୍‌ର ସୁନ୍ଦର ପାଠପଢ଼ା ତାଙ୍କୁ ଅଳ୍ପଦିନ ମଧ୍ୟରେ ଖୁବ୍ ଲୋକପ୍ରିୟ କରି ଦେଇଥିଲା। ସେ ଶିକ୍ଷକଟିଏ ନୁହେଁ ରତ୍ନଟିଏ ଥିଲେ। ମଠ ପରିଚାଳନା କଥା ବୁଝିବା ସହିତ ସେଠାରୁ ଦୂରରେ ରହି ରନ୍ଧାବଢ଼ା କରି ଶିକ୍ଷକ ଚାକିରୀ କରିବା କଷ୍ଟକର କଥା। ସେ କିନ୍ତୁ ହସ ହସ ମୁହଁରେ ସବୁ ଅସୁବିଧାକୁ ସହିଯାଆନ୍ତି। ଅଳ୍ପକିଛି ବର୍ଷପରେ

ବିରଜା ସଂସ୍କୃତ ଟୋଲ୍‌ରେ ନିଯୁକ୍ତି ପାଇ ମଧୁବନ ହାଇସ୍କୁଲ୍ ଛାଡ଼ିଦେଲେ। ତାଙ୍କର ଏଠୁ ଚାଲିଯିବାଟା ସମସ୍ତଙ୍କ ପାଇଁ ଦୁଃଖଦାୟକ ହୋଇପଡ଼ିଥିଲା। ବିଦାୟ ଦେବାବେଳେ କି ଶିକ୍ଷକ କି ଛାତ୍ର ସମସ୍ତଙ୍କ ଆଖିରେ ଲୁହ ଆସିଯାଇଥିଲା। ନିଜେ ପଣ୍ଡିତ ମହାଶୟ କଇଁ କଇଁ ହୋଇ କାନ୍ଦୁଥାନ୍ତି।

ସାର୍ ଆହୁରି କହୁଥିଲେ- ମୁଁ ଓ ମୋର ସାନଭାଇ ରବି ତାଙ୍କ ସଂସ୍ପର୍ଶରେ ଆସି ବିଶେଷ ପ୍ରଭାବିତ ହୋଇଛୁ। ସ୍କୁଲ୍ ଛୁଟି ହେଲେ ମୁଁ ଓ ରବି ବେଳେବେଳେ ତାଙ୍କ ମଠଆଡ଼େ ବୁଲିବାକୁ ଯାଉ। ଆମକୁ ପାଇ ସେ ଖୁବ୍ ଖୁସି ହୋଇଯାଆନ୍ତି। ଆନନ୍ଦରେ ତାଙ୍କ ମୁହଁରୁ ହସ ଝରିପଡ଼େ। ହସିଦେଲେ ଗାଲରେ ଛୋଟ ଖାଲଟିଏ ହୋଇଯାଏ। ଯାହାକୁ Dimple କୁହାଯାଏ। ତାଙ୍କର ଅମାୟିକ ମୁହଁରେ ହସଟି ଭାରି ସୁନ୍ଦର ଦିଶେ। ଆତିଥ୍ୟ କଥା କ'ଣ କହିବି। ଅତିଥି ଅଭ୍ୟାଗତ ସେବାହିଁ ତାଙ୍କ ଜୀବନର ଧର୍ମ। ଏଭଳି ଜଣେ ବନ୍ଧୁଙ୍କୁ ଚାକିରୀ ଜୀବନରେ ପାଇ ଏଯାବତ୍ ମନେ ରଖିଛି। ମଧୁବନର ସେ ମଧୁରସ୍ମୃତି ଅପାଶୋରା ହୋଇ ରହିଛି।

ସାର୍ ରୋଷେଇବାସ କରୁଥିବାବେଳେ ରବିକକା ବାସନକୁସନ ମଜାମଜି କାମ କରିଦିଅନ୍ତି। ଦୁଇଭାଇ କାମ ସାରି ଖାଇପିଇ ସ୍କୁଲ୍‌କୁ ଯାଆନ୍ତି। ରାତିରେ ବି ସାର୍‌ଙ୍କ ପାଖରେ କିଛି ପିଲା ଟିଉସନ୍ ପଢ଼ନ୍ତି। ସେ ବେଳେ ବି ରୋଷେଇ କାମ ଥାଏ। ସାର୍ ପାଠପଢ଼ା ସହିତ ରୋଷେଇ କାମ କଲେବି ପିଲାଙ୍କ ପାଠପଢ଼ାରେ ଅବହେଳା ହୁଏନାହିଁ। ସବୁକାମ ଠିକ୍‌ଠିକ୍ ହୁଏ। ସାର୍ କୁହନ୍ତି- ନିଜକାମ ନିଜେ କରିବାରେ ଗୋଟେ ସ୍ୱତନ୍ତ୍ର ମହତ୍ତ୍ୱ ଅଛି। କୌଣସି ଦିନ ମତେ ସାମାନ୍ୟ ବିରକ୍ତି ଲାଗେନା। କାରଣ ରୋଷେଇବାସ କରିବାରେ ମୋର ଖୁବ୍ ଆଗ୍ରହ ଥାଏ। ଏବେବି ମନହେଲେ ଦିନେଦିନେ ଘରେ ତରକାରୀ ରାନ୍ଧେ। ମୋର ବାହାଘର ନହେବା ପର୍ଯ୍ୟନ୍ତ ଘରକୁ ମାଂସ ଆସିଲେ ମୁଁ ରୋଷେଇ କରେ। ମୋ ସାନ ଭାଇଭଉଣୀ ମାନେ ଯୋଗାଡ଼ିଆ ହୋଇ ଚୁଲି ଚାରିକଡ଼ରେ ମେଳକରି ବସିଥାନ୍ତି। ରୋଷେଇରେ ସାହାଯ୍ୟ କରନ୍ତି ତରକାରୀ ସିଝି ଆସିଲେ ମୁଁ ତାଙ୍କୁ ଥାଳିଆ, ଡାଟିଆରେ ବାହାର କରି ଚାଖିବାକୁ ଦିଏ। ସେମାନେ ମୋ ରୋଷେଇର ପରୀକ୍ଷକ। ତରକାରୀ ହୋଇଗଲେ କଦଳୀପତ୍ର ପକାଇ ସମସ୍ତେ ସାଙ୍ଗହୋଇ ଖାଇବସୁ। ସମସ୍ତଙ୍କ ପାଇଁ ତରକାରୀ ମୁଁ ବାଢ଼ିଦିଏ।

■

# ବି.ଏଡ୍. ଟ୍ରେନିଂ ଅଭିଜ୍ଞତାର ପ୍ରୟୋଗ

ଟ୍ରେନିଂରୁ ଫେରିଲା ପରେ ସାର୍ ନୂଆ ଭାବନା, ନୂଆ ଅଭିଜ୍ଞତା ଓ ନୂଆ ଆଗ୍ରହ ନେଇ ପାଠ ପଢ଼ାଇବା ଆରମ୍ଭ କଲେ। ଟ୍ରେନିଂରୁ ଶିଖିଥିବା ଶିକ୍ଷା ଶୈଳୀ (Method)କୁ ଶ୍ରେଣୀ ଗୃହରେ ପ୍ରୟୋଗ କଲେ। Method ଅନୁଯାୟୀ ପଢ଼ାଇବାକୁ ଗଲେ ଛାତ୍ରଛାତ୍ରୀମାନଙ୍କୁ ଯଥେଷ୍ଟ ଗୁରୁତ୍ୱ ଦେବାକୁ ପଡ଼େ। ଫଳରେ ସେମାନେ ନିଜେ ପଢ଼ିବେ, ଜାଣିବେ ଓ ଶିକ୍ଷା କରି ପ୍ରୟୋଗ କରିବେ। ଅଣ ତାଲିମ ପ୍ରାପ୍ତ ଶିକ୍ଷକଟି ପିଲାଙ୍କୁ ପଢ଼ାଇବା ନାମରେ ନିଜେ ପଢ଼େ। ଛାତ୍ରଛାତ୍ରୀମାନେ Passive listener ଭଳି ବସିରହନ୍ତି। ଏପରି ସ୍ଥଳେ ପିଲାମାନଙ୍କ ପଢ଼ିବାର ଆଗ୍ରହ କମିଯାଏ। ପିଲାଏ ବୁଝି ନପାରିଲେ ପ୍ରଶ୍ନ ପଚାରିବାକୁ ସାହସ କରିପାରନ୍ତି ନାହିଁ। ପ୍ରଶ୍ନ ତିଆରି କରି ପାରନ୍ତି ନାହିଁ। କାରଣ ପାଠ ଓ ସାର୍ଙ୍କୁ ଭୟ ସହିତ ମାଡ଼ ବା ଦଣ୍ଡକୁ ଡରି କିଛି ପଚାରନ୍ତି ନାହିଁ। କିନ୍ତୁ ଜଣେ ଟ୍ରେଣ୍ଡ ଶିକ୍ଷକର ପଢ଼ାଇବା ଶୈଳୀ ସଂପୂର୍ଣ୍ଣ ଭିନ୍ନ। ଟ୍ରେଣ୍ଡ ଶିକ୍ଷକମାନେ ପିଲାଟି କିପରି ନିଜେ ପଢ଼ିବ (How to read himself/herself) ତାହା ଉପରେ ଅଧିକ ନଜର ଦିଅନ୍ତି। ପିଲାର କେଉଁଠି ଦୁର୍ବଳତା ରହିଛି ତାକୁ ଖୋଜି ଅଣ୍ଡାଳି ବାହାର କରନ୍ତି। ଭଲପିଲାଙ୍କ ଦ୍ୱାରା ଓ ଶେଷରେ ନିଜେ ଆଲୋଚନା କରି ଦୁର୍ବଳତା ଦୂର କରନ୍ତି। ଗଣିତ ଓ ଇଂରାଜୀ ପ୍ରତି ଯେଉଁ ଅହେତୁକ ଭୟ ଥାଏ Right Motivation ଦ୍ୱାରା ତାକୁ Subject teacher ପ୍ରଥମରୁ ଦୂର କରିବାକୁ ଚେଷ୍ଟା କରେ। ପିଲାମାନଙ୍କୁ ସାଥିରେ ଧରି ପାଠ ପଢ଼ାଇବାକୁ ହୁଏ। ଯାହାଫଳରେ ପିଲାମାନେ ପଢ଼ାରେ ଆଗ୍ରହ ପ୍ରକାଶ କରନ୍ତି ଓ ତାଙ୍କର ଭୟ ଛାଡ଼ିଯାଏ। ଶିକ୍ଷକଟିଏ ଯେତେ ଜାଣିଥାନ୍ତୁ ପଛେ ସେ ଯଦି ପିଲାଙ୍କ ମାନ କଳନା କରି ନିଜକୁ ସେଇ Level କୁ ନଆଣି ପାଠ ପଢ଼ାନ୍ତି ତେବେ ତାଙ୍କର ପରିଶ୍ରମ ବୃଥା ହେବ। ସାର୍ କ୍ଲାସରେ ଇଂରାଜୀ ପ୍ରଥମପତ୍ର, ଗଣିତ ଓ ଓଡ଼ିଆ ପଢ଼ାନ୍ତି। ଟିକି ଟିକି ପ୍ରଶ୍ନ ତିଆରି କରି ବିଷୟଟିକୁ ପ୍ରାଞ୍ଜଳଭାବେ ବୁଝାଇ ଦିଅନ୍ତି। ସାର୍ଙ୍କର ଯେତିକି ଯେତିକି ଅଭିଜ୍ଞତା ବଢୁଥାଏ

ପାଠଦାନରୁ ସେତିକି ସେତିକି ଆନନ୍ଦ ଓ ସନ୍ତୋଷ ପାଇବାରେ ଲାଗିଥାନ୍ତି। ପିଲାଏ ଗ୍ରହଣ କରନ୍ତି ଓ ଉପକୃତ ହୁଅନ୍ତି। Teacher Centred Education ବଦଳରେ Child Centred Education ଉପରେ ଅଧିକ ଗୁରୁତ୍ୱ ଦିଅନ୍ତି। Teacher ଯେତେ Resourceful ଓ Dynamic ହେବ ପିଲାମାନଙ୍କର ଗ୍ରହଣ କରିବା ଶକ୍ତି ସେତେ ବଢ଼ିବ। ସେମାନେ ନିର୍ଭୀକ ଭାବେ ପାଠ ପଢ଼ିବେ। ଫଳରେ Spoon feeding ଆବଶ୍ୟକ ହେବ ନାହିଁ।

ପଢ଼ାଯାଉଥିବା ବିଷୟଟିକୁ ଗୋଟିଏ Problem ମନେକରି ଟ୍ରେନିଂରୁ ଶିଖିଥିବା Method ଅନୁଯାୟୀ Solve କରୁଥିଲେ। Readymade ଉତ୍ତର କହି ନଦେଇ ପିଲାମାନେ ନିଜେ ପଢ଼ିବା ପାଇଁ Guide କରୁଥିଲେ। ବାରମ୍ବାର ପଢ଼ି ବିଷୟକୁ ବୁଝିବା ପାଇଁ ସମୟ ଦେଉଥିଲେ। ଫଳରେ ପିଲାମାନେ ନିଜେ ସମସ୍ୟାର ସମାଧାନ କରିବାକୁ ସକ୍ଷମ ହେଉଥିଲେ। ତାଙ୍କର ଆତ୍ମବିଶ୍ୱାସ ବଢ଼ୁଥିଲା। ଏସବୁ କଥାକୁ ଆଖି ଆଗରେ ରଖି Rough lesson ପ୍ରସ୍ତୁତ କରି ସାର୍ ପାଠ ପଢ଼ାଉଥିଲେ। ସେଇ ଅନୁଯାୟୀ ନିଜକୁ ପୂର୍ବରୁ ପ୍ରସ୍ତୁତ କରି ରଖୁଥିଲେ। ଟ୍ରେନିଂ ପାଇଲା ପରେ ସାର୍‌ଙ୍କ ଶିକ୍ଷକ ଜୀବନର ଏଇଭଳି ରୂପାନ୍ତର ହୋଇଥିଲା। ପାଠପଢ଼ାଇବା ବୃତ୍ତିଟି ସାର୍‌ଙ୍କର ତପସ୍ୟାରେ ପରିଣତ ହୋଇଯାଇଥିଲା। ଋଷିପ୍ରତିମ ଆମ ସାର୍‌ଙ୍କ ଛାତ୍ରମାନଙ୍କୁ ଲକ୍ଷ୍ୟକଲେ ଏ କଥାର ପ୍ରମାଣ ସହଜରେ ମିଳିଯାଇ ପାରିବ।

ମଧୁବନ ହାଇସ୍କୁଲ୍‌ରେ ପାଠପଢ଼ା ସହିତ Co-Curricular activities ଉପରେ ମଧ୍ୟ ଦୃଷ୍ଟି ଦିଆଯାଏ। ସେ ବର୍ଷ ଦୁର୍ଗାପୂଜା ଛୁଟି ପୂର୍ବରୁ ଭଲ ପିଲାମାନଙ୍କୁ ନେଇ ଗୋଟେ ଡ୍ରାମା ମଞ୍ଚସ୍ଥ କରାଯିବା ପାଇଁ ଯୋଜନା କରାଯାଇଥିଲା। ମାଇନର୍ ସ୍କୁଲ୍ ସାମ୍ନାରେ ମଞ୍ଚ ନିର୍ମାଣ କରାଗଲା। ଯେଉଁଠି ଏବେ ବନମାଳୀ ବ୍ରହ୍ମଚାରୀ ଉଦ୍ୟାନ ତିଆରି ହୋଇଛି ଠିକ୍ ସେଇଠି। କେବଳ ଛାତ୍ରଛାତ୍ରୀମାନେ ସେ ନାଟକରେ ଅଂଶଗ୍ରହଣ କଲେ। ସେ ବର୍ଷ ଯତୀଶ ମହାନ୍ତି, ମଣିବାବୁ, ଲକ୍ଷ୍ମଣବାବୁ, ରଘୁବାବୁ, ପ୍ରଫୁଲ୍ଲବାବୁ ବ୍ୟାଚ୍ ପିଲାମାନଙ୍କର ଏକାଦଶ ଶ୍ରେଣୀ ହୋଇଥାଏ। ବଟବାବୁ, କିରାଣୀ ଭାସ୍କରବାବୁ ଓ ଯଦୁବାବୁ ନାଟକଟିର ନିର୍ଦ୍ଦେଶନା ଦେଲେ। ଅଳ୍ପ ପଇସା ଖର୍ଚ୍ଚ କରି ହରିପୁରରୁ ସିନ୍ ଟେଣ୍ଟ୍ ଆଣି ଷ୍ଟେଜ୍ ସଜାଯାଇଥିଲା। ଗୋପାଳପୁରରୁ ଆସିଥିଲା Day light। ଉଦ୍ଦେଶ୍ୟ ପିଲାମାନଙ୍କ ଠାରେ ଥିବା ସୃଜନୀ କଳା ଓ ଅଭିନୟ କଳାର ବିକାଶ କରିବା। ପିଲାମାନେ ଖୁବ୍ ସୁନ୍ଦର ଅଭିନୟ କରିଥିଲେ। ଡ୍ରାମା ସଫଳ ହୋଇଥିଲା।

■

# ଛାତ୍ରବତ୍ସଳ ଶିକ୍ଷକ

ଚାହୁଁ ଚାହୁଁ ବର୍ଷଟା ବିତିଗଲା । ଟେଷ୍ଟ ପରୀକ୍ଷା ସରି ବାର୍ଷିକ ପରୀକ୍ଷା ପାଇଁ ଫର୍ମ ଫିଲପ ଆରମ୍ଭ ହେଲା । ପ୍ରଧାନ ଶିକ୍ଷକ ଶନିବାରଦିନ ଘରକୁ ଗଲେ । ତେଣୁ ଏ ଦାୟିତ୍ୱ ଆମ ସାର୍ ଓ ଭାସ୍କରବାବୁଙ୍କୁ ଦେଇଗଲେ । ପ୍ରଭୁ ଚନ୍ଦନେଶ୍ୱରଙ୍କ ପାଖରେ ଶୁଭମନାସୀ ପୂଜାପାଠ ସାରିଲା ପରେ ଫର୍ମ ଫିଲପ ଆରମ୍ଭ କରାଗଲା । ପିଲାମାନେ ଗୋଟିଏ ରୁମ୍‌ରେ ବସି ଫିଲପ କଲେ । ଫର୍ମଟି ପଢ଼ି ଶୁଣାଇ ଦିଆଗଲା । କିପରି ନିର୍ଭୁଲ୍ ଭାବରେ କରିବେ ସାର୍ ବତାଇ ଦେଲେ । ବୁଝିଗଲା ପରେ ପିଲାଏ ନିଜହାତରେ ଫିଲପ୍ କଲେ । ତା'ପରେ ଫର୍ମ ଗୁଡ଼ିକୁ ସଜାଇ Sorting କରି verification ପାଇଁ ଭାସ୍କରବାବୁ ସାର୍‌ଙ୍କ ପାଖରେ ଦେଇଗଲେ । ଫାଙ୍କା ସମୟ ଦେଖି ରାତିବେଳକୁ ମାଇନର୍ ସ୍କୁଲ୍ ଅଫିସ୍‌ରେ ବସି ସେଗୁଡ଼ିକୁ ତନଖି କରୁଥାନ୍ତି ଏହି ସମୟରେ ହଠାତ୍ ଗୋଟେ ଝିଟିପିଟି ସାର୍‌ଙ୍କ ମୁଣ୍ଡଉପରେ ପଡ଼ି ଆଗଦେଇ ତଳକୁ ଖସି ପଡ଼ିଲା । ପଲ୍ଲୀପତନ ଫଳରୁ ଜାଣିଲେ ଏହା ଶୁଭ ଲକ୍ଷଣ । ରାଜ୍ୟ ଲାଭ ହୁଏ ବୋଲି କୁହାଯାଏ । ଯାହା ହେଉ ତନଖିକାମ ସରିଗଲା । ଦେଖିଲେ ଗୋଟିଏ ପିଲା ଫର୍ମ ଫିଲପ କରିବାକୁ ଆସିନାହିଁ । ସେ ପିଲାଟି ପୁଣି ସ୍କୁଲ୍‌ର ଏକ ନମ୍ବର ଛାତ୍ର । ଖୁବ୍ ମେଧାବୀ । ଯତୀଶ ମହାନ୍ତି । ଏଥିଯୋଗୁଁ ସାର୍‌ଙ୍କ ମନଟା ଖରାପ୍ ହୋଇଗଲା । କ'ଣ ହେଲା ? କାହିଁକି ପିଲାଟା ଆସିଲାନି ? ପଇସାପତ୍ରରେ ଅସୁବିଧା ହେଲାକି ? ଏମିତି ଅନେକ କଥା ଚିନ୍ତା କରି ରହିଲେ ।

ପରଦିନର କଥା । ସ୍କୁଲ୍ ଚାଲିଥାଏ । ଯତୀଶବାବୁ ଆସି ସାର୍‌ଙ୍କୁ ଦେଖାକଲେ । ସାର୍ ପଚାରିଲେ, କିରେ କାଲି ତୁ କୁଆଡ଼େ ଗଲୁ ? ସବୁପିଲା ଫର୍ମ ଫିଲଅପ୍ କଲେ । ତୁ ଆସିଲୁନି ? ସେ ମୁହଁଶୁଖାଇ କହିଲେ, ସାର୍, ଘରେ ପଇସାପତ୍ର ନ ଥିଲା । ମୁଁ ବୁଲି ବୁଲି ଖବରକାଗଜ ଗ୍ରାହକଙ୍କଠାରୁ ପଇସା ସଂଗ୍ରହ କରୁଥିଲି ।

ତାଙ୍କର ସମାଜ ଖବରକାଗଜର ଏଜେନ୍ସି ଥାଏ । ସେଇ ପଇସା ପାଇଁ ବୁଲୁଥିଲେ । ଏକଥା ଶୁଣି ସାର୍ ଖୁବ୍ ମନ ଦୁଃଖ କଲେ । କହିଲେ, ଯଦି ଅସୁବିଧା ଥିଲା, ମତେ ଆସି କାହିଁକି କହିଲୁ ନାହିଁ । ତୁ ଆସିଥିଲେ ଫର୍ମ ଫିଲପ କରିଦେଇ ଥାଆନ୍ତୁ । ଆଜି ପଇସା ଦେଇଥାଆନ୍ତୁ ।

ସାର୍ ଭାସ୍କରବାବୁଙ୍କୁ କହି ଯତୀଶବାବୁଙ୍କ ଠାରୁ ଫି ରଖି ଫର୍ମ ଫିଲଅପ୍ କରାଇ ଦେଲେ। ଫର୍ମ ପୁରଣ ପାଇଁ ସେଦିନ ପଇସା ଯୋଗାଡ଼ କରିପାରିନଥିବା ପିଲାଟି ପରବର୍ତ୍ତୀ ସମୟରେ ଆନ୍ଧ୍ର ବିଶ୍ୱବିଦ୍ୟାଳୟରୁ Zoology ରେ 1st Class First, Best Post Graduate ହୋଇ ସ୍ୱର୍ଣ୍ଣପଦକ ପାଇପାରିଲେ। ଆନ୍ଧ୍ର ବିଶ୍ୱବିଦ୍ୟାଳୟରୁ ଡକ୍ଟରେଟ୍ ଓ ଆମେରିକାର ହାଭାର୍ଡ ବିଶ୍ୱବିଦ୍ୟାଳୟରୁ ଡକ୍ଟରେଟ୍ ପାଇଲେ। ପୁନଶ୍ଚ ସର୍ବଭାରତୀୟ ପ୍ରଶାସନିକ ସେବା ପରୀକ୍ଷା ଦେଇ ପ୍ରଥମ ଥର IPS ପାଇଲେ।

ସାର୍‌ଦିନେ ସ୍କୁଲ୍ ସାରି ଘରକୁ ଫେରୁଥାଆନ୍ତି। କୁଆଖିଆ ବଜାରରେ ପହଞ୍ଚି ହାଇୱେ ଉପରକୁ ଉଠୁଥାନ୍ତି। ଯତୀଶବାବୁ ସେ ରାସ୍ତାରେ ଗଡୁଥାନ୍ତି। ତାଙ୍କ ଘର ରାହମ୍ବାକୁ ଯିବା ପାଇଁ। ସେତେବେଳେ ସେ ସୁକିନ୍ଦାଠାରେ କେନ୍ଦ୍ର ସରକାରଙ୍କ Zoological Survey of Indiaରେ ନିଯୁକ୍ତି ପାଇଥାନ୍ତି। ସାର୍‌ଙ୍କ ସହିତ ତାଙ୍କର ସେଇ ରାସ୍ତାରେ ଭେଟ ହେଲା। ସେ ପୁରା ନଇଁ ପଡ଼ି ସାର୍‌ଙ୍କ ପାଦଛୁଇଁ ପ୍ରଣାମ ଜଣାଇଲେ। IPS Result କଥା ଜଣାଇଲେ। ଏ କଥା ଶୁଣୁ ଶୁଣୁ ସାର୍ ତତ୍‌କ୍ଷଣାତ୍ କହିଲେ, Why not IAS. I know your Calibre. Perhaps some one is Displeased with you. So go and try again.

ଯତୀଶବାବୁ IPS ଟ୍ରେନିଂ ଯୋଗଦେଲେ। କିନ୍ତୁ ସାର୍‌ଙ୍କ କହିଥିବା କଥା ପଦକ ମନେ ରଖିଥାନ୍ତି। ଟ୍ରେନିଂ ଚାଲୁଥିବା ମଧ୍ୟରେ ଦ୍ୱିତୀୟ ବର୍ଷ ସର୍ବଭାରତୀୟ ପରୀକ୍ଷା ଦେଲେ। IPS ଟ୍ରେନିଂରେ ସରିବାକୁ ପନ୍ଦରଦିନ ଥାଏ ପରୀକ୍ଷା ଫଳ ପ୍ରକାଶ ପାଇଲା। ସେ IAS ପାଇଥାନ୍ତି। Result ପାଇବା ମାତ୍ରେ ଯତୀଶବାବୁ ସାର୍‌ଙ୍କ ପାଖକୁ ଚିଠି ଲେଖି ଖବରଟା ଜଣାଇ ଦେଲେ। ଖୁସିରେ ସାର୍‌ଙ୍କ ମନ କୁଣ୍ଢେମୋଟ ହୋଇଗଲା। ତାଙ୍କର ସେଦିନ ଆନନ୍ଦ କଥା କହିଲେ ନସରେ। ଭାବୁଥିଲେ ସତେ ଯେମିତି ତାଙ୍କ ପୁଅ IAS ପାଇଛି। ଯତୀଶବାବୁ ସାର୍‌ଙ୍କ ବଡ଼ପୁଅ ପରି। ସେ ସାର୍‌ଙ୍କୁ ପିତାର ସମ୍ମାନ ଦିଅନ୍ତି।

ଯତୀଶବାବୁ ଚିଠିରେ ଲେଖିଥାନ୍ତି, ସାର୍, କେବଳ ଆପଣଙ୍କ ପ୍ରେରଣା ଯୋଗୁ ମୁଁ IPS ନ ରହି IAS ହେବା ସମ୍ଭବ ହୋଇପାରିଛି। ସାର୍ କୁହନ୍ତି- ତା'ର କୃତଜ୍ଞତା ପୂର୍ଣ୍ଣ ଚିଠିଟି ପଢ଼ି ମୁଁ ଧନ୍ୟ ହୋଇଗଲି। ମୋ ଶିକ୍ଷକ ଜୀବନ ସାର୍ଥକ ହୋଇଗଲା। ତୁଳସୀ ଦୁଇପତ୍ରରୁ ବାସେ। ପିଲା ଦିନରୁ ତା'ର ପ୍ରତିଭା ଜଣାପଡୁଥିଲା। ପ୍ରତିଭାର ବିକାଶକୁ ଦାରିଦ୍ର୍ୟ ପ୍ରତିହତ କରିପାରିବ ନାହିଁ। ଦିନେ ନା ଦିନେ ତାହା ପ୍ରକାଶିତ ହେବ। ତା'ର ବ୍ୟବହାର, ସତ୍ ପରିଶ୍ରମ, ନିଷ୍ଠା ଓ ଦୃଢ଼ ଆତ୍ମ ପ୍ରତ୍ୟୟ ସହିତ ଗୁରୁ ଗୁରୁଜନ ମାନଙ୍କର ଆଶୀର୍ବାଦ ଆଜି ଏ ସ୍ଥାନକୁ ଉନ୍ନୀତ କରାଇପାରିଛି।

ତାଙ୍କର ହାଇସ୍କୁଲ୍ କ୍ୟାରିଅର୍ ଖୁବ୍ ଭଲ। ୧୯୬୯ ମସିହା ବୋର୍ଡ ପରୀକ୍ଷାରେ ୩୯ ଜଣ ପିଲା ପାଶ୍ କରିଥିଲେ। ସେଥିରୁ ଛଅଜଣ ଫାଷ୍ଟ କ୍ଲାସ୍ ପାଇଥିଲେ। ସେମାନଙ୍କ ମଧ୍ୟରେ ପ୍ରଥମ ଥିଲେ ଯତୀଶ ମହାନ୍ତି। ସେତେବେଳକୁ ସ୍କୁଲ୍ ସାତ ଆଠ ବର୍ଷର ହୋଇଥାଏ। ଶିକ୍ଷକ ମାନଙ୍କର ଯିବାଆସିବା ଲାଗିରହିଥାଏ। ଏଭଳି ପରିସ୍ଥିତିକୁ ଶିକ୍ଷକ ଅଭାବ ଜନିତ ସମସ୍ୟା କୁହାଯାଇପାରେ। କାରଣ ଜଣେ ଶିକ୍ଷକ ଯାଇ ଆଉ ଜଣେ ଆସିବା ମଧ୍ୟରେ ପଦବୀଟି ଅନେକ ସମୟରେ ଖାଲି ପଡ଼ିଯାଏ। ଏହା ସତ୍ତ୍ୱେ ବି ଛଅଜଣ ପିଲା ଫାଷ୍ଟ କ୍ଲାସ ପାଇବା ଓ ଏତେ ସଂଖ୍ୟକ ପିଲା ପାଶ୍ କରିବା ସାମାନ୍ୟ କଥା ନୁହେଁ। ସେଦିନର ସେହି ଛଅଜଣ ମେଧାବୀ ଛାତ୍ର ହେଲେ ଯତୀଶ ଚନ୍ଦ୍ର ମହାନ୍ତି, ମଣିଚରଣ ବେହେରା, ଦେବେନ୍ଦ୍ର ପଣ୍ଡା, ରାଜକିଶୋର ପଣ୍ଡା, ବନବିହାରୀ ପୃଷ୍ଟି, ସୁରେନ୍ଦ୍ର ପାଢ଼ୀ, ଇତ୍ୟାଦି। ମାର୍କ ଆସିବାରୁ ଜଣାଗଲା ଯେ ଯତୀଶ ମହାନ୍ତି ମାତ୍ର ଉଣେଇଶ ନମ୍ବର ପାଇଁ Top Ten ତାଲିକାରୁ ବଞ୍ଚିତ ହୋଇଛନ୍ତି। ସାର୍ କୁହନ୍ତି- ମୋ ବିଚାରରେ New Schoolରେ ପାଠପଢ଼ା ଏଥିପାଇଁ ଅଧିକ ମାତ୍ରାରେ ଦାୟୀ। ନୂଆ ସ୍କୁଲ୍ ପ୍ରତି ପାତରଅନ୍ତର କରାଯିବାଟା ସାଧାରଣ କଥା ଥିଲା। ମଣି ବେହେରା ଗୋଟେ ଦୁଃସ୍ଥ ତନ୍ତୀ ପରିବାରର ପିଲା। ସେ କୌଣସି ଗୁଣରୁ କମ୍ ନୁହେଁ। ଅଭାବ ହେତୁ କଇଁଚି ଶାସନର ବଟବାବୁଙ୍କ ଘରେ ରହି ପଢ଼ାପଢ଼ି କରୁଥିଲେ। ତାଙ୍କ ଘରେ ମଧୁବାବୁଙ୍କ ପୁଅଝିଅଙ୍କୁ ପାଠ ପଢ଼ାଏ। ତା ତୁଳନାରେ ଯତୀଶ ଅପେକ୍ଷାକୃତ ଉଚ୍ଚ ପରମ୍ପରାରେ ବଢ଼ିଛି। ମଣି ଦାରିଦ୍ର୍ୟ ସହିତ ସଂଗ୍ରାମ କରି ପାଠ ପଢ଼ିଲା। କଲେଜରେ ପଢ଼ିଲା। Matric Performance ଉପରେ ଡାକ ବିଭାଗରେ ନିଯୁକ୍ତି ମିଳିବାରୁ ଘର ସମ୍ଭାଳିବା ପାଇଁ ଚାକିରୀ କଲା। ସେ ଯତୀଶ Standardର ପିଲା। କିନ୍ତୁ କ'ଣ ହେବ ଭାଗ୍ୟ ଫଳତି ସର୍ବତ୍ର ନ ଚ ବିଦ୍ୟା ନ ଚ ପୌରୁଷମ୍। ମଣି ଯଦି ଉପଯୁକ୍ତ କ୍ଷେତ୍ର ପାଇଥାନ୍ତା ତେବେ ସେ ମଧ୍ୟ IAS ପାଇ ପାରିଥାନ୍ତା ବୋଲି ମୋର ଦୃଢ଼ ମତ।

ଏସବୁଥିଲା ଶିକ୍ଷକ ଜୀବନର ସଫଳତା। ସଫଳ ଛାତ୍ରମାନେ ଥିଲେ ସାର୍‌ଙ୍କର କୃତି। ସେଇମାନଙ୍କୁ ଦେଖି ଆନନ୍ଦିତ ହେଉଥିଲେ। ଉତ୍ସାହିତ ହେଉଥିଲେ ଆଗାମୀ ପିଢ଼ିର ଛାତ୍ରଛାତ୍ରୀମାନଙ୍କୁ ତିଆରି କରିବା ପାଇଁ।

ଆଖି ଆଗରେ ଥିଲା ତାଙ୍କର ପ୍ରିୟ ବିଦ୍ୟାଳୟ, ଶିକ୍ଷକ, ଅଣଶିକ୍ଷକ କର୍ମଚାରୀ ଓ ଛାତ୍ରଛାତ୍ରୀ। ସମସ୍ତଙ୍କର ଓ ସବୁ କିଛିର ଉନ୍ନତି ଥିଲା ସାର୍‌ଙ୍କର ଲକ୍ଷ୍ୟ ଓ ଉଦ୍ଦେଶ୍ୟ। ସେଥିପାଇଁ ନିଜକୁ ପ୍ରସ୍ତୁତ କରି ଚାଲିଥିଲେ। ଏହାଥିଲା ସାର୍‌ଙ୍କ ଜୀବନର ଏକ ଶେଷହୀନ ପ୍ରକ୍ରିୟା।

■

## ସାର୍‌ଙ୍କ ପ୍ରିୟଛାତ୍ର, ଦୀର୍ଘଦିନର ସହକର୍ମୀ ଶ୍ରୀ କୈଳାସ ଚନ୍ଦ୍ର ନାୟକ, ଅବସରପ୍ରାପ୍ତ ପ୍ରଧାନଶିକ୍ଷକ, ମଧୁବନ ହାଇସ୍କୁଲଙ୍କୁ ପ୍ରଶ୍ନଟିଏ ......

**ଆପଣ ସାର୍‌ଙ୍କୁ କିପରି ଜାଣନ୍ତି ?**

**ଉତ୍ତର :-**

ଯେଉଁମାନଙ୍କର ଶିକ୍ଷା ଓ ସନ୍ଦେଶ, ଆଦର ଓ ତାଗିଦ୍, ବନ୍ଧୁସମ ସରାଗ ଓ ଅବିଭାବକ ଭାବରେ ମାର୍ଗଦର୍ଶନ ମୋ ଜୀବନକୁ ପୂର୍ଣ୍ଣତା ଆଡ଼କୁ ନେଇଛି ଶ୍ରୀଯୁକ୍ତ ଜିତେନ୍ଦ୍ର କୁମାର କର ସେ ମଧ୍ୟରେ ଅଗ୍ରଗଣ୍ୟ । ମୋ ଭଳି ତାଙ୍କର ପ୍ରାୟ ସବୁ ଛାତ୍ରଛାତ୍ରୀ ତାଙ୍କୁ 'କର ସାର୍' ବୋଲି ସମ୍ମାନର ସହ ସମ୍ବୋଧନ କରନ୍ତି । ଏଇ ହିସାବରେ ସେ ସମସ୍ତଙ୍କ ପାଖରେ ବି ପରିଚିତ । ମୋର ପରମ ସୌଭାଗ୍ୟ ଯେ ମୁଁ ସାର୍‌ଙ୍କୁ ଶିକ୍ଷକ ଭାବେ ଯେଉଁ ଅନୁଷ୍ଠାନରେ ପାଇଥିଲି ସେଠାରେ ତାଙ୍କର ସହକର୍ମୀ ଭାବେ କାର୍ଯ୍ୟ କରିପାରିଲି । ପଢ଼ିଲି ତ ୫ ବର୍ଷ, ଜଣେ ସହକର୍ମୀ ଭାବେ ଦୀର୍ଘ ୩୫ ବର୍ଷ ତାଙ୍କ ସହ କଟାଇଦେଲି । ନିଜ ଅବଚେତନରେ କେବେ ବି 'ଶିକ୍ଷକ' ଛଡ଼ା ସହକର୍ମୀ ବୋଲି ତାଙ୍କୁ ଭାବି ନାହିଁ । ଏହାର ମୂଳ କାରଣ ହେଉଛି ଏହି ଦୀର୍ଘ ସହାବସ୍ଥାନରେ ସେ ମତେ ଜଣେ ଶିକ୍ଷକ ଭାବରେ ବି ଗଢ଼ିଥିଲେ । ଏମିତି ୪୨ ବର୍ଷ, ଅର୍ଦ୍ଧଶତାବ୍ଦୀ ପ୍ରାୟ ସିନା ତାଙ୍କ ଅବିଭାବକତ୍ୱରେ କଟାଇଦେଲି; କିନ୍ତୁ ଅବସୋସ ରହିଗଲା ଅବସର-ଉତ୍ତୀର୍ଣ୍ଣ ଜୀବନରେ ସେମିତି ନିବିଡ଼ ଭାବେ ତାଙ୍କ ପାଖରେ ରହିପାରୁନି । ମୁଁ କେବଳ ନୁହେଁ, ମୋ ପରି ଅନେକ ଛାତ୍ରଛାତ୍ରୀ ଚାହୁଁଥିଲେ ସାର୍ ସବୁଦିନେ ଏଇ ମଧୁବନରେ ରହିଯାଆନ୍ତୁ, ମୁଁ ଆଉ ପାଦେ ଆଗକୁ ଯାଇ ତାଙ୍କୁ ପଡ଼ୋଶୀ ଭାବେ ପାଇବାର ଆଗ୍ରହ ଜନ୍ମାଇଥିଲି, ହୋଇପାରିଲାନି ।

ଦିନେ କର ସାର୍ କ୍ଲାସ ସାରି ବସିଥାନ୍ତି । ଆମେ କେତେଜଣ ଅତି ଆଗ୍ରହରେ

ନୂଆ ଶିକ୍ଷକଙ୍କୁ କ୍ଲାସକୁ ଡାକିବା ପାଇଁ ସ୍ଥିରକଲୁ । ତାଙ୍କୁ ଯାଇ ଅନୁରୋଧ କରିବାରୁ ସେ ଅତି ଆଗ୍ରହରେ ଆମ ଶ୍ରେଣୀକୁ ଆସିଲେ । ପିଲାଙ୍କ ମଧ୍ୟରେ ନୂଆ ସାର୍‌ଙ୍କୁ ପାଇ କି ଆନନ୍ଦ, ଏବେ ବି ମନେ ଅଛି ସେଦିନର ସେ ନିଆରା ରୋମାଞ୍ଚ, ଅନୁଭୂତି । ଏହା ପରଠୁଁ ସାର ଫୁରସତ୍ ପାଇବା ମାତ୍ରେ ଆମ କ୍ଲାସକୁ ପଶିଆସନ୍ତି, ଅତି ସରଳ ଭାବରେ ବିଜ୍ଞାନ ଏବଂ ଗଣିତ ବୁଝେଇଦିଅନ୍ତି । ଆମ ଦେଖାଦେଖି ଷଷ୍ଠଶ୍ରେଣୀ ପିଲା ବି ସାର୍‌ଙ୍କୁ ଅନୁରୋଧ କରିବାରୁ ସେଥିରେ ସେ ଅରାଜି ହେଲେନି । ଧୀରେ ଧୀରେ ସାର୍‌ଙ୍କର ପ୍ରଭାବ ସ୍ଥାନୀୟ ଅଞ୍ଚଳରେ ବ୍ୟାପିଗଲା, ଉତ୍ତମ ଶିକ୍ଷାଦାନ ଶୈଳୀ ଯୋଗୁଁ ସୁଖ୍ୟାତି ଜିଲ୍ଲାରେ ବଢ଼ିଗଲା । ସେ ଆମ ଅଞ୍ଚଳରେ ଘରେ ଘରେ ପ୍ରିୟ ହେଲେ, ପୂଜା ପାଇଲେ । ହାଇ ସ୍କୁଲ ପାଇଁ ପରେ ଶିକ୍ଷା ପ୍ରଶିକ୍ଷଣପ୍ରାପ୍ତ ଶିକ୍ଷକ ଆବଶ୍ୟକ ହୋବାରୁ ସାର୍ ଯେଉଁ ବର୍ଷଟି ଟ୍ରେନିଂ ପାଇଁ ଗଲେ ସ୍କୁଲ ଖାଲି ଖାଲି ଲାଗିଲା, ଏକବାର ଜୀବନଶୂନ୍ୟ ଯେପରି ।

ମୋର ମନେପଡୁଚି, ଅନେକ ଅଭିଭାବକ ତାଙ୍କ ପିଲାଙ୍କୁ ସ୍କୁଲରେ ନାମଲେଖାଇବା ବେଳେ ସାର୍‌ଙ୍କୁ ସମର୍ପଣ କରିଦେଇ ଯାଆନ୍ତି । ସ୍କୁଲର ଖ୍ୟାତି ବଢ଼ିଲା ଓ ଆଖପାଖ ଅଞ୍ଚଳରୁ ବହୁପିଲା ଆସି ନାମ ଲେଖାଇଲେ । ଏକ ଚଳଚଞ୍ଚଳ ଅନୁଷ୍ଠାନରେ ଏହା ପରିଣତ ହେଲା । ଦୀର୍ଘ ୧୧/୧୨ ବର୍ଷ ପ୍ରାୟ ସାର୍ ଭାରପ୍ରାପ୍ତ ପ୍ରଧାନଶିକ୍ଷକ ହୋଇ ରହିଲେ । ଏଇ ସମୟରେ ବିଦ୍ୟାଳୟଟି ଏକ ତପୋବନ ବିଦ୍ୟାଳୟ ପରି ଝଲସିଉଠିଲା । ସାର୍ କେବଳ ସ୍କୁଲର ଦାୟିତ୍ୱବାହକ ହୋଇ ରହିଲେ ନାହିଁ, ସମଗ୍ର ମଧୁବନ ଅଞ୍ଚଳର ମୁରବି ବନିଗଲେ । ଶିକ୍ଷାଦାନ ଜନିତ ସମସ୍ୟା ହେଉ ବା ପିଲାଙ୍କର ଦୁଷ୍ଟାମୀ, ସବୁଥିରେ ଅବିଭାବକ ଆସି ସାର୍‌ଙ୍କ ପାଖରେ ହାଜର । ତତ୍କାଳ ସେମାନଙ୍କ ସମସ୍ୟାର ସମାଧାନ ହୁଏ । ଜଣେ ଗୁଣୀ, ଜ୍ଞାନୀ ଏବଂ ଆଦର୍ଶବାନ୍ ଶିକ୍ଷକ ତଉଲିବାରେ ଯେଉଁ ସବୁ ମାପଦଣ୍ଡ ଆବଶ୍ୟକ ସାର୍‌ଙ୍କ ପାଖରେ ସେସବୁ ପରିପୂର୍ଣ୍ଣ । ଆରମ୍ଭରୁ ଗଣିତ ଓ ବିଜ୍ଞାନ ପଢ଼ାଉଥିବା ସତ୍ତ୍ୱେ ପରେ ଆବଶ୍ୟକ ପଡ଼ିବାରୁ ସେ ଇଂରାଜୀ ପଢ଼ାଇଲେ । ବୋଧହୁଏ ଜଣେ ଉତ୍ତମ ଛାତ୍ର ହୋଇଥିବାରୁ ସେ ସବୁ ବିଷୟରେ ଅତି ଧୁରୀଣ ହୋଇପାରୁଥିଲେ । ବଡ଼କଥା ହେଉଛି, କୋମଳମତି ପିଲାଏ କିପରି ବୁଝିବେ ସେ ଶୈଳୀ ତାଙ୍କୁ ବେଶ୍ ଜଣାଥିଲା । ଜଣେ ଇଂରାଜୀ ଶିକ୍ଷକ ଭାବରେ ସାର୍‌ଙ୍କର ଖ୍ୟାତି ବି ସମଗ୍ର ଜିଲ୍ଲାରେ କମ୍ପିଲା । ଏପରିକି ସଂସ୍କୃତ ଓ ହିନ୍ଦୀ ଶିକ୍ଷକଙ୍କ ଅନୁପସ୍ଥିତିରେ ସାର୍ କ୍ଲାସରୁମ୍‌କୁ ପଶିଯାଇ ସେ ବିଷୟ ବି ପଢ଼ାଇଦେଉଥିଲେ । ମୋ ବିଚାରରେ ଜଣେ ଉତ୍ତମ ଶିକ୍ଷକ ଭାବରେ ତାଙ୍କର ସବୁଠୁ ବଡ଼ ଗୁଣଟି ଥିଲା – He is a never tiring teacher. ପୂରା ଦିନରେ ୭ଟି କ୍ଲାସ ନେଲେ ବି ଥକନ୍ତି ନାହିଁ, ପୁଣି ଶ୍ରେଣୀ

ଗୃହରେ ଗପସପରେ ନୁହେଁ ନିର୍ଦ୍ଦିଷ୍ଟ ଭାବେ ବିଷୟ କୈନ୍ଦ୍ରୀକ ଆଲୋଚନା ହିଁ କରନ୍ତି । ଏପରି ଶିକ୍ଷକ ତ ଆଜିକାଲି ବିରଳ ।

ମୁଁ ଭାବେ ସେ ହିଁ ଉତ୍ତମ ଶିକ୍ଷକ, ଯିଏ କେବଳ ଛାତ୍ରଛାତ୍ରୀଙ୍କୁ ଶିକ୍ଷାଦାନରେ ପ୍ରଭାବିତ କରନ୍ତି ନାହିଁ, ଛାତ୍ରଛାତ୍ରୀ ଯାହାଙ୍କଠାରେ ଉତ୍ତମ ବ୍ୟକ୍ତିତ୍ୱର ସନ୍ଧାନ ପାଇଥାନ୍ତି । ଏପରି ଶିକ୍ଷକ କେବଳ ଚାରି କାନ୍ଥର ଶ୍ରେଣୀ କୋଠରି ନୁହେଁ, ଉତ୍ତୀର୍ଣ୍ଣୋତ୍ତର ଜୀବନରେ ବି ପିଲାଙ୍କର ମାର୍ଗଦର୍ଶକ, ପ୍ରତୀକ (role model) ହୋଇ ରହନ୍ତି । ସେପରି ଜଣେ ଶିକ୍ଷକ ହେଉଛନ୍ତି ଶ୍ରୀଯୁକ୍ତ ଜିତେନ୍ଦ୍ର କୁମାର କର ।

ମୋ ସାର୍, କର ସାର୍ ଛାତ୍ରଛାତ୍ରୀଙ୍କ ମନର ପ୍ରଶ୍ନ ଓ ସନ୍ଦେହରୁ ବହୁ ଊର୍ଦ୍ଧ୍ୱରେ । ମୁଁ ତାଙ୍କୁ ଯେପରି ଜାଣେ ସେଥିରେ ତାଙ୍କ ବ୍ୟକ୍ତିତ୍ୱର ମୂଲ୍ୟାୟନ କରିବା ଧୃଷ୍ଟତା ହେବ; କିନ୍ତୁ ଦୃଢ଼ତାର ସହ କହିବି ସେ ଜଣେ 'ଗୁଣୀ' ଓ 'ମାନୀ' ଶିକ୍ଷକ । ଆମ ମଧୁବନ ଶିକ୍ଷାକାଶରେ ମୁଁ ତାଙ୍କୁ 'ବତୀଘର' ବୋଲି ଭାବେ । ଅବସରୋତ୍ତୀର୍ଣ୍ଣ ଜୀବନରେ ବହୁ ସାମାଜିକ କାର୍ଯ୍ୟକ୍ରମରେ ଆମେ ଦୁହେଁ ଏକତ୍ର ହେଉଛୁ, ସାର୍ ସବୁବେଳେ କହନ୍ତି, "ଯଦି ପୁନର୍ଜନ୍ମ ପାଏ ଓ ପରବର୍ତ୍ତୀ ଜୀବନରେ ଜୀବନ ଚୟନର ସୁଯୋଗ ମିଳେ ତେବେ ଶିକ୍ଷକଟିଏ ହେବାକୁ ପ୍ରଥମ ଓ ଶେଷ ପସନ୍ଦ କରିବି ।" ତାଙ୍କ ପାଇଁ ଶିକ୍ଷକତା ଏକ ଜୀବନ, ଜୀବିକା ନୁହେଁ । ଏଇ ଉଦ୍‌ଘୋଷଣା ଶିକ୍ଷାଦାନ ଓ ଛାତ୍ରଛାତ୍ରୀଙ୍କ ପ୍ରତି ଥିବା ତାଙ୍କର ପ୍ରତିବଦ୍ଧତା ସାବ୍ୟସ୍ତକରେ ।

ଛାତ୍ର ଜୀବନର ଗୋଟିଏ ଦୁଇଟି ଅଭୁଲା ଅନୁଭୂତି ନଥୋଇ ରହିପାରୁନି । ନବମ ଶ୍ରେଣୀ ଆରମ୍ଭରେ ଇଚ୍ଛାଧୀନ ବିଷୟ ନେବାର ସୁଯୋଗ ଥିଲା । ଆମ ସ୍କୁଲରେ ତିନିଟି ବିଷୟ- ଗଣିତ, ସଂସ୍କୃତ ଓ ଶରୀରତତ୍ତ୍ୱ (ଫିଜିଓଲୋଜି)ରୁ ଗୋଟିକୁ ଇଚ୍ଛାଧୀନ ନେବାର ବ୍ୟବସ୍ଥା ଥାଏ । ସେତେବେଳେ ଆମେ ସବୁ କର ସାର୍‌ଙ୍କୁ ଡରୁଥାଉ, ସେ କ୍ଲାସକୁ ଆସିବା ମାତ୍ରେ ଆମେ ଚୁପ୍‌ଚାପ । ପଢ଼ାଉଥିବା ବେଳେ 'ପାଠ ବୁଝୁଛ କି ନାହିଁ' ପଚାରିଦେଲେ ଆମେ ବୁଝୁ ବା ନବୁଝୁ 'ହଁ' ମାରି ଚାଲୁ । ମୁଁ ସେହି 'ହଁ' ମରା ଛାତ୍ରଙ୍କ ଭିତରେ ଜଣେ । ସାର୍‌ଙ୍କୁ କିନ୍ତୁ ଆମର ସବୁ ପ୍ରକାର ଚାଲାଖି ଜଣା । ହଁ ମାରୁଥିବା ଛାତ୍ର ବା ଛାତ୍ରୀକୁ ଚଟ୍‌କରି ଡାକିଦେବେ, "ଯାହା ବୁଝିଛ ବ୍ଲାକବୋର୍ଡ଼ରେ ଆସି ଲେଖ ଓ ମତେ ବୁଝାଅ ।" ମଲୁ ତ ଆମେ । ଏହି କାରଣରେ ବହୁଥର ସାର୍‌ଙ୍କଠାରୁ ମୁଁ ମାଡ଼ ଖାଇଛି । ଥରେ ଇଚ୍ଛାଧୀନ ଗଣିତ କ୍ଲାସ ଥାଏ । ସାର୍ କ୍ଲାସକୁ ପଶିଆସି ଦେଖିଲେ ମୁଁ ନାହିଁ । ପଚାରିବାରୁ ମୋର କେହି ଜଣେ ସହପାଠୀ କହିଦେଲା- "ସାର୍ ! ସେ ଫିଜିଓଲୋଜି ଅପସନାଲ ନେବ ।" ଏତିକିରେ ରାଗି ଲାଲ । ମତେ ଡକେଇ ପଠେଇଲେ ଓ କହିଲେ, "ମତେ ଅନା, ମୋ ହାତରେ ଥିବା ଡଷ୍ଟରକୁ ଦେଖିଥା ।

କାଲି ଯଦି ଏ କ୍ଲାସରେ ତତେ ନପାଏ ଏଇଥିରେ ତୋ ମୁଣ୍ଡ ଫଟେଇ କଣା କରିଦେବି।" ଏଇ କଥାକେ ମୁଁ ସାବାଡ଼୍। କଥାମାନି ସିନା ଗଣିତ କ୍ଲାସରେ ବସିଲି, କିନ୍ତୁ ସେ ପାଠ ମୋର ଅଧୀନ ହେଉନଥାଏ। ମାଟ୍ରିକ୍ ପରୀକ୍ଷା ପାଇଁ ସାର୍‌ଙ୍କ ଅଜ୍ଞାତରେ ଫିଜିଓଲୋଜି ଲେଖି ଫର୍ମପୂରଣ କରିଦେଲି। ଏକାଦଶ ଶ୍ରେଣୀ। ଟେଷ୍ଟ ପରୀକ୍ଷା ଆଉ ମାତ୍ର ୧୫ ଦିନ ଥାଏ। ସାର୍ ପୁରୀ ଯାଇଥିଲେ, ପୁରୀରୁ ଆଣିଥିବା ନୂଆ ବାଡ଼ିଟି ଧରି କ୍ଲାସକୁ ପଶିଆସିଲେ। ବିଷୟ ସରି ପୁନରାବୃତ୍ତି ଚାଲିଥାଏ। "କାହାର କ'ଣ ଡାଉଟ୍ ଅଛି ପଚାର?", ସାର୍ କହିଲେ। ଟେଷ୍ଟ ପେପରରେ ଥିବା ଅଲଜେବ୍ରା ଭାଗକ୍ରିୟା- ଗ.ସା.ଗୁ.ଟିଏ ସାର୍ ବ୍ଲାକବୋର୍ଡ଼ରେ କରୁଥାନ୍ତି। ଏଇ ସମୟରେ ମୋ ପଛ ଧାଡ଼ିରେ ବସିଥିବା ଜୟାନନ୍ଦ ରଥ (ସେ ଆଜି ସ୍ୱର୍ଗରେ) ଧୀରଗଳାରେ ପଚାରିଲା- କ'ଣ ବୁଝୁଛୁନା ବେ! ମୁଁ ଧୀର ଗଳାରେ କହିଦେଲି 'ନା'। ସେ ପୁଣି କହିଲା- ପଚାରୁନୁ, ବୋକାଟା ଭଳିଆ କ'ଣ ବସିଚୁ! ମୁଁ କହିଲି, "ତୁ ପଚାରୁନୁ?" ସେ କହିଲା, "ତୁ ମନିଟର ଆଉ ମୁଁ ପଚାରିବି! ମାଇଚିଆ!!" ତା'ର ଏଇ ପଦକ ସହିନହେବାରୁ ଠିଆହୋଇ ପଚାରିଲି, "ସାର୍ ସେଠି ଆପଣ କ'ଣ କଲେ? କିପରି ହେଲା?" ସାର୍ ରାଗିଯାଇ ପୁରୀବାଡ଼ିରେ ମତେ ଶକ୍ତ ପାହାରଟିଏ କଷିଦେଲେ। ମୋ କାନ୍ଧରୁ ତଳ ପେଟ ପର୍ଯ୍ୟନ୍ତ ପଇତା ଭଳି ପାହାରଟି ବାଜି ଲାଲ ଚରଚର ହୋଇଗଲା। ସାର୍ ତାଚ୍ଛଲ୍ୟକରି କହିଲେ, "ଟେଷ୍ଟ ପରୀକ୍ଷା ଆଉ ୮ଟା ଦିନ, ପଚାରିଲା- ଏଇଟା କିପରି ହେଲା!" ସେ ଦିନତମାମ୍ ମୁଁ ବହୁତ କାନ୍ଦିଛି, କଷ୍ଟପାଇଛି।

ସାର୍ ପରେ ବି.ଏ. ପରୀକ୍ଷା ଦେବାକୁ ଛୁଟିରେ ରହିଲେ। ପରୀକ୍ଷା ସରିଲା, ଫଳ ବାହାରିଗଲା। ଗୀଷ୍ମଛୁଟି ହେଲା। ମୋଟ ୨୦ ପିଲାରୁ ଜଣେ ଫେଲ, ପ୍ରଥମ ଶ୍ରେଣୀରେ ଜଣେ, ଦ୍ୱିତୀୟରେ ୬ ଜଣ, ୧୨ ଜଣ ତୃତୀୟ ଶ୍ରେଣୀରେ ଉତ୍ତୀର୍ଣ୍ଣ ହୋଇଥିଲେ। ମୁଁ ବ୍ୟାଚ୍‌ର ଥାର୍ଡ଼ ପିଲା। ଗଣିତରେ ମୋର ୮୧ ନମ୍ବର ରହିଲା। ଫଳ ବାହାରିବାର ୮/୧୦ ଦିନ ପରେ ପଡ଼ୋଶୀ ଗାଁ ଏକତଳାରେ ଏକ ଭୋଜି ସଭାରେ ଆମେ ସାଙ୍ଗମାନେ ଯାଇଥାଉଁ। ଖାଇ ସାରି ମୁଁ ହାତ ଧୋଉଛି କେହି ଜଣେ ପଛପଟୁ ମୋ କାନଧରି ଟାଣିଦେଲା। ବିରକ୍ତହୋଇ ମୁଁ ବୁଲିପଡ଼ିବା ବେଳକୁ କର ସାର୍। ଶଙ୍କିଯାଇ ନମସ୍କାର କଲି। ପଚାରିଦେଲେ, "କିରେ! ଗଣିତରେ କେତେ ରହିଲା?" ମୁଁ ହସିଦେଇ '୮୧' କହିବାରୁ ସାର୍ ଅତି ପ୍ରସନ୍ନତାର ସହ କହିଲେ- "ଗୋଟିଏ ପାହାରରେ ୮୧, ଆଉ ଗୋଟିଏ ପାହାର ଦେଇଥିଲେ ୯୧ ରହିଥାନ୍ତା। ତତେ ଆଉ ଗୋଟେ ପାହାର ଦରକାର ଥିଲା।"

ଦଶମ ଶ୍ରେଣୀ। ସାର୍ ଆମର ଶ୍ରେଣୀ ଶିକ୍ଷକ। ପ୍ରଥମ ପିରିୟଡ଼ ଗଣିତ। ପୂର୍ବଦିନରୁ

ସାର୍ ଉପପାଦ୍ୟଟିଏ ଘରେ କରିଆଣିବାକୁ କହିଥିଲେ । ଉପସ୍ଥାନ ନେବା ପରେ ଖାତାସବୁ ଟେବୁଲ ଉପରେ ଥୋଇବାକୁ ଶ୍ରେଣୀ ମନିଟରକୁ କହିଲେ । ମନିଟର ସହଦେବ ପଣ୍ଡା, ଏକତଲା ଗାଁର । ମାତ୍ର ୮/୧୦ଟି ଖାତା ସାର୍‌ଙ୍କ ପାଖରେ ନେଇ ଥୋଇଲା ସହଦେବ । ଯେଉଁମାନେ ନକରିଛ ତାଙ୍କୁ ସାର୍ ଛିଡ଼ାହେବାକୁ କହିଲେ ଓ ସେ ମଧ୍ୟରେ ମୁଁ ଥାଏ । ବିରକ୍ତହୋଇ ଆମକୁ ଶ୍ରେଣୀ ଗୃହରୁ ବାହାରକୁ ଚାଲିଯିବାକୁ କହିଲେ । ଆମେ ଯାଇ ପାଖ ଆମ୍ବଗଛ ଛାଇ ତଳେ ବସିଲୁ । ସାର୍ ପଢ଼ାଇସାରି ପୁଣି ଏକ ଉପପାଦ୍ୟ ଘରେ କରି ଆଣିବାକୁ ଦେଇଗଲେ ଏବଂ ମନିଟରକୁ କହିଲେ, "ଯେଉଁମାନେ ନାହାନ୍ତି ସେମାନଙ୍କୁ ବି କହିବୁ କରିଆଣିବେ, ଯଦି ନଆଣନ୍ତି ତେବେ ତାଙ୍କର ଦିନେକୁ ମୋର ଦିନେ ବୋଲି କହିଦେବୁ ସେମାନଙ୍କୁ ।" ପରଦିନ ୮/୧୦ ବଦଳରେ ୫/୬ଟି ଖାତା ତୋଳାହେଲା । ଆମ୍ଭେ ନକରିବା ପିଲା ସବୁ ଛିଡ଼ାହେଲୁ । ସାର୍ ସହଦେବକୁ କହିଲେ ୫/୬ଟା ବେଗୁନିଆ ଛଡ଼ ଆଣିବାକୁ । ଆମ୍ଭମାନଙ୍କର ଅବସ୍ଥା ସଦ୍ୟ ବଳିପାଇବାକୁ ଥିବା ପଶୁ ପରି । ବରଡ଼ାପତର ପରି ଥରୁଥାଉ, ଆଶଙ୍କା ଯେ 'ଆଜି ମାଡ଼ଖାଇ ମଲୁ' । ମୋର ଏକ ଅଭ୍ୟାସ ଥିଲା ଯେ ପ୍ରଥମ ବେଞ୍ଚର ପ୍ରଥମ ଆସନରେ ବସିବି । ପୂରା ଛାତ୍ର ଜୀବନ ସେପରି କଟିଛି । ମୋରି ଡେସ୍କ ଉପରେ ୬ଟି ବେଗୁନିଆ ଛଡ଼ ଥୋଇ ସାର୍ କହିଲେ-ତୋ' ଖାତା କାହିଁ, ଦେଖୁଛୁ ତ ଯାକୁ? ମୁଁ ଡରିଡରି କହିଲି, "ସାର୍! କାଲି ବୁଝିନଥିଲୁ ବୋଲି କ୍ଲାସରୁ ବାହାର କରିଦେଇଥିଲେ, ଆମେ ନଥିବାବେଳେ ଆଉ ଗୋଟିଏ ଉପପାଦ୍ୟ ଶିଖାଇଲେ । ଆମେ ତ ବୁଝି ନାହୁଁ, କରିବୁ କିପରି ?" ମୋ ଏଇ କଥା ସାର୍‌ଙ୍କ ଦେହରେ ଯେପରି ତରଙ୍ଗ ଖେଳାଇଦେଲା: ଉତ୍ତେଜନାର ନୁହେଁ, ଅନୁଶୋଚନାର । ମତେ "ନେତା ସାଜିଛୁ ?" କହି ବେଗୁନିଆ ଛଡ଼ସବୁ ବାହାରକୁ ଫିଙ୍ଗିଦେଲେ ଓ ପୁରୁଣା ଉପପାଦ୍ୟ ପୁଣି ବ୍ଲାକବୋର୍ଡ଼ରେ କଲେ । ପ୍ରତି ପଦରେ ମତେ ଅନାଇ ପଚାରୁଥାନ୍ତି- "ବୁଝିହେଉଛି ?" ଏବେ ଭାବେ ଛାତ୍ର ଜୀବନରେ ମୋର ଏଇ ସ୍ପଷ୍ଟୋକ୍ତି ମତେ ସାର୍‌ଙ୍କର ଅଧିକ ନିକଟତର କରାଇଦେଲା ଓ ଆଜି ବି ସେହି ସ୍ଥାନରେ ମୁଁ ଅଛି । ଏବେ ବି ତାଙ୍କର ସିଦ୍ଧାନ୍ତ-"କୈଳାସ ଭୁଲ କହୁନଥିବ ।" ସେତେବେଳେ ଶିକ୍ଷାର ପ୍ରସାର ସେତେ ନଥାଏ, ବିଶେଷକରି ଗ୍ରାମାଞ୍ଚଳରେ କେହି ପାଠୁଆ ନଥାନ୍ତି ଯାହାଙ୍କ ପାଖରୁ ଯାଇ କିଛି ବୁଝିହେବ । କେବଳ ଶ୍ରେଣୀଗୃହ ଓ ଶିକ୍ଷକ ହିଁ ଶିକ୍ଷାର ସର୍ବସ୍ୱ ଥିଲେ ।

ବିଜ୍ଞାନ ପିରିୟଡ଼ । ସାର୍ ପଶିଆସିଲେ । ଅମ୍ଳଜାନ ପ୍ରସ୍ତୁତ ପ୍ରଣାଳୀ ସମ୍ପର୍କରେ କିଏ କହିପାରିବ ହାତ ଟେକ ବୋଲି କହିଲେ । ୧୦/୧୧ ପିଲା ହାତ ଟେକିଲୁ । ମତେ ଅନାଇ କହିଲେ, "ତୁ କହ ।" ଆମ ସ୍କୁଲରେ ସେତେବେଳକୁ ବିଜ୍ଞାନାଗାର

(ପ୍ରୟୋଗଶାଳା ବା ଲାବୋରୋଟାରୀ) ହୋଇନଥିଲା । ସବୁ ସେଇ ଶ୍ରେଣୀ ଗୃହରେ । ଯେଉଁ କେତୋଟି ଉପକରଣ ଥିଲା ତାହା ଆଣି ଶ୍ରେଣୀଗୃହରେ ଖାଲି ଆମକୁ ଦେଖାଇ ଦିଆଯାଉଥିଲା, ଗ୍ୟାସ୍ ପ୍ରସ୍ତୁତ ହେବା ଦେଖିବା ତ ବହୁ ଦୂର କଥା । ମୁଁ ଠିଆହୋଇ ଅଙ୍ଗଭଙ୍ଗୀ ଜରିଆରେ କହିଲି- ପ୍ରଥମେ ଏତେ ମୋଟେଇର, ଏତେ ଲମ୍ବର (ସବୁ ହାତରେ ଦେଖାଇ) କାଚ ନଳୀଟିଏ ନେବ...ଉପରକୁ ଉଠିଥିବା ହାତରେ ବାଜିଲା ବେତ ପାହାରଟିଏ । ସବୁ ପିଲା ହସିଦେଲେ । ମତେ ଲଜ୍ଜା ଲାଗିଲା, ବୁଝିପାରୁନଥାଏ ମୋର ଭୁଲ କେଉଁଠି ରହିଲା । ମୁଁ ନିଶ୍ଚଳ ଭାବରେ ପୂର୍ବ ଭଙ୍ଗୀ ଦୋହରାଇ କି ପ୍ରକାର ନଳୀ ପ୍ରଥମେ ନେବାକୁ ହେବ କହିଲି । ପୁଣି ଏକ ବେତ ପାହାର; ଅଥଚ ମୁଁ ନିର୍ବିକାର । ଡେସ୍କ ଉପରେ ଗୋଟିଏ ହାତ ରଖି ଅନ୍ୟ ହାତ ଉପରକୁ ଉଠାଇ କେତେ ଉଚ୍ଚର ଜାର୍ ଟିଏ ନେବାକୁ ହେବ ପୁନଃ ଦେଖାଇଲି । ପୁଣି ପାହାର, ମୁଁ ମୋ ପ୍ରଦର୍ଶନରେ କିନ୍ତୁ ବ୍ୟସ୍ତ । ଆରମ୍ଭ କଲି, "ଏକ ଫୁଲଣା ନେବ", ପୁଣି ପାହାର ବାଜିଲା । ଏପରି ୪/୫ ପାହାର ପରେ ସାର୍ ବିରକ୍ତ ହୋଇ ଅନ୍ୟ ପିଲାକୁ ଉତ୍ତର ଦେବାକୁ କହିଲେ । ମୁଁ ଲଜ୍ଜିତହୋଇ ବସିପଡ଼ିଲି । ପରେ ବୁଝିଲି ଯେ ଗ୍ୟାସ୍ ପ୍ରସ୍ତୁତ ପ୍ରଣାଳୀ ଜାଣିଥିଲେ ମଧ୍ୟ ମୋର ଉତ୍ତର ଠିକଣା ଢଙ୍ଗରେ ଦେଉନଥିଲି । ଏଇ ଘଟଣା ପରେ ମତେ ସହପାଠୀମାନେ ବ୍ୟଙ୍ଗକରି ପ୍ରାୟ ବହୁଦିନ ପର୍ଯ୍ୟନ୍ତ ଚିଡ଼ାଉଥିଲେ- କେତେ ମୋଟର, କେତେ ଲମ୍ବର ନଳୀ ନେବାରେ କୈଳାସ ! ଆଜି ସେ ଘଟଣା ମୋ ପିଲାଙ୍କ ଆଗରେ କହିବାବେଳେ ସେମାନେ ବି ହସନ୍ତି, ବୋଧେ ମୋ ଅଜ୍ଞତା ଜାଣି, ମୁଁ କିନ୍ତୁ ହସେ ଉଚ୍ଚ ହସଟିଏ, ମନଖୋଲି ।

୧୯୬୯ ମସିହାର କଥା । ରେଭେନ୍ସା କଲେଜରୁ ବି.ଏ. ପାଶ୍‌କରି ମୋର ମାତୃକଳ୍ପା ଶିକ୍ଷାନୁଷ୍ଠାନ ମଧୁବନ ହାଇସ୍କୁଲରେ ଜଣେ ସହକାରୀ ଶିକ୍ଷକ ଭାବେ ଯୋଗଦେବାର ସୁଯୋଗ ପାଇଲି । ପ୍ରଥମ ବର୍ଷ ଯାଇଛି କି ନାହିଁ କିଛି ପରଶ୍ରୀକାତର ରାଜନୈତିକ ଆଗୁସାରଙ୍କ ଆକ୍ରୋଶର ଶିକାର ହେଲି । ସେତେବେଳେ ସ୍କୁଲଟି ସଂପୂର୍ଣ୍ଣ ଘରୋଇ । ପରିଚାଳନା କମିଟି ସର୍ବେସର୍ବା, ପୁଣି ସମ୍ପାଦକଙ୍କର କ୍ଷମତା ଅକଳ୍ପନୀୟ । ତଦନାନ୍ତୀନ ସମ୍ପାଦକ ମୋର ବରଖାସ୍ତ ନୋଟିସ କାନ୍ଥରେ ମାରିଦେଲେ, ଯେଉଁଥିରେ ମତେ ନିର୍ଦ୍ଦେଶ ଥିଲା ୨୪ ଘଣ୍ଟା ମଧ୍ୟରେ ଅନୁଷ୍ଠାନ ଛାଡ଼ି ଚାଲିଯିବା ପାଇଁ । ପ୍ରଧାନ ଶିକ୍ଷକ ଥା'ନ୍ତି ସ୍ୱର୍ଗତ ନାରାୟଣ ଚନ୍ଦ୍ର ମଲ୍ଲିକ । ମୋ ପ୍ରତି ହୋଇଥିବା ଅନ୍ୟାୟର ଦୃଢ଼ ପ୍ରତିବାଦ କଲି । ଏପରିକି ଏହି ବିବାଦ ଅଦାଲତରେ ଯାଇଁ ପହଞ୍ଚିଲା । ସ୍ୱାଧୀନତା ସଂଗ୍ରାମୀ ତଥା ଧର୍ମଶାଳାର ତତ୍କାଳୀନ ବିଧାୟକ ବିଶିଷ୍ଟ ଗାନ୍ଧୀପନ୍ଥୀ ସ୍ୱର୍ଗତ ପରମାନନ୍ଦ ମହାନ୍ତି ବିଦ୍ୟାଳୟ ପରିଚାଳନା କମିଟିର ସଭାପତି ପଦରୁ ଏବଂ ସଭ୍ୟ ପଦରୁ

ବିଦ୍ୟାଳୟର ଅନ୍ୟତମ ପ୍ରତିଷ୍ଠାତା ତଥା ମୋ ଗାଁର ମୁରବି ସ୍ୱର୍ଗତ ଫକିର ଚରଣ ପଣ୍ଡା, ମଧୁବନ ମାଇନର ସ୍କୁଲର ପ୍ରଧାନ ଶିକ୍ଷକ ତଥା ମୋର ପରମ ପୂଜ୍ୟ ଗୁରୁ ସ୍ୱର୍ଗତ ଯତୀନ୍ଦ୍ରମୋହନ ମିଶ୍ର ଏବଂ ଏକତଲାର ଗୁରୁଜନ ଶ୍ରୀଯୁକ୍ତ କୃଷ୍ଣ ପ୍ରସାଦ ପଣ୍ଡା ମୋ ପ୍ରତି ହୋଇଥିବା ଅନ୍ୟାୟର ପ୍ରତିବାଦକରି ଇସ୍ତଫା ଦେଇଦେଲେ । କର ସାରଙ୍କର ମୋ ପ୍ରତି ନୈତିକ ସମର୍ଥନ ଥିଲେ ବି ପରିଚାଳନା କମିଟିର ସଭ୍ୟ ନଥିବାରୁ ପ୍ରକାଶ୍ୟ ପ୍ରତିବାଦ କରିପାରିନଥିଲେ । ମତେ କହିଲେ, "କୈଳାସ ! ଯା' ତୋ ସହିତ ଧର୍ମ ଅଛି । ମୋର ପୂର୍ଣ୍ଣ ବିଶ୍ୱାସ ତୁ ପୁଣି ଏ ଅନୁଷ୍ଠାନକୁ ଫେରିଆସିବୁ ।" ତାଙ୍କ କଥା ସତ ହେଲା ଏବଂ ମୁଁ ପୁଣି ତାଙ୍କ ପାଖକୁ ଫେରିଆସିଲି ୧୯୭୨ ଅଗଷ୍ଟ ୨ ତାରିଖରେ । ୧୯୭୨ରୁ ୧୯୯୯, ଦୀର୍ଘ ୩୫ ବର୍ଷ ଧରି ତାଙ୍କ ପାଖରେ ମୋର ଶିକ୍ଷକ ଜୀବନ ଜଣେ ସହକର୍ମୀ ଭାବରେ ନୁହେଁ; ବରଂ ଜଣେ ଅଜ୍ଞାଧୀନ ଛାତ୍ର ଭାବରେ ହିଁ କଟିଛି । ଜଣେ ଶିକ୍ଷକ ଅପେକ୍ଷା 'କରବାବୁଙ୍କ ପିଲା' ଭାବରେ ପରିଚୟ ଦେଇ ମୁଁ ଆତ୍ମସନ୍ତୋଷ ପାଏ । ମଧୁବନ ହାଇ ସ୍କୁଲ ଆମ ଅଞ୍ଚଳର କେବଳ ନୁହେଁ ସମଗ୍ର ଜିଲ୍ଲାର ଏକ ଅଗ୍ରଣୀ ସ୍କୁଲ ଭାବେ ପ୍ରସିଦ୍ଧି ପାଇଲା । ବହୁ ମେଧାବୀ ଛାତ୍ରଛାତ୍ରୀଙ୍କୁ ଏ ଅନୁଷ୍ଠାନ ଦେଇଛି, ପ୍ରାୟ ସମସ୍ତେ ସ୍ୱ ସ୍ୱ କ୍ଷେତ୍ରରେ ସ୍ୱଭାଷିତ । ଜଣେ ଶିକ୍ଷକ ଭାବରେ ଏବଂ ପରେ ଅନୁଷ୍ଠାନର ପ୍ରଧାନ ଶିକ୍ଷକ ଭାବରେ ନିଜର କର୍ତ୍ତବ୍ୟକରି ଛାତ୍ରଛାତ୍ରୀ, ସହକର୍ମୀ ଏବଂ ଅଭିଭାବକଙ୍କର ପ୍ରିୟ ହେବାର ଯେଉଁ ବିରଳ ସୁଯୋଗ ମୁଁ ପାଇଲି ତାହା ସେହି ସାର୍‌ଙ୍କ ଆଶୀର୍ବାଦ ଓ ଉତ୍ତମ ପ୍ରଶିକ୍ଷଣରୁ ହିଁ ସମ୍ଭବ ହୋଇପାରିଥିଲା । ଗରିବ ପରିବାରରେ ମୋର ଜନ୍ମ । ପରିବାର ପାଇଁ ରୋଜଗାରର ପନ୍ଥା ବାଛି ମୁଁ ପାଠରେ ଡ଼ୋରି ବାନ୍ଧିଥାନ୍ତି । ରେଭେନ୍ସା କଲେଜ କିଏ ମୁଁ କିଏ ? ମୋ ପରି ଏକ କଞ୍ଚାମାଟିକୁ ଗଢ଼ି ସୁନ୍ଦର ବ୍ୟବହାର ଯୋଗ୍ୟ ପାତ୍ରରେ ପରିଣତ କରିଦେବାରେ ସାର୍‌ଙ୍କର ଭୂମିକା ଯଥେଷ୍ଟ । ଜଣେ ଶିକ୍ଷକ ଭାବେ ମୁଁ କେତେ ସଫଳ ତା' ତ ମୋ ପିଲା କହିବେ; କିନ୍ତୁ ଜଣେ ଛାତ୍ର ଭାବରେ ସାର୍‌ଙ୍କର ସ୍ୱୀକୃତି ମୋ ଜୀବନର ଶ୍ରେଷ୍ଠ ଅନୁଭବ ହୋଇ ରହିଛି ।

୧୯୭୨ରେ ମୁଁ ସ୍କୁଲକୁ ଫେରିବା ବେଳକୁ ନୂଆ ପରିଚାଳନା କମିଟି ଗଠନ ହୋଇ ସାରିଥିଲା । ଏହି ନୂଆ କମିଟିରେ ନେତୃତ୍ୱ ନେଉଥିବା କେତେକ ମୋ ପ୍ରତି ସମ୍ବେଦନଶୂନ୍ୟ ଥିଲେ । କର ସାର୍ ଶିକ୍ଷକଙ୍କର ପ୍ରତିନିଧି ଭାବରେ ପରିଚାଳନା କମିଟିରେ ସଭ୍ୟ ଭାବେ ସ୍ଥାନ ପାଇଥାନ୍ତି । ଏପରିକି ମୋର ପ୍ରଧାନ ଶିକ୍ଷକ ମୋ ଅନୁକୂଳ ମତ ପୋଷଣ କରୁନଥିଲେ ମଧ୍ୟ ସାର୍ ଦୃଢ଼ ଭାବରେ କମିଟିରେ ମୋ ପକ୍ଷ ରଖୁଥିଲେ । କୁହାଯାଏ ପିତାମାତାଙ୍କର ଏବଂ ଶିକ୍ଷକଙ୍କର ଋଣ ସୁଝିହୁଏନା; କିନ୍ତୁ ଏ ଯେଉଁ ଋଣ ! ଯାକୁ ସୁଝିବି କେମିତି ? ଛାଟମାରି ପାଠ ଦେଲେ, ନିଜର ସହକର୍ମୀ

ଭାବେ କୋଳେଇ ନେଇ ମୋ ଉପରକୁ ଆସୁଥିବା ସବୁ ବିପଦ ଓ ପ୍ରତିରୋଧର ପ୍ରତିବାଦ କଲେ, ଏମିତି ହେଲା ଯେ ସେହି ମାତୃକଳ୍ପା ଅନୁଷ୍ଠାନର ଦାୟିତ୍ୱ ମୋ ହାତରେ ଦେଇ ସେ ଗଲେ । ପ୍ରଧାନ ଶିକ୍ଷକ ଭାବେ ସାର୍ ଅବସରନେବା ବେଳକୁ ମୁଁ ସ୍କୁଲର ବରିଷ୍ଠ ଶିକ୍ଷକ । ମୋ ପରିବାର ପ୍ରତି ସାର୍‌ଙ୍କର ଅବଦାନ ତ ଭୁଲିବାର ନୁହେଁ । ସେ ପ୍ରସଙ୍ଗକୁ ପରେ ଆସିବି ।

ସ୍କୁଲର ମୁଖ୍ୟ ଭାବରେ ବିଭାଗୀୟ ଯେତେ ସୁବିଧା ସୁଯୋଗ ଆସିଛି ତା'ର ପ୍ରଥମ ହକ୍ ସାର୍ ମତେ ଦେଇଛନ୍ତି । କେତେବେଳେ କେମିତି ପାରିବାରିକ ଅସୁବିଧା ଦର୍ଶାଇ ଅମଙ୍ଗ ହେଉଥିଲେ ସିଧା ଘୋଷଣା କରିବେ- "ତତେ ତ ମୁଁ କାଲିଠାରୁ ରିଲିଭ୍ କରିଦେଇଛି, ତୁ ଏଣିକି ଯା' ବା ନ ଯା'!" ଏ ନିର୍ଦ୍ଦେଶ ତଳେ ପକାଇ ହୁଏନି । ସେସବୁ ମୂଳରେ ମତେ ଅଧିକ ଅଭୀଜ୍ଞ, ଅନୁଭୂତିଶୀଳ କରାଇବାର ତାଙ୍କର ଉଦ୍ଦେଶ୍ୟ ଥିଲା । ତାଙ୍କର ସବୁଠୁଁ ଭଲ ଗୁଣ ହେଲା ଅନୁଷ୍ଠାନର ମୁଖ୍ୟ ଭାବେ ନିଜର କର୍ତ୍ତବ୍ୟ ସମ୍ପାଦନବେଳେ ଯଦି କାହାକୁ କଠୋରକରି ପଦେ କହିଦେଇଛନ୍ତି ତେବେ ରାତିସାରା ଶୋଇବେ ନାହିଁ । ଯାହାକୁ କହିଥିବେ ସ୍କୁଲରେ ପହଞ୍ଚିବା ମାତ୍ରେ ତାକୁ ଆଗେ ଖୋଜିବେ । ନିଜ ଶୈଳୀରେ ଆଉ ଦୁଇ ଚାରିଟା କାମ ବରାଦ କରିଦେବେ । ଆଉ ସେହି କଠୋର କଥା ଶୁଣିଥିବା ବ୍ୟକ୍ତି ଯଦି ମୁଁ କି ଭାସ୍କରବାବୁ (ଶ୍ରୀଯୁକ୍ତ ଭାସ୍କର ଚନ୍ଦ୍ର ମିଶ୍ର) କି ମହନୀ (ଶ୍ରୀଯୁକ୍ତ ମହନୀ ଚରଣ ବାରିକ) ହୋଇଥାଉ, ତେବେ ଆମ କାନ ଧରାହୋଇ ନୂଆ କାମ ବରାଦ ହେବ । ଆମେ ସମସ୍ତେ ତାଙ୍କର ଛାତ୍ର । ଏତିକିରେ ଆମ ଅଭିମାନ ବି ପାଣିଫୋଟକା ପରି ମିଳେଇଯାଏ । ଗୋଟିଏ ଅନୁଭୂତି କହେଁ ।

ତାଙ୍କର ଆଉ ଏକ ଗୁଣ ହେଉଛି ସେ ନିଜ ଛାତ୍ରର ପକ୍ଷ ପ୍ରଥମେ ନେବେ, ସେଠି ସାମାନ୍ୟ ଭୁଲ ତ୍ରୁଟି ଉପେକ୍ଷା କରିଯିବେ । ରାଜନୈତିକ ବିଚାରବୋଧରେ ଏଇ କାରଣରୁ ସାର୍‌ଙ୍କ ସହ ମୋର ବୈଚାରିକ ସଂଘାତ ହୋଇଛି । ବିଶିଷ୍ଟ ସମାଜବାଦୀ ନେତା ବାଙ୍କବିହାରୀ ଦାସ ସେତେବେଳର ମନ୍ତ୍ରୀ । ତାଙ୍କ ନିଜର ବିଞ୍ଝାରପୁର ନିର୍ବାଚନ ମଣ୍ଡଳୀଟି ସଂରକ୍ଷିତ ହୋଇଯିବା ପରେ ବାଙ୍କବାବୁ କେଉଁଠୁ ଠିଆହେବ କଳ୍ପନାଜଳ୍ପନା ଚାଲିଥାଏ । ପରମାନନ୍ଦବାବୁ ନିଜଆଡୁ ତାଙ୍କୁ ଧର୍ମଶାଳାରେ ଠିଆହେବା ପାଇଁ ପ୍ରସ୍ତାବ ଦେଲେ । ବାଙ୍କବାବୁ ଠିଆହୋଇ ଜିତିଲେ ଓ ସରକାରରେ ରାଜସ୍ୱ ମନ୍ତ୍ରୀ ହେଲେ । ଦ୍ୱିତୀୟ ବାର ନିର୍ବାଚନରେ ସେ ଯେତେବେଳେ ଠିଆହେଲେ ତାଙ୍କର ରାଜନୈତିକ ସହଯୋଗୀ ଭାବେ କାମ କରୁଥିବା ଶ୍ରୀଯୁକ୍ତ କାଙ୍ଗାଳି ଚରଣ ପଣ୍ଡା ବିଦ୍ରୋହୀ ପ୍ରାର୍ଥୀ ଭାବେ ତାଙ୍କ ବିରୋଧରେ ଠିଆହେଲେ । ମୁଁ କାଙ୍ଗାଳିବାବୁଙ୍କର ଏ ପ୍ରକାର ପଦକ୍ଷେପକୁ

ଆଦୌ ସମର୍ଥନ କଲି ନାହିଁ ଏବଂ ପରୋକ୍ଷରେ ବାଙ୍କବାବୁଙ୍କ ସପକ୍ଷରେ ଜନମତ ପାଇଁ ଉଦ୍ୟମ କଲି । କାଙ୍ଗାଳିବାବୁ ତ ଆମ ସ୍କୁଲର ପିଲା ପୁଣି ସାର୍‌ଙ୍କର ଛାତ୍ର । ଛାତ୍ରର ପକ୍ଷ ନେଲେ ସାର୍ । ଆମ ଭିତରେ ରାଜନୈତିକ ସିଦ୍ଧାନ୍ତ ବିପରୀତ ହେଲା, ଏହା ସତ୍ତ୍ୱେ ସେ ମତେ ପ୍ରକାଶ୍ୟରେ କେବେ କିଛି କହିନାହାନ୍ତି । ଥରେ କହିଥିଲେ । "କୈଳାସ ! ତୁ ଯୁଆଡ଼େ ଯାଉଛୁ ଯା', ଯାହା କରୁଛୁ କର; କିନ୍ତୁ ସ୍କୁଲରେ କେହି ଆସି ତୋ ବିରୋଧରେ ମତେ କିଛି ନକହୁ ।" ତାହା ହିଁ ହୋଇଛି, ମୋର ସଂଘୀୟ ଓ ରାଜନୈତିକ ସିଦ୍ଧାନ୍ତର କୌଣସି ପ୍ରଭାବ ସ୍କୁଲରେ ପଡ଼ିବାକୁ ଦେଇନି । ଏହା ଅନ୍ୟତମ କାରଣ ଯେଉଁଥି ପାଇଁ ସାର୍ ମତେ ଛାତ୍ର ଅପେକ୍ଷା ଆସ୍ତେ ଆସ୍ତେ ତାଙ୍କ ପରିବାରର ଜଣେ, 'ବଡ଼ପୁଅ' ଭାବେ ଦେଖିବା ଆରମ୍ଭ କଲେ । ଆଜି ଯାଏଁ ସେ ସମ୍ପର୍କ ରହିଛି ଓ ଆଗକୁ ରହିଥିବ । କାର୍ଯ୍ୟକ୍ଷେତ୍ର ହେଉ ବା କୌଣସି ପାରିବାରିକ ସମସ୍ୟା ଉପୁଜିଲେ ଆଗ ମୁଁ ଖୋଜାପଡ଼େ । ସ୍କୁଲ ମୁଖ୍ୟ ଭାବେ ଯେତେବେଳେ ଯୁଆଡ଼େ ଯିବାକୁ ହେବ ମତେ ସାଙ୍ଗ କରିଥିବେ । ସାର୍ ପାଖରେ ଥିଲେ ମୁଁ ତ ଶତସିଂହର ବଳ ପାଇବା ପରି ଅନୁଭବ କରୁଥିଲି । ମତେ ପାଖରେ ପାଇ ସେ ନିଜକୁ ସୁରକ୍ଷିତ ଭାବିନିଅନ୍ତି, ଏ ଅନୁଭବ ମୁଁ କରିଛି । ଆଜି ବି ସଭାସମିତିରେ, ସାମାଜିକ କାର୍ଯ୍ୟରେ ସାକ୍ଷାତ ହେଲେ ମୋର ପ୍ରଥମ ପରିଚୟ ଦେବେ- "କୈଳାସ ମୋ ପିଲା, ତାକୁ ମୁଁ ତିଆରି କରିଛି ।" ମୁଁ କୃତାର୍ଥ ହୁଏ । ମୁଣ୍ଡ ନଇଁଯାଏ-କୃତଜ୍ଞତାରେ, ଆତ୍ମତୃପ୍ତିରେ ।

କେବଳ ମୁଁ ନୁହେଁ, ମୋ ଭାଇ-ଭଉଣୀ, ମୋ ପିଲାସବୁ ସାର୍‌ଙ୍କଠାରୁ ମୋ ଭଳି ଶିକ୍ଷାଗ୍ରହଣର ବିରଳ ସୁଯୋଗ ପାଇଛନ୍ତି । ତେଣୁ ତାଙ୍କୁ ମୋ ପରିବାରର ଅନ୍ୟତମ ମୁରବି ବୋଲି ମୁଁ ଧରିନେଇଛି । ମୋ ବଡ଼ପୁଅ ଦେବୀ ପ୍ରସନ୍ନ(ବଚ୍ଚୁ)ର ନବମ ଶ୍ରେଣୀ । ପାଠ ଅମନଯୋଗୀ ହୋଇ ତା'ର ଦୁଷ୍ଟାମୀ ବଢ଼ିଗଲା । ତା' ମାମୁ ଶରତ ଭଲ ଛାତ୍ର ଓ ଦାରିଦ୍ର୍ୟରୁ ଉଚ୍ଚ ଶିକ୍ଷା ନପାଇ ଓଡ଼ଙ୍ଗ ମାଇନର ସ୍କୁଲରେ ଶିକ୍ଷକତା କରୁଥାଏ । ହାଇସ୍କୁଲ ପିଲାଙ୍କୁ ଘରେ ଗଣିତ ଓ ବିଜ୍ଞାନରେ ଟ୍ୟୁସନ୍ କରୁଥାଏ, ଭଲ ଶିକ୍ଷକ ଭାବେ ଖ୍ୟାତି ଥାଏ ତା'ର । ଶରତ ଦିନେ ଆମ ଘରକୁ ଆସିଥାଏ, ତା' ଆଗରେ ମୋ ସ୍ତ୍ରୀ ପ୍ରମିଳା ବଚ୍ଚୁ ପ୍ରସଙ୍ଗରେ ଆଲୋଚନା କରିଥାଏ । ମୁଁ ସ୍କୁଲରୁ ଫେରିବା ପରେ ସମସ୍ତେ ମିଶି ସିଦ୍ଧାନ୍ତ ନେଲୁ ସେ ତା' ମାମୁଁ ପାଖରେ ରହି ପଢୁ । ତେଣୁ ତା'ର ନାମ ମଧୁବନରୁ ନେଇ କଳଣର ମଧୁପୁର ହାଇସ୍କୁଲରେ ଲେଖାଇବାର ନିଷ୍ପତ୍ତି ନେଲୁ । ପ୍ରମିଳା ସେଇ ସ୍କୁଲର ଛାତ୍ରୀ ଓ ସେତେବେଳକୁ ଅନ୍ୟତମ ସ୍ୱନାମଧନ୍ୟ ପ୍ରବୀଣ ଶିକ୍ଷକ ସ୍ୱର୍ଗତ ବୈକୁଣ୍ଠ ନାଥ ରଥ ପ୍ରଧାନ ଶିକ୍ଷକ ଥିବାରୁ ମୋର ଭରସା ଥାଏ । ନିଜକୁ କଷ୍ଟ ହେଲେ ବି ନିଷ୍ପତ୍ତି ନେଲୁ ବଚ୍ଚୁକୁ ଛାଡ଼ିବାକୁ । ଜୀବନରେ ପ୍ରଥମକରି ମୁଁ ଏ ନିଷ୍ପତ୍ତି ନେବା ପୂର୍ବରୁ

ସାର୍‌ଙ୍କୁ ଜଣାଇନଥିଲି କି ତାଙ୍କ ମତ ନେଇନଥିଲି । ଆଶଙ୍କା ଥିଲା ସାର୍ ଜାଣିବା ମାତ୍ରେ ବଚୁକୁ ଛାଡ଼ିବେନି । ମୋ ବାପାଙ୍କର ବି ଏଥିରେ ସମ୍ମତି ନଥିଲା । ଛଳରେ ମତେ ପଚାରିଲେ, "ଆରେ କରବାବୁଙ୍କୁ କହିଛୁ ବଚୁକୁ ନେଇଯାଉଛୁ ବୋଲି ? ମୁଁ ହଡ଼ବଡ଼େଇ ମିଛରେ 'ହଁ' କହିଦେଇଥିଲି । ଉପାୟ ନଥିଲା । ବଚୁର ଟିସି ବି ସାର୍‌ଙ୍କ ଅଜାଣତରେ ଭାସ୍କରବାବୁଙ୍କ ସାହାଯ୍ୟରେ ନେଇଆସିଲି । ଯେଉଁଦିନ ବଚୁକୁ ତା' ମାମୁ ନେବାକୁ ଆସିଲା ସେ ସ୍କୁଲରେ । ମୋ ବାପା ତା' ସହ ଯାଇ ସ୍କୁଲରେ ହାଜର । ବଚୁ ବାହାରିବାବେଳେ ମୋ ବାପା ତାକୁ କହିଲେ, "ଯାଆ...କରବାବୁଙ୍କୁ ମୁଣ୍ଡିଆମାରି ଆସିବୁ ।" ସାର୍ ସେତେବେଳକୁ ମାଇନର ସ୍କୁଲ ଅଫିସରେ ବସିଥାନ୍ତି । ମୋ ବାପା ଖୋଜି ଖୋଜି ତାଙ୍କ ପାଖରେ ପହଞ୍ଚି ଯେତେବେଳେ ସବୁ କଥା କହିଲେ ସେ ବିଦ୍ୟୁତ୍ ସକ୍ ପାଇବା ପରି ଝଡ଼ ବେଗରେ ବାହାରକୁ ଆସିଲେ । ବାହାରେ ମୁଁ, ମୋ ପୁଅ, ତା' ମାମୁ । ସାର୍ ମତେ ଅନାଇଛନ୍ତି, ମୁଁ କିନ୍ତୁ ତାଙ୍କୁ ଅନାଇପାରୁନି । ଦୋଷୀଟିଏ ପରି ଛିଡ଼ାହୋଇ ରହିଲି । କହିଲେ, "ତୁ ଚଗଲା ଅଛୁ! ମତେ କହିନୁ?" ବଚୁ ଯେତେବେଳେ ତାଙ୍କୁ ମୁଣ୍ଡିଆମାରିବାକୁ ଗଲା ସେ ନିଶ୍ଚଳ, ଆଖିରେ ଲୁହ । ମୋ ବାପା କାନ୍ଦିଲେ । ମୁଁ କୌଣସି ମତେ ଲୁହ ଲୁଚାଇରଖିବାରେ ସକ୍ଷମ ହେଲି । ଅତି ଓଜନିଆ ଓ ଆହତ କଣ୍ଠରେ ସାର୍ କହିଲେ, "ନେଉଛୁ ନେ, ହେଲେ ମୋ ଛୁଆ ସେଠି ଚାରି ମାସ ବି ରହିପାରିବନି । ମୋ ପାଖକୁ ପୁଣି ଫେରିଆସିବ ଓ ଖୁବ୍ ଶୀଘ୍ର ।" ସେତେବେଳ ହାତ ଭାଙ୍ଗିଯାଇଥିବା କାରଣରୁ ସାର୍ ମାଉସୀ (ତାଙ୍କ ପତ୍ନୀ) ଓ ପିଲାଙ୍କୁ ଧରି ଦକ୍ଷିଣ ଏକତଲାରେ (ଡାକ୍ତରଖାନା ପାଖରେ) ରହୁଥାନ୍ତି । ତା' ପରଦିନ ସକାଳେ ସାର୍‌ଙ୍କ ପାଖକୁ ଗଲି, ଯାହା ମୋର ନିତିଦିନିଆ ଅଭ୍ୟାସ ଥିଲା । ସାର୍ ଗାଧୋଉଥିଲେ, ମାଉସୀ କହିଲେ, "କୈଳାସ ! ବଚୁକୁ କୁଆଡ଼େ କଲଣ ପଠାଇଦେଲ !! ତମ ସାର୍ କାଲିଠୁଁ ସ୍କୁଲରୁ ଆସି ଗୁମ୍ ହୋଇ ବସିଛନ୍ତି, ରାତିରେ ଖାଇବା ପାଖରେ ବସି ଖାଲି ଭାଳିହେଲେ 'ମୋ ପିଲାଟାକୁ ପଠାଇଦେଲା', ନଖାଇ ଉଠିଗଲେ ।" ଯାର ଉତ୍ତର କ'ଣ ବା ଦେବି, କେମିତି ବା ତାଙ୍କୁ ବୁଝାଇପାରିବି !

ସେୟା ହେଲା, ମୋ ପୁଅ ପୁଣି ତାଙ୍କ ପାଖକୁ ଫେରିଆସିଲା । ଆଜି ମୋ ବାପା ନାହାନ୍ତି, ମାଇନର ସ୍କୁଲର ସେ ପୁରୁଣା ଘର ନାହିଁ, ନାହିଁ ସେ ବଡ଼ ନିମ୍ବଗଛଟା- ଯେଉଁମାନେ ଏହାର ପ୍ରତ୍ୟକ୍ଷ ସାକ୍ଷୀ ଥିଲେ । ମନେ ପଡ଼ିଲେ ଦେହ ଶିତେଇ ଉଠେ, ଯିଏ ଉତ୍ତମ ଶିକ୍ଷକ ସେ ସିନା ଏପରି ମାନବୀୟ ଗୁଣର ଅଧିକାରୀ ହୋଇପାରନ୍ତି । ସେଥି ପାଇଁ କହିଛି, ସାର୍ କେବଳ ମୋର ଶିକ୍ଷକ ନୁହନ୍ତି, ମୋର ମାର୍ଗଦର୍ଶକ, ମୋର ମୁରବୀ, ମୋ ଈଶ୍ୱର । ଗୁରୁମାଆ, ସାର୍‌ଙ୍କର ପତ୍ନୀ ଶ୍ରୀମତୀ ଶୈଳବାଳା

ଦେବୀ ତ ମଧୁବନର ମାଆ । ମୁଁ ତାଙ୍କୁ 'ମାଉସୀ' ଡ଼ାକେ । ଓଡ଼ିଶା ତ ଜଣେ ଶୈଳବାଳାଙ୍କୁ ଜାଣେ, ମଧୁବାବୁଙ୍କର ପାଳିତ କନ୍ୟା ସ୍ୱାଧୀନତା ସଂଗ୍ରାମୀ ଶୈଳବାଳା ଦେବୀଙ୍କୁ । ଏ ଶୈଳବାଳା କିନ୍ତୁ ମଧୁବନ ଅଞ୍ଚଳର ମମତାମୟୀ ମାଆ । ଭାରୀ ସ୍ନେହୀ । ସାର୍ ରାଗିଗଲେ ଦୁର୍ବାସା, ମାଆ କିନ୍ତୁ ପାଣି ପରି ଶିତଳ । ସାର୍‌ଙ୍କର ବହୁ ଦୁଃଖକଷ୍ଟକୁ ସେ ଭାଗକରି ନେଇଛନ୍ତି, ଜଣେ ପ୍ରକୃତ ଅର୍ଦ୍ଧାଙ୍ଗିନୀ । ସାର୍‌ଙ୍କର ଯୌଥ ପରିବାର । ମାଉସୀଙ୍କ ଘର ଢେଙ୍କାନାଳ ଜିଲ୍ଲା ଭୁବନ ନିକଟବର୍ତ୍ତୀ ମାର୍ଥାପୁରରେ । ବିବାହ ପରଠାରୁ ଯୌଥ ପରିବାରର ସବୁ ଜଞ୍ଜାଳ ସେ ହସିହସି ଉଠାଇଛନ୍ତି । ଦିଅର, ନଣନ୍ଦଙ୍କୁ ନିଜ ପୁଅଝିଅ ପରି ପାଳି ବଡ଼କରିଛନ୍ତି । ତାଙ୍କ ମମତାର ବନ୍ଧନରେ ଆଜି ଯାଏଁ ସେ ଯୌଥ ପରିବାର ଅତୁଟ ରହିଛି । ଏହି ଦେବୀଙ୍କ ପାଇଁ କର ପରିବାରରେ ସଦା ହସର ଜୁଆର, ମଧୁବନ ଅଞ୍ଚଳରେ କୋଟି ଆଦର ଓ ସମ୍ମାନ । ମୋ ପରିବାର କଥା ତ ଆଗରୁ କହିଛି । ମୁଁ ଓ ପ୍ରମିଳା ତାଙ୍କର ତ ବଡ଼ ପୁଅବୋହୂ, ଅଧିକ କ'ଣ କହିବି- ଭାଷା ପାଉନି ।

ଆଉ ଏକ ଅନୁଭବର କଥା । ମୋର ଓ ପ୍ରମିଳାର ଅନିଚ୍ଛାରେ ତା'ର ଚତୁର୍ଥ ଗର୍ଭ ସଞ୍ଚରି ସାରିଥାଏ । ପ୍ରମିଳା ଚାହୁଁନି ଦୁଇ ପରେ ତ ତିନି ହେଲା, ପୁଣି ଚାରି !! ଉଭୟ ନିଷ୍ପତ୍ତି ନେଲୁ କଟକ ବଡ଼ ମେଡ଼ିକାଲ ଯାଇ ଏହାର ନିରାକରଣ କରିବା । କଟକ ଯିବା ଦିନ ପ୍ରମିଳା ଛୁଟିନେଲା । ପ୍ରଥମ ପିରିୟଡ଼ ମୋର ଥିବାରୁ ତାକୁ ସାରି ମୁଁ ଛୁଟି ଦରଖାସ୍ତ ନେଇ ସାର୍‌ଙ୍କ ପାଖରେ ପହଞ୍ଚିଲି । ପଚାରିଲେ, "କିରେ କୁଆଡ଼େ କିରେ ?" ଏତିକି କହୁକହୁ ମୋ ଦରଖାସ୍ତରେ କଟକ ବଡ଼ ମେଡ଼ିକାଲ ଯିବା କଥା ଲେଖାହୋଇଛି ଦେଖି ଚମକିପଡ଼ି ପଚାରିଲେ, "କିରେ! କାହାର କ'ଣ ହୋଇଛି ?" ମୁଁ ଥଙ୍ଗଥଙ୍ଗ ହୋଇ ମିଛ କହିବି କି ସତ କହିବି ନଭାବି ପାରି କହିଦେଲି, "ପ୍ରମିଳାକୁ ନେଇ ଯାଉଛି" । ପଚାରିଲେ, "ପ୍ରମିଳା କାହିଁ ? ତା'ର କ'ଣ ହେଲା ? କାହିଁ ଆଗରୁ ତ କିଛି କହୁନଥିଲୁ!" ମୁଁ କହିଲି "ପ୍ରମିଳା ରିକ୍ସାରେ ବସିଛି, ଗେଟ୍ ବାହାରେ ।" ସାର୍ ଚେୟାର ଛାଡ଼ି ଚାଲିଗଲେ ରିକ୍ସା ପାଖକୁ, ଠଉରାଇ ନେଲେ ଅବସ୍ଥା ଓ ଆମର ଅଭିସନ୍ଧି । ଭୀଷଣ ବିରକ୍ତ ହୋଇ କହିଲେ, "ଈଶ୍ୱରଙ୍କ ଇଚ୍ଛାରେ ବାଧାଦେବା ପାଇଁ ତୁମ୍ଭେମାନେ କିଏ ? ଯିଏ ଆସିବାକୁ ଚାହୁଁଛି ତାକୁ ଆସିବାକୁ ଦିଅ ! କିଏ ତୁମ୍ଭ ମୁଣ୍ଡରେ ଏ ପାପଚିନ୍ତା ପୂରାଇଲା ? ?" ପ୍ରମିଳାକୁ ବହୁତ ବୁଝାସୁଝା କଲେ । ରିକ୍ସା କୁଆଖିଆ ବଦଳରେ ମୋ ଗାଁକୁ, ପ୍ରମିଳାକୁ ଧରି ଫେରିଲା ଏବଂ ମୁଁ ସାର୍‌ଙ୍କ ସହ ସ୍କୁଲକୁ । ଛଅ ମାସ ପରେ ମୋ ପୁଅ ରୁଦ୍ର ପ୍ରସନ୍ନ ଜନ୍ମନେଲା । ଆଜି ବି ଭାବେ ସେଦିନ ସାର୍ ଦେବଦୂତ ହୋଇ ଠିଆହୋଇ ନଥିଲେ ମୁଁ କେଡ଼େ ବଡ଼ ଭୁଲଟାଏ

କରିଥାନ୍ତି ସତରେ! କୋଟି ପ୍ରଣାମ ସେହି ମହାନ ଶିକ୍ଷକଙ୍କୁ, ଶିକ୍ଷକରୂପୀ ଶ୍ରୀନାରାୟଣଙ୍କୁ, ମୋ ଜୀବନ୍ତ ଈଶ୍ୱରଙ୍କୁ ।

ପ୍ରମିଳାଙ୍କୁ ସାର୍ ବହୁତ ଭଲପାଆନ୍ତି, ବଡ଼ବୋହୂ ତୁଲ୍ୟ ଦେଖନ୍ତି । ମୋଠୁଁ ପ୍ରମିଳାର ପ୍ରଶଂସା ଅଧିକ । ଅନେକ ଥର କହିଛନ୍ତି, "କୈଳାସ! ପ୍ରମିଳା ତୋ ଜୀବନରେ ନଆସିଥିଲେ ତୋର ଏ ଉନ୍ନତି ହୋଇନଥାନ୍ତା ।" ସାର୍‌ଙ୍କ ସହ ମୁଁ ପୂର୍ଣ୍ଣ ଏକମତ । ମୋର ରାଜନୈତିକ ବିଚାରର ଶିକାର ପ୍ରମିଳା ହେଲା । ଗାଁ ପ୍ରାଇମେରୀ ସ୍କୁଲରେ ଶିକ୍ଷୟିତ୍ରୀ ଥାଏ । ମିଥ୍ୟା ଆରୋପ ଲଗାଇ ତାକୁ ନିଲମ୍ବନ କରାଗଲା । ୧୯୮୭ ମସିହାର କଥା । ଧର୍ମଶାଳାରୁ କଂଗ୍ରେସ ଟିକଟରେ କାଙ୍ଗାଳିବାବୁ ବିଧାୟକ । ସେତେବେଳେ ସ୍ୱର୍ଗତ ଜାନକୀ ବଲ୍ଲଭ ପଟ୍ଟନାୟକ ମୁଖ୍ୟମନ୍ତ୍ରୀ, ଶିକ୍ଷା ମନ୍ତ୍ରୀ ଥା'ନ୍ତି ବାଲେଶ୍ୱରର ବିଧାୟକ ଯଦୁନାଥ ଦାସ ମହାପାତ୍ର । ମୁଁ ବାଙ୍କବାବୁଙ୍କ ଲୋକ । ପୂର୍ବରୁ କହିଛି ମୋ ଉପରେ କାଙ୍ଗାଳିବାବୁଙ୍କର ମୂଳରୁ ଶ୍ରଦ୍ଧା ନଥାଏ । ପ୍ରମିଳା ଉପରେ କାର୍ଯ୍ୟାନୁଷ୍ଠାନ ଯେ ରାଜନୈତିକ ଉଦ୍ଦେଶ୍ୟ ପ୍ରଣୋଦିତ ଓ କାଙ୍ଗାଳିବାବୁଙ୍କ ନିର୍ଦ୍ଦେଶରେ ବୋଲି କାହାକୁ ଅବୁଝା ନଥାଏ । କାଙ୍ଗାଳିବାବୁ ସାର୍‌ଙ୍କର ଛାତ୍ର ପୁଣି ତାଙ୍କ ପଡ଼ୋଶୀ ଗାଁର । ଛାତ୍ରଛାତ୍ରୀଙ୍କ ପ୍ରତି ସାର୍‌ଙ୍କର ଦୁର୍ବଳତା ଅପେକ୍ଷାକୃତ ଅନ୍ୟ ଶିକ୍ଷକଙ୍କଠାରୁ ଅଧିକ । ଦିନେ ସାର୍‌ଙ୍କ ଗାଁ ଘୋଳପୁରରେ ସଭା ହେଉଥାଏ । ବିଧାୟକ ଭାବେ କାଙ୍ଗାଳିବାବୁ ସେଠି ଅତିଥି । ସେହି ସଭାରେ ସାର୍‌ଙ୍କ ସହ ଭେଟ ହୋଇଯିବାରୁ କିଛି ଚିନ୍ତାନକରି ସାର୍ ପଚାରିଦେଲେ, "ଆରେ କାଙ୍ଗାଳି! କୈଳାସ ସ୍ତ୍ରୀ ପ୍ରମିଳାକୁ କାହିଁକି ସସ୍‌ପେଣ୍ଡ କଲୁ? କୈଳାସ ସହିତ ଲାଗ, ତା' ସ୍ତ୍ରୀ ତୋର କ'ଣ ଦୋଷ କରିଛି? ତୁ ଠିକ୍ କଲୁ ନାହିଁ । ଏଥିରେ କ'ଣ ତୋର ପୁଂଜି ବଢ଼ିବ??" ସାଧାରଣ ସଭାରେ ସାର୍‌ଙ୍କଠାରୁ କାଙ୍ଗାଳିବାବୁ ଏହା ଶୁଣିବେ ଆଶା କରିନଥିଲେ । ତା' ଉତ୍ତର ଭାବିଚିନ୍ତି କାଙ୍ଗାଳିବାବୁ ଯାହା ସେଦିନ ରଖିଥିଲେ ସାର୍ ମତେ ଆସି କହିଥିଲେ, ଏଠାରେ ତା' ବର୍ଣ୍ଣନାକରି ଅଧିକ ଲମ୍ବା କରିବାକୁ ଚାହୁଁ ନାହିଁ । ଏତିକି କହିବି ଯେ, ଛାତ୍ର ବୋଲି ସାର୍ ସିନା କାଙ୍ଗାଳିବାବୁଙ୍କୁ ରାଜନୈତିକ ସମର୍ଥନ ଦେଇଥିଲେ କିନ୍ତୁ ନୀତିଚ୍ୟୁତ, ଆକ୍ରୋଶମୂଳକ ପଦକ୍ଷେପର ଘୋର ବିରୋଧୀ ଥିଲେ । ଏହା କ'ଣ ଭୁଲିହେବ?

କଇଁଚିଶାସନ ଗାଁରୁ ଏକ ବିବାହ ଭୋଜିରେ ଯୋଗଦେଇ ସାଇକଲରେ ଘରୁ ଫେରୁଥିବାବେଳେ ବାଟରେ ପଡ଼ି ତାଙ୍କର ଡାହାଣ ହାତଟି ଚୂନା ହୋଇଗଲା । କଟକ ବଡ଼ ମେଡ଼ିକାଲରେ ମାସାଧିକ କାଳ ରହି ଚିକିତ୍ସା ହେବା ପରେ ଘରକୁ ଫେରି ପୂର୍ଣ୍ଣ ବିଶ୍ରାମ ନେଲେ । ଛୁଟି ଆଉ ଅଧିକ ନେଇହେବନି ବୋଲି ବାଧ୍ୟହୋଇ ସ୍କୁଲରେ ଯୋଗଦେବାର ନିଷ୍ପତ୍ତି ହେଲା । ପରିବାର ଲୋକେ ଆଶଙ୍କାକଲେ ଯେ ସାର୍ କିପରି

ଚଳିବେ ? ମାଉସୀଙ୍କର ଉଦବେଗ ବେଶୀ । ଡାହାଣ ହାତ ଭାଙ୍ଗିଛି, ହାତରେ ଖାଇପାରୁ ନାହାନ୍ତି, ସାଥିରେ କେହି ନାହାନ୍ତି, କିପରି ସେ ଚଳିବେ ସ୍କୁଲରେ । ମୁଁ ସେଦିନ ଯାଇଥାଏ ତାଙ୍କ ଘରକୁ । ସାର୍‌ଙ୍କର ସ୍ପଷ୍ଟ ଉତ୍ତର ମାଉସୀଙ୍କୁ, "ଆରେ ! ମଧୁବନ ମୋ' ଘର । ମୋର ସେଠି ଶହଶହ ପିଲା, ବରଂ ଘର ଅପେକ୍ଷା ମୁଁ ସେଠି ଅଧିକ ଭଲରେ ରହିବି । ମାନସିକ ଶ୍ଳାଘା ରହିବନି ।" ସାର୍‌ଙ୍କ ନିଷ୍ପତ୍ତି ବଦଳିବାର ନୁହେଁ । ନିଷ୍ପତ୍ତି ହେଲା ସାର୍ ମଧୁବନରେ ରହିବେ । ଦକ୍ଷିଣ ଏକତଳାର ମଧୁବନ ଡାକ୍ତରଖାନା ପାଖରେ ଘରଟିଏ ଭଡ଼ା ନେଲେ । ମାଉସୀ ଆସି ତାଙ୍କ ସହ ରହିଲେ । ଅନେକ ଦିନ ପର୍ଯ୍ୟନ୍ତ ପ୍ରମିଳା ଓ ମୁଁ ଖାଇବା ନେଇ ଯାଉଥିଲୁ । ପ୍ରମିଳା ତାଙ୍କୁ ଖୋଇ ଦିଏ । ସାର୍ ଖାଇସାରିବା ପରେ ପ୍ରମିଳା ତାଙ୍କ ଗୋଡ଼ହାତ ଟିକେ ଘଷିମୋଡ଼ି ଦିଏ । ଆତ୍ମସନ୍ତୋଷରେ ଆମେ ସ୍ୱାମୀ ସ୍ତ୍ରୀ ଫେରୁ । ସାର୍ ଦିନେ ଆଗ୍ରହରେ ପଚାରିଦେଲେ, "ଆଜି ଖାଇବା କ'ଣ ?" ମୁଁ ଡରିଡରି କହିଲି, 'ନୂଆ ଜିନିଷ ଆଣିଛୁ ।' କାରଣ ମାଉସୀଙ୍କଠାରୁ ଜାଣିଥିଲି ଯେ ସାର୍ ବିରିଡ଼ାଲି ଖାଆନ୍ତିନି, ଅଥଚ ମୋର ସେଇଟା ପ୍ରିୟ । କହିଲି, "ବିରିଡ଼ାଲି" । ସାର୍ କହିଲେ, "ଆରେ ! ମୁଁ ଭଲପାଏନା, ହଉ ଆଣିଚ ଯଦି ଥରେ ଦିଅ ।" ପ୍ରମିଳା ଖୋଇଦେଲା ଯେମିତି ସାର୍ କହିଲେ, "ଆରେ ! ଭାରି ଭଲଲାଗୁଛି ତ ! ! ଆମ ଘରେ ତ ଏପରି ବିରିଡ଼ାଲି କେବେ କରିନାହାନ୍ତି ! ପ୍ରମିଳାରେ ! ତୁ ମୋର ବୋହୂ ନୁହଁ ମାଆ, ଈଶ୍ୱର ତତେ ସଦା ଖୁସିରଖନ୍ତୁ ।" କି ଆତ୍ମୀୟତା । ଏ କ'ଣ ଭୁଲିବାର ?

ସାର୍‌ଙ୍କର ସାନ ପୁଅ ଧର୍ମେନ୍ଦ୍ର (ମୋ ବଡ଼ପୁଅ ବଚୁର ସାଙ୍ଗ)ଟିସି ଧରି ମୁଗପାଳ ହାଇସ୍କୁଲରୁ ମଧୁବନ ଆସିଲା । ସାନ ଝିଅ ଓ ତାଙ୍କ ଭାଇଙ୍କର ପିଲାମାନେ ମଧ୍ୟ ଏଠାରେ ରହି ମଧୁବନ ହାଇସ୍କୁଲରେ ପଢ଼ିଲେ । ବଡ଼ ତିନିଏଁ ଝିଅ ମିନୁ, ପୁଅ ମହେନ୍ଦ୍ର ଓ ଧୀରେନ୍ଦ୍ର ଯାହା ଆମ ସ୍କୁଲରେ ପଢ଼ି ନାହାନ୍ତି । ସେମାନେ ମତେ 'ଭାଇ' ବୋଲି ଡ଼ାକନ୍ତି, ବାକି ଅନ୍ୟ ପିଲାମାନେ 'ସାର୍' । ସାର୍‌ଙ୍କର ତ ମଧୁବନ ପ୍ରତି ଆତ୍ମୀୟତା ଥିଲା ତାଙ୍କ ପୂରା ପରିବାର ମଧୁବନକୁ ନିଜର କରିନେଲେ । ମୋ ସହ ଘନିଷ୍ଠତା ଆହୁରି ବଢ଼ିଗଲା । ନିତି ସକାଳେ, ସଂଜେ ସାର୍‌ଙ୍କ ବସାଘର ଆଡ଼େ ଟିକେ ବୁଲିଆସିବି । ଯେଉଁଦିନ ନଯାଇଥିବି ତା' ପର ସକାଳେ ପ୍ରଶ୍ନ- "କାଲି ନଥିଲୁ କିରେ ?" ଆଉ ଟିକେ କହି ଦିଏଁ - ସାର୍‌ଙ୍କର ତିନି ଭାଇ, ନରେନ୍ଦ୍ର, ରବି ଓ ଶଶି ମଧ୍ୟ ଆମ ସ୍କୁଲର ପିଲା । ମୋ ତଳ କ୍ଲାସରେ ପଢୁଥିଲେ ନରେନ୍ଦ୍ର । ପରେ ତାଙ୍କର ଅକଳା ମୃତ୍ୟୁ ହେଲା । ରବି ଓ ଶଶି ମୋର ଛାତ୍ର । ସାର୍‌ଙ୍କର ସବୁ ସାମାଜିକ ଏବଂ ସାଂସ୍କୃତିକ କାମରେ ମୁଁ ଏବଂ ମୋର ପରିବାର ଲୋକେ ଆଗ ଡ଼ାକ, ସାର୍ ମୋ ଘରର ସବୁ କାମରେ ଅଗ୍ରପୂଜ୍ୟ ।

ଥରେ କୌଣସି ଏକ ସାମାଜିକ ଉତ୍ସବରେ ସାର୍ ମୋ ଘରେ ପହଞ୍ଚିଲେ । ବିଦାୟ ନେବାବେଳେ ତାଙ୍କୁ ବାଟୋଇ ଦେବାକୁ ଗାଡ଼ି ପର୍ଯ୍ୟନ୍ତ ଗଲି । ପାଦଧୂଳି ନେବାବେଳେ କହିଲେ, "ଆରେ ! ତୁ ତ ମୋର ଗୋଟାଏ ସାର୍ଥକ ସୃଷ୍ଟି, ତୋ ଉପରୁ ଏବଂ ତୋ ପରିବାର ଉପରୁ ମୋର ଆଶୀର୍ବାଦ କେବେ ଊଣା ହେବ ନାହିଁ । ଭଗବାନ ତୋତେ ଭଲରେ ରଖନ୍ତୁ । ଏଇ ଆମର ପବିତ୍ର ବନ୍ଧନ, ବୋଧେ ଜନ୍ମ ଜନ୍ମାନ୍ତରରୁ ନିର୍ଦ୍ଦିଷ୍ଟ ।

ମଧୁବନ ଅଞ୍ଚଳର ଆରାଧ୍ୟ ଦେବତା ପ୍ରଭୁ ଶ୍ରୀଚନ୍ଦନଶ୍ୱେରଙ୍କ କୃପାରୁ ତାଙ୍କର ନାମରେ ଏକ ସାହିତ୍ୟ ସଂସଦ ଗଢ଼ିବାର ନିଷ୍ପତ୍ତି ନେଲୁ, ଆମେ କେତେ ସାହିତ୍ୟପ୍ରେମୀ । ନିଷ୍ପତ୍ତି ହେଲା ମଧୁବନ ହାଇସ୍କୁଲର ଯିଏ ପ୍ରଧାନ ଶିକ୍ଷକ ସେ ସାହିତ୍ୟ ସଂସଦର ସଭାପତି ରହିବେ । ସ୍ୱର୍ଗତ ନାରାୟଣ ଚନ୍ଦ୍ର ମଲ୍ଲିକ ପ୍ରଥମ ସଭାପତି ହେଲେ । ସେ ଅବସର ନେବା ପରେ କର ସାର୍ ତାଙ୍କ ଦାୟିତ୍ୱ ନେଲେ । ଓଡ଼ିଶାର ବହୁ ଗୁଣୀ ଏବଂ ପ୍ରତିଥଯଶା ସାହିତ୍ୟିକ, ବାଗ୍ମୀ, ସମାଜ ସଂସ୍କାରକ, ଧର୍ମ-ଆଲୋଚକ ସଂସଦର ବାର୍ଷିକ ଉତ୍ସବରେ ଅତିଥି ଭାବେ ଯୋଗ ଦେଇଛନ୍ତି । ସାର୍ ପ୍ରଧାନଶିକ୍ଷକ ପଦରୁ ଅବସର ନେଲେ । ସଂସଦର ବୈଠକରେ ପରବର୍ତ୍ତୀ ସଭାପତି ନିର୍ବାଚନ ନେଇ ପ୍ରସଙ୍ଗ ଉଠିଲା । ସଭ୍ୟଙ୍କ ଭିତରେ ଅନେକ ସାର୍‌ଙ୍କର ଛାତ୍ର । ହଠାତ୍ ମୁଁ ପ୍ରସ୍ତାବ ଥୋଇଦେଲି ଯେ ସଂସଦର ସିଦ୍ଧାନ୍ତରେ ପରିବର୍ତ୍ତନ କରାଯାଇ ଶ୍ରୀଯୁକ୍ତ ଜିତେନ୍ଦ୍ର କୁମାର କରଙ୍କୁ ଆଜୀବନ ସଭାପତି ରଖିବା ପାଇଁ । ଏଥିରେ ପ୍ରାୟ ସମସ୍ତେ ରାଜିହୋଇଗଲେ । ଆମ ସଂସଦର ଅତିଥି ହୋଇଥିବା ଅନେକ ଗୁଣଗ୍ରାହୀ ପରେ କେବେ ଦେଖାହୋଇଗଲେ ପଚାରନ୍ତି, "ଜିତେନ୍ ବାବୁ କିପରି ଅଛନ୍ତି ? ଭଦ୍ରଲୋକ ।" ମୋ ଛାତି କୁଣ୍ଢେମୋଟ ହୋଇଯାଏ । ଛାତ୍ର ଭାବରେ ଗୁରୁଙ୍କ ପାଇଁ ଗର୍ବରେ ଫୁଲିଉଠେ । ଏପରି ଅନେକ ଅନୁଭୂତି ଯାହା ପ୍ରକାଶକଲେ ମୋ ଆଲେଖ୍ୟ ସୁଦୀର୍ଘ ହେବ । ସୁଯୋଗ ଆସିଲେ ସେସବୁର ଆଲୋଚନା କରି ତୃପ୍ତି ପାଇବି ।

ସାର୍‌ଙ୍କର ଅବସର ପାଖେଇ ଆସିଲା । ୧୯୯୯ ମସିହା ଜାନୁୟାରୀ ୩୧ ତାରିଖରେ ତାଙ୍କର ପ୍ରିୟ ଅନୁଷ୍ଠାନ ଓ ଆମ୍ଭମାନଙ୍କଠାରୁ ସେ ବିଦାୟ ନେବେ । ସାର୍‌ଙ୍କର ବିଦାୟକାଳୀନ ସମ୍ବର୍ଦ୍ଧନା ଉତ୍ସବ ଆୟୋଜନରେ ଆମେ ଲାଗିପଡ଼ିଲୁ । ନିଷ୍ପତ୍ତି ହେଲା ଏକ ସ୍ମରଣିକା କରିବା । ମୁଁ ସବୁଥିରେ ସାର୍‌ଙ୍କର ଆଗ ଡାକ ହେଉଥିଲି ବୋଲି ଅନ୍ୟ ସହକର୍ମୀମାନେ ମୋ ପ୍ରତି ଟିକେ ଅସହିଷ୍ଣୁ ଥିଲେ । ସ୍ମରଣିକାର ସମ୍ପାଦକ ମତେ ନକରାଇ ଦେବା ପାଇଁ ଏକ ଯୋଜନା ହୋଇଥିଲା ଓ ସେଇ ଯୋଜନାରେ ମୋର ସହକର୍ମୀ ଶ୍ରୀଯୁକ୍ତ ଦଶରଥ ସାହୁ ପତ୍ରିକା ସମ୍ପାଦକ ହେଲେ । ଏଥିରେ ସାର୍‌ଙ୍କର ମନ ମାନିଲାନି, ମତେ ଡ଼ାକି କହିଲେ- ଆରେ ! ମତେ ଟଙ୍କା, ସୁନା, ରୂପା, ଛତା,

ଜୋତା ଦେଇ ରୋଷଣିରେ ବିଦାକଲେ ଭାବୁଛ ମୁଁ ଖୁସି ହେବି ? ସ୍ମରଣିକା କଥା ତୁ ବୁଝ, ନହେଲେ ସେ ହୋଇପାରିବନି, ମୁଁ ଜାଣିଚି ।" ମୁଁ ବା ସାରଙ୍କୁ କିପରି କହିବି ସ୍ମରଣିକା ପ୍ରସ୍ତୁତିର ଗହନ କଥା । ସେଥି ପ୍ରତି ଗୁରୁତ୍ୱ ନଦେଇ ବିଦାୟ ସମ୍ବର୍ଦ୍ଧନା ସଭା କିପରି ସଫଳ ହେବ ସେ ଆୟୋଜନରେ ମୁଁ ଲାଗିପଡ଼ିଲି । ଜିଲ୍ଲା ଏବଂ ଜିଲ୍ଲା ବାହାରର ବହୁ ସ୍କୁଲର ପ୍ରଧାନଶିକ୍ଷକଙ୍କୁ ନିମନ୍ତ୍ରଣ କରିଥିଲି । ଅନେକ ଆସିଥିଲେ । ସାରଙ୍କର ବହୁ ପୁରୁଣା ଛାତ୍ରଛାତ୍ରୀ ଛୁଟି ଆସିଥିଲେ ସାରଙ୍କୁ ବିଦାୟ ଦେବା ପାଇଁ । ଏପରି ବିଶାଳ ସଭା ହେଲା ଯେ ଅନ୍ୟ ଶିକ୍ଷାନୁଷ୍ଠାନ ପାଇଁ ତାହା ଈର୍ଷଣୀୟ ହୋଇପଡ଼ିଲା; କିନ୍ତୁ ଆମ୍ଭେ ସ୍ମରଣିକାଟି ସେଦିନ ଛପାଇ ଆଣିପାରୁଲୁନି । ଏ ଶୂନ୍ୟସ୍ଥାନ ସାରଙ୍କୁ ଖୁବ୍ କଷ୍ଟ ଦେଇଥିଲା । ପରେ ଅନ୍ୟ ଏକ ସଭାର ଆୟୋଜନ କରାଯାଇ ସ୍ମରଣିକା ଉନ୍ମୋଚନ କରାଗଲା ସିନା; ସେ ସରାଗ ଆଉ ରହିଲାନି । ହଁ, ବିଦାୟକାଳୀନ ସଭା ଅତି ଗମ୍ଭୀର ଓ ଶୋକାକୂଳ ଥିଲା । ମଧୁବନ ହାଇ ସ୍କୁଲ ତା'ର ପ୍ରିୟ ସାଥୀଙ୍କୁ ହରାଉଛି, ପିଲାମାନେ ତାଙ୍କର ପ୍ରିୟ ଶିକ୍ଷକଙ୍କୁ ଏବଂ ସମଗ୍ର ଅଞ୍ଚଳ ତା'ର ଜଣେ ମୁରବିଙ୍କୁ !

ସଭା ପରେ ଦାୟିତ୍ୱ ହସ୍ତାନ୍ତର ପ୍ରକ୍ରିୟା । ସାରଙ୍କୁ ନେଇ ତାଙ୍କ ଆସନରେ ବସାଇ ପଙ୍‌କ୍ତି ଭୋଜନ ତଦାରଖ କରିବାକୁ ମୁଁ ଚାଲିଆସିଥିଲି । ନାରାୟଣ ଆସି ଡ଼ାକିଲା- "ସାର ଡାକୁଛନ୍ତି, ଚାର୍ଜ ହ୍ୟାଣ୍ଡଓଭର କରିବେ ।" ମୁଁ ଥମ୍ କରି ରହିଗଲି, ନିଶ୍ଚଳ ଓ ନିର୍ବାକ । ଧୀରେ ଧୀରେ ଅଧିକ ଭାରୀହୋଇପଡୁଥିବା ଗୋଡ଼ ଦୁଇଟିକୁ ବୋହି ପ୍ରଧାନ ଶିକ୍ଷକଙ୍କ କାର୍ଯ୍ୟାଳୟ ସମ୍ମୁଖରେ ପହଞ୍ଚିବା ମାତ୍ରେ- "ଆରେ ଆ', ତତେ ସବୁ ବୁଝାଇ ଦିଏଁ ।" ମୋ ହାତ ଧରି ପ୍ରତି ଆଲମିରା ପାଖକୁ ନେଲେ, କେଉଁ ଆଲମିରାରେ କ'ଣ ଅଛି ଦେଖାଇଦେଲେ । ଅଲମିରା ବନ୍ଦକରି ଚାବିପେନ୍ଥା ମୋ ହାତରେ ଧରାଇଦେଲେ । ମତେ ଟାଣିନେଇ ତାଙ୍କ ଆସନରେ ବସାଇବାକୁ ଉଦ୍ୟମ କରନ୍ତେ ମୁଁ ପଛକୁ ଘୁଞ୍ଚିଗଲି । "ସେ ଆସନର ଅଧିକାରୀ ତ ଆପଣ, ତା'ର ଅମର୍ଯ୍ୟାଦା କରିପାରିବିନି ।"- କହିଲି ନମ୍ରତାରେ । ଯେତେ ବାଧ କଲେ ମଧ୍ୟ ତାହା ନୋହିଲା । ମୁଁ ହସ୍ତାନ୍ତର-ପତ୍ରରେ ଦସ୍ତଖତ କଲି । ପ୍ରଧାନ ଶିକ୍ଷକ ଆସନରୁ ଉଠି ମୋ ମୁଣ୍ଡ ଉପରେ ହାତଥୋଇ କହିଲେ, "ତୁ ମୋର ପ୍ରକୃତ ଉତ୍ତରାଧିକାରୀ । ଏ ଅନୁଷ୍ଠାନର ମର୍ଯ୍ୟାଦା ଅକ୍ଷୁଣ୍ଣ ରଖିବୁ ଏବଂ ତା'ର ଶ୍ରୀବୃଦ୍ଧି କରିବୁ । ଯେବେ ବି କୌଣସି ସମସ୍ୟା ଆସିବ, ଆଖିବୁଜି ମତେ ମନେପକାଇବୁ । ତୋ ପାଖେ ପାଖେ ମୁଁ ଅଛି । ସ୍କୁଲ ତତେ ଲାଗିଲା ।" ମୁଁ ପିଲାଟି ପରି କଇଁ କଇଁ ହୋଇ କାନ୍ଦୁଥାଏ । ପାଦଧୂଳି ନେବା ବେଳେ ବକ୍ଷରେ ଜାବୁଡ଼େଇ ଧରିଲେ । କାନ୍ଦରେ ଫାଟିପଡୁଥିଲା ପରିବେଶ । ସାରଙ୍କୁ ବିରାଟ ପଟୁଆରରେ ତାଙ୍କ ଗାଁ ଘୋଳପୁର ନେଇଗଲୁ ଛାଡ଼ିବାକୁ ।

ସହକର୍ମୀଙ୍କ ବହୁ ଅନୁରୋଧ ସତ୍ତ୍ୱେ ବର୍ଷକ ପର୍ଯ୍ୟନ୍ତ ମୁଁ ପ୍ରଧାନ ଶିକ୍ଷକ ବସିବା ସ୍ଥାନରେ ବସି ନାହିଁ, ସାର ବସିଥିବା ଚୌକି ତ ଦୂରର କଥା । ଶେଷରେ ପ୍ରବଳ ଚାପରେ ଅନ୍ୟ ଏକ ଚୌକି ପକାଇ ଅଫିସ କାର୍ଯ୍ୟ କଲି ଏବଂ ସାରଙ୍କ ଆସନଟି ମୋ ପାର୍ଶ୍ୱରେ ସମ୍ମାନର ସହ ରଖିଲି । ମୋ ଚାକିରୀ ଜୀବନର ଶେଷ ପର୍ଯ୍ୟନ୍ତ ସ୍କୁଲରେ ପହଞ୍ଚିବା ମାତ୍ରେ ଅନୁଷ୍ଠାନକୁ, ପ୍ରଧାନ ଶିକ୍ଷକଙ୍କ କାର୍ଯ୍ୟାଳୟରେ ଥିବା ଚତୁର୍ଦ୍ଧାମୂର୍ତ୍ତିଙ୍କୁ ଓ ସାର୍‌ଙ୍କ ଆସନକୁ କ୍ରମାନ୍ୱୟରେ ମୁଣ୍ଡିଆ ମାରି କାର୍ଯ୍ୟ ଆରମ୍ଭ କରିଛି ଓ ଶେଷ ବି । ୨୦୦୬ ମସିହା ଅକ୍ଟୋବର ୩୧ ତାରିଖରେ ମୁଁ ବି ଅବସର ନେଲି, ମୋର ମାତୃକଳ୍ପା ଅନୁଷ୍ଠାନରୁ ।

ଅବସର ପରେ ସାର୍ ମଧୁବନରେ ଘରକରି ରହିଯାଆନ୍ତେ କି ? ସାର୍‌ଙ୍କୁ ପଡ଼ୋଶୀ ଭାବରେ ପାଇଲେ ଖୁସିଲାଗନ୍ତା । କେଜାଣି କାହିଁକି ମୁଁ ବରାବର ଏପରି ଭାବୁଥାଏ । ତା' କିନ୍ତୁ ହେଲା ନାହିଁ । ସେପଟେ ସାର୍‌ଙ୍କର ବୃଦ୍ଧା ମାଆ ମୃତ୍ୟୁପୂର୍ବରୁ ପୁଅଠାରୁ କଥା ନେଇସାରିଥାନ୍ତି - 'ବନବାସ ପରେ ରାମଚନ୍ଦ୍ରଙ୍କୁ ଅଯୋଧ୍ୟା ଫେରିବାକୁ ହେବ ।' ସାର୍‌ଙ୍କର ଅବସର ବେଳକୁ ମାଆ ଆଉ ନଥିଲେ । ମୋର ଯାହା ମନେ ଅଛି ଥରେ ସାଧାରଣତନ୍ତ୍ର ଦିବସରେ ସ୍କୁଲରେ ଜାତୀୟ ପତାକା ଉତ୍ତୋଳନ ହେବ । ଘୋଳପୁରରୁ ସମ୍ବାଦ ଆସିଲା- ମାଆ ଚାଲିଗଲେ । ସାର୍ ତୁରନ୍ତ ଗାଁକୁ ଚାଲିଗଲେ । ମାତୃକଳ୍ପା ଅନୁଷ୍ଠାନରୁ ବୃତ୍ତିଗତ ଜୀବନର ମେଲାଣି ନେଇ ଜନ୍ମଦାତ୍ରୀର କଥା ରଖି ଜନ୍ମଭୂମିକୁ ଫେରିଗଲେ ସିନା; ଏପରି କୌଣସି ମୁହୂର୍ତ୍ତ ନାହିଁ ଯେତେବେଳେ ମଧୁବନ ତାଙ୍କୁ ମନେ ନପକାଇଛି ବା ସେ ମଧୁବନକୁ ଭୁଲିପାରିଛନ୍ତି । ଆଜି ବି ଖବରକାଗଜ ପୃଷ୍ଠାରେ ମଧୁବନର ସମ୍ବାଦ ଆଗେ ପଢ଼ିବେ । କେହି ପୁରୁଣା ଛାତ୍ର ବା ମଧୁବନ ଅଞ୍ଚଳର ଲୋକ ଦେଖା ହୋଇଗଲେ ଖୁସିରେ ଗଦ୍‌ଗଦ୍ ହୋଇପଡ଼ିବେ ।

ପ୍ରଭୁ ଶ୍ରୀରାମଚନ୍ଦ୍ର ତାଙ୍କ ପରିବାରର ଇଷ୍ଟଦେବତା । ରାମନବମୀରେ ତାଙ୍କ ଘରେ ନଅଦିନ ବ୍ୟାପି ପାରାୟଣ ହୁଏ । ବଡ଼ ଉତ୍ସବ । ବର୍ଷଟିଏ ଯାଇପାରିନଥିଲି ବୋଲି ତା' ପର ବର୍ଷ ପହଞ୍ଚୁ ପହଞ୍ଚୁ କହିଲେ, "ଗତ ଥର କୁଆଡ଼େ ଗଲୁ ? ମୋ ଘରକୁ ଆସିବାକୁ ତୋତେ କ'ଣ ନିମନ୍ତ୍ରଣ କରିବାକୁ ପଡ଼ିବ ?" ଛୋଟ ହୋଇଗଲି ତାଙ୍କ ପାଖରେ ଏବଂ ମୋ ଅନୁପସ୍ଥିତି ପାଇଁ ଦୁଃଖକରି କହିଲି, "ମୁଁ ଆପଣଙ୍କର, ଆପଣ ମୋର । ମଧୁବନ ଆପଣଙ୍କର, ଆପଣ ମଧୁବନର । ଏ ସମ୍ପର୍କ ତ ଜନ୍ମ ଜନ୍ମାନ୍ତରର । ଯାକୁ ଏଡ଼ାଇଯିବାର କ୍ଷମତା ନା ମୋର ଅଛି ନା ଆପଣ ପାରିବେ ? ମୋ ଗୁରୁ ପରା ମୋର ଈଶ୍ୱର ।" ତୃପ୍ତିର ହସଟିଏ ଉଭୟଙ୍କ ମୁହଁ ଉପରେ ଖେଳିଗଲା ।

■

www.ingramcontent.com/pod-product-compliance
Lightning Source LLC
Chambersburg PA
CBHW030856110526
R18274100001B/R182741PG44587CBX00001B/1
*9781645601067*